高等学校经济管理类专业实验实践课程系列教材

获得福建师范大学教材出版立项资助

证券投资理论与实务

陈清 谢八妹 ◎ 主编

中国财经出版传媒集团
经济科学出版社
Economic Science Press

·北京·

图书在版编目（CIP）数据

证券投资理论与实务/陈清，谢八妹主编．－－北京：经济科学出版社，2023.12

高等学校经济管理类专业实验实践课程系列教材

ISBN 978－7－5218－5344－5

Ⅰ.①证…　Ⅱ.①陈…②谢…　Ⅲ.①证券投资－高等学校－教材　Ⅳ.①F830.91

中国国家版本馆 CIP 数据核字（2023）第 209351 号

责任编辑：纪小小
责任校对：刘　昕
责任印制：范　艳

证券投资理论与实务

陈　清　谢八妹　主编

经济科学出版社出版、发行　新华书店经销

社址：北京市海淀区阜成路甲 28 号　邮编：100142

总编部电话：010－88191217　发行部电话：010－88191522

网址：www.esp.com.cn

电子邮箱：esp@esp.com.cn

天猫网店：经济科学出版社旗舰店

网址：http://jjkxcbs.tmall.com

北京密兴印刷有限公司印装

787×1092　16 开　26.5 印张　670000 字

2023 年 12 月第 1 版　2023 年 12 月第 1 次印刷

ISBN 978－7－5218－5344－5　定价：88.00 元

（图书出现印装问题，本社负责调换。电话：010－88191545）

（版权所有　侵权必究　打击盗版　举报热线：010－88191661

QQ：2242791300　营销中心电话：010－88191537

电子邮箱：dbts@esp.com.cn）

前　　言

"十四五"时期是我国进入高质量新发展阶段的关键时期。中国资本市场发展的实践证明，在借鉴国际经验的基础上，立足我国国情，我国已经走出了一条具有中国特色的资本市场发展之路。党的二十大报告提出"健全资本市场功能，提高直接融资比重"[1]，为优化融资结构、深化资本市场改革，增强金融服务实体经济能力，进一步推进资本市场开放向更高水平、更深层次迈进指明了方向。站在"十四五"奋进的新征程上，如何培养适应新阶段建设"中国特色资本市场"需求的，熟悉我国资本市场运作的专业人员，是高校金融财经专业的重要课题。

对此，我们组织了一批在证券投资领域教学一线具有十多年丰富教学经验和科研能力的教师，从满足培养具有一定证券投资理论基础和实践经验、能适应"中国特色资本市场"建设需要的应用型金融人才的需求出发，在借鉴国内外先进经验的基础上反复研究、讨论，编写了此教材。本书在参考和借鉴现有教材的基础上，力求在体系和内容上有所创新，努力打造自身特色。

一是体现思政元素。本书在贯彻党的二十大精神的基础上，在内容上坚持全面贯彻党的教育方针，把立德树人的根本任务融入教材编写，将思政内容结合教学实际，通过政策及经济金融事件的分析与解读，力求增强思政在证券投资课程中的思想性、理论性、亲和力和针对性。

二是反映前沿新动态。本书密切跟踪证券市场的最新发展，紧密联系当前国内外证券市场的发展实际，一方面系统介绍现有的主要金融产品，以及证券投资分析、投资组合管理方法；另一方面根据最新政策及相关事件，反映证券市场新动态，以增强内容的前瞻性。

三是体例新颖多样。本书除在每个章节前设置章节教学目标外，还通过案例导入、财经实事、思政小课堂、实训要求、案例思考等多种形式，引导学生关注资本市场的动态变化和国家经济金融政策变化，并加强思政教育，提高

---

[1] 习近平. 高举中国特色社会主义伟大旗帜　为全面建设社会主义现代化国家而团结奋斗——在中国共产党第二十次全国代表大会上的报告[EB/OL]. 中华人民共和国中央人民政府，https://www.gov.cn/xinwen/2022-10/25/content_5721685.htm，2022-10-25.

学生的实操能力和理论联系实际解决问题的能力。

四是理论与实践并重。本书力求紧跟时代发展，从实践中提炼理论，以理论指导实践，将证券投资理论同实践紧密结合起来，实现理论实践一体化。通过案例编写、知识块链接、投资技术案例等方式增强学生对理论知识的理解，突出能力培养、实践操作和技能训练。

本书由陈清、谢八妹负责拟定编写大纲，谢八妹统稿。各章节由以下老师分工完成：陈清编写第一、二、三章，张榕晖编写第四章，林姗姗、郑晓玲编写第五章和第八章，谢八妹编写第六、九、十章，黄云编写第七章，郑清英编写第十一章，白华编写第十二章。

本书在编写过程中参阅并借鉴了国内外众多专家学者和投资精英的研究成果，在此谨向有关作者致以衷心的感谢！同时，向对本书编写和出版工作给予大力支持的各界人士表示最真诚的谢意！

由于水平有限，书中不免存在疏漏之处，敬请广大读者批评指正。

目 录

第一章 证券投资概述 ... 1

【学习目标】 ... 1
【案例导入】 ... 1
第一节 证券 ... 1
第二节 证券投资 ... 4
第三节 证券投资分析 ... 16
【章节小结】 ... 18
【思政梳理】 ... 18
【主要概念】 ... 19
【案例思考】 ... 19
【实训要求】 ... 20

第二章 证券投资工具 ... 21

【学习目标】 ... 21
【案例导入】 ... 21
第一节 权益类投资工具 ... 22
第二节 债权类投资工具 ... 37
第三节 证券投资基金 ... 47
第四节 衍生金融工具 ... 52
【章节小结】 ... 56
【思政梳理】 ... 57
【主要概念】 ... 57
【案例思考】 ... 57
【实训要求】 ... 58

第三章 证券市场与监管 ... 59

【学习目标】 ... 59
【案例导入】 ... 59

第一节　证券市场概述 …………………………………………………… 59
　　第二节　证券发行市场 …………………………………………………… 65
　　第三节　证券交易市场 …………………………………………………… 77
　　第四节　证券市场监管 …………………………………………………… 87
　　【章节小结】……………………………………………………………… 99
　　【思政梳理】……………………………………………………………… 100
　　【主要概念】……………………………………………………………… 100
　　【案例思考】……………………………………………………………… 100
　　【实训要求】……………………………………………………………… 101

第四章　证券交易 …………………………………………………………… 102
　　【学习目标】……………………………………………………………… 102
　　【案例导入】……………………………………………………………… 102
　　第一节　证券交易程序 …………………………………………………… 103
　　第二节　证券交易方式 …………………………………………………… 110
　　第三节　证券交易制度 …………………………………………………… 112
　　第四节　证券交易所行情表及主要指标 ………………………………… 125
　　【章节小结】……………………………………………………………… 134
　　【思政梳理】……………………………………………………………… 135
　　【主要概念】……………………………………………………………… 135
　　【案例思考】……………………………………………………………… 135
　　【实训要求】……………………………………………………………… 139

第五章　证券投资价值分析 ………………………………………………… 140
　　【学习目标】……………………………………………………………… 140
　　【案例导入】……………………………………………………………… 140
　　第一节　债券投资价值分析 ……………………………………………… 141
　　第二节　股票投资价值分析 ……………………………………………… 153
　　【章节小结】……………………………………………………………… 162
　　【思政梳理】……………………………………………………………… 163
　　【主要概念】……………………………………………………………… 163
　　【案例思考】……………………………………………………………… 163
　　【实训要求】……………………………………………………………… 164

第六章　宏观经济分析 ……………………………………………………… 165
　　【学习目标】……………………………………………………………… 165
　　【案例导入】……………………………………………………………… 165
　　第一节　宏观经济分析思路与方法 ……………………………………… 166

第二节　宏观经济运行分析 ·· 168
　　第三节　宏观经济政策分析 ·· 179
　【章节小结】 ··· 189
　【思政梳理】 ··· 190
　【主要概念】 ··· 191
　【案例思考】 ··· 191
　【实训要求】 ··· 192

第七章　行业分析 ·· 193

　【学习目标】 ··· 193
　【案例导入】 ··· 193
　　第一节　行业分析概述 ·· 194
　　第二节　行业发展的一般特征 ······································ 201
　　第三节　影响行业发展的主要因素 ································ 213
　【章节小结】 ··· 219
　【思政梳理】 ··· 220
　【主要概念】 ··· 220
　【案例思考】 ··· 220
　【实训项目】 ··· 222

第八章　上市公司分析 ·· 223

　【学习目标】 ··· 223
　【案例导入】 ··· 223
　　第一节　上市公司基本分析 ·· 224
　　第二节　公司财务分析 ·· 232
　　第三节　公司重大事项分析 ·· 247
　【章节小结】 ··· 256
　【思政梳理】 ··· 257
　【主要概念】 ··· 257
　【案例思考】 ··· 258
　【实训要求】 ··· 258

第九章　技术分析理论与指标 ··· 259

　【学习目标】 ··· 259
　【案例导入】 ··· 259
　　第一节　概述 ·· 259
　　第二节　K线与切线分析 ·· 270
　　第三节　形态分析 ·· 296

第四节　技术指标分析 ·· 313
　　【章节小结】 ·· 332
　　【主要概念】 ·· 333
　　【思政梳理】 ·· 333
　　【案例思考】 ·· 333
　　【实训要求】 ·· 334

第十章　证券投资技巧与风险控制 ·· 335

　　【学习目标】 ·· 335
　　【案例导入】 ·· 335
　　第一节　证券投资时机的选择 ·· 335
　　第二节　证券投资技巧 ·· 338
　　第三节　投资风险与风险控制 ·· 351
　　【章节小结】 ·· 359
　　【思政梳理】 ·· 360
　　【主要概念】 ·· 360
　　【案例思考】 ·· 360
　　【实训要求】 ·· 361

第十一章　证券投资组合管理与评价 ····································· 362

　　【学习目标】 ·· 362
　　【案例导入】 ·· 362
　　第一节　马科维茨投资组合理论 ······································ 363
　　第二节　指数模型 ·· 373
　　第三节　资本资产定价模型 ··· 375
　　第四节　证券投资组合管理过程 ······································ 378
　　第五节　证券投资组合管理评价 ······································ 381
　　【章节小结】 ·· 386
　　【思政梳理】 ·· 387
　　【主要概念】 ·· 387
　　【案例思考】 ·· 387
　　【实训要求】 ·· 388

第十二章　金融科技与投资管理 ·· 389

　　【学习目标】 ·· 389
　　【案例导入】 ·· 389
　　第一节　量化投资 ·· 389
　　第二节　大数据在资产管理中的运用 ······························· 401

【章节小结】 …………………………………………………………… 408
【思政梳理】 …………………………………………………………… 409
【主要概念】 …………………………………………………………… 409
【案例思考】 …………………………………………………………… 410
【实训要求】 …………………………………………………………… 411

参考文献 ……………………………………………………………… 412

第一章 证券投资概述

【学习目标】

了解证券与有价证券的概念、分类和基本特征;掌握证券投资和投机的概念、分类及区别;了解证券投资分析的三类分析方法。

要求学生开设模拟账户,掌握股票交易程序,通过互联网、证券公司、应用程序同花顺等渠道查找不同类型证券并进行比较,整理证券类型的相关知识。

【案例导入】

牛顿与股票投资

1720年2月,牛顿用部分积蓄买入南海公司的股票。这家英国的合股公司成立于1711年,曾经因为西班牙王室继承战争条款,而成为与西班牙南美殖民地交易的寡头。3个月内,牛顿持有的股票价格上涨了3倍,他将股票卖掉了。如果事情就此结束,一切会很完美。但那时牛顿无法从南海公司抽身了。他不安地看着那些仍然持有南海公司股票的朋友们越来越富有。7月,牛顿无法忍受诱惑,重回股市,用700英镑的价格再次买入之前用300英镑卖出的股票。这次他不是投入了一部分的资产——而是他所有资产的一大半。11月,一切都结束了。"南海泡沫"破了。就像经过了一场高烧,南海公司的投机来得快,去得也快。牛顿仓促卖掉了股票,最终每股股票只剩下100英镑了。要不是因为他是皇家铸币局的局长,能领到固定的工资,牛顿的下半生可能会陷入财务危机。

事后,牛顿感慨道:"我能计算出天体运行的轨迹,却难以预料到人们的疯狂。"

资料来源:[美]伯顿·G. 马尔基尔. 漫步华尔街[M]. 北京:机械工业出版社,2018.

第一节 证 券

一、证券的概念与分类

(一)证券的基本概念

证券是商品经济和社会化大生产的产物,其含义非常广泛。从一般意义上说,证券是指用以证明或设定权利所做成的书面凭证,它表明证券持有人或第三者有权取得该证券拥有的特定权益，或证明其曾经发生过的行为。

证券的票面要素主要有四个：第一，持有人，即证券为谁所有；第二，证券的标的物，即证券票面上所载明的特定的具体内容，它表明持有人权利所指向的特定对象；第三，标的物的价值，即证券所载明的标的物的价值大小；第四，权利，即持有人持有该证券所拥有的权利。

（二）证券的分类

证券按其性质可分为凭证证券和有价证券。

1. 凭证证券

凭证证券又称无价证券，是指本身不能使持券人或第三者取得一定收入的证券。它可分为两大类：一类是证据书面凭证，即为单纯证明某一特定事实的书面凭证，如借据、收据等；另一类是某种私权的合法占有者的书面凭证，即占有权证券，如购物券、供应证等。

2. 有价证券

有价证券是指标有票面金额，证明持券人有权按期取得一定收入并可自由转让和买卖的所有权凭证或债权凭证。这类证券本身没有价值，但由于它代表着一定量的财产权利，持有者可凭其直接取得一定量的商品、货币，或是取得利息、股息等收入，因而可以在证券市场上买卖和流通，客观上具有了交易价格。影响有价证券价格的因素有很多，主要是预期收入和市场利率，因此，有价证券价格实际上是资本化的收入。

在证券理论和实务中，通常所说的证券就是有价证券。有价证券有广义与狭义两种概念。广义的有价证券包括商品证券、货币证券和资本证券。商品证券是指证明持券人有商品所有权或使用权的凭证，取得这种证券就等于取得这种商品的所有权，持券者对这种证券所代表的商品所有权受法律保护。属于商品证券的有提货单、运货单、仓库栈单等。货币证券是指本身能使持券人或第三者取得货币索取权的有价证券。货币证券主要包括两大类：一类是商业证券，主要包括商业汇票和商业本票；另一类是银行证券，主要包括银行汇票、银行本票和支票。资本证券是指由证券投资或与证券投资有直接联系的活动而产生的证券。持券人对发券人有一定的收入请求权，它包括股票、债券及其衍生品种，如基金证券、可转换证券等。狭义的有价证券即资本证券，其是有价证券的主要形式。在日常生活中，人们通常把狭义的有价证券——资本证券直接称为有价证券或者证券。本书即在此种意义上使用这一概念。

有价证券可以按不同角度、按不同标准进行分类：

（1）按证券发行主体分类。

根据证券发行主体，有价证券可分为政府证券、金融证券、公司证券。政府证券是指政府财政部门或其他代理机构为筹集资金，以政府名义发行的证券。从形式上分，政府证券主要包括国库券和公债券两大类。国库券一般由财政部发行，用以弥补财政收支不平衡。公债券是指为筹集建设资金而发行的一种证券。有时也将两者统称为公债。从发行主体上分，中央政府发行的称国家公债或国债，地方政府发行的称地方公债或地方债。金融证券是指银行、保险公司、信用社、投资公司等金融机构为筹集经营资金而发行的证券，主要包括金融机构股票、金融债券、定期存款单、可转让大额存款单和其他储蓄证券等。

公司证券是指公司等经济法人为筹集投资资金或与筹集投资基金直接相关的行为而发行的证券，主要包括公司股票、公司债券、优先认股权证和认股权证等，其中认股权证是证明持有者拥有购买发行公司一定数量股票的专有权的凭证。

（2）按证券上市与否分类。

按证券是否在证券交易所挂牌交易，证券可分为上市证券和非上市证券。上市证券又称挂牌证券，是指证券主管机关批准，并向证券交易所注册登记，获得在证券交易所内公开买卖资格的证券。非上市证券也称非挂牌证券、场外证券，是指未申请上市或不符合在证券交易所挂牌交易条件的证券。

（3）按证券发行的地域或国家分类。

根据发行的地域或国家，证券可分为国内证券和国际证券。国内证券是一国国内的金融机构、其他企业等经济组织或该国政府在国内资本市场上以本国货币为面值所发行的证券。国际证券则是由一国政府、金融机构、企业或国际经济机构在国际证券市场上以其他国家的货币为面值而发行的证券。

（4）按证券募集方式分类。

根据募集方式，证券可分为公募证券和私募证券。公募证券是指发行人通过中介机构向不特定的社会公众投资者公开发行的证券，其审核比较严格并采取公示制度。私募证券是指向少数特定的投资者发行的证券，其审查条件相对宽松，投资者也较少，不采取公示制度。私募证券的投资者多为与发行者有特定关系的机构投资者，也有发行公司的内部职工。

（5）按证券的经济性质分类。

按证券的经济性质，证券可分为基础证券和金融衍生证券两大类。股票、债券和投资基金都属于基础证券，它们是最活跃的投资工具，是证券市场上的主要交易对象，也是证券理论和实务研究的重点。金融衍生证券是指由基础证券派生出来的证券交易品种，主要有金融期货与期权、可转换证券、存托凭证、认股权证等。

二、证券的性质与特征

（一）证券的性质

证券虽然代表债权或所有权，但不是一种实在的资本而是虚拟资本。资本证券是虚拟资本的存在形式，所谓虚拟资本，就是以有价证券的形式存在，并能够给持有者带来一定收益的资本。虚拟资本与厂房、原材料、机器设备等实际资本不同，后者在生产过程中发挥资本的职能作用，而虚拟资本则是独立于实际资本之外的一种资本存在形式，本身并不能在生产过程中发挥作用，它不是真实的资本，而是现实资本的纸制副本，间接地反映实际资本的运动状况。

虚拟资本与实际资本不仅在质上有区别，而且在量上也是不同的。虚拟资本的数量等于各种资本证券的价格总和，其变动取决于股票、债券等发行数量基期价格水平。在一般情况下，虚拟资本的价格总和大于实际资本额，其变化并不必然反映实际资本额的变化。虚拟资本作为现实资本、资本所有权或债权的代表，它的流通运动可以促进现实财富的集中，有利于产品经济的发展。

资本证券作为虚拟资本，并不是劳动的产物，因而本身没有价值，只是资本投资入股的凭证或债权的书面证明。但它又是特殊的资本，是真实资本的代表，因而又具有价格。它能为持有者带来一定的收益，并可根据自己的需要随时转让一部分或全部。

（二）证券的特征

1. 权利性

证券的权利性是指有价证券记载着权利人的财产权内容，代表着一定的财产所有权；拥有证券就意味着享有财产的占有、使用、收益和处分的权利。在现代经济社会里，财产权利和证券已密不可分，两者融合为一体，即权利证券化。虽然证券持有人并不实际占有财产，但可以通过持有证券，在法律上拥有有关财产的所有权或债券。

2. 收益性

收益性是指持有证券本身可以获得一定数额的收益，这是投资者转让资本使用权的回报。证券代表的是对一定数额的某种特定资产的所有权或债券，而资产是一种特殊的价值，它要在社会经济运行中不断运动、不断增值，最终形成高于原始投入价值的价值。由于这种资产的所有权或债券属于证券投资者，投资者持有证券也就同时拥有取得这部分资产增值收益的权利，因而证券本身具有收益性。有价证券的收益表现为利息收入、红利收入和买卖证券的差价。收益的多少通常取决于该资产增值数额的多少和证券市场的供求状况。

3. 流通性

证券的流通性又称变现性，是指证券持有人可按自己的需要灵活地转让证券以换取现金。流通性是证券的生命力所在。证券的期限性约束了投资者的灵活偏好，但其流通性以变通的方式满足了投资者对资金的随机需求。证券的流通是通过承兑、贴现、交易实现的。证券流通性的强弱受证券期限、利率水平及计息方式、信用度、知名度、市场便利程度等多种因素的制约。

4. 风险性

证券的风险性是指证券持有者面临投资收益不能实现，甚至使本金也受到损失的可能。这是证券的期限性和未来经济状况的不确定性所致。在现有的社会生产条件下，未来经济的发展变化有些是投资者可以预测的，有些则无法预测。因此，投资者难以确定他所持有的证券将来能获得多少收益，从而使持有证券具有风险。

第二节 证券投资

一、证券投资的概念及分类

（一）证券投资的概念

从经济学的广泛意义上讲，投资是为了获得一定的预期社会经济效益而进行的资金或资本物的投入及其活动过程。证券投资就是指投资者将资金用于金融资产，即用于存款、贷款或购买股票、债券、基金等各种有价证券，以期获得未来价值增值收益的行为。证券投资，正是就"投资"的后一层含义而言的，是狭义的投资概念。

（二）证券投资的分类

1. 按投资时间的长短划分

证券投资按投资时间的长短可以划分为长期投资和短期投资两种。长期投资是指投资期限在1年以上的投资活动，如1年以上的定期存款等，其偿还期较长。短期投资是指投资期不超过1年的投资活动，其偿还期较短，如活期存款，其资金可以随时抽回；又如，短期国库券，时间一般为3个月、6个月、9个月。投资时间的长短与金融资产的性质、收益、风险、流动性等都有着密切的联系。

2. 按收入性质划分

证券投资按收入性质可以划分为固定收入投资和非固定收入投资两种。固定收入投资是指投资者购买的某种金融资产应得收入，事前即规定一个确定的收益率，定期支付或到期支付，并在证券投资的整个期限内固定不变，如银行存款、债券、优先股投资等。这种投资一般风险性较小。非固定收入投资是指投资者购买的某种金融资产应得收入，事前并不确定固定的收益率，也不一定会按期支付，而是因时而异，如普通股投资。这种投资风险一般较大，但获利机会也较大，收益也较高。

二、证券投资主体与对象

（一）证券投资主体

证券投资主体是指通过买入证券而进行投资的各类机构法人和自然人。相应地，证券投资主体可分为个人投资者和机构投资者两大类。

1. 个人投资者

个人投资者是指从事证券投资的社会自然人，他们是证券市场最广泛的投资者。个人进行证券投资应具备一些基本条件，这些条件包括国家有关法律、法规关于个人投资者投资资格的规定和个人投资者必须具备一定的经济实力。为保护个人投资者利益，对于部分高风险证券产品的投资（如衍生产品），监管法规还要求相关个人具有一定的产品知识并签署书面的知情同意书。

【思政小课堂1-1】

"代客理财"莫轻信　证券投资走正途

市场上有些证券从业人员以专业炒股、承诺保底收益、约定收益分成等手段，骗得客户信任，从而私下为投资者做资产管理，进行违规代客理财活动。然而当出现投资损失后，常常引发矛盾纠纷，从业人员代客理财违规事实也会浮出水面。

某券商营业部前员工A（持证券经纪人执业证书）私下与该营业部客户B签订合作理

财协议，约定由其对客户账户内60万元资金进行证券买卖操作，委托期限为12个月（2015年3月17日至2016年3月17日）。合同期内，账户如产生超过20%盈利，其享有盈利部分的20%，若盈利不超过20%则盈利全部为客户所有；如亏损超过20%，客户有权终止该协议或让其免费为其服务直到盈利为止。后因账户亏损较严重，双方提前终止协议。从业人员A已向当地证券监管局（以下简称"证监局"）书面承认上述违规事实。从业人员A擅自代客户从事证券投资理财，并约定分享投资收益，其行为已经构成代客理财行为，违反《中华人民共和国证券法》（以下简称"证券法"）、《证券经纪人管理暂行规定》、《证券经纪人执业规范（试行）》及《证券从业人员执业行为准则》，证监局对其采取出具警示函的行政监管措施。中国证券业协会依据《自律监察案件办理规则》和《自律管理措施和纪律处分实施办法》有关规定，对证券从业人员A采取了纪律处分措施。而投资者B因为盲目相信从业人员A的承诺，最终自身财产遭到了侵害。

从这个案例我们可以看出，投资者一定要明确区分证券公司资产管理业务与从业人员违规代客理财行为。依据《证券公司监督管理条例》第四十五条的规定，证券公司可以依照《证券法》和该条例的规定，从事接受客户的委托、使用客户资产进行投资的证券资产管理业务。投资所产生的收益由客户享有，损失由客户承担，证券公司可以按照约定收取管理费用。证券公司从事证券资产管理业务，应当与客户签订证券资产管理合同，约定投资范围、投资比例、管理期限及管理费用等事项。证券资产管理业务属于公司行为，以证券公司为主体与投资者书面签署相关资产管理合同。而从业人员代客理财属于从业人员个人行为，一般是从业人员与投资者私下签署相关合同或口头约定相关内容。目前证券公司严禁从业人员从事违规代客理财活动，采取了一系列严密防范措施，并在对投资者进行电话回访过程中进行了充分的风险揭示。在这样的情况下，如果投资者仍然私下委托从业人员为其理财，则一般认定为从业人员的个人行为，投资者一旦因违规代客理财产生亏损，只能向从业人员主张权利。

作为未来潜在的投资者，不能盲目相信从业人员的违法承诺，应保持理性投资理念，努力丰富自身专业知识与经验。只有通过不断学习，了解证券市场各类业务规则、产品，分析市场信息、进行独立判断，不断积累投资经验，才能有效地防范风险、获取投资收益。

资料来源："投资者保护·明规则、识风险"案例——"代客理财"莫轻信 证券投资走正途［EB/OL］. 中国证券监督管理委员会, http://www.csrc.gov.cn/csrc/c100211/c1452037/content.shtml, 2017 - 09 - 22.

2. 机构投资者

机构投资者主要有政府机构、金融机构、企业和事业法人及各类基金等。

（1）政府机构。政府机构参与证券投资的目的主要是调剂资金余缺和进行宏观调控。各级政府及政府机构出现资金剩余时，可通过购买政府债券、金融债券投资于证券市场。中国人民银行（以下简称"中央银行"）以公开市场操作作为政策手段，通过买卖政府债券或金融债券，影响货币供应量进行宏观调控。我国国有资产管理部门或其授权部门持有国有股，履行国有资产的保值增值和通过国家控股、参股来支配更多社会资源的职责。从各国的具体实践看，出于维护金融稳定的需要，政府还可成立或指定专门机构参与证券市场交易，减少非理性的市场震荡。

（2）金融机构。参与证券投资的金融机构包括证券经营机构、银行业金融机构、保险公司以及其他金融机构等。

证券经营机构。证券经营机构是证券市场上最活跃的投资者，以其自有资本、营运资金和受托投资资金进行证券投资。我国证券经营机构主要为证券公司。按照《证券法》的规定，证券公司可以通过从事证券自营业务和证券资产管理业务，以自己的名义或代其客户进行证券投资。

银行业金融机构。银行业金融机构包括商业银行、城市信用合作社、农村信用合作社等吸收公众存款的金融机构以及政策性银行。根据《中华人民共和国商业银行法》（以下简称《银行法》）规定，银行业金融机构可用自有资金买卖政府债券和金融债券，除国家另有规定外，在中华人民共和国境内不得从事信托投资和证券经营业务，不得向非自用不动产投资或者向非银行金融机构和企业投资。《中华人民共和国外资银行管理条例》规定，外商独资银行、中外合资银行可买卖政府债券、金融债券，买卖股票以外的其他外币有价证券。银行业金融机构因处置贷款质押资产而被动持有的股票，只能单向卖出。《商业银行个人理财业务管理暂行办法》规定，商业银行可以向个人客户提供综合理财服务，向特定目标客户群销售理财计划，接受客户的委托和授权，按照与客户事先约定的投资计划和方式进行投资和资产管理。

保险公司。保险公司是全球最重要的机构投资者之一，曾一度超过投资基金成为投资规模最大的机构投资者，除大量投资于各类政府债券、高等级公司债券外，还广泛涉足基金和股票投资。《中华人民共和国保险法》（以下简称《保险法》）规定，债券、股票、证券投资基金份额等有价证券均属保险公司资金运用范围，经国务院保险监督管理机构会同国务院证券监督管理机构批准，保险公司可以设立保险资产管理公司从事证券投资活动，还可运用受托管理的企业年金进行投资。

合格境外机构投资者（Qualified Foreign Institutional Investors，QFII）。QFII制度是一国（地区）在货币没有实现完全可自由兑换、资本项目尚未完全开放的情况下，有限度地引进外资、开放资本市场的一项过渡性的制度。这种制度要求外国投资者若要进入一国证券市场，必须符合一定的条件，经该国有关部门的审批通过后汇入一定额度的外汇资金，并转换为当地货币，通过严格监管的专门账户投资当地证券市场。在我国，合格境外机构投资者是指符合《合格境外机构投资者境内证券投资管理办法》规定，经证券监督管理委员会（以下简称"中国证监会"）批准投资于中国证券市场，并取得国家外汇管理局额度批准的中国境外基金管理机构、保险公司、证券公司、商业银行以及其他资产管理机构。按照《合格境外机构投资者境内证券投资管理办法》，合格境外机构投资者在经批准的投资额度内，可以投资于中国证监会批准的人民币金融工具，具体包括在证券交易所挂牌交易的股票、债券、证券投资基金、权证以及中国证监会允许的其他金融工具。合格境外机构投资者可以参与新股发行、可转换债券发行、股票增发和配股的申购。

【小知识 1-1】

合格境内机构投资者（QDII）

合格境内机构投资者（Qualified Domestic Institutional Investors，QDII），是与QFII相对

应的一种投资制度。QDII是在目前人民币资本项下不可自由兑换条件下，允许经认可的境内合格机构参与境外资本市场投资的一项制度安排。

在中国，设立该制度的直接目的是进一步开放资本账户，以创造更多外汇需求，使人民币汇率更加平衡、更加市场化，并鼓励国内更多企业走出国门，从而减少贸易顺差和资本项目盈余，直接表现为让国内投资者直接参与国外的市场，并获取全球市场收益。QDII制度由香港政府部门最早提出，是在外汇管制下内地资本市场对外开放的权宜之计，以容许在资本项目未完全开放的情况下，国内投资者往海外资本市场进行投资。QDII意味着将允许内地居民外汇投资境外资本市场，QDII将通过中国政府认可的机构来实施。投资者将手上的人民币或是美元直接交给银行、保险公司、基金公司等，让它们代为投资到国外的资本市场上去。

目前，中国国内获得QDII资格的机构投资者有包括商业银行、保险公司以及基金公司在内的几十家机构。商业银行已经推出一些人民币理财产品及QDII产品，保险公司也通过境外投资机构进行海外资产的投资管理运作。2007年6月20日，中国证监会颁布了《合格境内机构投资者境外证券投资管理试行办法》，符合规定条件的基金管理公司和证券公司可在境内募集资金进行境外证券投资管理。这标志着以国内投资机构为主体参与海外投资的开始，使得具有专业投资管理经验和投资管理能力的基金公司得以参与全球市场投资，同时也为投资者通过QDII参与海外投资提供了更多选择。

主权财富基金。随着国际经济、金融形势的变化，目前不少国家尤其是发展中国家拥有了大量的官方外汇储备，为管理好这部分资金，成立了代表国家进行投资的主权财富基金。

其他金融机构。其他金融机构包括信托投资公司、企业集团财务公司、金融租赁公司等。这些机构通常也在自身章程和监管机构许可的范围内进行证券投资。信托投资公司可以受托经营资金信托、有价证券信托和作为投资基金或者基金管理公司的发起人从事投资基金业务。企业集团财务公司达到相关监管规定的，也可申请从事对金融机构的股权投资和证券投资业务。目前尚未批准金融租赁公司从事证券投资业务。

（3）企业和事业法人。企业可以用自己的积累资金或暂时不用的闲置资金进行证券投资。企业可以通过股票投资实现对其他企业的控股或参股，也可以将暂时闲置的资金通过自营或委托专业机构的方式进行证券投资以获取收益。我国现行的规定是，各类企业可参与股票配售，也可投资于股票二级市场；事业法人可用自有资金和有权自行支配的预算外资金进行证券投资。

（4）各类基金。基金性质的机构投资者包括证券投资基金、社保基金、企业年金和社会公益基金。

证券投资基金。证券投资基金是指通过公开发售基金份额筹集资金，由基金管理人管理，基金托管人托管，为基金份额持有人的利益，以资产组合方式进行证券投资活动的基金。《中华人民共和国证券投资基金法》（以下简称《证券投资基金法》）规定我国的证券投资基金可投资于股票、债券和国务院证券监督管理机构规定的其他证券品种。

社保基金。在大多数国家，社保基金分为两个层次：一是国家以社会保障税等形式征收的全国性社会保障基金；二是由企业定期向员工支付并委托基金公司管理的企业年金。由于资金来源不一样，且最终用途不一样，这两种形式的社保基金管理方式亦完全不同。全国性社会保障基金属于国家控制的财政收入，主要用于支付失业救济和退休金，是社会福利网的最后一道防线，对资金的安全性和流动性要求非常高。这部分资金的投资方向有严格限制，主要投向国债市场。而由企业控制的企业年金，资金运作周期长，对账户资产增值有较高要求，但对投资范围限制不多。在我国，社保基金也主要由两部分组成：一部分是社会保障基金，另一部分是社会保险基金。

企业年金。企业年金是指企业及其职工在依法参加基本养老保险的基础上，自愿建立的补充养老保险基金。按照我国现行法规，企业年金可由年金受托人或受托人指定的专业投资机构进行证券投资。

社会公益基金。社会公益基金是指将收益用于指定的社会公益事业的基金，如福利基金、科技发展基金、教育发展基金、文学奖励基金等。我国有关政策规定，各种社会公益基金可用于证券投资，以求保值增值。

（二）证券投资对象

证券投资的对象是证券资本化的资产，即各种融资工具和交易品种等金融工具，如股票、债券和基金等。该投资是以成熟性的企业为对象，将其资产资本化为证券，并提供金融中介服务，向社会进行规模化融资，同时促进企业规模化的发展。

三、证券投资的目的、原则和决策过程

（一）证券投资的目的

从经济学的广泛意义上讲，投资是为了获得一定的预期社会经济效益而进行的资金或资本物的投入及其活动过程。换句话说，投资是包括政府、金融机构、企业和个人在内的各类经济主体以获得未来收益或效益为目的，预先垫付一定量的货币或实物以经营某项事业的行为活动。任何投资者在投资前，首先都要明确其投资目的。

一般而言，普通投资者进行投资主要出于以下几个目的：

(1) 本金保障。这是最常见的投资目的，投资者通过投资保存资本或者资金的购买力。只要持有的现金数量大于生活所需，在通货膨胀的情况下，若不通过有效益的投资，现金的购买力就会受到侵蚀。所以，投资的目的就是保障资金的购买力不受侵蚀。

(2) 资本增值。对某些投资者来说，他们要求的不单是保值，而且还要获得资本的增值。通过投资工具，以期本金能迅速增长，使财富得以累积。

(3) 经常性收益。一般已拥有若干资产和回避风险的人，只期待本金获得保障，且能定期地获得一些经常性收益作为生活费用，如退休人士通过退休投资计划来获取稳定的退休金。

【小知识1-2】

政府机构类投资者参与证券市场的目的

政府机构类投资者参与证券市场的目的主要包括以下两方面：

(1) 调剂政府资金余缺。政府往往会出现收入的低谷与支出的高峰，从而面临财政周转困难，这时政府可以通过发行短期证券的方式来筹措资金；相反，如果出现财政盈余，

往往通过特定渠道将闲置资金投入证券市场,但政府及政府机构出于安全考虑,通常以投资优质债券为主。

(2) 实施货币政策。中央银行作为政府的银行,承担着宏观经济调控的任务,其调控手段之一就是进行公开市场操作,即通过在证券市场上买卖以政府债券为主的有价证券,调节货币供应量。当货币供应量过多时,向证券市场出售有价证券;反之,则买进有价证券,增加货币供应量。此外,中央银行持有的国家外汇储备一般以储备货币发行国的政府债券为主,因此,各国中央银行又成了外国政府债券的持有者。

(二) 证券投资的原则

证券投资的主要目的是获取收益,投资者需要考虑投资基金的安全系数、投资对象的流动性、投资基金的增值率,须遵循以下几个原则:

1. 理性投资原则

投资者在从事证券投资时,要凭借专业知识、智慧和经验细致地分析和独立地判断证券市场行情,保持理性投资的原则,不能感情用事。

2. 能力充实原则

每个投资者都应该不断培养自我证券投资能力,这种能力的基础是投资知识和经验。获得证券投资知识主要有两个渠道:一是通过书本学习、向别人请教以获得间接经验;二是通过自己的实践以获得直接经验。

3. 责任自负原则

适当借助他人力量,但不完全依赖别人。坚持独立思考、自主判断的原则。因为证券投资是一种自觉的、主动的行为,所以投资的赔赚都要由自己承担。因此,投资者不应轻信或完全依赖他人。

4. 剩余资金投资原则

投资的资金来源有两个部分:一部分是自有资金,另一部分是借入资金。采取借入资金进行证券投资是不可取的,证券投资的资金必须是家庭较长时间闲置不用的剩余资金。妥善可靠的做法是把全部资金合理分配,留足家庭生活的必备资金,所剩余的长时间有可能闲置的资金,才能用来进行证券投资。

5. 分散投资原则

由于证券投资收益的不稳定性,投资者不能将资金全部用于投资某一种证券,应采取分散投资的原则,以规避风险。"不要把鸡蛋放在一个篮子里"则是分散投资原则的体现。

6. 收益与风险最佳组合原则

在证券投资中,收益和风险相伴而生。投资者在投资证券时,应该谨慎地处理好收益与风险的矛盾。一般来说,应在风险一定的条件下,尽可能地使投资者收益最优化;或在收益一定的前提下,使风险最小化。这个原则要求投资者培养自己控制风险的能力,在证券买卖中尽力保护本金,以增加收益减少风险,做到"先避风险,再谈收益"。

(三) 证券投资的决策过程

1. 确定证券投资策略

证券投资策略是投资者为实现投资目标所遵循的基本方针和基本准则,它包括确定投资收益目标、投资资金的规模和投资对象三方面的内容以及应采取的投资策略和措施等。

2. 进行投资分析

投资分析是通过各种专业性的分析方法和分析手段对来自各个渠道的、能够对证券价格产生影响的各种信息进行综合分析,并判断其对证券价格发生作用的方向和力度。投资分析作为证券投资过程中不可或缺的一个组成部分,是进行投资决策的依据,在投资过程中占有相当重要的地位。

3. 组建证券投资组合

组建证券投资组合就是在投资政策允许的范围内,根据自己的投资目的和投资分析结果,在证券市场上买卖证券,形成一个证券的组合。

4. 对证券投资组合进行修正

根据市场行情的变动以及政策、法律等外部因素的改变对证券组合进行合理的调整,以达到在同等风险水平下追求更高收益的投资目的。

5. 评估证券投资组合的业绩

对证券投资组合业绩的评估是指投资者持有投资组合一段时间后,对投资所能获取的收益以及这一期间证券价格波动的综合分析,为投资者以后的投资提供更多的投资信息,也是投资者对投资组合进行调整的一个依据。

四、证券投资的基本方法

(一) 证券套利

证券套利,即利用证券的现货价格和期货价格的差价进行套买套卖,从中获取差额收益的活动,基于现货与期货的价格不一致。

(二) 证券包销

证券包销,即对于新发行的证券,按一定的价格全部予以承购,即在证券发行前先以安全价卖给发行者,再由银行向市场公开发售;发行者按规定付给银行一定的包销费用。

(三) 代理证券发行

代理证券发行,即银行利用其机构网点和人员等优势,代理发行证券的单位在证券市场上以较有利的条件发行股票、债券和其他证券,从中收取代理发行手续费的行为。

五、证券投资与证券投机

(一) 证券投机

1. 证券投机的概念

在我国,"投机"一词通常带有贬义,这是对"投机"概念的一种误解。事实上,投机本身是一个中性的概念,与英文单词 speculation 对应,带有"预测"之意。从证券市场看,投机是指根据证券市场价格波动状况,通过基本面和技术面分析,对证券价格的未来走势进行预测,从低价买进和高价卖出中获取价差收益的行为。由于未来证券价格走势的不确定性,投机者既可能因判断正确而在交易中获利,也可能由于判断失误而受损,因此,投机是一种在不确定投资环境中的风险投资活动,投机者是有勇气的市场积极参与者。

在证券投资活动中,投机既是保持证券交易连续性的必要条件,也是活跃和繁荣证券市场的重要因素,可以说,如果没有投机活动,就不可能有证券交易市场的存在。为此,在西方国家,政府对于投机活动,无论是法律上还是管理上,都没有任何禁止条款和措施。但是,由于投机毕竟是一种风险较大的金融活动,故对其消极的一面也应有充分的认识。

【小知识1-3】

空中楼阁理论

与投资理论相对应的是投机理论,又称"空中楼阁理论"。该理论的倡导者是约翰·梅纳德·凯恩斯,于1936年在其巨著《就业,利息和货币通论》中首次提出。凯恩斯认为,股票价格是虚拟经济的表现,股票价格并不是由其内在价值决定的,而是由投资者心理决定的,故此理论被称为空中楼阁理论,以示其虚幻的一面。他认为股票价值虽然在理论上取决于其未来收益,但由于进行长期预期相当困难和不准确,故投资大众应把长期预期划分为一连串的短期预期。大众通过对一连串的短期预测修改判断、变换投资,获得短期内的相对安全,这些短期投资造成了股票价格的波动。空中楼阁理论完全抛弃股票的内在价值,强调心理构造出来的空中楼阁。凯恩斯认为,与其花精力估算并不可靠的"内在价值",不如细心分析大众投资未来可能的投资行为,抢在大众之前,买进或卖出。

资料来源:[英] 凯恩斯. 就业、利息和货币通论 [M]. 北京:商务印书馆,1983.

2. 证券投机的积极作用

(1) 有利于活跃证券市场,促进证券市场的繁荣。

在证券市场上,投机者肯于也敢于承担别人不愿承担的风险,他们运用每天与市场打交道的经验,利用投资技巧,敢赚敢赔,从而活跃整个市场。试想,如果在发行市场上都是保守稳健的投资者,总是小心谨慎地寻找百分之百可靠、万无一失的目标进行投资,那么新证券就不可能发行,因为谁也无法保证尚未开始营业的发行者今后的前景如何。同样,在交易市场上,证券价格涨跌变幻莫测,当某种证券行情高涨时,如果大家都想买进,而不愿卖出,这样想买的人也无法买进;反之,当某种证券行情下跌时,如果大家都想卖出,而不想买进,那么想卖出的人也就无从卖出。这样的情形只能是有行无市,最终造成市场停滞萎缩,交易中止。因此,正常的证券市场,需要投机与投资并行,既需要有人投资,也要有人投机操作。这样才能够吸引投机者介入买卖,使证券市场具有生机和活力。

(2) 调节证券需求,平衡证券价格。

投机者利用价格的变动谋取利益,因此,当证券市场价格与投资价值相背离时,由于预料到早晚要回到投资价值的水平上,必然会自动买进或卖出,从而把不同市场、不同品种和不同时间上证券价格不正常的高低拉平，使其基本稳定和均衡在投资价值的左右，防止发生长时期、大幅的剧烈波动。

（3）承担证券发行的部分风险。

不同的证券发行者由于种种原因，其所发行的证券风险程度不一，投机者购买的通常是那些风险性较大的证券，因此，在一定程度上承担了发行者的风险。一般来说，信用级别低的企业也意味着证券风险较大。可以设想，如果大家都是投资者，对风险较大的证券不予理睬，那么信用级别低的企业就没有希望采用证券工具筹措资金了。

（4）有利于证券交易的流动性。

如果投资者需要某种证券，不管其收益大小、时间长短，均可在交易时间内随时在证券市场上如数购进；如果投资者需要现金或想另换一种证券，都可在交易时间内随时在证券市场上售出，这就使得证券交易得以顺利进行。

（5）有利于证券市场正常而持续运行。

若投资者想在市场上买进某种证券，而这时市场上却无人出售，或需求与供给数额不合，买卖就无法成交，市场交易就会中断；同样，在有卖方而找不到买方时，情况也是如此。由于投机者进行证券买卖的主要目的是在交易中谋取差价利益，只要有利可图，他们就会卖出以满足买方的需要，或买进以适应卖方的要求。这样，市场上的交易就能正常且持续运转，而不致阻塞。

（6）有助于投资者分散价格变动的风险。

在证券交易中，很多带有投机性的交易，如期权交易、期货交易等，均可作为保存原有价值的手段，以避免承担价格变动的风险。但是，这种交易如果没有投机者的积极参与，就难以达到目的。所以，投资者保值成功，其结果必定会把价格变动的一部分风险转移给投机者来承担。由于市场机制的作用，高风险是和高预期收益率相对应的，较高的预期收益率就是投机者向套期保值者收取的"保险费"。

3. 证券投机的消极作用

（1）投机风气旺盛，会加剧证券市场的波动。

当证券市场投机盛行时，不但多数证券价格涨跌频繁，而且暴涨暴跌的现象也是屡见不鲜，此间，除了一些投机者容易遭受损失外，证券市场的正常功能也难以发挥。特别是"鹿"市（"鹿"指那些只是打算在短期内买进或卖出赚了钱就走的投机者）盛行时，更易造成股市的紊乱，干扰正常的证券市场运行秩序。

（2）当股票供不应求时，投机活动过旺容易造成市场虚假繁荣。

这种情况会使股票价格远远超过公司的实际资产价值水平，形成"泡沫经济"。从理论上讲，股票价格水平是受股票的账面价值（公司资产净值÷普通股总股数）制约的，因而股票的价格取决于公司的实际资产价值状况。但是，股票本身没有价值，它是虚拟资本。股票市场价格是由供求关系决定的。当股票供不应求，必然会在旺盛的投机活动中使股票价值炒到远远超过公司实际资产价值。这种股票价格高度脱离公司经营状况的现象是非常危险的，其风险极大，是一种"泡沫经济"现象，泡沫越大，破裂的危险越大，一旦破裂，造成股价崩溃，股票持有者便会蒙受巨大的损失。

（3）市场的不确定因素多，难以把握，会给投机者带来极大的风险。

证券市场价格经常波动，而造成变动的因素非常复杂。这些因素既有经济上的，也有政治上的、心理上的；既有根本性的，也有偶然性的；既有长期的，也有短期的；既有可测性的，也有完全意料不到的。甚至一种自然现象的出现，一种信息（或真或假）的传播，都会促使证券价格大幅涨落，使一些投机者付出巨大的代价。

（4）一般投机者因知识、经验和时间的限制，往往会在证券投机中受挫。

从事证券投机需要丰富的证券知识、经验和充裕的时间去研究证券价格每日的变化，及时作出准确的预测和判断，以便决定买进和卖出。但大多数人并不具备丰富的证券专业知识和投资经验，也不可能有充裕的时间时时关注和研究证券市场行情，从而在证券投机中往往带有盲目性、随意性，这就为成功的投机制造了困难，造成众多投机者的失利。

【财经实事1-1】

游戏驿站事件——一场没有赢家的股市投机

最近，美国股票市场上游戏驿站公司（Game Stop Corporation，代码 GME）的股价暴动，引起了广泛关注。而这个堪称经典的投资案例，也许会在多年以后用血淋淋的事实告诉人们：做空交易与投机做多这两种交易方法，都不是长期盈利的正途。

游戏驿站公司是一家美国游戏零售公司，在全世界范围内经营着数千家游戏零售店铺。从基本面来说，这家公司平平无奇，街边游戏零售店在当今的互联网世界里，是一个比较过时的游戏销售方式。美国香橼研究公司认为，该公司每股价值大概最多不会超过20美元。在之前的多年时间里，这家公司的股价也都在几美元到十几美元之间波动。但是，正是这样一家平凡无奇的公司，它的股价却在2021年初突然掀起了滔天巨浪。以个人投资者为主的一些美国投资者，开始突击买入这家公司股票。

随着股价上涨，越来越多投资者开始在论坛上讨论这家公司的股票。尽管公司发表公告称，基本面并没有什么值得关注的改变，疯狂的市场热度，依然造成游戏驿站公司股票价格进一步上涨。由于游戏驿站公司的股票价格已经远远高于公司本身的内在价值，因此对于经常做空公司股票的投资者来说，这是一个不可以忽略的做空标的。一些美国知名机构投资者，尤其是一些以交易手段多样化著称的对冲基金，开始在做空游戏驿站公司的头寸上下注。

但是，做空交易显然没有挡住游戏驿站公司股价的进一步飙升，而论坛上热烈的讨论，甚至把游戏驿站公司的股票价格上涨，上升到了一个对美国金融制度进行反思的高度。一些做多的投资者宣称，他们并不是在单纯地做投资，而是在对做空游戏驿站公司的那些华尔街金融机构宣战。于是，一个原本简单的股票投资，由此在社交网络上衍生成了一个"正义"对抗"邪恶"的运动。在"对抗华尔街金融坏人"的口号下，游戏驿站公司的股票变成了情绪的宣泄点，其股价也开始飙升。在26日收盘于148美元之后，游戏驿站公司股票价格继续飞涨，27日收盘价达到了347.5美元，28日盘中最高价格达到了483美元。

在游戏驿站公司这个经典案例中，我们可以看到两种投资者：一种是不顾基本面因素追入的投资者，我们可以把他们称为"投机做多者"；而另一种则是在游戏驿站公司股票价格上涨到几倍于公司基本面价值之后，冲入场内做空的投资者，这里将他们称为"基本面做空者"。遗憾的是，在这样一个"投机做多者"与"基本面做空者"的大碰撞中，没有一边的投资者会成为这场赌局的赢家。而这与许多价值投资大师长期以来的谆谆教诲不谋而合：在证券市场上，既不要投机炒作，也不要以做空牟利。

查理·芒格曾经在公开场合不止一次地反对投资者做空，理由有两点：第一，做空交易盈利的时候，最多只能赚100%，但是亏损的比例却可以是无限大；第二，做空标的保持非理性的时间，可以比做空者保持不破产的时间要长，甚至长得多。对于游戏驿站案例中的"基本面做空者"来说，他们对基本面的判断也许是正确的，但是却陷入了一个糟糕的金融交易结构中。这个结构让他们可能在短期蒙受巨量的损失，而即使公司股票价格最终回到他们预判的位置，这些投资者也会因为无法扛过投资过程中追加保证金的要求，而不得不半途退出。此役让对冲基金损失惨重。在游戏驿站公司的股票交易事件中，美国一些著名的对冲基金，就在巨额亏损压力下，最终放弃了游戏驿站公司股票的空头仓位，认亏出局。

游戏驿站公司股票价格上涨的唯一原因，是"投机做多者"在买入。作为一个整体，他们不可能在卖出的时候赚到钱，"一切都只是纸上财富而已"。与此同时，游戏驿站公司原来的股东正在乐此不疲地把多年没赚钱的股票清仓大吉，高频率的交易也让"投机做多者"不断损失手续费和各种税费，情绪化、不计成本的交易也让以捕捉交易漏洞为生的高频交易机构能够从中渔利。可以预见的是，当"投机做多者"最终从游戏驿站公司的股票上撤出的时候，作为一个整体，他们一定损失惨重。

资料来源：游戏驿站事件：一场没有赢家的股市投机［EB/OL］.证券时报网，https://stock.stcn.com/djjd/202101/t20210130_2792163.html，2021-01-30.

（二）证券投资与投机的区别

在证券市场上，投资与投机存在着较明显的不同，具体表现在以下五个方面：

1. 交易动机不同

从根本上讲，投资者和投机者投入货币都是为了谋取未来的收益。但是，投资者购买有价证券的主要目的在于获取股息、红利收益，出售证券主要也是为了避免因证券价格下跌而造成损失。投机者买卖证券的主要目的并不在于股息、红利收益，而是着眼于证券市场价格的涨落，期望从价格波动中获取买卖差价收入。

2. 交易时间不同

投资者购买有价证券愿意长期保存，以享受按期收入和资本增益，因而主要着眼于长期投资报酬，以谋取长期利益为主。所以，投资者一般都非常注意和关心企业的经营状况和经济效益的高低。投机者热心于交易的快速周转，从频频的买进卖出中谋取利益，因而主要着眼于谋取短期利益。所以，投机者一般并不太关心企业的经营状况和未来盈利状况，而比较关心市场的供求变动和热点转换等交易动向。

3. 交易行为不同

一般来说，投资者在股票行市上涨或波动较大时，不立即参与证券交易，只有当行市下跌可能带来损失时或价格较稳定时，才积极参与市场交易，但并不参与买空卖空交易。投机者则不论股市上涨或下跌，只要预期有利可图，都积极参与市场买卖。

4. 资金来源不同

一般投资者，其资金来源多数是自有资本，主要是对剩余资金的利用。而投机者则经常大量借用银行资本，他们用银行贷款购入证券，再用证券抵押取得贷款，再用抵押贷款购买证券，如此反复，以扩大证券交易规模，借入资本赚取利润。

5. 承受风险不同

一般来说，投资者不愿承受较大风险，较注重投资的安全性，因此，投资者往往选择本金相对安全、预期收入比较稳定、经济效益较好、具有发展前途的企业进行证券投资。投机的预期收入不确定，但投机者为了获得较大的收益，愿意承担较大风险，一般选择高收益、机会较大但风险也高的金融资产。因此，在证券咨询服务中，就利用这个标志把证券分为"投资级"和"投机级"，投机被称作"高风险的投资"。

区别投资与投机的关键在于投资具有时间和收益的可预测性，投机则带有很大的不确定性。但在金融市场特别是证券市场的实际工作中，投资和投机又往往互相交叉，很难从根本上把两者严格地区分开。比如，投机者虽然敢于冒风险，但在收益与风险的比较中，也会在追求高收益的同时，尽可能地避免较大的风险，而且风险的大小与界限往往也很难划分；又如，投机者虽然对证券的价格变动投入较多的注意力，但也不是对证券的质量绝对不做一点分析，不做一点估量，投机者也会尽可能全面地调查情况，以期从证券价格变动中寻找规律性从而指导自己的决策，否则其行动就只是冒险。

第三节 证券投资分析

一、证券投资分析方法

信息、步骤和方法是证券分析的三个基本要素。其中，对证券的分析有三类分析方法，分别是基本分析法、技术分析法以及量化分析法。

（一）基本分析法

基本分析法又称基本面分析法，是指证券分析师根据经济学、金融学、财务管理学及投资学等基本原理，对决定证券价值及价格的基本要素，如宏观经济指标、经济政策走势、行业发展状况等进行分析，评估证券的投资价值，判断证券的合理价位，提出相应的投资建议的一种分析方法。

基本分析法的理论基础在于：(1) 任何一种投资对象都有一种可以称为"内在价值"的固定基准，且这种内在价值可以通过对该种投资对象的现状和未来前景的分析而获得。(2) 市场价格与内在价值之间的差距最终会被市场所纠正，因此市场价格低于（或高于）内在价值之日，便是买（卖）机会到来之时。

基本分析在内容上主要包括宏观经济分析、行业分析和区域分析以及公司分析三个部分。

(1) 宏观经济分析。宏观经济分析主要探讨各经济指标和经济政策对证券价格的影响。经济指标分为三类：①先行性指标。先行指标是指在宏观经济波动到达高峰或低谷前，超前出现峰或谷的指标，即先于宏观经济形势发生变化的指标。这类指标能够对将来的经济状况提供预示性的信息，起到预判宏观经济走势的作用，如 PMI 指数、货币供给、消费者信心指数、企业投资规模等。②同步性指标。同步性指标又称一致指标，是指该指标达到高峰与低谷的时间与经济波动的高峰和低谷基本一致，即与宏观经济形势同步变化的指标。这类指标的变化基本上与总体经济活动的转变同步，能够发挥考察宏观经济形势的作用，如个人收入、企业工资支出、国内生产总值（GDP）、社会商品销售额等。③滞后性指标。滞后性指标是指该指标达到高峰与低谷的时间滞后于经济波动的高峰和低谷，即晚于宏观经济形势发生变化的指标。可以利用这类指标确认宏观经济走势，如失业率、消费者价格指数、企业利润、银行未收回贷款规模等。

（2）行业分析和区域分析。行业分析和区域分析是介于宏观经济分析与公司分析之间的中观层次的分析。行业分析主要分析行业所属的不同市场类型、所处的不同生命周期以及行业业绩对证券价格的影响。区域分析主要分析区域经济因素对证券价格的影响。一方面，行业的发展状况对该行业上市公司的影响是巨大的。从某种意义上说，投资某家上市公司实际上就是以某个行业为投资对象。另一方面，上市公司在一定程度上又受到区域经济的影响，尤其是我国各地区的经济发展极不平衡，产业政策也有所不同，从而对我国证券市场中不同区域上市公司的行为与业绩有着不同程度的影响。

（3）公司分析。公司分析是基本分析的重点，无论什么样的分析报告，最终都要落实在某家公司证券价格的走势上。如果没有对发行证券的公司状况进行全面的分析，就不可能准确预测其证券的价格走势。公司分析侧重对公司的竞争能力、盈利能力、经营管理能力、发展潜力、财务状况、经营业绩以及潜在风险等进行分析，借此评估和预测证券的投资价值、价格及其未来变化的趋势。

（二）技术分析法

技术分析法是仅从证券的市场行为来分析证券价格未来变化趋势的方法。证券的市场行为有多种表现形式，最基本的表现形式是市场价格、成交量的变化以及完成这些变化所经历的时间。技术分析法建立在以下三个重要假设的基础上，分别是：（1）市场行为涵盖一切信息；（2）证券价格沿趋势而动；（3）历史会重演。技术分析理论分为以下几类：K 线理论、切线理论、形态理论、技术指标理论、波浪理论和循环周期理论。

（三）量化分析法

量化分析法是利用统计、数值模拟和其他定量模型进行证券市场相关研究的一种方法，具有"使用大量数据、模型和电脑"的显著特点，广泛应用于解决证券估值、组合构造与优化、策略制定、绩效评估、风险计量与风险管理等投资相关问题，是继传统的基本分析和技术分析之后发展起来的一种重要的证券投资分析方法。

二、证券投资分析应注意的问题

证券分析师进行证券投资分析时，应当注意每种方法的适用范围及各种方法的结合使用。基本分析法的优点主要是能够比较全面地把握证券价格的基本走势，应用起来也相对简单。缺点主要是对短线投资者的指导作用比较弱，预测的精确度相对较低。因此，基本分析法主要适用于周期相对比较长的证券价格预测以及相对成熟的证券市场和预测精确度要求不高的领域。与基本分析法相比，技术分析法对市场的反映比较直观，分析的结论时效性较强。因此，就我国现实市场条件来说，技术分析更适用于短期的行情预测。当然，为使分析结论更具可靠性，应根据上述三种方法所得出的结论作出综合的判断。

【章节小结】

（1）证券是指用以证明或设定权利所做成的书面凭证，它表明证券持有人或第三者有权取得该证券拥有的特定权益，或证明其曾经发生过的行为，具有权力性、收益性、流通性以及风险性。证券按其性质可分为凭证证券和有价证券。有价证券是指标有票面金额，证明持券人有权按期取得一定收入并可自由转让和买卖的所有权凭证或债权凭证。有价证券可以按不同角度、不同标准进行分类。

（2）证券投资是指投资者将资金用于金融资产，即用于存款、贷款或购买股票、债券、基金等各种有价证券，以期获得未来价值增值收益的行为。

（3）证券投资主体是指通过买入证券而进行投资的各类机构法人和自然人。相应地，证券投资主体可分为机构投资者和个人投资者两大类。个人投资者是指从事证券投资的社会自然人，他们是证券市场最广泛的投资者。机构投资者主要有政府机构、金融机构、企业和事业法人及各类基金等。

（4）证券投资的对象是证券资本化的资产，即各种融资工具和交易品种等金融工具，如股票、债券和基金等。

（5）一般而言，普通投资者进行证券投资的主要目的有本金保障、资本增值以及经常性收益；政府机构类投资者参与证券市场的目的主要包括调剂政府资金余缺、实施货币政策。

（6）证券投资需遵循理性投资原则、能力充实原则、责任自负原则、剩余资金投资原则、分散投资原则、收益与风险最佳组合原则。

（7）证券投资的决策过程主要包括确定证券投资策略、进行投资分析、组建证券投资组合、对证券投资组合进行修正、评估证券投资组合的业绩。

（8）证券投资的基本方法包括证券套利、证券包销以及代理证券发行。

（9）证券投机是指根据证券市场价格波动状况，通过基本面和技术面分析，对证券价格的未来走势进行预测，从低价买进和高价卖出中获取价差收益的行为。在证券市场上，投资与投机存在着较明显的不同，具体表现在交易动机、交易时间、交易行为、资金来源以及承受的风险五方面。

（10）证券投资主要有三类分析方法，分别是基本分析法、技术分析法以及量化分析法。

【思政梳理】

本章的思政小课堂通过"'代客理财'莫轻信　证券投资走正途"案例警醒投资者，投资者不能盲目相信从业人员的违法承诺，应保持理性投资理念，努力丰富自身专业知识与经验。投资者只有通过不断的学习，了解证券市场各类业务规则、产品，分析市场信息、进行独立判断，不断积累投资经验，才能有效地防范风险、获取投资收益。

【主要概念】

证券　凭证证券　有价证券　个人投资者　机构投资者　证券投资　证券投机　基本分析　技术分析　量化分析

【案例思考】

阅读下列材料并回答问题。

中国第一股民"杨百万"的第一桶金

杨百万原名叫杨怀定，1950年生，祖籍江苏镇江，作为中国证券发展史上一个标志性的个体股民，其故事后来还被外国媒体报道。1998年，杨怀定被中央电视台评为"中国改革开放二十年风云人物"。

1988年以前他是上海铁合金厂的一个普通职工，干"第二职业"赚外快积累了两三万元余款。有一次他管的仓库被盗，他因出手"大方"，常买烟请厂里的工友们抽而被怀疑是监守自盗，公安局还请他"谈话"。这件事深深地刺激了自尊心很强的杨怀定，他心一横就辞职了。那是1988年2月。

辞职后杨怀定开始从订阅的几十份报纸信息中埋头搜寻致富的机会。4月的一天，一条"上海将开放国债交易"的消息引起了杨怀定的关注，他在4月21日开市第一天一早，买了10 000元三年期国库券，"银行利率5.4%，三年期国库券年利率超过15%，为什么不买？"等到下午，很多人明白过来开始纷纷买入时，价格一下涨到112元，杨怀定抛掉了。半天时间，他赚到了以前一年的工资——800元。

很快，杨怀定发现全国8个城市的国债价格差异很大，他开始日夜兼程做起了国库券异地交易。他带着全部的积蓄前往全国其他省市，在当地银行以较低的价格买入国债，然后再带回上海，以较高的价格卖给银行，赚取差价。为了赶时间，他最忙的一次七天七夜没有睡觉。

1989年，赚到了"第一桶金"的杨怀定，转身投入股市。杨怀定投资的第一只股票是"电真空"。半年后，股票大涨，杨怀定在800元以上价位抛掉，净赚150多万元，"杨百万"的外号，就此不胫而走。一年后，"电真空"跌到了375元，他又买了回来。在股市行情低迷时，杨百万的"绝招"就是全部卖光，远离熊市，"2001年开始的国有股减持的4年大'熊'，我一直远离，直到2005年1月，虽然4年的时间我每天还要去股市上班。"

资料来源：传奇落幕！"中国第一股民"杨百万因病去世，享年71岁……2万国库券赚到100万，上交所开业首日独揽一半成交量［EB/OL］. 证券时报，https：//www.toutiao.com/article/6973817129812361735/? channel=&source=search_tab，2021-06-15.

思考题：

（1）证券有什么特征？证券有哪些分类？

（2）证券投资的主体和对象分别是什么？

（3）证券投资的决策过程是什么？

（4）证券投资的基本方法有哪些？

（5）什么是证券投机？如何区分证券投资与证券投机？

【实训要求】
  1. 实训目的及要求
  开设模拟账户,以便后期通过模拟交易学习和验证课堂知识,帮助学生更快地了解和掌握相关的基本操作和盘面知识,掌握股票交易的程序及注意事项。
  2. 实训内容
  教师进行模拟账户开户、委托等股票交易业务流程的演示;学生模拟操作过程,了解模拟买卖交易步骤。

第二章 证券投资工具

【学习目标】

　　熟悉各种常见的证券投资工具。掌握股票的概念、特性及分类，掌握普通股和优先股的概念、特点及区别，了解我国的股权结构，了解股票投资的收益与风险，掌握股票价格指数的计算方法；掌握债券的概念、基本要素、特征及分类，了解债券的发行及管理；掌握证券投资基金的基本分类、概念，了解证券投资基金的发行、交易及管理；掌握衍生金融工具的主要类型、金融功能和缺陷。

　　要求查找并了解各类证券投资工具，熟悉各种证券投资工具的特征和投资操作要点。

【案例导入】

投资天才巴菲特

　　美国投资家沃伦·巴菲特被人称为世界级的"天才理财家"，他在证券投资方面的成就可以称得上是前无古人、后无来者。巴菲特是美国一家最著名的投资公司——伯克夏公司的董事长，该公司股票现在是纽约证券交易所价格最高的股票，但是人们仍然竞相购买，因为他管理的投资公司使不少美国普通人一跃成为百万富翁，乃至千万富翁。

　　沃伦·巴菲特从小喜欢经商，小小年纪就从卖报纸、卖高尔夫球和管理游戏机中获利。其父曾为股市经纪人，耳濡目染，他8岁时就迷上了股市，替其姐姐买卖股票并且获利。20岁时他读了本杰明·格拉姆写的《聪明的投资者》一书后，深受启发，决定到哥伦比亚大学从师于这位证券分析大师。毕业后就到格拉姆的投资公司工作了2年。2年后，也就是1956年，巴菲特在奥马哈开始了他自己的合伙投资事业。这个合伙投资公司由他全权负责投资，他与投资者约定：在投资者收回资本及相当于6%的年利后，其余的利润，投资者得3/4，他得1/4。当时年仅25岁的巴菲特雄心勃勃地给自己设定了投资目标：盈利每年比道·琼斯工业平均指数超出10个百分点。也就是说，若股市水平上升20%，他应得到30%的收益。他的勤奋工作和聪明才智确实使他如愿以偿：从1956年到1969年的13年，巴菲特投资年收益率达到30%。

　　巴菲特是格拉姆最得意的门生之一。他的投资哲学继承了格拉姆的投资思想精髓。格拉姆投资哲学的内核是"内涵价值"学说。巴菲特认定它是投资制胜的关键理念。纵观巴菲特的投资历史，人们看到，他始终坚持这个标准——以股票的内涵价值来挑选各种可靠的股票，而从不依据股票是否为热门货，盲目跟风。他选择有潜力的股票的灵感源于阅读大量的公司年度财务报告、金融新闻和专业杂志。他根据企业所在行业的前景、产品质量和企业经理人员使用资金的能力，对企业进行分析，判断企业的内在价值，然后估计企业将来可以赚多少钱，来确定企业股价应该为多少。

巴菲特喜欢投资于特殊商品型企业。特殊商品型企业是指独此一家生产某种产品，他人没有能力与之竞争的企业。例如，1963年，美国运通公司因某子公司丑闻引发了股票票价暴跌，账面上几乎没有了净资产。巴菲特却认为美国运通公司的两个主要业务：全国旅行社支票业务、信用卡业务在美国占据基本垄断的地位，丑闻并没有影响它们，而这两种业务没有竞争者与之为敌。巴菲特从不把1/4以上的资本投入一个公司，这次却一反常态，把所有资本的40%——1 300万美元全部购买美国运通公司的股票。2年后，他卖掉这些股票时净赚了2 000万美元。

巴菲特在整个投资过程中总是力争把资本损失的风险降到最小限度。当股价高涨时，风险也就跟随而来。股价愈高，风险愈大。因此对于卖出股票，他的原则是力戒贪心。他说，"永远不要指望卖个好价钱，只要买进时价格富有吸引力，即使卖个中等价也能得到满意的收益"。对于卖出时机的选择，巴菲特有非常明智的见解，他认为，在选股时要选自己愿意长期持股的公司，由于很难发现好的公司，发现后就不要轻易卖掉，但也要相机而动，一旦发现股价已超过潜在的价值就应该卖掉。

巴菲特信奉的格拉姆投资法的中心思想是："当企业的市面价格低于其价值就投资。"一旦股价过高，他就停止投资，干脆休息，绝不拿钱开玩笑。他把写着"愚人和他的钱到处受到邀请"的醒目语句的条幅时刻挂在办公室的墙上。1969年，美国股市过热，巴菲特认为寻找有潜力的股票的机会越来越少，干脆卖掉了累积了13年的股票，解散了合伙投资基金。当他把钱分还给投资者时，仅奥马哈市就有50多人一下子成了百万富翁。巴菲特判断无误，他离场后，股市竞争愈发困难。13年后，美国股市的温度终于降了下来，道·琼斯指数逐步降到了不及他1969年退出时的水平。1973年巴菲特又重新杀入股市。奇怪的是，自他进场后，市场又着实红火起来。1976年他的收益率竟达到了令人瞠目的高度——59%。

巴菲特独特的投资策略和勤奋的工作使他投资管理的每一年都实现了青年时定下的雄心勃勃的投资目标：赢市场10个百分比！

资料来源：[美]艾丽斯·施罗德. 滚雪球：巴菲特和他的财富人生[M]. 第2版. 北京：中信出版社，2013.

第一节　权益类投资工具

一、股票的概念

股票是一种有价证券，它是股份有限公司公开发行的用以证明投资者的股东身份和权益，并据以获得股息和红利的凭证。股份有限公司的资本划分为股份，每一股股份的金额相等。公司的股份采取股票的形式。股份的发行实行公平、公正的原则，同种类的每一股份具有同等权利。股票一经发行，购买股票的投资者即成为公司的股东。股票实质上代表了股东对股份公司的所有权，股东凭借股票可以获得公司的股息和红利，参加股东大会并行使自己的权利，同时也承担相应的责任与风险。股东与公司之间不是债权债务关系，因此，在企业破产清算时，股东只能在债权人收回自己的债权后享受剩余财产分配权。

实质上，股票只是代表股份资本所有权的证书，是参与公司决策和索取股息的凭证，它只是间接地反映了实际资本运动的状况，是一种独立于实际资本之外的虚拟资本。

二、股票的特性

（一）永久性

永久性是指股票所载有权利的有效性是始终不变的，因为它是一种无期限的法律凭证。股票的有效期与股份公司的存续期间相联系，两者是并存的关系。这种关系实质上反映了股东与股份公司之间比较稳定的经济关系。股票代表着股东的永久性投资，投资者在认购了股票后，不能要求退股，虽然能到二级市场卖出股票转让股东身份，但对于公司而言，并不减少公司资本。从期限上看，只要公司存在，它所发行的股票就存在，股票的期限等于公司存续的期限。

（二）参与性

参与性是指股票持有人有权参与公司重大决策的特性。股东有权出席股东大会，选举公司董事，参与公司的重大决策。股票持有者的投资意志和享有的经济利益，通常是通过行使股东参与权来实现的。股东参与公司重大决策权力的大小通常取决于其持有股份数量的多少，如果某股东持有的股份数量达到决策所需要的有效多数时，就能实质性地影响公司的经营方针。

（三）收益性

收益性是股票最基本的特征，它是指股票可以为持有人带来收益的特性。股票的收益来源可分成两类：一是来自股份公司。股东凭其持有的股票，有权从公司领取股息或红利，获取投资的收益。股息或红利的大小，主要取决于公司的盈利水平和公司的盈利分配政策。二是来自股票流通。股票投资者可以获得价差收入或实现资产保值增值。通过低价买入和高价卖出股票，投资者可以赚取价差利润，这种差价收益称为"资本利得"。在通货膨胀时，股票价格会随着公司原有资产重置价格的上升而上涨，从而避免了资产贬值。

（四）流通性

股票的流通性是指股票在不同投资者之间的可交易性。流通性通常以可流通的股票数量、股票成交量以及股价对交易量的敏感程度来衡量。可流通股数越多，成交量越大，价格对成交量越不敏感，股票的流通性就越好，反之就越差。股票的流通，使投资者可以在市场上卖出所持有的股票，以取得现金。通过股票的流通和股价的变动，可以看出人们对于相关行业和上市公司的发展前景及盈利潜力的判断。

（五）风险性

股票风险的内涵是股票投资收益的不确定性。股票在交易市场上作为交易对象，与商品一样，有自己的市场行情和市场价格。由于股票价格要受到诸如公司经营状况、供求关系、银行利率、大众心理等多种因素的影响，其波动有很大的不确定性。正是这种不确定性，有可能使股票投资者遭受损失。价格波动的不确定性越大，投资风险也越大。因此，股票是一种高风险的金融产品。

三、股票的种类

（一）按上市地区划分

按上市地区分，我国上市公司的股票有 A 股、B 股、H 股、N 股、S 股等，这一区分主要依据股票的上市地点和所面对的投资者而定。

（1）A 股。A 股的正式名称是人民币普通股票。它是由我国境内的公司发行，供境内机构、组织或个人以及合格境外机构投资者（QFII）以人民币认购和交易的普通股股票。

（2）B 股。B 股的正式名称是人民币特种股票，它是指由境内注册和上市的公司发行的，以人民币标明面值，以外币认购和买卖，在中国境内（上海、深圳）证券交易所上市交易的外资股。

（3）H 股、N 股、S 股。H 股也称国企股，指注册地在内地、上市地在香港的中资企业股票。H 股为实物股票，实行"T+0"交割制度，无涨跌幅限制。中国大陆地区机构投资者和个人投资者均可以投资 H 股，但大陆地区个人投资者证券账户和资金账户之和需超过 50 万元。N 股是指那些在中国大陆注册、在美国纽约（New York）的证券交易所上市的外资股票，取纽约英文字首的第一个字母 N 作为名称。在我国股市中，当股票名称前出现了 N 字，表示这只股是当日新上市的股票，字母 N 是英语 New（新）的缩写。S 股是境内公司发行的以人民币标明面值，供境外投资者用外币认购，在新加坡交易所上市的股票。这些企业的生产、经营等核心业务和注册地均在中国内地。

（二）按股票代表的股东权利划分

按股东享有权利的不同，股票可以分为普通股、优先股、后配股。

（1）普通股。普通股是指在公司的经营管理、盈利及财产的分配上享有普通权利的股份，代表满足所有债权偿付要求及优先股股东的收益权与求偿权要求后对企业盈利和剩余财产的索取权。它构成公司资本的基础，是股票的一种基本形式，也是发行量最大、最为重要的股票，亦是风险最大的一种股份。普通股的股东对公司的管理、收益享有平等权利，根据公司经营效益分红，风险较大。目前，在上海证券交易所（简称"上交所"）和深圳证券交易所（简称"深交所"）上市交易的股票都是普通股。一般可把普通股的特点概括为如下四点：

①持有普通股的股东有权获得股利，但必须是在公司支付了债息和优先股的股息之后才能分得。普通股的股利是不固定的，一般视公司净利润的多少而定。当公司经营有方，利润不断递增时普通股能够比优先股多分得股利，股利率甚至可以超过 50%；但当公司经营不善的时候，也可能连一分钱都得不到，甚至可能连本也赔掉。

②当公司因破产或结业而进行清算时，普通股东有权分得公司剩余资产，但普通股东

必须在公司的债权人、优先股股东之后才能分得财产,财产多时多分,少时少分,没有则只能作罢。由此可见,普通股东与公司的命运更加息息相关、荣辱与共。当公司获得暴利时,普通股东是主要的受益者;而当公司亏损时,他们又是主要的受损者。

③普通股东一般都拥有发言权和表决权,即有权就公司重大问题进行发言和投票表决。普通股东持有一股便有一股的投票权,持有两股者便有两股的投票权。任何普通股东都有资格参加公司最高级会议即每年一次的股东大会,但如果不愿参加,也可以委托代理人来行使其投票权。

④普通股东一般具有优先认股权,即当公司增发新普通股时,现有股东有权优先(可能还以低价)购买新发行的股票,以保持其对企业所有权的原百分比不变,从而维持其在公司中的权益。比如某公司原有 1 万股普通股,而你拥有 100 股,占 1%,而公司决定增发 10% 的普通股,即增发 1 000 股,那么你就有权以低于市价的价格购买其中 1% 即 10 股,以便保持你持有股票的比例不变。公司提供认股权时,一般规定股权登记日期,股东只有在该日期内登记并缴付股款,方能取得认股权而优先认购新股。

(2) 优先股。优先股是股份公司发行的在利润分红及剩余财产分配时比普通股具有优先权的股份。优先股也是一种没有期限的所有权凭证,优先股股东一般不能在中途向公司要求退股,只有少数可赎回的优先股例外。一般可把优先股的特点概括为如下四点:

①优先股通常预先设定股息收益率。由于优先股股息率是固定的,所以一般不会随公司经营情况而增减,而且一般也不能参与公司的分红,但优先股可以先于普通股获得股息。对公司来说,由于股息固定,它不影响公司的利润分配。

②优先股的权利范围小。优先股股东一般没有选举权和被选举权,对股份公司的重大经营无投票权,但在某些情况下可以享有投票权。有限表决权,对于优先股股东的表决权限,财务管理中有严格限制,优先股股东在一般股东大会中无表决权或限制表决权,或者缩减表决权,但召开会议讨论与优先股股东利益有关的事项时,优先股股东具有表决权。

③剩余资产分配优先。当股份公司因解散或破产进行清算时,在对公司剩余资产的分配上,优先股票股东排在债权人之后、普通股票股东之前。也就是说,优先股票股东可优先于普通股票股东分配公司的剩余资产,但一般是按优先股票的面值清偿。

④股息分配优先。在股份公司盈利分配顺序上,优先股票排在普通股票之前。各国公司法对此一般都规定,公司盈利首先应支付债权人的本金和利息,缴纳税金;其次是支付优先股股息;最后才分配普通股股利。因此,从风险角度看,优先股票的风险小于普通股票。

(3) 后配股。后配股是在利益或利息分红及剩余财产分配时比普通股处于劣势的股票,一般是在普通股分配之后,对剩余利益进行再分配。如果公司的盈利巨大,后配股的发行数量又很有限,则购买后配股的股东可以取得很高的收益。发行后配股,一般所筹措的资金不能立即产生收益,投资者的范围又受限制,因此利用率不高。后配股一般在下列情况下发行:

①公司为筹措扩充设备资金而发行新股票时,为了不减少对旧股的分红,在新设备正式投用前,将新股票作为后配股发行。

②企业兼并时,为调整合并比例,向被兼并企业的股东交付一部分后配股。

③在有政府投资的公司里,私人持有的股票股息达到一定水平之前,把政府持有的股

票作为后配股。

(三) 按票面形态划分

按票面形态分类，股票分为记名股票和无记名股票、面值股票和无面值股票、单一股票和复数股票等。

(1) 记名股票和无记名股票。这主要是根据股票是否记载股东姓名来划分的。记名股票是指在股票票面和股份公司的股东名册上记载股东姓名的股票。这种股票有安全、不怕遗失的优点，但转让手续烦琐，如需转让，必须经公司办理过户手续。无记名股票是指在股票票面和股份公司股东名册上均不记载股东姓名的股票。无记名股票也称"不记名股票"，转让手续简便，通过交付就可生效。

(2) 面值股票和无面值股票。这主要是根据股票是否记明每股金额来划分的。面值股票是指在股票票面上记载一定金额的股票。这一记载的金额也称为"票面金额""票面价值"或"股票面值"。面值股票给股票定了一个票面价值，这样容易确定每一股份在该公司中所占的比例。无面值股票也被称为"比例股票"或"份额股票"，是指在股票票面上不记载股票面额，只注明它在公司总股本中所占比例的股票。这种股票最大的优点就是避免了公司实际资产与票面资产的背离，因为股票的面值往往徒有虚名，人们关心的不是股票面值，而是股票价格。

(3) 单一股票和复数股票。这主要是根据股票上表示的份数来划分的。单一股票，又称单数股票，指每张股票只包含一股股份的股票，也即一票一股的股票，是"并合股票"的对称。对于股票投资者来说，每当他拥有发行公司一个股份就享有请求发行一张股票的权利，它是公司股票的基本单位，也是股票的最小单位。单一股票的特点是投资风险较为集中，投资风险较大。复数股票是指每张股票票面表示数股的股票。一般来讲，每张股票表示一个股份，但有些人持有许多股份，在保存和交易上很不方便，故公司亦可发行复数股票。

四、我国的股权结构

股份公司的所有权按照所有者的性质分为国有股、法人股、公众股和外国股。目前我国股份有限责任公司中上市公司的股权结构是上市公司股份集中于国有股。

(一) 国有股

国有股是指有权代表国家投资的部门或机构，用国有资产向股份公司投资获取的股份，包括公司现有国有资产折算成的股份。在我国企业股份制改革中，原来一些全民所有制企业改组为股份公司，从性质上讲，这些全民所有制企业的资产属于国家所有，因此在改组为股份公司时，就折成国有股。另外，国家对新组建的股份公司进行投资，也构成国有股，国有股由国务院授权的部门或机构持有，或根据国务院决定，由地方人民政府授权的部门或机构持有，并委派股权代表。

(二) 法人股

法人股是指企业法人或具有法人资格的事业单位和社会团体，以其依法可支配的资产,向股份有限公司非上市流通股权部分投资所形成的股份。法人股是法人经营自身财产的一种投资行为。法人股股票以法人记名。如果该法人是国有企业、事业单位及其他单位,那么该法人股为国有法人股,国有法人股也属于国有股权;如果是非国有法人资产投资于上市公司形成的股份则为社会法人股。社会法人股也称非国有法人股。目前国有法人股比社会法人股多。

(三) 公众股

公众股也可以称为个人股,是指社会个人或股份公司内部职工以个人合法财产投入公司形成的股份。公众股有两种基本形式,公司职工股和社会公众股。公司职工股是公司职工在公司公开向社会发行股票时按发行价格所认购的股份。按照《股票发行和交易管理暂行条例》规定。公司职工股的股本数额不得超过拟向社会公众发行股本总额的10%。公司职工股在本公司股票上市6个月后即可安排上市流通。社会公众股是指股份公司采用募集设立方式设立时向社会公众(非公司内部职工)募集的股份,也指社会公众依法以其拥有的财产投入公司时形成的可上市流通的股份。

(四) 外资股

外资股是指经批准,股份公司向外国和我国香港、澳门、台湾地区投资者发行的股票。这是我国股份公司吸收外资的一种方式。外资股按上市地域可以分为境内上市外资股和境外上市外资股。

境内上市外资股原来是指股份有限公司向境外投资者募集并在我国境内上市的股份,投资者限于外国和我国香港、澳门、台湾地区的投资者。这类股票称为B股,B股以人民币标明股票面值,以外币认购、买卖。经国务院批准,中国证监会决定自2001年2月下旬起,允许境内居民以合法持有的外汇开立B股账户,交易B股股票。自从B股市场对境内投资者开放之后,境内投资者逐渐取代境外投资者成为投资主体,B股出现了由"外资股"演变为"内资股"的趋向。

境外上市外资股是指股份有限公司向境外投资者募集并在境外上市的股份。它也采取记名股票形式,以人民币标明面值,以外币认购。在境外上市时,可以采取境外存股证形式或者股票的其他派生形式。在境外上市的外资股除了应符合我国的有关法规外,还须符合上市所在地国家或者地区证券交易所制定的上市条件。我国境外上市外资股主要采取美国存托凭证ADRs、全球存托凭证GDRs和通过中国香港上市的H股等形式。

五、股票投资的收益与风险

(一) 股票投资收益的概念

股票收益是股票股息和因拥有股票所有权而获得的超出股票实际购买价格的收益。具体来说,就是股票股息、红利和股票市价的升值部分。

1. 股息

股息指股票持有人定期从股份公司中取得的一定利润。利润分配的标准以股票的票面资本为依据。上市公司发放股息的原则是：必须依法进行必要的扣除后才能将税后利润用于分配股息。其具体的扣除项目和数额比例要视法律和公司章程的规定。由于股息是股票的名义收益，而股票价格则是经常变化的，因此比较起来，股票持有者对股票价格变动带来的预期收益比对股息更为关心。

2. 红利

红利是超过股息的另一部分收益，一般是普通股享有的收益，优先股是不能参加红利分配的。公司发放红利大致有三种形式：现金红利、股份红利、财产红利。一般大多数公司都是发放现金红利的，不发放现金红利的主要是那些正在迅速成长的公司，它们为了公司的扩展，需要暂存更多的资金以满足进一步的需要，这种做法常常为投资者所接受。

3. 股票升值

股票升值是股票市价的升值部分，其根据企业资产增加的程度和经营状况而定，具体体现为股票价格所带来的收益。

（二）股票收益率的计算

股票收益率是反映股票收益水平的指标，反映了投资者以现行价格购买股票的预期收益水平，它是年现金股利与现行市价之比率。

$$本期股票收益率 = 年现金股利 \div 本期股票价格 \times 100\%$$

由于股票投资者持有股票的时间有长有短，因此有必要计算股票的持有期收益率。股票在持有期间获得的收益率为持有期收益率。

$$持有期收益率 = [（出售价格 - 购买价格）\div 持有年限 + 现金股利] \div 购买价格 \times 100\%$$

此外，公司进行拆股必然导致股份增加和股价下降，正是由于拆股后股票价格要进行调整，因而拆股后的持有期收益率也随之发生变化。

$$拆股后持有期收益率 = （调整后的资本所得 \div 持有期限 + 调整后的现金股利）\\ \div 调整后的购买价格 \times 100\%$$

【例2-1】 投资者 A 和投资者 B 均以 15 元 1 股的价格买入某公司股票，持有 1 年均分得现金股息 2 元，在得到股息后投资者 A 立即将持有的股票以 20 元每股的价格抛出，另外公司决定按 1:2 比例拆股，拆股消息发布后该公司股票价格为 18 元每股，投资者 B 此时以市价出售股票。

投资者 A 股利收益率 = $2 \div 15 \times 100\% = 13.33\%$

投资者 A 持有期收益率 = $[(20-15) \div 1 + 2] \div 15 \times 100\% = 46.67\%$

投资者 B 拆股后持有期收益率 = $(9-7.5+1) \div 7.5 \times 100\% = 33.33\%$

（三）股票投资的风险

（1）购买力风险。购买力风险，又称通货膨胀风险，是由于通货膨胀引起的投资者实际收益率的不确定。证券市场是企业与投资者直接融资的场所，因而社会货币资金的供给总量成为决定证券市场供求状况和影响证券价格水平的重要因素，当货币资金供应量增长过猛，出现通货膨胀时，证券的价格也会随之发生变动。

（2）利率风险。利率是银行信用活动中的存贷款利率。利率是经济运行过程中的一个重要经济杠杆,它会经常发生变动,从而会给股票市场带来明显的影响。一般来说,银行利率上升,股价下跌,反之亦然。

(3)汇率风险。汇率与证券投资风险的关系主要体现在两方面:一是本国货币升值有利于以进口原材料为主从事生产经营的企业,不利于产品主要面向出口的企业,因此投资者看好前者,看淡后者,就会引发股价的涨落。

(4)宏观经济风险。宏观经济风险主要是由于宏观经济因素的变化、经济政策变化、经济的周期性波动以及国际经济因素的变化给股票投资者可能带来的意外收益或损失。

(5)社会、政治风险。稳定的社会、政治环境是经济正常发展的基本保证,对证券投资者来说也不例外。倘若国家政治局势出现大的变化,如政府更迭、国家首脑健康状况出现问题、国内出现动乱、对外政治关系发生危机时,都会在证券市场上产生反响。

(6)市场风险。市场风险是股票持有者面临的所有风险中最难对付的一种,它给持股人带来的后果有时是灾难性的。在股票市场上,行情瞬息万变,并且很难预测行情变化的方向和幅度。

(7)金融风险。金融风险与公司筹集资金的方式有关。通常通过观察一个公司的资本结构来估量该公司的股票的金融风险。资本结构中贷款和债券比重小的公司,其股票的金融风险低;贷款和债券比重大的公司,其股票的金融风险高。

(8)经营风险。经营风险是指由于公司的外部经营环境和条件以及内部经营管理方面的问题造成公司收入的变动而引起的股票投资者收益的不确定。经营风险的程度因公司而异,取决于公司的经营活动,某些行业的收入很容易变动,因而很难准确预测。

六、股票价格指数

(一)股票价格指数的定义

股票价格指数,简称股指,是由证券交易所或金融服务机构编制的表明股票行市变动的一种供参考的指示数字,是描述股票市场总的价格水平变化的指标。根据股票价格指数反映的价格走势所涵盖的范围,可以将其划分为反映整个市场走势的综合性指数和反映某一行业或某一类股票价格走势的分类指数。

股票价格指数是为度量和反映股票市场总体价格水平及其变动趋势而编制的股价统计相对数。通常是报告期的股票平均价格或股票市值与选定的股票平均价格或股票市值相比,并将两者的比值乘以基期的指数值,即为该报告期的股票价格指数。

当股票价格指数上升时,表明股票的平均价格水平上涨;当股票价格指数下降时,表明股票的平均价格水平下降;是反映市场所在国(或地区)社会、政治、经济变化状况的晴雨表。

(二)股票价格指数的计算方法

在计算股票价格指数时,通常将股价平均数和股价指数分别进行计算,这主要是由于两者对股市的实际作用不同。股价平均数反映多种股票价格变动的一般水平,通常以算术平均数表示;而股价指数是反映不同时期的股价变动情况的相对指标,通过它人们可以了解计算期的股价比基期的股价上升或下降的百分比。

1. 股价平均数的计算

股价平均数采用股价平均法，用来度量所有样本股经调整后的价格水平的平均值。股票价格平均数反映一定时点上市股票价格的绝对水平，它可分为简单算术股价平均数、修正的股价平均数、加权股价平均数三类。人们通过对不同时点股价平均数的比较，可以看出股票价格的变动情况及趋势。

（1）简单算术股价平均数。

简单算术股价平均数就是把采样股票的总价格平均分配到采样股票上。其计算的基本方法是：先从市场上每种采样股票中拿出一股，将其收盘价格相加，再除以采样股数，得出的商便是股价平均数。计算公式为：

$$\bar{P} = \sum \frac{P_i}{N} \tag{2.1}$$

其中，P_i 表示各样本收盘价；N 表示样本股票种数。

【例2-2】从某一股市采样的股票为 A、B、C、D 四种，在某一交易日的收盘价分别为10元、16元、24元和30元，计算该市场股价平均数。将上述数置入公式中，即得：

$$股价平均数 = (P1 + P2 + P3 + P4)/n$$
$$= (10 + 16 + 24 + 30)/4$$
$$= 20（元）$$

简单算术股价平均数的优点是计算简便，但也存在两个缺点：第一，发生样本股送配股、拆股和更换时会使股价平均数失去真实性、连续性和时间数列上的可比性；第二，在计算时没有考虑权数，即忽略了发行量或成交量不同的股票对股票市场有不同影响这一重要因素。

（2）修正的股价平均数。

修正股价平均数是在简单算术股价平均数法的基础上，当样本股名单发生变化，或样本股的股本结构发生变化，又或样本股的市值出现非交易因素的变动时，通过变动除数，使股价平均数保持连贯性。修正的股价平均数有两种。

一是除数修正法，又称道式修正法。修正除数的计算公式如下：

修正前的价格（或总市值）÷原除数 = 修正后的总价格（或总市值）÷新除数

由此公式得出新除数，即修正后的除数，又被称为"新基期"，并据此计算以后的指数。

修正股价平均数 = 股份变动后的总价格 ÷ 新除数

目前在国际上影响最大、历史最悠久的道—琼斯股价平均数就采用修正股价平均数法来计算股价平均数，每当股票分割、送股或增发、配股数超过原股份10%时，就对除数作相应的修正。

二是股价修正法。股价修正法就是将股票分割等，变动后的股价还原为变动前的股价，使股价平均数不会因此变动。美国《纽约时报》编制的500种股价平均数就采用股价修正法来计算股价平均数。

(3)加权股价平均数。

加权股价平均数也称"加权平均股价",是将各样本股票的发行量或成交量作为权数计算出来的股价平均数。其计算公式为:

$$\bar{P} = \frac{\sum_{i=1}^{n} P_i W_i}{\sum_{i=1}^{n} W_i} \tag{2.2}$$

其中,W_i 表示样本股的发行量或成交量。

以样本股成交量为权数的加权平均股价可表示为:

加权平均股价 = 样本股成交总额 ÷ 同期样本股成交总量

计算结果为平均成交价。

以样本股发行量为权数的加权平均股价可表示为:

加权平均股价 = 样本股市价总额 ÷ 同期样本股发行总量

计算结果为平均市场价格。

2. 股价指数的计算

编制股价指数通常以一定数量有代表性的上市公司股票作为样本股,再以某一有代表性或股价相对稳定的日期为基期计算基期平均股价或市值,并将基期平均股价或市值定为某一常数(通常为100、1 000或10),并据此计算对应期限的股价指数。股价指数主要的编制方法有简单算术股价指数和加权股价指数两类。

(1)简单算术股价指数。简单算术股价指数有相对法和综合法之分。

相对法是先计算各样本股的个别指数,再加总求出算术平均数。若设股价指数为 P',基期第 i 种股票价格为 P_{0i},计算期第 i 种股票价格为 P_{1i},样本数为 N,并设基期指数值为某一固定乘数(点数),计算公式为:

$$P' = \frac{\sum_{i=1}^{n} \frac{P_{1i}}{P_{0i}}}{N} \tag{2.3}$$

综合法是将样本股票基期价格和计算期价格分别加总,然后再求出股价指数,其计算公式为:

$$P' = \frac{\sum_{i=1}^{n} P_{1i}}{\sum_{i=1}^{n} P_{0i}} \tag{2.4}$$

(2)加权股价指数是以样本股票发行量或成交量为权数加以计算,又有基期加权、计算期加权和几何加权之分。

基期加权股价指数又称"拉斯贝尔加权指数"(Laspeyre Index),简称 L 指数,系采用基期发行量或成交量作为权数,计算公式为:

$$P' = \frac{\sum_{i=1}^{n} P_{1i} W_{0i}}{\sum_{i=1}^{n} P_{0i} W_{0i}} \tag{2.5}$$

其中，W_{0i}表示第 i 种股票基期发行量或成交量。

计算期加权股价指数又称"派许加权指数"（Paasche Index），简称 P 指数，采用计算期发行量或成交量作为权数。其适用性较强，使用较广泛，很多著名股价指数如标准普尔指数等，都使用这一方法。计算公式为：

$$P' = \frac{\sum_{i=1}^{n} P_{1i}W_{1i}}{\sum_{i=1}^{n} P_{0i}W_{1i}} \tag{2.6}$$

其中，W_{1i}表示第 i 种股票基期发行量或成交量。

几何加权股价指数又称"费雪理想式"（Fisher's Index Formula），是对两种指数作几何平均，由于计算复杂，很少被实际应用。其计算公式为：

$$P' = \sqrt{\frac{\sum_{i=1}^{n} P_{1i}W_{0i}}{\sum_{i=1}^{n} P_{0i}W_{0i}} \times \frac{\sum_{i=1}^{n} P_{1i}W_{1i}}{\sum_{i=1}^{n} P_{0i}W_{1i}}} \tag{2.7}$$

（三）我国主要的股价指数

1. 中证指数有限公司及其指数

中证指数有限公司成立于 2005 年 8 月 25 日，是由上海证券交易所和深圳证券交易所（沪、深证券交易所）共同出资发起设立的一家专业从事证券指数及指数衍生产品开发服务的公司。

（1）沪深 300 指数。沪深 300 指数是沪、深证券交易所于 2005 年 4 月 8 日联合发布的反映 A 股市场整体走势的指数。沪深 300 指数编制目标是反映中国证券市场股票价格变动的概貌和运行状况，并能够作为投资业绩的评价标准，为指数化投资和指数衍生产品创新提供基础条件。中证指数有限公司成立后，沪、深证券交易所将沪深 300 指数的经营管理及相关权益转移至中证指数有限公司。

（2）中证规模指数。中证规模指数包括中证 100 指数、中证 200 指数、中证 500 指数、中证 700 指数、中证 800 指数和中证流通指数。这些指数与沪深 300 指数共同构成中证规模指数体系。其中，中证 100 指数定位于大盘指数，中证 200 指数为中盘指数，沪深 300 指数为大中盘指数，中证 500 指数为小盘指数，中证 700 指数为中小盘指数，中证 800 指数则由大中小盘指数构成。中证规模指数的计算方法、修正方法、调整方法与沪深 300 指数相同。除此以外，中证指数公司还编制和发布中证行业指数系列、中证风格指数系列、中证主题指数系列、中证策略指数系列和中证海外指数系列。

2. 上海证券交易所的股价指数

由上海证券交易所编制并发布的上证指数系列是一个包括上证 180 指数、上证 50 指数、上证综合指数、A 股指数、B 股指数、分类指数、债券指数、基金指数等的指数系列，其中最早编制的为上证综合指数。

（1）成分指数类。

①上证成分股指数。上证成分股指数简称"上证 180 指数"，是上海证券交易所对原上证 30 指数进行调整和更名产生的指数。

②上证50指数。2004年1月2日，上海证券交易所发布了上证50指数。上证50指数根据流通市值、成交金额对股票进行综合排名，从上证180指数样本中挑选上海证券市场规模大、流通性好的最具代表性的50只股票组成样本股，以综合反映上海证券市场最具市场影响力的一批龙头企业的整体情况。指数以2003年12月31日为基日，以该日50只成分股的调整市值为基期，基数为1 000点。上证50指数的计算方法、修正方法、调整方法与上证成分股指数相同。上证成分指数类还有上证超大盘、上证中盘、上证小盘、上证中小盘、上证全指等。

③上证380指数。上海证券交易所和中证指数有限公司于2010年11月29日发布上证380指数。上证380指数样本股的选择主要考虑公司规模、盈利能力、成长性、流动性和新兴行业的代表性，侧重反映在上海证券交易所上市的中小盘股票的市场表现。

（2）综合指数类。

①上证综合指数。上海证券交易所从1991年7月15日起编制并公布上海证券交易所股价指数，它以1990年12月19日为基期，以全部上市股票为样本，以股票发行量为权数，按加权平均法计算。遇新股上市、股票退市或上市公司增资扩股时，采用除数修正法修正原固定除数，以保证指数的连续性。2007年1月上海证券交易所宣布，新股于上市第11个交易日开始计入上证综合指数、新上证综合指数及相应上证A股、上证B股、上证分类指数，从而进一步完善指数编制规则，使指数更真实地反映市场的平均收益水平。

②新上证综合指数。新上证综合指数简称"新综指"，指数代码为000017，于2006年1月4日首次发布。新综指选择已完成股权分置改革的沪市上市公司组成样本，实施股权分置改革的股票在方案实施后的第2个交易日纳入指数。新综指是一个全市场指数，它不仅包括A股市值，对于含B股的公司，其B股市值同样计算在内。

上证综合指数系列还包括A股指数、B股指数及工业类指数、商业类指数、地产类指数、公用事业类指数、综合类指数、中型综指、上证流通指数等。

3. 深圳证券交易所的股价指数

（1）样本指数类。

①深证成分股指数。深证成分股指数由深圳证券交易所编制，通过对所有在深圳证券交易所上市的公司进行考察，按一定标准选出40家有代表性的上市公司作为成分股，以成分股的可流通股数为权数，采用加权平均法编制而成。成分股指数以1994年7月20日为基日，基日指数为1 000点，起始计算日为1995年1月23日。

②深证100指数。深圳证券信息有限公司于2003年初发布深证100指数。深证100指数成分股的选取主要考察A股上市公司流通市值和成交金额两项指标，从在深交所上市的股票中选取100只A股作为成分股，以成分股的可流通A股数为权数，采用派许综合法编制。根据市场动态跟踪和成分股稳定性原则，深证100指数将每半年调整一次成分股。深证100指数以2002年12月31日为基准日，基准指数定为1 000点，从2003年1月2日开始编制和发布。深证100指数采用派许加权法编制。

（2）综合指数类。深证系列综合指数包括深证综合指数、深证A股指数和深证B股指数、行业分类指数、中小板综合指数、创业板综合指数、深证新指数、深市基金指数等全样本类指数。

①深证综合指数。在深圳证券交易所主板、中小板、创业板上市的全部股票为样本股。深证系列综合指数均为派式加权股价指数,即以指数样本股计算日股份数作为权数进行加权逐日连锁计算。深证综合指数以样本股发行总股本为权数进行加权计算,以1991年4月3日为基期,1991年4月4日开始发布,基期指数定为100点。

②深证A股指数。深证A股指数以在深圳证券交易所主板、中小板、创业板上市的全部A股为样本股,以样本股发行总股本为权数,进行加权逐日连锁计算。深证A股指数以1991年4月3日为基日,1992年10月4日开始发布,基日指数为100点。

③深证B股指数。深证B股指数以在深圳证券交易所上市的全部B股为样本,以样本股发行总股本为权数,进行加权逐日连锁计算。深证B股指数以1992年2月28日为基日,1992年10月6日开始发布,基日指数为100点。

④行业分类指数。以在深圳证券交易所主板、中小板、创业板上市的按行业进行划分的股票为样本。行业分类指数依据《上市公司行业分类指引》中的门类划分,编制13个门类指数;依据制造业门类下的大类划分,编制9个大类指数,共有22个行业分类指数。行业分类指数以样本股发行总股本为权数,进行加权逐日连锁计算。行业分类指数以1991年4月3日为基日,基日指数为100点,2001年7月2日开始发布。

⑤中小板综合指数。中小板综合指数以在深圳证券交易所中小企业板上市的全部股票为样本,以可流通股本数为权数,进行加权逐日连锁计算。中小板综合指数以2005年6月7日为基日,基日指数为1 000点,2005年12月1日开始发布。

⑥创业板综合指数。创业板综合指数以深圳证券交易所创业板上市的全部股票为样本。以可流通股本数为权数,进行加权逐日连锁计算。创业板综合指数以2010年5月31日为基日,基日指数为1 000点,2010年8月20日开始发布。

⑦深证新指数。深证新指数以在深圳证券交易所主板、中小板、创业板上市的正常交易的且已完成股改的A股为样本股,以可流通股本数为权数,进行加权逐日连锁计算。深证新指数以2005年12月30日为基日,基点为1 107.23点,2006年2月16日开始发布。

深证指数发展历程如图2-1所示。

4. 香港和台湾的主要股价指数

(1) 恒生指数。恒生指数是由香港恒生银行自1969年11月24日起编制公布、系统反映香港股票市场行情变动最有代表性和影响最大的指数。它挑选了33种有代表性的上市股票为成分股,用加权平均法计算。33种成分股中包括金融业4种、公用事业6种、地产业9种、其他工商业14种。这些股票分布在香港主要行业,都是最具代表性和实力雄厚的大公司。恒生指数的成分股并不固定,自1969年以来已作了10多次调整,从而使成分股更具有代表性,使恒生指数更能准确反映市场变动状况。

(2) 恒生综合指数系列。恒生银行于2001年10月3日推出恒生综合指数系列。恒生综合指数包括200家市值最大的上市公司,并分为两个独立指数系列,即地域指数系列和行业指数系列。地域指数分为恒生香港综合指数和恒生中国内地指数。恒生综合行业指数分为资源矿产业指数、工业制造业指数、消费品制造业指数、服务业指数、公用事业指数、金融业指数、地产建筑业指数、资讯科技业指数、综合企业指数。

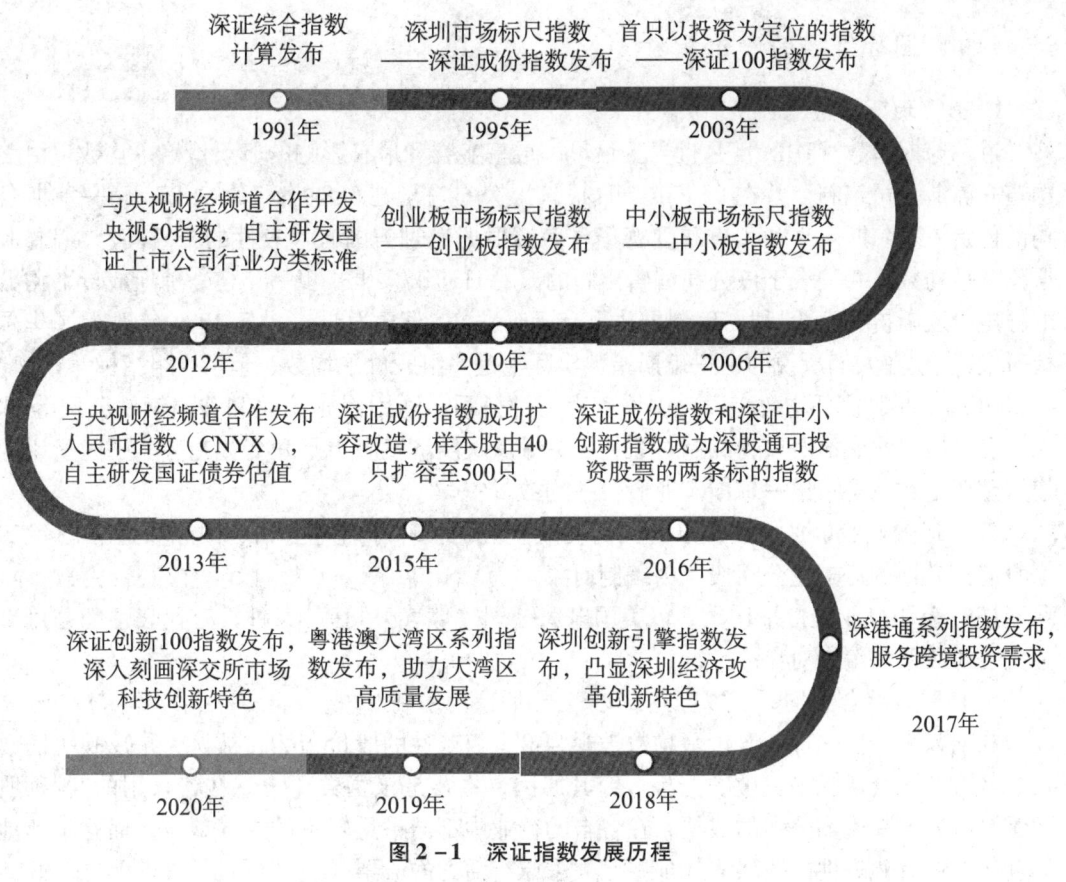

图 2-1 深证指数发展历程

（3）恒生流通综合指数系列。恒生流通综合指数系列包括恒生流通综合指数、恒生香港流通指数和恒生中国内地流通指数，于 2002 年 9 月 23 日推出，以恒生综合指数系列为编制基础，与恒生综合指数相同，有 200 只成分股，并对成分股流通量作出调整。各成分股占指数的比重均调整至不超过 15%。恒生流通综合指数系列以 2000 年 1 月 3 日为基期，并以 2000 点为基值。

（4）恒生流通精选指数系列。恒生流通精选指数系列于 2003 年 1 月 20 日推出。恒生流通精选指数系列由恒生 50、恒生香港 25 和恒生中国内地 25 组成，这 3 只指数分别为恒生流通综合指数、恒生香港流通指数和恒生中国内地流通指数属下的分组指数。

5. 海外上市公司指数

2004 年 10 月 18 日，美国芝加哥期权交易所（简称 "CBOE"）的全资子公司 CBOE 期货交易所（简称 "CFE"）推出 CBOE 中国指数，并以该指数为标的推出 CBOE 中国指数期货，还计划推出中国指数期权。CBOE 推出的中国指数主要基于海外上市的中国公司，以在纽约证券交易所、纳斯达克证券市场或美国证券交易所上市的 16 只中国公司股票为样本，按照等值美元加权平均计算而成。中国指数期货是标准化合约，代号为 CX，交易时间为芝加哥时间 8：30～15：15，交易平台为 CBOEdirect 电子交易平台。合约标准为每点 100 美元，最小变动价位为 0.05 点，合约结算日为到期月的第 3 个星期五，采用现金结算。

（四）国际著名的股价指数

1. 道·琼斯指数

道·琼斯指数（DJIA）是世界上最早、最享盛誉和最有影响的股票价格平均数，由美国道—琼斯公司编制，并在《华尔街日报》上公布。早在1884年7月3日，道—琼斯公司的创始人查尔斯·亨利·道和爱德华·琼斯根据当时美国有代表性的11种股票编制股票价格平均数，并发表于该公司编辑出版的《每日通讯》上。以后，道—琼斯股价平均数的样本股逐渐扩大至65种，编制方法也有所改进，《每日通讯》也于1889年改为《华尔街日报》。现在人们所说的道—琼斯指数实际上是一组股价平均数，包括4组指标。

（1）工业股价平均数，以美国埃克森石油公司、通用汽车公司和美国钢铁公司等30家著名大工商业公司股票为编制对象，能灵敏反映经济发展水平和变化趋势。平时所说的道—琼斯指数就是指道—琼斯工业股价平均数。

（2）运输业股价平均数，以美国泛美航空公司、环球航空公司、国际联运公司等20家具有代表性的运输业公司股票为编制对象。

（3）公用事业股价平均数，以美国电力公司、煤气公司等15种具有代表性的公用事业大公司股票为编制对象。

（4）股价综合平均数，以上述65家公司股票为编制对象。

长期以来，道—琼斯股价平均数被视为最具权威性的股价指数，被认为是反映美国政治、经济和社会状况最灵敏的指标。究其原因，主要是该指数历史悠久，采用的65种股票都是世界上一流大公司的股票，在各自的行业中都居举足轻重的主导地位，而且不断地以新生的更有代表性的股票取代那些已失去原有活力的股票，使其更具代表性，比较好地与在纽约证券交易所上市的2 000多种股票变动同步，指数由最有影响的金融报刊《华尔街日报》及时而详尽地报道。

2. 金融时报指数

金融时报指数，也译为"富时指数"，是英国最具权威性的股价指数，原由《金融时报》编制和公布，现由《金融时报》和伦敦证券交易所共同拥有的富时集团编制。这一指数包括三种：一是金融时报工业股票指数，又称"30种股票指数"。该指数包括30种最优良的工业股票价格，其中涉及烟草、食油、电子、化学药品、金属机械、原油等行业。由于这30家公司股票的市值在整个股市中所占的比重较大，具有一定的代表性，因此，该指数是反映伦敦证券市场股票行情变化的重要尺度。它以1935年7月1日为基期，基期指数为100。二是100种股票交易指数，又称"FT100指数"。该指数自1984年1月3日起编制并公布。这一指数挑选了100家有代表性的大公司股票，又因它通过伦敦股票市场自动报价电脑系统可随时得出股票市价，并每分钟计算一次，因此能迅速反映股市行情的每一次变动，自公布以来受到人们的广泛重视。为了便于期货交易和期权交易，该指数基准值定为1 000点。三是综合精算股票指数。该指数从伦敦股市上精选700多种股票作为样本股加以计算。它自1962年4月10日起编制和公布，并以这一天为基期，令基数为100。这一指数的特点是统计面宽、范围广，能较全面地反映整个股市状况。

3. 日经指数

日经指数是日本经济新闻社编制和公布的反映日本股票市场价格变动情况的股价指

数。该指数从1950年9月开始编制，最初根据在东京证券交易所第一市场上市的225家公司的股票算出修正平均股价，称为"东证修正平均股价"。1975年5月1日，日本经济新闻社向道—琼斯公司买进商标，采用道—琼斯修正指数法计算，指数也改称为"日经道式平均股价指标"。1985年5月合同期满，经协商，又将名称改为"日经股价指数"。现在日经股价指数分成两组：一是日经225种股价指数。这一指数以在东京证券交易所第一市场上市的225种股票为样本股，包括150家制造业、15家金融业、14家运输业和46家其他行业。样本股原则上固定不变，以1950年算出的平均股价176.21元为基数。由于该指数从1950起连续编制，具有较好的可比性，成为反映和分析日本股票市场价格长期变动趋势最常用和最可靠的指标。二是日经500种股价指数。该指数自1982年1月4日起开始编制，样本股扩大到500种，约占东京证券交易所第一市场上市股票的一半，因而更具代表性。该指数的特点是采样不固定，每年根据各公司前3个结算年度的经营状况、股票成交量、成交金额、市价总额等情况对样本股票进行更换。正因为如此，该指数不仅能较全面地反映日本股市的行情变化，还能如实反映日本产业结构变化和市场变化情况。

4. 纳斯达克指数

纳斯达克（NASDAQ）又称纳指、美国科技指数，这一名称是美国全国证券交易商协会于1968年着手创建的自动报价系统名称的英文简称。NASDAQ是首家电子化的股票市场，利用现代电子计算机技术，将美国6 000多个证券商网点连接在一起，形成了一个全美统一的场外二级市场。1975年又通过立法，确定这一系统在证券二级市场中的合法地位。

NASDAQ市场设立了13种指数，分别为NASDAQ综合指数、NAS-DAQ-100指数、NASDAQ金融-100指数、NASDAQ银行股指数、NASDAQ生物技术指数、NASDAQ计算机指数、NASDAQ工业股指数、NASDAQ保险股指数、NASDAQ其他金融指数、NASDAQ通讯指数、NASDAQ运输指数、NASDAQ全国市场综合指数和NASDAQ全国市场工业指数。

NASDAQ综合指数是以在NASDAQ市场上市的、所有本国和外国的上市公司的普通股为基础计算的。该指数按每个公司的市场价值来设权重，这意味着每个公司对指数的影响是由其市场价值决定的。市场总价是所有已公开发行的股票在每个交易日的卖出价总和。纳斯达克的特点是收集和发布场外交易非上市股票的证券商报价。NASDAQ市场现已成为全球最大的证券交易市场之一，上市公司有5 200多家。该指数是在1971年2月5日启用的，基准点为100点。

第二节 债权类投资工具

一、债券的概念

债券是一种有价证券，是社会各类经济主体为筹集资金而向债券投资者出具的、承诺按一定利率定期支付利息并到期偿还本金的债权债务凭证。由于债券的利息通常是事先确定的，因此债券又被称为固定利息证券。

债券所规定的借贷双方的权利义务关系包含四个方面的含义：第一，发行人是借入资金的经济主体；第二，投资者是出借资金的经济主体；第三，发行人必须在约定的时间付息还本；第四，债券反映了发行者和投资者之间的债权债务关系，而且是这一关系的法律凭证。

二、债券的基本要素

（一）债券的票面价值

债券的票面价值是债券票面标明的货币价值，是债券发行人承诺在债券到期日偿还给债券持有人的金额。这包括以下两方面的内容：

（1）票面价值的币种，即以何种货币作为债券的价值的计量单位。币种的选择主要依其发行对象和实际需要确定。一般来说，若发行对象是国内有关经济主体，则选择国内货币作为债券价值的计量单位；若向国外发行，则选择债券发行地国家和地区的货币或国际通用货币作为债券价值的计量单位。

（2）债券的票面金额。票面金额的不同，对于债券发行成本、发行数额和持有者的分布具有不同的影响。票面金额较小，由于有利于小额投资者购买，从而有利于债券的发行，但可能增加发行费用，加大发行工作量；票面金额较大，则会降低发行费用，减轻工作量，但可能减少发行量。因此，债券票面金额的确定也要根据债券的发行对象、市场资金供给情况及债券发行费用等因素综合考虑。

（二）债券的价格

债券的票面价值是债券价格形成的主要依据。一般来说，债券的发行价格与债券票面价值是一致的，即平价发行。在实践中，发行者出于种种考虑或由于市场供求关系的影响，也可能折价或溢价发行，这都是债券价格对债券票面价值一定程度的背离。债券一旦进入证券交易所，其价格则常常与其票面价值是不一致的。

（三）债券的票面利率

债券票面利率也称"名义利率"，是债券年利息与债券票面价值的比率，通常年利率用百分数表示。债券利率的高低主要受借贷资金市场利率水平、发行者的资信级别、偿还期限和利率计算方式等因素的影响。

（四）债券的偿还期限

债券到期期限是指债券从发行之日起至偿清本息之日止的时间，也是债券发行人承诺履行合同义务的全部时间。债券偿还期限的确定，主要受发行者未来一定期限内可调配的资金规模、未来市场利率的发展趋势、证券交易市场的发达程度、投资者的投资方向及心理状态、行为偏好等因素的影响。债券的偿还期限，一般分为短期、中期和长期。偿还期限在 1 年以内的为短期，1 年以上 10 年以下的为中期，10 年以上的为长期。

此外，还包括债券的发行人名称、发行时间、债券类别以及批准单位与批准文号等。

三、债券的特征及分类

(一) 债券的特征

债券作为一种债权债务凭证,与其他有价证券一样,也是一种虚拟资本,而非真实资本(如股票、期货、期权等)。

债券作为一种重要的融资手段和金融工具,具有如下特征:

(1) 偿还性。偿还性是指债券有规定的偿还期限,债务人必须按期向债权人支付利息和偿还本金。

(2) 流通性。流通性是指债券的变现能力,即在偿还期限届满前能在市场上转让变为货币,以满足投资者对货币的需求;或到银行等金融机构进行抵押,以取得相应数额的抵押贷款。债券一般都可以在流通市场上自由转让。

(3) 安全性。安全性是指债券持有人的收益相对稳定,不随发行者经营收益的变动而变动,并且可按期收回本金。与股票相比,债券通常规定有固定的利率。该利率与企业绩效没有直接联系,因而债券的收益比较稳定、风险较小。此外,在企业破产时,相对于股票持有者,债券持有者享有对企业剩余资产的优先索取权。

(4) 收益性。收益性是指债券能为投资者带来一定的收入,即债权投资的报酬。债券的收益性主要表现在三个方面:一是利息收入,即债权人在持有债券期间按约定的条件分期、分次取得利息或者到期一次取得利息。二是资本损益,即债权人到期收回的本金与买入债券或中途卖出债券与买入债券之间的价差收入。三是再投资收益,即投资债券所获现金流量再投资的利息收入,受市场收益率变化的影响。

(二) 债券的分类

对债券可以从各种不同的角度进行分类,并且随着人们对融通资金需要的多元化,会有各种新的债券形式不断产生。目前,债券的类型大体有以下几种:

1. 按付息方式划分

按债券发行条款中是否规定在约定期限向债券持有人支付利息,债券可分为贴现债券、附息债券、息票累积债券三类。

(1) 贴现债券。贴现债券又被称为"贴水债券",是指在票面上不规定利率,发行时按某一折扣率,以低于票面金额的价格发行,发行价与票面金额之差额相当于预先支付的利息,到期时按面额偿还本金的债券。

(2) 附息债券。附息债券的合约中明确规定,在债券存续期内,对持有人定期支付利息,通常约定半年或一年支付一次利息,按照计息方式的不同,这类债券还可细分为固定利率债券和浮动利率债券两大类。固定利率债券是在债券存续期内票面利率不变的债券。浮动利率债券是在票面利率的基础上参照预先确定的某一基准利率予以定期调整的债券。有些附息债券可以根据合约条款推迟支付定期利率,故称为"缓息债券"。

(3) 息票累积债券。债券到期一次性归还本息,其间不支付利息。

2. 按债券券面形态划分

按债券券面形态,债券可以分为实物债券、凭证式债券和记账式债券。

(1) 实物债券。实物债券是一种具有标准格式实物券面的债券。在标准格式的债券券面上，一般印有债券面额、债券利率、债券期限、债券发行人全称、还本付息方式等各种债券票面要素。有时债券利率、债券期限等要素也可以通过公告向社会公布，而不在债券券面上注明。无记名国债就属于这种实物债券，它以实物券的形式记录债权、面值等，不记名、不挂失，可上市流通。实物债券是一般意义上的债券，很多国家通过法律或者法规对实物债券的格式予以明确规定。

(2) 凭证式债券。凭证式债券的形式是债权人认购债券的收款凭证，而不是债券发行人制定的标准格式的债券。可记名、挂失、不能上市流通。可以到原购买网点提前兑取。

(3) 记账式债券。记账式债券指没有实物形态的票券，以电脑记账方式记录债权，通过证券交易所的交易系统发行和交易。我国近年来通过沪、深交易所的交易系统发行和交易的记账式国债就是这方面的实例。如果投资者进行记账式债券的买卖，就必须在证券交易所设立账户。所以，记账式国债又称无纸化国债。记账式债券可记名、挂失，可上市流通，安全性好。

3. 按发行主体划分

按发行主体，债券可分为政府债券、金融债券、公司债券和国际债券。

(1) 政府债券。政府债券是政府为筹集资金而向出资者出具并承诺在一定时期支付利息和偿还本金的债务凭证，具体包括国家债券即中央政府债券、地方政府债券和政府担保债券等。由中央政府发行的债券由一个国家政府的信用作担保，因此信用最好，被称为金边债券。地方政府债券的信用、利率、流通性通常略低于国债。

【小知识 2-1】

特 别 国 债

特别国债是指有特别用途的国债，它的发行是专门服务于特定政策和项目的，是国债的一种形式。但它并不是对预算赤字的融资，同时，与发行普通国债筹集资金的用途不同，一般是以提高收益为主要目标。

中国特别国债的发行：

第一次特别国债发行是在1998年8月，财政部宣布发行期限为30年的2 700亿元特别国债，向中国工商银行、中国农业银行、中国银行和中国建设银行（简称"工、农、中、建"）四大国有银行定向发行，用于补充四大行资本金，化解不良资产，提高资本充足率。公开资料显示，1998年时，国有四大行不良资产比例达20%，为处置不良资产，财政部还设立了四大资产管理公司分别对接四家银行。

第二次特别国债发行是在2007年，当时的背景是中国因持续增加的外贸创汇而导致的基础货币增加，同时对外汇储备管理进行改革。该次共发行8期、规模1.55万亿元特别国债，期限分10年、15年期，其中0.2万亿元向社会公众发行，用于向中央银行购买现汇及汇金公司股权，注资成立中投公司。

第三次特别国债发行是在2020年，抗疫特别国债，根据财政部通知，一期抗疫特别国债发行总额500亿元，为5年期；二期发行总额500亿元，为7年期；三期发行总额

700亿元，为10年期，均采用固定利率，一、二期按年支付利息，三期按半年支付利息。

资料来源：张红地. 对冲政策的工具选择与特别国债发行 [J]. 金融经济学研究，2007，22（006）：29-35+45. 郑联盛，白云凯，王波. 特别国债：中国实践、抗疫应用与制度优化 [J]. 西部论坛，2020，30（06）：101-112.

（2）金融债券。金融债券是由银行或非银行金融机构发行的债券。金融机构发行金融债券，有利于对资产和负债进行科学管理，实现资产和负债的最佳组合。

（3）公司债券。公司债券是股份制公司或企业发行的有价证券，是公司为筹措长期资金而发行的一种债务契约，承诺在未来的特定日期偿还本金并按事先规定的利率支付利息。

（4）国际债券。国际债券是一国政府、金融机构、工商企业或国际性组织为筹措中长期资金而在国外金融市场上发行的以外国货币为面值的债券。国际债券一般可以分为外国债券和欧洲债券两种。外国债券是指某一国借款人在本国以外的某一国家发行以该国货币为面值的债券；欧洲债券是指借款人在本国境外市场发行的，不以发行市场所在国的货币为面值的国际债券。

【小知识2-2】

外国债券及其命名

外国债券是指外国筹资者在一个国家国内市场以发行所在国货币为面值的一种债务工具。根据国际惯例，国外金融机构在一国发行债券时，一般以该国最具特征的吉祥物命名，如IBM公司在日本发行的债券被称为"武士债券"，英国天然气公司在美国发行的债券被称为"扬基债券"，还有英国的"猛犬债券"和西班牙的"斗牛士债券"等。国际多边金融机构在华发行的人民币债券称为熊猫债券。

4. 按担保性质划分

按担保性质，债券可分为有担保债券和无担保债券。

（1）有担保债券。有担保债券指以抵押财产为担保发行的债券。按担保品不同，分为抵押债券、质押债券和保证债券。

抵押债券以不动产作为担保，又被称为"不动产抵押债券"，是指以土地、房屋等不动产作为抵押品而发行的一种债券。若债券到期不能偿还，持券人可依法处理抵押品受偿。

质押债券以动产或权利作担保，通常以股票、债券或其他证券为担保。发行人主要是控股公司，用作质押的证券可以是它持有的子公司的股票或债券、其他公司的股票或债券，也可以是公司自身的股票或债券。质押的证券一般应以信托形式过户给独立的中介机构，在约定的条件下，中介机构代全体债权人行使对质押证券的处置权。

保证债券以第三人作为担保，担保人或担保全部本息，或仅担保利息。担保人一般是发行人以外的其他人，如政府、信誉好的银行或举债公司的母公司等。一般公司债券大多为担保债券。

（2）无担保债券。无担保债券也被称为"信用债券"，仅凭发行人的信用而发行，不提供任何抵押品或担保人而发行的债券。由于无法抵押担保，因此债券的发行主体须具有较好的声誉,并且必须遵守一系列的规定和限制,以提高债券的可靠性。国债、金融债券、信用良好的公司发行的公司债券,大多为信用债券。

5. 按是否能转换为公司股票划分

按是否可以转换为发债公司普通股,债券可分为可转换债券和不可转换债券。

(1)可转换债券。可转换债券是指发行人依据法定程序和约定条件,在一定时期内可以转换成公司股份的公司债券。作为一种典型的混合金融产品,可转债兼具债券、股票和期权的某些特征。首先,可转债是一种公司债券,具有普通公司债券的一般特性,具有确定的债券期限和定期息率。其次,它又具有股票属性,通常被视为"准股票",因为可转债的持有人到期有权利按事先约定的条件将它转换成股票,从而成为公司股东。最后,可转债具有期权性质,为投资者或发行人提供了形式多样的选择权,一些条款的设计可以使可转债的发行或投资极具灵活性、弹性和复杂性。

(2)不可转换债券。不可转换债券是指不能转换为普通股的债券,又称普通债券。由于不可转换债券没有赋予债券持有人将来成为公司股东的权利,因此其利率一般高于可转换债券。

四、债券的发行与管理

(一)债券发行

1. 债券发行的概念

债券发行(bond issuance)是发行人以借贷资金为目的,依照法律规定的程序向投资人要约发行代表一定债权和兑付条件的债券的法律行为。债券发行是证券发行的重要形式之一,是以债券形式筹措资金的行为过程。通过这一过程,发行者以最终债务人的身份将债券转移到它的最初投资者手中。

2. 债券发行的条件

债券发行的条件指债券发行者发行债券筹集资金时所必须考虑的有关因素,具体包括发行额、面值、期限、偿还方式、票面利率、付息方式、发行价格、发行费用、有无担保等,由于公司债券通常是以发行条件进行分类的,所以,确定发行条件的同时也就确定了所发行债券的种类。

债券的发行者在债券发行前必须按照规定向债券管理部门提出申报书;政府债券的发行则须经过国家预算审查批准机关(如国会)的批准。发行者在申报书中所申明的各项条款和规定,就是债券的发行条件,其主要内容有拟发行债券数量、发行价格、偿还期限、票面利率、利息支付方式、有无担保等。债券的发行条件决定着债券的收益性、流动性和安全性,直接影响着发行者筹资成本的高低和投资者投资收益的多寡。对投资者来说,最为重要的发行条件是债券的票面利率、偿还期限和发行价格,因为它们决定着债券的投资价值,所以被称为债券发行的三大基本条件。而对发行者来说,除上述条件外,债券的发行数量也是比较重要的,因为它直接影响筹资规模。如果发行数量过多,就会造成销售困难,甚至影响发行者的信誉以及日后债券的转让价格。

3. 债券的发行方式

（1）依据价格分类。

按照债券的实际发行价格和票面价格的异同，债券的发行可分为平价发行、溢价发行和折价发行。

平价发行，是指债券的发行价格和票面额相等，因而发行收入的数额和将来还本数额也相等。前提是债券发行利率和市场利率相同，这在西方国家比较少见。

溢价发行，是指债券的发行价格高于票面额，以后偿还本金时仍按票面额偿还。只有在债券票面利率高于市场利率的条件下才能采用这种方式发行。

折价发行，是指债券发行价格低于债券票面额，而偿还时却要按票面额偿还本金。折价发行是因为规定的票面利率低于市场利率。

（2）依据对象分类。

按照债券的发行对象，可分为私募发行和公募发行两种方式。

私募发行是指面向少数特定的投资者发行债券，一般以少数关系密切的单位和个人为发行对象，不对所有的投资者公开出售。具体发行对象有两类：一类是机构投资者，如大的金融机构或是与发行者有密切业务往来的企业等；另一类是个人投资者，如发行单位自己的职工，或是使用发行单位产品的用户等。私募发行一般多采取直接销售的方式，不经过证券发行中介机构，不必向证券管理机关办理发行注册手续，可以节省承销费用和注册费用，手续比较简便。但是私募债券不能公开上市，流动性差，利率比公募债券高，发行数额一般不大。

公募发行是指公开向不特定的投资者发行债券。公募债券发行者必须向证券管理机关办理发行注册手续。由于发行数额一般较大，通常要委托证券公司等中介机构承销。公募债券信用度高，可以上市转让，因而发行利率一般比私募债券利率低。公募债券采取间接销售的具体方式又可分为三种：①代销。发行者和承销者签订协议，由承销者代为向社会销售债券。承销者按规定的发行条件尽力推销，如果在约定期限内未能按照原定发行数额全部销售出去，债券剩余部分可退还给发行者，承销者不承担发行风险。采用代销方式发行债券，手续费一般较低。②余额包销。承销者按照规定的发行数额和发行条件，代为向社会推销债券，在约定期限内推销债券，如果有剩余，须由承销者负责认购。采用这种方式销售债券，承销者承担部分发行风险，能够保证发行者筹资计划的实现，但承销费用高于代销费用。③全额包销。首先由承销者按照约定条件将债券全部承购下来，并且立即向发行者支付全部债券价款，然后再由承销者向投资者分次推销。采用全额包销方式销售债券，承销者承担了全部发行风险，可以保证发行者及时筹集到所需要的资金，因而包销费用也较余额包销费用高。

西方国家以公募方式发行国家债券一般采取招标投标的办法进行，投标又分竞争性投标和非竞争性投标。竞争性投标是先由投资者（大多是投资银行和大证券商）主动投标，然后由政府按照投资者自报的价格和利率，或是从高价开始，或是从低利开始，依次确定中标者名单和配额，直到完成预定发行额为止。非竞争性投标，是政府预先规定债券的发行利率和价格，由投资者申请购买数量，政府按照投资者认购的时间顺序确定他们各自的认购数额，直到完成预定发行额为止。

【思政小课堂 2-1】

债券市场引资金活水润泽实体经济

党的二十大报告强调，健全资本市场功能，提高直接融资比重。作为我国最重要、规模最大的直接融资市场，债券市场在促进直接融资繁荣、服务实体经济高质量发展方面承担着重要使命。

特别是近年来，面对复杂严峻的国内外形势和多重超预期因素冲击，我国债券市场不断探索符合国家政策导向、实体经济需求的产品和服务创新，积极发挥直接融资的主动导流和精准直达作用。以交通物流领域为例，2022年，银行间债券市场支持交通运输企业、航空公司、物流企业累计融资约1.1万亿元。

能源保供特别债稳经济

能源电力安全保供是经济社会稳定运行的基础保障。受国际能源价格波动上涨、国内电力市场结构性矛盾等因素影响，中央发电企业财务方面较长期处于紧平衡状态。

作为国务院常务会议"用好工具箱中可用工具，加力巩固经济恢复发展基础"部署下的银行间市场债务融资工具专项产品，能源保供特别债具有鲜明特征。"一是精准直达，与其他稳经济一揽子政策形成组合效应；二是该类债券均为中长期产品，募集资金全部用于中央发电企业能源电力保供工作，中长期资金的注入将增强企业资金实力，在缓解稳产保供压力的同时，进一步增强企业财务稳健性和发展可持续性，助推企业改革转型，提升能源保供能力。"分析人士表示。

科创票据力挺"硬科技"

不仅对传统能源行业，持续增强对科技创新企业的融资服务能力也是债券市场一直以来的发力方向。

2022年5月20日，交易商协会整合升级推出科创票据。不到1个月的时间里，科创主题类和科创用途类科创票据先后在银行间市场落地。截至2022年末，科创票据累计发行金额为1 579亿元，惠及近百家在科技创新领域具备科技创新称号、核心技术和市场竞争优势的企业，有力拓宽了科创企业的融资渠道。

科创票据的推广，是凝聚和加强债券市场服务国家创新驱动发展战略力量的充分体现，能进一步推动金融资源对科创企业的配置和支持，同时，对更好地服务产业创新升级具有重要意义。

创新产品推动低碳转型

在"双碳"目标的引领下，我国绿色债券市场近年来蓬勃发展，规模迅速扩容，创新品种不断涌现。数据显示，2022年全年，银行间债券市场合计发行绿色债务融资工具3 215亿元，占绿色公司信用类债券超六成；发行碳中和债1 366亿元，引导资金活水流向绿色低碳领域，预计带动环境效益减排二氧化碳2 575万吨、节约标准煤1 121万吨；并于当年创新推出了转型债券，其发行规模达49亿元，与绿色金融产品形成有益补充。

在政策支持下，我国绿色债券标准已与国际接轨，发行规模居世界第二位。不容忽视的是，我国绿色债券发展仍面临一些问题和挑战。例如，绿色债券存量在绿色金融产品中的占比不高，占全部债券余额中的比例不足1%；绿色债券产品有待进一步丰富；基础性制度尚不完善等。

乡村振兴债聚焦"三农"发展

"民族要复兴，乡村必振兴。"债券市场在发挥金融助力乡村振兴作用上持续贡献重要力量。在中国人民银行的指导下，2021年3月，交易商协会研究推出乡村振兴票据，通过市场化手段引导鼓励社会资本投资农业农村，募集资金聚焦"三农"发展。

2023年中央一号文件发布，对做好2023年全面推进乡村振兴重点工作作出总体部署。其中提出，将符合条件的乡村振兴项目纳入地方政府债券支持范围。这已是连续5年中央一号文件就发行地方债以扩大乡村振兴投入作出相关部署。远东资信今年1月发布的《我国乡村振兴战略实践及其债券融资分析》显示，近年来，我国乡村振兴债券市场呈现地方债、金融债、非金融企业债务融资工具、公司债、企业债5类券种设立乡村振兴专项债的"多点开花"格局。2014~2022年，5类乡村振兴债券累计发行362只、融资3 610.66亿元，支持发行主体209家。

上述案例分别介绍了债券市场促进能源保供、推动低碳转型、助力乡村振兴的例子，希望同学们可通过实际案例体会"在服务中国式现代化中不断增强金融工作的政治性和人民性，自信自立、守正创新，坚定不移走中国特色金融发展之路"的内涵与意义。

资料来源：中国债券信息网，https://www.chinabond.com.cn/xwgg/zsxw/zqxw_zqsc/zqsc_202307/t20230716_853111944.

【财经实事2-1】

兴业银行牵头主承销首单民营企业绿色熊猫债券

近日，由兴业银行牵头主承销的安踏体育用品有限公司2022年度第一期绿色中期票据成功发行，这是交易商协会首单民营企业绿色熊猫债券，也是市场首单体育行业绿色债券。

据悉，该笔债券发行金额为5亿元，期限3年，票面利率2.80%，认购倍数2.38，票面利率普遍低于近期AAA央企及国企发行价格。募集资金主要用于安踏体育全球零售总部绿色建筑项目建设，建成投入运营后，预计每年可节约能源消耗量554.32吨标准煤，减少二氧化碳排放量1 225.04吨，有效提高能源利用率。

"ESG与可持续发展在安踏集团未来发展规划中占有重要地位"，安踏集团资金管理部投融资总监王瑞表示，"兴业银行此次主承销我司绿色中票，投入安踏全球零售总部建设，也将有力推进集团聚焦体育用品赛道，深化全球化布局，创造共生价值"。

作为我国绿色金融领先者，近年来兴业银行聚焦"双碳"战略目标，以"商行+投行"为抓手，持续创新，广引绿色金融活水，先后落地全国首批碳中和债、首单权益出资碳中和债等市场多笔首单绿色债券，连续多年绿色债承销规模市场领先，引导更多资金投向绿色低碳产业和领域，助力我国经济社会全面绿色低碳转型。2022年上半年，兴业银行共承销绿色债券178亿元，保持市场前列。

资料来源：兴业银行牵头主承销首单民营企业绿色熊猫债券 [EB/OL]. 中国经济网，http://finance.ce.cn/home/jrzq/dc/202207/14/t20220714_37869896.shtml，2022-07-14.

（二）债券组合管理

债券组合管理是管理债券的一种综合方式，一般由消极管理、积极管理两部分组成。

1. 消极管理策略

消极管理策略是债券组合管理者不再积极寻求交易的可能性而企图战胜市场的一种策略，其基本假设是债券市场是半强型有效市场，债券的现时价格能准确地反映所有能公开获得的信息。主要包括如下策略：

（1）免疫策略。免疫策略是指债券组合管理者不积极寻求交易的可能性而企图战胜市场的一种消极策略。管理者选择久期等于他们负债（现金外流）的到期期限的证券组合，利用价格风险和再投资率风险互相抵消的特点，保证管理者不受损失。构建一个债券的组合使得利率变动时其价格效应与再投资效应能够相互全部抵消，如果利率上升，债券价格下跌，则债券票息之再投资收入会增加。反之，如果利率下降，债券价格上涨，票息之再投资收入会减少，使投资人在特定投资时间内获得固定之报酬来应付未来的负债。免疫策略能够保护债券组合避免遭受利率风险变动造成的损失。管理者通过选择麦考利久期等于其负债（现金流出）的到期期限的债券组合，利用价格风险和再投资风险相互抵消的特点，可以保证一定时期后获得固定的现金流。

（2）现金流搭配策略。现金流搭配策略是指通过构造债券组合，使债券组合产生的现金流与负债的现金流在时间上和金额上正好相等，满足未来负债产生的现金流支出需要，完全规避利率风险。最简单的方法是购买零息债券，为预期的现金支出提供恰好的资金。如果管理者面临的负债是单期的，可以选择购买与负债期限完全相同的零息债券，使现金流相匹配；如果管理者面临的负债是多期的，可以同时选择零息债券和附息债券使每期的现金流相匹配。这是一种特殊类型的免疫策略。债券组合的管理者需要建立一个现金流用于支付每一个到期的负债现金流的专用证券组合。

（3）指数化策略。指数化策略是指债券管理者模仿市场上存在的某种债券指数，构造一个债券资产组合，使该债券资产组合的风险回报与相联系的债券市场指数的风险回报状况相当。管理者选定一个债券指数做依据，然后追踪指数构造证券组合。仿照债券指数构造证券组合有三种方法：区格方法、最优化方法和方差最小化方法。

2. 积极管理策略

积极管理策略是积极交易证券组合试图得到附加收益的一种策略，亦称主动管理，是指债券投资者力求通过对市场利率变化的总趋势的预测分析，选择恰当的市场时机调整自己的投资组合，达到风险最小而收益极大化。积极管理的管理策略建立在债券市场非有效性的假设基础上，中心思想是认为在利率变动时，市场上总会存在非正确定价的债券，通过事前的分析发现这些券种买入就能有效地规避利率变动的风险。主要包括如下策略：

（1）应变免疫。应变免疫是证券组合管理人员通过积极管理策略免疫证券组合以确保得到他们可以接受的最小目标利率（也称安全净收益）。如果证券组合的收益下跌到安全净收益这一点，证券组合管理人员就要免疫该证券组合并锁定安全净收益。免疫收益与安全净收益之差称为安全缓冲。

（2）横向水平分析。使用实现复合收益估计在某个投资横向水平上的业绩。投资收益由息票收入、利息上的利息和资本盈余提供。资本盈余又可分为时间效应和收益变化效应两部分。

（3）债券换值。债券换值是证券组合管理人员通过辨别市场中的债券是否被暂时错误定价，然后购买和出售同等数量的类似债券以增加债券的组合收益。债券替换法是指假定市场上总是存在被高估或低估的债券，并不断卖出（或卖空）价格被高估的债券，买入价格被低估的债券。债券替换的具体策略通常有：

①替代换值。替代换值指两种债券在等级、到期期限、息票利率、付息频率等方面都相同，仅在特定时间由于市场不均衡、两种债券价格不同，因此到期收益不同。应出售较低收益债券，同时购买较高收益债券。投资者把一种债券替换成另一种息票率、到期期限以及信用等级等方面均与之相同，仅因市场供求的暂时不均衡使得后者定价更低（收益率更高）的债券。

②市场间差额换值。市场间差额换值是利用债券市场的不同部门间的收益差额的预期变化进行换值。投资者利用市场上不同部门债券的收益率差额的暂时不合理，用收益率较低（定价较高）的债券换取收益率较高（定价较低）的债券。

③获得纯收益换值。获得纯收益换值即出售较低息票率或较低到期收益或两者兼备的债券而购买相对高的债券以获得较高收益。投资者不想对未来利率或价差进行预测，仅仅从长期考虑把一部分低收益率债券替换为高收益率债券。

④利率预测换值。由于长期债券的价格变动对利率的变动更敏感，因此当投资者预测未来市场利率将进入上升周期（债券价格不断下跌）时，把一部分长期债券替换为短期债券；或者在预期未来市场利率将进入下降周期（债券价格不断上升）时，把一部分短期债券替换为长期债券。

第三节　证券投资基金

一、证券投资基金的概念

证券投资基金是指一种利益共享、风险共担的集合投资方式，即通过公开发行基金单位，集中投资者的资金，由基金托管人托管，由基金管理人管理和运作资金，从事股票、债券等金融工具的投资，并将投资收益按基金投资者的投资比例进行分配的一种间接投资方式。

作为一种大众化的信托投资工具，各国对证券投资基金的称谓不尽相同，如美国称"共同基金"，英国和我国香港地区称"单位信托基金"，日本和我国台湾地区则称"证券投资信托基金"等。

二、证券投资基金的特点

（一）集合理财、专业管理

基金将零散的资金汇集起来，交给专业机构投资于各种金融工具，以谋取资产的增值，表现出一种集合理财的特点。基金对投资的最低限额要求不高，因此，基金可以最广泛地吸收社会闲散资金，汇集众多投资者的资金进行集中投资，发挥规模优势，降低成本。基金由基金管理人进行投资管理和运作。基金管理人一般拥有大量的专业投资经验和强大的信息网络,能够更好地对证券市场进行全方位的动态跟踪与深入分析。中小投资者将资金交给基金管理人管理,使其也能享受到专业化的投资管理服务。

(二) 组合投资、分散风险

我国《证券投资基金法》规定,基金必须以组合投资的方式进行基金的投资运作,从而使"组合投资、分散风险"成为基金的一大特色,按照"不能将鸡蛋放在一个篮子里"的分散原则,基金可以凭借其集中的巨额资金,在法律规定的投资范围内制定投资策略和投资组合方案,分散投资于多种证券,实现资产组合多样化,一方面借助资金庞大和投资者众多的优势使每个投资者面临的投资风险变小,另一方面利用不同投资对象之间收益率变化的相关性,达到分散投资风险的目的。

(三) 利益共享、风险共担

证券投资基金实行"利益共享、风险共担"的原则,基金投资者是基金的所有者,基金投资收益在扣除由基金承担的费用后的盈余全部归基金投资人所有,并依据各投资者所持的基金份额比例进行分配。为基金提供服务的基金托管人、基金管理人只能按规定收取一定比例的托管费、管理费,并不参与基金收益的分配。

(四) 严格监管、信息透明

为切实保护投资者的利益,增强投资者对基金投资的信心,各国(地区)基金监管机构都对基金业实行严格的监管,对各种有损于投资者利益的行为进行严厉的打击,并强制要求基金及时、准确、充分地披露信息。在这种情况下,严格监管与信息透明也就成为基金的另一个显著特点。

(五) 独立托管、保障安全

基金运作实行基金托管人制度,基金资产保管由专门的托管人负责,由托管人单独建账、保管,实现了基金投资运作与托管分离,不仅保障了基金资产的安全,而且通过托管人对管理人的有效监督,可以促进基金管理人的规范运作。这种相互制约、相互监督的制衡机制为投资者的利益提供了重要的保障。

三、证券投资基金的分类

由于不同的基金具有不同的投资风险和运作方式,对于基金管理人来说,就需要根据自己的不同优势设立具有不同特色的基金。以下介绍几种主要的划分方式。

(一) 按组织形式划分

按基金的组织形式不同,可分为契约型基金和公司型基金。

(1) 契约型基金。契约型基金又称为"单位信托基金",是指将投资者、管理人、托管人三者作为信托关系的当事人,通过签订基金契约的形式发行受益凭证而设立的一种基金。

(2) 公司型基金。公司型基金又叫作共同基金，指基金本身为一家股份有限公司，公司通过发行股票或受益凭证的方式来筹集资金。投资者购买了该公司的股票，就成为该公司的股东，凭股票领取股息或红利、分享投资所获得的收益。

(二) 按投资目标划分

按投资目标的不同，可分为成长型基金、收入型基金和平衡型基金。

(1) 成长型基金。成长型基金是以资本长期增值作为投资目标的基金。为了达到这一目标，基金管理人通常将基金资产投资于信誉度较高、有长期成长前景或长期盈余的所谓成长公司的股票。这类基金一般很少分红，经常将投资所得的股息、红利和盈利进行再投资，以实现资本增值。

(2) 收入型基金。收入型基金是以追求基金当期收入为投资目标的基金。收入型基金主要投资于绩优股、债券、可转让大额定期存单等比较稳定且可带来现金收入的有价证券，以获取当期的最大收入为目的。收入型基金资产的成长潜力较小，损失本金的风险也相对较低。

(3) 平衡型基金。平衡型基金是既追求长期资本增值，又追求当期收入的基金。平衡型基金将资产分别投资于两种不同特性的证券上，并在以取得收入为目的的债券及优先股和以资本增值为目的的普通股之间进行平衡。其风险和收益状况介于成长型基金和收入型基金之间。平衡型基金的特点是风险比较低，缺点是成长的潜力不大。

(三) 按投资标的划分

按投资标的不同，可分为股票基金、债券基金、货币市场基金、混合基金等。

(1) 股票基金。股票基金是以股票为主要投资对象的证券投资基金。股票基金的投资目标侧重于追求高成长性和长期资本增值。股票基金是最重要的基金品种，它的优点是资本的成长潜力较大，投资者不仅可以获得资本利得，还可以通过它将较少的资金投资于各类股票，从而实现在降低风险的同时保持较高收益的投资目标。一般来说，基金资产60%以上投资于股票的为股票基金。

(2) 债券基金。债券基金是以债券为主要投资对象的证券投资基金。在国内，债券基金的投资对象主要是国债、金融债和企业债。通常，债券为投资人提供固定的回报和到期还本，风险低于股票，所以相较于股票基金，债券基金具有收益稳定、风险较低的特点。一般来说，基金资产80%以上投资于债券的为债券基金。

(3) 货币市场基金。货币市场基金是以货币市场工具为投资对象的一种基金。其投资对象期限较短，一般在1年以内，包括银行短期存款、国库券、公司短期债券、银行承兑票据及商业票据等货币市场工具。货币市场基金具有收益稳定、流动性强、购买限额低、资本安全性高等特点。

(4) 混合基金。混合基金是指同时投资于股票、债券和货币市场等工具，没有明确的投资方向的基金。混合基金的风险低于股票基金而预期收益高于债券基金。混合基金的类型有偏股型基金、偏债型基金、股债平衡型基金、灵活配置型基金等。混合基金的风险主要取决于股票和债券配置的比例大小。

（四）按运作方式划分

按基金运作方式不同，可分为封闭式基金和开放式基金。

（1）封闭式基金。封闭式基金是指经核准的基金份额总额在基金合同期限内固定不变，基金份额可以在依法设立的证券交易场所交易，但基金份额持有人不得申请赎回的基金。

（2）开放式基金。开放式基金是指对发行期没有严格限制的基金，即在原定发行期满基金正式设立后，基金组织可随时向投资者发行新的基金份额或受益凭证，并根据监管要求按基金契约或章程规定随时买回已售出份额或受益凭证的基金。这种基金由于投资总额可以追加，也称"可追加型基金"。

【小知识2-3】

交易型开放式指数基金（ETF）

交易型开放式指数基金，通常又被称为交易所交易基金（Exchange Traded Fund，ETF），是一种在交易所上市交易的、基金份额可变的开放式基金。

交易型开放式指数基金属于开放式基金的一种特殊类型，它结合了封闭式基金和开放式基金的运作特点，投资者既可以向基金管理公司申购或赎回基金份额，同时，又可以像封闭式基金一样在二级市场上按市场价格买卖ETF份额，不过，申购赎回必须以一篮子股票换取基金份额或者以基金份额换回一篮子股票。由于同时存在二级市场交易和申购赎回机制，投资者可以在ETF市场价格与基金单位净值之间存在差价时进行套利交易。套利机制的存在，使得ETF避免了封闭式基金普遍存在的折价问题。

四、证券投资基金的发行、交易及管理

（一）证券投资基金的发行

基金的发行是指投资基金管理公司在基金发行申请经有关部门批准之后，将基金受益凭证向个人投资者、机构投资者或向社会推销出去的经济活动。基金的发行方式主要有两种：一是基金管理公司自行发行（直接销售方式）。基金的直接销售方式是指基金的股份不通过任何专门的销售组织而直接面向投资者销售。这是最简单的发行方式。在这种销售方式中，基金的股份按净资产价值出售，出价与报价相同，即所谓的不收费基金；另一是通过承销机构代发行（包销方式）。在这种方式下，基金的大部分股份是通过经纪人包销的，也就是基金的承销人。我国基金的销售大部分是这种方式。在基金的分销渠道方面，目前最新的发展是银行和保险公司参与基金的分销业务。

（二）证券投资基金的交易

基金交易方式因基金性质不同而不同，封闭式基金因有封闭期规定，通常申请在证券交易所挂牌，开放式基金的交易一般为场外交易，投资者可到基金管理公司或其代理机构

的营业网点进行基金的申购与赎回。

1. 封闭式基金的交易及交易价格

(1) 封闭式基金的上市申请及审批。

如前所述,封闭式基金的交易方式为在证券交易所挂牌上市,因此,封闭式基金在募集成立后,应及时向证券交易所申请上市。上市申请及主管机关审批的主要内容包括:基金的管理和投资情况、基金管理人提交的上市可行性报告、信息披露的充分性、内部机制是否健全、能否确保基金章程及信托契约的贯彻实施等。上述材料必须真实可靠,无重大遗漏。

(2) 封闭式基金的交易规则。

一是基金单位的买卖遵循"公开、公平、公正"的"三公"原则和"价格优先、时间优先"的原则。二是以标准手数为单位进行集中无纸化交易,电脑自动撮合,跟踪过户。三是基金单位的价格以基金单位资产净值为基础,受市场供求关系的影响而波动,行情即时揭示。四是基金单位的交易成本相对低廉。

(3) 影响封闭式基金价格变动的因素。

基金单位净资产和市场供求关系是影响封闭式基金市场价格的主要因素。

基金单位净资产值是指某一时点上某一基金每份基金单位实际代表的价值,是基金单位的内在价值。由于基金单位净资产值直接反映一个基金的经营业绩和相对于其他证券品种的成长性,同时,也由于基金单位净资产值是基金清盘时,投资者实际可得到的价值补偿,因此,基金单位净资产值构成影响封闭式基金市场价格的最主要因素。在一般情况下,基金单位的市场价格应围绕基金单位净资产值而上下波动。

由于封闭式基金成立后,在存续期内其基金规模是稳定不变的,因此,市场供求状况对基金交易价格会产生重要影响。一般而言,当市场需求增加时,基金单位的交易价格就上升;反之,就下跌,从而使基金价格相对其单位净值而言经常出现溢价或折价交易的现象。

此外,封闭式基金价格变动还受市场预期、操纵、开放式基金的出现及基金清算等因素的影响。

2. 开放式基金的交易及交易价格

(1) 开放式基金的认购、申购、赎回。

投资者在开放式基金募集期间,基金尚未成立时购买基金单位的过程称为认购。通常认购价为基金单位面值(1元)加上一定的销售费用。在基金成立后,投资者通过基金管理公司或其销售代理机构申请购买基金单位的过程称为申购。投资者为变现其基金资产,将手持基金单位按一定价格卖给基金管理人,并收回现金的过程称为赎回。

(2) 开放式基金的申购、赎回价格。

基金的申购价格,是指基金申购申请日当天每份基金单位净资产值再加上一定比例的申购费所形成的价格,它是投资者申购每份基金时所要付出的实际金额。基金的赎回价格,是指基金赎回申请日当天每份基金单位净资产值再减去一定比例的赎回费所形成的价格,它是投资者赎回每份基金时可实际得到的金额。

(三) 证券投资基金的管理

1. 基金管理人

基金管理人是基金产品的募集者和管理者,负责基金资产的投资运作,凭借专门的知识与经验，运用所管理基金的资产，根据法律法规及基金章程或基金契约的规定，按照科学的投资组合原理作出投资决策，谋求所管理的基金资产不断增值，为基金投资者创造最大的投资收益。根据我国相关法律法规的规定，基金管理人的职责主要有：依法募集资金，办理基金份额的发售和登记事宜；办理基金备案手续；对所管理的不同基金财产分别管理、分别记账，进行证券投资；按照基金合同的约定确定基金收益分配方案，及时向基金份额持有人分配收益；进行基金会计核算并编制基金财务会计报告；编制中期和年度基金报告；计算并公告基金资产净值，确定基金份额申购、赎回价格；办理与基金财产管理业务活动有关的信息披露事项；按照规定召集基金份额持有人大会；保存基金财产管理业务活动的记录、账册、报表和其他相关资料；以基金管理人名义，代表基金份额持有人利益行使诉讼权利或者实施其他法律行为；国务院证券监督管理机构规定的其他职责。

2. 基金托管人

证券投资基金托管，是指由依法设立并取得基金托管资格的商业银行或者其他金融机构担任托管人，按照法律法规的规定及基金合同的约定，对基金履行安全保管基金财产、办理清算交割、复核审查资产净值、开展投资监督、召集基金份额持有人大会等职责的行为。基金托管人是基金持有人利益的代表，是基金资产的名义持有人或管理机构。为了保证基金资产的安全，基金应按照资产管理和保管分开的原则进行运作，并由专门的基金托管人保管基金资产。基金托管人的主要职责有：①为所托管的不同基金财产分别设置资金账户、证券账户等投资交易必需的相关账户，确保基金财产的独立与完整；②建立与基金管理人的对账机制，定期核对资金头寸、证券账目、资产净值等数据，及时核查认购与申购资金。

第四节 衍生金融工具

一、衍生金融工具的定义

衍生金融工具又称金融衍生产品，是与基础金融工具相对应的一个概念，是预测股价、利率、汇率等未来行情走势，采用支付少量保证金或权利金，签订远期合同或互换不同金融商品等交易形式的新兴金融工具。广义上也可以把衍生金融工具理解为一种双边合约或付款交换协议。

衍生金融工具是由基础金融工具派生而来的，衍生金融工具不能独立存在，它要随传统金融工具的发展而发展，根据原生金融工具预期价格的变化来定值。衍生金融工具是典型的对未来的交易，是交易双方通过对利率、汇率、股价等因素变动趋势的预测，约定在未来某一时间按照一定条件进行交易或选择是否交易。

二、衍生金融工具的类型

衍生金融工具可以按照基础工具的种类、风险—收益特性以及自身交易方法的不同而有不同的分类。

(一) 按产品形态划分

按产品形态的不同,衍生金融工具可分为独立衍生工具和嵌入式衍生工具。

(1) 独立衍生工具。这种衍生金融工具本身即为独立存在的金融合约,如期权合约、期货合约或者互换交易合约等。

(2) 嵌入式衍生工具。这是指嵌入非衍生合同(简称"主合同")中的衍生金融工具,该衍生工具使主合同的部分或全部现金流量将按照特定利率、金融工具价格、汇率、价格或利率指数、信用等级或信用指数,或类似变量的变动而发生调整,例如目前公司债券条款中包含的赎回条款、返售条款、转股条款、重设条款等。

(二) 按交易场所划分

按交易场所的不同,衍生金融工具可分为交易所交易的衍生工具和场外交易市场交易的衍生工具两类。

(1) 交易所交易的衍生工具。这是指在有组织的交易所上市交易的衍生工具,例如在股票交易所交易的股票期权产品,在期货交易所和专门的期权交易所交易的各类期货合约、期权合约等。

(2) 场外交易市场交易的衍生工具。这是指通过各种通信方式,不通过集中的交易所,实行分散的、一对一交易的衍生工具,例如金融机构之间、金融机构与大规模交易者之间进行的各类互换交易和信用衍生品交易。从近年来的发展看,这类衍生品的交易量逐年增大,已经超过交易所市场的交易额,市场流动性也得到增强,还发展出专业化的交易商。

(三) 按基础工具种类划分

衍生金融工具从基础工具分类角度,可以划分为股权类产品的衍生工具、货币衍生工具、利率衍生工具、信用衍生工具以及其他衍生工具。

(1) 股权类产品的衍生工具。这是指以股票或股票指数为基础工具的衍生金融工具,主要包括股票期货、股票期权、股票指数期货、股票指数期权以及上述合约的混合交易合约。

(2) 货币衍生工具。这是指以各种货币作为基础工具的衍生金融工具,主要包括远期外汇合约、货币期货、货币期权、货币互换以及上述合约的混合交易合约。

(3) 利率衍生工具。这是指以利率或利率的载体为基础工具的衍生金融工具,主要包括远期利率协议、利率期货、利率期权、利率互换以及上述合约的混合交易合约。

(4) 信用衍生工具。这是指以基础产品所蕴含的信用风险或违约风险为基础变量的衍生金融工具,用于转移或防范信用风险,是20世纪90年代以来发展最为迅速的一类衍生产品,主要包括信用互换、信用联结票据等。

(5) 其他衍生工具。除以上4类衍生金融工具之外,还有相当数量衍生金融工具是在非金融变量的基础上开发的,例如用于管理气候变化风险的天气期货、管理政治风险的政治期货、管理巨灾风险的巨灾衍生产品等。

(四）按照衍生金融工具自身交易的方法及特点划分

衍生金融工具从其自身交易的方法和特点可以分为金融远期合约、金融期货、金融期权、金融互换和结构化衍生金融工具。

（1）金融远期合约。金融远期合约是指交易双方在场外市场上通过协商，按约定价格（称为"远期价格"）在约定的未来日期（交割日）买卖某种标的金融资产（或金融变量）的合约。金融远期合约规定了将来交割的资产、交割的日期、交割的价格和数量，合约条款根据双方需求协商确定。金融远期合约主要包括远期利率协议、远期外汇合约和远期股票合约。

（2）金融期货。金融期货是指交易双方在集中的交易场所以公开竞价方式进行的标准化金融期货合约的交易。金融期货是以金融工具（或金融变量）为基础工具的期货交易。主要包括货币期货、利率期货、股票指数期货和股票期货四种。近年来，不少交易所又陆续推出更多新型的期货品种，如房地产价格指数期货、通货膨胀指数期货等。

（3）金融期权。这是指合约买方向卖方支付一定费用（被称为"期权费"或"期权价格"），在约定日期内（或约定日期）享有按事先确定的价格向合约卖方买卖某种金融工具的权利的契约，包括现货期权和期货期权两大类。除交易所交易的标准化期权、权证之外，还存在大量场外交易的期权，这些新型期权通常被称为"奇异型期权"。

（4）金融互换。这是指两个或两个以上的当事人按共同商定的条件，在约定的时间内定期交换现金流的金融交易。可分为货币互换、利率互换、股权互换、信用违约互换等类别。

（5）结构化衍生金融工具。前述四种常见的衍生金融工具通常也被称作"建构模块工具"，它们是最简单和最基础的衍生金融工具，而利用其结构化特性，通过相互结合或者与基础金融工具相结合，能够开发设计出更多具有复杂特性的金融衍生产品，后者通常被称为"结构化衍生金融工具"，或简称为"结构化产品"。例如，在股票交易所交易的各类结构化票据、目前我国各家商业银行推广的挂钩不同标的资产理财产品等都是其典型代表。

三、衍生金融工具的功能及缺陷

（一）衍生金融工具的功能

衍生金融工具的基本功能有避险保值、投机、价格发现、降低交易成本。

1. 避险保值

该功能也是衍生金融工具被金融企业界广泛应用的初衷。衍生金融工具有助于投资者或储蓄者认识、分离各种风险构成和正确定价，使他们能根据各种风险的大小和自己的偏好更有效地配置资金，有时甚至可以根据客户的特殊需要设计出特制的产品。衍生市场的风险转移机制主要通过套期保值交易发挥作用，通过风险承担者在两个市场的相反操作来锁定自己的利润。

2. 投机

与避险保值正相反，投机的目的在于多承担一点风险去获得高额收益。投机者利用衍生金融工具市场中保值者的头寸并不恰好互相匹配对冲的机会,通过承担保值者转嫁出去的风险的方法,博取高额投机利润。还有一类主体是套利者,套利者寻找的是几乎无风险的获利机会。投机活动也可能造成市场内不正常的价格震荡,但正是投机者的存在才使得对冲保值者意欲回避和分散的风险有了承担者,衍生金融工具市场才得以迅速完善和发展。

3. 价格发现

如果以上两点是金融衍生市场的内部性功效,那价格发现则是金融衍生市场的外部性功效。在衍生金融工具的价格发现中,其中心环节是价格决定,这一环节是通过供给和需求双方在公开喊价的交易所大厅(或电子交易屏幕)内达成的,所形成的价格又可能因价格自相关产生新的价格信息来指导衍生金融工具的供给和需求,从而影响下一期的价格决定。因为该市场集中了各方面的市场参与者,带来了成千上万种基础资产的信息和市场预期,通过交易所内类似拍卖方式的公开竞价形成一种市场均衡价格,这种价格不仅有指示性功能,而且有助于金融产品价格的稳定。

4. 降低交易成本

由于衍生金融工具具有以上功能,从而进一步形成了降低社会交易成本的功效。市场参与者一方面可以利用衍生金融工具市场,减少以至消除最终产品市场上的价格风险;另一方面又可以根据衍生金融工具市场所揭示的价格趋势信息,制定经营策略,从而降低交易成本,增加经营的收益。同时,拥有不同目的而从事交易的参与者可以在市场交易中满足自己的需求,最终形成双赢的局面。

(二)衍生金融工具的缺陷

衍生金融工具具有杠杆性,投资者在拥有高收益机会的同时面临非常高的风险,可能导致个人投资者甚至大型金融机构如商业银行的破产;衍生品可以使一定的资金发挥数倍的作用。投机可能导致金融市场乃至整个经济的动荡,大大增加了整个金融体系的风险。

【财经实事 2-2】

原油宝"穿仓"敲响投资理财警钟

中国银行于 2018 年 1 月开办"原油宝"产品,为境内个人客户提供挂钩境外原油期货的交易服务。其中,美国原油品种挂钩芝加哥商品交易所(CME)的德州轻质原油(WTI)期货首行合约。原油宝产品为不具备杠杆效应的交易类产品。

但美国原油 2020 年 5 月合约跌至负数,即便没有杠杆效应,根据原油宝的交易设计,当出现结算价为负值的极端情形时,看似无杠杆的产品反而会呈现杠杆无限放大的情形。

4 月 21 日凌晨,美国 WTI 原油期货 5 月合约跌出史上第一个负数结算价 -37.63 美元。受其影响,中国银行原油宝美国原油 5 月合约发生"穿仓":投资人不仅血本无归,并且还倒欠银行 1~2 倍的钱。此后,大量投资者纷纷维权,向中国银行讨要说法。据报道,中国银行原油宝有 6 万余客户,此次穿仓事件造成的总体损失规模不低于 90 亿元。

5 月 4 日,国务院金融稳定发展委员会召开第二十八次会议。会议指出,要高度重视当前国际商品市场价格波动所带来的部分金融产品风险问题,增强风险意识,强化风险管控。要控制外溢性,把握适度性,提高专业性,尊重契约,理清责任,保护投资者合法利益。

资料来源：原油宝穿仓事件发生十多天，国务院金融委发话了 [EB/OL]. 中国经济网，http://finance.ce.cn/bank12/scroll/202005/05/t20200505_34838082.shtml，2020-05-05.

【章节小结】

（1）股票是一种有价证券，它是股份有限公司公开发行的用以证明投资者的股东身份和权益，并据以获得股息和红利的凭证，具有永久性、参与性、收益性、流通性以及风险性。

（2）股票有多种分类方式，其中按股东享有权利的不同，股票可以分为普通股、优先股、后配股。普通股是指在公司的经营管理、盈利及财产的分配上享有普通权利的股份，代表满足所有债权偿付要求及优先股股东的收益权与求偿权要求后对企业盈利和剩余财产的索取权。优先股是股份公司发行的在利润分红及剩余财产分配时比普通股具有优先权的股份。后配股是在利益或利息分红及剩余财产分配时比普通股处于劣势的股票，一般是在普通股分配之后，对剩余利益进行再分配。

（3）股份公司的所有权按照所有者的性质分为国有股、法人股、公众股和外国股。目前，我国股份有限责任公司中上市公司的股权结构是：上市公司股份集中于国有股。

（4）股票收益是股票股息和因拥有股票所有权而获得的超出股票实际购买价格的收益。具体来说，就是股票股息、红利和股票市价的升值部分。股票收益率是反映股票收益水平的指标，反映了投资者以现行价格购买股票的预期收益水平。它是年现金股利与现行市价之比率。

（5）股票投资具有风险，如购买力风险、利率风险、汇率风险、宏观经济风险、社会政治风险、市场风险、金融风险以及经营风险等。

（6）股票价格指数是由证券交易所或金融服务机构编制的表明股票行市变动的一种供参考的指示数字，是描述股票市场总的价格水平变化的指标。

（7）在计算股票价格指数时，通常将股价平均数和股价指数分别进行计算，这主要是由于两者对股市的实际作用不同。股价平均数采用股价平均法，用来度量所有样本股经调整后的价格水平的平均值。股票价格平均数反映一定时点上市股票价格的绝对水平，它可分为简单算术股价平均数、修正的股价平均数、加权股价平均数三类。股价指数主要的编制方法有简单算术股价指数和加权股价指数两类。简单算术股价指数有相对法和综合法之分。加权股价指数是以样本股票发行量或成交量为权数加以计算，又有基期加权、计算期加权和几何加权之分。

（8）债券是一种有价证券，是社会各类经济主体为筹集资金而向债券投资者出具的、承诺按一定利率定期支付利息并到期偿还本金的债权债务凭证。债券所规定的借贷双方的权利义务关系包含四个方面的含义。

（9）债券的票面价值是债券票面标明的货币价值，是债券发行人承诺在债券到期日偿还给债券持有人的金额，包括票面价值的币种和债券的票面金额。此外，债券的票面要素还包括价格、票面利率、偿还期限、发行人名称、发行时间、债券类别以及批准单位与批准文号等。

（10）证券投资基金是指一种利益共享、风险共担的集合投资方式，即通过公开发行基金单位，集中投资者的资金，由基金托管人托管，由基金管理人管理和运作资金，从事股票、债券等金融工具的投资，并将投资收益按基金投资者的投资比例进行分配的一种间接投资方式。

（11）证券投资基金包含以下特点：集合理财、专业管理；组合投资、分散风险；利益共享、风险共担；严格监管、信息透明；独立托管、保障安全。

（12）基金管理人是指凭借专门的知识与经验，运用所管理基金的资产，根据法律法规及基金章程或基金契约的规定，按照科学的投资组合原理进行投资决策，谋求所管理的基金资产不断增值，并使基金持有人获取尽可能多收益的机构。

（13）证券投资基金托管，是指由依法设立并取得基金托管资格的商业银行或者其他金融机构担任托管人，按照法律法规的规定及基金合同的约定，对基金履行安全保管基金财产、办理清算交割、复核审查资产净值、开展投资监督、召集基金份额持有人大会等职责的行为。

（14）衍生金融工具又称金融衍生产品，是与基础金融工具相对应的一个概念，是预测股价、利率、汇率等未来行情走势，采用支付少量保证金或权利金，签订远期合同或互换不同金融商品等交易形式的新兴金融工具。广义也可以把金融衍生工具理解为一种双边合约或付款交换协议。

【思政梳理】

本章思政小课堂重点聚焦证券投资工具。党的二十大报告强调，健全资本市场功能，提高直接融资比重。① 作为我国最重要、规模最大的直接融资市场，债券市场在促进直接融资繁荣、服务实体经济高质量发展方面承担着重要使命。复杂局面下，更需要坚定金融服务实体经济的如磐初心。在政策积极引导、流动性保持合理充裕、市场制度不断完善、产品创新力度加大的背景下，债券市场作为实体经济融资的重要渠道，正与信贷投放、股权融资等一道形成合力，更好地发挥融资功能，提高服务实体经济质效。

【主要概念】

股票　普通股　优先股　股票价格指数　债券　贴现债券　附息债券　证券投资基金　开放式基金　封闭式基金　衍生金融工具

【案例思考】

阅读下列材料并回答问题。

德国史上首次以零利率发行30年期国债

据英国《金融时报》报道，德国于当地时间2019年8月21日以零利率发行20亿欧元的30年期超长国债（2050年到期），此前该国以零利率的票面利息发售了10年期债券，但发售零票息的30年期超长国债则是史上首次。

---

① 习近平：高举中国特色社会主义伟大旗帜　为全面建设社会主义现代化国家而团结奋斗——在中国共产党第二十次全国代表大会上的报告［EB/OL］. 中国政府网, https://www.gov.cn/xinwen/2022-10/25/content_5721685.htm, 2022-10-25.

由于担心全球经济疲弱以及预期欧洲央行将启动新一轮宽松政策,投资者纷纷买入欧元区的安全资产德国国债。德国30年期的现券收益率也在近期下降到了-0.2%附近,一年前这个数值还维持在1%附近。

由于德国收益率曲线整体为负,本月还将有数只债券发行,该期30年期国债的标售将考验投资者对避险资产的持续需求。票息为零意味着,持有债券直至到期者在2050年之前不会有利息收益。

此次发行后,德国还将在8月27日发行50亿欧元的两年期新债券,8月28日发行30亿欧元10年期债券,9月4日发行40亿欧元五年期债券。

据彭博社报道,该只债券在市场上并不受欢迎,20亿欧元的数额也许"太多"了。市场上青睐长期债券的买家主要是主权基金、养老金和各国央行。

近一年来,德国30年期国债收益率下行至负区间。近日,包括德国、丹麦、比利时、荷兰在内的多个发达国家的国债收益率全面转负,其中德国十年期国债收益率一度创下新低至-0.623%。美国银行在一份报告中指出,除美国以外的主权债券平均收益率水平已跌至负区间,这在历史上首次出现。

美国联邦储备委员会(简称"美联储")前主席格林斯潘近期接受采访时表示,债券市场内有一种国际套利正在推动长期国债收益率下降。随着全球负收益率政府债券规模超过15万亿美元,即便国债收益率跌至负值也没什么大不了。"债券市场内有一种国际套利正在推动长期国债收益率下降,美国国债收益率低于零没有障碍。零没有任何意义,只是一个特定的水平。"

资料来源:历史上首次!德国以零利率发行30年期国债,意味着什么?[EB/OL].澎湃新闻,https://baijiahao.baidu.com/s?id=1642522011936992751&wfr=spider&for=pc,2019-08-22.

思考题:
(1) 主要的证券投资工具有哪些?
(2) 什么是债券?
(3) 债券的基本要素包括哪些?
(4) 债券具有什么特征?常见的分类标准有哪些?

【实训要求】

1. 实训目的及要求

掌握证券投资工具的基本类型,能通过证券交易软件获得即时行情和其他信息,熟悉各种证券投资工具的特征以及投资操作要点。

2. 实训内容

(1) 学生通过证券交易软件或网站,查看各种证券投资工具的即时行情,认识投资工具种类及信息。

(2) 教师通过模拟案例指导学生进行投资产品的交易。

第三章 证券市场与监管

【学习目标】

　　掌握证券市场的概念、特征、参与者以及分类,熟悉我国证券市场的主要历史发展阶段;了解股票和债券的发行与承销,了解我国股票与债券发行市场的发展,熟悉我国证券发行制度改革历程;掌握证券交易市场的概念、特点、功能、类型以及参与主体,了解上市条件、信息披露制度以及资本重组;掌握证券市场监管的概念、目标,掌握证券市场监管模式,了解我国证券市场监管机构、监管内容,了解我国证券市场监管的演变、监管问题及趋势。

　　要求学生查阅并了解我国证券市场结构和交易方式,模拟交易并撰写交易报告。

【案例导入】

新中国"第一股"

　　1984年11月,改革开放后公开发行的第一只严格意义上的股票——飞乐音响股份有限公司股票在上海诞生。就是这只并不起眼的股票,拉开了中国资本市场的序幕,它的发行代表着我国证券市场的诞生。中国的资本市场是改革开放的产物。20世纪90年代初,上海证券交易所成立,30余年来中国资本市场从初创、启航到发展成为全球第二大资本市场,发生了许多足以记入史册并启迪未来的故事。其中,尤为人津津乐道的上海飞乐音响股票,人们亲切地称其为"小飞乐"。

　　1984年,面对人们对音响设备需求的增加,上海电声总厂在扩大生产筹集资金时遇到困难。上海电声总厂提出了实行股份制,通过发行股票向其他单位和内部职工集资的设想,得到了上海市委、市政府的支持。与上海电声总厂对口的中国工商银行静安办事处,很快批拨了50万元发行份额。经中国人民银行上海分行批准,上海飞乐音响股份有限公司成立,并对外发行股票。

　　资料来源:红色百宝 奋斗百年 [EB/OL]. 新华社, https: //www. toutiao. com/video/6965835980964102670/? channel = &source = search_tab, 2021 - 05 - 24.

第一节 证券市场概述

一、证券市场的概念与特征

　　证券市场是有价证券发行与流通以及与此相适应的组织与管理方式的总称。从广义上讲，证券市场是指一切以证券为对象的交易关系的总和。从经济学的角度可以将证券市场定义为：通过自由竞争的方式，根据供需关系来决定有价证券价格的一种交易机制。在发达的市场经济中，证券市场是完整的市场体系的重要组成部分，它不仅反映和调节货币资金的运动，而且对整个经济的运行具有重要影响。证券市场具有以下三个显著特征：

（1）证券市场是价值直接交换的场所。有价证券都是价值的直接代表，它们本质上是价值的一种直接表现形式。虽然证券交易的对象是各种各样的有价证券，但由于它们是价值的直接表现形式，所以，证券市场本质上是价值的直接交换场所。

（2）证券市场是财产权利直接交换的场所。证券市场上的交易对象是作为经济权益凭证的股票、债券、投资基金等有价证券，它们本身是一定量财产权利的代表，所以，代表着对一定数额财产的所有权或债权以及相关的收益权。证券市场实际上是财产权利的直接交换场所。

（3）证券市场是风险直接交换的场所。有价证券既是一定收益权利的代表，同时也是一定风险的代表。有价证券的交换在转让出一定收益权的同时，也把该有价证券所特有的风险转让出去。所以，从风险的角度分析，证券市场也是风险直接交换的场所。

二、证券市场的分类

（一）按证券市场职能划分

按照证券市场功能的不同，证券市场可分为证券发行市场和证券流通市场。

（1）证券发行市场。证券发行市场又称"一级市场"或"初级市场"，是发行人以筹集资金为目的，按照一定的法律规定和发行程序向投资者出售证券所形成的市场。证券发行市场作为一个抽象的市场，其买卖成交活动并不局限于一个固定的场所。证券发行市场体现了证券由发行主体流向投资者的市场关系。发行者之间的竞争和投资者之间的竞争是证券发行市场赖以形成的契机。证券发行市场一方面为资本的需求者提供筹集资金的渠道，另一方面为资本的供应者提供投资场所，形成资金流动的收益导向机制，促进资源配置的不断优化。

（2）证券流通市场。证券流通市场又被称为二级市场、次级市场或证券交易市场，它是买卖已经发行在外的证券的场所。证券成功发行以后，投资者经常会将手中的证券变现，而另一些投资者则需要利用手中的资金买入证券。证券流通市场为买卖双方提供了一个证券交易的场所，使证券随时可以变现，既解决了投资者的后顾之忧，又为新的投资者提供了投资机会。

证券发行市场与交易市场紧密联系，互相依存、相互作用。发行市场是交易市场存在的基础，发行市场的发行条件及发行方式影响着交易市场的价格及流动性。而交易市场又能促进发行市场的发展，为发行市场所发行的证券提供了变现的场所，同时交易市场的证券价格及流动性又直接影响发行市场新证券的发行规模和发行条件。

（二）按证券性质划分

按照证券性质的不同，证券市场可分为股票市场、债券市场和基金市场。

（1）股票市场。股票市场是进行各种股票发行和买卖交易的场所。股票市场的发行人为股份有限公司。股份有限公司在股票市场上筹集的资金是长期稳定、属于公司自有的资本。股票市场交易的对象是股票，股票的市场价格除了与股份公司的经营状况和盈利水平有关外，还受到其他诸如政治、社会、经济等多方面因素的综合影响。因此，股票价格经常处于波动之中。

（2）债券市场。债券市场是进行各种债券发行和买卖的场所。债券市场的发行主体主要是股份制公司、各级政府、银行以及各类工商企业单位。一般来说，它们规模庞大，有很强的经济实力作为筹集资金的资信和保证。债券价格的波动比股票价格要相对稳定。

（3）基金市场。基金市场是基金证券发行和流通的市场。基金有封闭式基金和开放式基金之分。其中封闭式基金在证券交易所挂牌交易，类似于一般股票买卖；开放式基金由基金管理公司回购，它是一个分散的交易市场。

（三）按组织形式划分

按照证券市场组织形式的不同，证券市场可分为场内市场和场外市场。

（1）场内市场。场内市场又称证券交易所市场或集中交易市场，是证券买卖双方集中公开交易的场所，是一个有组织、有固定地点、集中进行证券交易的市场，是整个证券市场的核心。证券交易所接受和办理符合有关法令规定的证券上市买卖，有严格的规章管理制度，对交易的具体内容有明确的规定。证券交易所作为证券流通市场的中心，为投资者提供各种服务和信息。投资者可通过证券商在证券交易所进行证券买卖。

（2）场外市场。场外市场即业界所称的 OTC 市场，又称柜台交易市场或店头市场，是证券交易所以外的证券交易市场的总称。它主要由柜台交易市场、第三市场、第四市场组成。场外市场是一个分散的无形市场，没有固定的交易场所，由许多各自独立经营的证券商通过各种信息设备分别进行交易，交易的证券以不在交易所上市的证券为主。

三、证券市场的参与者

（一）证券发行人

证券发行人是指为筹措资金而发行债券、股票等证券的发行主体，包括公司、政府和政府机构。

（二）证券投资者

证券投资者是指通过买入证券而进行投资的各类机构法人和自然人。相应地，证券投资人可分为机构投资者和个人投资者两大类。

（三）证券市场中介机构

证券市场中介机构是指为证券的发行、交易提供服务的各类机构。在证券市场起中介作用的机构是证券公司和证券服务机构，其中后者主要包括证券投资咨询机构、证券登记结算机构、财务顾问机构、资信评级机构、资产评估机构、会计师事务所、律师事务所等。

(四) 证券监管机构

在我国，证券监管机构是指中国证监会及其派出机构。它的主要职责是：依法制定有关证券市场监督管理的规章、规则，负责监督有关法律法规的执行，负责保护投资者的合法权益，对全国的证券发行、证券交易、中介机构的行为等依法实施全面监管，维持公平而有序的证券市场环境。

(五) 证券业自律组织

证券市场的自律性组织主要包括证券交易所和行业协会。我国的证券登记结算机构也实行行业自律管理。

四、证券市场的基本功能

(一) 筹资—投资功能

证券市场的筹资—投资功能是指证券市场一方面为资金需求者提供了通过发行证券筹集资金的机会，另一方面为资金供给者提供了投资对象，在证券市场上交易的任何证券，既是投资工具又是筹资工具。在经济运行过程中，既有资金盈余者又有资金短缺者。资金盈余者为使自己的资金价值增值，必须寻找投资对象；而资金短缺者为了发展自己的业务，就要向社会筹集资金。为了筹集资金，资金短缺者可以通过发行各种证券达到筹资目的，资金盈余者则可以通过买入证券而实现投资目的。筹资和投资是证券市场基本功能不可分割的两个方面，忽视其中任何一个方面都会导致市场的严重缺陷。

(二) 资本定价功能

证券市场的第二大基础功能就是为资本决定价格。证券是资本的表现形式，所以证券的价格实际上是证券所代表的资本的价格。证券的价格是证券市场上证券供求双方共同作用的结果。证券市场的运行形成了证券需求者和供给者的竞争关系，这种竞争能够使资本获得高投资回报，市场的需求大，相应的证券价格就高；反之，证券的价格就低。因此，证券市场提供了资本的合理定价机制。

(三) 资本配置功能

证券市场的资本配置功能是指通过证券价格引导资本的流动，从而实现资本合理配置的功能。在证券市场上，证券价格的高低是由该证券所能提供的预期回报率的高低来决定的。证券价格的高低实际上是该证券筹资能力的反映。能提供高回报率的证券一般来自经营好、发展潜力巨大的企业，或者来自新兴行业的企业。由于这些证券的预期回报率高，其市场价格也相对较高，从而筹资能力就强。这样，证券市场就引导资本流向能产生高回报的企业或行业，使资本运用得到尽可能高的效率，从而实现资本的合理配置。

(四) 分散风险功能

对于上市公司来说，通过证券市场融资可以将经营风险部分地转移和分散给投资者，公司的股东越多，单个股东承担的风险就越小。另外，企业还可以通过购买一定的证券，保持资产的流动性和提高盈利水平，减少对银行信贷资金的依赖，提高企业对宏观经济波动的抗风险能力。对于投资者来说，可以通过买卖证券和建立证券投资组合来转移和分散资产风险。投资者往往把资产分散投资于不同的对象，证券作为流动性、收益性都相对较好的资产形式，可以有效地满足投资者的需要，而且投资者还可以选择不同性质、不同期限、不同风险和收益的证券构建证券投资组合，分散证券投资的风险。

（五）宏观调控功能

证券市场是国民经济的"晴雨表"，它能够灵敏地反映社会政治、经济发展的动向，为经济分析和宏观调控提供依据。政府可以通过证券市场行情的变化对经济运行状况和发展前景进行分析预测，并且利用证券市场对经济实施宏观调控。例如，政府可通过公开市场业务等货币政策手段在证券市场上公开买卖政府债券，以调节货币流通量，防止通货膨胀或促进经济复苏。

五、我国证券市场的发展

证券市场是股票、债券、证券投资基金等有价证券发行和交易的场所。证券市场是市场经济发展到一定阶段的产物，是为了解决资本供求矛盾和流动性而产生的市场。证券市场以证券发行与交易的方式实现了筹资与投资的对接，有效地化解了资本的供求矛盾和资本结构调整的难题。

（一）新中国成立前的证券市场

新中国成立前的证券市场是在中国逐渐沦为半殖民地半封建社会的过程中产生并发展起来的。我国金融市场上最早出现的股票都是外国股票，后来才有华商股票。债券最早也是先有外债，后来才在国内发行债券。1891年成立的上海股份公所是第一家外商经营的证券交易所。我国自主创办的第一家证券交易所为1918年6月成立的北平证券交易所。从该所成立到20世纪40年代末的40多年的时间里，我国证券市场三起三落，经历了曲折的发展过程。

（1）第一次起落：从1918年6月北平证券交易所、上海证券交易所和上海华商证券交易所的成立及各地证券交易所的纷纷兴起到1921年秋的"信交风潮"。

（2）第二次起落：从抗战时期"孤岛繁荣"的上海租界证券交易的重新兴起到1945年8月日本投降后上海华商证券交易所的停业解散。

（3）第三次起落：从抗战胜利后上海证券交易所、天津证券交易所的恢复与发展到1948年8月国民党政府发行金圆券、天津证券交易所奉命停业。

（二）新中国成立后的证券市场

新中国成立后，在国民经济恢复时期和社会主义改造时期，证券市场经历了一个被限制、被利用、被改造到最后逐步消失的过程。新中国成立之初，天津证券交易所、上海证券交易所先后被关闭。不久后，为疏导社会游资、平稳市场物价，天津证券交易所、北京证券交易所又先后成立。随着全国统一财经政策、稳定金融物价工作的顺利展开，证券交易所的意义已不复存在，1952年7月和8月，天津证券交易所、北京证券交易所相继宣布关闭。至此，存在了半个世纪的中国证券市场在中华人民共和国的土地上销声匿迹。

（三）改革开放后的中国证券市场

党的十一届三中全会以后，我国开始实行以社会主义市场经济体制为导向的改革，这要求社会经济资源的配置必须以市场机制为基础，要求包括金融体制在内的整个经济体制进行深入全面的改革。于是，作为金融市场重要组成部分的证券市场应运而生，我国证券投资也随之产生。我国证券投资与证券市场的发展大致经历了以下几个阶段。

1. 萌芽阶段（20世纪80年代初至90年代初）

20世纪80年代初，为了弥补财政赤字，中央政府尝试通过发行国库券来筹集财政资金，接着，一些企业和金融机构也尝试分别发行了企业债券和金融债券。另外，还有一些国有企业发行了股票。

2. 大力发展阶段（1991~1998年）

1990年12月、1991年6月上海证券交易所和深圳证券交易所相继成立，标志着我国证券市场正式形成。以此为开端，国债和股票等有价证券的市场获得了长足的发展，且企业并购、产权交易和资产重组事件也层出不穷。这一阶段我国证券市场的特点如下：①证券投资的品种不断增加，证券发行人与证券投资者不断增加，市场规模加速扩张；②发行方式逐步市场化；③市场结构与交易体系逐步完善，初步建立了涵盖证券发行交易和清算等各个方面的较为完善的体系，市场监管体系也初步形成；④证券市场在国民经济中的地位不断提高。

3. 规模发展阶段（1999年以后）

针对证券投资与交易过程中存在的不规范问题，我国证券市场自1999年起开始了规范建设。这一阶段的具体措施如下：

（1）加快证券市场的制度化建设。一是逐步建立健全证券法规体系；二是积极进行以发行制度改革为核心的制度建设；三是推出上市公司退出机制，继1998年和1999年对连续两年和三年亏损的上市公司实行ST（Special Treatment）和PT（Particular Transfer）警告制度后，2001年又出台了《亏损上市公司实行终止上市实施办法》；四是积极推动网上证券委托交易。

（2）积极培育和发展机构投资者。在我国证券市场发展初期，市场的投资主体是个人投资者。个人投资者的资金规模有限，买卖频率通常较高，追涨杀跌，在一定程度上加剧了证券市场的不稳定性。目前，我国证券市场上已形成以证券投资基金、保险基金、QFII等公司和企业为主体的机构投资者。

（3）逐步建立各种风险防范机制，积极化解金融风险。如开展清理场外非法股票交易、整顿规范期货市场、清理证券交易中心、整顿证券经营机构和清理规范原有投资基金5项清理整顿工作后，逐步解决转配股上市流通和B股向境内居民个人开放等历史遗留问题，设立以证券公司和企业为主体的机构投资者。

（4）加强对上市公司、证券经营机构及其他有关机构的监管，如将证券业划分为综合类和经纪类，并相应地对证券经营公司进行资格审查和确认，加大了对上市公司违法违规行为的处罚与惩治力度，同时还加大了对会计师事务所、律师事务所及各类咨询机构的监管力度。

【小知识 3-1】

我国多层次资本市场体系

我国多层次资本市场随着北京证券交易所（以下简称"北交所"）的建立已形成基本框架，底层基础设施和监管体系等在具有中国特色的同时，逐渐与国际市场接轨。目前我国资本市场已形成主板、科创板、创业板、北交所、新三板及区域性股权市场等多层次资本市场体系，各板块和市场功能定位明确、层层递进、错位发展，形成支持处于不同成长阶段和不同类型企业创新发展的资本市场体系；同时我国不断加强制度建设，正在稳步有序地推进注册制，提高资本市场活跃度和流动性，实现资产的优化配置，增加投资者在资本市场中的赚钱效应。

目前，国内资本市场第一层次为上交所和深交所主板市场构成的全国主板市场，设立最高的上市门槛、最严格的监管体制和信息披露制度，主要为大型蓝筹股提供服务。主板市场是我国最核心的板块，是资本市场发挥功能最主要的场所，是宏观经济的"晴雨表"。第二层次为目前的科创板市场和创业板市场，上市门槛显著低于主板市场，同样执行较严的监管制度和信息披露制度，主要为科技型、创新型中小企业。第三层次由北交所和新旧板组成，设置一定的门槛（非高门槛，也非无门槛），实行较宽松的监管制度和信息披露制度，注重服务创新、创业、成长型中小微企业。第四层次为区域性资本市场，由区域性股权交易所和产权交易所两个部分构成，设置较低的挂牌交易门槛，实行严格的融资审核制度，服务其他中小微企业。

第二节　证券发行市场

证券发行市场是发行人向投资者出售证券的市场。证券发行市场通常无固定场所，是一个无形的市场。证券发行市场由证券发行人、证券投资者和证券中介机构三部分组成。

一、证券的发行与承销

（一）股票的发行与承销

股票发行是公司新股票的出售过程。新股票一经发行，经中间人或径自进入应募人之手，应募人认购，持有股票，即成为股东。这一过程一般没有固定集中的场所，或由公司自己发行，较普遍的是由投资银行、信托公司、证券公司和经纪人等承销经营。发行股票有两种情况：一种是新公司成立，首次发行股票；另一种是已成立的公司增资发行新股票。两者在发行步骤和方法上都不相同。创建新公司首次发行股票，须办理一系列手续。即由发起人拟定公司章程，经律师和会计师审查，在报纸上公布，同时报经主管机关经审查合格准予注册登记，领取登记证书，在法律上取得独立的法人资格后，才准予向社会上发行。

1. 我国股票的发行方式

我国股票的发行主要采取公开发行并上市方式，同时也允许上市公司在符合相关规定的条件下向特定对象非公开发行股票。我国现有的有关法规规定，我国股份公司首次公开发行股票和上市后向社会公开募集股份（公募增发）采取对公众投资者网上发行和对机构投资者网下配售相结合的发行方式，并可根据需要采用回拨机制和超额配售选择权。

（1）网下配售。根据规定，符合中国证监会规定条件的特定机构投资者（询价对象），及其管理的证券投资产品（股票配售对象）可参与网下配售。询价对象是指符合中国证监会规定条件的证券投资基金管理公司、证券公司、信托投资公司、财务公司、保险机构投资者和合格境外机构投资者、主承销商自主推荐的具有较高定价能力和长期投资取向的机构投资者，以及经中国证监会认可的其他投资者。询价对象可自主决定是否参与股票发行的初步询价，发行人及其主承销商应当向参与网下配售的询价对象配售股票，但未参与初步询价或虽参与初步询价但未有效报价的询价对象，不得参与累计投标询价和网下配售。首次公开发行股票数量在 4 亿股以上的，可以向战略投资者配售股票。根据证监会的界定标准，战略投资者是指具有同行业或相关行业较强的重要战略性资源，与上市公司谋求双方协调互补的长期共同战略利益，愿意长期持有上市公司较大比例股份，愿意并且有能力认真履行相应职责，委派董事实际参与公司治理，提升上市公司治理水平，帮助上市公司显著提高公司质量和内在价值，具有良好诚信记录，最近 3 年未受到证监会行政处罚或被追究刑事责任的投资者。

（2）网上发行。网上公开发行方式是指利用证券交易所的交易系统，主承销商在证券交易所开设股票发行专户并作为唯一的卖方，投资者在指定时间内，按现行委托买入股票的方式进行申购的发行方式。发行人及其主承销商应在网下配售的同时，对公众投资者进行网上发行。上海证券交易所、深圳证券交易所现行的做法是采用资金申购网上公开发行股票方式。公众投资者可以使用其所持有的沪深交易所证券账户在申购时间内通过与交易所联网的证券营业部，根据发行人公告规定的发行价格和申购数量全额存入申购款进行申购委托。申购结束后，根据实际到位资金，由证券交易所主机确认有效申购量。主承销商根据有效申购量和该次股票发行量配号，若出现超额认购情况，以摇号抽签方式决定中签。

（3）回拨机制。回拨机制是指发行人及其主承销商为了平衡不同投资者的需求，根据实际申购情况，按照一定原则将当次发行的股票在不同类型投资者之间的分配比例进行调整的一种发行方式。全面实行注册制后，首次公开发行证券网下投资者申购数量低于网下初始发行量的，发行人和主承销商应当中止发行，不得将网下发行部分向网上回拨。网上投资者申购数量不足网上初始发行量的，可以回拨给网下投资者。

具体地，首次公开发行证券采用询价方式在主板上市，网上投资者有效申购倍数超过 50 倍且不超过 100 倍的，应当从网下向网上回拨，回拨比例为本次公开发行证券数量的 20%；网上投资者有效申购倍数超过 100 倍的，回拨比例为本次公开发行证券数量的 40%。首次公开发行证券采用询价方式在科创板上市，网上投资者有效申购倍数超过 50 倍且不超过 100 倍的，应当从网下向网上回拨，回拨比例为本次公开发行证券数量的 5%；网上投资者有效申购倍数超过 100 倍的，回拨比例为本次公开发行证券数量的 10%。回拨后无限售期的网下发行数量原则上不超过本次公开发行证券数量的80%。首次公开发行证券采用询价方式在创业板上市，网上投资者有效申购倍数超过50倍且不超过100倍的，应当从网下向网上回拨，回拨比例为本次公开发行证券数量的10%；网上投资者有效申购倍数超过100倍的，回拨比例为本次公开发行证券数量的20%。回拨后无限售期的网下发行数量原则上不超过本次公开发行证券数量的70%。以上所指公开发行证券数量应当扣除战略配售部分计算，主板发行规模在100亿元以上的还需扣除网下限售部分。

（4）超额配售选择权。为控制股票发行时发行人、投资者、证券公司面临的短期价格风险，成熟市场广泛使用超额配售选择权。我国在股票发行中已推出超额配售选择权的试点。超额配售选择权俗称"绿鞋"，是指发行人授权主承销商的一项选择权，如获得授权的主承销商按同一发行价格超额发售不超过包销数额15%的股份，即主承销商按不超过包销数额115%的股份向投资者发售。在该次增发包销部分的股票上市之日起30日内，主承销商有权根据市场情况从集中竞价市场购买发行人股票，或者要求发行人增发股票，分配给对此超额发售部分提出认购申请的投资者。这样主承销商在未动用自有资金的情况下，通过行使超额配售选择权，平衡市场对股票的供求，维护了二级市场股价的稳定，保护了中小投资者的利益，也为发行人多筹措了资金。超额配售选择权不是一种独立的发行方式，而是发行方式的补充，既可用于首次公开发行，也可用于上市公司增发新股。

（5）路演。我国在新股发行过程中，还引入成熟市场通常使用的路演推介活动。根据规定，首次公开发行股票的招股意向书刊登后，发行人及其主承销商可以向询价对象进行推介和询价，并通过互联网等方式向公众投资者进行推介。路演主要由发行人的管理层完成，其目的在于向投资者宣传公司股票的投资价值，消除潜在投资者对公司的疑虑，争取最大的认购量，以保证发行成功。在投资银行的安排下，发行人的管理层在约一周的时间内分别前往机构投资者相对集中的地区和城市，通过一对一会谈、午餐会、大型报告会、网上交流等形式与主要机构投资者直接见面。解决投资者与发行人之间信息不对称问题，有助于投资者确定申购意愿和对发行人的股票合理定价。

2. 股票承销方式

（1）包销。股票发行的包销，即证券公司将发行人的证券按照协议全部购入或者在承销期结束时将售后剩余证券全部自行购入的承销方式。采用该种方式，当实际招募额达不到预定发行额时，剩余部分由承销商全部承购下来，并由承销商承担股票发行风险。

包销分为全额包销和余额包销两种：

①全额包销，是指由承销商先全额购买发行人该次发行的股票，然后再向投资者发售。因承销商将承担全部发行风险，所以这种销售方式的手续费很高，但可以保证发行人及时得到所需的资金。

②余额包销，是指承销商按照规定的发行额和发行条件，在约定期限内向投资者发售股票，如到截止日时，投资者实际认购总额低于预定发行总额，则将未售出部分交由承销商认购，并按约定时间支付款项。

包销的显著特点是：

①股票发行的风险发生转移。包销协议签订后，股票发行的风险和责任由承销商承担；而在代销条件下，该股票发行风险由发行人自己承担。这是包销与代销两种承销方式的实质区别。②包销的费用高于代销。③发行人可以迅速可靠地获得资金。

(2) 代销。代销是证券公司代发行人发售证券，在承销期结束时，将未售出的证券全部退还给发行人的承销方式。在代销条件下，在承销协议规定的承销期结束后，如果投资者实际认购总额低于发行人的预定发行总额，承销商（承销团）将未售出的股票全部退还给发行人或包销商。采用代销方式时，股票发行的风险由发行人自行承担。

3. 承销协议与承销团协议

承销协议是股票发行人就其所发行的股票的承销事宜与股票承销商签订的具有法律效力的文件。

承销协议应包括的内容有：

(1) 当事人的名称、住所及法定代表人的姓名；
(2) 代销、包销证券的种类、数量、金额及发行价格；
(3) 代销、包销的期限及起止日期；
(4) 代销、包销的付款方式及日期；
(5) 代销、包销的费用及结算办法；
(6) 违约责任等。

承销协议原则上由协议双方代表人签字并由双方单位加盖公章后生效，但当事人双方可以协议确定生效条件。

向不特定对象发行的证券票面总值超过人民币 5 000 万元的，应当由承销团承销。承销团有 3 家（含 3 家）以上承销商时，可设 1 家副主承销商，协助主承销商组织承销活动。承销团中除主承销商、副主承销商以外的证券经营机构为分销商。

承销团协议是组织承销团的主承销商与其他承销团成员就承销事项明确各自权利义务关系的合同文件，又称为分销协议。应当载明：

(1) 当事人的名称、住所及法定代表人的姓名；
(2) 承销股票的种类、数量、金额及发行价格；
(3) 包销的具体方式，包销过程中剩余股票的认购方法，或代销过程中剩余股票的退还办法；
(4) 承销份额；
(5) 承销组织工作的分工；
(6) 承销起止日期；
(7) 承销付款的日期及方式；

（二）债券的发行与承销

1. 国债的发行与承销

(1) 我国国债的发行方式。

目前，凭证式国债发行完全采用承购包销方式，电子式国债发行可采用包销或代销方式，记账式国债发行完全采用公开招标方式。凭证式国债，是指国家采取不印刷实物券，而用填制国库券收款凭证的方式发行的国债。电子式国债是我国财政部面向境内中国公民储蓄类资金发行的，以电子方式记录债权、不可交易流通的人民币债券。记账式国债又名无纸化国债，准确的定义是由财政部通过无纸化方式发行的、以电脑记账方式记录债权，并可以上市交易的债券。

竞争性招标方式是通过投标人的直接竞价来确定发行价格（或利率）水平，根据《财政部关于印发〈2020年记账式国债招标发行规则〉的通知》的规定，记账式国债发行招标通过财政部政府债券发行系统进行，国债承销团成员通过客户端远程投标，竞争性确定票面利率或发行价格。

承购包销发行方式，指大宗机构投资者组成承购包销团，按一定条件向财政部承购包销国债，并由其负责在市场上转售，任何未能售出的余额均由承销者包购。发行人和承销商会签订承购包销合同，通过双方协商确定合同中的有关条款。对于事先已确定发行条款的国债，我国仍采取承购包销方式，目前主要运用于不可上市流通的凭证式储蓄国债的发行。

（2）国债承销程序。

①记账式国债的承销程序。

第一，招标发行。记账式国债是通过银行间债券市场向具备全国银行间债券市场国债承购包销团资格的商业银行、证券公司、保险公司、信托投资公司等机构，以及通过证券交易所的交易系统向具备交易所国债承购包销团的证券公司、保险公司和信托投资公司及其他投资者发行。

第二，远程投标。通过财政部国债发行招投标系统进行投标。

第三，债权托管。国债登记结算公司和证券登记结算公司在规定的债权登记日，对当期国债进行总债权登记和分账户债券托管。

第四，分销。承销团成员将中标额度销售给非国债承销团成员。分销分为场内挂牌、场外签订分销合同和试点商业银行柜台销售的方式分销。

②凭证式国债的承销程序。

凭证式国债是一种不可上市流通的储蓄型债券，由具备凭证式国债承销团资格的机构承销。财政部和中国人民银行一般每年确定一次凭证式储蓄国债承销团资格，各类商业银行、邮政储蓄银行均有资格申请加入凭证式国债承销团。财政部一般委托中国人民银行分配承销数额。承销商在分得所承销的国债后，通过各自的代理网点发售。发售采取向购买人开具凭证式国债收款凭证的方式，发售数量不能突破所承销的国债量。由于凭证国债采用"随买随卖"、利率按实际持有天数分档计付的交易方式，因此在收款凭证中除了注明投资者身份外，还须注明购买日期、期限、发行利率等内容。从2002年第2期开始，凭证国债的发行期限缩短至1个月以内，发行款的上划采取一次缴款办法，国债发行手续费也由财政部一次拨付。各经办单位对在发行期内已缴款但未售完及购买者提前兑取的凭证式国债，仍可在原额度内继续发售，继续发售的凭证式国债仍按面值售出。为了便于掌握发行进度，承担凭证式国债发行任务的各个系统一般每月要汇总本系统内的累计发行数额，上报财政部及中国人民银行。

2. 金融债券的发行与承销

（1）金融债券的发行条件。

①商业银行。

《全国银行间债券市场金融债券发行管理办法》规定，商业银行发行金融债券应具备以下条件：具有良好的公司治理机制；核心资本充足率不低于4%；最近3年连续盈利；贷款损失准备计提充足；风险监管指标符合监管机构的有关规定；最近3年没有重大违法、违规行为;中国人民银行要求的其他条件。

②政策性银行。

1994年,我国成立了三家政策性银行——国家开发银行、中国进出口银行和中国农业发展银行,专门从事中国建设银行、中国银行和中国农业银行的政策性业务。2014年底及2015年初,三家政策性银行陆续实施改革,国家开发银行定位为开发性金融机构,服务国家重大战略,支持重点领域和薄弱环节的融资需求;中国进出口银行和中国农业发展银行则强化政策性职能定位,坚持以政策性业务为主体。

政策性银行发行金融债券,应按年向中国人民银行报送金融债券发行申请,经中国人民银行核准后即可发行金融债券。政策性银行金融债券发行申请应包括发行数量、期限安排、发行方式等内容,如需调整,应及时报中国人民银行核准。

③企业集团财务公司。

企业集团财务公司发行金融债券应具备以下条件:具有良好的公司治理结构、完善的投资决策机制、健全有效的内部管理和风险控制制度及相应的管理信息系统;具有从事金融债券发行的合格专业人员。依法合规经营,符合银行保险监督管理委员会(简称"中国银保监会",现为国家金融监督管理总局)有关审慎监管的要求,风险监管指标符合监管机构的有关规定;财务公司设立1年以上,经营状况良好,申请前1年利润率不低于行业平均水平,且有稳定的盈利预期;申请前1年,不良资产率低于行业平均水平,资产损失准备拨备充足;申请前1年,注册资本金不低于3亿元人民币,净资产不低于行业平均水平;最近3年无重大违法违规记录;无到期不能支付的债务;财务公司已发行、尚未兑付的金融债券总额不得超过其净资产总额的100%,发行金融债券后,资本充足率不得低于10%;中国人民银行、国家金融监督管理总局和相关监管机构规定的其他条件。

④金融租赁公司和汽车金融公司。

金融租赁公司和汽车金融公司发行金融债券,应具备以下条件:具有良好的公司治理结构和完善的内部控制体系;具有从事金融债券发行和管理的合格专业人员;金融租赁公司注册资本金不低于5亿元人民币或等值的自由兑换货币,汽车金融公司注册资本金不低于8亿元人民币或等值的自由兑换货币;资产质量良好,最近1年不良资产率低于行业平均水平,资产损失准备计提充足;无到期不能支付债务;净资产不低于行业平均水平;经营状况良好,最近3年连续盈利,最近1年利润率不低于行业平均水平,且有稳定的盈利预期;最近3年平均可分配利润足以支付所发行金融债券1年的利息;风险监管指标达到监管要求;最近3年没有重大违法、违规行为;中国人民银行、国家金融监督管理总局和相关监管机构要求的其他条件。另外,金融租赁公司和汽车金融公司发行金融债券后,资本充足率均应不低于8%。

⑤其他金融机构。

其他金融机构发行金融债券应具备的条件由中国人民银行另行规定。

(2)金融债券的发行。

金融债券可在全国银行间债券市场公开发行或定向发行,可以采取一次足额发行或限额内分期发行的方式。发行人分期发行金融债券的,应在募集说明书中说明每期发行安排。发行人(不包括政策性银行)应在每期金融债券发行前5个工作日将相关的发行申请文件报中国人民银行备案，并按中国人民银行的要求披露有关信息。

（3）金融债券的承销。

金融债券承销方式是承销商接受发行人的委托承销金融债券的方式。主要有：

①代销，即承销商接受发行人委托代理发售金融债券，在规定期限内未发售完的金融债券，承销商可以退还给发行人，仅按其发售的数量获得规定的代理手续费。

②包销，即承销商接受发行人的委托保证将公司债全额发售完毕，在这一场合，承销商通常组成承销团或辛迪加集团，先按承销价格将当期金融债券全额买下，然后再按发行价格向社会公开发售，承销价格与发行价格之间的差额构成承销商的承销收入。

③余额包销，亦称助销，即承销商接受发行人的委托代理发售金融债券，但发行期满时未发售出去的金融债券余额由承销商负责包购。

3. 企业债券的发行与承销

（1）企业债券的发行条件。

根据《国家发展改革委关于企业债券发行实施注册制有关事项的通知》，企业债券发行人应当具备健全且运行良好的组织机构，最近3年平均可分配利润足以支付企业债券1年的利息，应当具有合理的资产负债结构和正常的现金流量，鼓励发行企业债券的募集资金投向符合国家宏观调控政策和产业政策的建设项目。

（2）企业债券的承销。

根据《国家发展和改革委员会关于进一步改进和加强企业债券管理工作的通知》的规定，企业债券应当由具有承销资格的证券经营机构承销，企业不得自行销售企业债券。主承销商由企业自主选择。需要组织承销团的，由主承销商组织承销团。承销商承销企业债券，可以采取代销、余额包销或全额包销方式，承销方式由发行人和主承销商协商确定。企业债券承销团的主承销商和副主承销商除具有规定的资格外，还应符合以下条件：已经承担过2000年以后下达规模的企业债券发行主承销商，或累计承担过3次以上副主承销商的金融机构方可担任主承销商。已经承担过2000年以后下达规模的企业债券发行副主承销商，或累计承担过3次以上分销商的金融机构方可担任副主承销商。企业集团财务公司可以承销本集团发行的企业债券，但不宜作为主承销商。

4. 公司债券的发行与承销

（1）公司债的发行条件。

2007年8月，中国证监会正式颁布实施《公司债券发行试点办法》（现已废止）。《公司债券发行试点办法》的出台，标志着我国公司债券发行工作的正式启动，对于发展我国的债券市场、拓展企业融资渠道、丰富证券投资品种、完善金融市场体系、促进资本市场协调发展具有十分重要的意义。

《证券法》规定，公开发行公司债券，应当符合下列条件：具备健全且运行良好的组织机构；最近3年平均可分配利润足以支付公司债券1年的利息；国务院规定的其他条件。

根据《公司债券发行与交易管理办法》的规定，公开发行公司债券，应当符合下列条件：具备健全且运行良好的组织机构；最近3年平均可分配利润足以支付公司债券1年的利息；具有合理的资产负债结构和正常的现金流量；国务院规定的其他条件。

（2）公司债券募集资金的投向。

公开发行公司债券，募集资金应当用于核准的用途；非公开发行公司债券，募集资金应当用于约定的用途。除金融类企业外,募集资金不得转借他人。

(3) 公司债券的承销。

发行公司债券应当由具有证券承销业务资格的证券公司承销。取得证券承销业务资格的证券公司、中国证券金融股份有限公司及中国证监会认可的其他机构非公开发行公司债券可以自行承销。

5. 中期票据的注册规则、承销组织

(1) 中期票据的注册规则。

企业发行中期票据应在交易商协会注册。相关要求同短期融资券。在注册有效期内,企业主体信用级别低于发行注册时信用级别的,中期票据发行注册自动失效,交易商协会将对有关情况进行公告。

(2) 中期票据的承销组织。

企业发行中期票据应由符合条件的承销机构承销。中期票据投资者可就特定投资需求向主承销商进行逆向询价,主承销商可与企业协商发行符合特定需求的中期票据。

二、我国股票与债券发行市场发展

(一) 我国股票市场的发展

新中国成立以后,我国早期曾有一些企业发行股票,如上海梅林正广和股份有限公司等,但基本在 1956 年自行消亡。党的十一届三中全会以后,随着改革开放的逐步深入,我国又恢复和重辟了股票市场。自 20 世纪 80 年代中期至今,大致经历了两个阶段:

第一阶段:1983~1991 年。在 20 世纪 80 年代中期,我国发行了党的十一届三中全会以后最早的约 10 只股票,如中国宝安集团股份有限公司、上海飞乐音响股份有限公司等。一方面规模较小,涉及面也不广,具有明显的探索试验性质;另一方面,当时人们的思想禁锢较多,充满各种疑虑,认购并不踊跃。当时发行的绝大部分股票,往往并不具有股票的真实属性,在操作上更像债券,不仅规定了更低分红率,还有明确的还本期(一般为 2~3 年),这类股票在 1989~1991 年的治理整顿中逐步消失,使余下的股票恢复了其本来面貌。在这约 8 年中,股票发行的外部环境逐步由紧趋松,人们的认识水平也不断提高,特别是深圳柜台交易的活跃和沪深证交所在 20 世纪 90 年代相继开辟,更使人们的认识得到升华。所有这些,都为我国股票市场能在 90 年代获得飞速发展奠定了良好的理论、政策、技术基础。

第二阶段:1992 年至今。1992 年以后,对股票市场的认识又提升到了一个新的水平,其间有三次认识上的飞跃:一是邓小平在南方谈话中提出市场经济改革发展方向,肯定了"证券""股市",提出"坚决地试",为中国资本市场奠定了理论和政策基础[①];二是十四届三中全会号召建立社会主义市场经济体制,此后又认为股市是社会主义市场经济的重要

---

① 资本市场跨越式发展谋篇新生态 [EB/OL]. 中国经营报, https://www.toutiao.com/article/6977950566374703646/?channel = &source = search_tab, 2021 - 06 - 26.

组成部分①；三是党的十五大用较大篇幅正式肯定了资本市场的积极作用。不仅资本主义社会可以利用，社会主义社会也可利用②。在这一时期，前后还可细分为两个阶段，以党的十五大召开为标志，实现由"试验阶段"向"全面推进"阶段的转化。

进入20世纪90年代以后，我国股市的发展具有如下特点：一是区域性市场向全国性市场的转化，异地上市公司和投资者、券商均在七成以上，同时，随着1992年上海真空电子器材股份有限公司发行B股、1993年青岛啤酒股份有限公司率先发行H股，中国股市国际化的雏形初步建立；二是证券业独立化趋势愈益明显，随着1992年中国证监会的成立，以及此后银行业与证券业的分离，到20世纪90年代中后期，证券业已基本成为一个独立的金融行业；三是股票发行方式市场化行为得到加强。在十多年的发展历程中，以思想的解放为先导，以服从和服务于国企改革为中心环节，坚持积极试验与稳步推进、遵循市场规律与加强宏观调控的原则，在发行总量的控制、标准的确定、方式的选择、价格总水平的权衡、审批的环节等方面做了大量有益的探索，在实践上也极富成效。此外还应看到，与世界各大股市相比，与中国股市的发展前景和潜力相比，中国股市的规模依然不大。所以，从扩容的角度看，已有的十多年的努力还仅仅是开始，扩容的历程仍将是十分长远的。

（二）我国债券市场的发展

我国债券市场建立于1949年末。根据债券市场发展的速度、质量、规范化程度，债券市场的历程分为三个阶段：

第一阶段：建立和初步发展阶段（1949～1966年）。这个阶段的起始时间没有任何争议，1966年停止发行债券，1979年重新开始。这一阶段债券发行的特点有：一是以政治动员方式来发行，1949年12月发行了"人民胜利折实公债"；二是没有交易市场；三是规模较小，17年共发行38.45亿元；四是品种单一。

第二阶段：恢复和缓慢发展阶段（1979～2003年）。这个阶段的起点没有争议，终点有争议。但2004年开始债券市场规模的迅速扩大是事实。这一阶段债券发行的特点是探索面广；市场规模小，结构不合理；市场不规范，重大事件多。银行间债券市场就是这一时期建立起来的（1996年）。

第三阶段：创新和快速发展阶段（2004年至今），这个阶段还没有终点，起点的争议和依据同上。这一阶段债券发行的特点在于规模增速加快；产品创新加快；制度创新加快。

在此期间，我国债券市场产生了三大创新，分别是理念创新、品种创新以及制度创新。同时，债券交易市场分为银行间市场、交易所市场和柜台市场，也可以分为场内市场和场外市场。银行间债券市场的发展创新有：第一，信用评级、信息披露要改进。第二，交易、结算制度的创新。实现交易系统和结算系统的直联，实行钱券兑付结算方式。第三，建立银行间债券市场组成的自律组织。2007年成立了银行间交易商协会。第四，建立了做市商制度、经纪人制度。

---

① 1993建立社会主义市场经济体制［EB/OL］．共产党网，https：//www.12371.cn/2021/12/08/ARTI1638969701359297.shtml，2021-12-08．

② 党中央坚强领导 为资本市场改革发展指明方向［EB/OL］．新华网，https：//www.toutiao.com/article/6979782187117871624/？channel=&source=search_tab，2021-07-01．

然而，近年来，我国债券市场违约事件集中大量出现，既有国际经济大环境激烈波动的原因，也有国内经济结构变化和经济下行的原因，还有金融监管全面趋严产生的短期效应。对于债市违约事件的应对，应从以下几个方面进行考虑：一是加强债券市场的风险教育，增强市场参与者的风险意识。二是向发债困难企业提供担保；增信分为信用风险缓释工具和担保增信，信用风险缓释工具分为地方政府信用模式和与主承联合创设模式；担保增信分为传统担保、差额补足和回购。三是根据实际情况，调整债券的发行结构。总体而言，过去的发展已经解决了债券市场发展中的一些基本问题，如债券市场的体系、结构、基础设施等，债券市场在促进实体经济发展中也在发挥着越来越重要的积极作用，中国债券市场发展前景利好。

三、我国证券发行制度改革

证券发行关系到上市公司的融资行为，是资本市场的基础环节，也是《证券法》的动态体现，其重要性不言而喻。证券发行具体包括首次公开发行新股、上市公司发行新股、公司债券发行等内容。我国首部《证券法》自1998年12月29日发布，历经五次修改变化，但只有2005年10月和2019年12月对《证券法》的修订涉及证券发行规定的修改，其余三次修正均未涉及。

（一）审批制

审批制是公司在申请股票发行时须经过审批的证券发行管理制度，是完全计划发行的模式，实行"额度控制"。拟发行公司在申请公开发行股票时，需要经过地方政府或中央企业主管部门，向所属证券管理部门提出发行股票申请，经证券管理部门受理，在审核同意并转报证券监管机构核准发行额度后，可提出上市申请，再经审核、复审，由证监会出具批准发行的有关文件，方可发行。从1990年至2000年，中国股票发行采取这种行政制度。

在我国首部《证券法》制定之前，实践中证券公开发行实行的是审批制。审批制是以行政为主导，通过额度管理或指标管理来实现，即在宏观上制定当年度的证券发行总规模（额度或指标），在确定的规模范围内推选符合条件的公司，进行发行申报审核。

1988年以来，我国在证券发行审核方面，是地方性法规分别规定证券发行审核办法。1992年，中国证监会成立，开始实行全国范围的证券发行规模控制与实质审查制度。

1996年以前，由国家下达发行规模，并将发行指标分配给地方政府以及中央企业的主管部门，地方政府或者中央主管部门在自己的管辖区内，或者行业内，对申请上市的企业进行筛选，经过实质审查合格后，报中国证监会批准。在执行中，地方政府或者中央主管部门尽量将有限的股票发行规模分配给更多的企业，造成了发行公司规模小、公司质量差的情况。于是，1996年以后，开始实行"总量控制，集中掌握，限报数家"的办法，就是地方政府或者中央主管部门根据中国证监会事先下达的发行指标，审定申请上市的企业，向中国证监会推荐。中国证监会对上报企业的预选资料进行审核，合格以后，由地方政府或者中央主管部门根据分配的发行指标下达发行额度；审查不合格的，不能下达发行额度。企业得到发行额度以后，将正式材料上报中国证监会，由中国证监会最后审定是否批准企业发行证券。

1998年12月29日,第九届全国人民代表大会常务委员会第六次会议通过《中华人民共和国证券法》,自1999年7月1日起施行。

我国《证券法》第十条规定:"公开发行证券,必须符合法律、行政法规规定的条件,并依法报经国务院证券监督管理机构或国务院授权的部门核准或审批,未经依法核准或审批,任何单位和个人不得向社会公开发行证券。"

《证券法》第十一条第一款规定:"公开发行股票,必须依照公司法规定的条件,报经国务院证券监督管理机构核准,发行人必须向国务院证券监督管理机构提交公司法规定的申请文件和国务院证券监督管理机构规定的有关文件。"

《证券法》第十一条第二款还规定:"发行公司债券,必须依照公司法规定的条件,报经国务院授权的部门审批。发行人必须向国务院授权的部门提交公司法规定的申请文件和国务院授权的部门规定的有关文件。"

我国首部《证券法》重申了证券公开发行的审批制,保留了公司债券发行的审批要求,同时也明确了股票公开发行的核准制,具有向证券发行逐步市场化迈进的趋势。我国的证券发行工作,从额度制和严格审批制向国际上普遍实行的核准制过渡。

1999年9月16日与2000年3月17日,《中国证券监督管理委员会股票发行审核委员会条例》和《中国证券监督管理委员会股票发行核准程序》先后实施,我国股票发行审核制度市场化程度加快。在此基础之上,股票发行价格也采取了市场定价方法,中国证监会不再对股票发行市盈率进行限制。

(二)核准制

自2001年3月中国证监会正式废止了证券发行的"行政审批制"而开始实施"核准制",其后依次经过了通道制度和保荐人制度并存、保荐制度等不同阶段。随着社会经济和资本市场的发展,2005年修订后的《证券法》明确规定证券公开发行实行核准制度。核准制一般指发行人发行证券要符合证券发行的条件,证券主管机关有权依照法律法规对发行人提出的申请材料进行审核,发行人得到核准以后,才可以发行证券。核准制取消了指标和额度管理,并引入证券中介机构承担相应职责,该制度初衷是保证发行上市的证券和上市公司的质量,保护投资者合法权益,是符合我国当时资本市场发展水平的,相较于"行政强制色彩"浓厚的审批制,已具有相当的进步性。

核准制,又称实质审查制或实质管理制,是指发行人不仅要依法全面、准确、及时地将投资者作出投资决策所需的重要信息予以充分披露,而且必须符合法律法规规定的实质条件,证券发行人只有在得到证券监管机构的核准后才能发行证券;证券监管机构不仅要审查发行人公开信息的真实性、准确性和完整性,而且要对证券的投资价值进行实质性审查。此外,发行人必须符合法定条件,否则发行申请将被驳回。

因为核准制对拟发行的证券进行实质上和形式上的双重审查,所以获准发行证券的投资价值有一定的保障,可以有效防止不良证券进入市场、提高证券市场的整体质量水平。但在核准制下,证券的发行效率受到约束,从而影响了证券市场的资源配置功能。与此同时,严格的实质性审查不利于发展新兴事业,主要是具有潜力和风险性较高的公司可能因一时不具备较高的发行条件而被排斥在外。

（三）注册制

注册制，又称申报制、登记制，是指发行人在发行证券时，应当而且只需依法全面、准确地将投资者作出决策所需的重要资料予以充分、完全的披露，并向证券监管机构申报；证券监管机构不负实质审查义务，不对证券自身的价值作出任何判断，而仅审查资料的全面性、真实性、准确性和及时性；在发行人公开和申报有关资料后，证券监管机构未提出补充或修订意见或者未以停止命令阻止注册生效者，即视为已依法注册，发行人就可发行证券。

注册制能够简化审核程序、减轻审核负担，并且有利于具有发展潜力和相应风险的企业通过证券市场及时募集到所需资金，从而获得发展机会。然而，证券发行制度的简化也会使一些质量较差的企业进入证券市场，因此注册制需要建立在信息公开的基础上，同时强调信息披露的真实性。

2019年12月28日，第十三届全国人大常委会第十五次会议审议通过了修订后的《中华人民共和国证券法》（以下简称"新《证券法》"），已自2020年3月1日起施行。自新《证券法》实施，核准制开始向注册制全面转变。注册制以信息披露为核心，是市场化程度更高的证券发行方式。按照全面推行注册制的基本定位，新《证券法》对证券发行制度作出系统修订，为全面推行注册制打开了制度之门，主要体现在如下方面：

其一，全面推行证券发行注册制度。"全面"体现在无论是首次公开发行新股，还是上市公司发行新股，以及公司债券、存托凭证等证券的公开发行均实行注册制。同时授权国务院对"证券发行注册制的具体范围、实施步骤"进行规定，为实践中注册制的有序实施提供了依据，预留了空间。

其二，精简优化证券发行条件。新《证券法》将首次公开发行新股应当"具有持续盈利能力"的要求，改为"具有持续经营能力"，同时对"财务会计文件无虚假记载"及"无其他重大违法行为"等内容进行优化及具体化。此外，取消公司公开发行债券的净资产规模要求以及"累计债券余额不超过公司净资产40%"的要求限制等内容，大幅简化公司债券的发行条件。

其三，强化注册制下证券发行的信息披露要求。新《证券法》第十九条规定："发行人报送的证券发行申请文件，应当充分披露投资者作出价值判断和投资决策所必需的信息，内容应当真实、准确、完整。"并要求证券服务机构和人员依法合规、尽职尽责，"保证所出具文件的真实性、准确性和完整性"。同时新《证券法》还在第五章设置专章对信息披露进行系统规定。

此外，新《证券法》简化了证券发行程序，取消发审委制度和承销团强制承销制度，并对证券欺诈发行责令回购制度等内容进行规定。细数我国证券发行的制度演变概况，本次新《证券法》对于证券发行的修订最为系统全面，新《证券法》在总结科创板注册制试点经验的基础上，通过顶层设计为全面推行证券发行注册制提供了法律供给，彰显了制度与现实的融合，也标志着我国资本市场进入了全新的时代。

2020年10月9日国务院印发《关于进一步提高上市公司质量的意见》，提出将"全面推行、分步实施证券发行注册制，支持优质企业上市"。

【财经实事 3-1】

全面实行股票发行注册制改革正式启动——中国资本市场基础制度进一步完善

2023年2月1日,中国证监会就全面实行股票发行注册制涉及的《首次公开发行股票注册管理办法》等主要制度规则草案公开征求意见。这标志着,经过4年的试点后,股票发行注册制将正式在全市场推开,向着"打造一个规范、透明、开放、有活力、有韧性的资本市场"的总目标加速迈进。

2018年,上海证券交易所设立科创板并试点注册制;2019年,首批科创板公司上市交易;2020年,深圳证券交易所创业板改革并试点注册制正式落地;2021年,北京证券交易所揭牌开市并同步试点注册制……如今,改革的重中之重是上交所、深交所主板。

"总的看,试点注册制是符合中国国情的,是成功的,主要制度安排经受住了市场检验,给市场各方带来了实实在在的获得感,向全市场推广水到渠成。"证监会有关部门负责人说,试点注册制的主要成效包括探索形成了符合我国国情的注册制架构,提升了对科技创新的服务功能,推进了交易、退市等关键制度创新,优化了多层次市场体系,完善了法治保障。

2月1日,全面实行股票发行注册制改革正式启动,将进一步完善资本市场基础制度。主要包括完善发行承销制度,约束非理性定价;改进交易制度,优化融资融券和转融通机制;完善上市公司独立董事制度;健全常态化退市机制,畅通多元退出渠道;加快投资端改革,引入更多中长期资金。

"经过30多年的改革发展,我国证券交易所市场由单一板块逐步向多层次拓展,错位发展、功能互补的市场格局基本形成。基于这一实际,改革后主板要突出大盘蓝筹特色,重点支持业务模式成熟、经营业绩稳定、规模较大、具有行业代表性的优质企业。相应地,设置多元包容的上市条件,并与科创板、创业板拉开距离。主板改革后,多层次资本市场体系将更加清晰,基本覆盖不同行业、不同类型、不同成长阶段的企业。"证监会表示。

资料来源:2月1日,全面实行股票发行注册制改革正式启动——中国资本市场基础制度进一步完善[EB/OL]. 中国政府网, https://www.gov.cn/xinwen/2023-02/03/content_5739825.htm, 2023-02-03.

第三节 证券交易市场

一、证券交易市场的概念

证券交易市场,又称"二级市场""次级市场""证券流通市场",是指已发行的有价证券买卖流通的场所,是有价证券所有权转让的市场。它为证券持有者提供变现能力,在其需要现金时能够出卖证券得以兑现,并且使新的储蓄者有投资的机会。证券交易市场有证券交易所的场内交易和场外交易两种。交易中心则是证券交易所。证券公司是重要的金融中介机构,投资者通过它与证券市场交易所取得联系,具体交易则委托证券交易商、经纪人等代为办理。

二、证券交易市场的特点

(一)证券投资者是证券交易场所的主要参与者

证券交易场所以证券投资者为主要参与者,它主要是证券持有人以及准备购买证券的货币持有人。此外,证券发行人和证券中介机构也是证券交易市场的参与者,但其职责在于辅助投资者进行和完成交易,而不是证券交易活动的独立参加者。作为例外情况,证券中介机构也可能会充当投资者。

(二)证券交易市场主要采取有形市场形式,也存在少数无形市场

证券交易所是典型的有形市场,它有固定的场所、设施、设备和专业人员;其他证券交易场所如柜台交易市场,往往采用分散交易的形式,但一般也要借助证券公司柜台和交易网络才能完成,故也属于广义的有形市场。依照证券交易市场的组成及存在形式,又可将证券交易市场再分为证券交易所和场外交易市场。

(三)证券交易市场与证券发行市场相互依赖

证券交易市场对证券发行市场的依赖性,首先是因为证券交易市场以已发行证券为交易对象,证券交易市场的交易对象是已发行在外的证券,而不是尚未发行的证券。在这个意义上,证券发行市场是证券交易市场的前提。另外,我国股票公开发行多数借助证券交易所的交易网络,采取"网上发行"方式,这使得证券发行市场对证券交易市场也存在依赖。证券发行市场与证券交易市场的关系异常复杂,包括所发行证券的种类、价格、数量及规模等因素,均在一定程度上受制于证券交易市场情况。我国《证券法》允许证券发行人与证券公司协商定价,导致发行市场价格与交易市场价格的逐渐接轨,两个市场之间的联系变得更加密切。可以说,证券发行市场和证券交易市场之间是互动作用。

三、证券交易市场的功能

证券交易市场具有两个功能:一是为证券持有者提供将证券变现的场所;二是为新的投资者提供投资的机会。该市场由交易所开设的证券交易所市场和由证券公司开设的场外交易市场构成。各类有价证券在二级市场上的顺利流通,有利于形成一个公平合理的价格,实现货币资本与证券资本的相互转换。

四、证券交易市场的类型

(一)场内交易市场

场内交易市场指由证券交易所组织的集中交易市场,有固定的交易场所和交易活动时

间，在多数国家它还是全国唯一的证券交易场所，因此是全国最重要、最集中的证券交易市场。证券交易所接受和办理符合有关法令规定的证券上市买卖，投资者则通过证券商在证券交易所进行证券买卖。

证券交易所不仅是买卖双方公开交易的场所，而且为投资者提供多种服务，交易所随时向投资者提供关于在交易所挂牌上市的证券交易情况，如成交价格和数量等；提供发行证券企业公布的财务情况，供投资者参考。交易所制定各种规则，对参加交易的经纪人和自营商进行严格管理，对证券交易活动进行监督，防止操纵市场、内幕交易、欺诈客户等违法犯罪行为的发生。交易所还要不断完善各种制度和设施，以保证正常交易活动持续、高效地进行。

（二）场外交易市场

场外交易市场又称柜台交易或店头交易市场，指在交易所外由证券买卖双方当面议价成交的市场，它没有固定的场所，其交易主要利用电话进行，交易的证券以不在证券交易所上市的证券为主，在某些情况下也对在证券交易所上市的证券进行场外交易。场外交易市场中的证券商兼具证券自营商和代理商的双重身份。作为自营商，其可以把自己持有的证券卖给顾客或者买进顾客的证券，赚取买卖价差；作为代理商，又可以客户代理人的身份向别的自营商买进卖出证券。近年来，国外一些场外交易市场发生很大变化，它们大量采用先进的电子化交易技术，使市场覆盖面更加广阔，市场效率有很大提高。这方面，以美国的纳斯达克市场为典型代表。

【财经实事3-2】

交易所债券市场正式启动债券做市业务

为推进债券市场高质量发展，提升市场活力，完善价格发现机制，近年来，证监会持续指导沪深交易所加强二级市场建设有关工作。目前，债券做市业务各项准备工作已全部就绪，将于2023年2月6日正式启动，首批共有12家证券公司参与做市。

债券做市业务已成为国际市场普遍采用的交易机制。推出债券做市业务，一方面有利于降低流动性溢价和债券发行成本，完善交易所债券市场功能，进一步发挥债券市场对实体经济的支持作用；另一方面有利于提高定价效率，形成能更加准确反映市场供求关系的债券收益率曲线，为市场定价提供基准参考。

下一步，证监会将认真贯彻落实党的二十大提出的"健全资本市场功能，提高直接融资比重"的部署，持续加强交易所债券市场建设，指导沪深交易所平稳有序开展债券做市业务，更好地服务经济高质量发展。

资料来源：交易所债券市场正式启动债券做市业务［EB/OL］. 中国证券监督管理委员会，http://www.csrc.gov.cn/csrc/c100028/c7057258/content.shtml，2023-02-03.

五、证券交易参与主体

证券交易参与主体指证券发行人和证券投资者。在狭义上，证券交易与证券发行是相互独立的概念。证券发行是创设证券权利的行为，证券发行结束后，投资者合法取得了证券权利，有权依法转让或者处置证券。只要证券未被发行人购回或者兑付，只要发行人依法存续，已发行的证券始终处于可转让状态或者可交易状态。在此意义上，证券交易是投资者之间的证券交易，不同于证券发行。

在特殊情况下，发行人亦可充当证券交易的特殊主体。例如，发行人购回股份，基金管理公司赎回发行在外的基金份额，债券发行人因债券到期、还本付息而收回公司债券凭证，发行人向投资者换发证券，发行人将库藏股出售给投资者等，都是发生在发行人（或者管理人）与投资者之间的交易。

（一）证券发行人

证券发行人是指为筹措资金而发行债券、股票等证券的政府及其机构、公司和企业。如果没有证券发行人，证券发行及其后的证券交易就无从展开，证券市场也就不可能存在。证券发行人根据需要决定证券的发行，证券发行则是把证券向投资者销售的行为。证券发行可以由发行人直接办理，这种证券发行称为自办发行。自办发行是比较特殊的发行行为，也比较少见。近年来，由于网络技术在发行中的应用，自办发行开始多起来。证券发行一般由证券发行人委托证券公司进行。证券公司首先向证券发行人购入证券，然后再向投资者销售。由证券公司承办的证券发行称为承销。一般而言，发行人主要包括以下四大类：

（1）政府。中央政府为弥补财政赤字或筹措经济建设所需资金，在证券市场上发行国库券、财政债券、国家重点建设债券等，这些即国债。地方政府可为本地公用事业的建设发行地方政府债券。迄今为止，我国在新中国成立初期、"大跃进"时期和2009年分别发行过三次地方债券，各自取得了不同功效。

（2）股份公司。对筹设中的股份有限公司而言，发行股票是为了达到法定注册资本从而设立公司；而就已经成立的股份有限公司而言，发行股票和债券的目的是扩大资金来源，满足生产经营发展的需要。

（3）企业。非股份公司的企业经过批准，可在证券市场上发行企业债券筹集资金。

（二）证券投资者

证券投资者是买卖证券的主体，可以是自然人，也可以是法人。就投资者买卖证券的基本途径来看，主要有两条：一是直接进入交易场所自行买卖证券，如投资者在柜台市场上与对方直接交易；二是委托经纪人代理买卖证券。在证券交易所的交易中，除了规定允许的证券商自营买卖外，投资者都要通过委托经纪人代理才能买卖证券。此时，证券投资者也就是委托人。因此，在证券经纪业务中，委托人是指依国家法律法规可以进行证券买卖的自然人或法人。

随着我国证券市场的对外开放，我国证券市场的投资者不仅是境内的自然人和法人，还可以是境外的自然人和法人，但境外投资者的投资范围有一定的限制。一般的境外投资者可以投资在证券交易所上市的外资股（即B股）；而合格境外机构投资者则可在经批准的投资额度内投资在交易所上市的除B股以外的股票、国债、可转换债券、企业债券、权证、封闭式基金、经中国证监会批准设立的开放式基金等，还可参与股票增发、配股、新股发行和可转换债券发行的申购。

(三) 证券公司

证券公司是指依照我国《公司法》规定和经国务院证券监督管理机构审查批准的、经营证券业务的有限责任公司或者股份有限公司。经国务院证券监督管理机构批准，证券公司可以经营下列部分或者全部业务：①证券经纪；②证券投资咨询；③与证券交易、证券投资活动有关的财务顾问；④证券承销与保荐；⑤证券自营；⑥证券资产管理；⑦其他证券业务。

(四) 证券交易所

证券交易所是有组织的市场，又称场内交易市场，是指在一定的场所、一定的时间、按一定的规则集中买卖已发行证券而形成的市场。我国《证券交易所管理办法》将证券交易所定义为：依本办法规定条件设立的，不以营利为目的，为证券的集中和有组织的交易提供场所、设施，履行国家有关法律、法规、规章、政策规定的职责，实行自律管理的法人。证券交易所的设立和解散，由国务院决定。

证券交易所作为进行证券交易的场所，其本身不持有证券，也不进行证券的买卖，更不能决定证券交易的价格。证券交易所应当创造公开、公平、公正的市场环境，保证证券市场的正常运行。

证券交易所的组织形式有会员制和公司制两种。不管是会员制还是公司制，都具有严密的组织和规章制度，凡参加者都需具备一定的条件，履行一定的审批手续。我国上海证券交易所和深圳证券交易所都采用会员制，设会员大会、理事会和专门委员会。理事会是证券交易所的决策机构，理事会下面可以设立其他专门委员会。证券交易所设总经理，负责日常事务。总经理由国务院证券监督管理机构任免。

(五) 证券登记结算机构

我国《证券法》规定，证券登记结算机构是为证券交易提供集中登记、存管与结算服务，不以营利为目的的法人。其具体业务范围和职能包括证券账户、结算账户的设立和管理，证券的存管和过户，证券持有人名册登记及权益登记，证券和资金的清算交收及相关管理和受发行人的委托派发证券权益，提供与证券登记结算业务有关的查询、信息、咨询和培训服务以及中国证监会批准的其他业务。

目前，中国证券登记结算有限责任公司（以下简称"中国结算公司"）是我国的证券登记结算机构。中国结算公司在上海和深圳两地各设一个分公司，其中上海分公司主要面向在上海证券交易所上市的证券提供证券登记结算服务，深圳分公司主要面向在深圳证券交易所上市的证券提供证券登记结算服务。

【财经实事3-3】

北京证券交易所揭牌开市

2021年11月15日，中国证监会主席易会满在北京证券交易所揭牌暨开市仪式上表示,北京证券交易所揭牌开市,是我国资本市场改革发展的又一重要标志性事件。设立北京证券交易所,是党中央、国务院立足构建新发展格局、推动高质量发展作出的重大决策部署,对于进一步健全多层次资本市场,加快完善中小企业金融支持体系,推动创新驱动发展和经济转型升级,都具有十分重要的意义。

易会满表示,证监会认真贯彻落实中央决策部署,会同北京市委市政府、相关部委和市场各方,全力推进制度规则、主体设立、技术系统、市场培育和投资者开户等各项准备工作。今天(11月15日)北京证券交易所正式揭牌开市,这是继2020年7月正式推出精选层后深化新三板改革、促进资本市场高质量发展的又一重大创新举措;也是新三板市场运营八年多来,积极探索具有中国特色资本市场普惠金融之路的新起点。

易会满表示,证监会将始终以习近平新时代中国特色社会主义思想为指导,坚持稳中求进,贯彻新发展理念,坚持"建制度、不干预、零容忍",持续深化新三板改革,努力办好北京证券交易所,打造服务创新型中小企业主阵地。希望北京证券交易所牢记初心使命,坚持错位发展、突出特色,以试点注册制为基础,扎实推进契合中小企业特点的制度创新;推动提高上市公司质量,维护市场"三公"秩序和平稳运行,切实保护投资者合法权益;加强与新三板创新层、基础层的有机联动,深化与沪深交易所、区域性股权市场协调发展,共同营造多层次资本市场发展的良好生态。

易会满强调,建设好、发展好北京证券交易所是我们共同的使命和责任,任重而道远。希望有关方面、市场机构、投资者、新闻媒体继续关心支持北京证券交易所的改革发展,携手共进,共同开创中国特色现代资本市场发展新篇章。

资料来源:北京证券交易所揭牌开市 易会满:我国资本市场改革发展的又一重要标志性事件[EB/OL]. 中国金融新闻网, https://www.financialnews.com.cn/zq/stock/202111/t20211115_233032.html, 2021-11-15.

六、上市公司运作

(一)证券上市条件

证券上市条件也称证券上市标准,是指证券交易所对申请证券上市的公司所作的规定或要求,只有符合这些规定和要求,公司所发行的证券才准许上市。

证券上市条件的科学合理确定,意义十分重大。对公司而言,多数具有对募集资金、提升形象的渴求,但并非所有证券都适合或应该在证券交易所上市,只有符合一定条件者才能获得证券交易所上市资格,唯此才能发挥证券上市的选择、激励作用,促使公司进一步加强经营管理;对投资者而言,上市条件的科学合理确定,意味着不符合条件的证券被排除在证券交易所之外,意味着具备上市资格的证券的投资价值,意味着其在证券交易所投资安全性与回报率的提高;对证券交易所而言,上市条件的科学合理确定,可有效保障在本交易所上市的证券的质量,增强投资者在本交易所的投资信心,减少对证券在本交易所上市的公司的监管压力,提高本交易所在国内乃至国际上的社会声誉和竞争实力;对整个证券市场而言,上市条件的科学合理确定,可有效引导社会资金向满足上市条件、具有上市资格、经营状况良好的公司转移,进一步很好地发挥证券市场配置社会资源的作用。

一般来讲,证券种类、上市地点、上市时间等的不同,决定了其上市条件亦存在差异。上市标准包括以下几个方面：

(1) 公司设立达到一定年限，而且具有维持以后连续营业的能力。
(2) 公司具有经济效益和社会效益，在同行业中具有较高的地位，并能保持其稳定性。
(3) 公司的股本总额和向社会公开发行的股份达到一定数额。
(4) 股权分散良好，股东人数达到一定数量。
(5) 资产净值达到一定水平。
(6) 净收益或股息达到一定标准，获利能力强。
(7) 无正当理由，不得任意撤回已上市证券。

公司申请上市批准后，须向交易所缴纳上市费用，包括初次上市时付的费用和以后每年付的费用。公司的上市资格并不是永久的，当不能满足证券交易所关于证券上市的条件时，上市资格将被取消，交易所将停止该公司的股票交易，称为终止上市或摘牌。交易所在摘牌前先给予暂停上市处理，以示警告，对在规定期限内未能解决存在问题的，才做出终止上市决定。即使对已决定摘牌的股票，为了给股东以兑现机会，证券交易所仍允许股东在一定期限内，在特别设定的"特殊位置"上进行买卖，最后使其退出证券交易所。暂停上市、终止上市规定是一项对上市公司的淘汰制度，是防范和化解证券市场风险、保护投资者利益的重要措施。

下面简单介绍我国股票、公司债券的上市条件。

(1) 股份有限公司申请股票在上海证券交易所和深圳证券交易所主板上市应当符合下列条件：①股票经国务院证券监督管理机构核准已向社会公开发行。②公司股本总额不少于人民币5 000万元。③公开发行的股份达到公司股份总数的25%以上；公司股本总额超过人民币4亿元的，公开发行股份的比例为10%以上。④公司在最近3年无重大违法行为，财务会计报告无虚假记载。证券交易所可以规定高于上述规定的上市条件，并报国务院证券监督管理机构批准。

(2) 股份有限公司申请股票在深圳证券交易所创业板市场上市，应当符合下列条件：①股票已公开发行。②公司股本总额不少于3 000万元。③公开发行的股份达到公司股份总数的25%以上；公司股本总额超过人民币4亿元的，公开发行股份的比例为10%以上。④公司股东人数不少于200人。⑤公司最近3年无重大违法行为，财务会计报告无虚假记载。⑥深圳证券交易所要求的其他条件。

(3) 公司申请公司债券上市交易，应当符合下列条件：①经有权部门批准并发行；②公司债券的期限为1年以上；③公司债券实际发行额不少于人民币5 000万元；④债券须经资信评级机构评级，且债券的信用级别良好；⑤公司申请债券上市时仍符合法定的公司债券发行条件。

(二) 信息披露制度

1. 信息披露的意义

制定证券发行信息披露制度的目的是通过充分、公开、公正的制度来保护公众投资者，使其免受欺诈和不法操纵行为的损害。各国均以强制方式要求信息披露。信息披露的意义在于：

(1) 有利于价值判断。从投资者角度看，投资获利是唯一的目的，要从种类繁多的有价证券中选择最有利的投资机会,投资者必须对发行公司的资信、财力及其公司的营运状况有充分了解。投资者只有取得有关发行人真实、完整、准确的信息,才能合理地作出投资决策。

(2) 防止信息滥用。公平的证券市场是投资者都有均等获得信息的权利和投资获益机会的市场。证券的发行是公司股权或债权转移的过程,也是风险分化的过程。如果没有信息公开制度,发行人可能散布虚假信息、隐匿真实信息、滥用信息操纵市场,或以其他方式欺骗投资者而转嫁风险,使得证券市场无法显示证券的真正价值。

(3) 有利于监督经营管理。信息公开包括公司财务信息的公开。以企业会计准则约束企业会计核算,有利于发行公司的管理规范化。信息公开制度的实施,还可以扩大发行公司的社会影响,提高其知名度。

(4) 防止不正当竞业。在公司制度的演化过程中,所有权与经营权相分离。为保证经营权的合理行使,维护股东和公司债权人的利益,一些国家的公司法规定董事负有勤勉义务、忠实义务和竞业禁止义务。所谓竞业禁止义务,是指公司董事在为自己或第三人从事属于公司营业范围的交易时,必须公开有关交易的重要事实,并须得到股东大会的许可。这是由于董事从事竞业行为时可能夺取公司的交易机会,牺牲公司利益,或者利用职务上的便利,对公司造成损害。因此,以法律规定董事承担竞业禁止义务,公开与公司有关的信息,成为维护公司和股东权益的重要手段之一。

(5) 提高证券市场效率。信息公开是提高证券市场效率的关键因素。证券发行与证券投资是实现社会资源配置的过程,这一过程主要依靠市场机制进行调节。证券的发行,包括发行时间、发行品种、发行数量等,主要取决于市场的要求及投资者的投资能力。证券投资是一个选择过程,如果企业资信良好、实力雄厚、管理甚佳、盈利丰厚,其发行的证券必为广大投资者所青睐。因此,为使投资者科学地选择投资证券,实现资源的合理配置,必须建立完备的信息公开系统。

2. 信息披露的基本要求

(1) 全面性。这一要求是指发行人应当充分披露可能影响投资者投资判断的有关资料,不得有任何隐瞒或重大遗漏。

(2) 真实性。这一要求是指发行人公开的信息资料应当准确、真实,不得有虚假记载、误导或欺骗。

(3) 时效性。这一要求是指向公众投资者公开的信息应当具有最新性、及时性。公开资料反映的公司状态应为公司的现实状况,公开资料交付的时间不得超过法定期限。

3. 证券发行与上市的信息公开制度

(1) 证券发行信息的公开。发行人要向投资者阐明投资于其证券的有关风险和投机因素。为了对投资者负责,公司有责任对出售证券所筹资金的目的和使用方向加以说明。如果新股票是溢价发行,对股东产权引起的削弱等应给予足够的解释。此外,公司还应公布证券发行的包销和销售计划等。

(2) 证券上市信息的公开。《证券法》第四十七条规定,股票上市交易申请经证券交易所同意后,上市公司应当在上市交易的5日前公告经核准的股票上市有关文件,并将该文件置备于指定场所供公众查阅。《证券法》第四十八条规定,上市公司除公告前条规定的上市申请文件外,还应当公告下列事项:股票获准在证券交易所交易的日期;持有公司股份最多的前 10 名股东的名单和持股数额；董事、监事、经理及有关高级管理人员的姓名及持有本公司股票和债券的情况。《公司法》第五十四条规定，公司债券上市交易申请经证券交易所同意后，发行人应当在公司债券上市交易的 5 日前公告公司债券的上市报告、核准文件及有关上市申请文件，并将其申请文件置备于指定场所供公众查阅。

4. 持续信息公开制度

《证券法》第六十条规定，股票或者公司债券上市交易的公司，应当在每一会计年度的上半年结束之日起两个月内，向国务院证券监督管理机构和证券交易所提交记载以下内容的中期报告，并予公告：公司财务会计报告和经营情况；涉及公司的重大诉讼事项；已发行的股票、公司债券变动情况；提交股东大会审议的重要事项；国务院证券监督管理机构规定的其他事项。

《证券法》第六十一条规定，股票或者公司债券上市交易的公司，应当在每一会计年度结束之日起四个月内，向国务院证券监督管理机构和证券交易所提交记载以下内容的年度报告，并予公告：公司概况；公司财务会计报告和经营情况；董事、监事、经理及有关高级管理人员简介及其持股情况；已发行的股票和公司债券情况，包括持有公司股份最多的前 10 名股东名单和持股数额；国务院证券监督管理机构规定的其他事项。

5. 证券交易所的信息公开制度

《证券法》第一百零七条规定，证券交易所应当为组织公平的集中竞价交易提供保障，即时公布证券交易行情，并按交易日制作证券市场行情表，予以公布。《证券法》第一百一十条规定，证券交易所对在交易所进行的证券交易实行实时监控，并按照国务院证券监督管理机构的要求，对异常的交易情况提出报告。证券交易所应当对上市公司披露信息进行监督，督促上市公司依法及时、准确地披露信息。

6. 信息披露的虚假或重大遗漏的法律责任

《证券法》关于信息披露文件的责任主体，主要包括四类：发行人及公司发起人；发行人的重要职员，包括董事、监事、经理及在文件中签章的其他职员；注册会计师、律师、工程师、评估师或其他专业技术人员；证券公司。

（1）发行人、证券经营机构在招募说明书、上市公告书、公司报告及其他文件中作出虚假陈述。《证券法》规定，经核准上市交易的证券，其发行人未按照有关规定披露信息，或者所披露的信息有虚假记载、误导性陈述或者有重大遗漏的，由证券监督管理机构责令改正，对发行人处以 30 万元以上 60 万元以下的罚款。对直接负责的主管人员和其他直接责任人员给予警告，并处以 3 万元以上 30 万元以下的罚款。构成犯罪的，依法追究刑事责任。

（2）律师事务所、会计师事务所、资产评估机构等专业性证券服务机构在其出具的法律意见书、审计报告、资产评估报告及参与制作的其他文件中作出虚假陈述。为证券的发行、上市或者证券交易活动出具审计报告、资产评估报告或者法律意见书等文件的专业机构，就其所应负责的内容弄虚作假的，没收违法所得，并处以违法所得一倍以上五倍以下的罚款，由有关主管部门责令该机构停业，吊销直接责任人员的资格证书。造成损失的，承担连带赔偿责任。构成犯罪的，依法追究刑事责任。

（3）证券交易所、证券业协会或者其他证券业自律性组织作出对证券市场产生影响的虚假陈述。证券交易所、证券公司、证券登记结算机构、证券交易服务机构的从业人员、证券业协会或者证券监督管理机构的工作人员，故意提供虚假资料，伪造、变造或者销毁交易记录，诱骗投资者买卖证券的，取消从业资格，并处以3万元以上5万元以下的罚款；属于国家工作人员的，还应当依法给予行政处分。构成犯罪的，依法追究刑事责任。

（4）发行人、证券经营机构、专业性证券服务机构、证券业自律性组织在向证券监管部门提交的各种文件、报告和说明书中作出虚假陈述。发行人未按期公告其上市文件或者报送有关报告的，由证券监督管理机构责令改正，对发行人处以5万元以上10万元以下的罚款。

（三）资产重组

资产重组是指企业资产拥有者、控制者与企业外部的经济主体进行的，对企业资产的分布状态进行重新整合、调整、配置的过程，或对设在企业资产上的权利进行重新配置的过程。

为了资料来源的可靠性和统计上的方便性，本书根据我国证券市场的约定俗成以及主要参考《（中国证券报）各季度重组事项总览》，把上市公司资产重组分为五大类，即：（1）收购兼并。（2）股权转让，包括非流通股的划拨、有偿转让和拍卖等，以及流通股的二级市场购并（以公告举牌为准）。（3）资产剥离或所拥有股权的出售，是指上市公司将企业资产或所拥有股权从企业中分离、出售的行为。（4）资产置换，包括上市公司资产（含股权、债权等）与公司外部资产或股权互换的活动。（5）其他类。

1. 收购兼并

收购兼并是上市公司资产重组的一个重要方式。收购兼并（简称"购并"）又称兼并收购（简称"并购"），即收购和兼并，源于英文 Merger and Acquisition，缩写 M&A。除了在特殊技术处理时（如会计、税收考虑和相关法律规定等）要考虑收购与兼并的区别外，在一般情况下不做特别明确的区分。在我国，收购兼并主要是指上市公司收购其他企业股权或资产、兼并其他企业，或采取定向扩股合并其他企业。本书中所使用的收购兼并概念是上市公司作为利益主体，进行主动对外扩张的行为。

它与我国上市公司的大宗股权转让概念不同。"股权转让"是在上市公司的股东层面上完成的，而收购兼并则是在上市公司的企业层面上进行的。收购兼并是我国上市公司资产重组当中使用最广泛的一种重组方式。

2. 股权转让

股权转让是上市公司资产重组的另一个重要方式。在我国股权转让主要是指上市公司的大宗股权转让，包括股权有偿转让、二级市场收购、行政无偿划拨和通过收购控股股东股权等形式。上市公司大宗股权转让后一般出现公司股东，甚至董事会和经理层的变动，从而引入新的管理方式，调整原有公司业务，实现公司经营管理以及业务的升级。

3. 资产剥离和所拥有股权的出售

资产剥离或所拥有股权的出售是上市公司资产重组的一个重要方式，主要是指上市公司将其本身的一部分出售给目标公司而由此获得收益的行为。根据出售标的的差异，可划分为实物资产剥离和股权出售。资产剥离或所拥有股权的出售作为减少上市公司经营负担、改变上市公司经营方向的有力措施，经常被加以使用。在我国上市公司当中，相当一部分企业上市初期改制不彻底，带有大量的非经营性资产，为以后的资产剥离活动埋下了伏笔。

4. 资产置换

资产置换是上市公司资产重组的一个重要方式之一。在我国，资产置换主要是指上市公司控股股东以优质资产或现金置换上市公司的存量呆滞资产，或以主营业务资产置换非主营业务资产等行为。资产置换被认为是各类资产重组方式当中效果最快、最明显的一种方式，经常被加以使用。上市公司资产置换行为非常普遍。

5. 其他

除了股权转让、收购兼并、资产置换、资产剥离等基本方式以外，根据资产重组的定义，我国还出现过以下几种重组方式：国有股回购、债务重组、托管、公司分拆、租赁等。

其中值得一提的是"壳"重组和 MBO 不是一个单独的资产重组方式。因为这两种方式都是"股权转让"重组的一种结果。配股（包括实物配股）不是资产重组的一种方式，因为配股过程中，产权没有出现变化。虽然在增发股份的过程中产权发生了变化，但根据约定俗成，应把增发股份当作一种融资行为，而不当作资产重组行为。上市公司投资参股当中的新设投资属于上市公司投资行为，而对已有企业的投资参股则是"收购兼并"的一种。

第四节 证券市场监管

一、证券市场监管的概念及目标

证券市场监管是指证券管理机关运用法律的、经济的以及必要的行政手段，对证券的募集、发行、交易等行为以及证券投资中介机构的行为进行监督与管理。

国际证监会组织公布了证券监管的三个目标：一是保护投资者；二是保证证券市场的公平、效率和透明；三是降低系统性风险。借鉴国际标准并根据我国的具体情况，我国证券市场监管的主要目标是：运用和发挥证券市场的积极作用，限制其消极作用；保护投资者利益，保障合法的证券交易活动，监督证券中介机构依法经营；防止人为操纵、欺诈等不法行为，维持证券市场的正常秩序；根据国家宏观经济的需要，运用灵活多样的方式，调整证券市场的证券交易规模，引导其投资方向，使之与经济发展相适应。

【思政小课堂 3-1】

统筹稳增长防风险　保持资本市场平稳运行

今年以来，A 股市场出现较大波动，市场信心受挫，主要是受俄乌冲突、美联储加息以及近期疫情反复和经济下行压力加大的影响，内外部因素交织共振，我们也注意到，市场还存在一定的过度反应。

总的来看，各类风险因素对 A 股市场的影响是客观存在的，但影响是可控的，市场稳定运行是有坚实基础的。从基本面看，今年我国经济延续恢复态势，近一段时间物流和产业链供应链正有序有力恢复，中国经济长期向好的基本面没有改变。从政策面看，"稳增长"的效应正在加速显现，房地产、平台经济、规范和引导资本健康发展等方面的积极信号，有利于稳定各方面预期。从资本市场自身看，上市公司复工复产进度加快，业绩稳健增长。A股市场估值总体低于境外市场，沪深300的股息率达2.8%，与10年期国债收益率相当。更为重要的是，在党中央、国务院坚强领导下，近年来资本市场全面深化改革不断推进，市场生态在改善，市场活力在增强，经受住了各种内外部超预期冲击，展现出较强韧性。目前，市场杠杆资金规模有限、风险可控，公募基金总体是净申购，没有出现集中赎回。我们坚信，市场短期波动不会改变我国资本市场长期向好的大趋势。

下一步，证监会将着力稳预期、稳市场主体、稳资金面、稳市场行为，持续巩固市场平稳运行的基础。一是坚持以改革促发展、促稳定。稳步推进股票发行注册制改革，严把市场准入关，支持符合条件的平台企业在境内或者境外上市，加快推出科创板做市商制度，拓宽基础设施公募（Real Estate Investment Trusts，REITs）的试点范围，研究推出北交所指数和混合交易制度。二是发挥市场内在稳定机制作用。会同国务院国有资产监督管理委员会（简称"国资委"）、中华全国工商业联合会（简称"全国工商联"）等部门，鼓励上市公司回购、大股东增持，加大分红力度，支持上市公司复工复产。推动交易所债券市场支持企业合理融资需求。鼓励公募基金、证券公司以自有资金认购旗下的资管产品。三是积极引入中长期资金。推动社保、保险、银行理财等机构提高权益投资比例，抓紧推进个人养老金投资公募基金的相关制度落地。四是保持期货市场平稳运行。与有关部委密切配合，加强期现货联动监管，丰富和完善期货品种，发挥好期货市场价格发现和风险管理的作用，服务保供稳价工作。五是加强跨部委沟通协作。就可能对资本市场产生重大影响的政策，加强跨部委沟通协调，配合做好论证评估，争取政策协同。六是完善底线预案。制定防范化解资本市场重点领域风险工作预案，守住不发生系统性风险的底线。

习近平总书记指出，"金融是实体经济的血脉，为实体经济服务是金融的天职，是金融的宗旨，也是防范金融风险的根本举措"，强调要"增强金融服务实体经济能力，坚决打好防范化解包括金融风险在内的重大风险攻坚战，推动我国金融业健康发展"[①]。通过上述案例内容，仔细领悟习近平总书记与金融有关的重要论述，明晰"金融是实体经济的血脉，为实体经济服务是金融的天职，是金融的宗旨，也是防范金融风险的根本举措"的深刻内涵。

资料来源：统筹稳增长防风险 保持资本市场平稳运行——中国证监会副主席王建军接受新华社记者采访［EB/OL］. 中国证券监督管理委员会，http://www.csrc.gov.cn/csrc/c100028/c2494172/content.shtml，2022-05-10.

二、证券市场监管模式

（一）集中型监管模式

集中型监管模式是指政府通过设立专门的全国性证券监管主体，制定和实施专门的证

---

① 积极防范化解重大经济金融风险［EB/OL］. 学习强国，https://www.xuexi.cn/lgpage/detail/index.html?id=2384944319357668607& item_id=2384944319357668607，2023-03-14.

券市场管理法规来实现对全国证券市场的统一管理。在这种模式下，由政府下属的部门，或由直接隶属于立法机关的证券监管主体对证券市场进行集中统一监管。美国是集中型监管体制的代表。

集中监管模式的优点是：第一，具有专门的证券市场监管法规，统一管理口径，使市场行为有法可依，提高了证券市场监管的权威性。第二，具有超常地位的监管者，能够更好地体现和维护证券市场监管的公开、公平和公正原则，更注重保护投资者的利益，并起到协调全国证券市场的作用，防止政出多门、相互扯皮的现象。但集中监管模式也存在以下缺陷：第一，容易产生对证券市场过多的行政干预。第二，在监管证券市场的过程中，自律组织与政府主管机构的配合有时难以完全协调。第三，与自律组织相比政府机构离市场较远，掌握信息有限，造成监管成本较高，而且政府监管机构人员专业能力有所限制和对市场缺乏了解，从而对市场发生的意外行为反应不敏捷，难以及时快速地采取措施对市场进行有效监管。

(二) 自律型监管模式

自律型监管模式是指政府对证券市场的干预较少，立法也较少，主要由自律机构如证券交易所和自律协会等机构对证券市场进行监督管理的机制。这种监管机制几乎不设立专门监管机构，仅通过制定一些间接法规来约束市场活动。英国是这种机制的典型代表，新加坡、荷兰、新西兰等国也采用该监管机制。

自律性监管的优点是：第一，允许证券商参与制定证券市场监管的有关法规，自律机构是市场的参与者，专业知识和实践经验较丰富，更能对市场存在的问题作出迅速准确的判断，使市场监管更加切合实际，制定的监管法规具有更大的灵活性、针对性，比政府监管机构效率高。第二，由于自律监管机构离市场较近，对市场的动态以及人员的行为能够观察得较清楚，如果发现存在违规行为便能及时采取措施加以制止，同时该机构还能够预见一些可能会危害市场的行为，并为此提前制定相关规则对市场加以规范。但自律性监管也存在以下缺陷：第一，权力有限以及威慑不足。自律机构只有制定和实施监管规则的权力，不具有其他权力。自律性监管组织制定的规则只是对证券市场参与者具有一种约束力，这种约束不构成强制性，只能依靠市场参与者的道德来维持，不能带来足够的威慑。第二，各种自律性监管组织具有"自利"弱点。自律组织不是纯粹的公共组织，因而该组织会尽可能站在协会组织成员的角度去思考问题，也尽可能从自身利益出发，往往不考虑投资者的利益，有失公平原则，导致自律性监管模式不能充分发挥职能。

(三) 中间型监管模式

中间型监管模式介于集中型和自律型之间，既强调集中统一的立法监管，又强调自律管理，可以说是集中型和自律型两种模式相互协调、渗透的产物。中间型监管模式有时被称为分级监管体制，包括二级监管和三级监管两种类型。二级监管是指中央政府和自律机构相结合的监管；三级监管是指中央、地方两级政府和自律机构相结合的监管。德国是中间型监管模式的典型代表，此外，意大利、泰国、约旦等国也采取这种监管模式。目前，由于集中型监管体制和自律型监管体制两种监管体制都存在一定的缺陷，很多国家已经逐渐向中间型监管体制过渡，使两种体制取长补短，发挥各自的优势。但由于各国国情不同，在实行中间型监管体制时侧重点有所不同，有的较倾向于立法管理，有的较倾向于自律管理。

三、我国证券市场监管机构及监管内容

（一）我国证券市场监管机构

为了有效防范和化解证券市场风险，促进证券市场健康发展，各国都致力于建立全国统一的证券市场体系和与之相适应的集中统一的监管体制，把营造公开、公平、公正的市场环境和保护投资者利益作为市场监管的主要任务。我国及时总结证券市场发展的经验教训，确立了指导证券市场发展的"法制、监管、自律、规范"八字方针，初步形成了有中国特色的集中统一的监管体系。

我国证券市场监管机构由中国证监会及其派出机构组成。

中国证监会成立于1992年10月，既是国务院直属机构，也是全国证券、期货市场的主管部门。它按照国务院授权履行行政管理职能，依照相关法律法规对全国证券、期货市场实行集中统一监管，维护证券市场秩序，保障其合法运行。

中国证监会在上海、深圳等地设立9个稽查局，在各省、自治区、直辖市、计划单列市共设立36个证监局。其主要职责是：认真贯彻、执行国家有关法律法规和方针、政策，依据中国证监会的授权对辖区内的上市公司，证券、期货经营机构，证券、期货投资咨询机构和从事证券业务的律师事务所、会计师事务所、资产评估机构等中介机构的证券业务活动进行监督管理；依法查处辖区内前述管理范围的违法、违规案件，调解证券、期货业务纠纷和争议，以及中国证监会赋予的其他职责。

【财经实事3-4】

组建国家金融监督管理总局

根据国务院关于提请审议国务院机构改革方案的议案，组建国家金融监督管理总局。统一负责除证券业之外的金融业监管，强化机构监管、行为监管、功能监管、穿透式监管、持续监管，统筹负责金融消费者权益保护，加强风险管理和防范处置，依法查处违法违规行为，作为国务院直属机构。

国家金融监督管理总局在中国银行保险监督管理委员会基础上组建，将中国人民银行对金融控股公司等金融集团的日常监管职责、有关金融消费者保护职责，中国证券监督管理委员会的投资者保护职责划入国家金融监督管理总局。

不再保留中国银行保险监督管理委员会。

资料来源：组建国家金融监督管理总局［EB/OL］. 新华网，http：//www.news.cn/politics/2023lh/2023-03/07/c_1129419104.htm，2023-03-07.

（二）证券市场监管的范围与内容

证券监管机构一般针对下列证券市场活动和证券机构开展监管。

（1）信息披露管理。它要求证券发行人向实际投资者与潜在投资者公开大量的金融信息。原因在于，当企业发行证券时，其管理者对于企业本身的经营状况比投资者掌握得更多，这也是市场失灵的原因，通常被称为信息不对称。此外，还存在代理问题。公司的管理者是投资者的代理人，管理者可能按照自己的最大化利益行动，从而造成对投资者的不利。信息披露规则的倡导者认为，在缺少信息披露规则的条件下，投资者与管理者的信息不对称会使代理人按照自己的意愿行事。

（2）金融行为监管。这是关于证券交易者及市场交易的规则。这种监管形式最初是为了防止内幕交易。内幕交易是信息不对称产生的问题，不符合竞争性市场的要求。此外，金融行为监管与交易结构和交易运作有关。证券交易要最大限度地保护个人投资者的权益。

（3）金融机构监管。这是政府对投融资金融机构进行的监视与约束。金融机构监管的原因在于金融机构在现代经济中发挥着特殊的作用。金融机构帮助家庭及企业储蓄，使得经济要素之间的复杂支付更为便利，商业银行还是政府实施货币政策的通道。因此，通常认为金融机构失灵会严重破坏经济秩序。

（4）外国参与者监管。这是政府限制外国企业在国内市场角色的形式，以限制金融机构中外资的所有权或控制权。

（5）银行与货币监管。政府以此来控制国内货币供给的变化，从而控制经济活动水平。

四、我国证券市场监管的演变

我国证券市场经过多年的发展，市场规模不断扩大，规范化程度不断提高。同时，我国的证券市场监管体制，按照"法制、监管、自律、规范"的方针，构建了证券市场的基本框架，经历了逐步完善的制度创新过程，具体来说，可以分为分散监管、多头监管与集中统一监管三个发展阶段。

（一）分散监管阶段（1981 年至 1992 年 5 月）

这一时期，我国证券市场发展处于萌芽阶段和初步形成时期。从 1981 年到 1985 年，基本上不存在股票市场和企业债券市场，也不存在国债二级市场，股票交易仅限于狭小范围和零星状态。同时，政府也没有提出要发展证券市场，仅是出于经济建设和弥补财政赤字的需要，于 1981 年起发行了国库券。国库券的发行工作主要由财政部组织和管理，发行方式以行政摊派为主。因此，严格来讲，这一时期基本上谈不到证券市场的监管体系问题，这是我国无实体监管部门阶段。

1986 年，随着经济体制改革的加快，证券市场得到了较快发展，除国库券外，金融货券企业债券、企业股票相继推出，以柜台交易形式存在的股票市场和债券市场开始起步。同时国务院及有关部门制定了一些有关证券市场的法规和政策。1990 年底到 1991 年初，沪、深两大证券交易所成立，股票交易开始有了集中交易的场所，但市场规模较小，仍处于初步发展时期。在 1991 年底时，我国仅有 14 家上市公司，总股本仅 6 亿元，市价总值仅 11 亿元。与这一阶段的市场发展规模相对应，此时政府对证券市场的监管是分散的，存在多个证券监管主体，没有形成统一、有序的集中管理制度体系。其主要特征有：

1. 以中央银行为主，按证券品种划分部门分工的监管格局

根据1986年1月颁布的《中华人民共和国银行管理暂行条例》，中国人民银行作为中央银行，是"管理企业债券、股票等有价证券、管理金融市场"的证券市场主管机关，负责金融债券、企业债券等的发行管理以及证券交易市场管理，并审批股票公开发行试点。财政部负责国货发行以及参与国货交易市场管理。国家计划委员会（以下简称"国家计委"）从1988年以后逐步介入证券市场的计划管理，会同中国人民银行制定国内证券发行计划，共同实施对企业债券发行的额度审批管理，1990年以后国家经济体制改革委员会（以下简称"国家体改委"）等部门逐步介入股份制试点企业的报批管理，并颁布了若干股份制改革的规则与办法。1991年，由中国人民银行牵头，包括原国家计委、原国家体改委、财政部等8个部门组成的股票市场办公会议制度，对证券市场进行监管。

2. 地方政府在证券监管中体现的监管框架中的分权性和非集中性

当时沪、深交易所仍主要是地方性市场，行政上隶属于沪、深政府，客观上使得地方政府实施管制所付出的执行成本较低。由于当时证券市场仍处于试点阶段，国家层面的相关法律法规都没有建立，通过地方性法规这种制度安排来对市场进行干预，是政府在集中管理的基础性制度安排缺失情形下的必然选择。

3. 证券交易所的自律管理在证券监管中发挥了重要作用

由于当时缺乏明确的监管主体，证券交易所拥有相当的实际监管权力，在一定程度上取代了政府管制并具有了一定的行政特征。如上海证券交易所自成立后逐步从中国人民银行上海分行的直接管辖中脱离出来，单独行使放开股价限制等决策权，一定程度上促进了证券市场早期的扩张。行业自律组织——中国证券业协会和中国国债协会于1991年成立，但尚未担负实质性自律职能。

总之，由于这一阶段我国证券市场尚处于试验与萌芽阶段，《证券法》等国家层次的法律没有颁布，证券市场更多的是靠传统的行政管理方式。同时，虽然监管框架中的政府部门和自律组织等若干要素均已出现，但监管体系处于分散化的成形阶段，表现出明显的初创特征和"试错"性质。

（二）多头监管阶段（1992年5月至1997年底）

这时资本市场监管体系雏形显现。1992年10月，以国务院证券委员会为主管机构，中国证监会为执行机构的监管部门的成立为标志，我国证券市场进入了多头监管阶段，集中性管理体系初步成形。这一阶段是我国证券市场的初步发展时期。其中，1992年和1995年是我国证券市场形成的制度化时期，《中华人民共和国公司法》等一系列证券法规制度相继出台。到1997年底，沪深两市上市股票达821只，总市值达到17 529亿元。此阶段我国证券市场监管体制架构的主要特征是：

1. 国务院证券委员会作为对全国证券市场进行统一宏观管理的主管机构

国务院证券委员会由14个部委的领导组成，其主要职责是负责组织拟订有关证券市场的法律、法规草案；研究制定有关证券市场的方针政策和规章；制定证券市场发展规划和提出计划建议；指导、协调、监管和检查各地区、各有关部门与证券市场有关的各项工作。

中国证券监督管理委员会是国务院证券委员会的监督管理执行机构，其当时主要的职责是：根据证券委员会的授权，拟定有关证券市场管理的规则；对证券经营机构从事证券业务,特别是股票自营业务进行监管;依法对有价证券的发行和交易以及对向社会公开发行股票的公司实施监管;对境内企业向境外发行股票实施监管;会同有关部门进行证券统计,研究分析证券市场形势并及时向证券委员会报告工作、提出建议。

2. 在确立中央监管机构的同时,国务院其他部门也不同程度上参与了对证券市场的管理

其中,中国人民银行审批和归口管理各类证券机构(包括证券公司、基金公司、证券交易中心等),审批管理各类货券市场;国家计委进行综合平衡编制证券发行计划;国家体改委负责制定股份制试点和相关股票法规,组织协调股份制试点工作;财政部负责管理国债市场,归口管理注册会计师和会计师事务所。

3. 地方政府相当深入地参与证券市场管理

地方政府负责选拔公开发行股票的企业,会同行业主管部门审批地方企业的股份制试点,同时管理当地证券市场。上海、深圳市政府还归口管理两地交易所。

4. 交易所等自律机构担负的工作

在前期作为我国占主导地位的市场基础性组织,交易所事实上担负了全国证券交易市场的日常管理工作,包括监管各类上市股票、债券等的交易活动,监管会员机构与上市公司并制定和实施交易所的所有规则。中国证券业协会采取会员制的组织形式,其职能是:根据国家政策与法规,拟定自律性管理规则,规范会员的交易行为,维护市场秩序,调解会员间的纠纷,接受主管部门授权,仲裁会员与顾客间的争议。但证券业协会的自律作用自成立以来相当长时间内不甚明显,职责定位不够明确。

总体来说,该阶段的监管体系表现出多层次、多部门分工协作的中国特色,形成管制权力分散的多头管理格局,未形成强有力的单一部门权力集聚,监管职能交叉重叠,监管成本高而效率低,显示出体制过渡期的明显特征,与我国证券市场的初期发展状况相吻合。

(三)集中统一监管阶段(1997年底至今)

这一阶段,市场规模扩大和市场发展全国化以及管理地区化之间的矛盾日益突出,证券业的扩张和中介机构非规范运作需要监管体制运作更富效率,市场的进一步发展需要统一稳定和完善的制度与政策加以保障。因此,国务院撤销证券委员会,证券交易所从1997年8月起由地方政府管理改成证监会集中统一行使监管职能,并把中国人民银行的有关证券监管职能并入证监会,从而形成了集中统一的资本市场监管体系。1998年12月通过的《证券法》进一步明确了国务院证券监督管理机构(中国证监会)作为我国证券市场机构的地位。2006年1月1日起施行的修订后的《证券法》再次明确了中国证监会为我国证券市场监管机构。

经过这次改革,我国证券市场形成了集中统一的监管体系。其主要有三个特点:一是证券业的监管统一由中国证监会这一主体担任;二是地方政府不设专门的证券监管部门,由中国证监会在36个省份设立监管派出机构;三是证券交易所由中国证监会直接管理。

【思政小课堂3-2】

拥抱新时代抓住新机遇着眼国家发展大局推动证券行业高质量发展

党的二十大是全国踏上全面建设社会主义现代化国家新征程、向第二个百年奋斗目标迈进的关键时刻召开的一次十分重要的大会，具有极其重大的历史意义。

党的二十大强调了党对金融工作的集中统一领导，核心要求是金融行业加快构建新发展格局，着力推动高质量发展，切实推进中国式现代化，稳健务实，令人期待。

一、新时代十年我国证券业发展回顾

回顾这10年，在以习近平同志为核心的党中央领导下，我国证券业稳中求进，实现了跨越式发展，服务实体经济能力和水平显著提高。

（一）资产规模显著扩大，综合实力和经营效率大幅提升

根据《中国证券业发展报告（2022）》，截至2021年底，全国共有证券公司140家，相比2011年底109家增长28%；证券公司总资产为10.59万亿元，相比2011年底1.57万亿元增长575%；净资产为2.57万亿元，比2011年底6 303亿元增长308%；证券行业登记从业人员数量为35.98万人，相比2011年底26.18万人增长37%。2021年末，A股市场共有4 685家上市公司，相比2011年底2 342家增长100%；2021年末总市值约96.5万亿元，相比2011年底A股总市值21.02万亿元增长360%。

（二）中资券商国际化发展布局成效显著

中资券商已逐步形成"立足香港、辐射亚太、布局全球"的发展路径，中资券商跨境业务能力显著提升。

一是积极拓展海外网点布局。部分头部券商已建立覆盖亚洲、欧洲、北美等地的国际化业务网点布局，同时，不断开拓新市场业务，将业务版图从香港延伸至东南亚和欧美市场，国际业务拓展的步伐加快。

二是国际业务结构日益丰富。近年来，中资证券公司境外业务的综合服务能力逐渐提升，业务类型不仅涵盖投行、资管、经纪等传统业务，资本中介和投资类业务占比也持续提升。

三是国际业务收入占比提升。部分较早布局且重视境外市场的大型证券公司逐渐进入了产出期，境外业务成为重要收入来源之一。

（三）妥善应对市场波动挑战，避免发生系统性金融风险

中国证券业妥善应对2015年内地股市从快牛到泡沫破灭、2020年新冠疫情发生后美股熔断造成全球市场大幅震荡、2021年教育/医疗/房地产行业整顿和强化互联网平台企业监管带来市场股债双杀、2022年美股加息和俄乌冲突引发市场震荡等重大市场风险的挑战，避免了系统性金融风险的发生。

二、当前证券行业的形势和任务

（一）内地与香港资本市场环境面临重大挑战

受多重因素影响，证券行业的周期性有所显现。2022年上半年，内地证券业实现营业收入2 059.19亿元、净利润811.95亿元，同比分别下降11.6%和10.2%。2022年上半年，香港地区新增上市公司同比下降41.3%，日成交额同比下降26.5%，首次公开募股（IPO）集资额同比下降90.7%，总集资额同比下滑76.6%。

（二）中资券商亟待进一步提升业务规模和优化收入结构，提升核心竞争力

中资证券行业的发展水平与欧美发达国家相比仍有较大差距。一方面，资本市场直接融资潜力尚未充分释放。截至2021年底，我国直接融资存量占总社会融资存量比重在30%左右，而美国、欧洲企业的直接融资占比明显高于我国。另一方面，中资头部券商虽已逐步实现国际化发展，但国际业务发展路径趋同，海外客户占比偏低，受内地及香港市

场波动影响较大，核心竞争力不足。

（三）金融科技产出不足，亟待加快数字化转型

根据毕马威研究报告，中资头部券商近年来加大金融科技方面的投入，排名前十的头部券商的科技投入占营业收入在6%至8%，部分已经超过10%，接近国际领先同业，并建立数字化转型治理架构，但尚未完全达到"科技引领""数字赋能"的阶段，科技与业务的融合度不够。同时，还面临数字化人才支撑不足、信息技术安全管理有待提升等问题，亟待加快数字化转型，以金融科技驱动业务发展。

（四）中国资本市场基础制度与国际接轨程度有待提升

目前，我国证券监管、财务会计、税收等资本市场配套制度与欧美等发达国家资本市场行之多年的国际惯例存在一定差异。为全面推动"走出去""引进来"，中国资本市场需进一步按照市场化、专业化、透明化、法治化、国际化的要求，完善各项制度、市场生态环境和股权投融资赛道，构建良好的监管与法律保障；明确制度开放的核心思路，加强市场交易、信息披露、风险管理、审计会计、违约处置等制度规则与国际接轨，加强顶层设计，对同类金融业务规则尽可能统一，实现制度性、系统性开放。

三、落实党的二十大部署推动证券业高质量发展

（一）证券监管机构完善金融监管，强化金融稳定保障体系

依法将各类金融活动全部纳入监管，守住不发生系统性风险底线，管控外部溢出效应，促进形成公平合理的国际金融治理格局。

（二）健全资本市场功能，提高直接融资比重

发展直接融资是资本市场的重要使命。坚持以习近平新时代中国特色社会主义思想为指导，贯彻新发展理念，围绕打造一个规范、透明、开放、有活力、有韧性的资本市场，强化资本市场功能发挥，畅通直接融资渠道，促进投融资协同发展，努力提高直接融资的包容度和覆盖面。

（三）推进证券业高水平对外开放

证券业机构要切实支持实体经济企业，依托我国超大规模市场优势，以国内大循环吸引全球资源要素，增强国内国际两个市场两种资源联动效应，提升贸易投资合作质量和水平。推动共建"一带一路"高质量发展。优化区域开放布局，巩固东部沿海地区开放先导地位，有序推进人民币国际化。

（四）强化企业科技创新

加强企业主导的产学研深度融合，强化目标导向，提高科技成果转化和产业化水平。强化企业科技创新主体地位，发挥科技型骨干企业引领支撑作用，推动创新链产业链资金链人才链深度融合。

（五）推动绿色发展，促进人与自然和谐共生

完善支持绿色发展的财税、金融、投资、价格政策和标准体系，发展绿色低碳产业，健全资源环境要素市场化配置体系，加快节能降碳先进技术研发和推广应用，倡导绿色消费，推动形成绿色低碳的生产方式和生活方式。积极稳妥推进碳达峰碳中和。

四、对内地及香港证券行业健康发展的建议

（一）发展离岸人民币计价资本市场，扩大在港人民币资金池

党的二十大提出要有序推进人民币国际化。香港应进一步深化香港离岸人民币市场发

展,提供更多以人民币计价的投资工具,改善人民币汇兑和风险管理等相关服务和基建,推动人民币国际化进程。

建议香港中资券商积极与香港特区政府一道,在发行和交易市场推动以人民币计价的股票、债券和衍生产品、结构化产品等OTC/场外市场,帮助持有离岸人民币资金的机构和个人投资者在香港实现"一站式"存放、管理、调拨和投资。

(二)适时推动粤港澳跨境理财通纳入券商,推动大湾区金融产业转型升级

国家一直高度重视粤港澳大湾区的建设。自2021年推出粤港澳跨境理财通以来,客户只可通过银行进行投资,服务范围、产品种类和服务渠道有限。

券商行业,尤其是在粤港澳大湾区内有布局的两地券商,作为投资理财服务及提供金融产品的前线金融服务机构,具有参与粤港澳跨境理财通的现实意义和实际需求,能够和银行起到相辅相成、互补互通的作用,服务好大湾区内客户的理财、投资需求,有效扩大、巩固香港国际金融中心地位的同时,进一步推动粤港澳大湾区内金融产业的转型升级。

(三)面向东南亚国家扩大市场基础,培育新的增长点

截至2021年12月31日,在港上市的内地企业数目共有1 368家,占总上市企业数量的53%;市值占比高达78%,成交额占比更高达88%。2021年在港新上市内地企业数量有87家,占新上市企业数量的89%;2021年香港十大发行新股全为内地企业。从数据上看,内地企业在港股市场集中度很高,并且已经主导香港IPO市场。

建议香港特区政府积极抓住国家"一带一路"政策、区域全面经济伙伴关系协定(RCEP)等契机,在中央支持下,积极引领在港证券、基金、银行、保险等金融机构,主动走出去到与中国经贸关系密切、政治互信度较高的国家,吸引具备条件和潜力的企业来香港资本市场融资,吸引机构投资者和高净值个人投资香港资本市场,为香港资本市场引入更多企业和资金,为投资银行、资产管理、财富管理等行业提供更大的发展空间。

(四)继续拓宽证券市场互联互通渠道

2021年12月,"沪伦通"新规征求意见稿对原"沪伦通"机制进行修订和完善。一方面深交所符合条件的上市公司可以在境外发行全球存托凭证,另一方面瑞士、德国等欧洲主要市场的发行人也可以在这一框架下发行中国存托凭证(CDR),这将此前"沪伦通"的适用范围拓宽,进一步强化了我国资本市场的开放程度。在此安排下,积极探索更多境外交易所、上市公司通过互联互通机制在内地、香港证券交易所发行CDR以及在香港证券交易所发行HDR(香港存托凭证)的可能性,进一步支持更多优质境外上市公司在A股、H股上市,不断提升A股、H股上市公司质量。

(五)进一步推动证券行业数字化转型

党的二十大报告提出,加快发展数字经济,促进数字经济和实体经济深度融合,打造具有国际竞争力的数字产业集群。

建议从三个方面推进证券公司数字化转型:一是积极探索数字化业务模式。充分运用科技为数字化转型赋能,推动敏捷创新,避免出现"只有信息技术的数字化,没有业务、IT、组织的全面转型"的局面;二是强化保障机制、人人参与转型。营造"人人数字化,处处数字化"的良好氛围,加大力度培养"懂业务的科技人员"和"懂科技的业务人员",为数字化转型提供坚实的人才支撑;三是共创共建开放生态,让更高质量的金融服务嵌入生产生活的多元场景,打造无感无界的客户体验。

（六）积极参与绿色金融领域的业务合作及国际合作

党的二十大报告提出，推动绿色发展，促进人与自然和谐共生。内地及香港证券行业应积极参与绿色金融领域的业务合作及国际合作，具体包括：一是通过企业融资、资产管理等业务，积极推广绿色金融，满足企业发行人及机构投资者向低碳和可持续发展转型的需求；二是通过国际合作对接境内外的绿色金融标准和其他相关金融基础设施，促进跨国的绿色投融资，提升我国在全球绿色转型中的话语权和领导力，提高我国对外投资的绿色水平；三是积极参与全球碳市场连接的相关机制设计，助力我国以更低的成本实现减排；四是在"一带一路"的项目中满足沿线国家对绿色金融的需求。

新征程令人期待。我们要继续利用好香港联通内地和世界的独特优势，推动香港积极融入国家发展大局，通过促进资本市场进一步改革开放，实现境内外资金高效有序流动，在全球资本市场和金融市场的矛盾和斗争中占据主动，以金融报国理念、专业服务能力为实现中华民族伟大复兴而努力奋斗。

上述案例回顾了我国证券业发展历史，总结了香港等先进地区证券业发展的经验，并对新时代证券业高质量发展提出了多条切实可行的建议。作为金融专业学生，要认真领会党的二十大精神，主动学习有中国特色证券行业文化建设新实践，将个人进步融入时代发展潮流之中，为促进我国证券业高质量发展贡献力量。

资料来源：拥抱新时代抓住新机遇着眼国家发展大局推动证券行业高质量发展［EB/OL］. 人民政协网，http://www.rmzxb.com.cn/c/2022-12-20/3261000.shtml，2022-12-20.

五、我国证券市场监管问题与趋势

（一）我国证券市场监管存在的问题

证券市场监管前期主要是由中国人民银行主管，国家发展改革委员会（以下简称"发改委"）、国家工商总局等其他政府机构及上海、深圳两地地方政府参与管理的形式。成立国务院证券委员会和中国证监会以后，证券监管由国务院证券委员会负责，中国证监会作为证券委员会的执行机构，承担起对我国证券市场的监管任务。1998年，国务院撤销了证券委，同年确认中国证监会为证券监管的主管机关。

随着证券市场的发展，我国证券法律制度也逐步建立起来，如《公司法》《国库券条例》《股票发行与交易管理暂行条例》《禁止证券欺诈行为暂行办法》《证券交易所管理办法》《公开发行股票公司信息披露制度》《证券市场禁入制度》等一系列证券法律法规均已颁布执行。作为根本大法的《证券法》的出台，进一步确立了中国证券市场法律规范的框架。以沪深交易所设立为标志，中国证券市场短短十几年走过了国外证券市场上百年自然演进的发展过程，应当说政府的积极推进功不可没，然而毋庸讳言，"年轻"的中国证券市场在快速成长的过程中还存在不少问题：监管制度缺乏长远规划。

中国证券市场从无到有，发展到现在的规模，成绩斐然。然而，由于市场发展迅猛，政府监管部门疲于应付大量繁杂的日常事务性工作，不经意忽略了对市场发展亟待解决的根本的监管制度建设。为了尽快解决一些短期凸显的问题，往往采取急救办法，甚至以行政命令的方式强行调控市场，虽然暂时缓和了事态，但是很可能为日后的市场发展和监管工作带来意想不到的隐患。监管存在滞后性和弱效性。尽管我国证券监管机构近年来加大了对欺诈与操纵的打击力度,但行政监管往往是事后监管,监管存在显著的滞后性和弱效性。

滞后性。从违规行为的发生到监管机构作出处罚,往往历时弥久,监管行为存在明显的滞后性。另外,监管力量相对有限,调查费用不菲,一些市场欺诈行为未被处理,成为漏网之鱼,使违法者产生侥幸心理,铤而走险。

弱效性。对违规行为处罚显得过轻。在资本市场发展早期,部分证券欺诈事件的涉事上市公司被查处后,除了没收非法所得以外,仅处以警告和罚款了事。实际上,对上市公司违规行为的处罚却转嫁到公司股东身上,并无过错的中小股东往往受害最深,而对于承担直接责任的违规公司的高管人员处罚过轻,弱化了监管效果。

证券监管决策缺乏科学性。目前我国的证券监管体制决定了中国证监会是证券市场的唯一监管机构,一方面提高了证券监管决策实施的权威性,但另一方面却可能有损决策的科学性。我国的证券监管机构作为政府代表,除了承担监管职责以外,还担负着培育和完善证券市场的职能,而当前经济体制改革中的焦点问题——金融体系的创新与改革——是一项牵涉到方方面面的系统工程,这些背景决定了不同领域的金融法规政策之间存在高度的相关性和制约性。比如,证监会的某项措施可能符合单一证券监管目标的最优化,但由于与其他金融管理机构处于分割状态,其监管决策未必能达到国家整体金融及经济发展的最佳效果,因此证券监管决策缺乏科学性在所难免。

对投资者的保护机制不够完善。海外成熟的证券市场对投资者的保护主要有以下几个途径:①投资者教育机制。对投资者在证券市场基础知识、证券法律法规等方面加强教育,尤其是加强市场风险教育,有利于投资者熟悉市场、认识市场运作的客观规律,就像对适龄儿童进行系统的免疫接种一样,打预防针对增强自我保护能力大有好处。②投资者诉讼机制。投资者可以通过集团诉讼等方式,对作出虚假信息披露的公司提起诉讼,并且比较容易获得相应的赔偿。③投资者赔偿机制。国外的证券市场通常设有赔偿基金:一方面,可以提高投资者入市的积极性;另一方面,可以构建防范系统风险的缓冲机制,由市场风险引起的损失可以得到有效的赔偿。目前,我国的投资者教育机制刚刚起步,投资者诉讼机制和赔偿机制还未真正建立并发挥作用。

(二) 我国证券市场监管的发展趋势

几十年来,随着全球经济一体化、金融全球化的发展,世界各国中长期资本的跨国流动日益频繁,近年来的国际资本流量与几十年前相比有了大幅提高。从 1970 年到 2000 年,新兴市场国家和其他发展中国家的资本流入急剧增加。尤其是新兴市场国家,进入 20 世纪 90 年代后,资本流入增速大幅度提高。其中,引人注目的是,资本市场的国际化发展已成为一股不可阻挡的潮流。从 20 世纪最后十几年国际股票与债券投融资增长以及跨国证券交易占主要发达国家 GDP 的比重的统计数据来看,资本市场国际化发展趋势十分强劲。

从内涵上讲,广义的资本市场国际化一般既包括以证券为媒介的证券资本的跨国界流动,也包括中长期信贷资本的跨国流动。狭义的资本市场国际化一般仅包括证券资本的跨国流动,也即本书所指的证券市场国际化。从一国的角度来看,证券市场的国际化包括三个方面的内容：一是外国政府、企业、金融机构以及国际性金融机构在本国的证券发行和本国的政府、企业、金融机构在外国及国际证券市场上的证券发行，这是国际证券筹资；二是外国投资者对本国的证券投资和本国投资者对外国的证券投资，这是国际证券投资；三是一国法律对外国证券业经营者（包括证券的发行者、投资者、中介机构）进出本国证券业自由化的规定和本国证券业经营者向外国发展，这是证券商及其业务的国际化。

而证券市场对外开放是中国经济发展的必然选择。随着我国经济的快速增长，孕育其中的巨大投资机会对发达国家的投资者有着强大的吸引力；同时，吸收国外的证券市场融资可以为中国的经济建设提供中长期资金。此外，更为重要的是证券市场国际化也是我国加入世界贸易组织（WTO）时对证券业实行对外开放的承诺。

根据中国加入 WTO 议定书附件 9——《服务贸易具体承诺减让表》规定，我国在证券业方面的国际承诺包括：外国证券机构在华设立的代表处可以成为中国所有证券交易所的特别会员；允许设立中外合资的基金管理公司，从事国内证券投资基金管理业务，外资比例在加入时不得超过 33%，加入后 3 年内外资可增加至 49%；加入 WTO 后 3 年内允许设立中外合资证券公司，从事 A 股承销、B 股和 H 股以及政府和公司债券的承销和交易，外资比例不超过 1/3。履行银行业和证券业对外开放的承诺，意味着我国必须逐步推进资本市场国际化，同时也意味着我国享有了进入其他国家资本市场的权利与机会。

【章节小结】

（1）证券市场是有价证券发行与流通以及与此相适应的组织与管理方式的总称。从广义上讲，证券市场是指一切以证券为对象的交易关系的总和。从经济学的角度可以将证券市场定义为：通过自由竞争的方式，根据供需关系来决定有价证券价格的一种交易机制。证券市场的参与者包括证券发行人、证券投资者、证券市场中介机构、证券监管机构、证券业自律组织。证券市场具有筹资—投资、资本定价、资本配置、分散风险以及宏观调控功能。

（2）证券交易市场，又称"二级市场""次级市场""证券流通市场"，是指已发行的有价证券买卖流通的场所，是有价证券所有权转让的市场。它为证券持有者提供变现能力，在其需要现金时能够出卖证券得以兑现，并且使新的储蓄者有投资的机会。证券交易市场有证券交易所的场内交易和场外交易两种。

（3）证券投资者是证券交易场所的主要参与者；证券交易市场主要采取有形市场形式，也存在少数无形市场；证券交易市场与证券发行市场相互依赖。

（4）证券市场监管是指证券管理机关运用法律的、经济的以及必要的行政手段，对证券的募集、发行、交易等行为以及证券投资中介机构的行为进行监督与管理。

（5）我国的证券市场监管体制，按照"法制、监管、自律、规范"的方针，构建了证券市场的基本框架，经历了逐步完善的制度创新过程，具体来说，可以分为分散监管、多头监管与集中统一监管三个发展阶段。

（6）证券市场监管内容包括信息披露管理、金融行为监管、金融机构监管、外国参与者监管以及银行与货币监管。

（7）证券市场监管模式主要有集中型监管、自律型监管以及中间型监管三种。

【思政梳理】

本章思政小课堂包含了如下三个方面的内容。一是我国交易所债券市场于2023年2月6日正式启动债券做市业务。这有利于降低流动性溢价和债券发行成本，完善交易所债券市场功能，进一步发挥债券市场对实体经济的支持作用；同时也有利于提高定价效率，形成能更加准确反映市场供求关系的债券收益率曲线，为市场定价提供基准参考。二是资本市场稳定运行基础坚实。当前我国经济延续恢复向上向好态势，长期向好的基本面没有改变，"稳增长"的效应日益加速显现。在党中央坚强领导下，近年来资本市场全面深化改革不断推进，市场生态在改善，市场活力在增强，经受住了各种内外部超预期冲击，展现出较强韧性。三是落实党的二十大部署推动证券业高质量发展。证券监管机构完善金融监管，强化金融稳定保障体系；健全资本市场功能，提高直接融资比重；推进证券业高水平对外开放；强化企业科技创新；推动绿色发展，促进人与自然和谐共生。

【主要概念】

证券市场审批制核准制注册制　证券交易市场　证券交易机构　信息披露制度　付息债券　证券市场监管　集中型监管　自律型监管　中间型监管

【案例思考】

阅读下列材料并回答问题。

康美药业财务造假案　历时三年终尘埃落定

2021年11月17日，广东省佛山市中级人民法院对康美药业原董事长、总经理马兴田等12人操纵证券市场案公开宣判。从立案到一审宣判，整个过程耗时近三年。"一代药王"的故事虽然结束了，但留下的疑问，市场各方仍在热议，投资者想知道的是如何能识破一家造假的公司，而更多的上市公司，更愿意看看这前车之鉴，而思后事之师。

马兴田因操纵证券市场罪、违规披露、不披露重要信息罪以及单位行贿罪数罪并罚，被判处有期徒刑12年，并处罚金人民币120万元；康美药业原副董事长、常务副总经理许冬瑾及其他责任人员11人，因参与相关证券犯罪被分别判处有期徒刑并处罚金。

2021年11月12日，康美药业证券特别代表人诉讼也作出一审判决，广州中院当庭宣告康美药业等相关被告承担投资者损失总金额达24.59亿元。审计机构正中珠江会计师事务所（以下简称"正中珠江"）未实施基本的审计程序，承担100%的连带赔偿责任，正中珠江合伙人和签字会计师杨文蔚在正中珠江承责范围内承担连带赔偿责任。

此外，广州中级人民法院判决认定"案涉虚假陈述行为的揭露日"为2018年10月16日，该日期是计算投资者获赔金额的"关键"。

随着马兴田等和证券特别代表人诉讼一审判决的公布，从2018年就喧嚣至今的康美药业财务造假案终于尘埃落定。康美药业财务造假案也是迄今为止，法院审理的原告人数最多、赔偿金额最高的上市公司虚假陈述民事赔偿案件。但打开这起案件的密码，了解康美药业财务造假的全过程，探寻公司实际控制人马兴田的故事，一篇财务分析文章开始。

2018年的10月16日，位于深圳福田区的一栋大楼里，一篇财务分析文章悄然上线，这篇文章名为《康美药业盘中跌停，疑似财务问题自爆：现金可疑，人参更可疑》。文章的作者是两个年轻人，一个叫付彦龙，另一个叫林熙明。在当地人眼中，他们就是两名普通的打工仔。

在康美药业的财报中，2015~2017年，公司账上分别有158亿元、273亿元和341亿元的货币资金，但付彦龙和林熙明也发现，康美药业的账上有这么多现金，但这家公司却仍然在大量贷款。而且，利息支出比利息收入要多很多。对此，研究财务的付彦龙和林熙明很不理解。

2018年10月16日，质疑康美药业财务造假的研究报告在网上公开发表，当天，康美药业的股票跌停，此后3天连续跌停。也就在10月16日当天晚上，证监会紧急成立康美药业核查小组，第二天，核查小组迅速进入康美药业，调取相关的财务凭证，就此展开对康美药业的财务调查。

2020年5月14日，中国证监会对康美药业下达了《行政处罚决定书》。2016~2018年，康美药业通过伪造和变造增值税发票、伪造银行回款凭证、伪造定期存单，累计虚增收入达到291.28亿元，虚增利润近40亿元。

除了房地产在弄虚作假外，证监会调查人员在与康美药业相关的3700多个银行账户、420多万条银行流水信息中发现，马兴田一直在市场中坐庄炒股，而且炒卖的竟是自己公司的股票。只有股票不断往上涨，马兴田等才能从中获益。

2020年3月1日新《证券法》开始实施，明确引入中国特色的集体诉讼制度，充分发挥投资者保护机构的作用，允许其接受50名以上投资者的委托作为代表人参加诉讼。这是A股市场上划时代的一个动作，也是国家推进资本市场改革，健全市场机制，保护中小投资者利益，最为关键的一步。2021年11月12日，法院判决康美药业赔偿5.5万余证券投资者损失24.59亿元。

资料来源：康美药业财务造假案，历时三年，终尘埃落定［EB/OL］. 京报网，https://news.bjd.com.cn/2021/11/17/10006471.shtml, 2021-11-17.

思考题：
(1) 什么是证券市场监管？
(2) 证券市场监管有哪些模式？
(3) 我国证券市场监管机构及监管内容是什么？

【实训要求】

1. 实训目的及要求

提升学生对我国证券市场结构的认知水平，学会运用证券交易软件等模拟证券交易，明确证券市场交易方式，熟练操作证券交易流程的各个环节。

2. 实训内容

整理证券市场类型的相关知识，并通过上海证券交易所、深圳证券交易所和北京证券交易所等官网，了解我国证券市场的结构及交易方式，通过模拟账户模拟交易，并撰写交易报告。

第四章 证券交易

【学习目标】

熟练掌握证券交易基本流程,了解证券交易方式及交易费用,熟悉证券交易机制设立目标与种类。

了解证券所交易行情表基本项目的含义及用途,能独立操作行情软件和委托交易软件进行沪深两市证券交易所上市股票的交易买卖。

【案例导入】

光大证券乌龙指事件

2013年8月16日11时5分,上证指数突然出现大幅拉升,涨逾5%,2分钟成交额约78亿元。中国工商银行、中国石油化工集团有限公司(简称"中石化")等多只权重股一度集体涨停。而就在广大投资者犹豫是否跟进买入时,11时15分上证指数又开始第二次上升。这个异常现象导致民间产生各种猜测,14时25分,光大证券发布公告承认套利系统出现问题。据悉,当日光大证券自营的策略操作系统出现错误,在11时5分8秒之后的2秒内,重复生成26 082笔预期外的巨量市价委托订单,并直接发送到交易所,累计申报买入234亿元,实际成交72.7亿元。而在发布公告之前,光大证券及其全资子公司光大期货便将18.5亿元股票转化为ETF卖出,并卖空7 130手股指期货合约,对冲股票买入风险。当天15时整,上交所官方微博宣布"已达成交易将进入正常清算交收环节"。这意味着此次事件造成的后果已成定局,无法扭转。随后证监会涉入调查,2013年11月14日对徐浩明、杨赤忠、沈诗光、杨剑波处以终身证券市场禁入处罚,没收光大证券非法所得、ETF内幕交易违法所得金额,并处以5倍罚款,共计5.23亿元。这就是打破证券市场平静的光大证券乌龙指事件。

2013年的"8·16"光大证券乌龙指事件随着证监会认定光大证券涉嫌操纵证券市场、内幕交易和散播虚假信息等违法违规行为并给予相应处罚而告一段落。这一案例暴露出光大证券的内控制度不健全的同时,也折射出我国证券交易所在各级授权、风险敞口、交易系统、头寸限制等方面存在较为严重的问题,现行的"T+0"、熔断等交易机制亦有不合理之处。

资料来源:节选改编自骆俊华.关于光大证券乌龙指的多重思考[J].财务与会计,2014(03):33-34.

第一节 证券交易程序

证券交易程序,是投资者在二级市场上买进或卖出已上市证券所应遵循的规定过程。20世纪90年代以来,随着计算机和互联网技术的发展和广泛应用,电子化交易方式被引入各证券交易市场,并成为证券交易所采取的主要方式。在电子化交易情况下,证券交易的基本过程包括开户、委托、成交、证券结算、支付交易费用、登记托管与过户等。

一、开户

开户分为开立证券账户和资金账户。由于采用电子化交易方式,证券和资金都可以记录在相应的账户中,不必再进行"一手交钱、一手交货"式的交易。

证券账户是指证券登记结算机构为投资者设立的,用于准确记载投资者所持的证券种类、名称、数量及相应权益和变动情况的账册,是认定证券所有人身份的重要凭证,同时也是投资者进行证券交易的先决条件。按照开户人的不同,证券账户可以分为个人账户和法人账户。个人投资者只能凭本人身份证明开设一个证券账户,不得重复开户;法人投资者不得使用个人证券账户进行交易,证券公司开展证券自营业务必须以本公司名义开立自营账户。

目前,我国大陆证券账户按照交易场所划分,可分为上海证券账户、深圳证券账户和北交所证券账户,分别用于记载在各交易所上市交易的证券以及中国结算公司认可的其他证券。此外按照账户用途划分,可分为人民币普通股票账户、人民币特种股票账户、证券投资基金账户和其他账户等。

【小知识4-1】

A股账户、B股账户、基金账户

我国《证券账户管理规则》规定,上海证券账户和深圳证券账户按证券账户的用途,划分为人民币普通股票账户、人民币特种股票账户、证券投资基金账户和其他账户等。

1. 人民币普通股票账户

人民币普通股票账户简称"A股账户",其开立仅限于国家法律法规和行政规章允许买卖A股的境内投资者。A股账户按持有人还可以分为自然人证券账户、一般机构证券账户、证券公司自营证券账户和基金管理公司的证券投资基金专用证券账户等。

在实际运用中,A股账户是我国目前用途最广、数量最多的一种通用型证券账户,既可用于买卖人民币普通股票,也可用于买卖债券和证券投资基金。

2. 人民币特种股票账户

人民币特种股票账户简称"B股账户",是专为投资者买卖人民币特种股票而设置的。B股账户按持有人可分为境内投资者证券账户和境外投资者证券账户。

3. 证券投资基金账户

证券投资基金账户简称"基金账户",是只能用于买卖上市基金的一种专用型账户。该账户也用于买卖上市的国债。

二、委托

在证券交易市场,投资者买卖证券是不能直接进入交易所办理的,而必须通过证券交易所的会员来进行,投资者向证券经纪商下达买进或卖出证券的指令,称为"委托"。

(一) 交易委托的内容

办理交易委托的手续包括投资者下达委托指令和证券经纪商受理委托,这就相当于合同关系中的要约与承诺。投资者向经纪人下达买卖指令亦称为下单。委托指令应包括的必要内容有:买卖证券的具体名称、买进或卖出的数量、拟成交的价格及委托有效期。

证券经纪商接到投资者的委托指令后,首先要对投资者身份的真实性和合法性进行审查。审查合格后,经纪商要将投资者委托指令的内容传送到证券交易所进行撮合,这一过程称为"委托的执行",也称为"申报"或"报盘"。

在委托未成交之前,委托人有权变更和撤销委托。对客户撤销的委托,证券经纪商须及时将冻结的资金或证券解冻。而一旦委托竞价成交,买卖即告成立,成交部分不得撤单。

(二) 交易委托的种类

1. 按委托数量分类

按照委托数量的不同,交易委托可以分为整数委托和零数委托。

整数委托是指委托买卖证券的数量为一个交易单位或者交易单位的整数倍。一个交易单位俗称"一手"。各国股票交易中通常以100股为一标准手。债券的种类较多,各类交易市场中规定的一标准手数量不等。

零数委托是指投资者委托证券经纪商买卖证券时,买进或卖出的证券不足证券交易所规定的一个交易单位,目前我国只在卖出股票时才有零数委托,主要为投资者出售因股票股利分配、送股和配股产生的低于标准手数量的零股提供便利。在美国证券交易所中,有专门为投资者代理买卖每笔交易不足1手的少量股票的零股经纪人。

【小知识4-2】

各交易所证券交易最低限额的规定

交易内容	上海证券交易所	深圳证券交易所	北京证券交易所
买入股票、基金、权证	100股(份)或其整数倍	100股(份)或其整数倍	100股(份)或其整数倍

续表

交易内容	上海证券交易所	深圳证券交易所	北京证券交易所
卖出股票、基金、权证	余额不足100股（份）的部分应一次性申报卖出	余额不足100股（份）的部分应一次性申报卖出	余额不足100股（份）的部分应一次性申报卖出
买入债券	1手或其整数倍（1手是1 000元面值）	10张或其整数倍（1张是100元面值）	
卖出债券	1手或其整数倍	余额不足10张部分，应当一次性申报卖出	
债券质押式回购	100手或其整数倍	10张或其整数倍	
债券买断式回购	1 000手或其整数倍		

注：上海证券交易所的债券交易和债券买断式回购交易以人民币1 000元面值债券为1手，债券质押式回购交易以人民币1 000元标准券为1手。深圳证券交易所的债券交易以人民币100元面值为1张，债券质押式回购交易以100元标准券为1张。

在香港交易所，每只上市证券的买卖单位由各发行人自行决定，可以是每手20股、100股或1 000股等。投资者如果想查阅每只证券的买卖单位，可以登录香港联合交易所网站通过输入股票代号或上市公司名称进行查询。

资料来源：各大交易所网站。

2. 按委托价格分类

按照委托价格的不同特征，交易委托可以分为市价委托、限价委托、止损委托、定价全额即时委托、触及市价委托等。其中，市价委托和限价委托是世界上主要证券交易所普遍接受的委托价格指令。

市价委托（market order）方式下，投资者的委托指令中仅指明交易的数量，而不指明交易的具体价格，要求证券经纪商按照即时市价买卖。这种方法的优点是将执行风险最小化，保证及时成交。但这种委托指令的缺点是成交价格不确定，投资者必须承担不确定带来的投资风险。

限价委托（limit order）是指投资者在委托经纪商进行买卖的时候，限定证券买进或卖出的价格，经纪商只能在投资者事先规定的合适价格内进行交易。限价委托又可分为买入限价委托（buy limit order）和卖出限价委托（sell limit order）。买入限价委托限定了买入证券的最高价，只能以此价格或低于此价格的价位成交；卖出限价委托限定了卖出证券的最低价，只能以此价格或高于此价格的价位成交。限价委托指令的优点是价格风险是可以测量和控制的，但对经纪商来说执行风险相对较大。

止损委托（stop order）要求经纪人在市场价格达到一定水平时，立即以市价或以限价按客户指定的数量买进或卖出，目的在于保护投资者已获得的利润。止损委托又可分为买方止损委托（buy stop order）和卖方止损委托（sell stop order）。买方止损委托要求当价格上升到某一位置时即以市价或限价买入，控制其投资成本；卖方止损委托则要求当价格下降到某一位置时即以市价或限价售出，锁定其盈利额。

定价全额即时委托（fill-or-kill order）要求经纪人必须按照委托指令中的价格立即全数成交，否则即刻取消委托。这一方式通常是在投资者希望以特定价位大量买进股票时使用。

触及市价委托（market-if-touched order）是指市场价格只要触及客户所规定的价格水平时就生效的指令。即一旦市场价格到达了客户所事先设定的价格，这份指令就成为市价指令，这时经纪人就可以争取以最佳的价格为客户达成交易。但若市场价格没有到达设定的价格水平，这份指令就无法生效。

3. 按委托有效期分类

按照委托的有效期划分，有当日有效委托、当周有效委托和撤销前有效委托。当日有效委托指委托人的委托期限只于当日有效的委托。委托指令下达后如果整个交易日的交易时间内都无法满足委托的成交条件，则在收市后委托即失效。当周有效委托则在本周内所有交易收盘时委托自动失效。撤销前有效委托指客户未通知撤销委托前，则始终有效的委托。有的投资者对证券市场的变动有充分的信心，并不急于成交，愿意接受较长时间的等待，就会使用撤销前有效委托。在我国证券交易中，客户对证券经纪商的合法委托是当日有效的限价委托。

三、成交

证券交易所交易系统主机接受申报后，要根据订单的成交规则进行撮合配对。在成交价格确定方面，如果是在竞价市场，买卖双方的委托由经纪商呈交到交易市场，交易市场按照一定的规则进行订单匹配，匹配成功后按投资者委托订单规定的价格成交。在做市商市场，证券交易价格由做市商报出，投资者接受做市商的报价后，即可与做市商进行买卖完成交易。

（一）订单匹配的基本原则

（1）价格优先原则：在买进证券时，较高的买进价格申报优先于较低的买进价格申报；卖出证券时，较低的卖出价格申报优先于较高的卖出价格申报。

（2）时间优先原则：买卖方向、价格相同的，先申报者优先于后申报者，先后顺序按交易主机接受申报的时间确定。

（3）按比例分配原则：指所有订单在价格相同的情况下，成交数量基于订单数量按比例进行分配。纽约证券交易所的大厅交易、芝加哥期权交易所就采取了按比例分配的订单优先原则。

（4）数量优先原则：在价格相同且无法区分时间先后的情况下，优先满足：①较大数量订单；②最能匹配数量订单（即买进订单与卖出订单在数量上一致）。前者使得经纪商优先处理数量较大的订单可以提高市场流动性；后者则减少了订单部分执行的情况。

（5）客户优先原则：在同一价格条件下，公共订单优先于经纪商自营账户的订单。纽约证券交易所电子下单系统（SuperDOT）就是采用这一原则的。该原则减轻了客户与经纪商自营业务之间的利益冲突。

（6）做市商优先原则：指做市商可在其已经作出的报价上，优先于客户的与该报价一样甚至比该报价更优惠的限价订单,与新进入市场的订单进行成交。美国纳斯达克市场在新的限价订单保护规则实施以前,采取的就是做市商优先原则。

(7) 经纪商优先原则:是指当订单的价格相等时,应让发出该订单的经纪商选择与之匹配的订单,经纪商也可将订单内部化,以自己的其他订单与该订单匹配。

世界各地证券市场订单匹配优先原则如表 4-1 所示。

表 4-1　　　　　　　　　　世界各地证券市场订单匹配优先原则

证券市场		优先原则				备注
		第一原则	第二原则	第三原则	第四原则	
中国: 上海证券交易所、深圳证券交易所、北京证券交易所		价格优先	时间优先			
纽约证券 交易所	SuperDOT 系统	价格优先	时间优先	客户优先		
	大厅交易订单	价格优先	按比例分配			
巴黎证券交易所		价格优先	时间优先			隐藏订单无时间优先权
芝加哥期货交易所		价格优先	按比例分配			
纳斯达克市场		做市商优先				
多伦多证券 交易所	CATS 交易系统	价格优先	时间优先			匿名订单无时间优先权
	大厅交易订单	价格优先	按比例分配			
东京证券交易所		价格优先	时间优先	市价订单优于限价订单		
韩国证券交易所		价格优先	时间优先	客户优先	数量优先	

资料来源:各交易所及相关国际组织网站。

(二) 竞价

竞价是证券交易双方在同一市场上公开对证券进行报价,充分表达自己的意愿,最后通过撮合成交确定证券的价格。我国证券交易所有两种竞价方式,即在每日开盘前采用集合竞价方式,在开盘后的交易时间里采用连续竞价方式。我国各证券交易所规定,采用竞价交易方式的,每个交易日的 9:15~9:25 为开盘集合竞价时间,9:30~11:30、13:00~14:57 为连续竞价时间,14:57~15:00 为收盘集合竞价时间。基金、债券、债券回购交易,每个交易日的 9:15~9:25 为开盘集合竞价时间,9:30~11:30、13:00~15:00 为连续竞价时间。

1. 集合竞价

集合竞价是指将在规定的时间段内收到的买卖申报累积起来,一次性集中撮合的竞价方式。根据我国证券交易所的相关规定,集合竞价确定成交价的原则为:

（1）可实现最大成交量。
（2）高于基准价格的买入申报与低于基准价格的卖出申报全部成交。
（3）与基准价格相同的买方或卖方至少有一方全部成交。

如有两个以上申报价格符合上述条件的，规定使未成交量最小的申报价格为成交价格，若还是有两个以上使未成交量最小的申报价格符合上述条件的，上交所取其中中间价为成交价；深交所规定开盘集合竞价时取最接近即时行情显示的前收盘价的价格为成交价，盘中、收盘集合竞价时取最接近最近成交价的价格为成交价；北交所则取最接近最近成交价的价格为成交价，若当日无成交的取最接近前收盘价的价格为成交价。集合竞价的所有交易以同一价格成交。所有买方有效委托限价按由高到低的顺序排列，限价相同者按进入交易系统计算机主机的时间先后排列，依序逐笔将排在前面的买方委托配对成交。

2. 连续竞价

连续竞价是指对买卖申报逐笔连续撮合的竞价方式。连续竞价阶段的特点是每一笔买卖委托输入计算机自动撮合系统后，当即判断并进行不同的处理：能成交者予以成交，不能成交者等待机会成交，部分成交者则让剩余部分继续等待。连续竞价时，成交价格的确定原则有以下几条：

（1）最高买入申报价与最低卖出申报价相同，以该价格为成交价。
（2）买入申报价格高于即时揭示的最低卖出申报价格时，以即时揭示的最低卖出申报价格为成交价。
（3）卖出申报价格低于即时揭示的最高买入申报价格时，以即时揭示的最高买入申报价格为成交价。

（三）成交

竞价的结果有3种可能：全部成交、部分成交、不成交。全部成交，即委托买卖全部成交，证券经纪人应及时通知委托人按规定的时间办理交割手续。部分成交，则证券经纪人在委托有效期内可继续执行，直到有效期结束；委托人的委托如果未能成交，证券经纪人在委托有效期内可继续执行，等待机会成交，直到有效期结束。对委托人失效的委托，证券经纪人须及时将冻结的资金或证券解冻。

四、证券结算

证券结算分为清算和交割两个过程。证券清算，是指在每一个交易日对每个结算参与人成交的证券数量和资金的应收应付净额进行计算处理的过程。结算后买卖双方在事先约定的时间内履行合约，买方需交付一定的款项获得所购证券，卖方需交付一定证券获得相应价款，这一过程即为证券的交割。清算是交割的基础和保证，交割是清算的后续与完成。

（一）全额结算与净额结算

证券结算时按照划转资金的手段不同，可以分为全额结算与净额结算。

全额结算又称"逐笔结算"，是指对每一笔成交的证券及相应价款进行逐笔结算，当一方遇证券或款项不足时，系统不进行部分结算。全额结算适用于高度自动化系统的单笔交易规模较大的市场，有利于保持交易的稳定和结算的及时，可以防止在证券风险特别大的情况下净额结算风险积累情况的发生。

净额结算方式又称为"差额结算"，是指在一个结算期内，对每个结算参与人价款的结算只计其各笔应收、应付款项相抵之后的净额，对证券的结算只计每一种证券应收、应付相抵后的净额。净额结算价款时，同一结算期内发生的不同种类的证券买卖价款可以合并计算，但不同结算期发生的价款不能合并计算；结算证券时，只有在同一结算期内且同一证券才能合并计算。净额结算可以简化操作手续，减少资金在交收环节的占用，提高结算效率，因此适用于非常频繁和活跃的市场。目前，中国证券登记结算公司实行当日净额结算制度。

（二）交割

我国沪、深交易所的 A 股、基金、债券、回购交易等均实行"T+1"交割制度，B股（人民币特种股票）实行"T+3"交割制度。证券交易的交割方式有以下几种：

1. 当日交割

当日交割又称"T+0"，指买卖双方在成交后的当日就办理完交割事宜。适用于买方急需股票或卖方急需现款的情况。

2. 次日交割

次日交割又称"T+1"，指成交后的下一个交易日办理完成交割事宜，如逢法定假日，则顺延一天。

3. 第二日交割

第二日交割又称"T+2"，即自成交的次日起算，在第二个交易日办理完成交割事宜，如逢休假日，则顺延一天。这种交割方式很少被采用。

4. 例行交割

例行交割即自成交日起算，在第 5 个交易日内办完交割事宜。这是标准的交割方式。一般地，如果买卖双方在成交时未说明交割方式，即一律视为例行交割方式。

5. 例行递延交割

例行递延交割是指买卖双方约定在例行交割后选择某日作为交割时间的交割。如买方约定在次日付款，卖方在次日将股票交给买方。

6. 卖方选择交割

卖方选择交割是指卖方有权决定交割日期。其期限从成交后 5～60 天不等，买卖双方必须订立书面契约。凡按同一价格买入"卖方选择交割"时，期限最长者应具有优先选择权。凡按同一价格卖出"卖方选择交割"时，期限量最短者应具有优先成交权。

就不记名证券而言，完成了清算和交割，证券交易过程即告结束。就记名证券而言，完成了清算和交割，还有一个登记过户的环节。完成了登记过户，证券交易过程才告结束。我国证券交易所的股票已实现无纸化交易，就证券交易过户而言，结算的完成就实现了过户，所有的过户手续由交易所电脑自动过户系统一次完成，无须投资者另外办理过户手续。

五、交易费用

投资者在委托证券时，需支付多项费用和税收，如佣金、过户费、印花税等。

（一）佣金

佣金是投资者在委托买卖证券成交后按成交金额一定比例支付的费用，是证券经纪商为客户提供证券代理买卖服务收取的费用。此项费用由证券经纪佣金、证券交易监管费及证券交易所经手费等组成。佣金的收费标准因交易品种、交易所的不同而有所差异。2002年4月我国证监会发布的《关于调整证券交易佣金收取标准的通知》规定，A股、B股、证券投资基金的交易佣金实行最高上限向下浮动制度。证券公司向客户收取的佣金（包括代收的证券交易监管费和证券交易所手续费等）不得高于证券交易金额的3‰，也不得低于代收的证券交易监管费和证券交易所经手费等之和。

证券交易监管费包括证券交易监管费及机构监管费等，目前按股票年交易额的0.02‰收取，证券投资基金和债券免收证券交易监管费。证券交易所经手费，是进行证券交易时所支付的手续费，现我国A股、B股均按成交金额的0.0487‰双向收取经手费。

（二）过户费

过户费是委托买卖的股票、基金成交后，买卖双方为变更证券登记所支付的费用。这笔收入属于登记结算公司的收入，由证券公司在同投资者清算交收时代为扣收。2022年4月29日起中国证券登记结算有限责任公司决定，将沪深市场与北京市场股票交易过户费统一调整为按照成交金额0.01‰双向收取。

（三）印花税

印花税是根据国家税法规定，在证券成交后对买卖双方投资者按照规定的税率分别征收的税金。为保证税源、简化缴款手续，印花税的缴纳通常是由证券经营机构在同投资者交割中代为扣收，然后在证券经营机构同证券交易所或登记结算机构的清算交割中集中结算，最后由登记结算机构统一向征税机关缴纳。2021年6月10日通过的《印花税法》明确我国股票交易印花税以股票的成交金额为计税依据；股票交易无转让价格的，按照办理过户登记手续时该股票前一个交易日收盘价计算确定计税依据；无收盘价的，按照股票面值计算确定计税依据。为降低股票交易成本，鼓励投资者长期投资，印花税实行单边征收（卖出时征收），税率为1‰。债券与基金交易均免交此项税收。

第二节　证券交易方式

证券交易的方式包括现货交易、期货交易、期权交易、回购交易和信用交易。

一、现货交易

现货交易（spot trading）是证券交易双方在成交后即时进行资金清算和实物交割的交易方式。在现货交易中，证券交易所为了确保证券交易所和证券公司有合理时间处理财务事宜（包括准备证券交付和款项往来），都会对证券成交和交割的时间间隔做出规定。我国目前遵循"T+1"交割规则。在现货交易中，证券卖方必须持有证券，证券买方必须持有相应的货币，成交日期与交割日期相对比较接近，交割风险较低，适应信用制度相对落后和交易规则相对简单的社会环境，是一种较安全的证券交易形式，也是场内交易和场外交易中广泛采用的证券交易形式。

二、期货交易

期货交易，又称为定期清算交易，是一种与现货交易相对应的交易方式，是指交易双方成交后，交割和清算要按照契约中规定的价格在远期进行。期货交易中实际交割是在远期进行（1个月、3个月、6个月或1年），到交割日期时期货合约持有人有权要求对方向其进行实物交割。证券交易所为保持信誉和交割安全性，会对此提供担保，并同时要求交割方存入需交割的证券或金钱。

由于期货交易具有预先成交、定期交割和价格独立的特点，买卖双方在达成证券期货合同时并无意等到指定日期到来时实际交割证券资产，而是企盼在买进或卖出期货合约后的适当时机再行反向交易以谋取利益或减少损失。即对于购买一方而言，在实际交割日期到来之前可以卖出与原定交割日期相同的远期证券；对于卖出一方而言，则可以在实际交割日期到来之前买入与原交割日期相同的远期证券。

三、期权交易

证券期权交易是投资人为获得证券市场价格波动带来的利益，约定在一定时间内，以事先约定的价格——简称"敲定价格"（Striking Price）或"执行价格"（Exercise Price），买进或卖出指定证券，或者放弃买进或卖出指定证券的交易。期权交易中的买卖双方权利和义务不对等。买方支付权利金后，获得了期权合约赋予的、在合约规定时间内是否执行合约的权利，有执行与否的权利而无义务；卖方收到权利金，无论市场情况如何不利，一旦买方要求行使其权利，则负有履行期权合约规定之义务而无权利。

根据期权交易履约时间的不同，可分为欧式期权和美式期权。欧式期权（European options）是指期权持有者在期权到期日才有权行使交易权利。美式期权（American options）是指期权交易期限内的任何一个时点上，期权持有者都有权行使交易权利。

四、回购交易

回购交易更多地具有短期融资的属性。从运作方式看，它结合现货交易和远期交易的特点，通常在债券交易间运用。债券回购交易就是指债券买卖双方在成交的同时，约定于未来某一时间以某一价格双方再进行反向交易的行为。在债券回购交易中，当债券持有者有短期的资金需求时，就可以将持有的债券作质押或卖出而融进资金；反过来，资金供应者则在相应的期间内让渡资金使用权而得到一定的利息回报。

五、信用交易

信用交易（credit trade）又称保证金交易、垫头交易，是投资者在证券交易中因缺少现款或证券，凭借自身信誉及缴纳一定比率的保证金取得经纪人信用，借入资金买入证券或借入证券并卖出的行为。

信用交易可分为融资交易和融券交易两种类型。

融资交易是指投资者预计证券行市将上涨并准备在价格条件较低时买进一定数量的证券，可通过向经纪商交付一定比率的保证金取得经纪商信用，经纪商则以自有或外部融入的资金为客户垫付部分资金以完成交易；待证券价格上升，投资者委托经纪商卖出该证券，经纪商扣除手续费及贷款利息，剩余部分为投资者取得的投资收益。融资交易中，投资者判断正确可以获得较大的投资收益，但是如果判断失误则要遭受严重的损失。

融券交易是指投资者预计证券行市将下跌并准备在价格条件较高时卖出一定数量的证券，但由于手上没有该种证券，可通过向经纪商交付一定比率的保证金取得经纪商信用，经纪商则以自有、客户抵押或借入的证券，为客户代垫部分或者全部证券以完成交易；待证券价格下跌后，投资者委托经纪商按市场价格买入相同种类、相同数量的证券，归还给经纪人并同时支付买卖手续费和证券应付的利息，买卖差额扣除相关费用后的部分即为投资者收益。

19世纪，信用交易开始在美国出现并迅速发展。信用交易是证券市场一项普遍和成熟的交易方式。从国外资本市场发展过程看，它对完善证券市场功能具有积极作用。（1）通过融券卖出或融资买入，有助于投资者表达自己对某种证券实际投资价值的预期，提高证券市场价格发现的效率。（2）在完善的市场体系下，信用交易能发挥价格稳定器的作用，即当市场过度投机时，投资者可通过融券卖出方式沽出证券，从而促使价格下跌；反之，当某一证券价值被低估时，投资者可通过融资买进方式购入该证券，从而促使价格上涨。（3）在一定程度上，信用交易活动可以放大资金和证券的供给需求，增加市场交易量，从而活跃证券交易，增强证券市场的流动性。（4）信用交易业务有助于拓宽证券经纪商的业务范围和盈利模式，提高其自有资金和自有证券的运用效率。

当然，信用交易业务也存在市场风险。融资融券一般是和做空机制、股指期货等基础证券的衍生交易方式联系在一起的，可能会给市场风险带来放大效应。特别是在不完善的市场体系下，信用交易不仅不会起到价格稳定器的作用，反而会进一步加剧市场波动。其风险主要表现在两方面，一是如果透支比例过大，一旦证券价格下跌，其损失会加倍，不仅投资者损失巨大，也会拖累融资方；二是当证券市场整体处于颓势时，信用交易有助跌的作用。

第三节　证券交易制度

证券交易制度指有组织的证券交易市场为了履行其基本职能而制定的与证券交易有关的运行规则。证券交易制度是证券市场的重要组成部分，选择合适的证券交易制度对一国证券交易市场的良好运行有着重要的意义和影响。

一、证券交易制度的主要功能

具体说来，证券交易制度的主要功能体现在以下三个方面。

（一）影响证券交易的成本

证券交易不仅存在佣金和税收等直接交易成本，还存在间接交易成本。间接交易成本包括买卖价差、搜索成本、延迟成本和市场影响成本等。买卖价差是指做市商的买进报价和卖出报价之间的差额。搜索成本是指搜寻成交价格的成本，当搜索成本过高时，投资者往往愿意接受次低的交易价格。延迟成本是指由于交易的延迟所增加的额外风险带来的成本，可以用从等待成交到委托执行时价格向不利的方向变化的幅度来衡量。市场影响成本是指大宗委托成交引起的超过正常买卖价差的额外成本。不同的交易制度下，会导致证券市场间接交易成本存在差异，进而带来证券资产流动性差异，影响证券市场交易效率。

（二）影响证券交易的价格稳定性

证券交易的价格稳定性是整个市场顺利有序运行的保证。证券交易价格的变化不断向投资者发出资产价格和资源配置的信号，因此为了防止证券价格过于偏离其价值，必须要建立一个能对价格合理定位的交易制度。

（三）影响证券交易的效率

不同的交易制度具有不同的透明性，这会导致信息到达市场参与者的效率及准确性存在差异，进而影响市场参与者对信息的反应效率，影响证券市场资源配置的效率。

二、制定证券交易制度的目标

正是由于证券交易制度的上述功能，证券交易制度本身就存在一个效率评价的问题。据国际证券交易所联合会（FIBV，1989）的有关报告，一个证券交易制度的优劣与否，主要看交易过程中的有关作业（如价格形成、买卖制度、信息传播）的绩效。因此证券交易制度的基本目标主要包括市场流动性、透明性、效率性、稳定性，以及市场的经济性。

（一）流动性

流动性是投资者根据市场的基本供给和需求状况，以合理的价格迅速交易的能力，是衡量市场是否良好的一个重要的指标。在一个缺乏流动性的市场，交易难以及时完成，价格不能得到迅速形成和发现，各类信息也无法及时准确地融入价格当中，从而使市场本身应有的效率不能充分发挥。但如果市场流动性太高、投机味太浓，虽然交易的速度快、成本低，但其价格可能完全脱离实质的内容，反映的也只是错误虚假的信息。市场结构、价格形成方式、市场集中程度及市场竞争是影响市场流动性的主要因素。

(二) 透明性

透明性是维持证券市场公开、公平、公正的基本要求。完全公平的市场其首要特征就是市场的整合,即市场无论在时间还是空间上均不存在所有要素(包括信息)的分割,这就需要市场具备高透明度。

高透明度的证券市场是一个信息尽可能完全的市场,要求信息能够及时、全面、准确并同时传送至所有投资者。从维护市场公平的角度看,透明度包括狭义和广义两个方面,狭义的市场透明度主要包括交易信息的透明,即有关证券买卖的价格、数量等信息的公开披露,这通常以市场上买卖订单流量的信息披露来衡量。广义的市场透明不仅包括交易信息的透明,也包括上市公司信息的即时和准确披露。市场信息的充分公开有助于投资者对市场作出相对准确的判断,避免可能会对价格带来冲击的信息过度不对称,同时有助于资金向最有效益的行业和公司流动并提高其使用效益。此外,提高透明性还可防范内幕交易与操纵行为,保证市场的公平与公正。

(三) 效率性

效率性指市场价格反映相关信息的效率,或指市场将相关信息融入价格的速度和准确性。如果一个市场的价格调整对信息反应灵敏,价格能迅速而准确地反映所有相关信息,则认为该市场有效。市场的有效性越强,越能吸引投资者,市场的流动性也越高。从交易制度角度看,证券市场的效率主要包括以下几个方面:(1) 信息效率,也称价格效率,即证券价格能准确、迅速、充分反映可得的信息;(2) 价格决定效率,即价格决定机制的有效性,如做市商市场、竞价市场中价格决定的效率等;(3) 运行效率,即交易系统效率,如交易系统处理订单的速度和系统容量等。在其他条件不变的情况下,自动化和通信技术决定了交易系统的运行效率。

(四) 稳定性

稳定性是指证券价格短期波动程度及其调节平衡的能力。如果证券市场价格波动过大、投机气氛过浓,无法抵御破坏性影响带来的负面冲击,则这种市场的稳定性较差。保持证券价格的相对稳定,防止证券价格大幅度波动,是证券市场健康运行的内在要求。由于各种信息是影响证券价格的主要因素,因此提高市场透明度是加强证券市场稳定性的重要措施。

(五) 经济性

经济性具体体现为交易成本的低廉,包括佣金、交易所手续费、过户税、印花税等直接成本的低廉,以及买卖价差、有效价差、成交率、执行速度等间接成本的低廉。证券市场运行的基础是交易,交易的达成是资源配置得以进行的前提,交易成本直接影响市场资源配置的效率。证券交易所产生的首要目的在于通过集中交易降低投资者信息搜索与达成交易的成本,其次是通过建设集中的交易登记清算信息等市场公共基础设施从整体上大幅度降低社会成本,提高市场参与者的福利。因此,节约交易成本是评价证券交易制度的关键因素之一。对证券交易所来说,对各类交易产品定期进行流动性成本分析是评估市场绩效的重要内容（主要评估指标为买卖价差、流动性或价格冲击成本等）。

证券交易必须遵循"公开、公平、公正"的"三公"原则。公开原则核心要求是实现市场信息的公开化；公平原则指参与交易的各方应获得平等的机会；公正原则指应当公正地对待证券交易的各方，以及公正地处理证券交易事务。上述各项目标是"三公"原则的具体化，如流动性原则要求证券市场具备足够的深度、广度和弹性，具有向所有参与者提供迅速执行其委托指令的能力，体现了"公平"原则；透明性要求交易所信息的广泛传播功能，是"公开"原则的具体体现；效率性和稳定性要求证券相对稳定的价格发现功能，是"公正"原则的体现。理想的证券交易制度是使这几个基本目标同时达到最优状态，即市场流动性好、信息透明度高、市场效性强、价格相对稳定以及证券交易成本低。

三、证券交易制度的内容

（一）证券交易制度基本内容

（1）交易模式。交易模式也可称为市场类型（或价格形成方式），是指在证券市场中能够使投资者的供给与需求相互匹配，并最终达成交易意向的方式。

（2）关键价格。关键价格指市场关键价格（开盘价格、收盘价格等）的形成机制，也包括大宗交易的价格确定机制等。

（3）订单形式。订单是投资者下达的买进或卖出证券的指令。根据订单的成交方式，可以将市场划分成指令驱动型与报价驱动型。

（4）交易离散构件。交易离散构件指那些使交易价格和交易数量不能连续的交易要素，如最小报价档位指最小的买卖报价变化幅度，其限制了价格的连续性；最小交易单位指每笔订单的最低申报数量，其限制了交易数量的连续性。

（5）价格监控机制。指使市场交易价格稳定、有序、平滑的相关措施，也称为价格稳定机制，如熔断机制、涨跌幅限制和最大报价档位等。

（6）交易信息披露。交易信息披露是形成公平合理价格的重要环节。交易前披露包括订单和报价信息披露；交易后披露指已成交信息的披露。

（7）交易支付机制。交易支付是交易机制的一个特殊方面，包括交易过程中的资金安排、清算和交割等环节。买空与卖空机制是证券交易支付机制的一项重要内容。

（二）指令驱动机制与报价驱动机制

证券交易中投资者将委托指令下达给经纪商之后，经纪商就利用其与证券交易市场的信息通道将交易指令传递到市场上，不同的交易市场会根据自身的成交规则来组织交易。依据交易驱动方式和交易价格形成方式的不同，交易机制可分为指令驱动机制（order-driven）和报价驱动机制（quote-driven）两种。

1. 指令驱动机制

指令驱动机制，又称委托驱动制度，指在证券交易所内，大量的投资者委托指令通过经纪商传递到市场内，并披露在公开的信息平台上，市场交易中心以买卖双向价格为基准进行撮合，达成交易。指令驱动机制本质上是竞价机制，证券成交价格的形成由买卖双方的指令决定，投资者买卖交易的对象是其他的投资者。我国沪、深交易所及五家期货交易所均采用指令驱动机制。

在指令驱动型交易系统中，投资者的申报竞价分为集合竞价和连续竞价两种。

集合竞价机制，也称间断性交易机制或定期交易机制，指证券交易是非连续的、分时段的，投资者作出买卖委托后，不能立即按照有关规则执行并成交，而是在某一规定的时间，由证券交易所将不同时点收到的指令集中起来，按照一定的原则进行匹配成交。集合竞价机制有利于提高不活跃证券的每次竞价撮合处理效率，降低运作成本。许多市场在初期规模不大、交易不活跃时一般采用这种机制，而随着交易的日趋活跃，其市场结构多由集合竞价机制演进为连续竞价机制。

连续竞价机制，是指证券交易可以在交易时间的各个时点连续不断地进行。投资者在决定买卖后，向其经纪商提交买卖指令，经纪商再将该买卖指令输入交易系统，交易系统即根据市场上已有的指令情况进行撮合，一旦按照有关竞价规则有与之相匹配的指令，该指令即刻可以得到成交。这里的"连续"并不是指交易在不断的进行，而是指在两个交易者所下达的指令相匹配时交易就要达成，而不需要像在集合竞价机制下那样等待一段时间，然后定期成交。

2. 报价驱动机制

报价驱动机制，又叫作市商制度，是指由具备一定实力和信誉度的交易商作为做市商不断向公众交易者报出某些特定证券的买卖价格，并在其报价上满足一般交易者的交易需求。报价驱动型市场上，投资者并不直接配对成交，而是根据做市商的报价选择买卖价格并与其交易，而做市商则通过买卖报价的适当差价来补偿所提供服务的成本费用并实现一定的利润。如果市场波动过于剧烈，做市商觉得风险过大，可以退出做市，不进行交易。报价驱动型市场上，证券交易的流动性和稳定性都是靠做市商的报价来支持的。

报价驱动机制以美国全国证券交易商协会的自动报价系统（NASDAQ）的形式最著名，也最完善。根据美国证券交易法律、证券交易委员会（SEC）及全国证券交易商协会（NASD）的有关规定，做市商必须做到：一是坚持达到规定的记录保存和财务责任标准；二是不间断地主持买卖双方的市场，并在最佳价格时按限额规定执行指令；三是发布有限的买卖双向报价；四是在交易完成后的90分钟内报告有关交易情况，以便向公众公布。

3. 两种交易制度比较

指令驱动机制与报价驱动机制的差异，体现了两者对市场稳定性和流动性的不同作用。

首先，在指令驱动机制下，投资者在下达市价委托订单时不知道确切交易价格，要承担价格风险，而在下达限价委托订单时，投资者有可能因价格偏离而不能执行合约，或可能因缺少交易对手难以成交。在报价驱动机制下，做市商必须在其做市的证券上有一定的头寸，并承诺按所报价格执行订单，客户可按做市的报价立即进行交易，而不必等待交易对手的买卖指令，因此没有订单执行风险，有利于保持市场的流动性。

其次，指令驱动机制下，客户会因为信息分布不均衡或信息不充分而无法报出真正反映投资价值和市场供求关系的价格，使得价格波动频繁，波动幅度较大；而在报价驱动机制下，做市商拥有更多的市场订单信息，这种信息优势地位有利于做市商根据市场分析得出报价，而客户对报价的接受程度会促使报价趋近真实价格。在市场出现超买或超卖时，做市商及时处理大额订单的做法可以平抑价格波动,维持证券价格的稳定。

一般来说,指令驱动型市场的优势在于易于处理大量投资者的小额交易,并形成连续的交易价格,运作透明、容易监管。报价驱动型市场则在处理冷门证券交易和大额交易方面具有优势。但由于做市商享有交易信息优势地位,因此可能存在市场透明度不够的问题。最典型的缺陷是做市商为了维持一定的买卖差价收益会刻意保持双向报价的某种差额,并且这种做法很容易成为该行业的"共谋"。

【小知识4-3】

纳斯达克做市商的报价"合谋"

1994年,美国的两位经济学家威廉·G. 克里斯蒂和保罗·舒尔茨(William G. Christie and Paul Schultz)发表了一篇名为《为什么纳斯达克做市商不提供奇数报价?》(Why Do Nasdaq Market Makers Avoid Odd-Eighths Quotes?)的论文,披露了纳斯达克做市商通过合谋以保持高价差的现象。他们的研究发现,纳斯达克市场上做市商的报价一般以最小报价单位的偶数倍居多(当时纳斯达克股票的最小报价区间为1/8美元,偶数倍即为2/8、4/8美元等),而奇数倍出现的比例明显偏少。也就是说存在做市商"合谋"提高价差收益的情况。这篇论文引起了美国司法部与证券和交易委员会的重视,并对纳斯达克的做市商们进行了反垄断调查。最终,在1999年1月11日,美国证券交易委员会共对28家公司处以总额为2 600万美元的罚款,并加强了对该市场的监管。

资料来源:节选改编自[美]弗兰克·J. 法博齐、弗朗哥·莫迪利亚尼. 资本市场:机构与工具(第四版)[M]. 汪涛改编,北京:中国人民大学出版社,2010:217-218.

4. 混合驱动机制

混合驱动机制指的是指令驱动机制与报价驱动机制的混合。纽约证券交易所采用竞价为主、专家为辅的交易机制,NASDAQ1997年实施的做市商需与公众的限价指令竞争,这些都是典型的混合驱动机制。

我国的北京证券交易所就是在竞价交易基础上引入做市商实行混合交易制度的。做市商作为一类负有持续双向报价义务的特殊投资者参与交易,和普通投资者在竞价交易中享有同等的交易权,所有订单遵循"价格优先、时间优先"的原则成交。在北京证券交易所混合交易制度下,做市商订单和普通投资者订单类型相同,系统在撮合成交时不区分做市商订单和普通投资者订单,做市商和做市商、做市商和投资者、投资者和投资者之间均可成交。

域外主要创业板市场的交易机制如表4-2所示。

表4-2 主要创业板市场的交易机制

名称	交易机制
美国 NASDAQ	报价驱动与指令驱动混合的交易机制
欧洲 EASDAQ	报价驱动机制

续表

名称	交易机制
伦敦 AIM	报价驱动机制
德国新市场	报价驱动与指令驱动混合的交易机制
日本 JASDAQ	报价驱动与指令驱动混合的交易机制
新加坡 SESDAQ	指令驱动交易机制
韩国 KOSDAQ	指令驱动交易机制
香港 GEM	指令驱动交易机制
台湾 OTC	指令驱动交易机制

资料来源：各创业板市场网站。

【小知识 4-4】

纽约证券交易所的混合交易机制

在出现特许交易商（specialist）这种特殊的中介人之前，纽约证券交易所（简称"纽交所"）是一个纯粹的指令驱动市场，市场的流动性及价格均由投资者的指令决定，之后引入了由特许交易商负责组织交易、调节供求、平衡市场的做市商制度。

特许交易商是纽约证券交易所指定的特种会员，其主要职责是为其专营的证券提供市场流动性并维持价格的连续和稳定。若特许交易商不履行这一职责就会失去特种会员资格。纽约证券交易所规定，特许交易商存放在自己账户的资金数量不得低于交易所规定的最低资本要求。在纽约证券交易所挂牌上市的每一种证券，均由交易所指定一家做市商负责组织市场交易，但每家做市商可负责多种证券的专营事务，该做市商被称为特许交易商。特许交易商是唯一可以根据市场状况用自己的账户报价的交易商。

特许交易商具有多重职能和身份。他们是专家经纪人，可以与场内其他一般经纪人交易，撮合客户的买卖指令并收取一定的佣金。特许交易商又是自营交易商，可以自营买卖它们专营的证券，即为自己的账户买卖证券，从而获得买卖差价，但在成交时必须保证客户委托优先于自己账户同价位的报单。特许交易商同时还充当做市商，是合法的市场"庄家"。在纽约证券交易所，市场被分为若干个交易站（trade post），每个交易站集中交易特定的某种或某几种证券，特许交易商作为每个交易站的主持人，负责组织、协助完成或参与所有的证券交易。这主要表现在：

（1）每日开市或停市后恢复交易时，特许交易商组织集中竞价，产生其专营证券的开盘价，其后继续组织连续竞价。特许交易商接受场内一般证券经纪人买卖申报，按交易所规则确定并连续报出专营证券的买价和卖价，作为市场的有效竞价范围。

（2）当一般经纪人接到客户的委托指令后，可直接与特许交易商的报盘成交。如果客户委托价格超过特许交易商确定的报价范围，经纪人可将委托转交给特许交易商，当市场价格变动到限价委托的价位时，由特许交易商代为执行委托，即特许交易商代理作为其客户的经纪人买卖证券。因此，特许交易商又被称为"经纪人的经纪人"。

（3）特许交易商必须撮合买卖指令。只有当买卖比例失衡时，为了稳定市场，特许交易商才入市干预。当证券买卖双方的数量不平衡时,特许交易商有责任充当买主或卖主与对手进行交易,用自己的账户买入或卖出证券,以维持市场流动性。并且,特许交易商有责任避免价格的大幅波动。例如,当下一个可能成交的价格将大大低于上一个成交价时,特许交易商有义务充当购买者,以两个成交价间的一个价格,用自己的账户买入,以减缓价格下跌的速度;反之亦然。

纽约证券交易所是指令驱动机制与报价驱动机制的混合机制,特许交易商并非完全的或纯粹的做市商,通过特许交易商提供做市服务的交易量仅占整个市场交易量的一小部分。但特许交易商通过做市活动,确保了交易商制度的交易优先顺序得到遵循,维护了市场运行的秩序和公正。

(三) 价格稳定制度

证券市场的价格稳定机制旨在减少证券交易价格的临时性波动。为了控制因缺乏资金或投机过度所造成的证券市场价格波动,证券市场监管机构大都采取了相应的限制价格波动幅度的措施,如涨跌停板制度、大盘个股熔断机制等。

1. 涨跌停板制度

实施涨跌停板制度的主要目的在于防范证券价格在交易过程中产生的暴涨暴跌。所谓"涨跌停板",是指对每个交易日股票买卖价格的单日涨跌规定上限和下限,上限通常被称为"涨停板",是由前一个交易日的结算价格再加上当日允许的最大涨幅所构成的;而下限通常被称为"跌停板",是由前一个交易日的结算价格再加上当日允许的最大跌幅所构成的。通过对股价涨跌幅的上下限制,可以防范并缓解突发事件或者投资者过度投机对证券价格产生的剧烈冲击,能够在一定程度上控制交易风险,保护市场参与者的正当权益,保障市场稳定运行(见表4-3)。

表4-3　　　　　　　　各种涨跌幅限制措施的比较

	基准价格	作用
静态涨跌幅限制	价格波动范围由固定的基准价格决定,在一个交易日内不作调整	在价格剧烈波动时,可以有效停止交易(无限制暂停)
动态涨跌幅限制	用于确定有效指令价格范围的基准价格不是固定的,而是可以随时(动态)进行调整的,一般是上一笔交易的成交价格、上一盘交易的成交价格等	由于基准价格可以作调整,因而不仅能够保持市场的连续性,而且有利于保持成交价格的连续性
混合涨跌幅限制	同时规定静态和动态涨跌幅限制,前者决定了该段交易时间内总的价格波动范围以保证价格的稳定性,后者决定着每一笔交易的成交价格范围(与上一次成交价格相比)以保证价格的连续性	综合两者的优点

资料来源:根据各交易所及相关国际组织网站资料整理。

不同国家或者地区市场采取的涨跌停幅度限制不尽相同,马来西亚股市的股票价格波动率限制为30%、泰国为30%、土耳其为10%、韩国为15%，菲律宾股市采取了涨幅50%、跌幅40%的限制。东京股票交易所的涨跌幅限制则不仅规定两笔交易之间价格涨跌的最大变动幅度，而且还规定每日股价涨跌的最大变动范围。

我国沪、深交易所注重防范新兴市场可能出现的损害交易市场和投资者利益的暴涨暴跌现象，抑制影响股市初期发展的过度投机行为，一开始便对股票价格的上下波动幅度进行了限制。在证券市场成立初期，特别是1990~1991年，涨停板和跌停板的限制经历了多次变化，限制幅度包括了0.5%、1%、5%和10%。1990年6月26日到1991年1月1日，深交所还曾实施过非对称的涨跌停板制度。深交所从1991年8月17日开始，上交所从1991年的5月21日开始，均取消了涨跌幅限制，在此期间，由于股票价格发生了剧烈波动，为规范证券市场运作，保护投资者利益，相关部门决定于1996年12月16日重启涨跌停板制度且保持两市的一致性并延续至今。对一般股票和基金实行涨跌幅比例为10%的价格涨跌停限制，ST和*ST股票的涨跌幅限制为5%。2021年设立的北京证券交易所考虑到中小企业股票估值特点，为了有效促进价格发现，将日涨跌幅限制为30%。对于初次或重新上市、增发的证券，长期停牌复牌后证券等首日交易不设涨跌停幅度的限制。我国大陆市场的涨跌停板制度与境外的主要区别在于股价达到涨跌停板后，不是完全停止交易，而是在涨跌停价位或涨跌停价位之内的交易仍可继续进行，直到当日收市为止。

2. 针对股市异动的熔断机制

熔断交易机制（circuit breaker）又称自动熔断暂停盘中交易机制，是当某一只个股、指数、期指或商品价格波幅触及规定的区间限度时，交易所为控制更大风险发生所采取的暂停交易或者限制交易的一种防范措施。这种类似于保险丝在电流过量时会自动熔断，从而使电器受到保护的措施，被形象地称为"熔断机制"。在证券交易过程中设置"熔断机制"，让股票、期货或其他金融衍生产品的单日价格波动幅度限制在规定区间内，一旦成交价格触及区间上限或下限，交易就会自动中断一段时间，即发生熔断，其目的是避免证券交易价格过度波动，给市场一定时间的冷静期，延长投资者理性思考时间，防范恐慌情绪进一步扩散，减少对市场的冲击，既能及时向投资者提出风险警示，又能为利益相关方或金融管理部门采取有效管控手段和措施赢得宝贵时间和机会。

熔断交易机制一般包括暂停交易和限制交易两大类机制。暂停交易就是在市场发生重大变化（整个市场或单个股票波动超过一定范围或发生了重要事件）时采取的使交易暂时停止的措施，也被称作临时停市或临时停牌，是熔断机制的最重要内容。暂停交易一般是临时性的，恢复交易的前提可以是仅仅经过一定的时间间隔，也可以是上市公司披露有关的信息，即需要在上市公司披露有关信息后才能恢复交易。限制交易指在市场发生波动时，对某一类可执行的交易指令直接限制其执行，又称为"交易控制"（trading curb）。美国80A、韩式靠边规则等都是著名的针对程式交易指令（program trading order）的交易限制措施。

【小知识4-5】

交易限制措施

纽约股票交易所的80A规则（1998年10月）：对指数套利指令的限制。在股价指数出现较大波动的情况下，对指数套利指令实行限制。一旦道琼斯工业平均指数（DJIA）在一个交易日内比上个交易日的收市指数涨跌达到或超过50点时，就实施对S&P 500指数成分股的指数套利指令的限制，即股指下跌达到或超过50点时，卖出委托价不得低于上一笔成交价；而当股指上涨达到或超过50点时，买入委托价不得高于上一笔成交价。如果实施价格限制后当日股价指数的涨跌幅度减少到25点以内，上述限制即行取消，否则将一直有效到当日收市时为止。

韩式靠边规则：韩国股票交易所（1997年）规定，在期货合约交易价格较前一交易日收盘价格下跌并持续一分钟以上时，所有程式交易指令将推后5分钟执行，5分钟后自动恢复执行。

（四）回转交易制度

回转交易制度是指允许投资者买入的证券，经交易系统确认成交后，在交收前全部或部分卖出的交易机制。从交易日到交收日，按照交易者能够实施反向交易行为的最早日期，可以将回转交易制度分为当日回转交易（又称日内回转交易、"T+0"交易）、次日回转交易（又称"T+1"交易）、次二日回转交易（又称"T+2"交易）等。

1. "T+0"回转交易制度

"T+0"回转交易制度，指在成交当日办理好证券以及价款清算和交割手续的交易制度。简单而言，就是当日买进的证券在当日卖出，或者当日卖出（卖空）的证券再在当日买进的交易行为。因此，"T+0"回转交易可以概括为三种情况：当日买进某证券（原来并不持有该证券）后，再于当日卖出；当日卖空某证券后，再于当日买进；投资者原来持有某证券，于当日卖出后，再于当日买进。对于该种交易制度来说，其主要优势在于投资者能够根据市场环境变化情况进行及时的纠错或者退出，从而在很大程度上增加了中小投资者对于证券交易市场的主观能动性。同时，该种交易制度也会因为投机者的频繁操作提高了证券市场风险，不利于证券市场的正常发展。"T+0"回转交易制度是海外证券市场通行的一项交易制度，美国、欧洲、日本、中国香港、中国台湾等证券市场均允许当日回转交易。

2. "T+1"回转交易制度

"T+1"回转交易制度是指在证券成交次日办理相应交割手续的交易制度。在该项交易制度中，当日买进的证券要到下一个交易日才能进行卖出，但是对于当日的回笼资金仍然实行"T+0"交易制度。在一个相对不完善、不健全的股票市场中，实行T+1回转交易制度，在一定程度上可以稳定市场、降低市场投机性和证券价格波动性，减少虚假交易。但是，"T+1"回转交易制度同样也会在一定程度上降低投资者投资的灵活性并降低投资者对证券价格变动反应的灵敏度，从而影响证券交易市场的正常运行。

中国沪、深交易所在成立之初均实行"T+1"回转交易制度，但由于股市刚起步，上市股票数量较少、交易量小，交易十分不活跃。为了提升股市流动性，上交所于1992年12月起开始实行"T+0"回转交易制度，随后深交所于1993年11月也开始实行"T+0"回转交易制度。在更改为"T+0"回转交易制度期间，A股市场流动性得到了显著增加，但随之而来的却是投机与炒作的盛行，市场成交量和波动性急剧放大，股价暴涨暴跌。由于市场投机氛围过于浓厚,因而中国 A 股市场于 1995 年 1 月 1 日起更改回了"T+1"回转交易制度,并一直沿用至今;B 股市场自 1992 年开市时起实行的便是"T+0"回转交易制度,但于 2001 年 12 月 3 日后也更改为"T+1"回转交易制度。

(五) 大宗交易制度

大宗交易制度是指那些由于订单数量过大,从而难以用通常的交易方式进行的证券交易所采取的交易制度。大宗交易制度的内容一般包括大宗交易标准、大宗交易时间、大宗交易模式、大宗交易定价方式、大宗交易涨跌幅限制、大宗交易监管以及大宗交易信息披露等一系列内容。

2002 年 2 月,深交所发布《深交所大宗交易实施细则》,第一次提出推出大宗交易制度。同年 12 月,上交所发布《上交所大宗交易实施细则》,规定从 2003 年 1 月开始,上交所将临时应用人工操作交易的办法来接收证券交易所所有会员单位的大宗交易申报请求。2006 年 7 月,沪、深交易所各自发布新交易规则,确定了大宗交易时间和价格涨跌幅限制。2008 年 4 月 20 日,证监会在《上市公司解除限售存量股份转让指导意见》中要求限售股股东计划解禁后 1 个月内公开减持限售股数量超过公司总股数 1%的部分需要在大宗交易系统完成。2013 年 10 月上交所发布新的交易规则,对大宗交易进行了重新规定,大宗交易制度从交易门槛、交易时间、交易品种、交易价格、交易系统、信息披露等方面都得到了全方位的提升与改善,大宗交易平台开始真正活跃起来,大宗交易规模激增,大宗交易市场得到快速发展。2017 年 5 月 27 日,沪、深交易所对大股东的大宗交易减持做出一系列规定,目的在于规范大股东或特定股东通过大宗交易平台的减持行为,使大股东减持更加透明化,保护投资者的权益,维护二级市场的正常运行。

(六) 信用交易制度

信用交易制度是指投资者借入资金或证券以完成证券交易的制度,涉及信用交易证券资格认定、保证金比例及经纪商融资融券限额等内容。信用交易制度的核心意义在于,它提供了证券交易的杠杆、建立了市场双向盈利的机制。从授信的角度分析,信用交易制度应包含经纪商向客户的融资、融券和经纪商获得资金、证券的转融通两重信用关系,两重信用关系对信用交易制度的完整性缺一不可,前者是经纪商为客户提供交易机会,后者则是金融市场为经纪商提供交易机会,被称为"转融通机制"。转融通作为融资融券基本交易的支持机制,授信过程主要涉及经纪商与货币市场其他金融机构,本质上可视为经纪商与金融市场间的"融资融券"。转融通授信方式因金融机构信用水平、各国监管需求的不同,产生了复杂多样的制度安排。

1. 分散授信模式

投资者向信用经纪商申请融资融券,由经纪商直接对其提供信用。当经纪商的资金或股票不足时,向金融市场融通相应的资金和股票。这种模式以美国、中国香港为代表,又称为"市场化授信方式",是以市场自由分配为原则的转融通机制。

经纪商对资金证券的来源具有广泛的自主选择权,可动用的融资融券资源包括经纪商自有资金及有价证券、银行贷款、保证金及充抵保证金的担保品等;直接借入的对象包括银行、其他券商、保险公司、对冲基金等广泛的金融机构,以及任何资金富裕的个人参与者；借入场所涵盖回购市场等货币金融市场。该种模式下，经纪商从金融市场获取资金证券的成本最低也最为灵活，但该种模式需要金融机构具有良好的信用水平、高度的市场化程度及风险管理能力，对监管机构捕捉系统性风险及管控金融体系的能力也提出较高要求。

2. 集中授信模式

在这种模式下，证券公司对投资者提供融资融券，同时设立带有一定垄断性质的证券金融公司为证券公司提供资金和证券的转融通，以此来调控流入和流出证券市场的信用资金和证券量，对证券市场信用交易活动进行机动灵活的管理。这种模式以日本、韩国为代表，是以政府集中调控为原则的转融通机制。

该种模式下，经纪商无法选择授信的资金证券来源，可动用的融资融券资源仅包括经纪商自有资金及有价证券、通过证券金融公司借贷所得的资金及证券；直接借入对象及场所仅限于政府设立的证金公司。证券金融公司则作为信用交易的中介机构，自商业银行及货币市场贷款、回购等方式融入资金，自非银行金融机构融入证券。该模式割裂了证券经纪商与银行、其他金融机构的直接借贷关系，金融机构自主性、市场化程度较低，而融资融券成本较高，但集中化授信增强了监管机构对股票市场信用交易的控制监管能力，有助于信用交易市场的平稳运行。

3. 混合双轨授信模式

在这种模式下，除了专门设立的证券金融公司外，还给予一部分证券公司直接融资融券的许可权，它们可以向客户提供融资融券服务，然后再从证券金融公司转融通。而没有许可权的证券公司只能接受客户的委托，代理客户的融资融券申请，由证券金融公司来完成直接融资融券的服务。这种模式以中国台湾地区为代表，是结合了市场调控与政府调控的转融通机制。

监管机构将转融通资质授予资金实力强、信用业务成熟的特定经纪商。此类机构在信用交易中兼有经纪商与证券金融公司的身份，行使向客户授信、向其他经纪商授信的双重职能。在该种模式下，一般经纪商仍不具有资金证券来源的自由选择权，但具有转融通资质的经纪商则获取了银行、基金等市场化的资金证券来源渠道。该模式打破了集中授信单向传递的封闭模式，其融资融券成本、市场化程度介于前两种模式之间，兼顾了市场效率与政府风险管控的需求。

转融通机制整合了不同层次金融市场的闲散资金与证券，为金融机构建立了资金证券间接流通机制，满足了客户信用交易的需求，为证券市场整体运行注入了流动性，是信用交易制度完善的重要标志。

我国于 2010 年 3 月 31 日正式推出融资融券业务试点，这标志着我国信用交易制度的正式建立；2012 年 8 月 30 日，我国推出了进一步完善信用交易制度的转融资业务，自此券商可在金融市场内进行专用于股票买卖的资金借贷。2013 年 2 月 28 日，转融券业务正式推出，券商可通过中国证券金融公司这一媒介实现对信用交易券源的重新分配，这标志着我国信用交易制度的全面完善。现阶段我国的信用交易制度采用了"集中化、单轨制"的模式，即由证券公司对客户融资融券，并由中国证券金融公司向证券公司提供转融通服务。

（七）客户交易结算资金存管制度

客户交易结算资金（俗称"客户保证金"）是指证券公司的客户为保证足额交收证券

而存入的资金、出售有价证券所得到的所有款项（减去经纪佣金和其他正当费用）、持有证券所获得的股息、现金股利、债券利息、上述资金获得的利息以及证监会认定的其他资金。以客户交易结算资金由谁管理和控制为原则，有三种存管制度：经纪商存管制度、第三方存管制度和混合存管制度。

经纪商存管制度是指客户与证券公司签订协议，约定其交易结算资金由经纪商独立立户管理的存管制度，典型代表有美国、德国和日本。具体表现为：客户在经纪商或证券公司开立资金账户，存入交易结算资金，经纪商或证券公司需按法规要求予以存放、管理和划转。

第三方存管制度是指客户参与证券交易前签订协议，约定由银行或指定专门金融机构来代替经纪商管理其保证金的制度，典型代表有中国台湾和韩国。采用此模式，需要专门的存管银行来执行资金的交收职责，经纪商将无法直接管理客户保证金。该制度设计下，投资者在券商的结算银行开户，发生买入交易以后，投资者在交收日前将资金划转到券商账户；发生卖出交易以后，券商将资金划付给投资者。制度设计中客户保证金和证券交易、结算存管之间是隔离开的，既避免了客户交易保证金被券商挪用，也使客户资金免遭券商破产的损失。

混合存管制度是指只要不违反相关法律，经纪商和第三方存管机构都可以开展客户保证金存管业务，典型代表有中国香港。香港的投资者可以根据需要自行在经纪商存管和银行存管两种模式中选择。如果投资者选择经纪商存管，经纪商要将自有资金和客户保证金分户保管，即经纪商需将客户保证金统一存入其在香港证监会认可的银行或是具有相应资格的金融机构开立的信托账户，交收时经纪商根据客户交收数据向存管机构发出指令，从信托账户中支付或存入相应金额。如果投资者选择银行存管，则可以在与经纪商有合作关系的银行开立证券交易结算账户，与银行及经纪商签订三方协议，交收时经纪商将客户清算数据发送给银行，银行根据清算数据办理投资者与登记结算机构的资金交收业务。

我国证券交易所设立之初，首先采用的是经纪商存管模式。这一时期历经了两个阶段：2002年以前为混同管理，即客户保证金和证券公司自有资金未进行有效隔离，非法挪用客户资金的情况泛滥；2002年证监会施行《客户交易结算资金管理办法》，开始采用独立存管模式，即"证券公司将客户交易结算资金独立于公司自有资金，存放在具有一定独立性和必要监管职责的存管机构，并通过建立公司内部客户资金安全管理运作机制，加强对客户交易结算资金的管理，使客户交易结算资金安全、透明、完整、可控、可查"。独立存管对证券公司自有资金和客户保证金隔离做了严格规定，但银行没有证券客户明细数据无法履行监督职责，因此券商挪用客户保证金的行为仍然屡禁不止。2006年新《证券法》实施，明确规定"证券公司客户的交易结算资金应当存放在商业银行，以每个客户的名义单独立户管理"，以此为契机，证监会开始在全行业推行客户交易结算资金第三方存管模式，并于2008年5月全面实施。客户交易结算资金第三方存管是指将客户保证金交由证券公司以外的第三方商业银行或是指定机构专门存放与管理。第三方存管模式改变了以前的做法，在银行端也建立了一套证券客户明细数据，用于与证券公司的客户明细数据进行核对，这样银行才真正起到了客户资金保管者和监督者的职责，从而杜绝了证券公司挪用客户证券交易结算资金的现象。

第四节 证券交易所行情表及主要指标

证券交易所在每个交易日都要发布包括证券交易即时行情、证券指数、证券交易公开信息等在内的交易信息。证券交易所还要编制反映市场成交情况的各类日报表、周报表、月报表和年报表,并及时向社会公布。

一、证券交易所行情表基本内容

证券交易所行情表是指为显示每日股价、涨跌及交易概况的报表。证券交易所行情表是行情分析的最主要工具,也是投资者最经常使用的分析工具。

2021年10月28日,中国证券监督管理委员会施行的《证券交易所管理办法》第三十八条规定:证券交易所应当实时公布即时行情,并按日制作证券交易所行情表,记载并公布下列事项:上市证券的名称;开盘价、最高价、最低价、收盘价;与前一交易日收盘价比较后的涨跌情况;成交量、成交金额的分计及合计;证券交易所市场基准指数及其涨跌情况;中国证监会要求公布或者证券交易所认为需要公布的其他事项。[①]

(一)上市证券名称

证券名称就是上市公司的简称。一般情况下,证券交易所根据证券发行公司主要经营范围、公司组织形式和公司注册地及证券的性质确定证券的名称。上市公司既有A股又有B股,要分别表明"A"或者"B"。封闭式证券投资基金的名称以"基金"开头,后加特有的名称。债券名称则体现债券发行主体、发行时间和发行期次等因素。

【小知识4-6】

我国证券简称中部分字母的含义

N:新股上市首日的名称前都会加一个字母"N",即英文New的意思,其首日涨跌幅不受限制;

S:还没进行或完成股改的股票,即没有进行股权分置改革的股票,未股改股票报价的日涨跌幅限制为5%。

ST:特别处理(Special Treatment),沪、深证券交易所宣布对财务或运营出现问题的上市公司股票名称的前面添加一个"ST"标识,进行特别处理,以此来告知投资者要注意这种股票。ST股报价的日涨跌幅限制为5%。

*ST:公司连续3年亏损有退市风险或因重大事件造成资不抵债而面临退市的公司股票,在原有"特别处理"基础上增加的某种类别的特别处理,警示投资者应谨慎参与。*ST报价的日涨跌幅限制为5%。

---

① 证券交易所管理办法[EB/OL]. 中国证券监督管理委员会, http://www.csrc.gov.cn/csrc/c101834/c1496641/content.shtml, 2021-10-30.

PT：特别转让（Particular Transfer），沪、深交易所为暂停上市的股票提供流通渠道。根据我国《公司法》和《证券法》，如果上市公司连续3年亏损，其股票将被暂停上市，对这类暂停上市的股票实施特别转让服务，并在其简称前冠以PT字样。PT股并非真正意义上的上市股份，因此该股份不包括在指数计算中，转让信息只能在当日收盘市场上看到。

XD：除息日，表示股票除息，购买这样的股票后将不再享有派息的权利。

XR：除权日，表示该股已除权，购买这样的股票后将不再享有分红的权利；

DR：除权除息日，表示除权除息，购买这样的股票不再享有送股派息的权利。

（二）开盘价、最高价、最低价、收盘价

开盘价，是在证券交易所交易日开市后该证券的第一笔买卖成交价格。如果在开市后半小时内无成交，则以前一日的收盘价作为当日开盘价。

收盘价，我国证券交易所规定收盘价通过集合竞价的方式产生，收盘集合竞价不能产生收盘价或未进行收盘集合竞价的，沪、深交易所以当日该证券最后一笔交易前一分钟所有交易的成交量加权平均价（含最后一笔交易）为收盘价。北交所则以该交易日最后一笔成交价为收盘价。

最高价、最低价，指该证券在市场成交的最高价与最低价（某一特定时期内的），其最高价与最低价是不断变动并在电子行情表中显示出来的。如果两者差距大，则说明某种股票当时行情波动较大，反之则不然。

（三）与前一交易日收盘价比较后的涨跌情况

指证券当日收盘价与上一日收盘价的增减数，若价格上升用正号，价格下降则用负号。如果增减数（涨跌数）较大，说明这一股票与上日行情波动较大。

（四）成交量、成交金额的分计及合计

成交量指一定时期股票成交的数量（股数），采用单向计算，即只统计买或卖。习惯上的成交量只统计卖出的股数。

成交金额是指一定时期内股票成交的金额总和，同样采用单向计算方法，习惯上的成交金额只统计买进所付的金额。

二、上海证券交易所行情表

《上海证券交易所交易规则》规定，上交所每个交易日实时发布证券交易即时行情、证券指数，并发布证券交易公开信息等交易信息。

每个交易日9：15至9：25开盘集合竞价期间、14：57至15：00收盘集合竞价期间，即时行情内容包括证券代码、证券简称、前收盘价格、集合竞价虚拟参考价格、虚拟匹配量和虚拟未匹配量。

连续竞价期间，即时行情内容包括证券代码、证券简称、前收盘价格、最新成交价

格、当日最高成交价格、当日最低成交价格、当日累计成交数量、当日累计成交金额、实时最高5个买入申报价格和数量、实时最低5个卖出申报价格和数量。首次上市证券上市首日，其即时行情显示的前收盘价格为其发行价。

交易所编制综合指数、成分指数、分类指数等证券指数，以反映证券交易总体价格或某类证券价格的变动和走势，遵循公开透明的原则，随即时行情发布。

上海证券交易所行情表示例如表4－4所示。

表4－4　　　　　　　　　上海证券交易所行情表（2022年9月27日）

序号	证券代码	证券简称	类型	最新（元）	涨跌幅（%）	涨跌（元）	成交量（手）	成交额（万元）	前收（元）	开盘（元）	最高（元）	最低（元）
1	600000	浦发银行	主板A股	7.07	0.14	0.01	201 282	14 203.51	7.06	7.04	7.09	7.02
2	600004	白云机场	主板A股	14.99	6.24	0.88	376 648	55 557.98	14.11	14.02	15.08	14.02
3	600006	东风汽车	主板A股	6.00	1.69	0.10	154 771	9 218.08	5.90	5.89	6.04	5.88
4	600007	中国国贸	主板A股	14.38	-0.35	-0.05	26 846	3 841.58	14.43	14.50	14.59	14.10
5	600008	首创环保	主板A股	2.66	1.14	0.03	264 654	6 994.97	2.63	2.63	2.67	2.62
6	600009	上海机场	主板A股	62.43	4.31	2.58	184 192	113 355.79	59.85	59.33	62.59	59.33
7	600010	包钢股份	主板A股	1.91	0.00	0.00	2 113 396	40 209.25	1.91	1.91	1.93	1.88
8	600011	华能国际	主板A股	7.92	-0.25	-0.02	365 478	28 986.08	7.94	7.96	8.11	7.83
9	600012	皖通高速	主板A股	6.75	0.90	0.06	34 987	2 351.00	6.69	6.69	6.77	6.64
10	600015	华夏银行	主板A股	5.09	0.39	0.02	165 343	8 370.58	5.07	5.07	5.09	5.03

资料来源：行情报表［EB/OL］. 上海证券交易所网站，http://www.sse.com.cn/market/price/report/.

主板证券开头代码：600、601、602、603。

科创板证券开头代码：688（科创板俗称"新四板"，是专为科技型和创新型中小企业服务的板块）。

B股证券开头代码：900，B股的名称是人民币特种股票，以人民币标明面值，以外币认购和买卖。

权证代码：580，股票权证简单来说就是规定时间内或特定日期的买卖权利。

新股申购开头代码：730，上市前开放申购的临时代码。

配股开头代码：700，上市公司向原始股东以特定价格配售新的股票，属于一种融资行为。

上海证券交易所个股行情走势如图4－1所示。

三、深圳证券交易所行情表

《深圳证券交易所交易规则》规定，深交所每个交易日实时发布证券交易即时行情、证券指数，并发布证券交易公开信息等交易信息。

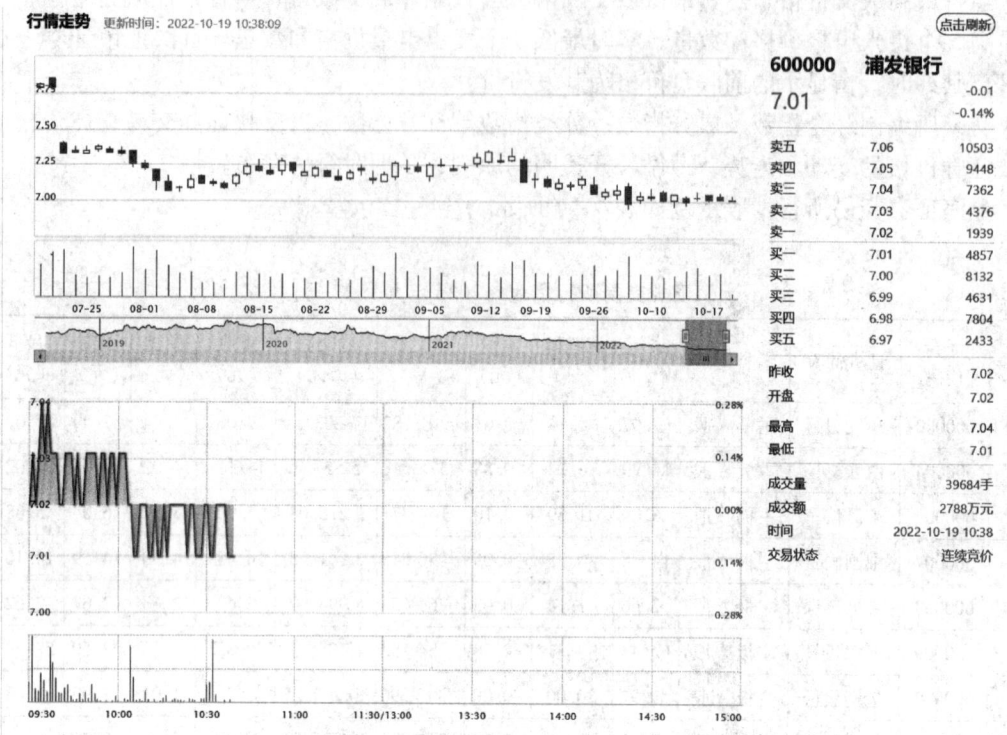

图 4-1　上海证券交易所个股行情走势

资料来源：上海证券交易所网站，http：//www.sse.com.cn/home/search/index.shtml？webswd＝600000.

开盘、收盘集合竞价期间，即时行情内容包括证券代码、证券简称、集合竞价参考价、匹配量和未匹配量等。

连续竞价期间，即时行情内容包括证券代码、证券简称、前收盘价、最近成交、当日最高价、当日最低价、当日累计成交数量、当日累计成交金额、实时最高5个价位买入申报价和数量、实时最低5个价位卖出申报价和数量等。

交易所编制综合指数、成分指数、分类指数等证券指数，以反映证券交易总体价格或某类证券价格的变动和走势，随即时行情发布。

深圳证券交易所行情表示例如表4-5所示。

表 4-5　　　　　深圳证券交易所行情表（2022年9月26日）

交易日期	证券代码	证券简称	前收（元）	开盘（元）	最高（元）	涨跌幅（%）
2022年9月26日	000001	平安银行	12.29	12.16	12.28	-2.36
2022年9月26日	000002	万科A	17.51	17.69	18.08	-0.40
2022年9月26日	000004	ST国华	8.66	8.66	8.72	-3.70
2022年9月26日	000005	ST星源	1.78	1.77	1.77	-5.06
2022年9月26日	000006	深振业A	4.36	4.32	4.42	-2.75

续表

交易日期	证券代码	证券简称	前收（元）	开盘（元）	最高（元）	涨跌幅（%）
2022年9月26日	000007	全新好	7.92	7.87	7.87	-3.41
2022年9月26日	000008	神州高铁	2.28	2.27	2.28	-2.63
2022年9月26日	000009	中国宝安	12.19	12.08	12.38	-1.64
2022年9月26日	000010	美丽生态	3.45	3.38	3.41	-4.06
2022年9月26日	000011	深物业A	9.84	9.85	9.99	-3.46

资料来源：深圳证券交易所网站，http://www.szse.cn/market/trend/index.html。

主板证券开头代码：00。

中小板证券开头代码：002（中小板是专门为中小企业和新兴公司设立筹集资金的板块。中小板已与主板合并）。

创业板开头代码：300，创业板的特点就是门槛低、要求严，为有发展潜力的中小企业提供融资的板块。

B股证券开头代码：200。

权证代码：031。

可转债开头代码：12（可转债就是符合一定条件可以转化为股票的债券。可转债实现T+0交易）。

配股开头代码：080。

深圳证券交易所个股行情信息如图4-2所示。

(a)

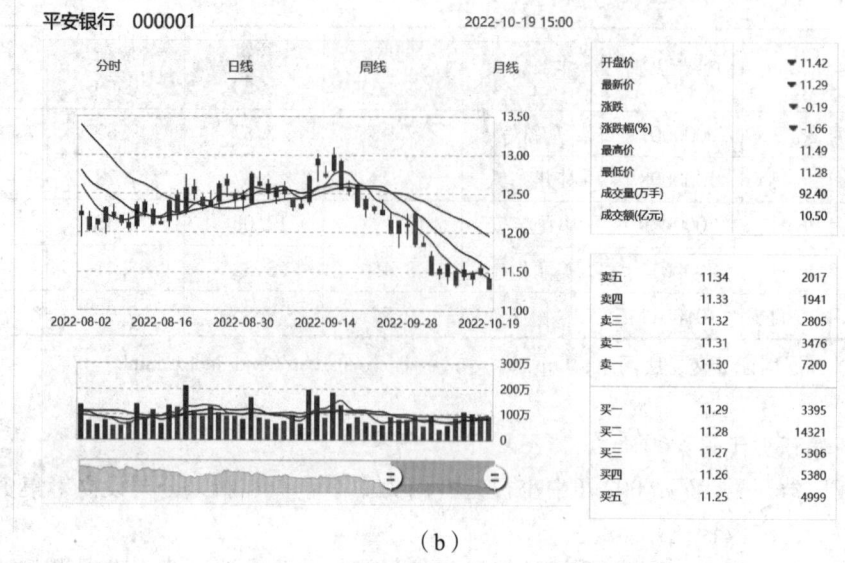

(b)

图 4-2　深圳证券交易所个股行情信息

资料来源：深圳证券交易所网站，http://www.szse.cn/market/trend/index.html.

四、北京证券交易所行情表

《北京证券交易所交易规则（试行）》规定，北交所每个交易日发布证券交易即时行情、证券交易公开信息等交易信息，及时编制反映市场交易情况的各类报表，并通过符合《证券法》规定的信息披露平台予以公布。

每个交易日9：15至9：25开盘集合竞价期间、14：57至15：00收盘集合竞价期间，即时行情内容包括证券代码、证券简称、前收盘价、集合竞价参考价、匹配量和未匹配量等；若未产生集合竞价参考价的，则揭示实时最优1档申报价格和数量。

连续竞价期间，即时行情内容包括证券代码、证券简称、前收盘价、最近成交价、当日最高成交价、当日最低成交价、当日累计成交数量、当日累计成交金额、最高5个价位买入申报价格和数量、最低5个价位卖出申报价格和数量等。

交易所可以根据市场发展需要，编制综合指数、成分指数、分类指数等证券指数，随即时行情发布。

北京证券交易所行情表示例如表4-6所示。

表4-6　　　　北京证券交易所行情表（2022年10月19日）

代码	简称	前收（元）	开盘（元）	最近（元）	成交量（万股）	成交额（万元）	最高（元）	最低（元）	买一价（元）	卖一价（元）	涨跌幅（％）
430047	诺思兰德	10.96	10.87	10.85	14.57	158.28	10.95	10.84	10.84	10.85	-1.00
430090	同辉信息	3.01	2.97	2.96	98.09	290.49	3.00	2.95	2.95	2.96	-1.66
430198	微创光电	5.07	5.01	5.03	1.44	7.24	5.03	5.01	5.02	5.03	-0.79

续表

代码	简称	前收（元）	开盘（元）	最近（元）	成交量（万股）	成交额（万元）	最高（元）	最低（元）	买一价（元）	卖一价（元）	涨跌幅（%）
430418	苏轴股份	9.23	9.24	9.15	13.07	118.60	9.24	8.99	9.07	9.16	-0.87
430476	海能技术	12.09	12.00	11.80	223.53	2 604.09	12.09	11.29	11.79	11.80	-2.40
430489	佳先股份	6.81	6.90	6.76	7.50	50.94	6.90	6.74	6.75	6.76	-0.73
430510	丰光精密	9.59	9.61	9.47	4.69	44.37	9.61	9.43	9.47	9.51	-1.25
430564	天润科技	6.74	6.69	6.56	22.90	151.48	6.70	6.55	6.56	6.61	-2.67
430685	新芝生物	17.82	16.98	17.68	353.80	5 967.51	17.78	16.01	17.68	17.69	-0.79
830799	艾融软件	6.59	6.65	6.44	30.26	197.08	6.65	6.43	6.43	6.44	-2.28

资料来源：北京证券交易所网站，https://www.bse.cn/nq/quotation.html。

北京证券交易所个股行情信息如图4-3所示。

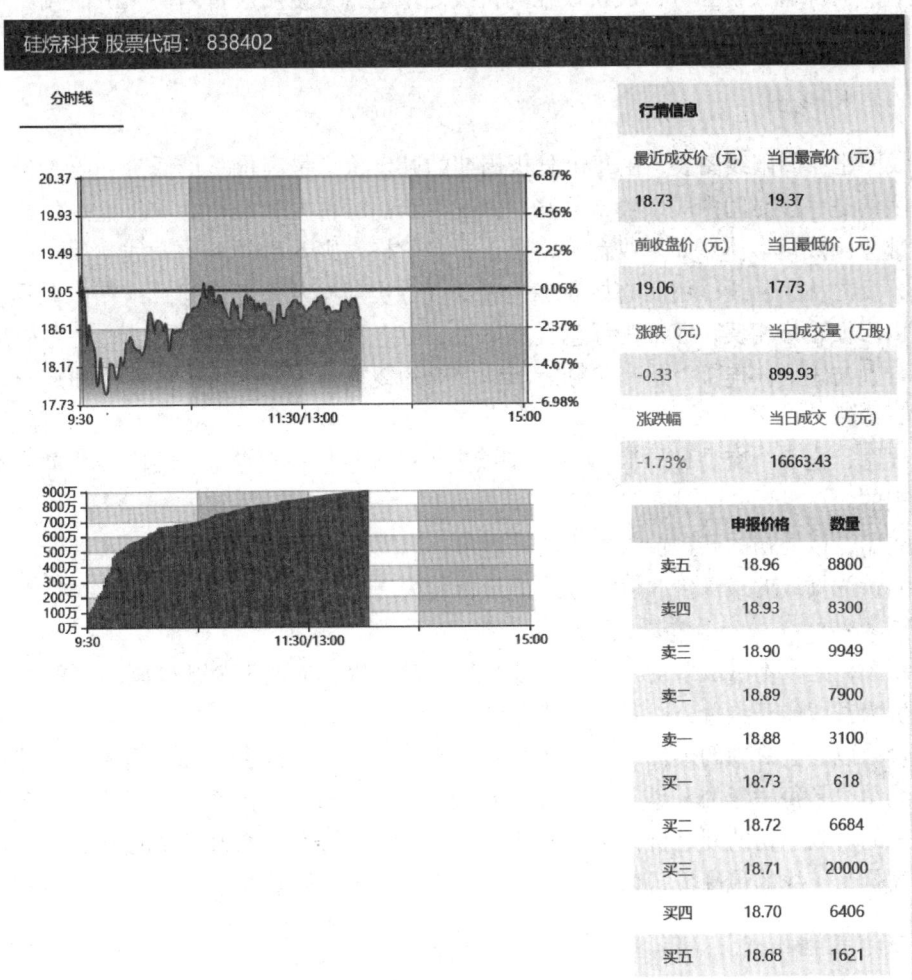

图4-3 北京证券交易所个股行情信息

资料来源：北京证券交易所网站，https://www.bse.cn/products/neeq_listed_companies/company_time_sharing.html?companyCode=838402&typename=G。

五、个股行情表相关指标

（一）分时图

分时图是指大盘和个股的动态实时（即时）分时走势图，是实时反映当时行情变化的动态图。其主要元素有：横坐标是交易时间（4个小时），以每一分钟为一个最小单位划分。纵坐标是股票价格区间值，一般以昨日收盘价为中心值，向上代表上涨，向下代表下跌。最小单位的划分是根据具体股票价格的高低不同及当日股价的波动幅度而定的，也可能在实际交易过程中进行不断的缩放，是动态调整的。图中两条曲线，分别为每一分钟股价所处价格的连线而组成的曲线（股价线），以及每分钟股价按成交量进行加权平均的曲线（分时均价线），经过加权平均后分时均价线都要比股价线更为平滑。股价线在均价线之上运行，意味着股价强势；股价线在均价线之下运行，说明股价弱势。分时图是股价一天的走势图，分时图一天的走势构成了日线上的一根K线，或阳或阴或十字星。

（二）K线图

K线图也叫阴阳线图表，由每个分析周期的开盘价、最高价、最低价和收盘价绘制而成，代表的是一段时间内股票价格的涨跌情况。绘制时首先确定开盘和收盘的价格，它们之间的部分画成矩形体。如果收盘价格高于开盘价格，则K线被称为阳线，用空心体或红色表示，反之称为阴线，用实心体或绿色表示（欧美股票及外汇市场K线图中色彩使用与我国国内习惯正好相反，通常为绿色代表阳线，红色代表阴线）。用较细的线将最高价和最低价分别与矩形体连接。最高价和矩形体之间的线被称为上影线，最低价和矩形体间的线称为下影线。

日线图，是每个交易日的K线图，是以当天的开盘价、收盘价、最高价、最低价为基础画出来的。

周线图，以周初的开盘价为周线的开盘价，以周末的收盘价为周线的收盘价，以一周中的最高价为周线的最高价，以一周中的最低价为周线的最低价。五根日K线在周线上构成一根周K线。

月线图，是以本月股票的开盘价、收盘价、最高价、最低价为基础画出来的。以月初的开盘价为月线的开盘价，以月末的收盘价为月线的收盘价，以一个月中的最高价为月线的最高价，以一个月中的最低价为月线的最低价。四根周K线在月线上构成一根月K线。

年线图，是每一年的K线图，是以本年股票的开盘价、收盘价、最高价、最低价为基础画出来的。以年初的开盘价为年线的开盘价，以年末的收盘价为年线的收盘价，以一年中的最高价为年线的最高价，以一年中的最低价为年线的最低价。

（三）五档报价

五档报价又称五档盘口，是指在股票买卖中，个股行情表上显示的当时买入与卖出该股的最近五个价格，包含买盘五档和卖盘五档，代表了买卖前5个报价和委托量。未成交的最低卖价就是卖一，未成交的最高买价就是买一，其余类推。成交时按先买一再买二直到买五，先卖一再卖二直到卖五的顺序撮合成交。五档价格会随着市场的成交、单量而变动，例如买一上单成交完了，买二就变成了买一，所以一只股票盘中会出现不同价位的买价和卖价。

【思政小课堂 4-1】

党的二十大报告指出："健全资本市场功能，提高直接融资比重"[①]

提出过程

2015 年 9 月 22 日，习近平总书记在接受美国《华尔街日报》书面采访时指出："发展资本市场是中国的改革方向"[②]；在 2017 年的全国金融工作会议上，习近平总书记强调要形成"融资功能完备、基础制度扎实、市场监管有效、投资者合法权益得到有效保护"的多层次资本市场体系[③]；2018 年 12 月 19 日，习近平总书记在中央经济工作会议上指出"资本市场在金融运行中具有牵一发而动全身的作用"[④]。在 2020 年 4 月中央全面深化改革委员会（简称"中央深改委"）第十三次会议上，习近平总书记强调要"打造一个规范、透明、开放、有活力、有韧性的资本市场"[⑤]。

党的二十大明确指出要"健全资本市场功能，提高直接融资比重"，这是构建高水平社会主义市场经济体制、推动高质量发展对资本市场提出的新要求。

"健全资本市场功能"五大原则

如何健全资本市场功能，更好服务实体经济和投资者，这涉及深化改革、防控风险、加强监管等诸多方面，是一项系统性工程。2022 年 12 月中国证监会主席易会满提出五大原则：

一是坚持和加强党的全面领导。把市场的力量与政府的作用更好结合起来，不断推进资本市场治理体系和治理能力现代化。

二是坚持服务实体经济这个着力点。主动融入经济社会大局，更好落实高水平科技自立自强、建设现代化产业体系等战略部署，制订实施新一轮推动提高上市公司质量三年行动方案。

三是坚持完善资本市场基础制度。深入推进股票发行注册制改革，统筹推进一揽子关键制度创新，扩大高水平制度型对外开放，不断增强市场活力和国际竞争力。

四是坚持守牢风险底线。健全资本市场风险预防预警处置问责制度体系，稳妥做好重点领域风险防范处置，推动依法将各类金融活动全部纳入监管。

五是坚持人民立场。牢记保护中小投资者合法权益的监管使命，充分尊重投资者、敬

[①] 习近平. 高举中国特色社会主义伟大旗帜 为全面建设社会主义现代化国家而团结奋斗——在中国共产党第二十次全国代表大会上的报告 [EB/OL]. 中国政府网，https：//www.gov.cn/xinwen/2022-10/25/content_5721685.htm, 2022-10-25.

[②] 习近平. 坚持构建中美新型大国关系正确方向 [EB/OL]. 人民网，http：//cpc.people.com.cn/n/2015/0923/c64094-27622008.html, 2015-09-23.

[③] 新华社. 全国金融工作会议在京召开 [EB/OL]. 中国政府网，https：//www.gov.cn/xinwen/2017-07/15/content_5210774.htm, 2017-07-15.

[④] 新华社. 中央经济工作会议举行，习近平李克强作重要讲话 [EB/OL]. 中国政府网，https：//www.gov.cn/xinwen/2018-12/21/content_5350934.htm, 2018-12-21.

[⑤] 习近平. 深化改革健全制度完善治理体系 善于运用制度优势应对风险挑战冲击 [EB/OL]. 中国政府网，https：//www.gov.cn/xinwen/2020-04/27/content_5506777.htm, 2020-04-27.

畏投资者，完善立体化的投保安全网，切实增强投资者获得感。

上海证券交易所"坚定不移走中国特色现代资本市场发展之路"①

上海证券交易所提出把资本市场发展一般规律与中国市场的实际相结合，坚持市场化、法治化、国际化方向不动摇，坚持"建制度、不干预、零容忍"的工作方针，坚持"四个敬畏、一个合力"② 的监管理念，坚定不移走中国特色资本市场发展之路，更好地服务中国式现代化。

健全资本市场功能，提高直接融资比重，助力"科技—产业—金融"良性循环；坚守资本市场监管的政治性、人民性，不断完善市场交易制度，构建让市场参与各方充分博弈的市场生态系统，更好发挥市场机制作用，强化资本市场全流程监管，严厉打击违法违规行为，维护市场公开、公平、公正；坚定贯彻稳中求进工作总基调，持续提升风险预防预警处置能力，不断完善风险防控体系，坚决守住不发生系统性金融风险的底线。

深圳证券交易所"积极服务国家战略和高质量发展，坚定不移走好中国特色现代交易所发展之路"③

深圳证券交易所提出坚持社会主义市场经济改革方向，充分发挥市场在资源配置中的决定性作用，更好发挥直接融资功能，着力服务实体经济，积极支持科技创新，坚定不移走好中国特色现代交易所发展之路。

坚定不移服务实体、支持创新，推动监管服务与国家政策相协同，通过高质量供给创造有效需求，加强创新培育，聚焦先进制造、数字经济、绿色低碳等重点领域，促进科技、资本与实体经济高水平循环，服务建设现代化产业体系；持续推进改革攻坚，推动投融资两端协调发展，丰富产品体系，完善配套制度，稳步扩大高水平对外开放，满足境外投资者多样化投资需求；坚守主责主业，提高监管质效，健全完善风险预防预警处置问责体系，加强对跨市场、跨境、跨领域风险的监测分析与统筹应对，强化重点领域风险防控，维护市场平稳运行，守住不发生系统性风险底线。

【章节小结】

（1）证券交易程序，是投资者在二级市场上买进或卖出已上市证券所应遵循的规定过程。20世纪90年代以来，电子化交易方式成为证券交易所采取的主要方式，基本过程包括开户、委托、成交、证券结算、支付交易费用、登记托管与过户等。

（2）证券交易的方式包括现货交易、期货交易、期权交易、回购交易和信用交易五种形式。

（3）证券交易制度是证券市场的重要组成部分，选择合适的证券交易制度对一国证券

---

① 上海证券交易所党委传达学习贯彻党的二十大精神［EB/OL］. 上海证券交易所网站，http：//www.sse.com.cn/aboutus/mediacenter/hotandd/c/c_20221025_5710540.shtml，2022-10-25.

② 2019年02月27日，中国证券监督管理委员会主席易会满在"介绍设立科创板并试点注册制情况"的新闻发布会上提出：推进资本市场持续健康发展，主要考虑坚持"四个敬畏"及"一个合力"。第一，必须敬畏市场，尊重规律、遵循规律，毫不动摇地推进资本市场健康发展。第二，必须敬畏法治，坚持依法治市、依法监管，切实保护投资者的合法权益。第三，必须敬畏专业，强化战略思维、创新思维，全面深化资本市场改革开放。第四，必须敬畏风险，坚持底线思维、运用科学方法，着力防范化解重大金融风险。"一个合力"就是资本市场改革发展稳定离不开方方面面的支持。

③ 深交所党委深入学习贯彻党的二十大精神［EB/OL］. 深圳证券交易所网站，http：//www.szse.cn/partybuilding/pbnews/t20221028_596916.html，2022-10-28.

交易市场的良好运行有着重要的意义和影响。一个证券交易制度的优劣与否，主要看交易过程中的有关作业的绩效。因此证券交易制度的基本目标主要包括市场流动性、透明性、效率性、稳定性，以及市场的经济性。

（4）证券交易制度的基本内容有交易模式、关键价格（包括大宗交易价格确定机制），订单形式（包括指令驱动机制与报价驱动机制）、交易离散构件、价格监控机制（如熔断机制、涨跌幅限制等）、交易信息披露、交易支付机制（包括回转交易制度、信用交易制度、客户交易结算资金存管制度等）。

（5）证券交易所在每个交易日都要发布包括证券交易即时行情、证券指数、证券交易公开信息等在内的交易信息。证券交易所还要编制反映市场成交情况的各类日报表、周报表、月报表和年报表，并及时向社会公布。

【思政梳理】

本章的思政小课堂包含两个方面的内容。一是资本市场参与者应该严格自律，遵纪守法，不能因为眼前利益就逾越了依法诚信的基本底线；二是围绕党的二十大报告中所强调的"完善资本市场功能，提升直接融资比重"这一核心要点，向学生解读中央对中国资本市场的顶层设计与中国资本市场功能完善，引导学生认识到建设中国特色现代资本市场，健全资本市场功能，且各种功能互为因果、互相促进，资本市场才能实现健康平稳可持续发展，融资功能才能得到保障和增强，才能有效支持实体经济发展与产业结构转型升级，进一步推进大国金融与金融强国战略。

【主要概念】

开户　委托　成交　结算　现货交易　期货交易　期权交易　回购交易　信用交易　指令驱动机制　报价驱动机制　熔断机制　涨跌停板制度　回转交易制度　大宗交易制度　第三方存管制度　证券交易行情表　分时图　K线图　五档报价

【案例思考】

阅读下列两则材料并回答问题。

美国证券市场熔断机制

美国证券市场上现在实行的熔断机制（circuit breaker），是在经历过两次市场大跌之后逐步形成的。1987年的"黑色星期一"催生了指数熔断机制，而2010年的"闪电崩盘"催生了个股熔断机制，以及后来取而代之的涨跌限制机制。

1987年10月19日，美股道琼斯指数大跌22%，引发全球股市集体暴跌。为平抑市场巨幅波动，并给投资者和交易员在股市大幅震荡期间有时间作出更理性的思考，美国证券市场管理层着手酝酿在股市暴涨暴跌时暂停交易的熔断机制。

1988年10月19日，美国证券交易委员会（SEC）和美国商品期货交易委员会（CFTC）通过了一项决定，准许纽约证券交易所（NYSE）和芝加哥商业交易所（CME）实施熔断机制，通过限制价格波动来控制风险。设计之初熔断制度的触发是依据市场下跌的点数而非百分比。当时的熔断规则为：如果道琼斯工业平均指数（简称"道指"）较前一交易日收盘下跌250点，触发所有证券市场停市1小时；如果道指下跌400点，触发停市2小时。之后美国熔断机制作出调整，将熔断触发阈值在原有基础上分别增加100点。这一规则一直延续到1997年美股第一次触发熔断。

1997年10月27日，美股开盘前仍然相当温和，到下午突然出现巨大的卖盘压力，道琼斯工业指数收盘价报7 161.15，跌幅达到7.18%，首次触发熔断机制。美国股票、期权和指数期货市场当天的交易也被迫停止。与1987年的救市举措类似，各方主体都出台了应对措施。美股也因为这些措施的托举，并没有继续下跌，在10月28日即止跌企稳。

之后的调查发现，在1997年的首次熔断中，复杂的程序化交易成了熔断的推手。计算机程序自动清算股票，推动价格下跌。随着市场下跌引发更多止损指令，程序交易引发了多米诺骨牌效应，疯狂抛售引发了又一轮循环，拖累市场进入螺旋式下跌。这一次的熔断，也显示出了信息时代和全球化时代对美股牛市的"双刃剑"效应。

1998年4月15日，针对1997年10月的美股首次熔断，熔断机制进行了调整，主要体现在两个方面：一是提高熔断阈值标准并且确定10%、20%、30%的下跌百分比的三档熔断阈值，取代了原先的下跌点数机制；二是下跌的参照水平不以上一个交易日而定，而是由纽约交易所在每个季度开始时，根据上一个月的每日收市平均值来确定触发基准。

2010年5月6日，道琼斯工业指数在20多分钟内暴跌998点，降幅达9.2%，市场称之为"闪电崩盘"。这一事件的罪魁祸首正是个股的高频交易，大型投资机构主要利用高速计算机按照交易模型在极短时间内自动作出投资决策，以期先于市场其他投资者进行交易，但高速指令产生的错误可能给股市带来灾难。"闪电崩盘"最终催生了美国的个股熔断机制。当年6月，在美国交易所和美国金融业监管局（FINRA）主导下，美国证监会推出了相应的个股熔断机制。根据美国证交会发布的声明，这项针对个股的"熔断机制"首先将适用于标准普尔500种股票指数成分股，即如果标准普尔500种股票指数成分股在5分钟内波动10%，交易所将暂停其交易，后来逐渐推广到整个股市。

2012年5月31日，纽交所进一步修改了指数熔断机制：一是取代道琼斯工业指数设置标普500指数为熔断基准指数；二是将熔断阈值修改为7%、13%和20%三档，也就是现行的美股熔断制度。在该机制下，一旦股指在9:00至15:25（美股16:00收盘）期间触发第一档7%和第二档13%阈值，则停止交易15分钟，之后恢复交易；如果在15:25之后触发，则不会停牌。无论何时触发了第三档的20%阈值，则当日余下时间市场全部暂停交易。此外，第一档和第二档每个交易日只能实施一次，一档暂停实施一次后，除非股市再次波动到二档标准，否则不能再次暂停。同样，二档暂停实施一次后，除非达到三档标准，否则也不能再次实施。为防止证券和期货市场价格下跌可能导致市场流动性匮乏，该机制还被赋予跨数个金融市场停市的权力，包括股指期货市场等。

2020年3月，美股在短短10天内便四度触发熔断机制。9日，当天标准普尔500指数、纳斯达克100指数和道琼斯工业指数出现超过7%的下跌，触发一级熔断机制，暂停交易15分钟。12日和16日，美股三大股票指数分别以9%和11%的下跌幅度触发熔断机制。18日，标准普尔500指数下跌超过7%导致了第四次熔断的发生（见图1）

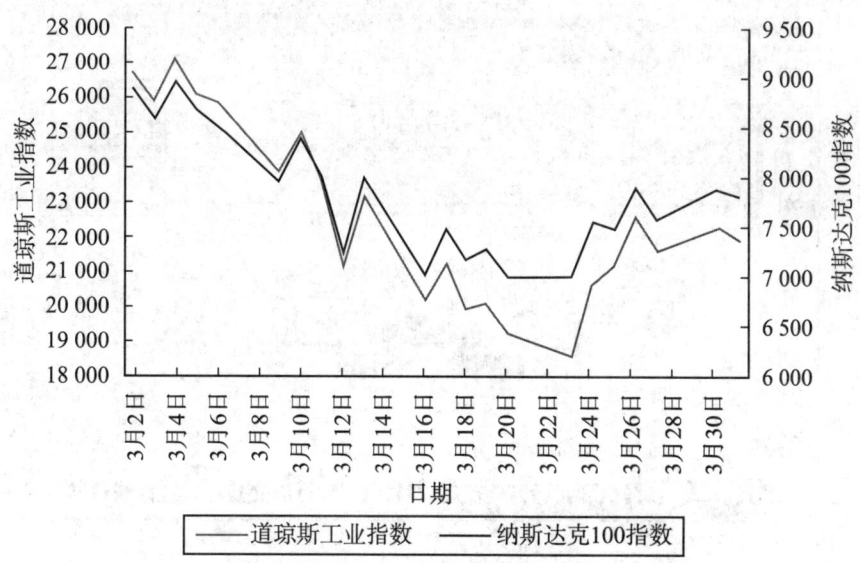

图1 2020年3月纳斯达克100指数和道琼斯工业指数的走势

资料来源：Bloomberg。

资料来源：改编自潘凌锐.寻迹美股熔断制度[J].金融博览，2020（05）：77-79.

2016年中国股市"熔断"事件

2005~2015年，参考沪深A股市场的极端波动情况，沪深300指数盘中涨跌幅超过5%的次数约有100次，超过7%的次数约为20次。为进一步完善我国证券的交易机制，防范股票市场的极端异常波动，维护股票市场稳定秩序，2015年12月4日，上交所、深交所、中国金融期货交易所正式发布指数熔断相关规定，熔断基准指数为沪深300指数，采用5%和7%两档阈值。熔断机制设计了暂停交易30分钟和暂停交易至收盘两种选项。前者是针对指数触发5%阈值的情况，后者主要是针对触发7%阈值的情况。熔断机制自2016年1月1日起正式实施。

2016年1月4日是新年首个交易日，也是A股熔断机制实施的第一天。早上一开盘，沪深两市各指数都小幅低开，受境内外多种利空因素影响，大盘从上午10点开始快速走低。到中午收盘，上证综合指数最大跌幅达4.04%，创业板指数跌幅达5.68%，熔断基准指数——沪深300跌幅达4.01%。午后一开盘，13时12分，沪深300指数跌幅触及第一档5%的熔断阈值，沪深两市及股指期货暂停交易15分钟。之后恢复交易，大盘呈现加速下跌态势，22分钟后，沪深300指数跌幅触及第二档熔断阈值7%，两市交易暂停直至收盘（见图2）。

2016年1月7日，市场恐慌再现，沪深300指数开盘即大跌，开盘价相比前一日收盘价下跌了59个点，跌幅为1.67%。9点32分跌至3 467点，9点33分左右指数有所回升，升至3 478点。此后自9点35分起出现断崖式下跌，到9点42分就触及下跌5%的第一级熔断。15分钟后恢复交易，沪深300指数继续瀑布式下跌，仅3分钟就触及下跌7%的第二级熔断，当天A股在10点的时候即停止了交易，全天交易时间只有短暂的15分钟，而这15分钟里，沪深300暴跌了7个点（见图3）。

图 2 2016 年 1 月 4 日沪深 300 指数日 K 线图

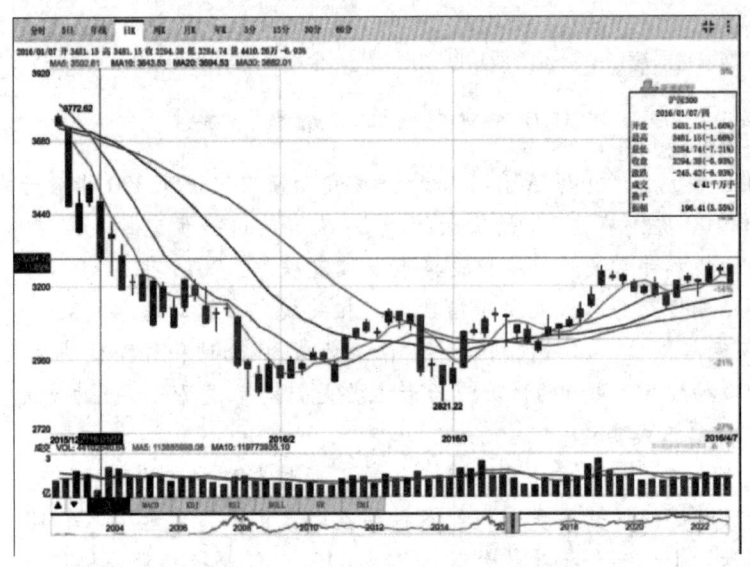

图 3 2016 年 1 月 7 日沪深 300 指数日 K 线图

证监会紧急开会讨论，主要有两套方案。一套方案是暂停实施熔断机制，另一套方案是修改完善熔断机制。例如适当提高熔断阈值，拉开两档阈值间距，第一档由 5% 提高到 6%，第二档由 7% 提高到 9%；再如，改变第二档阈值触及后即停止交易的规定，允许继续交易直到收盘。经反复比较，最终决定采纳第一套方案，于 1 月 8 日暂停实施熔断机制。

熔断机制是一种延长人们思考时间、阻止下跌螺旋的设计，设计初衷是防范恐慌情绪进一步扩散，避免给市场带来更大的冲击，因此可以被看作市场"求救"和需要其他力量及时入场干预的信号。当然，一旦市场积累的非理性因素足够多，或者价格泡沫足够大的时候，再遭遇突发事件，熔断机制本身并不能截断市场的长期下跌通道。因此，制度设计和金融市场之间的关系，应当超越纯粹的技术主义和对价格控制机制的迷信，让有效市场的理念真正得以贯彻。只有夯实金融产业服务于实体经济的基础，才能真正构建起不会轻易熔断的市场。

资料来源：肖钢回应 2016 年熔断失效 [EB/OL]. 金融界网站，https：//baijiahao.baidu.com/s？id = 16753468242872724658&wfr = spider&for = pc，2020 - 08.

思考题：
（1）什么是证券交易制度？证券交易制度制定的目标是什么？
（2）主要的证券交易制度有哪些？
（3）什么是熔断机制？熔断机制和涨跌停有什么区别？
（4）熔断机制对市场的实际影响如何？
（5）美国熔断机制连续触发的原因是什么？
（6）熔断机制在中国为什么行不通？

【实训要求】

1. 实训目的及要求

模拟证券投资交易的具体操作过程，使学生熟悉开户、委托与结算程序，掌握连续竞价与集合竞价的操作，初步了解沪、深、北三家证券交易所各种规章制度和交易规则，能独立操作行情软件和委托交易软件进行沪、深、北三家证券交易所上市股票的交易买卖。

2. 实训内容

要求学生模拟开立沪、深证券交易所 A 股股票账户和资金账户的全过程，运用模拟软件完成模拟交易，熟悉股票买卖委托、撤单交易、成交查询等基本操作。

要求学生通过相关软件或网站，认识在沪、深、北三家证券交易所挂牌交易的各种证券的行情信息，查看证券的历史价格走势图，观察各类指标的变化与价格走势的关系。

第五章　证券投资价值分析

【学习目标】

通过本章学习，系统掌握影响股票及债券价格的因素；掌握债券投资价值评估的方法；掌握股票价值评估的方法；熟悉公司自由现金流量、股权自由现金流量的确定方法；掌握相对评估法。

【案例导入】

巴菲特致股东的信（2010 年节选）

伯克希尔·哈撒韦公司的股东们：

内在价值——今日与明日

我们在很早以前就声明，伯克希尔哈撒韦公司的职责是提升每股的内在价值，并使其高于同期标普500的增速（包括股息在内）。有些年份我们做到了，有些则没有。如果长期而言我们无法做到，对投资者便毫无价值。他们会觉得持有一只指数基金会得到相同甚至更好的收益。

尽管我们无法准确计算伯克希尔·哈撒韦公司的内在价值，但是，对于其三个关键点，我们可以衡量其中的两个。查理和我在对伯克希尔·哈撒韦公司的价值进行估量的时候，特别依赖这些衡量。

内在价值的第一个成分是我们的投资，包括股票、债券和现金等价物。期末，这些投资的市场价值为1580亿美元。保险浮存金：在保险业务中，我们所临时持有的不属于我们的货币，保险浮存金为我们的投资提供了660亿美元的资金。

内在价值的第二个组成部分是来自投资和保险承销之外的其他来源的收益。这些收益来自保险公司之外的其他68家公司。在伯克希尔·哈撒韦公司成立的早些年间，我们集中于进行投资。然而，在过去20年间，我们逐渐强调开发来自非保险业务的收益。我们将继续如此。

伯克希尔·哈撒韦公司非保险业务每股税前盈利40年以来的复合年收益增长率为21.0%，公司的股票价格同期年增长率为22.1%。随着时间的流逝，你就会发现公司的股票价格变动与伯克希尔·哈撒韦公司的投资和收益变动大致一致。市场价格和内在价值的路径经常不同，有的时候是时期延长，但最终它们将交汇。

……

资料来源：翻译自《2010年巴菲特致股东的信：收购北伯林顿铁路公司》，详见伯克希尔·哈撒韦公司网站：https://www.berkshirehathaway.com/letters/letters.html。

第一节 债券投资价值分析

一、债券投资价值评估

债券的价格取决于其内在价值。债券的内在价值也称为债券的理论价格。债券价值是从债券投资者角度出发，按合同约定从现在持有至到期，未来现金流量的现值之和。

（一）附息债券

对于附息债券而言，未来的现金流主要来自利息和本金。因此，债券投资者对未来收益愿意支付的价格，取决于未来获得收益现值与现在持有的现金价值的比较。所以债券的合理价格是未来利息现值和本金现值之和。

在评估附息债券价值前，为简便计算，应满足以下假设：分期付息债券每年支付一次利息；在债券期限内，票面利息是固定的；计算现值的折现率按复利折现，一般选择当前等风险投资的市场利率或投资人要求的必要报酬率，并且该利率保持不变。当然在实践中，市场利率会随各种因素的影响而变化，不同时期的现金流可能会存在不同的折现率。

债券价值计算的基本模型可以表现为：

$$P = \sum_{t=1}^{n} \frac{C_t}{(1+i)^t} + \frac{P_0}{(1+i)^n}$$

式中，P 为债券价值，C_t 为每年利息，P_0 为债券面值，i 为债券的年折现率，n 为到期前年数。

【例 5-1】某公司拟发行面额为 1 000 元的 5 年期债券，票面利率为 6%，每年支付一次利息，市场利率为 10%，则债券的价值为：

$$P = \sum_{t=1}^{5} \frac{1\,000 \times 6\%}{(1+10\%)^t} + \frac{1\,000}{(1+10\%)^5}$$
$$= 60 \times 3.791 + 1\,000 \times 0.62$$
$$= 848.46 \text{（元）}$$

当债券价值高于购买价格，则债券投资者可以购买。

在实务中债券利息支付的周期可能是 1 年，也可能是 1 个季度或者半年。此时，债券价值的计算公式就可以调整如下：

$$P = \sum_{t=1}^{nm} \frac{C_t/m}{(1+i/m)^t} + \frac{P_0}{(1+i/m)^{nm}}$$

式中，P 为债券价值，C_t 为每年利息，P_0 为债券面值，i 为年折现率，n 为到期前年数，m 为年付息次数。

【例 5-2】某公司拟发行面额为 1 000 元的 5 年期债券，票面利率为 6%，每半年支付一次利息，市场利率为 10%，则债券的价值为：

$$P = \sum_{t=1}^{10} \frac{1\,000 \times 6\% \div 2}{(1 + 10\% \div 2)^t} + \frac{1\,000}{(1 + 10\% \div 2)^{10}}$$
$$= 30 \times 7.722 + 1\,000 \times 0.614$$
$$= 845.66 \text{（元）}$$

（二）一次性还本付息债券

一次性还本付息债券是指在债务期间不支付利息，在债券到期后按规定的利率一次性向债券投资者支付利息并偿还本金的债券，也称为"利随本清"。所以债券的合理价格也就是到期日支付的本金和一次性利息之和的现值。我国目前发行的债券大多属于一次还付利息债券，其利息一般采取单利计息。一次性还本付息的债券的价格计算公式为：

$$P = \frac{P_0 + P_0 \times r \times n}{(1 + i)^n}$$

式中，P 为债券价值，P_0 为债券面值，i 为年折现率，r 为债券利率，n 为到期前年数。

【例 5-3】 某公司拟发行面额为 1 000 元的 5 年期一次性还本付息债券，票面利率为 6%，市场利率为 10%，则债券的价值为：

$$P = \frac{1\,000 + 1\,000 \times 6\% \times 5}{(1 + 10\%)^5}$$
$$= 1\,300 \times 0.621$$
$$= 807.3 \text{（元）}$$

如果一次性还本付息债券按照复利计算，则债券价格计算公式为：

$$P = \frac{P_0(1 + r)^n}{(1 + i)^n}$$

（三）贴现债券

贴现债券是指在债券到期时按面值支付的债券。由于债券没有设定利率，投资者以低于面值的价格按折扣率发行，到期仍按面值偿还本金，不支付额外利息，因此也称为"零息债券"。从支付利息的角度看，贴现债券以低于面值的价格发行，可视为提前支付利息，因此也可称为提前支付利息债券。

贴现债券的计算公式为：

$$P = \frac{P_0}{(1 + i)^n}$$

式中，P 为债券价值，P_0 为债券面值，i 为年折现率，n 为到期前年数。

【例 5-4】 有一贴现债券，面额为 1 000 元，10 年期，市场利率为 10%，则债券的价值为：

$$P = \frac{1\,000}{(1 + 10\%)^{10}} = 385.54 \text{（元）}$$

贴现债券可以以较低价格买入高面额债券的本质在于利息预付。与附息债券相比，投资者无形中节约了一部分资金，节省下来的部分可以用于再投资，增加资产运营价值。即使相同回收益率和期限的贴现债券和附息债券，在债券面额均为 1 000 元的条件下，购买贴现债券也更为经济。但必须注意到由于中长期市场利率的走势存在不确定性，贴现债券的收益在发行时是固定的。如果投资中长期贴现债券，当利率发生变化可能会对投资者或发行人产生不利影响，因此市场上多为短期贴现债券。

（四）流通债券

流通债券本质上并不是某种债券的特有名称，是指已发行并在二级市场上流通的债券。投资者购买并持有一段时间后，可以转让债权，实现债券变现，计算的是再次出售时债券的价值，其实就是"二手债券"的价值。

流通债券评估价值的特点是：从现在至到期日的时间小于债券整个发行期间，也就是说现在这个估值时点不在发行日，而是在发行日后。那么在进行价值评估的时候，可以选择以现在时间为折算时间点，历年现金流量按非整数计息期折现；也可以以最近一次付息时间为折算时间点，计算历次现金流量现值，然后将其折算到现在时点。无论哪种方式，都需要注意折现时有可能出现非整数期的折现系数。

【例 5-5】有一面值为 1 000 元的债券，票面利率为 8%，每年支付一次利息，2020 年 5 月 1 日发行，2025 年 4 月 30 日到期。现在是 2023 年 4 月 1 日，假设投资的年折现率为 10%，则该债券的价格为多少时值得购买？

$$P = \frac{80}{(1+10\%)^{\frac{1}{12}}} + \frac{80}{(1+10\%)^{\frac{13}{12}}} + \frac{80}{(1+10\%)^{\frac{25}{12}}} + \frac{1\,000}{(1+10\%)^{\frac{25}{12}}}$$
$$= 1\,037.06（元）$$

二、债券的收益率

债券收益率是投资债券产生的总收益与总投资本金之间的比率。债券投资收益主要源于两个方面：一是债券利息收益，取决于其面值与票面利率的乘积。二是价差收益，指债券尚未到期时投资者中途转让债券，在卖价和买价之间的价差上所获得的收益，也称为资本利得收益。在上述估价模型中，均假设已知折现率，通过对于债券未来的现金流量现值求和计算债券价值，此时的折现率实质上是债券投资者的预期收益率。在债券收益率模型里面，实际上是上述运算的逆运算，已知债券价格和利息，从而计算折现率或预期收益率。由于债券真正的内在价值是按市场利率贴现决定的内在价值，当按市场利率贴现计算的内在价值大于按内部收益率贴现计算的内在价值时，债券的内部收益率才会大于市场利率，这正是投资者所期望的。

债券收益率计算方法种类较多，以下主要介绍债券直接收益率、到期收益率和持有期收益率的计算。

（一）直接收益率

债券直接收益率又称本期收益率、当期收益率，指债券的年利息收入与买入债券的实际价格之比率。直接收益率反映了投资者的投资成本带来的收益。计算公式为：

$$i = \frac{C_t}{P}$$

式中，i 是直接收益率，P 为债券价值，C_t 为每年利息。

【例 5-6】某债券面值 1 000 元，5 年期，票面利率为 8%，到期一次还本付息，投资者以 1 050 元的发行价购入，则该债券的直接收益率为？

$$i = \frac{1\,000 \times 8\%}{1\,050} = 7.62\%$$

直接收益率仅反映某一期间所获得的现金收入相较于债券价格的比率，即每单位投资能够获得的债券年利息收益，并没有考虑债券投资所获得的资本利得或是损失。

（二）到期收益率

债券到期收益率（Yield to Maturity，YTM）是指债券投资者买入一只债券并能顺利持有到期的年收益率。到期收益率本质上就是债券的内部收益率（Internal Return Rate，IRR），即可以使投资购买债券获得的未来现金流量的现值等于债券当前市价的贴现率。它相当于投资者按照当前市场价格购买并且一直持有到满期时可以获得的年平均收益率，其中隐含了每期的投资收入现金流均可以按照到期收益率进行再投资。计算公式为：

$$P = \sum_{t=1}^{n} \frac{C_t}{(1+i)^t} + \frac{P_0}{(1+i)^n}$$

式中，i 为债券的到期收益率，P 为债券价格，C_t 为每年利息，P_0 为债券面值，n 为到期前年数。

【例 5-7】投资者目前以 1 075.92 元的价格购买一份面值为 1 000 元、每年付息一次、到期归还本金、票面利率为 12% 的 5 年期债券，投资者将该债券持有至到期日，有：

$$1\,075.92 = \sum_{t=1}^{5} \frac{1\,000 \times 12\%}{(1+i)^t} + \frac{1\,000}{(1+i)^5}$$

解得：到期收益率 i = 10%

因为计算到期收益率的方法很复杂，通常要计算出精确的数值较为困难。对于债券价格每一基点的变动，债券价格上涨，收益率下降，反之亦是如此。因此，习惯上可以用插值法近似得出到期收益率的数值。同时我们也可以利用财务计算器、Excel 等工具来计算。

【例 5-8】投资者目前以 2 100 元的价格，购买一份面值为 2 000 元、每年付息一次、到期一次还本、票面利率为 12% 的 15 年期公司债券，如果一直持有到到期日，则债券到期收益率是多少？

$$2\,100 = \sum_{t=1}^{15} \frac{2\,100 \times 12\%}{(1+i)^t} + \frac{1\,000}{(1+i)^5}$$

依据 Excel 函数 "Rate" 求解，可得债券的到期收益率为 11.29%。

在评估债券的交易价格时,到期收益率非常实用。投资者对投资产品往往有自己期望的投资报酬率,或者说衡量债券是否值得投资的必要收益率,虽然不同的投资者期望的必要收益率不同。一旦投资者计算出某一债券的到期收益率,那么就可以与自己期望的必要收益率进行比较,以确定交易是否合算。

(三) 持有期收益率

债券持有期收益率是指债券持有人在持有期间获得的收益率,即从购入到卖出这段特有的期限里所能得到的年平均收益,能综合反映债券持有期间的利息收入情况和资本损益水平。从计算方法来说,持有期收益率与到期收益率基本相同,只是在计算持有期收益率时,期限是买入到卖出债券之间的持有期限,最后一笔现金流应该是卖出债券时的价格。计算公式为:

$$P = \sum_{t=1}^{n} \frac{C_t}{(1+r)^t} + \frac{P_t}{(1+r)^n}$$

式中,r 为债券的到期收益率,P 为债券买入价格,C_t 为每年利息,P_t 为债券卖出价格,n 为到期前年数。

【例 5-9】投资者按 1 000 元的价格,购买一份票面利率为 8%、每年付息一次的公司债券,持有 2 年后按照 1 060 元的价格卖出,则该债券持有期收益率是多少?

$$1\,000 = \sum_{t=1}^{2} \frac{1\,000 \times 8\%}{(1+r)^t} + \frac{1\,060}{(1+r)^2}$$

依据 Excel 函数 "Rate" 求解,可得债券的持有期收益率为 10.85%。

二、债券价格的波动——折现率、到期时间的影响

(一) 债券价格与折现率

债券价格与折现率有着紧密的关系。由于折现率一般以市场利率为选择,折现率等于债券票面利率时,债券价值就是面值;折现率高于债券利率时,债券的价值就低于面值;折现率低于债券利率,债券的价值就高于面值。

【例 5-1】中当票面利率低于市场利率时,折价发行;

若【例 5-1】中市场利率改为 6%,则债券价值为:

$$P = \sum_{t=1}^{5} \frac{1\,000 \times 6\%}{(1+6\%)^t} + \frac{1\,000}{(1+6\%)^5} = 1\,000\,(元)$$

即当票面利率与市场利率一致时,平价发行;

若市场利率为 4%,则债券价值为:

$$P = \sum_{t=1}^{5} \frac{1\,000 \times 6\%}{(1+4\%)^t} + \frac{1\,000}{(1+4\%)^5} = 1\,089.05\,(元)$$

即当票面利率高于市场利率时,溢价发行。

假定现有面值 1 000 元、票面利率 15% 的 2 年期和 20 年期两种债券,每年支付一次利息,到期归还本金,当市场利率发生变化时的债券价值如表 5-1 所示。

表 5-1　　　　　　　　　　市场利率变化的敏感性

市场利率(%)	债券价值(元)	
	2 年期债券	20 年期债券
5	1 185.85	2 246.30
10	1 086.40	1 426.10
15	1 000.00	1 000.00
20	923.20	756.50
25	856.00	605.10
30	796.15	502.40

市场利率的上升会导致债券价值的下降,市场利率的下降会导致债券价值的上升。长期债券对市场利率的敏感性会大于短期债券,在市场利率较低时,长期债券的价值高于短期债券,在市场利率较高时,长期债券的价值低于短期债券。市场利率低于票面利率时,债券价值对市场利率的变化较为敏感,市场利率稍有变动,债券价值就会相应波动;市场利率超过票面利率后,债券价值对市场利率的变化敏感性减弱,市场利率的提高不会使债券价值过分地降低。

(二) 债券价格与到期时间

到期时间是指从当期至债券到期日之间的时间间隔。随着时间的推移,债券的到期时

间逐步缩短至零。

假定市场利率为10%，面值1 000元，每年支付一次利息，到期归还本金，票面利率分别为8%、10%和12%的三种债券，在债券到期日发生变化时的债券价值如表5-2所示。

表5-2　　　　　　　　　　　债券到期日与债券价格变化

债券期限	债券价格（元）		
	票面利率8%（折价）	票面利率10%（平价）	票面利率12%（溢价）
0年期	1 000	1 000	1 000
1年期	981.72	1 000	1 018.08
2年期	964.88	1 000	1 034.32
5年期	924.28	1 000	1 075.92
10年期	877.60	1 000	1 123.40
15年期	847.48	1 000	1 151.72
20年期	830.12	1 000	1 170.68

如果折现率保持不变，债券的到期时间越短，债券的价值越接近债券的面值。当折现率高于票面利率时，随着到期时间的接近，债券的价值逐渐提升，并在到期日等于票面价值。当折现率低于票面利率时，随着到期时间的接近，债券的价值逐渐降低，并在到期日等于债券面值。

债券价值之所以随债券到期时间的变化而波动，是因为债券票面利率与市场利率的不一致。如果债券票面利率与市场利率之间没有差异，即平价债券，债券期限的变化不会引起债券价值的变动。债券期限越短，债券票面利率对债券价值的影响越小。不论是溢价债券还是折价债券，当债券期限较短时，票面利率与市场利率的差异不会使债券的价值过于偏离债券的面值。随着债券期限延长，债券的价值会越偏离债券的面值。但这种偏离的变化幅度最终会趋于平稳。或者说，超长期债券的期限差异对债券价值的影响不大（见图5-1）。

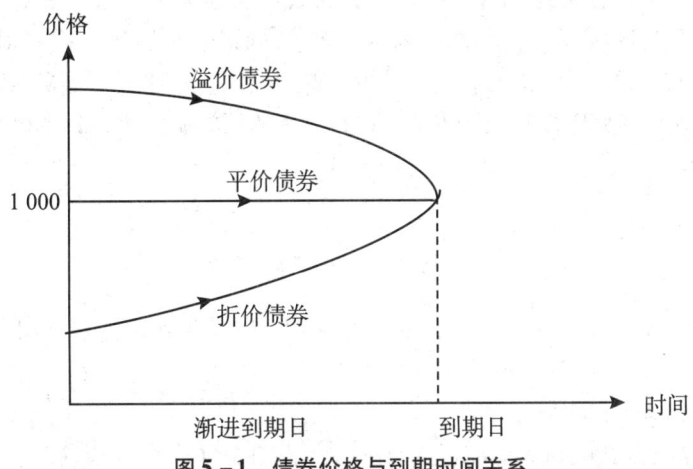

图5-1　债券价格与到期时间关系

三、债券投资的风险分析

任何一种金融资产均具有风险,债券也不例外。债券投资的风险主要来自违约风险、利率风险和通货膨胀风险等。

(一) 违约风险

债券违约风险又称为信用风险,指的是债券发行人不能够按照约定偿还投资人本金和利息,从而给投资人带来损失的风险。不同种类的债券风险是不同的。政府债券以国家财政为担保,一般不会违约,可看作无风险债券。其他债券一般存在违约风险,一般来说,金融机构发行的债券风险要比公司债券风险小。公司出现债券违约,原因在于公司的资金链出现问题,主要源于以下几种情况:(1) 公司盈利能力下降,比如经营基本面出现明显恶化;(2) 公司融资环境恶化,比如滥用高杠杆、银行抽贷等;(3) 公司内部管理问题,比如管理违规、被调查或者控制人变更等;(4) 公司杠杆率过高,流动性不足,期限错配。2014年3月4日,A股上市公司"*ST超日"公告称"11超日债"本期利息将无法于原定付息日2014年3月7日按期全额支付,仅能够按期支付共计400万元人民币,付息比例仅为4.5%①,并正式宣告违约,成为国内首例违约债券。这表明我国债券"零违约"被正式打破,我国债券市场的刚性兑付正式结束。投资者在选择债券时,一定要仔细了解发行方的情况,包括公司的经营状况和公司以往债券的支付情况,尽量避免投资经营状况不佳或信誉不好的公司债券,在持有债券期间,应尽可能对公司经营状况进行了解,以便及时作出卖出债券的抉择。

但即使债券发行人未真正地违约,债券投资人仍可能因为违约风险而遭受损失。市场可以根据宏观经济和发行人的状况来判断某一债券是否有违约可能。例如,当宏观经济或公司经营恶化时,市场普遍判断该发行人的债券违约的可能较大,债券价格下跌。因此债券投资者也可能面临由于违约风险上升而带来的债券价值的损失。为了保护投资人的权益,债券发行时一般需要专业的评级机构对发行人信誉、财务状况、债券风险性、经营能力等因素展开调查,并出具信用评级报告,帮助投资者了解债券发行时的资信状况,进而做出恰当的投资决策。债券信用评级大多是针对公司债券信用评级,是对具有独立法人资格的公司所发行某一特定债券,按期还本付息的可靠程度进行评估,并标示其信用程度的等级。世界上著名的债券评级机构有美国的标准普尔公司、穆迪投资服务公司、惠誉国际信用评级公司;英国的艾克斯特尔统计服务公司;日本的债券研究所,日本评级研究所等。

【小知识 5–1】

债券信用评级

债券信用等级通常分为九个级别,分别为 AAA 级、AA 级、A 级、BBB 级、BB 级、B 级、CCC 级、CC 级、C 等级。除此之外,还常用等级"、""–"符号进行微调,代表比

---

① 陈鸿燕.11 超日债无法兑付成国内首例违约债券股票续停 [EB/OL]. 中国新闻网, https://www.chinanews.com/stock/2014/03–05/5912307.shtml, 2014–03–05.

原等级略高或略低。

AAA等级：最高资信等级，不受市场经济环境影响，偿债能力强，基本没有违约风险；

AA等级：高等级，对市场经济环境影响不大，还债能力强，与最高级债券相比仅有细微风险增加。

A等级：较高等级，安全性良好，如遇萧条经济环境易受影响，债务还款能力强，违约风险低；

BBB等级：一般等级，安全性中等，经济环境低迷会受到很大影响，债务还款能力一般，承担风险能力一般；

BB等级：具有投机因素等级，受不良经济环境影响较大，风险较高；

B等级：一般不予考虑的等级，偿还债务的能力取决于良好的经济环境，承担高风险；

CCC等级：安全性极低，偿还债务的能力非常依赖于大的经济环境，违约风险很高；

CC等级：极具投机性，宣布破产或重组时，保护相对较小，基本无偿还债务的能力；

C等级：最低等级，完全投机性，基本处于无法偿还债务的状态。

在债券发行市场上，只有被评为前四个等级的债券才准予发行。以标准普尔公司和穆迪投资服务公司为代表的债券评级机构都是独立的私人企业，不受政府的控制，也独立于证券交易所和证券公司。它们所作出的信用评级不具有向投资者推荐这些债券的含义，只是供投资者决策时参考，因此，它们对投资者负有道义上的义务，但并不承担任何法律上的责任。

【财经实事5-1】

2022上半年93只债券违约 地产债违约率达26.47%

国金证券统计数据显示，2022年上半年共有93只债券发生违约（包含各类实质性违约和展期），违约金额（含本金和利息）共计601亿元，涉及信用债主体33家。其中，新增违约主体12家。12家新增违约主体中，有7家为房地产企业，占比近60%。地产信用债违约率达到创纪录的26.47%。地产债新一轮"违约潮"，成为上半年债市违约的显著表象之一。

Wind数据显示，截至2022年8月4日，银行间存量违约债券280只，违约余额2 687亿元；交易所存量违约债券505只，违约余额4 767.76亿元。从时间分布来看，2019年、2020年、2021年是信用债违约高峰，逾期规模达1 700亿元左右。由此看出，2022年信用债违约情况有所改善，风险整体出现下降的趋势。但地产债违约却出现明显增加的情况。国金证券分析表示，相较于以往，除激进扩张等内部原因外，上半年新增主体信用债违约的原因更多集中于行业景气度下行导致的基本面恶化，或缘于新冠疫情，或缘于监管政策。

关于地产债违约明显增加的背后，财信证券分析表示，从行业角度看，房地产行业供需两端受到政策调控，导致房企销售回款下行，融资端渠道不畅，资金链严重紧张，加速了房地产的信用风险暴露，尤其是弱资质的民营房地产企业，信用风险事件频发；从发行人角度看，发行人激进地对外扩张、大量举借债务、经营能力恶化均会导致公司业务亏损和盈利水平下滑，进而致使公司偿债压力加大。

资料来源：蔡越坤. 上半年93只债券违约 地产债违约率达26.47% [J]. 经济观察报，2022-08-06.

(二) 利率风险

利率水平的变化对债券的价格有着显著且长久的影响,或者说债券价格对利率的敏感程度较高,债券价格会随着利率变化。由于债券在发行时其票面利率已经确定,这意味着债券在一定期限内的收益是固定的,而债券价值则是按照市场利率折现后的现值。当市场利率发生变化时,债券价格的变化与利率变化相反,即当利率上涨时,债券价格下降,使债券投资者遭受损失;利率降低时,债券价格上涨,使债券投资者获得额外收益。由此产生的债券损益的变化是由债券发行人无法控制货币市场资金供求变化引起利率变化造成的。

期限不同的债券,其债券利率风险也不同,一般而言,市场利率的变化对期限较长的债券的影响要大于对期限较短债券的影响。由于利率的变化有升有降,可以采用分散债券的到期日,长短期配合来减少利率风险。

【小知识 5-2】

债券的收益率曲线

债券收益率曲线是反映一组货币和信用风险均相同,但期限不同的债券收益率的曲线,也就是在直角坐标系中,以债券剩余到期期限为横坐标、债券收益率为纵坐标而绘制的曲线。一个合理的债券收益率曲线将反映出某一时间点(或某一天)不同到期时间债券的到期收益率水平。收益率曲线的编制综合利用了市场上已知的所有债券价格信息,如双边报价、结算价和发行价等,由于价格波动必然引起利率波动,因此收益率曲线能够反映即时的债券市场利率水平,进而反映出市场对整体经济和金融的走势预期及债券市场供求关系的变化等情况。研究债券收益率曲线对投资者来说,可以作为预测债券的发行投标利率、选择二级市场的债券投资债券种和预测债券价格的分析工具。对于发行人来说,可以为其发行债券和资产负债管理提供参考(见图1)。

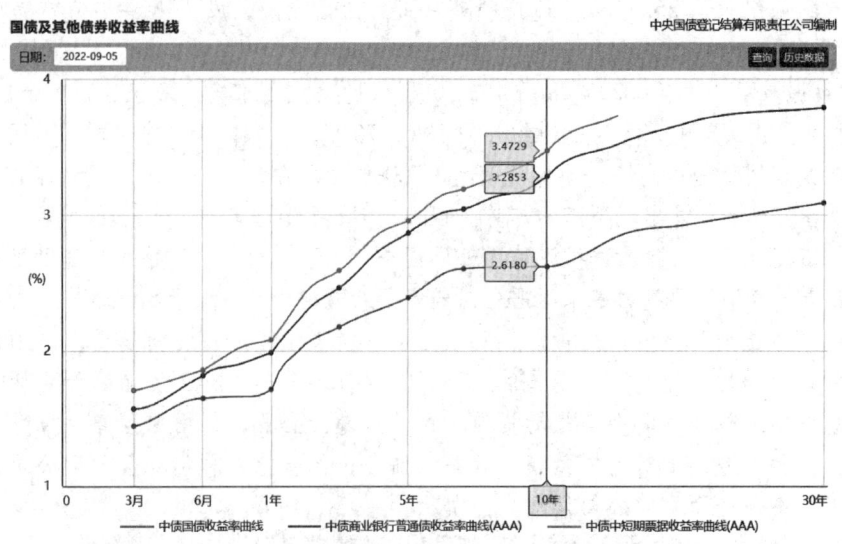

图1 国债及其他债券收益率曲线

国债及其他债券收益率曲线是由中央国债登记结算有限责任公司（www.chinabond.com.cn）编制提供的一组反映在岸人民币债券市场到期收益率走势的图表。其中，国债收益率曲线样本包括记账式附息国债和记账式贴现国债；AAA级商业银行普通债收益率曲线样本包括同业存单和商业银行债券；AAA级中短期票据收益率曲线样本包括AAA级超短期融资券、短期融资券和中期票据（见表1）。中债收益率曲线包括国债在内的各信用等级的到期、即期和远期收益曲线1000余条，采用赫尔米特模型编制。曲线数据源包括银行间市场和交易所市场的做市商报价、货币经纪公司报价、成交价和结算价等。收益率曲线的样本点优先选取新发行且满足流动性要求的债券。中债收益率曲线每个工作日日终发布一次，发布时间为北京时间17：30。

表1　　　　　　　　　　　　国债及其他债券收益率曲线

2022年9月5日（%）	3月	6月	1年	3年	5年	7年	10年	30年
中债国债收益率曲线	1.4436	1.6473	1.7132	2.1743	2.3882	2.6035	2.6180	3.0900
中债商业银行普通债收益率曲线（AAA）	1.5688	1.8172	1.9876	2.4617	2.8678	3.0438	3.2853	3.7931
中债中短期票据收益率曲线（AAA）	1.7051	1.8579	2.0816	2.5887	2.9580	3.1912	3.4729	

注：表中3个月期限国债收益率是用于计算特别提款权（SDR）利率的人民币代表性利率。

资料来源：依据中国债券信息网（https：//yield.chinabond.com.cn/，2022-09-05）相关资料整理。

【思政小课堂 5-1】

硅谷银行事件简评：期限错配利率倒挂引致流动性危机，美联储快速应对冲击缓释

2023年3月8日，硅谷银行（SVB）宣布抛售210亿美元可出售金融资产（AFS），预计产生18亿美元税后亏损，同时公司公告将再融资22.5亿美元，作为当下利率持续上行背景下优化资产负债表的战略性举措。3月9日，公司股价大跌逾六成，3月10日，公司宣告破产，3月10日，美国加州金融保护和创新部宣布关闭SVB，并任命美国联邦存款保险公司为破产管理人。

硅谷银行事件核心原因分析。（1）2022年3月，美联储宣布开始加息，导致美债收益率快速飙升。硅谷银行2022年第四季度（4Q22）单季年化存款成本为1.17%，该值于2021年（加息前）仅为0.04%。本次出售的210亿美元AFS资产，平均利率为1.79%、平均久期3~6年，在加息前利差贡献较为稳定，而加息后期限错配利率倒挂引致流动性危机（当前美国两年期美债和十年期美债收益率倒挂超过100bps），预计将造成税后18亿美元的亏损。硅谷银行明显存在"借短买长"错配压力，加息周期下成本收益倒挂，前期配置的债券面临账面浮亏，面临流动性危机。截至2022年末，SVB的贷存比仅为43%，相比之下其余同业平均水平为75%，2022年末公司AFS+持有至到期资产（HTM）合计

占到总资产的55%，信贷资产占比仅为35%。(2) 硅谷银行业务集中在科技、风险投资等领域，相对传统银行更少依赖个人储户存款，存款来源集中于科技行业。加息周期下后高科技初创企业融资困境加剧，并且开始消耗其存款。总体来看，公司过度依赖创投圈商业模式（投贷联动）+缺乏广泛零售用户基础+未实现损益水平显著高于同业，也并非美国商业银行的普遍情况。

对中国金融业没有任何实质性影响。(1) 中央银行此前对包商银行、恒丰银行和锦州银行三家中小银行风险处置的经验表明，经营理念激进、风险偏好过高、公司治理薄弱的中小银行，在经济下行压力加大、监管逐步趋严的背景下，风险相对突出。当前金融风险防范处置长效机制业已不断完善，银行也积极服务实体经济，拥抱轻资本轻资产转型。(2) 当前国内期限利差和信用利差处于健康水平，商业银行外部经营环境良好，疫后复苏持续推进。(3) 作为负债压舱石的存款稳定性处于历史较高水平。中央银行4Q22城镇储户调查问卷结果显示，倾向于更多储蓄的居民占61.8%，相较上年同期增长10.0%，2022年居民活期和定期存款增速分别为-0.2%和20.1%，居民防御性存款意愿仍相对较强。(4) 目前来看，市场恐慌情绪蔓延和外资出逃现象基本得到缓解，无须过度担忧。

美联储快速应对救市，蝴蝶效应冲击有限。美联储于3月12日已决定刚性兑付SVB所有储户的存款，并推出新的银行定期融资计划（BTFP），向美国各金融机构提供最长一年贷款，为其提供流动性，消除因挤兑事件导致类似SVB抛售资产的必要性。

资料来源：东关证券点评硅谷银行事件：美联储快速应对救市，蝴蝶效应冲击有限，对中国金融业没有任何实质性影响[EB/OL].搜狐网，https://business.sohu.com/a/717963700_121687424，2023-03-15.

（三）通货膨胀风险

通货膨胀风险又称为购买力风险，是指由于通货膨胀而使债券到期或出售时所获得的现金的购买力减少，从而使投资者的实际收益低于名义收益的风险。通货膨胀一般来说对于债务人有利而对债权人不利，因为债券是一种货币性资产，债券发行者在协议中承诺付给债券持有人的利息和本金都是事先约定好的固定金额，在通货膨胀情况下，由于货币贬值，货币的购买力就要下降，此金额不会因通货膨胀而有所增加，其结果是债券持有人从债券投资中得到的货币的实际购买力越来越低。例如某债券票面利率为10%，通货膨胀率为8%，则实际的收益率只有2%。减少通货膨胀风险的方式就是在通货膨胀期间分散投资，可增加一定保值性较强的实物投资，也可投资于股票等收益较高的投资方式，当然相关风险也会随之提升。

（四）流动性风险

流动性风险即变现能力风险，是指投资者在短期内无法以合理的价格卖掉债券的风险。如果债券变现的速度很快，并没有遭受变现可能带来的损失，那么这种债券的流动性风险就比较低。如果某债券按市价难以卖出，投资者就会因该债券的市场性差而遭受损失，这种损失包括较高的交易成本及资本损失，这种债券的流动性风险就比较高，该风险也必须在债券的定价中得到补偿。因此，流动性好的债券与流动性差的债券相比，具有更高的内在价值。交易不活跃的债券通常具有较大的流动性风险，针对流动性风险，投资者应尽量选择交易活跃、质量较优的债券如国债进行投资。

（五）再投资风险

再投资风险是指投资者以定期收到的利息或到期偿还的本金进行再投资时市场利率变化使得再投资收益率低于初始投资收益率的风险。由于投资者并不能完全准确预测市场，再投资风险显得尤其重要。比如，A债券期限为10年，票面利率为8%，B债券期限为5年，票面利率为12%。对于投资人而言B债券未必比A债券好，因为有可能出现B债券到期以后很少有票面利率超过8%的投资项目。在利率走低时，债券价格上升，但再投资收益率就会降低，再投资的风险加大。当利率上升时，债券价格会下降，但是利息的再投资收益会上升。一般而言，期限较长的债券和息票率较高的债券的再投资风险相对较大。防范再投资风险的措施是分散债券的期限，长短期配合。

（六）提前赎回风险

提前赎回风险又称为回购风险，是指债券发行者在债券到期日前赎回有提前赎回条款的债券所带来的风险。债券发行人通常在市场利率下降时执行提前赎回条款，因此投资者只好将获得的收益和本金再投资于其他利率更低的债券，导致再投资风险。可赎回债券和大多数的住房贷款抵押支持证券允许债券发行人在到期日前赎回债券，此类债券面临提前赎回风险。

【财经实事5-2】

滨化转债"提前赎回"，单日下跌4%！投资者如何规避风险？

2021年12月22日，滨化转债开盘后迅速走低，跌幅一度超过5%，至收盘，跌幅仍达到4.07%。而触发其价格骤降的"导火索"，则来自其发行方滨化股份12月21日收盘后披露的"提前赎回滨化转债"消息。启动提前赎回的可转债，意味着持有者如果不在提前赎回日前进行转股，那么手中可转债的价值很可能会大幅缩水。以滨化转债为例，如今价格在190元/张附近，而赎回价格或为100.5元/张，差距较大。提前赎回会促使持有可转债的投资者抛售或转股，导致相关公司二级市场的可转债、股票抛压增加，短期内可能产生"股债双杀"的效果。

那么，投资者该如何规避可转债"提前赎回"这一风险呢？对于投资者来说，尽量不要买入高溢价的可转债，因为此类可转债即便选择转股，也要面临不小的损失，即可转债的上涨一旦缺乏正股表现的支撑，更容易出现大幅下跌的情况，应尽量规避。

资料来源：时超. 滨化转债"提前赎回"，单日下跌4%！投资者如何规避风险？[J]. 经济导报，2021-12-22.

第二节 股票投资价值分析

股票投资价值分析就是运用恰当的评估方法，依据公司当前的、未来的盈利能力等相关信息来评估真正的市场价值。一般而言，衡量股票价值的估值方法多种多样，常用的方法大体上有两类,一种是内在价值法,另一种是相对价值法。所谓内在价值法,也称为绝对价值法,指的是不管以何种现金流——EVA 或股权现金资金流或公司自有现金流为基础,对企业未来预期可能产生的现金流进行贴现,以贴现得到的价值的汇总作为企业当前的价值。相对价值法指的是现在在证券市场上经常使用到的市盈率法、市净率法、市销率法等比较简单通用的比较方法。本节将重点介绍股利贴现法、自由现金流量法和相对估值法。

一、股利贴现法

(一) 内在价值

1938 年,美国著名投资理论家约翰·伯尔·威廉姆斯在《投资价值理论》一书中为价值投资提出了一个核心概念——"内在价值",他认为,从投资者角度看,企业经营的好坏由其未来盈利能力决定,企业的内在价值就是在其剩余可预见存续期内可以产生的现金流量的折现值。威廉姆斯以股利收入为基础,提出了一个计算股票内在价值的公式——股利折现模型(Discounted Dividend Model,DDM)。投资者投资股票的目的是获得对未来股利的索取权,股票价值等于未来股利的折现值,即股票价值为未来每年股利除以当年折现率之和,公式为:

$$P = \frac{D_1}{(1+r)} + \frac{D_2}{(1+r)^2} + \frac{D_3}{(1+r)^3} + \cdots = \sum_{t=1}^{\infty} \frac{D_t}{(1+r)^t}$$

式中,P 为股票内在价值,D_t 为每年股利,r 为股票的年折现率或预期收益率。

该模型说明了股票的内在价值或者理论价值高低取决于两个方面:一是股利水平,它与股票的内在价值成正比;二是折现率,它与股票的内在价值成反比。当然该模型本身只是一个原理性的构建,在实际估值上缺乏实用性,但该模型却被看作投资思想史上的里程碑,在后来的几十年里一直被人们奉为股票估值的经典模型。约翰·伯尔·威廉姆斯第一次完整地提出了公司价值等于公司证券持有者未来年份得到的分红和利息的现值的投资价值理论,而它构成了价值投资理论的基石,所以后世也把该理论称为"磐石理论",同时也标志着以"基本面"分析为基础的重要的方法论开始走向成熟。随后很多学者在此基础上,通过设立新的假设条件,建立了一些具备可操作性的股票价值评估模型。

(二) 零增长模型

零增长模型假设股利增长率为 0,未来各期股利按固定数额发放,其估值模型为:

$$P = \frac{D}{(1+r)} + \frac{D}{(1+r)^2} + \frac{D}{(1+r)^3} + \cdots = \sum_{t=1}^{\infty} \frac{D}{(1+r)^t}$$

$$= \frac{D}{(1+r)} \times \lim_{t \to \infty} \frac{1 - \left(\frac{1}{1+r}\right)^t}{1 - \frac{1}{1+r}} = \frac{D}{(1+r)} \times \frac{1}{1 - \frac{1}{1+r}} = \frac{D}{r}$$

式中,P 为股票内在价值,D 为每年股利,r 为股票的年折现率或预期收益率。

【例5-10】假定某投资者准备购买A公司的股票,并且准备长期持有,投资者要求达到12%的收益率,该公司每年每股分配股利3元,则A股票的价值为:

$$P = \frac{D}{r} = \frac{3}{12\%} = 25（元）$$

股票的内在价值为25元,当股票价格低于25元时,投资者可以购买,当市价格高于25元时不宜购入。

零增长模型在实际运用中存在很大局限性,因为在实务中按照固定股利支付是比较困难的,所以该模型主要适用于按照固定股利派发的优先股的价格估值。

(三) 不变增长模型

不变增长模型又称戈登模型（Gordon Model）,假设该公司的股利将会以固定的年增长率一直增长。该模型通过计算公司预期未来支付给股东的股利现值,来确定股票的内在价值,它相当于未来股利的永续流入。依据不变增长模型假设:（1）股息的支付在时间上是永久性的;（2）股息的增长速度是一个常数;（3）模型中的贴现率大于股息增长率。则:

$$P = \frac{D_0(1+g)}{(1+r)} + \frac{D_0(1+g)^2}{(1+r)^2} + \cdots + \frac{D_0(1+g)^\infty}{(1+r)^\infty} = \sum_{t=1}^{\infty} \frac{D_0(1+g)^t}{(1+r)^t}$$

$$= D_0 \left[\frac{(1+g)}{(1+r)} + \frac{(1+g)^2}{(1+r)^2} + \cdots + \frac{(1+g)^\infty}{(1+r)^\infty} \right]$$

该式可简化为:

$$P = \frac{D_0(1+g)}{r-g} = \frac{D_1}{r-g}$$

式中,P为股票内在价值,D_1为第一年股利,r为股票的年折现率或预期收益率,g为股利固定增长率。

在上式中,如果股利增长等于零时,不变增长模型就变成零增长模型。因此零增长模型是不变增长模型的一种特殊形式。

【例5-11】假定某投资者准备购买A公司的股票,并且准备长期持有,投资者要求达到12%的收益率,该公司今年每股股利0.8元,预计未来股利会以9%的速度增长,则A股票的价值为:

$$P = \frac{D_0(1+g)}{r-g} = \frac{0.8 \times (1+9\%)}{12\% - 9\%} = 29.07（元）$$

用不变增长模型估计股票价值是一种简单、有效的方法。但由于该模型应用的前提假设是项目或企业经营持续稳定,未来现金流可预期,该模型需要选择一个合理的稳定增长率。但事实上任何公司不可能永远保持固定股利增长,其股利增长率也就不可能永远高于贴现率,所以不变增长模型主要适用于公司以一个与名义经济增长率相当或稍低的速度增长;股利分配多且稳定的公司。而对于新兴市场和发展中的企业而言并不适用,实际上,由于业务周期以及无法预料环境,增长率会大幅波动。

(四) 多阶段增长模型

在现实经济生活中,许多公司的股利增长并非常数,因为任何一个产业的发展都有生命周期,所以公司的成长曲线也是非线性的。当一个公司处于初期或者成长期,可能有一个超常的增长率,这一期间的增长率 g 可能大于 r,当公司进入成熟期后,增长率逐步下降,公司的股利固定不变或转变为正常增长。由于年增长率 g 不可能永远保持不变,建立在不变增长模型基础上的多阶段增长模型更贴近于现实的股票估值。现主要介绍二阶段增长模型和三阶段增长模型。

1. 二阶段增长模型

该模型假设公司增长呈现两个阶段,第一阶段为超常增长阶段 T,又称为观测期,其增长率高于永续增长率;第二阶段是固定增长阶段,又称永续期,增长率为正常稳定的增长率,如图 5-2 所示。因此,该只股票的价值可通过不变增长模型求出,则二阶段增长模型公式为:

$$P = P_1 + P_2$$
$$= \sum_{t=1}^{T} \frac{D_0(1+g_1)^t}{(1+r)^t} + \frac{D_{T+1}}{r-g_2} \times \frac{1}{(1+r)^T}$$
$$= \sum_{t=1}^{T} \frac{D_0(1+g_1)^t}{(1+r)^t} + \frac{D_0(1+g_1)^t(1+g_2)}{r-g_2} \times \frac{1}{(1+r)^T}$$

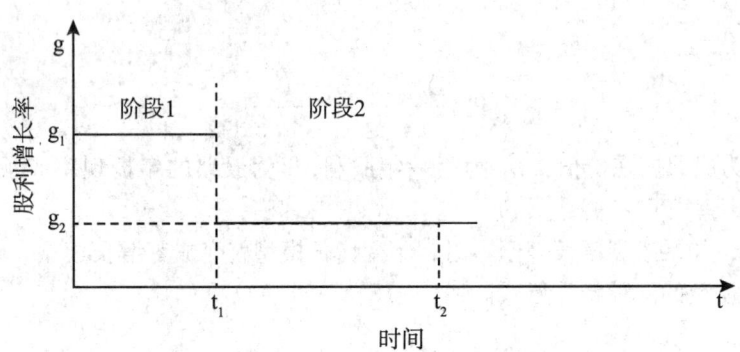

图 5-2 二阶段增长模型

【例 5-12】 假定某投资者准备购买 A 公司的股票,投资必要报酬率为 15%。预期 A 公司未来 3 年股利将高速增长,增长率为 20%。在此以后转为正常的增长,增长率为 12%。公司最近支付的股利是 2 元。要求计算该公司股票的内在价值。

$$P = P_1 + P_2$$
$$= \sum_{t=1}^{3} \frac{2(1+20\%)^t}{(1+15\%)^t} + \frac{2(1+20\%)^3(1+12\%)}{15\%-12\%} \times \frac{1}{(1+15\%)^3}$$
$$= 91.37 \text{(元)}$$

2. 三阶段增长模型

该模型假设公司增长呈现三个阶段,第一阶段是初始超常增长阶段至 A,股利增长率

为一个常数 g_a,该部分股票的价值可通过不变增长模型求出;第二阶段是股利增长呈线性变化(A~B),即从高速增长的 g_a 变到稳定增长的 g_b;第三阶段是稳定增长阶段,股利增长率稳定在常数 g_b,该增长率通常是公司长期的正常增长率,如图5-3所示。

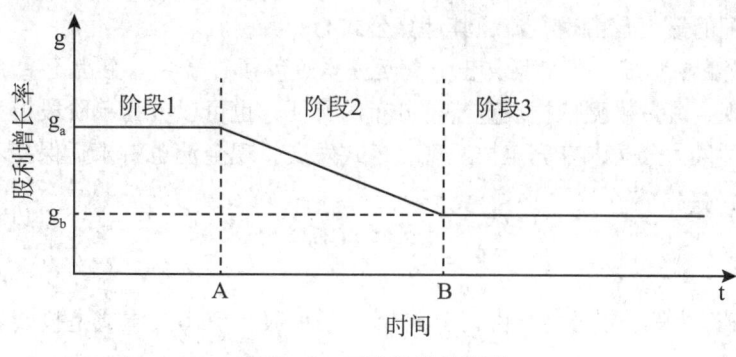

图5-3 三阶段增长模型

当 $g_a > g_b$ 时,第二阶段股利增长转折时期内的任何时点上的股利增长率为:

$$g_t = g_a - (g_a - g_b) \frac{(t-A)}{(B-A)}$$

三阶段增长模型公式为:

$$P = P_1 + P_2 + P_3$$
$$= \sum_{t=1}^{A} \frac{D_0(1+g_a)^t}{(1+r)^t} + \sum_{t=A+1}^{B} \frac{D_{t-1}(1+g_t)}{(1+r)^t} + \frac{D_B(1+g_b)}{r-g_b} \times \frac{1}{(1+r)^B}$$

三阶段增长模型虽有一定程度的复杂性,但易于理解,很好地反映了股票理论上的价格,适用于当前以超常速度增长,并预计在一段时间内保持这一增长率,而后随着公司竞争优势逐步消失增长率下降至一个稳定增长水平的公司,有较广泛的应用性。在三阶段增长模型中,不同公司的不同阶段也可能存在差异,一般来说,成长型公司的增长阶段比成熟型公司长,拥有较高的初始增长率的公司相应的成长和过渡阶段也较长,而较低增长率的公司成长和过渡阶段也相应较短。当然该模型也存在一定的局限性,比如在已知当前市场价格的条件下,较难准确预测预期收益率,过渡期现金流的计算比较复杂等。

二、自由现金流量法

在实务中,一些公司股利支付率偏低,这时用股利贴现模型并不能真实反映股票价值。为了克服预期股利的发放受股利政策的影响难以预测的弊端,科普兰和默瑞(Copeland and Murrin,1994)提出了自由净现金流量模型,以股东所能获取的自由现金流量来替代股利,通过考虑公司未来自由现金流量和资本的机会成本来评估公司的价值。自由现金流量用来衡量企业实际持有的能够回报股东的现金,指在不危及公司生存与发展的前提下可供分配给股东(和债权人)的最大现金额。

自由现金流量法可以分为股权自由现金流量法(Free Cash Flow of Equity,FCFE)和公司自由现金流量法(Free Cash Flow of Firm,FCFF)两种形式。

(一) 股权自由现金流量法

股权自由现金流量法是公司在履行除普通股股东以外的各种财务上的义务后所剩下的现金流,即利息、本金支付减发行新债务的净额后可分配给公司股东的剩余现金流量,是公司股东可分配的最大自由现金流,其计算公式为:

FCFE = 净收益 + 折旧 − 资本性支出 − 营运资本追加额 − 债务本金偿还 + 新发行债务

股权自由现金流量模型依据现金流量分布的特征,也可以分为单阶段模型和两阶段模型。单阶段模型认为公司未来完全按照现有模式发展,现金流也将永远保持不变。表达式如下:

$$P = \sum_{t=1}^{n} \frac{FCFF_t}{(1+K_e)^t}$$

式中,$FCFF_t$ 为第 t 年公司自由现金流量,K_e 为股权资本成本或是投资者要求的必要报酬率。

两阶段估价模型适用于那些预计会在一定时间段内快速增长,然后进入稳定增长阶段的公司。股票价值由两部分组成:一是超常增长时期中每年 FCFE 的现值,二是超常增长时期结束时期末价值的现值。则其表达式如下:

$$P = \sum_{t=1}^{n} \frac{FCFF_t}{(1+K_e)^t} + \frac{FCFF_{n+1}}{(K_e - g)(1+K_e)^n}$$

式中,$FCFF_t$ 为第 t 年公司自由现金流量,$FCFF_{n+1}$ 为第 n+1 年公司自由现金流量,g 为公司稳定增长阶段的增长率,K_e 为股权资本成本或是投资者要求的必要报酬率。

(二) 公司自由现金流量法

公司自由现金流一般是指企业将创造的利润进行再投资后剩余的可供企业自由支配的现金流量,也就是企业支付了所有为了支撑其继续发展的营运费用、固定资产投资等活动后可以自由地向所有投资者分配的税后现金流量。

从现金流入的角度来说,有两个来源,一个是企业通过生产经营活动产生的利润,选择息税前利润指标;另一个是企业的折旧与摊销,这部分一般做费用处理,由于并没有发生实际性现金支出,所以在计算现金流入时需加回。从现金流出来看,主要包括支付税金、资本性支出和营运资本追加。资本性支出是指取得的财产或劳务的效益可以给予多个会计期间所发生的支出,主要是为了持续发展而购买的固定资产、无形资产等所发生的这类支出,一般做资本化处理,例如购厂房、设备、品牌商标、技术专利费用等。营运资本追加指流动资产和无息流动负债的差额,包括存货、应收款项的增加而占用的资金等。流动资产包括为日常所需而持有的货币资金、应收票据、应收账款、其他应收款、预付账款、存货及待摊费用;无息流动负债包括应付票据、应付账款、预收账款、应付工资、应付福利费、应交税费及其他应付款。这里的流动负债不包括短期借款,因为其不参加企业的业务循环,不能抵减流动资产占用的现金量。现金流入与现金流出的净现金流量就是股东和债权人理论上能从企业提取的最大现金。

公司自由现金流量是公司所有权利要求者,包括普通股股东、优先股股东和债权人的现金流总和,其计算公式为:

$$FCFF = 息税前利润 \times (1 - 税率) + 折旧 - 资本性支出 - 追加营运资本$$

公司自由现金流贴现模型主要分为单阶段模型和两阶段模型。单阶段模型认为公司未来完全按照现有模式发展,现金流也将永远保持不变。表达式如下:

$$P = \sum_{t=1}^{n} \frac{FCFF_t}{(1 + WACC)^t}$$

式中,P 为公司价值,$FCFF_t$ 为第 t 年公司自由现金流量,WACC 为加权平均资本成本。

由于公司的生命周期无限长,但现实中又不可能对所有未来年份作出预测,因此,两阶段模型认为公司未来发展要经过两个阶段,即第一阶段的高速增长阶段和第二阶段的稳定增长阶段,第一阶段的增长率明显快于第二阶段,第二阶段具有永续增长的特点且保持正常增长率。则其表达式如下:

$$P = \sum_{t=1}^{n} \frac{FCFF_t}{(1 + WACC)^t} + \frac{FCFF_{n+1}}{(WACC - g)(1 + WACC)^n}$$

式中,P 为公司价值,$FCFF_t$ 为第 t 年公司自由现金流量,$FCFF_{n+1}$ 为第 n + 1 年公司自由现金流量,g 为公司稳定增长阶段的增长率,WACC 为加权平均资本成本。

加权平均资本成本又称为综合资本成本,是以各种不同筹资方式的资本成本为基数,以各种不同筹资方式占资本总额的比重为权数计算的加权平均数。

$$WACC = \frac{V_e}{V} K_e + \frac{V_d}{V} K_d$$

式中,V 为总资产 = 权益资本 V_e + 债务资本 V_d,K_e 为权益资本的资本成本,K_d 为债务资本的资本成本。

公司自由现金流贴现模型是对整个公司股价,通过选择 WACC 为折现率,由此得到公司价值,那么股权价值就可以用企业的价值减去发行在外债务的市场价值得到,即:

$$股权价值 = 企业价值 - 债务市值$$

公司自由现金流量法和股权自由现金流量法的最大区别就是:前者只是公司股权拥有者(股东)可分配的最大自由现金额,对象是整个公司价值,后者是公司股东及债权人可供分配的最大自由现金额。因此 FCFE 要在 FCFF 基础上减去供债权人分配的现金(即利息支出费用等),FCFE 则相当于有财务杠杆的 FCFF。

自由现金流量法是基于未来预期现金流和贴现率的估价方法,其以资产的基本面为基础,从而较少受市场情绪和投资者自身感觉的影响,使其计算的结果更合理。但自由现金流量法也具有一定的局限性,主要体现在:预测未来现金流时需考虑很多因素,如未来获利能力的稳定性;选择相关参数比较困难,数据估计存在主观性和不确定性;公司未来发展不确定性较大,自由现金流为负数时,如对陷入财务困难的企业,会导致模型预测不准确;难以反映有未被利用资产公司的盈利水平;对于非上市公司难以确定适当的折现率等。因此,我们在进行股票投资价格估值时,一定要结合公司实际情况,必须充分考虑公司自由现金流量产生的基本因素及其对预期自由现金流量的影响,把握模型的适用性,较适用于可以比较可靠地估计企业的未来现金流,以及当前处于高速成长或成熟稳定发展阶段的公司。

三、相对估值法

相对估值法,是将目标公司与可比公司对比,由于资产的价值可以通过市场价格来衡量,当两个公司处于同一行业,经营业绩及相关的经济影响因素都相似时,那么它们应该有相同的市场价格。如果可比公司的价值被高估了,则目标公司的价值也会被高估。实际上,所得结论是相对于可比而言,以可比公司价值为参照,是一种相对价值,而非目标公司的内在价值。相对价值法往往基于股价(市值)和公司的净利润、净资产等,通过大量的财务数据分析来计算一系列比率。常见的比例包括市盈率(PE)、市净率(PB)、市销率(PS)、市盈率相对盈利增长比率(PEG)、企业价值倍数(EV/EBITDA)等估值指标。

(一) 市盈率

市盈率又称价格收益比/市价盈利率,是一个反映股票收益与风险的重要指标,是每股价格与每股收益(每股净利润)之间的比率。

$$市盈率 = \frac{每股市价}{每股收益} = \frac{股票市价}{净利润}$$

在一定程度上,市盈率代表了投资人愿意出多少钱来购买每1元的税后盈余,反映了一只股票的基本面和表现投资者对上市公司未来盈利能力的预估。每股收益一定的情况下,股价越高,市盈率就越高。该模型假设股票市价是每股收益的一定倍数,首先确定目标公司的每股收益,然后根据二级市场的平均市盈率、同类行业公司股票的市盈率、发行人的经营状况及其成长类型等拟定市盈率,最后两者相乘得到公司每股市价。

$$目标企业每股股价 = 可比企业平均市盈率 \times 目标企业每股收益$$

市盈率的选择是确定股票估值的核心,在确定市盈率的过程中,要注意:(1) 同行业的比较,即使是同一行业不同国家和地区都有所区别。(2) 行业、公司所处发展阶段不同市盈率标准也有所不同,每一个行业或者公司都会经历初创期、成长期、成熟期、衰退期。生命周期越靠前,未来预期增长速度越快,理应给予更高的估值;在成长期阶段考虑到高速增长趋势,市盈率估值可以更高,而成熟衰退期已经趋于饱和,市盈率水平一般只能给到10~20倍。(3) 公司市盈率水平也受到证券市场平均市盈率水平高低的影响,当市场处牛市时,市盈率估值也会偏高;熊市反之。

市盈率估值法的优点在于市盈率的数据容易取得,且计算简便。通过市盈率把价格和收益联系起来,可以直观地反映投入和产出关系,也能够反映公司的风险和成长性。它的缺点是,当每股收益价值为负值时市盈率没有意义;经济周期会引起公司收益的波动从而引起市盈率的变动;当可比公司与目标公司资本结构存在较大差异时可能导致错误结论。因此市盈率不太适合周期性强的企业,如一般制造业、服务业,适用于业绩稳定保持持续盈利,周期性较弱的公司。

【小知识5-3】

静态市盈率和动态市盈率

市场广泛谈及的市盈率通常指的是静态市盈率,即以目前市场价格除以已知的最近公开的每股收益后的比值。但由于我国上市公司收益披露目前仍为半年报一次,而且年报集中公布在被披露经营时间期间结束的2~3个月后,这给投资人的决策带来了许多盲点和误区。静态市盈率只静态地考虑了当前的公司每股收益,没有动态地考虑公司的成长性,动态市盈率也就由此而生。两者的主要区别是根据选取不同的盈利时段来划分的。

静态市盈率是以目前市场价格除以已知的、最近公开的每股收益后的比值,它是根据企业目前已发生的、已公布的财务业绩计算的,因此代表着目前该公司股票估值。

动态市盈率是以目前市场价格除以通过预测的下一期每股收益后的比值。其计算公式是以静态市盈率为基数,乘以动态系数,该系数为 $\frac{1}{(1+i)^n}$,i 为企业每股收益的增长率,n 为企业可持续发展的存续期。假设上市公司目前股价为 20 元,每股收益为 0.38 元,去年同期每股收益为 0.28 元,每股收益增长率为 35%,未来该企业保持该增长速度的时间为 5 年,即 n=5,则动态系数为 =22.3%。相应地,静态市盈率为 52.6 倍,动态市盈率为 11.74 倍。可见动态市盈率比静态市盈率小很多,代表了一个业绩增长或发展的动态变化。如果消息全面,可以计算动态市盈率来单方面评判上市公司的价值是否被低估。

(二) 市净率

市净率也称市账率,是每股市价和每股净资产的比率,它反映普通股股东愿意为每 1 元净资产支付的价格,是市场对公司资产质量的评价。其中每股净资产也称为每股账面价值,是指普通股股东权益与流通在外普通股股数的比例,它反映了每只普通股享有的净资产,净资产高低由公司经营状况决定,经营业绩越好其资产增值越快,代表理论上每股的最低价值。

$$市净率 = \frac{每股市价}{每股净资产}$$

当市净率>1,说明市场给了这只股票大于其本身价值的溢价判断。这表示市场对该公司有较高的预期,认为其具有潜力,在未来具有成长性。当市净率=1,意味着股票的市价等于其所有资产的净值。当市净率<1 时,当前该公司的市场价值低于其所有资产的净值,这种情况我们称为破净。如果这家公司的经营比较稳健,往往具有中长线的投资机会。

市净率估值法是假设股权价值是净资产的函数,相同或者相近的企业有相似的市净率,净资产的相对数越高,则股权投资的价值越大。因此,股权的价值可以表示为净资产的相应倍数,拟投资企业的每股价值可用每股净资产和市净率乘积来计算。

$$股权价值 = 可比企业平均市净率 \times 目标企业净资产$$

市净率估值法主要的优点在于:首先,计算市盈率以净资产账面价值为基础,数据容易取得,计算简便。其次,净资产比净利润更稳定,净资产一般不随经济周期和市场环境波动,净资产不容易造假,所以市净率估值真实性更强。最后,如果会计标准合理且各企业会计政策一致,市净率的变化可以反映公司价值变化。

在使用市净率估值法时,要注意:(1) 资产负债表上的净资产是账面价值,受会计政策选择的影响,如果各企业执行不同的会计标准或者会计政策,市净率就因比较基础不同而丧失了可比性;(2) 固定资产很少的服务性企业和高科技企业,净资产与公司价值关系不大,市净率比较没有实际意义;(3) 市净率考虑的是基于历史情况对公司进行估值,而市场看的是公司基于未来的预期。

市净率估值法是在没有考虑公司的盈利能力的情况下计算的,所以市净率估值法主要适用于一些重资产行业,无形资产对其收入、现金流量和价值创造起关键作用的公司,高风险行业及周期性较强的行业,比如银行、保险、房地产、钢铁、有色金属、农林牧渔、基建等行业。

(三) 市销率

市销率又称为收入乘数,是指目标企业每股市场价值与每股销售收入的比值。市销率反映普通股股东愿意为每1元销售收入支付的价格。该方法假设销售收入为其关键因素,每股市场价值与每股先手收入存在线性关系,每股销售收入越高,则每股价值相应越高。

$$市销率 = \frac{每股市价}{每股销售收入} = \frac{股票市价}{销售收入}$$

使用市销率法估值时,通过选择一组可比公司,计算其平均市销率的倍数或中间值。为了反映目标公司与可比公司在基本因素方面的差异,可能需要对计算出的平均值进行调整,以此作为目标公司的市销率倍数。

$$股权价值 = 可比企业平均市销率 \times 目标企业销售收入$$

市销率估值法主要的优点在于:首先,销售收入是利润表的首行数据,不像盈利那样容易操纵,因此市销率比市盈率更具业绩的指标性。其次,对于那些因为经济周期因素或者一些意外因素造成暂时亏损的企业,市销率估值法弥补了市盈率估值的不足。最后,市销率对于价格政策和企业战略变化敏感,可以反映这种变化的后果。主要局限性有:不能用于不同行业的比较,不同的市场板块市销率的差别很大,净利率较低的公司,如零售业,其市销率通常也相对较低,而软件和医药等净利率较高企业的市销率相对较高;不能反映成本的变化,而成本是影响公司现金流量和价值的主要因素;对于一些关联销售的企业,该指标也不能剔除关联销售的影响。该法多用于评估销售成本率较低的服务类企业,或者销售成本率趋同的传统行业以及创业板的公司或高科技公司。

【章节小结】

(1) 债券的价格取决于其内在价值。债券的内在价值也称为债券的理论价格。债券价值是从债券投资者角度出发,按合同约定从现在持有至到期,未来现金流量的现值之和。

(2) 债券投资收益主要源于两个方面:一是债券利息收益,取决于其面值与票面利率的乘积。二是价差收益,指债券尚未到期时投资者中途转让债券,在卖价和买价之间的价差上所获得的收益,也称为资本利得收益。

(3) 如果折现率保持不变,债券的到期时间越短,债券的价值越接近债券的面值。当折现率高于票面利率时,随着到期时间的接近,债券的价值逐渐提升,并在到期日等于票面价值。当折现率低于票面利率时,随着到期时间的接近,债券的价值逐渐降低,并在到期日等于债券面值。

(4) 衡量股票价值的估值方法主要有两种,一种是内在价值法,另一种是相对价值法。所谓内在价值法,也称为绝对价值法,指的是不管以何种现金流——EVA或股权现金资金流或公司自有现金流为基础,对企业未来预期可能产生的现金流进行贴现,以贴现得到的价值的汇总作为企业当前的价值。相对价值法指的是现在在证券市场上经常使用到的市盈率法、市净率法、市销率法等比较简单通用的比较方法。

(5) 企业的内在价值就是在其剩余可预见存续期内可以产生的现金流量的折现值。威廉姆斯以股利收入为基础，提出了一个计算股票内在价值的公式——股利折现模型（Discounted Dividend Model，DDM）。投资者投资股票的目的是获得对未来股利的索取权，股票价值等于未来股利的折现值，即股票价值为未来每年股利除以当年折现率之和。

【思政梳理】

本章的思政小课堂主要包括：通过介绍证券投资价值的影响因素、价值评估方法，引导学生认清证券价格的本质，加强对职业操守的深度培养，树立正确的投资价值观、财富观和道德观。通过硅谷银行事件，认识到市场利率对于债券价格的影响，由于期限错配、利率倒挂引致流动性危机，引导学生关注收益与风险之间的关系，提升风险防范意识和技能。

【主要概念】

债券价值　折现率　债券收益率　利率风险　内在价值　股利贴现法　公司自由现金流量法　股权自由现金流量法　相对估值法　市盈率　市净率　市销率

【案例思考】

阅读下列材料并回答问题。

A公司是一家上市公司，从上市之日起历年收益和分红情况如表1和表2所示。

表1　A公司历年净利润、净利润增长率和负债比例

年份	净利润（万元）	净利润增长率（%）	负债比例（%）
*01	9 472		
*02	14 574	53.86	37.52
*03	16 944	16.26	21.48
*04	17 593	3.83	25.19
*05	13 406	−23.80	21.27
*06	15 054	12.29	20.40
*07	15 837	5.20	18.50
*08	16 115	1.76	18.07
*09	17 335	7.57	14.71
*10	20 481	18.10	17.00
*11	22 632	10.50	9.30
*12	23 147	2.20	9.20
平均		19.33	

表2　A公司历年收益和分红情况

年份	每股收益（元）	分红方案	分红比例（%）
*01	1.230	10送4转1派3	56.91
*02	1.260	10派8.1	

续表

年份	每股收益（元）	分红方案	分红比例（%）
*03	0.921	10派6.8	73.83
*04	0.637	10派4.77	74.88
*05	0.486	10派4	82.30
*06	0.536	10派4.02	75.00
*07	0.574	10送1派3.5	78.13
*08	0.450	10派3.8	79.17
*09	0.484	10派4	53.33
*10	0.570	10派4.6	80.70
*11	0.630	10派4.6	73.00
*12	0.620	10派4.2	70.00
平均			71.78

假设过去6年平均的10年期国债收益率为4.42%，过去6年两市综合指数平均股指收益率为9.82%，公司股票的β系数为0.7562。

思考题：
(1) 根据资料，估算A公司的股票价值。
(2) 根据以上估算对股利贴现模型应用的局限性进行探讨。

【实训要求】

1. 实训目的及要求

通过实训使学生们掌握证券投资价值分析的基本理论和基本方法，熟悉各种证券估值模型的原理和特点，熟悉证券价值评估的一般程序。同时结合具体案例的分析，使学生能够深入了解具体实际情况，培养学生发现问题、分析问题、解决问题的能力。

2. 实训内容

在沪深两市上市公司中选择同行业的两家公司，分析：
(1) 当前股票最新价格是多少？当年的每股收益、每股净利润是多少？
(2) 两家公司股票发生差异的主要原因有哪些？
(3) 对于这两家公司采用哪种股票价格估值模型（股利贴现法、自由现金流量法、相对估值法）较为合适？

注：资料可登录和讯网（hexun.com）、上海证券交易所（sse.com.cn）、深圳证券交易所（szse.cn）相关网站获得。

第六章　宏观经济分析

【学习目标】

　　熟悉宏观经济分析的基本框架和影响证券价格的宏观因素,形成证券投资宏观经济分析的基本思路。

　　要求阅读各类财经报纸、期刊和财经网站信息,了解宏观经济信息和政策,运用行情软件观察分析宏观经济因素变化对证券价格变化的影响。

【案例导入】

油价暴涨,"奥密克戎毒株"恐慌情绪消散,全球市场彻夜狂欢

　　北京时间2021年12月7日晚间,欧、美股指全面大涨,创出3个月以来的最大涨幅。其中,美股三大指数集体高开高走,纳斯达克指数(简称"纳指")暴涨超3%,创3个月以来最大盘中涨幅;标普500指数涨超2%,重回4 600点上方;道琼斯工业指数(简称"道指")最高涨1.7%。国际油价迎来报复性反弹。美国WTI原油期货日内最高暴涨超5%,国际布伦特原油期货日内最高涨超4%,日高冲破76美元。市场分析认为,投资者重回市场是因为"奥密克戎毒株"不会造成抗疫大范围的封锁或经济下滑。尽管"奥密克戎毒株"正在迅速传播,但并未导致住院率上升,专家表示,目前来看,几乎可以肯定,"奥密克戎毒株"的危险性低于德尔塔变种。英国制药巨头葛兰素史克称,旗下抗体疗法对"奥密克戎毒株"的全部突变都有效,其植物源性新冠疫苗对一系列变异的新冠病毒有效性也达71%。这很大程度上缓解了全球的紧张情绪。除了"奥密克戎毒株"以外,美国的债务危机解除也让美股松了一口气。美国国会两党打破僵局,就提高政府债务上限的计划达成了协议,拟将债务上限提高约2万亿美元(约合人民币12.7万亿元)。这无疑给美股市场再添了一把火。

　　受此影响,12月8日上证指数上涨1.18%,深成指上涨1.82%,创业板指数上涨1.16%。

　　上述案例表明,油价、政府债务甚至病毒等宏观经济、非经济因素都有可能影响证券市场价格。对宏观经济进行分析在证券投资中具有重要意义。宏观经济分析不仅要有全球视野,更要理论联系实际。那么,宏观经济分析应该从哪些方面着手呢?

　　资料来源:一夜狂欢!美股、欧股涨疯了,原油暴涨5%!奥密克戎恐慌消散?[EB/OL].和讯网,https://baijiahao.baidu.com/s? id =1718533419255800071&wfr = spider&for = pc,2021 -12 -08.

第一节 宏观经济分析思路与方法

一、为什么要进行宏观经济分析

(一) 从总体上把握证券市场的运行趋势

证券价格变动受宏观经济、产业和区域发展、公司业绩及市场运行等因素的影响。其中宏观经济因素对证券价格的影响是基础性、全局性和长期性的。证券市场是市场体系的重要组成部分，上市公司作为证券市场的微观主体，其运行状况深受国内外宏观经济环境的影响，其盈利能力和发展前景会随着宏观经济运行状况的变动而变动，受宏观经济政策的调整而调整。宏观经济因素对每个上市公司都会产生一定的影响，也必然影响证券市场整体的走势。从各国证券市场发展情况看，"股市是经济的晴雨表"，每一次牛熊市场均是宏观经济向好或下行在证券市场的反映。宏观经济呈现周期性变化，对证券市场的影响是持续性的、长期的。投资者只有把握住经济发展的大方向，才能把握证券市场的总体变动趋势，作出正确的长期决策。

(二) 对整个证券市场的投资价值作出判断

证券市场投资价值与国民经济整体发展质量、结构变动紧密相关，是整个国民经济发展质量与速度的反映。宏观经济是个体经济的综合，证券市场中的上市公司作为宏观经济的微观主体相互之间互相影响、互相制约，微观主体的投资价值必然通过宏观经济的总体综合反映出来。宏观经济分析是判断整个证券市场是否具有投资价值的关键。

(三) 研判宏观经济政策对证券市场的影响程度及方向

在市场经济条件下，国家通过财政政策、货币政策、外汇政策等宏观政策调节经济。这些政策直接或间接作用于企业，影响企业的经济效益，影响整体经济的发展速度和质量，进而进一步影响证券市场。因此，就投资者而言，进行宏观经济政策分析，掌握其对证券市场的影响方向和力度，可以准确把握整个证券市场的运动趋势和各个证券品种投资价值的变动方向。

因此，要成功进行证券投资，就必须认真研究宏观经济状况和走势，要"顺势"，这里的"势"即为宏观经济形势。

二、宏观经济分析方法

(一) 总量和结构分析法

总量分析是指对影响宏观经济运行的总量指标及其变动规律进行分析，以掌握整体经济运行状态和趋势。总量是反映社会整体经济活动状态的经济变量，包括量的总和、平均量或比例量，如国内生产总值、投资额、人均国民收入、通货膨胀率等。

对于总量的分析既要做动态分析，也要进行静态分析。动态分析是对总量指标变化规律的研究；静态分析则是对同一时期不同总量指标间的相互关系进行研究。总量分析侧重于总量指标变化速度的考察。经济动态变化过程的分析需要通过结构分析来进一步深入和补充。

结构分析是对经济系统中各组成部分及其对比关系变动规律的分析，如投资消费结构分析、三大产业结构分析、货币供应结构分析等。结构分析是一种静态分析，是对同一时期内经济系统中各组成部分变动规律的分析。结构分析是对总量分析的补充，将总量分析与结构分析结合起来，有助于全面把握经济运行的整体情况。

（二）指标分析法

经济指标是反映经济活动结果的一系列统计数据和比例关系。宏观经济分析可以通过一系列经济指标的计算、分析、对比来进行。反映宏观经济指标一般可以分为三种：一是先行指标。这些指标的高峰和低谷出现在经济周期的高峰和低谷之前，对将来的经济状况具有预警的作用，如货币供应量、消费者信心指数、固定资产投资比率、股价指数等。二是同步指标。该指标反映国民经济当前的状况，如国内生产总值、物价水平、失业率等。三是滞后指标。这类指标的变化一般落后于实际经济指标的变化，如银行短期贷款利率、生产成本、不良贷款率等。这些指标反映的国民经济转折点一般要比实际经济情况滞后3个月至半年。

先行指标可以用来预测，同步指标和滞后指标可以用来验证。例如，当先行指标下降，同步指标和滞后指标也下降，意味着经济衰退正在来临。经济指标分析结果量化，具有直观性，但也具有较浓厚的经验色彩。

（三）计量经济模型和概率分析法

计量经济模型是指反映经济现象及其主要因素之间数量关系的方程式。计量经济模型主要有经济变量、参数及随机误差三大要素。经济变量分为内生变量和外生变量，是反映经济变动情况的量。参数反映的是自变量和因变量间的比例关系。随机误差是指那些难以预知的、随机产生的差错，以及在资料整理、统计和综合分析过程中出现的差错。计量经济模型法用经济计量模型体现经济变量间的关系从而描述经济运行机制，并对宏观经济活动进行预测。

概率预测是在一定置信水平下预测未来宏观经济变量水平的一种方法，是用概率论方法对宏观经济活动的预测。

这两种方法要求投资者或证券市场研究者具有专业的理论基础和分析能力，通过阅读相关数据及投资报告，建立模型，获得分析结果。模型分析的数据必须具有准确性、系统性、时间性和使用性。如果存在不反映变量变化规律的异常值或因口径不一致而使数据缺乏可比性的情况，必须对数据进行相应的修正或处理。

第二节 宏观经济运行分析

一、宏观经济形势分析主要指标

对宏观经济形势分析可以通过对经济周期和金融市场变化的分析来完成。以下主要指标常用于反映经济周期和金融市场的变化。

(一) 总体指标

1. 国内生产总值 (GDP)

国内生产总值 (GDP) 是指一个国家 (或地区) 所有常住居民在一定时期内 (一般按年统计) 生产的产品及服务的总和,是反映经济总量及增长力最重要的指标之一。国内生产总值的核算方法主要有:(1) 支出法。支出法是居民一年内购买的各项最终产品支出加总而计算出的本年生产的最终产品的市场价值,即国内生产总值 = 消费 + 投资 + 政府购买 + 净出口。(2) 收入法。收入法是将各种生产要素收入加总,即国内生产总值 = 工资 + 利息 + 利润 + 租金 + 间接税和企业转移支付 + 折旧。(3) 部门法。部门法是按提供物质产品和劳务的各个部门的产值计算,即只计算各生产部门增加的价值。

2. 工业增加值

工业增加值指工业行业在报告期内以货币形式表现的工业生产活动的最终成果,是全部生产活动的总成果扣除在生产过程中消耗或转移的物质产品和劳务价值后的余额,是工业企业生产过程中新增加的价值。生产法和收入法是工业增加值统计的常用方法。

3. 失业率或就业率

失业率是指劳动力人口中失业人数的占比。劳动力人口为年龄在 16 岁以上具备劳动能力的人。目前,我国统计部门公布的失业率为城镇登记失业率,即城镇登记失业率 = 城镇登记失业人数 ÷ (城镇就业人数 + 城镇登记失业人数)

【财经实事 6-1】

就业率变化对美股的影响

美股周一收高,道指与标普 500 指数均创盘中与收盘历史纪录。美东时间 2021 年 4 月 5 日 16:00 (北京时间 4 月 6 日 04:00),道琼斯工业平均指数上涨 373.98 点,涨幅为 1.13%,报 33 527.19 点。纳斯达克综合指数上涨 225.48 点,涨幅为 1.67%,报 13 705.59 点。标普 500 指数上涨 58.04 点,涨幅为 1.44%,报 4 077.91 点。

美国劳工部上周五 (4 月 2 日) 报告称,美国 3 月非农就业数据远超预期,新增就业人口达 91.6 万,失业率回落至 6.0% 关口。此前受访分析师平均预计 3 月非农就业人口将增加 64.7 万、失业率从 2 月的 6.2% 降至上月的 6.0%。

资料来源:同花顺金融研究中心. 全球要闻:非农数据强劲 美股再创新高 [EB/OL]. 新浪网, http://finance.sina.com.cn/stock/relnews/hk/2021-04-06/doc-ikmxzfmk4705098.shtml, 2021-04-06.

4. 通货膨胀率

通货膨胀是指一般物价水平持续、普遍、明显地上涨。通货膨胀率可以通过一般物价水平上涨幅度来衡量。用于衡量物价水平的指标常用的有零售物价指数、生产者物价指数。

消费者物价指数（CPI），又称零售物价指数，是根据衣食住行等消费品的价格变化计算的加权平均价格变动幅度。一般地，当消费者物价指数超过5%，即认为发生较为严重的通货膨胀。如果消费者物价指数升幅过大，则表明通货膨胀已成为经济不稳定因素，中央银行则会采取紧缩货币和财政政策以控制通货膨胀；若CPI连续为负，则说明经济可能面临通货紧缩，经济形势恶化，对市场将产生不利的影响。

生产者物价指数（PPI），是衡量企业购买的一篮子物品和劳务的费用总和。PPI是较为准确地反映一定时期生产领域价格变动的重要经济指标。由于企业最终要把它们的费用以更高消费价格的形式转移给消费者，因此，通常认为生产者物价指数的变动有助于预测消费者物价指数的变动，是观察通货膨胀水平的重要指标。

【小知识 6-1】

CPI 与 PPI 差额及对股市的作用

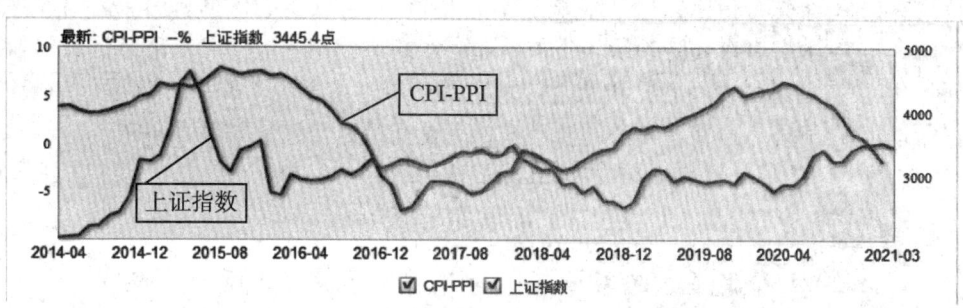

图1 消费者物价指数、生产者物价指数差额与上证指数变化

CPI与PPI的差值反映的是企业盈利增长情况：实证研究发现，CPI－PPI指标对于工业企业利润有较强的领先作用。CPI－PPI指标也与经济整体增长速度呈较强的相关性。CPI－PPI的值越小，也就是CPI－PPI指标走势向下，说明企业经营成本增加，企业利润被压缩，企业利润增长速度下降，经济增长趋缓；CPI－PPI的值越大，也就是CPI－PPI指标走势往上，说明企业利润在反弹，企业利润增长速度加快，经济增长动力强劲。研究发现，股市涨跌与企业盈利增长趋势线基本吻合，区别只是涨跌幅度。当处于企业盈利增长上升期时，股市表现为上涨；而当企业盈利增长处于回落期时，股市无一例外均为下跌。CPI－PPI指标反映的正是企业盈利增长情况，因此，CPI－PPI指标对于股市涨跌有领先作用。

5. 采购经理人指数（PMI）

采购经理人指数是衡量制造业生产、新订单、雇员、配送、存货等方面的综合指数。在实际运用中，采购经理人指数常以50%作为经济强弱的分界点。当指数高于50%时，被视为经济复苏或扩张的信号;低于50%尤其接近40%时,则被视为经济有下行或萧条的风险。

(二) 投资消费指标

1. 固定资产投资

固定资产投资规模是衡量投资规模的主要指标。固定资产投资是建造和购置固定资产的经济活动,即固定资产再生产活动。固定资产再生产过程包括固定资产更新、改建、扩建、新建等活动。固定资产投资额是反映固定资产投资规模、速度、比例关系和使用方向的综合指标。固定资产投资额或增长率是进行宏观经济分析的重要的先行指标。

2. 社会消费品零售总额

社会消费品零售总额是国民经济各行业通过多种商品流通渠道向城乡居民和社会集团供应的消费品总额。社会消费品零售总额由社会商品供给和有支付能力的商品需求规模所决定,是研究居民生活水平、社会零售商品购买力、社会生产、货币流通和物价发展变化趋势的重要指标。

3. 消费者信心指数

消费者信心指数是反映消费者信心强弱的指标。它综合反映并量化消费者对当前经济形势评价和对经济前景、就业、收入预期以及消费心理状态的主观感受,是预测经济走势和消费趋向的一个先行指标,也是监测经济周期变化不可缺少的依据。消费者对经济形势的评价不仅包括消费者对经济现状和当前就业市场的评价,还包括对未来经济和就业市场的预期,以及有关家庭收入情况和是否计划购买房子、汽车等消费品的问题。一般而言,除消费品零售总额外,消费者信心的测度被认为是衡量消费总量的必要补充。

【财经实事6-2】

2021年上半年我国社会消费品零售总额同比增长23%

新冠疫情常态化防控下,线下门店"烟火味"渐浓,重新点亮的夜经济成为消费持续复苏的一个缩影。国家统计局数据显示,2021年上半年社会消费品零售总额同比增长23%,比2019年同期增长9%,两年平均增长4.4%。

消费主引擎活力涌现。上半年,最终消费支出对经济增长的贡献率达61.7%,高于资本形成总额42.5个百分点。

消费恢复态势向好。国家统计局贸经司司长董礼华介绍,二季度,全国疫情防控形势持续向好,在"五一"、端午假期消费回升等因素带动下,消费需求稳步释放,社会消费品零售总额同比增长13.9%;两年平均增长4.6%,比一季度加快0.4个百分点;从环比数据看,二季度环比增长1.98%,比一季度加快0.12个百分点。

值得注意的是,先前受疫情影响较大的餐饮消费规模基本恢复。上半年,餐饮收入同比增长48.6%,餐饮消费规模基本恢复至2019年同期水平。其中,二季度餐饮收入同比增长29.5%,两年平均增长0.9%。

7月30日召开的中共中央政治局会议要求,要挖掘国内市场潜力,支持新能源汽车加快发展,加快贯通县乡村电子商务体系和快递物流配送体系,加快推进"十四五"规划重大工程项目建设,引导企业加大技术改造投资。

立足当前、着眼长远,一些政策措施接连出台,向着打通消费"堵点"、加快构建新发展格局发力。如在上海、北京、广州、天津、重庆开展国际消费中心城市培育建设;支持浦东新区打造面向全球市场的新品首发地、引领消费潮流的风向标,建设国际消费中心等。

资料来源:我国上半年社会消费品零售总额同比增长23% [EB/OL]. 北方财富网, http://www.zjjzx.cn/jj/2021/0803/12760.html, 2021-08-03.

二、财政金融指标

1. 货币供应量

货币供应量是指一国在某一时期内为社会经济运转服务的货币存量,它由包括中央银行在内的金融机构供应的存款货币和现金货币两部分构成。世界各国中央银行货币供应量口径不完全一致,但划分的基本依据是一致的,即货币流动性大小。

我国将货币供应量分为以下几个层次:

M0:流通中的现金;

M1:M0+企业活期存款+机关团体部队存款+农村存款+个人持有的信用卡类存款;

M2:M1+城乡居民储蓄存款+企业存款中具有定期性质的存款+外币存款+信托类存款+证券公司的客户保证金;

M3:M2+金融债券+商业票据+大额可转让存单等。

M2与M1的差额为准货币。货币供应量多少与社会最终总需求呈正相关关系,因此,中央银行把货币供应量作为货币政策的中介目标,最终可以影响社会总的经济目标。

【小知识6-2】

M1-M2同比增长率的差值及对股市的作用

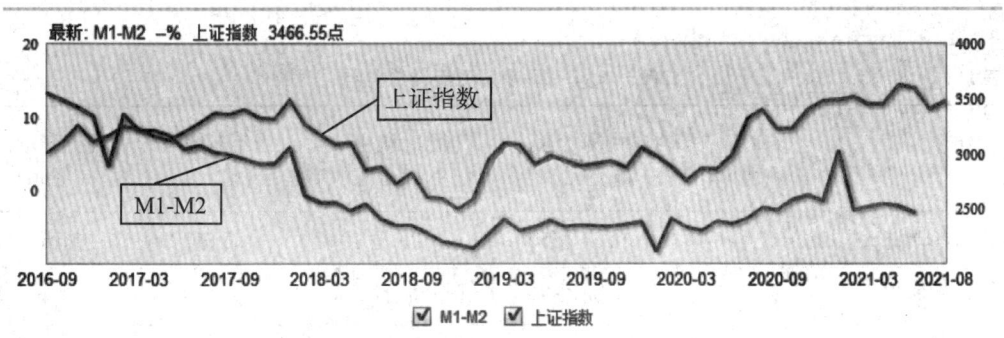

图1 M1-M2同比增长率差值与上证指数变化

M1与M2同比增长率的差值是股市资金供应的一个指标之一。若M1-M2的值不断变大,说明存款活期化,企业和居民交易活跃,经济景气度上升。若M1-M2的值不断变小,则表明企业和居民选择将资金以定期的形式存在银行,未来可选择的投资机会有限,多余的资金开始从实体经济中沉淀下来,经济运行回落。货币供应与股市之间的实证关系表明,M1-M2值与上证指数呈现较为明显的正向关系。M1-M2值的拐点对股指有指示作用。

2. 金融机构存贷款余额

金融机构存贷款余额指某一时点金融机构的存款余额与贷款余额。其中,存款余额包括储蓄和对公活期存款、定期存款、存放同业及存放中央银行等存款之和,如企业存款、财政存款、机关团体存款、城乡储蓄存款、农业存款等;贷款余额包括金融机构向企业和居民发放的贷款总额,如工业贷款、农业贷款、商业贷款、建筑业贷款、私营及个人贷款、乡镇企业贷款、固定资产贷款、信托及其他类贷款等。常常也用增量来衡量金融机构的存贷款变化情况。

【数据分析报告6-1】

2023年第一季度我国金融机构存贷款变化情况分析

信贷总量增长较快。受经济企稳回升、前期稳经济政策持续发挥作用、地方政府积极发展经济、贷款利率较低等多种因素推动,一季度贷款保持较快增长。3月末,金融机构本外币贷款余额为230.7万亿元,同比增长11.1%,比年初增加10.7万亿元,同比多增2.1万亿元。人民币贷款余额为225.4万亿元,同比增长11.8%,比年初增加10.6万亿元,同比多增2.3万亿元。

信贷结构持续优化。3月末,企(事)业单位中长期贷款比年初增加6.7万亿元,在全部企业贷款中的占比为74.3%。制造业中长期贷款余额同比增长41.2%,比全部贷款增速高29.4个百分点。基础设施领域中长期贷款余额同比增长15.2%,比全部贷款增速高3.4个百分点。普惠小微贷款余额同比增长26.0%,比全部贷款增速高14.2个百分点;普惠小微授信户数5 765万户,同比增长14.4%(见表1、表2)。

表1　　　　　　　　　　2023年第一季度人民币贷款结构

贷款结构	3月末余额(亿元)	同比增速(%)	当年新增额(亿元)	同比多增额(亿元)
人民币各项贷款	2 254 455	11.8	106 013	22 658
住户贷款	774 755	6.0	17 095	4 496
企(事)业单位贷款	1 465 077	14.9	89 919	19 122
非银行业金融机构贷款	5 029	19.9	-791	-710
境外贷款	9 594	33.3	-211	-251

注:企(事)业单位贷款是指非金融企业及机关团体贷款。
资料来源:中国人民银行。

表2　　　　　　　2023年第一季度分机构新增人民币贷款情况　　　　　　单位：亿元

金融机构	新增额	同比多增
中资大型银行①	55 612	12 211
中资中小型银行②	50 453	10 217
小型农村金融机构③	14 381	2 477
外资金融机构	194	-211

注：①中资大型银行是指本外币资产总量大于等于2万亿元的银行（以2008年末各金融机构本外币资产总额为参考标准）。②中资中小型银行是指本外币资产总量小于2万亿元的银行（以2008年末各金融机构本外币资产总额为参考标准）。③小型农村金融机构包括农村商业银行、农村合作银行、农村信用社。

资料来源：中国人民银行。

存款增加较多。3月末，金融机构本外币各项存款余额为280.2万亿元，同比增长12.2%，比年初增加15.7万亿元，同比多增4.6万亿元。人民币各项存款余额为273.9万亿元，同比增长12.7%，比年初增加15.4万亿元，同比多增4.5万亿元（见表3）。外币存款余额为9 115亿美元，比年初增加576亿美元，同比多增82亿美元。

表3　　　　　　　　　2023年第一季度人民币存款结构情况

存款结构	3月末余额（亿元）	同比增速（%）	当年新增额（亿元）	同比多增额（亿元）
人民币各项存款	2 739 076	12.7	153 869	45 278
住户存款	1 302 280	18.1	99 040	20 853
非金融企业存款	777 323	9.5	31 802	17 871
机关团体存款	341 880	6.9	11 455	3 114
财政性存款	52 987	-1.9	2 974	-452
非银行金融机构存款	246 845	7.3	7 987	2 243
境外存款	17 761	24.2	611	1 649

资料来源：中国人民银行货币政策分析小组. 中国货币政策执行报告（2023年第一季度）[R]. 中国人民银行，http://www.pbc.gov.cn/zhengcehuobisi/125207/125227/125957/4883187/4882440/20230515 16242315765.pdf, 2023-05-15.

3. 利率

利率又称利息率，是在借贷期内利息额与本金的比率，通常用百分比表示，按年计算称为年利率。利率会影响利息支付，高利率会降低未来现金流现值，从而降低投资机会的吸引力。因此，实际利率是企业投资成本的关键决定因素，它们对利率具有高度敏感性。利率波动反映市场资金供求的变动。当经济持续高涨时，利率会随着企业资金需求的增加而上升；反之，当经济萧条或衰退时，利率则会随着资金需求的减少而下降。

利率存在以下种类形式：

（1）存贷款基准利率。基准利率反映市场资金的供求关系，是利率的核心。中央银行根据货币政策目标制定存贷款基准利率。基准利率对金融市场上其他利率或金融资产价格具有重要的参考意义。

（2）同业拆借利率。同业拆借利率是银行同业之间短期资金的借贷利率。

（3）回购利率。回购利率是交易双方为从事在全国同业拆借中心进行的以债券为抵押的一种短期资金融通业务而约定的利率。

【小知识6-3】

由贷款基准利率到LPR

贷款市场报价利率（Loan Prime Rate，LPR）是由具有代表性的报价行，根据本行对最优质客户的贷款利率，以公开市场操作利率（主要指中期借贷便利利率）加点形成的方式报价，由中国人民银行授权全国银行间同业拆借中心计算并公布的基础性的贷款参考利率，各金融机构应主要参考LPR进行贷款定价。现行的LPR包括1年期和5年期以上两个品种。LPR市场化程度较高，能够充分反映信贷市场资金供求情况，使用LPR进行贷款定价可以促进形成市场化的贷款利率，提高市场利率向信贷利率的传导效率。2020年8月12日，中国工商银行、中国建设银行、中国农业银行、中国银行和中国邮政储蓄银行五家国有大行同时发布公告，将于8月25日起对批量转换范围内的个人住房贷款，按照相关规则统一调整为LPR（贷款市场报价利率）定价方式。

中国人民银行宣布从2013年10月25日起建立LPR集中报价和发布机制。

2019年8月17日，人民银行发布改革完善贷款市场报价利率形成机制公告，在报价原则、形成方式、期限品种、报价行、报价频率和运用要求六个方面对LPR进行改革，同时将贷款基础利率中文名更改为贷款市场报价利率，英文名LPR保持不变。

2019年8月25日，中国人民银行发布公告，要求自2019年10月8日起，新发放商业性个人住房贷款利率以最近1个月相应期限的贷款市场报价利率为定价基准加点形成。加点数值应符合全国和当地住房信贷政策要求，体现贷款风险状况，合同期限内固定不变。

2019年10月28日，中国人民银行发布公告，要求自2020年1月1日起，各金融机构不得签订参考贷款基准利率定价的浮动利率贷款合同。自2020年3月1日起，金融机构应与存量浮动利率贷款客户就定价基准转换条款进行协商，将原合同约定的利率定价方式转换为以LPR为定价基准加点形成（加点可为负值），加点数值在合同剩余期限内固定不变；也可转换为固定利率。

2020年4月20日，中国人民银行授权全国银行间同业拆借中心公布，2020年4月20日贷款市场报价利率（LPR）为：1年期LPR为3.85%，较上一期下降20个基点，是自2019年8月LPR改革以来，降息幅度最大的一次；5年期以上LPR为4.65%，较上一期下降10个基点。

4. 汇率

汇率是外汇市场上一国货币与他国货币互相交换的比率。汇率变化受社会实际购买力、自由市场对外汇的供求关系、国际市场商品和货币的供求关系、本国国际收支状况、通货膨胀率、经济增长状况、利率水平等因素的影响。汇率波动将影响进出口及国际资本的流动,是政府经济调控的一种重要工具。

5. 财政收入

财政收入是国家财政参与社会产品分配所取得的收入,是实现国家职能的财力保证。财政收入主要源于各项税收、专项收入如排污费、城市水资源费等及其他收入如基本建设贷款归还收入、捐款收入等。

6. 财政支出

财政支出是指国家财政将筹集起来的资金分配使用,以满足经济建设和各项事业的需要。从结构上来看,财政支出包括经常性支出和资本性支出。经常性支出主要包括政府日常性支出、公共产品购买、经常性转移等;资本性支出包括政府基建投资、环境改善支出、政府储备物资的购买等。增加经常性支出可以有效促进消费需求。政府资本性支出则有助于有效促进投资需求的增长。

三、宏观经济对证券价格的影响

宏观经济分析包括宏观经济形势分析和宏观经济政策分析两个方面。宏观经济形势分析包含对经济周期和金融市场形势的分析;宏观经济政策分析主要是就货币政策、财政政策及收入分配政策对证券市场的影响展开分析。

(一)经济周期对证券价格的影响

宏观经济运行对证券市场的影响主要是由宏观经济的周期性波动而产生的。

1. 经济周期的概念

经济周期是指经济运行中周期性出现经济扩张和经济紧缩交替更迭、循环往复的一种现象。经济发展理论研究和实践表明,受多种因素的影响,宏观经济运行总是呈现周期性的变化。

经济周期一般经历四个阶段,即萧条、复苏、繁荣、衰退四个阶段。萧条阶段是经济活动收缩或下降阶段;复苏阶段是由萧条走向繁荣的过渡阶段;繁荣阶段是经济活动扩张或向上的阶段;衰退阶段是经济活动达到最高点后趋于下降的阶段。在循环周期中的转折点称为波峰和波谷。波峰是经济扩张结束后收缩的转折点;波谷则是经济开始复苏时,前一次经济衰退的最底部。经济的周期性波动具有客观规律性,不因国家或制度不同。随着研究的深入和国家的干预,经济波动幅度大大缩小,但经济周期并未因此而消除(见图6-1)。

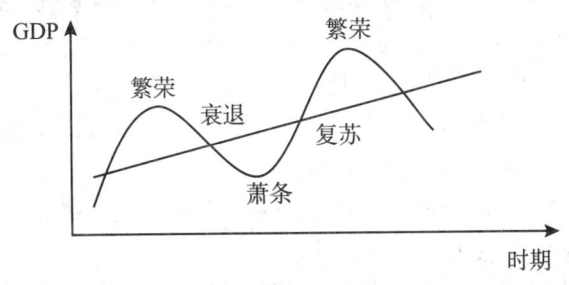

图6-1 经济周期波动

2. 经济周期波动对证券价格的影响

证券市场是宏观经济的晴雨表，必然受到经济周期的影响。从证券市场情况看，证券价格变动大体上与经济周期一致，伴随经济周期的波动而波动。经济繁荣时，证券价格上涨；经济衰退时，证券价格下跌。证券价格波动一般超前于经济运动。证券价格波动始终存在。

经济周期波动通过企业收益、投资者、相关参与主体的行为对证券市场运行及价格产生影响。

就上市公司而言，无论从长期还是短期来看，宏观经济环境都是影响企业发展的最基本因素。企业经济效益因宏观经济周期的波动而变动。经济运行趋势较好，企业总体盈利水平提高，投资价值提升；若宏观经济不景气，企业投资活动停滞，库存增加，投资回报下降，则企业的投资价值自然下降。

就投资者而言，增加居民收入不仅能增加入市资金，增加证券市场投资需求，还能通过刺激内需拉动经济增长，提高上市公司的盈利能力，进一步促进证券市场健康发展。此外，投资者对股价的预期，是宏观经济影响证券市场走势的重要途径。当宏观经济趋势较好时，投资者预期公司效益和自己的收入会不断增加，证券市场人气旺盛，推动市场价格走高；反之，股价自然走低。

就相关参与主体而言，政府相关部门和金融机构是证券市场的重要参与者，它们的行为对证券市场产生重要影响。宏观经济上行景气初步阶段，政府作为政策的制定者和监督者，通常采取较为宽松的货币政策及财政政策，降低利率水平，增加财政开支，使企业获得较低的生产成本，为企业提供充足的资金支持。金融机构相应采用顺周期经营策略，放松信贷约束，社会货币资金充足，对推高股市发挥重要作用。反之，经济过热、投资过旺，政府部门收紧财政政策和货币政策，金融机构收缩信贷融资，提高融资成本，对证券市场形成货币资金压力，证券市场面临下行压力。

不同经济周期阶段，证券市场呈现不同的变化趋势。

经济复苏或持续增长的情况下，社会总需求增加，总需求与总供给协同增长，经济结构合理，上市公司投资收益增加，生产规模进一步扩大，业绩持续增长，人们普遍看好上市公司，对公司证券价格上升产生良好预期。当证券投资供求发生变化，需求大于供给时，证券价格将上升。

经济繁荣持续高涨，社会总需求大于总供给，推动物价及股价上涨，甚至出现泡沫。股价上涨的财富效应，导致过度投资与消费，通货膨胀加剧。当经济出现过热，过度的投资扩张使社会总供给超过总需求，产品滞销，此时企业利润减少，社会经济效益下降，消费者收入减少，爆发信用危机。投资者抛售股票以解决支付危机，证券市场发生暴跌的现象。

萧条期，经济活动处于最低水平时期。大量生产能力闲置，不少企业亏损、倒闭，失业人口大量增加。此时是证券市场交投清淡的低迷期，多数证券价格跌至内在价值之下。多数人看空证券市场，不愿意从事证券投资。

固定资产投资、国内生产总值、通货膨胀率、失业率、利率等指标是衡量经济周期波动的宏观经济先行指标、同步指标及滞后类指标。

（1）固定资产投资增长与证券价格波动的关系。

可以从静态和动态两个方面来考察固定资产投资对证券价格的影响。

静态考察指标是固定资产投资比率,它是指固定资产投资额占国民生产总值的比重。固定资产投资比率高,意味着经济增长潜力大。但是,如果这一比率过高,将可能导致经济过热、通货膨胀加剧,收缩政策随之推出。

以动态角度来考察固定资产投资更有意义。固定资产投资增长率逐步上升,表明经济开始增长,股价指数将逐步向好。一方面,投资增长将使企业利润来源扩大,有利于股票升值。另一方面,投资增长也会使一部分资金暂时闲置未用,形成游资进入股市。当固定资产投资增长率逐步回落,表明经济增长已从高峰拐头,企业利润将滑坡,股市会预先作出反应,这时股票投资要谨慎。固定资产投资增长率的变化与股市并不必然发生直接相关关系。投资要有效益。无效投资过多,不能促进经济增长,反而会导致资源浪费,对股市产生消极效应。此外,固定资产投资增长率要有一个度,超越国力的投资,将产生巨大的负债,形成负面影响。固定资产投资存在产业地区的倾斜特征,对不同行业、不同区域的股票价格产生不同的影响。

(2) 国内生产总值变化对股价变化的影响。

国内生产总值反映了一国的经济总量状况,人均国内生产总值常常用来衡量一国的富裕程度。国内生产总值的持续增长表明经济良性发展,人们往往对未来的经济状况产生乐观的预期;国内生产总值处于不稳定非均衡增长状态时,不均衡的发展可能激发各种矛盾,从而导致经济衰退。国内生产总值增长,证券市场价格并非一定增长,有时刚好是相反的情况,这是因为在不同国内生产总值增长情况下证券市场的反应是不同的。

国内生产总值持续、稳定、高速增长情况下,社会总需求与总供给协调增长,经济结构逐步合理,经济增长势头良好。在这种良好经济环境下,上市公司经营环境改善,投资风险减少,股息、红利、利息增加,股票和债券价值增加,证券市场价格上涨。人们对经济形势形成良好的预期,投资积极性提高,从而增加了对证券的需求,促使证券价格上涨。

国内生产总值持续高速增长,总需求大大超过总供给,出现高通胀,这是经济形势恶化的前兆。此时,经济中的矛盾会凸显,企业经营将面临困境,居民实际收入将下降,因此失衡的经济增长将导致证券市场价格下跌。

宏观调控下的国内生产总值减速增长时,如果调控目标得以顺利实现,国内生产总值适度而未出现低增长或负增长,说明宏观调控措施有效,经济矛盾逐步缓解,为经济进一步增长创造了有利条件,证券市场将呈平稳渐升态势。

国内生产总值出现转折性变动。如果国内生产总值一定时期以来呈负增长,当负增长速度逐渐减缓,并呈现正增长转变趋势时,表明恶化的经济环境逐步得到改善,证券市场走势将由下跌转为上升。当国内生产总值由低速增长转向高速增长时,表明低速增长中,经济结构得到调整,经济的"瓶颈"制约得到改善,经济新一轮高速增长已经来临,证券市场也将伴以快速增长。

需要指出的是,证券市场一般提前对 GDP 的变动作出反应,而当 GDP 的实际变动被公布时,证券市场只反映实际变动与预期变动的差别。因而在证券投资中对 GDP 变动的分析的一个基本原则是必须着眼于未来的分析。

(3) 通货膨胀对股价变化的影响。

通货膨胀程度不同对证券市场的影响不同,应具体情况具体分析。

通货膨胀早期，表现为温和的、慢速的、需求拉上的状态，人们有货币幻觉，企业家因涨价、盈利增加而追加投资，就业率随之增长，收入增长，消费者投资于证券的资金增加；通货膨胀中期，表现为结构性为主，混合需求拉上、成本推进的状态，一些部门产品经过结构性投资变动，价格上涨快，影响证券品种价格结构性的变化；在严重通货膨胀下，货币大幅贬值，人们将资金抽离证券市场，购买黄金等保值商品，投资收益下降，经济衰退，大量资金离场，证券价格下降。因此，若长期处于通货膨胀状态，经济衰退将成为必然，证券价格的长期下跌将抵消通货膨胀初期证券价格上升取得的收益。

与通货膨胀相对应的则为通货紧缩。通货紧缩是指物价水平普遍下跌的经济现象。其产生的原因是货币供给量减少或货币供给增长速度下降，投资环境差，新增的货币供给不能转向有效投资与需求，被人们流动性偏好吸收。物价水平下降相对提高了货币购买力，但商品销售量减少，企业收入减少，投资也减少。通货紧缩损害投资者和消费者的积极性，造成经济衰退和经济萧条，不利于币值稳定和经济增长。

通货紧缩初期，由于货币购买力提高，消费投资会有所增加，证券市场的上涨是短暂的，伴随就业机会减少、公众预期收入减少、消费投资低迷，进而导致证券市场低迷、股价下跌。

(4) 就业状况变化对证券市场的影响。

就业状况的好坏不仅反映经济状况，它还直接关系投资者的收入，关系到证券市场资金供给的增减变化。经济增长初期，人们的收入除一部分用于消费外，手中积累了一定多余的货币投资于证券，带动证券市场兴旺。经济繁荣期，就业率高，收入普遍增长，资金源源不断流入证券市场，推高股价。投资者因财富效应增加消费信贷，银行也愿意承担授信品质低的信贷风险。当一些获利者抛售股票离场时，证券指数下跌，大多数人会补仓推动股价上涨，如果后续资金乏力，股票指数终究跌落下来。随着投资者损失严重，消费投资减少，就业机会减少，经济危机爆发，人们加速离开证券市场。持续的经济衰退使得就业率下降，证券市值大幅下降，证券指数将处于一个长期的下跌趋势中。

(二) 金融市场形势变化对证券价格的影响

1. 利率变化的影响

利率是资本市场供求平衡的产物。经济繁荣，资金需求增加，利率上升；经济萧条，资金需求下降，利率下降。利率变化与股市变化不是简单的负相关关系。利率上升多数发生在经济繁荣时期，企业经营业绩较好，收益持续增加，股票价格可能也随之上升；相反，在经济萧条时，虽然政府为刺激经济增长降低利率，降低企业融资成本，但因为整个投资环境不景气，缺乏投资机会，股票市场也会表现得较为低迷。

利率主要通过上市公司、资本流向、其他金融产品等方面来影响股价。

(1) 利率变动会直接影响上市公司盈利水平。利率提高，负债经营的企业融资和还款成本提高，导致公司利润下降，经营风险加大。市盈率水平相同的情况下，每股收益水平下降，必然导致股价下跌；反之，利率下降，企业资金成本得以节约，收益上升，支撑股价上涨。

(2) 利率变动会重新配置资金流向。存款利率下降，资本的逐利性使民间资金分流到股市和其他投资领域。降低利率，也使更多资金进入消费领域和投资领域，对上市公司经营具有积极意义，有利于经济增长。

（3）利率变化使金融产品收益率结构发生变化。当利率的变化引起股票收益率高于可代替资产收益率，人们将投资于股市以获取更好收益，推动股价上升。反之，当利率变化导致股票投资收益率低于其他金融资产的收益率，人们将投资于其他资产以代替股票，资金流出股市，股价下跌。

除了利率之外，存款准备金率、贴现率等利率相关参数的变化对股市也将产生相应的影响。当降低存款准备金率时，商业银行可用的资金增加，贷款能力随之提高，市场货币供应量增加，增加社会总需求，促进经济增长，改善企业效益，同时，吸引部分资金进入股市，推动股价上涨；反之亦然。中央银行提高再贴现率限制商业银行向中央银行贴现，银根抽紧将不利于更多资金进入股市，导致股价下跌；反之亦然。

2. 货币供应量变化的影响

货币供应量从两方面影响证券价格。一是当货币供应量充足时，如果投资渠道相对狭窄，大量资金找不到投资出口，必然会投向房地产和金融市场。这些市场受资金充足和需求旺盛的刺激，资产价格会快速上升，进而进一步吸引资金进入这些市场，从而推动资产价格更快上升。二是货币供应量增加，利率水平下降，降低企业融资成本，引发更多投资支出；就居民个人而言，利率下降，存款吸引力下降，居民将更倾向于投资股市，从而引发股票价格上涨。股价上涨，居民财富增加，促进消费，消费支出的增加通过乘数效应使产出倍数增长，企业利润增加，进一步推动股价上涨。

3. 汇率变化的影响

一般情况下，汇率上升，本国货币贬值，对出口企业有利，对进口企业不利，因而对出口企业的证券价格上涨有利，增加进口企业证券价格下跌的压力。汇率下降，本国货币升值，情况则相反。但当一国的货币连续暴跌时，有可能引发本国金融危机和证券市场恐慌，从而导致证券价格暴跌。

第三节 宏观经济政策分析

宏观经济政策包括财政政策、货币政策及汇率政策、产业政策、收入政策等。不同的政策措施对证券价格产生不同的影响。

一、财政政策

财政政策是国家通过调整财政收入和财政支出变动影响消费和投资，以实现宏观调控目标的经济政策。财政政策调整从决策到实施具有较长的时滞，对证券市场的影响较为持久、缓慢。财政政策与货币政策并用，是国家干预经济的重要政策措施。

（一）财政政策的种类

财政政策主要分为扩张或积极的财政政策和紧缩或稳健的财政政策。当经济下行，失业人口增加时,政府通过实施积极的财政政策,如增加财政支出、减低税率等措施,扩大社会总需求,刺激经济增长;当经济过热、物价水平持续上升时,政府通过减少支出,提高税率等措施,减少社会总需求,抑制通货膨胀。

无论是哪一类型的财政政策,其对证券市场的影响主要是通过财政政策工具对社会总需求、公司盈利或居民收入及证券交易成本的影响来实现。

(二) 财政收入工具及其使用对证券价格的影响

财政收入工具主要有税收、国债、预算外收费等。

1. 税收

税收既是筹集财政收入的主要工具,也是调节宏观经济的重要手段。减少税收可以增加企业和居民的收入,增加投资需求和消费需求,一方面促进企业生产规模扩大和利润增加,盈利能力增强,降低偿还债务风险;另一方面增加证券市场资金供给或降低市场交易成本。这些对于推动股价上涨具有积极的作用。如降低证券交易印花税,有利于降低股票交易成本,活跃股市行情推动股票价格上涨;反之,提高税率,将对证券价格下跌形成压力。一般而言,税率的调整与证券价格呈反相关的关系。

2. 国债

政府回购部分国债,一方面增加货币供应量,扩大社会总需求,刺激生产和消费,改善企业盈利状况,推动证券价格上涨;另一方面债券供给量减少,价格上涨,继而货币供给与证券联动,带动证券价格上涨。

(三) 财政支出及其对证券价格的影响

财政支出的主要方式有政府购买、政府转移支付、财政补贴等。

1. 政府购买

增加财政支出,可增加总需求,使上市公司业绩提高,经营风险下降,居民收入提高,从而使证券市场行情看涨。提高政府购买水平,增加政府在桥梁、道路、港口、政府办公设备等非竞争性领域的投资,可直接增加对相关产业如水泥、机械、钢铁及办公设备等产品的需求,这些产业的发展带动其他相关产业的发展,以乘数的方式促进经济增长,增加上市公司利润,提高居民收入,从而使证券市场行情看涨。

2. 政府转移支付

政府转移支付如社会福利费用和农副产品价格补贴调整将会改变一部分人的收入水平,间接影响上市公司利润,进而影响其股价。转移支付制度对发展地方经济、扶持上市公司起到直接或间接的促进作用,从整体上和结构上影响证券市场。政府转移支付从结构上改变社会购买力状况,从而影响总需求,影响企业收益和居民收入水平,进而影响证券价格的变化。

3. 财政补贴

财政补贴是国家为了某种特定需要,将一部分财政资金无偿补助给企业和居民的一种再分配形式,如财政贴息、房租补贴等。财政补贴直接影响企业和居民收入,进而影响企业和居民的投资需求和消费需求,刺激供给增加,推动证券价格上涨。

【思政小课堂 6-1】

从财政收支看防范和化解地方债务风险

2021 年财政支出预算呈现以下特征：

（1）支出总量略偏紧。总体的政府债券扩张规模下降了接近 1.3 万亿元（见图 1）。

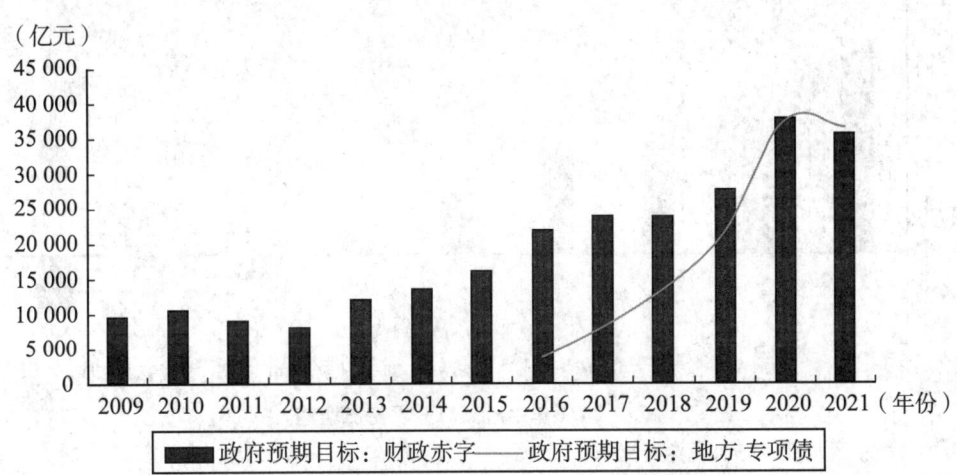

图 1　历年财政赤字目标和地方专项债预期目标

资料来源：Wind，海通证券研究所。

2021 年全国一般公共预算支出 25 万亿元，比去年增长 1.8%，低于去年 2.8% 的增速；政府性基金预算支出 13.1 万亿元，增速 11.2%，远不及去年的 28.8%（见图 2）。

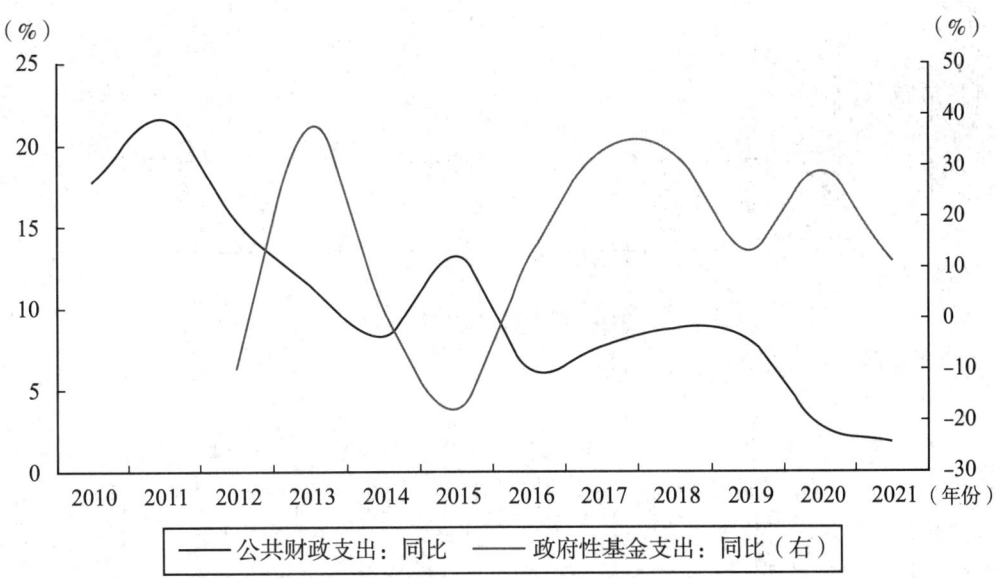

图 2　历年全国公共财政支出和政府性基金支出同比

注：2021 年数据为预算支出预计增速，其他年份为实际支出增速。
资料来源：Wind，海通证券研究所。

(2) 从支出方向来看,基建有所降温,交通运输的支出增速由去年的 3.2% 回落至 −1.6%;债务付息支出增速为 9.4%,在各项支出中位居首位的社保就业和教育的预算支出分别增长 5.9% 和 5.3%,大幅高于整体支出增速(见图 3)。

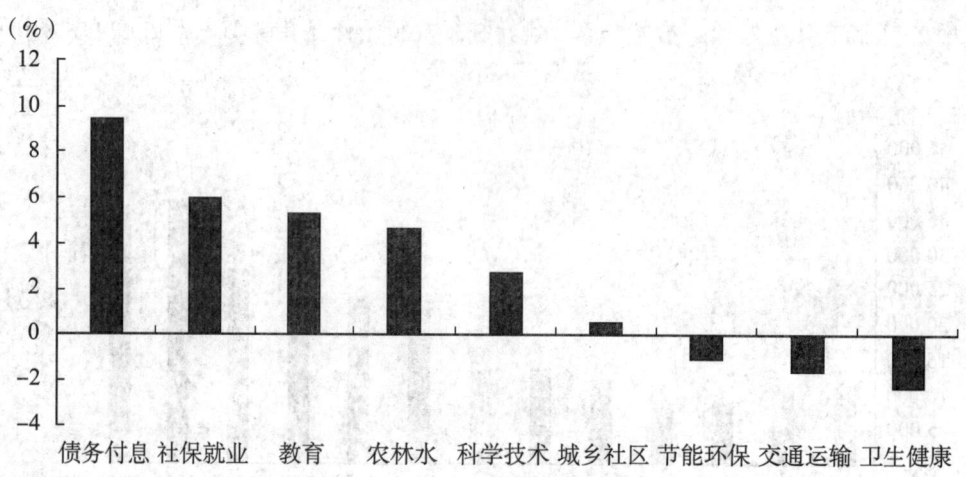

图 3 2021 年财政预算分项支出增速

资料来源:财政部,海通证券研究所。

我国政府部门杠杆率如图 4 所示。

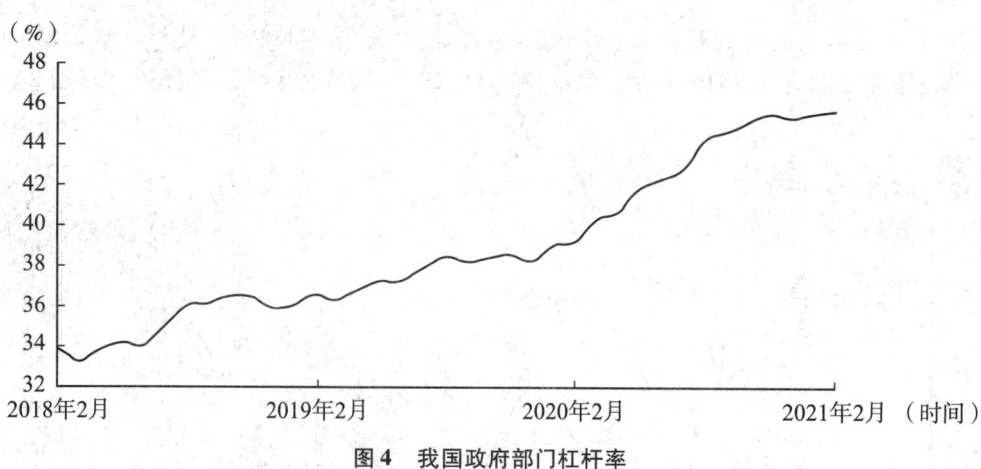

图 4 我国政府部门杠杆率

资料来源:Wind,海通证券研究所测算。

2018 年以来,我国政府部门杠杆率增长较快,地方债务风险增大。2021 年 3 月 15 日,国务院常务会议提出"政府杠杆率要有所降低",包括地方政府的隐性负债,以及国有企业的债务水平。化解地方政府债务风险是财政领域的一项重点工作,可以起到降低地方政府隐性杠杆的目的,是防范系统性风险的重要组成部分。但隐性负债扩张放缓,也会对基建投资增速有所拖累。财政力度减弱,也会给后续经济带来一定的下行压力。

作为金融市场参与者,我们应正确认识发挥市场作用与风险防范的辩证关系。现代化经济体系依赖包括政府在内的各市场主体的广泛参与。政府在培育和提升各类经济主体的竞争力、创造力，激活市场活力的同时，通过建立和完善统一市场和公平竞争的各项制度，完善现代财政制度和经济金融监管制度，有助于最大限度地规避防范和化解各种潜在风险，守住不发生系统性风险的底线。

资料来源：部分资料根据梁中华：《财政力度略偏紧，给后续经济带来下行压力》第一财经，https：//www.yicai.com/news/101011341.html，2021年4月6日整理。

【财经实事6-3】

A股2016年政府补助接近创业板净利润 政府"红包"助7股避免戴帽

政府补助粉饰业绩顽疾仍待解。昨日，长电科技发布了盈利1.06亿元、同比增长104.50%的2016年年报，乍看可谓靓丽的年报背后，是去年高达3.12亿元的非经常性损益，其中政府补助就高达2.07亿元。也就是说，若无政府补助，长电科技去年的业绩将立刻失色。

据大众证券报和财信网记者统计发现，截至昨日收盘，2 090家已发年报公司中只有66家去年未获得政府"红包"，2024家公司获得的政府补助合计922.53亿元，已接近整个创业板目前的950.59亿元净利润。

其中，中国石油去年收到的政府"红包"最大，达57.79亿元。中国石化以39.87亿元紧随其后。上汽集团也获得了25.47亿元。除此之外，政府补助超过亿元的公司多达153家，而且，这些政府补助超亿元公司多为国企。

如果以政府补助对比同期净利润，可以发现长电科技去年获得的政府补助是同期净利润的2倍之多。而进一步统计发现，包括长电科技在内，已有多达192家公司去年获得的政府补助超过了同期净利润，其中37家公司更是净利润的2倍以上。

宜宾纸业堪称目前政府"红包"拿到最手软的公司，年报显示去年获得政府补助1.04亿元，是同期净利润317.82万元的32.6倍！华东科技则以6.49亿元政府补助相当于同期盈利2 359.70万元的27.5倍位居其次。

*ST中特去年的政府补助为7 857.56万元，虽然未过亿，但却是519.79万元净利润的15.1倍。此外，政府补助在净利润5倍以上的公司还有洛阳玻璃、中百集团、珠江啤酒、黔轮胎A、新筑股份、西部创业和西水股份。

值得注意的是，这37家公司中，有17家获得的政府补助对公司去年实现盈利起到了至关重要的作用。它们去年的政府补助超过了同期全部非经常性损益，也就是说，如果没有政府补助，这些公司去年的业绩将立刻变为亏损。

资料来源：A股去年政府补助近创业板净利润 政府助7股避免戴帽［EB/OL］.新浪财经，http：//finance.sina.com.cn/stock/s/2017-04-21/doc-ifyepsch2180230.shtml，2017-04-21.

二、货币政策

货币政策是中央银行为实现既定经济目标，运用各种工具调节货币供应和利率水平，进而影响宏观经济的方针和措施的总和。货币政策包含货币政策目标、货币政策工具和货币政策效应。货币政策的作用在于通过调控货币供应量和利率水平，影响经济运行的总体状况，以实现一定的经济效果。

货币政策可以分为扩张性货币政策或积极性货币政策和紧缩性货币政策或稳健性货币政策。在经济衰退或萧条时，中央银行采取扩张性货币政策措施增加货币供给，降低利率，刺激投资和进出口，增加总需求，推动经济增长。反之，经济过热时，中央银行采取紧缩性货币政策，减少货币供给，提高利率，放缓经济增长，控制通货膨胀。

（一）货币政策工具

货币政策工具包含一般性货币政策工具和选择性货币政策工具。一般性货币政策工具主要包括公开市场业务、再贴现率和法定存款准备金率三大工具，主要通过调节货币供给量影响宏观经济。选择性货币政策工具是结构性的工具，是运用金融工具有选择性地对某些特殊领域的信用状况加以调节和影响。

1. 一般性货币政策工具

（1）公开市场业务。公开市场业务是中央银行在金融市场上出售或购买债券调节基础货币，从而调节货币供应量的行为。当中央银行购买债券，会使基础货币增加，从而增加货币供应量。反之，当中央银行出售债券，减少通货或减少商业银行存款准备金，从而减少货币供给。中央银行通过公开市场业务增加或减少流通中的现金或商业银行的准备金，使基础货币增加或减少，从而调节货币供应量。

（2）再贴现政策。再贴现政策是中央银行通过变动再贴现率影响贷款成本和贷款数量的政策。再贴现率提高，商业银行向中央银行借款成本提高，这样会促使商业银行减少向中央银行贷款；再贴现率降低，商业银行向中央银行借款成本下降，有利于其扩大贷款规模。再贴现率调整，反映了中央银行货币政策的意向，具有一定的告示效应，对短期市场利率起到一定的导向作用。

（3）法定存款准备金率。法定存款准备金率是法律规定的商业银行和存款类金融机构必须向中央银行缴存的法定准备金占其存款总额的比例。中央银行提高法定存款准备金率，商业银行向中央银行缴存的法定存款准备金增加，存款准备金减少，可贷资金减少，货币乘数变小，货币供应量收缩；反之，中央银行降低法定存款准备金率，将扩大货币供应量。法定存款准备金率是作用较为强劲的货币政策工具。

2. 选择性货币政策工具

（1）消费者信用控制。中央银行对不动产之外的各种耐用消费品的销售融资进行控制。主要包括规定分期付款购买大额耐用消费品时第一次付款的最低金额；规定可用消费信贷购买商品的最长期限；规定可用消费信贷购买的耐用消费品种类，对不同消费品规定不同的信贷条件等。

（2）证券市场信用控制。中央银行对证券信用交易设定一定比例的保证金要求，并根据证券市场的状况加以调整，以控制过度投机。

（3）不动产信用控制。中央银行对金融机构的房地产贷款采取限制措施，如对金融机构的房地产贷款规定最高限额、最低利率、最长期限、首付款比率等。

（4）优惠利率。中央银行对国家重点发展的经济领域或产业实行优惠利率政策，引导信贷资金向这些产业倾斜，如我国战略性新兴领域、"三农"领域等。

除一般性货币政策工具和选择性货币政策工具外，中央银行还通过直接信用控制和间接信用控制指导调控货币供应和利率。直接信用控制主要通过规定利率限额与信用配额、信用条件、金融机构流动性比率及直接干预银行信贷业务等方式，直接对金融机构的信用活动进行控制。间接信用控制指导主要通过道义劝告、窗口指导等办法间接影响商业银行等金融机构的行为。

（二）货币政策对证券市场的影响

货币政策对证券市场的影响是直接的、迅速的。一般而言，整体上，扩张的货币政策有助于推动股价上涨；紧缩性货币政策将使证券价格下跌。货币政策对证券市场的影响主要体现在以下方面：

1. 影响证券市场资金供求

当中央银行采取扩张性货币政策，如降低存款准备金率、降低再贴现率或向公开市场购买债券，市场货币供应量增加，证券市场资金充裕，有助于推动证券市场价格上涨。

2. 影响证券供求

中央银行货币政策操作，直接影响证券市场证券的供求。当中央银行在金融市场上买入大量债券时，将导致债券价格上升，债券到期收益率下降；反之，当中央银行大量卖出债券时，债券价格下跌，收益率上升。

3. 影响证券投资机会成本

货币政策可以通过影响投资者的投资机会成本影响投资选择。扩张的货币政策，利率下降，投资者需要在银行储蓄和证券投资两种投资方式间比较权衡。储蓄收益下降，证券价格上升，表明投资者投资于证券的机会成本下降，投资收益上升，理性的投资者将选择投资于证券市场以获取更高的收益。中央银行执行紧缩性货币政策，利率上升，证券市场投资机会成本上升，证券需求减少，证券市场价格下降。

4. 影响上市公司成本与业绩

中央银行采取扩张货币政策，货币供应量增加，利率下降，一方面使上市公司获得资金的成本下降，并且增加了资金可得性，减少财务约束对公司经营的制约。另一方面，资金成本下降，从长期来看，有利于提高企业经营业绩，促进上市公司股价上涨。反之，中央银行采取紧缩性货币政策，利率提高将增加企业经营成本和财务风险，影响经营业绩，使股价下降。

一般性货币政策工具对证券市场的影响是直接的，选择性货币政策工具对证券市场的影响则是结构性的。为落实国家产业政策和区域政策，中央银行对不同行业和区域采取区别对待的方针。在从紧的货币政策下，中央银行通过直接信用控制或间接信用指导区别对待，紧中有松。那些受政策优先支持的产业或区域的证券价格可能不受影响，甚至逆势上升。

【案例 6-1】

逆周期调节力度加大 MLF 降息"靴子落地"

2023 年，在 6 月 13 日公开市场逆回购操作利率和各期限常备借贷便利（SLF）利率均下调 10 个基点后，6 月 15 日，中国人民银行开展 2 370 亿元中期借贷便利（MLF）操作和 20 亿元公开市场逆回购操作。其中，1 年期 MLF 操作利率为 2.65%，较上月下调 10

个基点。

6月15日中国人民银行开展的2 370亿元MLF操作，由于到期规模为2 000亿元，实现了370亿元净投放。这也是中国人民银行连续第7个月加量续做到期MLF，且加量幅度较前两个月有所加大。此前，1～6月MLF已累计实现净投放6 410亿元。MLF超额续作及降息将产生怎样的影响？

(1) 从历史经验看，MLF利率常随公开市场操作和SLF利率同向、同幅波动，这样有助于形成正常的、向上倾斜的收益率曲线。

(2) MLF延续超额续做，并非源于市场资金面收紧，而是释放了清晰的稳增长信号。一方面意在提前补充银行体系中长期流动性，扩大中长期货币供给，为银行加快中长期信贷投放提供支持，增强其信贷投放能力，为接下来的信贷投放再度提速做好准备，对保障金融支持实体经济的可持续性、优化融资结构、降低期限错配风险等方面起到了积极作用。另一方面维持货币市场的平稳运行，保障市场流动合理充裕，避免"大水漫灌"，维持短期利率在政策利率水平附近合理波动。

(3) 下调MLF利率，体现了中央银行欲通过加强逆周期调节全力支持实体经济发展。下调MLF利率，有利于促进金融机构在资产端继续让利实体经济，推动实际贷款利率、企业综合融资成本和个人消费信贷成本稳中有降。未来，实体经济融资需求将会上升，而银行信贷投放节奏也将加快。

(4) 指引利率工具组合发挥作用。当前，我国已形成"MLF利率—LPR—贷款利率"的利率传导机制，MLF利率对LPR报价发挥着关键指引作用。随着MLF利率下调，LPR有望继续下调。在总量合理适度的情况下，利率工具组合将全面发力，下一阶段，中央银行将保持适度偏松的货币政策操作，持续加大对稳增长的金融支持力度。未来可能依次下调存款利率、逆回购利率、SLF利率、MLF利率、LPR利率、市场贷款利率与债券发行利率等。

资料来源：根据逆周期调节力度加大MLF降息"靴子落地"[EB/OL]．中国证券报、中证网，https://www.cs.com.cn/xwzx/hg/202306/t20230616_6350571.html，2023-06-16整理。

三、汇率政策

开放经济条件下，汇率对经济的影响是显著的。汇率变动通过影响进出口贸易、国际资本流动、上市公司成本及业绩等方面对证券市场产生影响。

(一) 汇率变动对进出口贸易的影响

汇率上升，本币贬值，本国产品竞争力提升，出口型企业受益，出口型上市公司的证券价格将上涨；进口型上市公司进口成本上升，盈利受损，证券价格下跌。反之，汇率下降，本币升值，有利于进口，不利出口，进口型企业受益，证券价格上升；出口型企业收益受损，证券价格下降。

(二) 汇率变动对国际资本流动的影响

汇率上升，本币贬值，导致资本流出，本国资金供给减少，证券需求减少，证券价格下跌；汇率下跌，本币升值，资本流入本国，本国证券市场的证券需求和资金供给增加，证券价格上涨。

【案例6-2】

三大航汇兑损失达110亿元，成业绩"拖油瓶"

2016年年报显示，中国国际航空公司（简称"国航"）、中国东方航空公司（简称"东航"）、中国南方航空集团有限公司（简称"南航"）三大航企业绩均出现小幅回升，三大航企盈利之和为163.77亿元，同比上升7.98%。航企业绩提升与国际油价的持续低迷有关。数据显示，2016年，布伦特原油现货年平均价格为43.73美元/桶，比上年同期下降16.5%。以南航为例，2016年的航油总成本为237.99亿元，同比下降9.42%。

不过，由于人民币汇率在2016年继续呈整体下跌态势，巨额的汇兑损失令航企业绩提振乏力。

以国航为例，其在年报中显示，假定除汇率以外的其他风险变量不变，人民币兑美元汇率变动使人民币贬值1%，将导致集团于2016年底的净利润和股东权益减少3.76亿元。

财务报表显示，汇率波动导致国航汇兑损失42.3亿元。综合三大航情况看，去年汇兑损失合计110.43亿元，这一汇兑损失总额相当于净利润之和的73%。

不过，汇兑损失总额虽然仍然较大，但相对于2015年情况来看已经有所收窄。综合2015年年报看到，当年三大航2015年汇兑损失合计158.4亿元，超过了当年净利润之和（151.66亿元）。

资料来源：三大航去年汇兑损失达110亿成业绩"拖油瓶"［EB/OL］.人民政协网，https：//www.rmzxb.com.cn/c/2017-04-01/1456234.shtml，2017-04-01。

四、产业政策

产业政策是政府为促进国民经济稳定协调发展，对国家产业结构、产业组织进行某种形式干预的经济政策。产业政策包括产业结构政策、产业组织政策、产业技术政策、产业布局政策等。产业政策的实施需要通过财政政策、货币政策、收入政策、土地政策等配合完成。例如，通过土地、财政、税收、金融等各种优惠政策支持优先发展国家战略性新兴产业。

产业政策通过影响经济结构而对证券市场结构产生影响。

产业结构政策影响不同区域、行业和企业的发展。优先扶持的行业由于政策倾斜获得稳定发展，市场环境较好，取得利润增长的基础，有利于行业股价上涨；反之，受到抑制的行业，发展受限，市场环境恶化，获得利润的空间逐渐被压缩，股价自然受影响。

产业组织政策实施将使企业组织结构、分工格局产生很大变化，产生的并购控股措施必然对股票价格产生巨大的影响。

产业技术政策通过扶持新兴科技产业、传统产业技术改造等方面影响各类行业发展，进而对各个行业的股票价格产生影响。

五、收入政策

收入政策是国家为实现宏观调控总目标和总任务,针对居民生活水平和收入制定的原则和方针。收入政策包括总量调控和结构调控,对证券市场产生不同影响。

收入总量调节政策着眼于近期国民收入分配总量平衡的目标,可以分为紧分配、松分配、超分配政策。收入总量调控影响居民消费和积累,通过财政政策和货币政策传导证券市场。紧分配政策使社会可分配收入减少,消费和实业投资减少,可进行证券投资的比例降低,流入股市资金减少。企业、居民收入增长率下降,人们对未来经济预期不乐观,股价下跌。适当增长的宽松分配政策使劳动者个人收入增加,城乡居民可支配的资金增加,企业收入的增加带来积累的增加,这些将引起民间金融资产的大幅度增加,从而直接导致储蓄增加的同时,证券市场需求增加,促进证券市场规模扩大和股价上涨。超分配政策,使居民收入增加,保证更多资金流入股市,从而推动股市上涨。但当超分配收入超越一定界限,会导致严重通货膨胀,对股市产生不利影响。

收入结构政策目标主要着眼于中长期收入结构的优化和经济社会的协调发展,通过对积累、消费、公共消费与个人消费以及各种收入比例进行调节实现目标。财政收入、公共消费比重减少,企业、居民可支配收入增加,将促进资金流入股市;反之将产生相反的效应。收入拉开差距,社会游资比重将增加,会强化股市投机性,增大股市的波动性;反之,收入过于平均化,大多数企业与居民无"溢出收入",分散资金入市,则使股价走势相对平稳。

【思政小课堂 6-2】

党的二十大报告"关键词"之建立宏观经济治理体系

提出过程

2014年5月,习近平总书记在十八届中央政治局第十五次集体学习时指出,科学的宏观调控,有效的政府治理,是发挥社会主义市场经济体制优势的内在要求。2020年10月,党的十九届五中全会通过《中共中央关于制定国民经济和社会发展第十四个五年规划和二〇三五年远景目标的建议》指出:"健全以国家发展规划为战略导向,以财政政策和货币政策为主要手段,就业、产业、投资、消费、环保、区域等政策紧密配合,目标优化、分工合理、高效协同的宏观经济治理体系。"2022年10月,习近平总书记在党的二十大报告中指出,"健全宏观经济治理体系"。

基本内涵

健全宏观经济治理体系,要发挥国家发展规划的战略导向作用,加强财政政策和货币政策的协调配合,着力扩大内需,增强消费对经济发展的基础性作用和投资对优化供给结构的关键作用。

意义作用

健全宏观经济治理体系,有利于加快转变政府职能,建设职责明确、依法行政的政府治理体系,创新和完善宏观调控,提高政府治理效能;有利于充分发挥市场在资源配置中的决定性作用,更好发挥政府作用,推动有效市场和有为政府更好结合;有利于顺应新发展阶段要求,完整、准确、全面贯彻新发展理念,建设现代化经济体系,着力推动高质量发展,主动构建新发展格局。

科学认识"宏观调控"与"宏观经济治理"

"宏观调控"的关键词是"调控"。一个"调"字,突出了通过间接手段进行宏观管理的长期政策取向。一个"控"字,强调在市场机制发育尚不完善的情况下,还应综合使用多种政策工具对整个国民经济体系进行有效管理。可见,使用"调"与"控"二字,意在描述政策工具的特性和功能。"宏观调控"的提法强调政府应根据实际情况相机抉择,综合运用多种类型的政策工具来保持宏观经济运行的稳定。

"宏观经济治理"的关键词是"治理"。使用"宏观经济治理",意味着将政府的宏观经济管理活动作为国家治理体系的重要组成部分,将其纳入规范化、制度化、法治化轨道,推动宏观经济政策框架更加成熟、更加定型。

综合来看,"宏观调控"的提法侧重于刻画宏观经济政策工具箱中各类工具的特性与功能,关注这些工具在熨平经济波动中的作用。相较之下,"宏观经济治理"的提法则侧重于刻画宏观经济政策框架的制度特征,将宏观经济政策框架纳入国家治理体系和治理能力现代化全局中加以系统谋划。

"宏观经济治理体系"的实践要求

一要健全以国家发展规划为战略导向,以财政政策和货币政策为主要手段,就业、产业、投资、消费、环保、区域等政策紧密配合,目标优化、分工合理、高效协同的宏观经济治理体系。

二要增强国家发展规划对公共预算、国土开发、资源配置等政策的宏观引导、统筹协调功能,健全宏观政策制定和执行机制,重视预期管理和引导,合理把握经济增长、就业、价格、国际收支等调控目标,在区间调控基础上加强定向调控、相机调控和精准调控。

三要完善宏观调控政策体系,搞好跨周期政策设计,提高逆周期调节能力,促进经济总量平衡、结构优化、内外均衡。

四要加强宏观经济治理数据库等建设,提升大数据等现代技术手段辅助治理能力,推进统计现代化改革。

五要健全宏观经济政策评估评价制度和重大风险识别预警机制,畅通政策制定参与渠道,提高决策科学化、民主化、法治化水平。

资料来源:党的二十大报告关键词[M].北京:党建读物出版社,2022:11.

【章节小结】

(1) 对宏观经济进行分析,有利于投资者把握经济发展大方向,研判宏观经济政策对证券市场的影响程度及方向,从而从总体上把握证券市场运行趋势,对整个证券市场的投资价值作出判断。

(2) 宏观分析的主要方法有总量和结构分析法、指标分析法、计量模型和概率分析法。对总量分析既要进行指标间的静态分析,也要做比较动态分析;结构分析是对总量的补充。将总量分析与结构分析结合起来,有助于全面把握经济运行的整体情况。经济指标中的先行指标可以用来预测,同步指标和滞后指标可以用来验证。

(3) 对宏观经济形势的分析可以通过对经济周期和金融市场变化的分析进行。经济周期分析包括总体指标分析和结构性指标分析。总体指标如国内生产总值、工业增加值、失业率或就业率、通货膨胀率等;结构性指标可以分为投资消费指标、财政金融指标等。

(4) 宏观经济周期变化和金融市场波动对证券价格产生影响。经济周期波动通过企业收益、投资者、相关参与主体的行为对证券市场运行及价格产生影响。固定资产投资、国内生产总值、通货膨胀率、失业率、利率等指标是衡量经济周期波动的宏观经济先行指标、同步指标及滞后类指标。不同经济周期阶段,证券市场呈现不同的变化趋势。金融市场变化形势通过利率、货币供应量、汇率等指标反映,金融市场形势变化直接影响证券价格。

(5) 宏观经济政策包括财政政策、货币政策及汇率政策、产业政策、收入政策等。财政政策的调整从决策到实施具有较长的时滞,对证券市场具有持久的、较为缓慢的影响。财政政策通过财政收入工具和财政支出工具对证券价格产生影响。货币政策对证券市场的影响是直接的、迅速的。货币政策工具包含一般性货币政策工具和选择性货币政策工具。货币政策通过影响证券市场的资金供求、证券供求、证券投资机会成本、上市公司业绩等方面影响证券价格。开放经济条件下,汇率对经济的影响是显著的。汇率变动通过影响进出口贸易、国际资本流动,进而对证券市场产生影响。

(6) 产业政策通过调整经济结构影响证券市场结构,如对行业、区域板块及个股价格变化的影响。收入政策通过总量调控政策和结构调控政策对证券市场产生影响。

【思政梳理】

本章的思政小课堂包含两个方面的内容:一是地方债务风险增大将拖累地方经济发展。防范和化解地方债务风险是财政的重要工作,是防范系统性风险的重要组成部分。二是党的二十大报告提出健全"宏观经济治理体系",发挥国家发展规划的战略导向作用,加强财政政策和货币政策协调配合,着力扩大内需,增强消费对经济发展的基础性作用和投资对优化供给结构的关键作用。我们要把握好发挥市场机制作用与发挥政府调控作用的辩证关系。现代市场经济强调企业公平竞争、商品平等交换、要素自由流动、消费者自主消费。但我们也应该认识到市场存在失灵,发挥市场在资源配置中起决定性作用的同时要更好发挥政府的宏观调控作用,通过不断完善现代财政制度和经济金融监管制度,才能最大限度地规避各种经济金融风险,守住不发生系统性金融风险的底线。健全"宏观经济治理体系"有利于顺应新发展阶段要求,完整、准确、全面贯彻新发展理念,建设现代化经济体系,推动高质量发展。建设现代化经济体系,是党中央从党和国家事业全局出发,顺应中国特色社会主义进入新时代的新要求作出的重大决策部署。"国家强,经济体系必须强。只有形成现代化经济体系,才能更好顺应现代化发展潮流和赢得国际竞争主动,也才能为其他领域现代化提供有力支撑。"① 我们要登高望远、居安思危,深刻认识建设现代化经济体系的重大意义。

---

① 习近平总书记在中共中央政治局第三次集体学习时的讲话。习近平. 深刻认识建设现代化经济体系重要性推动我国经济发展焕发新活力迈上新台阶 [EB/OL]. 中国政府网, https://www.gov.cn/xinwen/2018-01/31/content_5262618.htm, 2018-01-31.

【主要概念】

总量分析　结构分析　先行指标　同步指标　滞后指标　经济周期　财政政策　货币政策　产业政策　收入政策

【案例思考】

以下是中国工商银行股份有限公司2023年半年度报告部分内容，请阅读材料，回答以下问题。

2023年上半年，国际经济贸易投资放缓，通胀仍处高位，发达国家央行政策紧缩效应持续显现，国际金融市场波动加剧。国内经济运行整体回升向好，市场需求稳步恢复，生产供给持续增加，高质量发展稳步推进。国内生产总值（GDP）同比增长5.5%，固定资产投资（不含农户）同比增长3.8%，货物贸易进出口总值（人民币计价）同比增长2.1%，社会消费品零售总额同比增长8.2%，规模以上工业增加值同比增长3.8%，服务业增加值同比增长6.4%，居民消费价格指数（CPI）同比上涨0.7%。

积极的财政政策加力提效。完善税费支持政策，增强精准性针对性，支持民营企业、中小微企业和个体工商户发展，着力纾解企业困难。加强财政资源统筹，保持必要支出强度，在打基础、利长远、补短板、调结构上加大投资。发挥政府投资引导作用，鼓励和吸引更多民间资本参与。

稳健的货币政策精准有力。人民银行降准0.25个百分点，释放长期流动性，增强信贷总量增长的稳定性和可持续性，稳固对实体经济的支持力度。结构性货币政策工具"聚焦重点、合理适度、有进有退"，设立房企纾困专项再贷款、租赁住房贷款支持计划，延续实施普惠小微贷款支持工具和保交楼贷款支持计划，增加支农支小再贷款、再贴现额度，持续加大对普惠金融、科技创新、绿色发展、基础设施等国民经济重点领域和薄弱环节的支持力度。持续完善市场化利率形成和传导机制，发挥贷款市场报价利率（LPR）改革效能，1年期和5年期LPR均下降10个基点，推动企业融资和居民信贷成本稳中有降；持续发挥存款利率市场化调整机制的重要作用，促进稳定银行负债成本。

监管政策聚焦推改革、促发展、防风险。推改革方面，落实《党和国家机构改革方案》部署，金融监管体系迈入"一行一总局一会"新格局。促发展方面，修订优化固定资产贷款、流动资金贷款、个人贷款、项目融资等信贷管理制度，促进银行业金融机构提升信贷管理能力和金融服务效率；围绕做好交通物流、小微企业、乡村振兴等领域的金融服务发布通知和指导意见，推动银行业加强对重点领域的精准支持；建立首套住房贷款利率政策动态调整机制，延长金融支持房地产市场平稳健康发展有关政策期限，保障房地产市场平稳发展；优化跨国公司本外币跨境资金集中运营管理政策，支持外经贸企业扩大人民币跨境使用，提升跨境贸易和投融资便利化水平。防风险方面，出台《商业银行金融资产风险分类办法》，修订《商业银行资本管理办法》并公开征求意见，推动商业银行加强信用风险管理，完善资本监管规则。

金融体系运行总体平稳。6月末，广义货币供应量（M2）余额287.30万亿元，同比增长11.3%；社会融资规模存量365.45万亿元，同比增长9.0%；人民币贷款余额230.58万亿元，同比增长11.3%；人民币存款余额278.62万亿元，同比增长11.0%。6月末，债券市场发行各类债券34.33万亿元，同比增长9.0%。股票市场主要指数震荡上行，上证综指和深证成指比上年末分别上涨 3.7% 和 0.1%。人民币对美元汇率中间价为 7.2258 元，比上年末贬值 3.6%。

商业银行总资产稳健增长，信贷资产质量基本稳定，风险抵补能力整体充足。6 月末，商业银行本外币总资产 344.92 万亿元，同比增长 11.1%；不良贷款余额 3.20 万亿元，不良贷款率 1.62%，拨备覆盖率 206.13%；资本充足率 14.66%。其中，大型商业银行本外币总资产 171.53 万亿元，同比增长 13.3%；不良贷款余额 1.30 万亿元，不良贷款率 1.29%，拨备覆盖率 249.75%；资本充足率 16.89%。

2023 年上半年，本行全力服务中国式现代化建设，扎实推进稳增长、调结构、增动能、防风险、开新局各项工作，全行经营稳中有进、稳中提质，重点战略有效实施，治理体系和治理能力现代化水平持续提升，高质量发展基础不断夯实。本行连续十一年位列英国《银行家》全球银行 1 000 强榜单榜首，连续十一年位列美国《财富》500 强榜单全球商业银行首位，连续七年位列英国 BrandFinance 全球银行品牌价值 500 强榜单榜首，国际影响力进一步提升。

资料来源：中国工商银行股份有限公司 2023 半年度报告，详见同花顺工商银行个股资料，http://notice.10jqka.com.cn/api/pdf/61f238e390663cfb.pdf。

思考题：
（1）进行证券投资为什么要进行宏观经济分析？可以采取哪些方法对宏观经济进行分析？
（2）可以通过哪些指标实现宏观经济形势分析？以上中国工商银行股份有限公司半年报从哪些方面对公司面临的宏观环境进行了分析？
（3）如何判断经济周期？不同经济周期对证券价格产生怎样的影响？
（4）以上报告对金融市场形势作出怎样的判断？金融市场形势变化对证券价格产生怎样的影响？
（5）以上报告从哪些方面分析了财政政策？财政政策如何影响证券价格？
（6）报告对货币政策进行了哪些分析？货币政策变化如何影响证券价格？
（7）除了财政政策、货币政策外，汇率变化、产业政策、收入政策变化将对证券价格产生怎样的影响？

【实训要求】
1. 实训目的及要求
培养学生宏观经济分析能力，利用实验手段提高学生的理论水平和实际应用能力。通过宏观经济理论运用，培养学生宏观经济分析思维能力；通过对宏观经济数据的收集和处理、统计分析方法的运用，培养学生宏观经济分析的技能。
2. 实训内容
（1）在把握宏观经济形势分析基本思路的基础上，收集宏观经济指标和数据，对国民经济发展周期和金融市场变化情况进行判断，分析评价宏观经济基本形势及其影响因素。
（2）收集阅读宏观经济政策信息，解读当前宏观经济政策措施对证券市场产生的影响。
（3）撰写实训报告。

第七章 行业分析

【学习目标】

通过本章学习熟悉行业的概念和分类标准，熟悉行业发展的生命周期、经济周期划分特征及证券市场表现，了解行业的市场结构和竞争态势分析，并能按照行业分析的基本思路，结合行业发展的一般特征，及社会需求、技术进步、产业政策等行业影响因素，撰写行业分析报告。

【案例导入】

近年来，伴随煤电萎缩、高比例新能源接入电力系统，需求增长和需求侧电气化程度提高，以及极端天气事件增多，电力系统供需两侧负荷峰谷差越来越大，"尖峰负荷"现象显著，不断冲击传统电力系统的稳定性，频频出现局部缺电现象。2021年三季度，"电荒"危机曾席卷全国超20个省级电网，个别地区少数时段发生了简单粗暴的拉闸限电，引起社会巨大关注。而这次危机也促动中央政府放松电价管制，扩围市场化主体，将电力市场机制改革往前推进了一步。

自中国对外承诺"2030年前碳达峰、2060年前碳中和"以来，中央层面围绕"双碳"目标连续出台了"1+N"的顶层设计与政策体系，一再提出和强调一个新词汇——新型电力系统。波动、间歇是可再生能源发电的固有特性。在中国，过去大电网体系提供了较为稳定的安全保障预期，但伴随着可再生能源的大比例跃升，原有长期固定的半计划性供给、价格、资源配置等模式，越来越难以适应其带来的波动。

四川省和重庆市此轮大面积限电停产，对工业生产的影响正在浮现，扰动汽车、硅料、电解铝、半导体等行业。譬如，该地区的汽车零部件停产牵连外地车企，上海、陕西分别向四川、重庆发函商请协调保障配套企业用电需求。据梳理，8月14~17日，已有20余家上市公司披露业绩影响。譬如，因落实政府有序用电、让电于民的紧急措施，泸天化8月15日称，公司泸州纳溪区生产装置于当日全部停产，预计导致尿素产量减少约3.5万吨、甲醇产量减少约1万吨，影响归属上市公司净利润减少约0.3亿元，约占该公司2021年度净利润的7%。

从上述案例中不难发现，上市公司的业绩会受到其所在行业波动的影响，行业的业绩又会波及其所处产业链中的其他行业，而行业的发展波动则受社会需求、国家政策、技术进步等诸多宏观经济面的影响。

资料来源：陈雪婉，范若虹. 电力大考 [J]. 财新周刊，2022：33.

第一节 行业分析概述

一、行业的定义与分类标准

（一）行业的定义

行业是指国民经济中，按生产同类产品或具有相同工艺过程或提供同类劳动服务所划分的经营单位和个体等构成的组织结构体系，如服装行业、通信行业、金融业、电力行业、机械行业等。在证券投资分析中，常把行业与产业视为同义语，但严格来讲，行业与产业是有区别的。产业作为经济学的专门术语，有更严格的使用条件：首先是规模性，即产业的企业数量、产品或服务的产出量达到一定的规模；其次是职业化，即形成了专门从事这一产业活动的职业人员；最后是社会功能性，即这一产业在社会经济活动中承担一定的角色，而且是不可缺少的。

行业虽然也拥有职业人员，也具有特定的社会功能，但一般没有规模上的约定。比如，国家机关和党政机关行业就不构成一个产业。证券分析师关注的往往都是具有相当规模的行业，特别是含有上市公司的行业。

（二）行业的分类

1. 国际标准行业分类

为了便于汇总各国的统计资料进行对比，联合国经济和社会事务统计局制定了《全部经济活动国际标准行业分类》（International Standard Industrial Classification of All Economic Activities），简称《国际标准行业分类》，为各国各自制定标准产业分类以及进行各国产业结构的比较研究提供了十分方便的条件。该标准将国民经济划分为10个门类：（1）农业、畜牧狩猎业、林业和渔业；（2）采矿业及土、石采掘业；（3）制造业；（4）电、煤气和水；（5）建筑业；（6）批发和零售业；（7）运输、仓储和邮电通讯业；（8）金融、保险、房地产和工商服务业；（9）政府、社会和个人服务业；（10）其他。对每个门类再划分大类、中类、小类。

2. 我国国民经济行业分类

（1）划分行业及行业定位的原则。

我国国民经济行业标准采用经济活动的同质性原则进行划分，即每一个行业类别按照同一种经济活动的性质划分，而不是依据编制、会计制度或部门管理等划分。行业定位的原则，即如何确定单位行业归属则是按照单位的主要经济活动确定其行业性质，当单位从事一种经济活动时，则按照该经济活动确定单位的行业；当单位从事两种以上的经济活动时，则按照主要活动确定单位的行业。

（2）行业分类的基本单位。

参照联合国《全部经济活动国际标准行业分类》（ISIC Rev.4），主要以产业活动单位和法人单位作为划分行业的单位。采用产业活动单位划分行业，适合生产统计和其他不以资产负债、财务状况为对象的统计调查；采用法人单位划分行业，适合以资产负债、财务状况为对象的统计调查。在以法人单位划分行业时，应将由多法人组成的企业集团、集团公司等联合性企业中的每个法人单位区分开，按单个法人单位划分行业。

（3）国民经济行业类别。

国民经济行业分类共分为门类、大类、中类和小类四个层次，共包含门类20个大类97个，分别是：A. 农、林、牧、渔业；B. 采矿业；C. 制造业；D. 电力、热力、燃气及水生产和供应业；E. 建筑业；F. 批发和零售业；G. 交通运输、仓储和邮政业；H. 住宿和餐饮业；I. 信息传输、软件和信息技术服务业；J. 金融业；K. 房地产业；L. 租赁和商务服务业；M. 科学研究和技术服务业；N. 水利、环境和公共设施管理业；O. 居民服务、修理和其他服务业；P. 教育；Q. 卫生和社会工作；R. 文化、体育和娱乐业；S. 公共管理、社会保障和社会组织；T. 国际组织。

现行《国民经济行业分类》，包括体现新经济发展特征的新行业活动，为及时、准确地反映我国经济新常态和产业结构转型升级涌现出来的新产业、新业态、新商业模式，监测经济增长动能转换进程，反映"中国制造2025"战略和国家"互联网+"行动计划实施情况等奠定了标准基础，并为派生性产业分类提供了可操作的基础行业分类。

3. 证监会上市公司行业分类

证监会《上市公司行业分类指引》以国民经济行业分类标准为依据，以在中国境内证券交易所挂牌交易的上市公司为基本分类单位，为非强制性标准，适用于证券行业内的各有关单位、部门对上市公司分类信息进行统计、分析及其他相关工作。该分类以上市公司营业收入为分类标准，所采用财务数据为经会计师事务所审计的合并报表数据。当公司某类业务的营业收入比重大于或等于50%，则将其划入该业务相对应的类别。当公司没有一类业务的营业收入比重大于或等于50%时，如果某类业务营业收入比重比其他业务收入比重均高出30%，则将该公司划入此类业务相对应的行业类别；否则将其划为综合类。

上市公司行业划分根据上市公司年报每年调整一次，主要分类有能源、原材料、工业、可选消费、主要消费、健康护理、金融、信息技术、电讯和公用事业10个大的行业。10大行业下面，包括行业主要类别，如金融包括银行、保险、房地产、多样化金融，工业包括商业服务、航空货运与快递、定期航班、海运、公路和铁路等。其目的是更好地反映上市公司行业结构，为市场参与者提供研究服务，方便投资者分析跟踪相关指数。

4. Wind（万得）资讯的行业分类

Wind行业分类标准是Wind资讯在广泛借鉴国内外证券市场的行业分类标准，结合考虑中国证券市场特征后，推出的满足市场投资研究需要的行业分类标准。其最大特色就是全面借鉴了权威的国际标准GICS（Global Industries Classification Standard）行业分类标准。GICS是摩根士丹利资本国际公司（MSCI）和标准普尔（S&P）共同推出的行业分类体系，在全球拥有最广泛的证券市场使用用户。

Wind的行业分类采用的是四级行业分类体系，其中一级行业包括能源、材料、工业、可选消费、日常消费、医疗保健、金融、信息技术、电信服务、公用事业以及房地产11大类。Wind资讯服务于最广泛的中国证券市场的研究者，包括证券公司研究所、基金公司、投资公司、QFII、海外其他投资研究机构等，已经成为中国金融数据与解决方案首席服务商。Wind 资讯的独特性与市场其他行业者的第三方性质，成为 Wind 行业分类标准研究独立性的最大保障。

5. 按行业发展前景分类

根据行业未来可预期发展前景可分为朝阳行业和夕阳行业。朝阳行业是指未来发展前景看好的行业，如目前的信息行业。尽管发展前景一片光明，但朝阳行业在创立之初常常十分弱小，此时它又被称为幼稚行业。夕阳行业是指未来发展前景不乐观的行业，如目前的钢铁业、纺织业。朝阳行业和夕阳行业的划分具有一定的相对性。一个国家或地区的夕阳行业在另一个国家或地区有可能是朝阳行业，如化工产业在发达国家已是夕阳行业，而在一些发展中国家则被认为是朝阳行业。朝阳行业和夕阳行业之间也可相互转化，即朝阳行业在其发展的根据渐渐丧失时就会成为夕阳行业，如纺织业曾经是工业革命的急先锋，但如今已风光不再；而夕阳行业也常有再度辉煌的机会，如 20 世纪 70 年代钢铁业在日本得到了复兴。

6. 按行业技术的先进程度分类

按照行业所采用的技术的先进程度，可分为新兴行业和传统行业。新兴行业是指采用新兴技术进行生产、产品技术含量高的行业，如信息业。传统行业是指采用传统技术进行生产、产品技术含量低的行业，如资源型行业。由于技术的不断更新和发展，新兴行业和传统行业之间的区分是相对的。目前，两者之间的区分是以第三次技术革命为标志的，以微电子技术、基因工程技术、海洋工程技术、太空技术等为技术基础的行业称为新兴行业，而以机械、电力等为技术基础的产业称为传统行业。新兴行业和传统行业内部也可进一步分类。一般来说，新兴行业多为朝阳行业，传统行业多为夕阳行业。

7. 按行业要素集约度分类

按照行业的要素集约度，可以分为资本密集型行业、技术密集型行业和劳动密集型行业。资本密集型行业是指需要大量资本投入的行业，如房地产业；技术密集型行业的技术含量较高，如飞机制造业等；而劳动密集型行业主要依赖于劳动力，如纺织业。它们之间并没有严格的界限，有些行业同时是资本密集型行业和技术密集型行业，如汽车业。一般来说，由于在通常情况下资本是不可替代的短缺资源，因而资本密集型行业容易产生垄断；技术密集型行业由于技术的不断更新，容易导致十分残酷的竞争；至于劳动密集型行业，由于劳动是一种可替代性较强的生产要素，根据"机器排挤工人"的经济发展规律，它特别容易受到技术革新的冲击。

【小知识 7-1】

如何给行业下定义

除了少数那些十几年甚至几十年如一日的行业外，所有对某一行业的定义和分类都没有完全统一的认识，同样一个行业，对于不同的人，针对不同的目的，定义和侧重点完全不同。那么，究竟如何来定义一个行业呢？有两个要素需要把握：一是研究目的，二是产品定义。研究目的是定义行业的关键要素，其意义在于提醒研究者，行业定义其实不仅仅是给一个说明，更主要的是作为你行业分析的根本方向，引导你作出整个研究的基础和框架。另一项要素就是产品定义,行业分析一定要说清楚是提供什么产品或者服务的,如果单纯以产品或技术本身很难正确地辨别行业发展的根本基础时,还需要结合市场情况来对这个行业下定义。定义是对一个行业的本质最高度的概括,而本质只能通过现象去把握,因此随着掌握的现象越来越多,思考越来越多,对本质的认识就会越来越准确。不同角度和不同目的的考察也会对本质有不同的认识。

二、行业分析的意义与内容

行业是由许多同类企业构成的群体,如果我们只进行企业分析,虽然可以知道某个企业的经营和财务状况,但不能知道其他同类企业的状况,无法通过比较知道企业在同行业中的位置,而这在充满着高度竞争的现代经济中是非常重要的。行业分析是对行业经济的运行状况、产品生产、销售、消费、技术、行业发展阶段、市场竞争格局、行业政策等要素进行深入的分析,从而发现行业运行的内在经济规律,进而进一步预测未来行业发展的趋势。

(一) 行业分析的意义

1. 连接宏观经济分析和上市公司分析的桥梁

宏观经济活动是行业经济活动的总和。行业经济活动是介于宏观经济活动和微观经济活动之间的经济层面,是中观经济分析的主要对象之一。宏观经济分析主要分析了社会经济的总体状况,但没有对总体经济的各组成部分进行具体分析。宏观经济的发展水平和增长速度反映了各组成部分的平均水平和速度,但各个组成部分的发展却有很大的差别,并非都与总体水平相一致。实际上,总是有些行业的增长快于宏观经济的增长,而有些行业的增长慢于宏观经济的增长。

从证券投资分析的角度看,宏观经济分析是为了掌握证券投资的宏观环境,把握证券市场的总体趋势。但宏观经济分析并不能提供具体的投资领域和投资对象的建议,因此分析师们除了提供宏观经济分析之外,更需要提供深入的行业分析和公司分析。行业分析是对上市公司进行分析的前提,也是连接宏观经济分析和上市公司分析的桥梁,是基本面分析的重要环节,起到承上启下的作用。

2. 行业是决定公司投资价值的重要因素之一

行业有自己特定的生命周期,处在生命周期不同发展阶段的行业,投资价值也不一样。在国民经济中具有不同地位的行业,其投资价值也不一样,行业是决定公司投资价值的重要因素之一。行业分析和公司分析是相辅相成的,一方面,上市公司的投资价值可能会因为所处行业的不同而产生差异;另一方面,同一行业内的上市公司也会千差万别。通过行业分析,我们可以解释行业本身所处的发展阶段及其在国民经济中的地位,分析影响行业发展的各种因素以及判断对行业的影响力度,预测并引导行业的未来发展趋势,判断行业投资价值,揭示行业投资风险,可以为政府部门、投资者以及其他机构提供决策依据或投资依据,对指导行业内企业的经营规划和发展具有决定性的意义。此外,我们还可以通过行业分析发现目前没有被市场认识,但未来相当长一段时间能够保持高速稳步增长的行业,这就是我们可以考虑长期投资的行业。

（二）行业分析的主要内容

1. 行业基本状况分析

主要围绕行业发展历史、行业发展规模、行业的市场容量、销售增长率、毛利率、净资产收益率等现状及发展趋势预测等。

2. 行业的一般特征分析

行业特征是直接决定公司投资价值的重要因素之一，主要从行业的生命周期分析、行业的经济周期分析和行业的竞争结构分析入手。其中行业竞争市场结构根据各行业的厂商数量、产品性质、厂商的价格控制能力等，可以划分为完全竞争、垄断竞争、寡头垄断和完全垄断四种类型。而影响行业竞争结构的五大基本要素则是以波特提出的五力模型为分析依据，该理论认为行业中存在着决定竞争规模和程度的五种力量，这五种力量包括新的竞争对手入侵、替代品的威胁、买方议价能力、卖方议价能力以及现存竞争者之间的竞争。

3. 行业影响因素分析

任何行业的发展兴衰都要受到许多除经济变量之外的外部因素的制约。影响行业的主要外部因素包括社会需求、技术进步、政府政策、行业组织创新和经济全球化等。

本章主要围绕上述行业一般特征及行业影响因素两大方面进行介绍。

三、行业分析的基本思路

（一）确定对象明确目的

当今世界瞬息万变，现在看似一片红火的行业很可能几年内就不复存在，而一些默默无闻的新行业有可能异军突起。全球最大的用车公司优步（Uber）旗下没有一辆车，全球最大的住宿供应商爱彼迎（Airbnb）不持有一处房产，全球最火的媒体脸书（Facebook）本身不产生内容，全球最大的零售电商阿里巴巴没有一件商品库存。这些企业对所处行业的颠覆都是在近些年出现的，所以看准趋势非常重要，而第一步，就是要明确目标行业的定义、确定你的分析目的，你要勾勒出对这个行业的定义，知道这一行是做什么的，能够满足人们的哪些需求，尽可能列出这个行业的特点。确定目标行业之后，你需要明确分析目的，为什么要分析它，分析结果用来指导什么。我们不妨看看这几个例子："2023年中国新能源汽车行业展望""2022年全球太阳能市场分析""2020年第一季度VR/AR融资情况"，这三个题目都限定了研究的时间范围（2023年、2022年、2020年），并且明确了研究对象（新能源汽车、太阳能、VR/AR2），甚至是研究的细分领域（市场、融资情况）。由此可以看出分析目的不需要过于宏观，它常常伴随着明确的时间、研究范围的限定。不同的行业分析目的对应不同的分析内容。比如，一家咨询公司希望给政府或行业机构提供参考意见，那么这家公司就需要从大处着眼，宽泛地分析整个大行业；如果是为了投资某家公司所做的行业分析，那么不光需要分析整个大行业，还需要分析目标公司所在的细分市场的状况和发展前景，甚至需要分析这家公司的具体情况。可见，分析目的对整个分析框架起到了决定性的作用。

(二) 探寻问题拆分问题

行业分析通常希望找到行业中存在的问题或机会增长点，进而提出相应的解决措施。发现问题、分析问题、解决问题贯穿了行业分析的整个过程。在这个环节我们要尝试分拆问题，把一些复杂的问题分解为一个个小问题再逐个击破。逻辑树分析法不失为拆分问题的一个好方法。逻辑树分析法是指分层罗列问题的所有子问题，从最高一层开始，逐步向下扩展分析，将已知的问题作为逻辑树的主干，然后思考哪些问题或子任务与这个已知问题相关，将这些问题或子任务作为逻辑树的分支。逻辑树的搭建是从结构而非数据入手，首先要找到核心问题（即主干），之后的每一分支问题（树杈）都是基于这个问题向下延伸；其次每一个问题都必须拆解到位，做到不重叠、不遗漏地分类，尽可能写出导致问题的潜在原因，把这些问题转换成假设；最后反复审查"逻辑树"，看看是否有遗漏，进行补充和修改。中国汽车制造商机会分析逻辑树如图7-1所示。

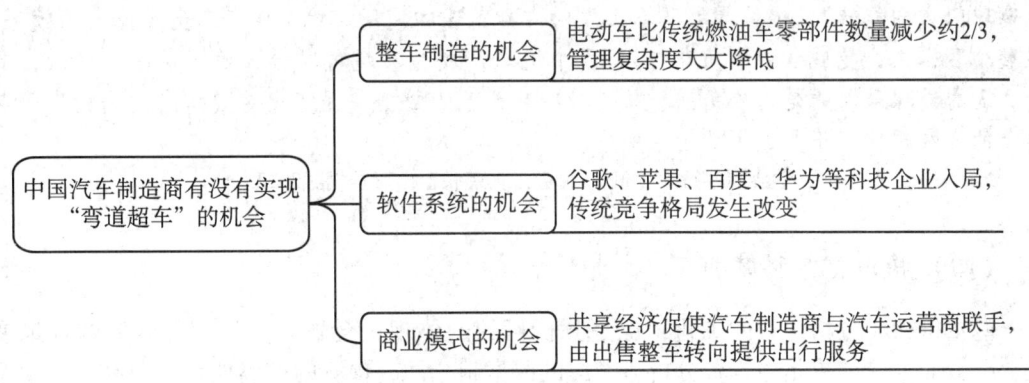

图7-1　中国汽车制造商机会分析逻辑树

(三) 选定内容搜集情报

选定分析内容是拟定研究报告提纲的基础。研究目的不同，分析内容也随之不同。行业分析的主要内容如前所述，也可以从以下角度入手：一是行业历史，即行业的界定分类、行业发展历史脉络、行业发展周期等；二是行业现状，即行业发展状况、市场供需情况、行业市场结构状况、行业发展关键因素等；三是行业趋势，即行业发展前景、发展趋势等。

解决问题的过程是假设求证的过程。事实是求证的基础，所以要让事实资料说话，找到足够的情报资料就至关重要。这些情报一般分为两种：第一种是一手资料，一般源于企业走访、高管面谈、专家访谈等；第二种是二手资料，一般源于数据库、网络、行业协会以及其他专业机构网站，如维基百科、期刊、论文、报告等图文资料、政府及行业协会等发布的公开行业信息。此外股价是行业景气度的先行指标，行业内领军企业的股价走势一定程度上反映了整个市场对行业前景的信心，因此这些上市企业的年报和季报是非常可靠的信息来源。另外行业关键人物对行业动向和政策风向比较敏感，他们的一些看法往往代表了这个行业的发展方向和投资热点。定期收集分析行业关键人物的言论，以此来管中窥豹洞察一个行业，是一条很重要的数据来源。

数据只能给你一个分析的基础，能不能得出富有洞见的结论，关键在于能否从数据中提取有价值的信息，能否从非正常的数据中找出问题所在，这就需要对数据保持足够的敏感度。

【小故事 7-1】

数据分析的价值

大卫·普拉特曾是欧洲最为人熟知的优秀球员之一，他在退役后加盟曼城教练组，成为一名助理教练。当时，曼城队正在主教练罗伯托·曼奇尼的带领下，设法通过角球得分。尽管球队阵容中拥有多名高大强壮的球员，但他们的角球得分情况并不尽如人意。2011年夏天，大卫·普拉特决定利用数据分析来解决球队的这一棘手难题。曼城的分析师们观看了数个赛季不同球队的表现，分析了超过400个角球，最终得出结论：最易得分的角球是内旋角球（球转向守门员方向），而不是罗伯托·曼奇尼所偏爱的外旋角球（球向背离球门方向旋转）。很快曼城队增加了对内旋角球的使用。战术转变产生了惊人的效果，在整个赛季中，曼城队依靠角球打入15个进球，成为英超角球得分效率最高的球队，其中2/3的进球采用的是内旋角球。从大批杂乱无序的数据中提炼出重要信息，分析出研究对象的内在规律，正是数据的价值所在。

资料来源：王煜全. 学会洞察行业 [M]. 北京：北京联合出版公司，2022.

（四）梳理信息搭建框架

基本框架是分析内容的细化，也是分析目的的体现，会随着分析内容有针对性地变化。一般而言，如果是做投资分析，考虑的因素越全面，预测的准确性就会越高。一个全面的分析框架包含以下项目，如表7-1所示。

表7-1　　　　　　　　　　行业分析框架项目构成一览

序号	项目	主要内容
1	行业发展概述	近3~5年盈利性、成长性、风险性、行业周期、竞争性等经济指标
2	行业发展环境	全球经济环境；区域经济环境；社会环境；政策环境；技术环境
3	市场供需态势	行业供给情况；行业需求情况；市场及需求预测
4	产业结构分析	产业链结构分析；产业链条的竞争优势分析
5	行业竞争形式及策略	行业总体市场竞争状况分析；行业重点企业分析
6	行业前景及趋势预测	技术发展趋势；产品发展与应用趋势
7	投资价值评估	进入壁垒；盈利因素；盈利模式
8	未来×年行业发展影响因素	有利因素；不利因素
9	行业投资机会	产业链投资机会；行业风险预测与防范
10	行业投资发展战略及建议	

由于行业分析存在个性化的需求，所以不是每部分都有必要凸显出来，只要能充分证实你的结论和预测，几个重点环节的分析可能就足够了。

第二节 行业发展的一般特征

一、行业的生命周期分析

任何行业都要经历一个由出生到成长再到衰落的发展演变过程，或由行业孕育诞生到"新兴行业"取代的过程，这个过程便称为行业的生命周期。一个典型的行业生命周期应有四个阶段：初创阶段（也叫幼稚期），这时具有较高的发展速度；成长阶段（成长期），其发展速度已经降低，但仍高于经济的整体发展速度；成熟阶段（成熟期），其发展速度与整体经济一致；衰退阶段（衰退期），其发展速度已经慢于经济中的其他行业，或者已经慢慢萎缩。行业所处生命周期的位置制约着或决定着企业的生存和发展（见表7-2）。行业不同时期的特性与价值是不同的，因此，掌握行业的发展周期有利于把握投资时机、把握投资方向，将资金投向潜在收益最大的行业。识别行业生命周期所处阶段的主要指标有市场增长率、需求增长率、产品品种、竞争者数量、进入壁垒及退出壁垒、技术变革、用户购买行为等。

表7-2　　　　　　　　行业生命周期阶段判断一览

行业生命周期阶段	市场增长率	技术变革	产品开发	产品品种	获利性	竞争者数量	进入壁垒
初创阶段	较高	变动大	不稳定	有限	不确定	少	低
成长阶段	高	稳定	容易	多	高	多	提高
成熟阶段	不高	成熟	困难	多	不高	稳定	高
衰退阶段	下降	—	—	减少	下降	减少	—

接下来对其每一个阶段的基本特征和证券市场表现进行综合分析。

（一）初创阶段

1. 基本特征

这一阶段在行业组织方面，只有为数不多的创业公司投资介入这一新兴行业，行业的企业数量少、集中程度高；在产品技术方面，表现为技术相对不成熟，行业的产品品种单一、质量较低且不太稳定；在行业规模方面，作为新行业，其被大众普遍了解和认可尚需一个过程，因而行业的市场规模相对较小，需求的价格弹性也小；在盈利能力方面，由于初创期行业前期创业投资、产品的研究开发和新产品的推介费用较高，而产品性能尚待完善，市场尚未打开，销售收入低，行业利润微薄，甚至普遍亏损。例如，遗传工程、太阳能等行业正处于行业生命周期的初创期。

综上所述，由于较高的产品成本和价格与较小的市场需求，使得处于创业阶段的行业通常面临很大的投资风险，即企业可能因财务困难而引发破产的危险。到了后期，随着行业生产技术的提高、生产成本的降低和市场需求的扩大，新行业会逐步由高风险低收益的幼稚期转向高风险高收益的成长期。

2. 行业业绩与证券市场表现

在初创阶段，市场规模小制约了行业销售收入的增长，市场认同度低也封杀了产品价格的上涨空间，而行业成本尤其是固定成本很高，故行业业绩往往不佳。与此同时，初创期企业信用积累不足又使新兴行业缺乏强劲的资本基础，可能使行业内倒闭如潮。因此，初创阶段是一个风险大、收益小的时期，其间的主要风险为技术风险和市场风险。

处于初创阶段的行业，由于行业创立不久、厂商较少、收益较少甚至亏损，因而在传统的证券市场上是不符合上市条件的。为了满足这些行业发展对资本的需求，推进经济结构的调整和升级，除风险投资基金外，许多国家和地区纷纷创立上市条件有别于传统证券市场的、便于新兴产业上市融资的新型证券市场，如美国的 NASDAQ、我国的创业板市场等最重要的上市条件之一就是企业未来发展的前景看好，尽管目前的状况可能不佳。正是基于对未来高成长的预期，一些处于初创阶段的产业的证券表现常常极为出色。典型的例子是美国的网络股亚马逊，虽然该企业在上市之初的业绩尚处于亏损状态，但市场仍给予其较高的评价。

【财经实事 7-1】

硅谷银行冲击波：初创企业、风投遭重创

2023 年 3 月 11 日，整个创投圈彻夜难眠——硅谷银行（SVB）一夜间倒闭，美国联邦存款保险公司（FDIC）将着手处理"身后事"。SVB 是美国第 16 大银行，储户主要是科技产业从业者和风险资本支持的公司。在疯狂的挤兑潮下，该银行在不到 48 小时内轰然倒下，这是美国历史上第二大规模的银行倒闭事件，仅次于华盛顿互惠银行。SVB 事件很容易引起多米诺骨牌效应，因为 SVB 的客户结构单一，多为创业公司，它们本来融资就困难，如今 SVB 的存款还取不出来，可能无法正常支付工资。整个创投社区都处于紧张状态，影响最严重的不是主要的科技公司，而是在过去几年成立的小型创业公司。SVB 长期以来一直被视为科技创投圈的融资支柱，它的突然崩溃加剧了许多创投企业的不确定性。在激进加息的背景下，整个一级市场在 2022 年陷入了极度萧条的环境，如今 SVB 的倒闭无疑雪上加霜。

资料来源：硅谷银行冲击波：初创企业、风投遭重创，钱怎么办 [EB/OL]. 第一财经，https://baijiahao.baidu.com/s?id=1760056040866712745&wfr=spider，2023-03-11.

（二）成长阶段

1. 基本特征

成长期企业的生产技术逐渐完善，新产品经过广泛宣传和消费者的试用，逐渐以其自身的特点和优势赢得大众的欢迎和市场认可，产品市场需求开始上升，新行业也随之繁荣

起来。与市场需求变化相适应，供给方面相应地出现了一系列的变化。在这一时期，拥有一定市场营销和财务力量的企业逐渐主导市场，这些企业往往是较大的企业，其资本结构比较稳定，因而它们开始定期支付股利并扩大经营。由于市场前景良好，大量新企业看到这一行业的发展前景，纷纷进入该行业，随着厂商数量的增加，其生产的产品也逐步从单一、低质、高价向多样、优质、低价方向发展，也出现了厂商及产品相互竞争的局面，行业的竞争变得异常的激烈，这种状况会持续数年甚至是数十年。因此，这一阶段又被称为投资机会时期。

随着市场竞争的越发激烈和产品产量的不断增加需求日趋饱和。生产厂商不能单纯地依靠扩大生产量进而提高市场份额来增加收入，而必须依靠提高生产技术，降低成本以及研制和开发新产品的方法来争取竞争优势，战胜竞争对手和维持企业的生存。但这种方法只有资本和技术力量雄厚、经营管理有方的企业才能做到。那些财力与技术较弱、经营不善，或新加入的企业因产品的成本较高或不符合市场的需要则往往被淘汰或被兼并。尽管这一时期企业的利润增长很快，但所面临的竞争风险也非常大，破产率与被兼并率相当高。在成长阶段后期，由于行业中厂商与产品竞争优胜劣汰的结果，市场上厂商的数量在大幅度下降后便开始稳定下来，市场需求趋于饱和，产品的销售增长率减慢，迅速赚取利润的机会减少，整个行业进入成熟期。

总体而言在成长阶段，处于成长期的行业增长具有一定的可测性，受不确定因素的影响较少，行业的波动也较小，投资者蒙受经营失败而导致投资损失的可能性大大降低，因此，他们分享行业增长带来的收益的可能性大大提高。如电子计算机及软件、通讯、生物医药等行业，处于行业生命周期的成长期，其中，生物医药行业处于成长阶段的初期，无线通信行业处于成长阶段的中期。

2. 行业业绩与证券市场表现

成长阶段是行业发展的黄金时期，在成长阶段有大量厂商进入该行业，行业供给能力大幅增加的同时，产品价格会在激烈的竞争中趋于下降。但这一阶段行业发展已得到普遍的认同，市场得以迅速扩张，销售收入增速加快，技术的成熟化、产品的多元化和标准化又使成本大幅降低。因此，处于此阶段的行业整体而言业绩优良。但行业内部的发展并不均衡，资本、技术实力雄厚且营销、管理水平较高的大公司处于竞争的有利地位，而规模较小，管理、营销水平不高的中小公司则相对不利，常常倒闭或被兼并。因此，成长阶段的主要风险在于管理风险和市场风险，而技术风险则大幅降低。

处于成长阶段的行业由于利润快速成长，因而其证券价格也呈现快速上扬趋势。由于证券价格的上涨有业绩为基础，所以这种证券价格的上扬是明确的，并且具有长期性质。证券价格也会因对未来成长的过度预期和对这种过度预期的纠正而出现中短期波动。另外，由于在行业快速成长的同时行业内部会出现厂商之间的分化，相应地，证券价格也表现为在某一成长性行业的证券价格快速上涨的同时，个别证券却表现不佳。

（三）成熟阶段

1. 基本特征

行业的成熟阶段是一个相对较长的时期，也是行业发展的稳定时期和巅峰时期。这一时期，在激烈竞争中生存下来的少数大厂商基本垄断了整个行业的市场，每个厂商都占有一定比例的市场份额，由于彼此势均力敌，市场份额比例发生变化的程度较小。厂商与产品之间的竞争手段逐渐从价格手段转向各种非价格手段，如提高质量、改善性能和加强售后维修服务等。行业的利润由于一定程度的垄断达到了很高的水平，而风险却因市场比例比较稳定，但进入壁垒高，主要体现为规模壁垒，即市场已被原有大企业比例分割，新企业很难打入。

在行业成熟阶段，行业增长速度降到一个更加适度的水平，甚至也可能会完全停止，出现产出下降。这就使成熟阶段的行业很难与国民经济保持同步增长，在宏观经济衰退时，处于成熟阶段的产业还可能遭受较大损失。但是，由于技术创新的原因，某些行业或许实际上会有新的增长。在短期内很难识别何时进入成熟阶段，但总而言之，在这一阶段一开始，投资者便希望收回资金。

2. 行业业绩和证券市场表现

当行业处于成熟阶段时，虽然市场规模有可能在扩大，但增速已缓甚至呈负增长，产品价格通常已趋稳定，同时降低成本的空间也十分有限，因而行业利润进入一个稳定期。此时，行业的垄断局面已经形成，垄断利润非常丰厚，而技术风险和市场风险已基本消除。因此，成熟阶段的风险较小、收益较高。

处于成熟阶段的行业是蓝筹股的集中地。因为处于成熟阶段的行业已经形成垄断，行业发展的空间已经不大，所以行业快速成长的可能性已经很小，但一般能保持适度成长，而且垄断利润丰厚。所以，其证券价格一般呈现稳步攀升之势，大涨和大跌的可能性都不大，颇具长线持筹的价值。

（四）衰退阶段

1. 基本特征

这一时期出现在较长的稳定阶段后。由于新产品和大量替代品的出现，原行业的市场需求开始逐渐减少，产品的销售量也开始下降，某些厂商开始向其他更有利可图的行业转移资金。因而原行业出现了厂商数目减少、利润下降的萧条景象。至此，整个行业便进入了生命周期的暮年时期。在衰退阶段里，厂商的数目逐步减少，市场逐渐萎缩，利润率停滞或不断下降。当正常利润无法维持或现有投资折旧完毕后，整个行业便逐渐解体了。但与人的生命不同，步入暮年的行业未必面临死亡。从历史上看，真正被完全淘汰的行业很少，行业的发展呈现出"生多死少"的特征，多数情况是行业自此进入一个发展停滞、随波逐流的状态。

2. 行业业绩和证券市场表现

处于衰退阶段的行业，利润在逐渐流出。因此，对衰退型行业的业绩是不应该寄予厚望的。衰退型行业面临的最大问题是它的市场正在被新产品、新产业一点点地分割，因而尽管衰退型行业内部的竞争压力并不大，但来自其他行业的竞争压力并不小，这毕竟是一个资本净流出的行业。由此可见，衰退型行业的主要风险是生存风险。

当一个行业进入衰退阶段时，由于已丧失发展空间，所以在证券市场上全无优势，其股票价格先于该行业利润的下降而下降，这类行业通常是绩平股、垃圾股的"摇篮"，这也是基于投资者对市场的预期而作出的明显反应。当然，一个企业一般并不会随着一个行业的退出而消失，而是在作出企业战略调整后转入另一个行业（至少会延长产品的生命周期），因而该股票也不会随着行业的消失而退市，除非该企业连年亏损。衰退型行业的上市证券虽然通常具有低价、绩差或绩平的特征，但也有通过"买壳""借壳"或资产重组而出现行情飙升的现象，当然这一状况会随着证券发行审核制度的改革而逐步消失。

二、行业的经济周期分析

在进行证券投资分析时，除了从行业自身的特点考察行业的生命周期以外，还要从行业与国民经济周期变化的关系出发研究行业的变化规律。由于行业的不同，行业景气变化与国民经济景气变化关联的程度有很大的差别，根据关联程度的差别，可以分成周期型行业、稳定型行业和增长型行业三种行业。

（一）周期型行业

周期型行业也可以称为敏感型行业，这一类行业的运行变化与宏观经济的周期有着密切的关系，其销售额和利润额随着宏观经济的周期变化而呈现周期性的波动。当经济处于繁荣时期，这些行业会随之扩张，而当经济衰退时，这些行业就会随之衰退。这类行业的基本特点是产品需求收入弹性比较大，当居民收入水平比较高的时候，需求会迅速增加，而当居民收入水平降低时，需求就急剧下降。

典型的周期型行业如钢铁、有色金属、化工等基础大宗原材料行业，水泥等建筑材料行业，工程机械、机床、重型卡车、装备制造等资本集约性领域，以及汽车、住宅等高档耐用消费品行业。行业对于经济周期的敏感性通常可以借助销售额、经营杠杆比率和财务杠杆比率三个指标进行判断：（1）销售额随着经济周期的波动而波动，那么显然属于敏感型行业；（2）经营杠杆比率越高，对经济周期的敏感性越强。（3）财务杠杆度越高，对经济周期的敏感性也越强。

周期型行业的股票价格也呈现周期性的变动。从资产组合理论的系统风险（市场风险）概念出发，周期型行业的股票一般是高 β 值股票，系统风险会比较大。当整体经济上升，人们对经济发展状况乐观时，这些股票的价格也会随着盈利预测的上升而快速上涨；当整体经济走下坡路时，这些行业的股价也会跌得最快。

（二）稳定型行业

稳定型行业也称防守型行业，是指受经济波动影响比较小的行业，经济周期的上升和下降阶段其经营状况能够保持基本稳定。其特点是行业产品的需求收入弹性很小，产品的需求与平均收入的高低关系不大。比如食品业，经济衰退时，人们仍然要保持基本的生活条件，经济繁荣时，人们也不会比平时多吃很多。此外，公用事业以及医疗设备业基本上也属于防守型行业，烟草行业也几乎不随经济周期的变化而变化，人们对烟草的需求根本不受宏观经济的影响，因为烟草的消费绝大多数是由习惯决定的，即使在经济衰退时期也只会引起烟草消费的小部分调整。所以，当经济处于繁荣状态，防守型行业的表现可能比其他行业要差一些；而当经济进入萧条时期，这些行业就会比其他行业有更出色的业绩。

稳定型行业的股票通常是低 β 值股票，系统风险相对比较小，因为其业绩受市场整体环境的影响比较小。但是，这并不等于投资者总是会对低风险的稳定型行业情有独钟，关键在于该投资的期望收益能否补偿该投资的风险。

【小知识 7-2】

股票的 β 系数

β 系数起源于资本资产定价模型（CAPM 模型），其真实含义就是特定资产（或资产组合）的系统风险度量，是一种评估证券系统性风险的工具，用以度量一种证券或一个投资证券组合相对总体市场的波动性，在股票、基金等投资术语中常见。β 系数衡量股票收益相对于业绩评价基准收益的总体波动性，是一个相对指标。β 系数越高，意味着股票相对于业绩评价基准的波动性越大。β = 1，表示该单项资产的风险收益率与市场组合平均风险收益率呈同比例变化，其风险情况与市场投资组合的风险情况一致；β > 1，说明该单项资产的风险收益率高于市场组合平均风险收益率，则该单项资产的风险大于整个市场投资组合的风险；β < 1，说明该单项资产的风险收益率小于市场组合平均风险收益率，则该单项资产的风险程度小于整个市场投资组合的风险。如果是负值，则显示其变化的方向与大盘的变化方向相反；大盘涨的时候它跌，大盘跌的时候它涨。

（三）成长型行业

成长型行业的运行状况与宏观经济活动总水平的周期波动并没有太大的关系，其销售额和利润额独立于经济周期而超常增长，不管经济活动总水平是处于扩张期还是收缩期，都保持较快增长势头。其主要原因是社会对这类行业的产品或服务的需求有着持续增长的趋势。成长型行业的运动状态与经济活动总水平的周期及其振幅无关。这些产业销售收入和利润的增长速度不受宏观经济周期性变动的影响，特别是经济衰退的消极影响。它们依靠技术进步、推出新产品、提供更优质的服务及改善经营管理，可实现持续成长。例如，在过去的二三十年内，信息产业和生物制药产业就是典型的成长型行业。但是成长型行业的存在不会很长久，比如 20 世纪 60 年代，航空运输业曾经是公认的成长型行业，可是到了 70 年代就成为明日黄花。

（四）三种类型行业股票的比较

投资角度看，上述三种行业的股票各有利弊。周期型行业股票收益率的波动虽然很大，但并不意味这些行业没有投资价值，这一类行业有高收益的机会，只是受经济波动影响的风险比较大；而稳定型行业股票的收益虽然是比较稳定的，风险比较小，但是这一类股票的收益率一般不会很高；成长型行业的股票因为资本增值迅速，获得资本利得收益的机会比较大，但是这一类行业不受经济周期影响，持续增长的时间不会很长久，要注意热点转换的风险。一般来说，在经济形势开始好转时，应抛出稳定型行业股票、买进周期型行业股票，以获得周期型行业伴随经济恢复而带来的收益上升的成果；而在经济形势开始恶化时，应抛出周期型行业股票、买进稳定型行业股票，以避免经济进入萧条以后带来的风险。但是，在实际的投资实践中，要做这样的决策并不容易，因为要想确定经济何时处于波峰或波谷是一件很困难的事情，具有吸引力的投资机会不会明显到如此地步，通常人们要在好几个月以后才意识到扩张期或衰退期已经开始或结束。

三、行业的竞争结构分析

行业竞争结构是指行业内企业的数量和规模的分布。理论上，可以分为完全竞争、寡头垄断、双头垄断、完全垄断四种，在厂商数量、进入障碍、产品差异程度等方面有不同的特征（见表7-3）。

表7-3　　　　　　　　　　　行业市场结构分析一览

行业类型	厂商数目	产品差异程度	个别厂商控制价格程度	进入行业难易程度	现实中接近的行业	具有投资价值的关键点
完全竞争	很多	无差别	没有	完全自由	农业	成本控制
垄断竞争	较多	有些差异	有一些	比较自由	零售业、服装	成本、技术、质量
寡头垄断	几个	有或没有差异	相当有	有限	汽车制造业	规模经济与政府政策
完全垄断	一个	唯一产品无替代品	很大但受政府管制	不能	公用事业	政府政策

（一）完全竞争

完全竞争也称为"纯粹竞争"，也就是市场上不存在任何垄断因素。在现实经济中，完全竞争的市场类型很少见，初级产品的市场类型近似于完全竞争，比如农、林、牧、渔等农产品行业。这种市场结构的特点是：

1. 行业集中度很低

市场拥有众多的买者和卖者，每个卖者提供的产品数量与每个买者购进的产品数量在市场总量中所占的比例很小，因此市场集中度很低，没有一个买者或卖者对市场价格有显著的影响力。价格是由市场总供给和总需求决定的，就每个买者或卖者而言，都不能影响产品的产格，他们只能是价格的接受者，而不是制定者。

2. 产品同质性很高

行业市场内每个企业生产的产品几乎是同质的无差异产品，产品之间具有完全的可替代性，因此，如果其中一个企业提高产品价格，所有的消费者都会转而购买其他企业的产品，即该产品的需求价格弹性趋于无穷大。企业的盈利基本上是由市场对产品的需求来决定的。

3. 不存在任何进入与退出的壁垒

生产者可自由进入或退出这个市场，行业市场中不存在资金、技术或法律的进入和退出壁垒，新的企业进入该市场或原有的企业退出这个市场都是完全自由的。

4. 完备信息

市场信息对买卖双方都是畅通的，生产者和消费者对市场情况非常了解。完备信息使交易双方能够充分比较，择优淘劣，促进竞争。同时，完备信息还使买卖双方都能作出最优决策。

除了大多数农产品市场之外，现实社会中几乎没有一个行业市场真正具备以上四个条件，所以，完全竞争其实只是一个理想的经济模型。

（二）完全垄断

与完全竞争相对的另一个极端市场结构是完全垄断，即只有一个买者或卖者的市场，整个行业的市场完全处于一家企业所控制的市场结构中。垄断有卖方垄断和买方垄断，经济学中通常只分析卖方垄断，并且总是假设买方是价格接受者，毫无市场力量，这样做可以把注意力全部集中到垄断方的行为上。在现实生活中没有真正完全意义上的垄断型市场，有一些公共事业单位接近于垄断。这一市场结构可分为两种类型：一是政府完全垄断，如国营铁路、邮电等公用事业部门；二是私人完全垄断，根据政府授予的特许专营或根据专利生产的独家经营，以及由于资本雄厚、技术先进而建立的排他性的私人垄断经营，如某些资本、技术高度密集型和稀有金属矿藏的开采等行业接近完全垄断的市场类型。完全垄断的市场结构特点表现为：

1. 行业集中度100%

完全垄断市场上垄断企业排斥其他竞争对手，独自控制了一个行业的供给。企业就是行业，市场上只有一个提供产品的企业，其他企业不可以或不可能进入该行业。

2. 没有替代产品

完全垄断企业出售的产品没有或者缺少相近的替代品，其产品的需求交叉弹性为零。由于垄断企业控制了整个行业的供给，也就控制了整个行业的价格，成为价格制定者，垄断者能够根据市场的供需情况制定理想的价格和产量，在高价少销和低价多销之间进行选择，以获取最大的利润。

3. 进入壁垒非常高

首先是资本壁垒，即完全垄断企业的起始资本量很大，因此一般的企业难以进入；其次是技术性壁垒，即垄断者掌握了某种生产技术和诀窍，其他企业则没有，这个市场也就自然成了垄断市场，规模经济是一种被研究得最多的技术性壁垒；再次就是法律壁垒，有些独家经营的特权是由法律所规定并受到法律保护的，专利和版权就是法律特许的垄断；最后是策略性壁垒，企业即使没有上述三种壁垒，也可以通过其他方式高筑壁垒，如巨额广告投入。

完全垄断和完全竞争一样，是一种罕见的市场结构，在市场经济中尤其如此。一种产品往往有多种替代品，这些替代品也将构成竞争威胁。例如，在美国，邮政是联邦政府经营的仅有的几项商业活动之一。法律规定，任何私营企业不得从事邮件的传递业务（即平信业务），但不少私营企业开办了不受法律限制的快件邮递、包裹邮递等业务，由于服务质量较高，这些业务发展很快，从而对联邦政府的邮政垄断造成了相当大的竞争压力。

（三）寡头垄断

寡头垄断市场是指少数大企业控制着行业市场大部分产品的供给，它们具有较高的市场份额。这是一种介于完全竞争和完全垄断之间、以垄断因素为主同时又具有竞争因素的市场结构。寡头垄断型市场形成有两个主要原因：一是该类行业初始投入资本较大，阻止了大量中小企业的进入；二是这类产品只有在大规模生产时才能获得好的效益，这就会在竞争中自然淘汰大量的中小企业。在寡头垄断市场上，通常存在着一个起领导作用的企业，对市场的价格和交易具有一定的垄断能力，其他企业的价格政策和经营方式随该企业定价与经营方式的变化而相应地进行某些调整。资本密集型、技术密集型产品的行业一般属于这种类型。这类市场结构的主要特点是：

1. 行业集中度高

行业市场被少数大企业所控制，它们生产和销售的产品在产业总生产量和总销量中占据了很大的比例，因此行业的集中度很高。

2. 产品基本同质或差别较大

通常存在两种情况：一种是几个大企业提供的产品基本同质，没有大的差别，相互之间依存度很高；另一种是产品有较大差别，彼此相关度较低。

3. 进入和退出壁垒较高

行业内的少数大厂商在资金、技术、生产和销售规模、产品知名度和美誉度、销售渠道等方面占有绝对优势，因此，新企业很难进入这个行业市场与之抗衡。同时，由于垄断企业的生产规模大，投入资本量也很大，所以企业退出市场的壁垒很高。

寡头垄断是一种较为普遍的市场结构形式，我国寡头垄断行业包括贵金属、钢铁、石油、发电设备、石油天然气、航空、汽车、能源设备、家用电器、电工电网、重型机械、券商、银行保险等。寡头垄断是产业组织理论重点研究的市场结构。

（四）垄断竞争

垄断竞争是一种比较接近现实经济状况的市场结构，是既有垄断又有竞争，且偏向竞争因素的市场结构。在垄断竞争型市场上，每个企业都在市场上具有一定的垄断力，但它们之间又存在激烈的竞争。它的主要特点是：

1. 行业集中度较低

行业市场内企业数量较多，因此每个企业的市场占有率较低，没有市场力量，这是垄断竞争市场和完全竞争市场的共同点。

2. 产品同种不同质

这是垄断竞争与完全竞争市场结构的主要差别。行业市场内不同企业生产销售的产品存在差异性，即各种产品之间存在着实际或想象上的差异，它们在质量、外观、商标、售后服务和声誉等方面有差异的品牌产品，并且各个企业是它自己品牌的唯一生产者。由于这些产品差异的存在，生产者可以树立自己产品的信誉，能够在一定程度上排斥其他产品，从而对其产品的价格有一定的控制能力，享有一定的定价自主权，它所具有的垄断势力的大小取决于它在将自己的产品区别于其他竞争企业的产品方面获得的成功。因为实际上不同企业的差别产品之间仍具有较高的替代性（需求的交叉弹性大但不是无穷大），所以这种垄断性非常有限。

3. 进入和退出壁垒较低

新企业带着某种新品牌的产品进入市场和原有企业在它们的产品无利可图时退出市场都比较容易，这一点可以说是垄断竞争和寡头垄断市场结构的一个很重要的差异。垄断竞争市场内企业的规模都不大,原始投入资本也比较低,因而新企业进入或原有企业退出的资本壁垒和技术壁垒都比较低,寡头垄断市场则与此相反。

在国民经济各行业中,制成品行业的市场类型一般都属于垄断竞争,如餐饮业、酒业、造纸业、纺织业、贸易、化工原料、药业、精细化工、办公用品、家居、建筑、装饰等行业。

四、五力分析模型与行业竞争结构

哈佛商学院的迈克尔·波特教授在20世纪80年代初提出了一项非常著名的行业竞争力分析模型——五力分析模型(Five Forces Model),五力分析模型确定了影响行业竞争结构的五大基本要素,即供应商的议价能力、购买者的议价能力、潜在竞争者进入的能力、替代品的替代能力、行业内竞争者现在的竞争能力,这五种基本竞争力量的状况及综合强度决定着行业竞争的激烈程度,同时也决定了行业的最终获利能力。波特认为在任何行业里,无论是在国内还是在国外,无论是生产一种产品还是提供一项服务,竞争规律都寓于这五种竞争力量之中,整个行业的基本竞争态势则取决于这五种力量间的相互作用关系。下面分别了解一下这五种因素,如图7-2所示。

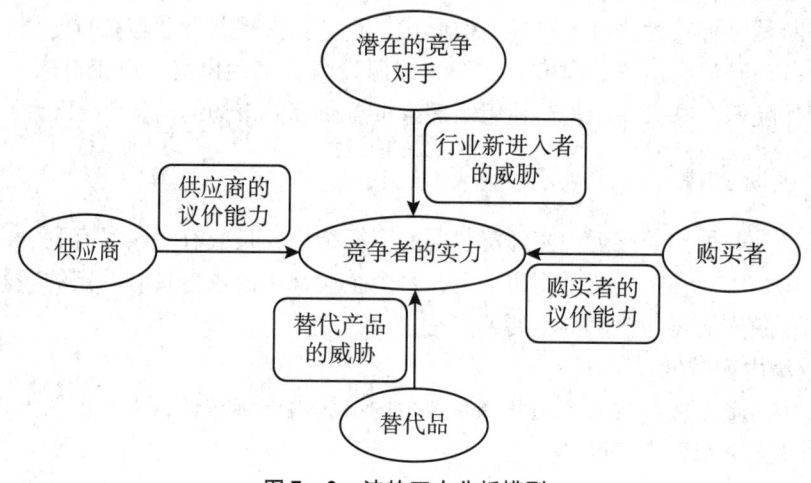

图7-2 波特五力分析模型

（一）潜在竞争者进入的能力

新进入者在给行业带来新生产能力、新资源的同时,将会与现有企业发生原材料与市场份额的竞争,造成此行业的竞争环境改变,行业内原有公司的市场占有率将因此有所变动,最终导致行业中现有企业盈利水平降低,严重的话还有可能危及这些企业的生存。这里典型的例子就是苹果公司。在2007年iPhone出现之前,诺基亚在全球手机市场上还处于无可争议的霸主地位,其2006年全年净销售额曾创下411亿欧元的历史纪录。然而在苹果出现后的短短4年,诺基亚就丧失了全球手机销量第一的地位。[①]

---

① 王冀. 解析各大设备商2006年第四季度财报 [EB/OL]. Techweb, https：//m.techweb.com.cn/article/2007-02-07/151764.shtml, 2007-02-07.

当某行业的利润率或发展前景优于其他行业时，必然会面临潜在进入者的威胁，而行业的进入壁垒则在一定程度上阻止了新企业的进入，诸如：（1）规模效应。每一个行业都有其特定的规模经济要求，行业的"最小最佳规模"越大，该行业的进入壁垒越高。（2）差别化效应。差别化效应意味着原有目标产业中的企业通过广告、产品质量、顾客服务等手段建立的商标及顾客信誉上的优势。差别化所构成的行业壁垒，将迫使"入侵者"耗费大量资金以克服原有企业的信誉优势。（3）专有技术和资金投入规模。当产品的生产和经营涉及专有知识时，通过专利或保密方法也可设置行业壁垒。另外，一些资金密集型行业的高额资金投入也会形成较高的进入壁垒。（4）政府的政策和法律规定。政府可以通过政策或法律的形式限制甚至封锁对某产业的入侵，常见的方式包括发放许可证、实现差别税率等。（5）销售渠道的控制。如批发或零售渠道越少，现有企业通过长久的关系、高质量的服务对它们的控制程度就越大，则新来者进入该行业就越困难。（6）最佳原材料来源的控制。通过对原材料来源的控制而形成的壁垒在信息业、采掘业等行业中最为典型。

（二）购买者的议价能力

如果购买方的议价能力很高，则企业在销售时处于不利地位，这将会影响企业的获利能力。通常说来，购买方的议价能力取决于下列因素：购买方的规模大小、行业内公司数量的多寡、购买方信息取得的难易程度、产品标准化程度等。

在下述条件下，购买方具有较高的议价能力：（1）相对于卖方的销售量而言，购买是大批量和集中进行的；（2）购买方从行业中购买的产品占其成本或购买数额的相当部分；（3）从行业中购买标准的或非差异化产品；（4）购买方的转换成本低；（5）购买方盈利低，因为低利润促使购买方极力压低购买成本；（6）购买方采取后向整合的现实威胁，购买方可以"自己生产"这一筹码作为讲价手段；（7）产品对购买方产品的质量及服务无重大影响（反之，卖方能拥有一个很好的价格）；（8）购买方掌握了充分的信息，如成本结构、价格行情、市场需求等。

（三）供应商的议价能力

供应商是向企业及其竞争对手供应它们生产特定的产品和劳务所需各种资源的企业及个人。供应商主要通过其提高投入要素价格与降低单位价值质量的能力，来影响行业中现有企业的盈利能力与产品竞争力。当供方所提供的投入要素其价值构成了买主产品总成本的较大比例、对买主产品生产过程非常重要或者严重影响买主产品的质量时，供方对于买主的潜在讨价还价力量就大大增强。

在下列情况下，供应商有较强的议价能力：（1）供应行业由几家大公司控制；（2）供应来源具有稀缺性；（3）供应商无须与替代产品竞争；（4）对供应商而言，所供应的行业无关紧要；（5）对于购买方来说，供应商的产品是很重要的市场投入要素；（6）供应商提供的产品是差异性产品；（7）购买方转换供应商的费用较高等。

如果供应商有较强的议价能力，供应商可能会通过提高供应价格、降低产品或服务质量、配额供给等手段使生产企业受到一定程度的威胁，比如在采购原材料时将处于劣势，很可能受制于供应商而无法有效地降低原料成本，最终影响企业利润。

【小知识 7-3】

显卡制造商的议价能力

我们都知道用电脑玩游戏，显卡的配置越高，电脑的图形处理效果就越好，玩起游戏来就没有卡顿，所以显卡的好坏就成了消费者（特别是游戏玩家）在挑选笔记本时首要考虑的要素之一。从产业链上看，显卡制造商是 PC 制造商的供应商，可以想象英伟达和联想，前者是全球知名的显卡制造商，后者是国内老牌 PC 制造商。英伟达以图形处理器（GPU）著称，基于其 GPU 的显卡可以安装在多家 PC 品牌的电脑上，但联想的选择少很多，因为全世界的显卡芯片基本上都被英伟达、AMD、英特尔所垄断，其中英伟达的全球显卡市场份额高达 70%。可以看出，在个人电脑这一行业，对于 PC 制造商来说，显卡制造商（也就是供应商）的议价能力非常强。

（四）替代品的替代能力

替代产品指的是与本行业产品有同样功能的其他产品。就行业而言，替代产品的出现意味着来自相似行业的竞争力量，消费者在购买上有更大的选择空间，同时也代表着本行业产品消费量减少的可能。替代品的状态决定了行业中企业可谋取利润的上限，从而限制一个行业的潜在收益。替代品所提供的价格—性能选择越有吸引力，行业利润挤压得就越紧。

识别替代产品也就是寻找那些能够实现本行业产品同种功能的其他产品，它引导分析者去分析从表面看来与该行业相去甚远的业务。在今天这个技术为全行业赋能的时代，必须对科技有充分的、全局的了解，才有可能避免被新鲜事物突然取代。一般来说，替代产品行业对被替代产品行业的影响因素主要表现为技术发展程度、替代产品的功能、现有产品功能是否能提升等。

（五）现有竞争者的竞争能力

当行业中有其他竞争者采取竞争动作时，将连带影响同行业其他企业的经营表现。现有竞争者的威胁大小与行业的竞争结构关系密切。行业内的竞争表现为价格竞争和差别竞争。价格竞争可以采取不同形式，如直接降价、放宽收款条件、放宽收款时间等。比如在煤炭生产或水泥制造行业，厂家之间的激烈竞争将销售价格压到等于甚至低于边际生产成本。差别竞争也有多样化方式，如产品质量、地点选择、产品形象、产品设计、售后服务、销售渠道等，比如香水或白酒酿造行业，企业之间主要采用非价格竞争手段进行竞争。

现有竞争者的威胁与下列因素有关：(1) 行业成长性的高低。在一个处于快速成长阶段的行业中，现有企业只要通过拓展新的市场就可以获得高速发展，无须采用削价竞争的形式从其他企业手中争夺市场份额，20 世纪 80 年代我国电器行业就处在这样一个阶段。而在一个处于成熟阶段，市场容量相对固定的行业中，只有通过掠取其他企业的市场份额才能实现，如当年微波炉生产商格兰仕公司就通过扩大生产规模和降低生产成本，然后大幅降价，将竞争对手挤出了市场。(2) 竞争者生产能力的集中程度。如果某个产业产品的主要生产能力集中于一个或少数几个企业手中，这些企业就有能力为自己的产品定价，行业内的竞争性就会减弱。如英特尔公司控制了全世界中央处理器（CPU）市场份额的90%，因而有能力主导芯片产品的市场价格，攫取计算机行业的大部分利润。(3) 产品的差异性和顾客的转换成本。致力于形成产品差异是企业避免单纯价格竞争的重要手段，树立品牌形象是形成产品差异最有效的措施。化妆品行业与煤炭行业可以说是产品差异性的两个极端。对于软件行业来说，目标客户更换软件的高转换成本是阻止价格竞争的有效手段，因为客户花在学习和运用上的成本要比购买软件的成本高得多。

【小知识7-4】

如何判断行业机会的来临

无论是创业、就业还是投资，过早进入一个行业常常会因为时机不成熟而失败，过晚进入一个行业又容易错失良机。那么，如何判断一个行业机会是否来临呢？主要可以从以下四个方面来判断：

一是技术是否成熟。如果技术不能满足，即使你发现了一个巨大的市场需求，整个行业也是无法成立的。如虚拟现实元年一直没有实现的一个很重要的内因就是，虚拟现实的底层技术尚未完全成熟。

二是产业链是否完备。如果技术已经成熟，下一步要确认的就是产业链是否完备，特别是是否足够开放。在很多情况下，即使技术已经成熟，但产业链的重要环节缺失，整个产业同样也是无法实现突破的。

三是市场是否有潜力。如果这个技术找不到合适的应用场景，那它也是没有市场潜力更谈不上产业机会的，只能束之高阁。所以，当科技足够好却没有得到应用时，科技是一文不值的，而应用足够好时，是可以反哺科技的。

四是竞争是否有壁垒。一个巨大的市场机会出现时，如果缺乏竞争壁垒，往往会变成大家蜂拥而上、蓝海瞬间变红海的局面。以模式创新为主的行业，往往对竞争壁垒认识不足，如共享单车就是因为缺乏技术硬壁垒，所以市场上一度能看到红橙黄绿青蓝紫各色单车，竞争程度可想而知。对于这种模式创新的企业而言，市场和用户就是它最大的壁垒。当它的用户足够多、市场份额足够大的时候，其他的竞争对手就很难再撼动它的地位。

资料来源：王煜全. 学会洞察行业［M］. 北京：北京联合出版公司，2022.

第三节 影响行业发展的主要因素

"幼稚—先导—主导—支柱—夕阳"的行业发展阶段，也是行业兴衰的发展历程，是资本在某一行业领域"形成—集中—大规模聚集—分散"的过程，也是新技术的"产生—推广—应用—转移—落后"的过程，其实质是行业在整个产业体系中的地位变迁，一个行业的兴衰会受到社会需求、技术进步、政府政策、产业组织创新、社会习惯改变和经济全球化等因素的影响。

一、社会需求

需求是人类社会发展的原动力，一个新行业的形成过程实际上就是对社会潜在需求的发现和给予有效满足的过程。需求是新行业得以产生的基础，没有需求的新产品只能是一种创新游戏，不可能最终发展成为一个新行业，因此新产品潜在需求的存在和逐步实现是新行业形成的第一个条件。只有在潜在需求达到相当规模，以至于许多厂商可以同时进行专业化生产且都能获得利润时，新行业的形成才有可能。需求的总量决定了行业成熟后的规模，需求的性质决定了行业将属于劳动密集型、资本密集型抑或是知识技术密集型行业。而需求的变化则是由于人们生活水平和受教育程度的变化，带来消费心理、消费倾向、文明程度和社会责任感等方面的逐渐改变，最终进一步影响整个行业的兴衰。

从解决基本温饱到更注重生活质量的需求变化过程中，一些天然食品和绿色食品开始备受人们的青睐，对健康的投资也从注重保健品转向健身器材；在物质生活丰富后，注重智力投资和追求丰富的精神生活，旅游、教育成了新的消费热点；快节奏的现代生活使人们更偏好便捷的交通和通信工具；高度工业化和生活现代化又使人们认识到保护生存环境免受污染的重要性。发达国家的工业部门每年都要花费几十亿美元的经费来研制和生产与环境保护有关的各种设备，以便使工业排放的废渣、废水和废气能够符合规定的标准。所有这些社会观念、社会习惯、社会趋势的变化对企业的经营活动、生产成本和收益等方面都会产生一定的影响，足以使一些不再适应社会需要的行业在衰退的同时激发新兴行业的发展。

需求变化是未来优势产业的发展导向，并在相当程度上影响行业的兴衰。在收入相对比较低的时候，由于恩格尔定律的作用，人们对生活用品有较大需求。提供生活消费品的可口可乐、宝洁、强生公司和满足这些需求的销售渠道如沃尔玛公司，均在不断满足这些消费需求的过程中发展起来。随着收入水平的提高，生活消费品支出占消费总支出的比例逐渐下降，人们需要更多的服务消费和金融投资，从而使金融、旅游、教育、医疗、保险、体育、文化等行业从中获得了快速增长的动力。

二、技术进步

（一）当前技术进步的行业特征

1. 以信息通信技术为核心的高新技术成为行业竞争力的决定性因素之一

20世纪90年代末，以微电子、网络技术、计算机和通信为代表的信息产业每年以30%以上的速度高速发展，最终取代汽车、化工、钢铁等行业成为发达国家的主导产业，是迄今为止发展最快、渗透性最强、应用关键技术最广的行业之一。[①]

2. 信息技术扩散与应用加速传统行业的改造

以制药行业为例，药物研究及临床试验的高昂成本一直是制药公司面临的关键问题。当生物信息技术将技术先进、功能强大的计算机技术应用于新药研制时，制药工业的面貌

---

① 中国证券协会. 证券投资分析[M]. 北京：中国金融出版社，2012.

大大改变，新药面世速度加快，且药品价格不断下降。在传统制造业领域，信息技术早已通过计算机辅助设计（CAD）、计算机辅助制造（CAM）、计算机集成制造系统（CIMS）、计算机模拟等系统技术在汽车、机械制造、航空航天、新材料等行业广泛应用，大大降低了研发成本，缩短了研发周期。

3. 研发投入成为衡量行业竞争力的标尺

从技术进步的方式上看，研究与开发的投资强度比以设备更新投资为主要形式的技术改造投资强度更能体现一个国家和一个行业技术进步的实力与潜力。目前，多数国家和组织以研发（R&D）投入占行业或行业销售收入的比重来划分或定义技术产业群。

4. 技术更新速度加快周期缩短

信息产业中两个流行的定律——摩尔定律和吉尔德定律就是很好的说明。所谓摩尔定律，即微处理器的速度会每18个月翻一番，同等价位的微处理器的计算速度会越来越快，同等速度的微处理器会越来越便宜。所谓吉尔德定律，则是被誉为数字时代三大思想家之一的乔治·吉尔德在1996年预言未来25年，主干网的带宽将每6个月增加1倍。

（二）技术进步对行业的影响

技术进步对行业的影响是巨大的，一方面决定了新旧行业和更替，另一方面也推动了现有行业的技术升级。未来优势行业将伴随新的技术创新而到来，处于技术尖端的基因技术、纳米技术等将催生新的优势行业。当然，新、旧行业并存是未来全球行业发展的基本规律和特点，大部分行业都是国民经济不可缺少的。多数行业都会在竞争中发生变化，以新的增长方式为自己找到生存的空间。例如，传统农业已经遍布全世界，未来农业还会靠技术创新获得深度增长。传统工业在通过技术创新获得深度增长的同时，还可以通过行业的国际转移，在其他相对落后的国家获得广度增长的机会。

技术进步不仅使新产品的推出成为可能，而且能提高新行业的生产效率、降低成本，从而加速行业的市场扩张，使行业进入快速成长期。技术进步还使行业实现更大规模的规模经济，使企业能够从生产规模的扩大中获利，从而壮大新行业。此外，通过技术进步改变行业的生产方式以降低成本或创新产品还可以刺激和创造市场需求，为行业的发展拓展空间。当然技术进步也是行业衰退的强大杠杆。

当今时代科技发展一日千里，为经济的飞速发展提供了强大的技术基础，也促进了行业的加速更新和升级，落后于时代的行业注定要被淘汰。因此，行业生命周期在技术发展日新月异的今天已演变成技术的生命更替。

【思政小课堂7-1】

从中国高铁技术创新看"新型举国体制"

中国高铁技术赶超历程分为三个阶段：2004年之前为高铁技术独立研发阶段，2004~2008年是引进消化吸收阶段，2008年之后是自主再创新阶段。

1. 独立研发阶段：专用性技术投资激励不足

首先，市场需求不确定性和技术路线不明晰，加大了单个企业的高铁专用性技术投资沦为沉没成本的风险，造成企业事前激励不足。其次，市场需求碎片化导致交易频率低，交易成本居高不下。再次,在装备制造企业内部,因高铁订单批次少、批量小而难以形成规模经济,企业将生产要素从传统铁路(普通铁路、地铁)业务转向研制高铁的激励不足。最后,行为人为分散,高铁专用性技术投资的风险,通常采用技术联盟的方式,反而造成了全系统科技资源的分散。

2. 引进消化吸收阶段:强化激励

本阶段围绕两个核心问题:一是如何解决前一阶段整车厂专用性技术投资激励不足导致的装备质量控制难题。二是在国内装备企业与外国企业之间"一对一"的技术转让中,如何防范外国企业利用其技术私人信息的道德风险,确保真正用市场换到技术。我国高铁技术投资的重心在这一阶段从科研院所转向了装备制造企业,逐步形成以自主创新为导向的技术引进,从而使我国高铁跳出了"引进—落后—再引进"追随者的陷阱。

3. 自主再创新阶段:产业创新体系的扩展与创新的惯例化

2008年后,随着中国产业体制基本成型,铁路体制也相对稳定了下来。有所变化的是,高铁创新体系出现了跨部门的政策协同,这就意味着高铁创新超出了部门之阀而上升为国家战略,此后的高铁创新体制常被称作"举国体制"。这一体制已升华为近几年热度和出现频率都颇高的名词——新型举国体制。所谓新型举国体制,是一项集中全国各方面人力、物力、财力,以国家发展和国家利益为根本旨归,以攻克某项重大项目或完成某项重要任务为主要目标,以实现突破性发展和跨越式进步为外在表现的独特体制。

新型举国体制的"新"体现为三方面:首先是新环境,新型举国体制是在市场化环境下,动员政府、企业、社会等各方力量,将市场机制和政府作用有机结合,实现政产学研之间的协同共振;其次是新形势,新型举国体制在相对开放环境下,通过有效整合国内外资源完成战略目标,更为重视自主可控;最后是新阶段,我国科技创新进入跟跑、并跑、领跑"三跑并存"新阶段,新型举国体制更强调原创性、突破性、引领性。新型举国体制的核心就是要发挥好政府引导、市场主导、社会协同三者间的作用。

"十四五"规划纲要中提出要"健全社会主义市场经济条件下新型举国体制"①。习近平总书记更是反复强调"要完善关键核心技术攻关的新型举国体制"②。这与邓小平同志所说的"发挥社会主义制度能够集中力量办大事的优势"③ 是一脉相承的。党的二十大报告指出,"健全新型举国体制,强化国家战略科技力量,优化配置创新资源,优化国家科研机构、高水平研究型大学、科技领军企业定位和布局,形成国家实验室体系,统筹推进国际科技创新中心、区域科技创新中心建设,加强科技基础能力建设,强化科技战略咨询,提升国家创新体系整体效能"。可见"新型举国体制"的任务便是关键核心技术攻关,实现科技自立自强。

中国高铁技术创新是发挥市场经济条件下社会主义制度优势的典型,对我国探索建立新型举国体制具有重要的政策启示:首先应充分发挥市场需求在产业创新中的牵引作用。市场需求在高铁技术赶超实践中发挥了基础性乃至决定性作用,政府政策在高铁发展的前

---

① 中华人民共和国国民经济和社会发展第十四个五年规划和2035年远景目标纲要 [EB/OL]. 中国政府网, https://www.gov.cn/xinwen/2021-03/13/content_5592681.htm, 2021-03-13.

② 中央党校(国家行政学院)习近平新时代中国特色社会主义思想研究中心. 完善关键核心技术攻关的新型举国体制 [EB/OL]. 中国共产党新闻网, http://theory.people.com.cn/n1/2020/0320/c40531-31640512.html, 2020-03-20.

③ 厉以宁. 邓小平同志在社会主义经济理论中的创新 [EB/OL]. 人民网, http://cpc.people.com.cn/big5/n/2014/0422/c69113-24927631-2.html?kgr, 2014-04-22.

期规划和后期产业化阶段发挥了积极作用，两者相互补充、相互促进。其次应根据产业发展不同阶段的技术风险特征处理好政府与市场的关系。行业在制定政策前，应首先评估其所处发展阶段的风险特征，视具体情况发挥产业政策和市场在处理不同风险中的优势，避免公共资源浪费和损害市场的资源配置功能。最后应正确对待开放条件下引进创新与自主创新之间的关系。我国在高铁独立研发阶段积累的人才和本土技术能力，是快速消化吸收引进技术的基础；引进国外成熟制造技术对提升本土高铁技术能力、构建产品开发平台和培育本土产业链发挥了积极作用。可见，引进创新与自主创新可以是互补的。我国正在加快构建更高水平开放型经济新体制，应立足自主创新，同时要积极利用人类科技进步成果。

从中国高铁创新之路我们应深刻认识到健全新型举国体制要以改革驱动创新、以创新驱动发展。2022年6月30日，习近平考察香港科学园时指出，"青年人是全社会最富有活力、最具有创造性的群体，也是推动创科发展的生力军。要为青年铺路搭桥，提供更大发展空间，支持青年在创新创业的奋斗人生中出彩圆梦"①。作为新时代青年，我们要善于培养自己的创新思维，挖掘自身的创新潜能、提高创新能力，在继承发扬前人优良传统的基础上不断超越自我。

三、政府政策

（一）产业政策

产业政策是支持、培育、促进或限制特定产业发展政策的总和，主要包括产业结构政策、产业组织政策、产业技术政策、产业布局政策等，其中产业结构政策与产业组织政策是产业政策的核心。产业政策的突出特点是有区别地对待不同行业，了解国家不同时期产业政策的特点对于证券投资决策有着重要的作用。

1. 产业结构政策

产业结构政策是指一国政府依据本国在一定时期内的具体情况，遵循产业结构演进的一般规律和一定时期内的变化趋势，制定并实施的有关产业部门间的资源配置方式和比例关系以影响并推动产业结构调整和优化的一系列政策措施。对于关系国计民生和国家安全的基础行业以及战略性行业的保护和扶植政策是产业结构政策的重点，政府可能实施较多干预，如钢铁、石油化工、电力、供水、邮电通信、广播电视、铁路、航空、银行、证券、保险等行业。公用事业由于投资大、建设周期长、投资回报慢，允许众多厂商投巨资竞相建设是不经济的，因此政府往往通过授予某些厂商在指定地区独家经营某项公用事业特许权的方法来进行管理，被授权的厂商也就因此成为这些行业的合法垄断者。但这些合法的垄断者和一般的垄断者不一样，它们不能任意设定不合理的价格，其定价要受到政府的调节和管制。此外对衰退性行业采取的包括限制进口、财政补贴、减免税等救援和调整政策，也有利于减少经济损失、避免社会动乱。

2. 产业组织政策

产业组织政策是调整市场结构和规范市场行为的政策，其目的在于实现同一行业内企

---

① 习近平考察香港科学园 [EB/OL]. 中国政府网, https://www.gov.cn/xinwen/2022-07/01/content_5698681.htm, 2022-07-01.

业组织形态和企业间关系的合理化。产业组织政策主要包括产业秩序政策、产业合理化政策和产业保护政策。如我国20世纪90年代颁布的《汽车工业产业政策》,很大程度上抑制了汽车业的重复生产,催生了三大汽车生产企业集团,大幅提高了汽车行业生产的集中度。我国有关外商投资的产业政策中,对外商投资方式的限制规定在一定程度上起到了对本国部分产业内的现有企业进行保护的作用,减小了国外企业对本国幼稚行业的冲击。

总而言之,政府影响和干预行业的目的在于维护经济的公平和自由竞争,保证经济的健康发展。国家积极支持发展的行业,由于受到政府各种优惠政策的扶持,常常意味着有更多、更快的发展机会,投资者从长远考虑,应向这些行业投资;相反,对于国家限制发展的行业,其前景将是暗淡的,在向这些行业投资时应十分谨慎。

(二) 产业链政策

产业链政策是从产业链视角出台的补链、延链、固链、优链、强链等一系列政策的总和。产业链政策本质上是一种产业政策,所不同的是更加具备链式思维,从支持某一环节、某一产品,向整个产业链优化升级转变,围绕产业链竞争力提升配置要素和资源。任何一个行业的兴衰都离不开上下游行业的效应影响,产业链的本质就是上下游关联企业之间的行业价值链,上游供应商、中游生产商和下游消费者共同形成了一个完整的产业链条,产业链上任何一个环节,哪怕是技术含量不高的普通零部件供应,都可能因"市场被迫关闭"影响产业整体运行。因此提升产业链水平,已日渐成为各国政府政策聚焦的重心。

产业链把众多企业串联成一个整体,其中某一环节出现变化,也会对其他环节产生影响,链条上各家企业的股价也会随之上下波动。任何一个行业都是整个产业链中的一个环节,通过对整个产业链条进行分析,可以帮助我们更好地了解行业。如在国家"双碳"目标的引导下,新能源汽车行业发展迅速,整个新能源汽车产业链中,上游原材料供应商众多,主要是拥有锂矿和一些电池生产所需的金属矿等公司;中游主要是新能源电池生产商和众多的汽车配件生产商;下游是整车生产商及造车新势力。随着新能源汽车逐渐被大众接受,需求量处于上升期,新能源汽车板块股价随之上涨,新能源汽车产业链上企业都将获利,股价也会跟涨。当新能源汽车板块股票出现上涨时,那些对新能源汽车产业链熟悉的投资者便开始大量买入新能源电池和锂矿相关板块的股票,顺着产业链提前踩中了下一个热点,也从中获得了超额收益。

当前全球产业链格局发生重大调整,利用市场机制在全世界范围配置资源,不再像之前那样便利可靠。保障产业链供应链安全稳定,确保产业链供应链在关键时刻不掉链子,是大国经济必须具备的重要特征。在百年未有之大变局的背景下,我国提出了一系列夯实产业基础能力、保产业链供应链稳定、提升产业链供应链现代化水平的政策思路和重大举措,使保产业链供应链安全成为国民经济与社会发展的一项重要任务,产业链政策也在保障产业链供应链安全的实践中不断演进、创新发展。党的二十大报告再次指出提升产业链供应链韧性和安全水平,对于推动高质量发展、加快建设现代化经济体系、维护国家产业安全具有重要指导意义。①

---

① 习近平. 高举中国特色社会主义伟大旗帜 为全面建设社会主义现代化国家而团结奋斗——在中国共产党第二十次全国代表大会上的报告 [EB/OL]. 中国政府网, https: // www. gov. cn/xinwen/2022 - 10/25/content5721685. htm, 2022 - 10 - 25.

四、经济全球化格局之变

经济全球化是指日益强化的商品、资本、服务、技术和信息广泛的国际流动,推动着世界范围内国与国、区域与区域,乃至地方经济间彼此依存的强化。主要包括生产、金融、市场、技术、组织体制、机构、企业和劳动力市场的全球化。从1820~1914年以消费与制造分离为主要表现的第一次全球化浪潮,到20世纪60年代由跨国公司发起,后借助互联网引发的信息技术革命,形成了同一件产品制造被分解到零部件、分散于世界多个地域的制造与制造"非捆绑化"的全球化格局,在制造与制造继续分离的浪潮下,延续叠加至20世纪90年代以来,逐渐形成了技术知识随制造业和服务业的国际交流而流动的"超级全球化"格局。经济全球化引起产业的全球性转移,发达国家将传统的劳动密集型行业甚至是低端技术的资本密集型产业转移到发展中国家,使得这些产业延长其生命周期并得到一定程度的发展。此外,由于国际竞争和国际投资因素,一国的行业结构发生了很大变化。例如,美国汽车工业受到日本、西欧的挑战,这种国际竞争不仅打破了美国国内原先的市场格局,而且影响美国汽车行业生命周期的发展。

【章节小结】

(1) 行业是指国民经济中按生产同类产品或具有相同工艺过程或提供同类劳动服务所划分的经营单位和个体等构成的组织结构体系。行业分析是对行业经济的运行状况、产品生产、销售、消费、技术、行业发展阶段、市场竞争格局、行业政策等要素进行深入的分析。行业分析是连接宏观经济分析和上市公司分析的桥梁。

(2) 行业分析的主要内容包括行业基本状况分析、行业的一般特征分析和行业影响因素分析。其中行业特征是直接决定公司投资价值的重要因素之一,主要从行业的生命周期分析、行业的经济周期分析、行业的竞争结构分析入手。

(3) 典型的行业生命周期包含四个阶段:初创阶段(也叫幼稚期);成长阶段(成长期);成熟阶段(成熟期);衰退阶段(衰退期)。行业所处生命周期的位置制约着或决定着企业的生存和发展,不同生命周期的行业业绩与证券市场表现是不同的,行业生命周期的分析有利于投资者把握投资时机、投资方向和投资价值,将资金投向潜在收益最大的行业。

(4) 根据行业景气变化与国民经济景气变化关联的程度差异,可以分成周期型行业、稳定型行业和成长型行业三种行业。周期型行业股票收益率的波动虽然很大,但并不意味着没有投资价值;稳定型行业股票的收益虽然是比较稳定的,风险较小,但是其股票收益率一般不会很高;成长型行业的股票因为资本增值迅速,获得资本利得收益的机会比较大,但是这一类行业不受经济周期影响,持续增长的时间不会很长久,要注意热点转换的风险。

(5) 行业竞争结构是反映市场竞争和垄断关系的概念,划分为完全竞争、完全垄断、寡头垄断、完全垄断四种基本类型。完全垄断和完全竞争是相对罕见的市场结构,寡头垄断是一种较为普遍的市场结构形式,垄断竞争则是一种比较接近现实经济状况的市场结构。

(6) 行业竞争态势取决于以下五种竞争力量的相互作用关系：供应商的议价能力、购买者的议价能力、潜在竞争者进入的能力、替代品的替代能力、行业内竞争者的竞争能力。这五种基本竞争力量的状况及综合强度决定着产业竞争的激烈程度，同时也决定了行业的最终获利能力。

(7) 行业兴衰发展会受到社会需求、技术进步、政府政策、产业组织创新、社会习惯改变和经济全球化等因素的影响。社会需求变化是未来优势产业的发展导向，技术进步会加速行业的市场扩张，使行业进入快速成长期，国家产业政策积极扶持发展的行业往往有更多、更快的发展机会。

【思政梳理】

本章思政小课堂以我国高铁技术创新历程为例，分析了作为发挥市场经济条件下社会主义制度优势的典型，高铁技术创新对我国探索建立新型举国体制具有重要的政策启示：一是应充分发挥市场需求在产业创新中的牵引作用；二是应根据产业发展不同阶段的技术风险特征处理好政府与市场的关系；三是应正确对待开放条件下引进创新与自主创新之间的关系。

从中国高铁创新之路的分析，深化学生对"创新是第一动力"的认识，健全新型举国体制要以改革驱动创新、以创新驱动发展。引导学生树立强烈的创新意识，培养自己的创新思维，挖掘自身的创新潜能，不断提高创新能力，让青春在创新中闪光飞扬。

【主要概念】

行业　行业分析　行业的生命周期　周期型行业　稳定型行业　成长型行业　寡头垄断　市场垄断　竞争市场　产业政策　产业链政策

【案例思考】

阅读下列材料并回答问题。

中国新能源汽车进入无补贴时代

新能源汽车补贴始于2009年，补贴政策的初衷是拉平新能源汽车与传统燃油车的差价，扶持新产业度过商业化初期阶段，待其具备造血能力，补贴择机退出。作为国家产业政策顶层设计之一，新能源汽车补贴曾激励上百家企业投身其中，一批明星企业闪亮登场，例如头部整车公司蔚来汽车、小鹏汽车和理想汽车以及动力电池全球龙头公司宁德时代。在财政补贴拉动下，新能源汽车从2009年产销2 000辆发展到2022年销售688.7万辆，扩张3 000多倍，渗透率为25.6%，提前三年超额完成既定的20%渗透率①目标。

过去14年间，财政补贴可谓新能源汽车市场乃至整个产业链的"指挥棒"。新能源汽车规模不断扩大，带动电池、智能软硬件和充电基础设施等相关领域持续发展，进而产生十倍、百倍的社会放大效应。2022年12月，宁德时代麒麟电池因结构创新提升续航里程，被美国《时代》周刊评为2022年度最佳发明。韩国市场机构SNE Research发布的数据显

---

① 渗透率指新能源汽车销量在当年新车整体销量中所占份额。

示，2022年11月，全球动力电池装车量前十企业中，有6家是中国企业，宁德时代和比亚迪分列前两位。英国基准矿业称，中国在电池产业链占据绝对主要地位，中国生产了全世界78%的电池正极材料、91%的负极材料和70%的电池。

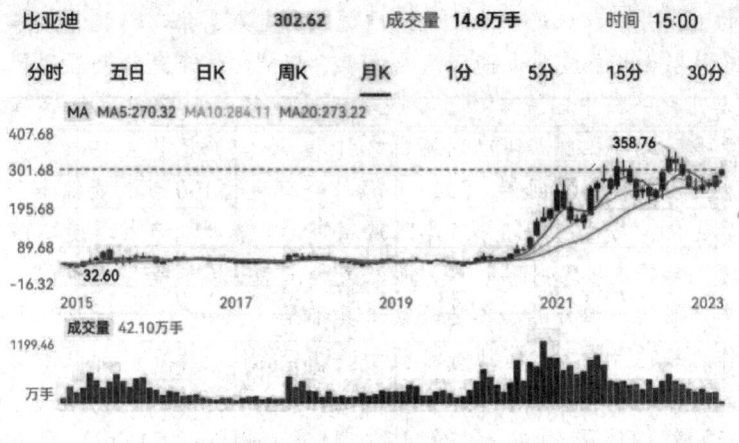

图1 比亚迪行情走势

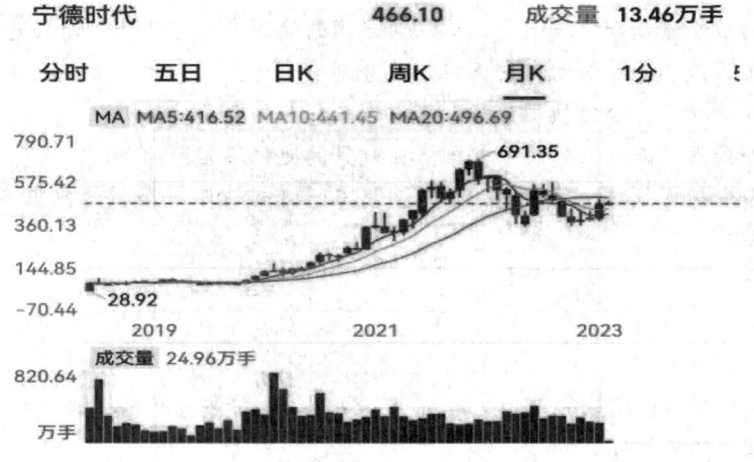

图2 宁德时代行情走势

2019年6月，中央财政补贴大比例退坡，地方补贴同步取消。初创车企大多靠股权融资获得发展资金，当时，一大批车企的产品还没有上市，已经开始销售的也没有形成正向现金流。补贴政策风云突变，影响资本市场信心，很多初创车企没有撑过这一年。2022年下半年，电池原材料价格暴涨传递至终端，新能源车企亏损幅度普遍扩大，头部车企实现规模效益后不断降价，而原材料价格还维持在高位，两大因素同时挤压产品利润空间。与此同时，新能源汽车正由电动化走向智能化，自动驾驶和智能座舱都需要大体量持续研发投入，对企业实力提出更高要求。资本市场对新能源汽车更加慎重，看不到明显长处的企业更难获得融资。2022年12月31日，中国新能源汽车国家财政补贴正式退出历史舞台，对车企来说意味着单车成本上涨1万余元。在补贴政策退出前，部分消费需求先行透支，经销商也积攒了较多库存。这些不利因素需要时间来消化。

2022年10月党的二十大报告明确指出要着力提升产业链供应链韧性和安全水平，并指出在建设现代化产业体系中，要推动战略性新兴产业融合集群发展，构建新一代信息技术、人工智能、生物技术、新能源、新材料、高端装备、绿色环保等一批新的增长引擎。因此财政补贴的退出并不意味着产业政策立即进入真空期，推动新能源汽车增长的积极因素更多。国家政策层面仍然支持新能源汽车发展，新能源汽车免征购置税优惠措施延续至2023年底就是其中之一，中国汽车购置税税率为应税额的10%，免征后节省的购车成本实际上比补贴更多。此外在创新驱动发展战略引导下，车企已将主要研发资源投向新能源汽车，聚焦智能电动汽车研发创新，2023年预计会有超过100款新能源车型上市。消费者态度也有了明显变化，而且在大部分汽车限购城市，新能源汽车都享受不限购、不限行优待。中国新能源汽车将走进无补贴时代，而欧美和东南亚国家正仿效中国，通过补贴扶持本地新能源汽车产业链。但补贴和各类政策工具都是"拐杖"，新能源汽车终归要走向全面市场竞争。作为领跑者，国内行业寄希望于通过智能化引爆下一阶段市场需求。又一轮淘汰即将开启，志在进军决赛的企业势必要经过这场冰火淬炼。

资料来源：安丽敏. 新能源汽车进入无补贴时代 [J]. 财新周刊, 2023 (02).

思考题：

(1) 从行业生命周期阶段来看，你认为我国新能源汽车行业处于什么发展阶段？
(2) 新能源汽车产业链的上中下游行业分别有哪些？它们的龙头企业分别有哪些？
(3) 试用波特五力分析模型分析新能源汽车行业的竞争态势。
(4) 在新能源汽车行业发展中我国产业政策的变化及其影响如何？
(5) 根据新能源汽车发展方向，你认为汽车产业链中下一个投资热点会是哪个行业？谈谈你的理由。

【实训项目】

1. 实训目的及要求

通过实训强化学生理论知识的应用能力，培养学生行业分析的逻辑思维能力，掌握行业分析报告撰写的基本框架。

2. 实训内容

在沪深两市选取一个感兴趣的目标行业，查阅相关资料数据：

(1) 了解该行业近三到五年的发展概况（盈利性、成长速度、进入壁垒、竞争程度等）及相关产业政策动态，分析该行业生命周期阶段；

(2) 了解该行业市场供需形势和产业链结构（上、下游行业），并在上市公司中找出该行业排名（营业收入）前三的头部企业，搜集其基本经营情况（产品结构、客户结构、竞争优势、发展战略等），分析该行业的竞争态势；

(3) 参照表7-1，选取至少五个分析项目，拟写一份该行业分析报告。

第八章 上市公司分析

【学习目标】

掌握上市公司的所属区位、行业地位、公司产品、公司经营管理能力等公司的基本方法，熟悉财务报表和财务分析的基本框架，掌握基本财务比率的计算和运用，并初步具备分析公司重大事项的能力，能在我国证券市场中找出符合上涨特点的上市公司，为投资选股提供帮助。

【案例导入】

企业上市和退市的速度都在加快

同济大学教授黄运成在2023中国企业并购重组国际论坛中表示，A股市场中企业上市和退市的速度都在加快。

"A股市场第一个1 000家上市公司用了十年，第二个1 000家也用了十年，到第三个1 000家用了六年，到第四个1 000家只用了四年时间。今年上市公司总数量已经突破了5 000家，这第五个1 000家只用了两年的时间，速度在不断加快。同时，随着注册制的推行，A股去年有42家公司退市。今年到目前为止退市数量已经超过40家，未来退市的速度也会加快。"黄运成说。

目前，A股市场，二八分布越来越显著，两极分化越来越明显。黄运成解释，市值100亿元以下的上市公司占比近70%，市值500亿元以上的上市公司占比不到5%。但是市值500亿元以上的上市公司创造的利润占比却超过了80%。

"高质量发展不能仅仅是依靠几家头部企业的发展，应该是大中小企业整体一起发展，这样有助于整体质量的提高。"黄运成说道。

此外，黄运成还表示，A股上市公司已经成为区域增长的重要力量。"广东有800多家上市公司，贡献了63%的税收；浙江上市公司贡献了34.5%的税收，江苏上市公司也贡献了25%的税收；福建虽然上市公司数量相比广东、江浙少一些，但贡献了55%以上的税收，因为宁德时代和紫金矿业都在福建。整体而言，税收排名前10的省份，平均有36.86%的税收是上市公司贡献的。"

资料来源：王敬博. 同济大学教授黄运成：企业上市和退市的速度都在加快［EB/OL］. 上海证券报·中国证券网，https://news.cnstock.com/news,bwkx-202311-5145047.htm, 2023-11-02.

当前证券市场动荡，部分上市公司面临退市危机，投资者要在我国证券市场中找出符合上涨特点的上市公司，为投资选股提供帮助，应具备公司分析的能力，那么，应该分析公司的哪些方面呢?

第一节　上市公司基本分析

一、上市公司经济区位分析

区位,或者说经济区位,是指地理范畴上的经济增长带或经济增长点及其辐射范围,它是资本、技术和其他经济要素聚集的地区,也可以说是经济发展快速的地区。上市公司的区位分析就是将上市公司的投资价值与区位经济的发展联系起来,通过分析上市公司所在区位的自然条件、资源状况、产业政策、政府扶持力度等方面来考察上市公司发展的优势和后劲,确定上市公司未来发展的前景,以鉴定上市公司的投资价值。

对于上市公司的区位分析包括分析公司的区位分布特征及对公司区位特征产生影响的因素。对上市公司进行区位分析,可以更好地了解区位对上市公司的影响,比如扩张速度、财政支出、生产情况等,同时也可以更好地了解上市公司的潜力和发展方向等,有助于将上市公司的投资价值分析清楚。具体来说,可以从以下几个方面进行区位分析。

(一) 区位内的自然条件和基础条件

自然条件和基础条件包括矿产资源、水资源、能源、交通、通信设施等。分析区位内的自然条件和基础条件,有利于分析该区位内上市公司的发展前景。作为一个区域或城市发展的先决条件,区位条件和自然禀赋不仅是一种战略资源,更是确定一个地区发展定位时必须考虑的内在因素,因为区位条件和自然禀赋在很大程度上决定了一个地区的发展方向和发展潜力,也左右着一个地区、城市聚集力的大小。如果上市公司所从事的行业与当地的自然和基础条件不符,公司的发展可能会受到很大的制约。

(二) 区位内的经济特色

所谓经济特色,是指区位内经济与区位外经济的联系和互补性、龙头作用及其发展活力与潜力的比较优势。它包括区位的经济发展环境、条件与水平、经济发展现状等有别于其他区位的特色。经济特色在某种程度上意味着优势。例如,某区位在计算机软件开发、汽车工业等方面已经形成了规模和技术优势及特色,那么该区位内相关的上市公司,在同等的条件之下比其他区位主营业务相同的上市公司就具有更大的竞争优势和发展空间。

(三) 区位内政府的产业政策

区域产业政策是指政府为了实现某种经济和社会目标,以区域产业为直接对象,通过对有关产业的保护、扶持、调整和完善,参与产业或企业的生产、经营、交易活动,以及通过直接或间接干预商品、服务、金融等方面的市场形成和市场机制来影响区域布局和发展政策的总和。为了促进区位经济的发展,当地政府一般都会相应地制定经济发展的战略规划,提出相应的产业政策,确定区位优先发展和扶持的产业,并给予相应的财政、信贷及税收等诸多方面的优惠措施支持。这些措施有利于引导和推动相应产业的发展，相关产业内的公司将因此受益。如果区位内的上市公司的主营业务符合当地政府的产业政策，一般会获得诸多政策支持，有利于上市公司的进一步发展。

二、上市公司行业地位分析

行业地位分析的目的是判断上市公司在所处行业中的竞争地位，如是否为领导企业，在价格上是否具有影响力、是否有竞争优势等。了解公司的行业地位，就是了解公司在产业中的竞争地位、市场占有率、未来发展趋势和行业增速等内容，就是对公司所属行业的竞争情况、市场情况、发展前景的了解。在大多数行业中，无论其行业平均盈利能力如何，总有一些企业比其他企业具有更强的获利能力。上市公司的行业地位决定了其盈利能力是高于还是低于行业平均水平，也决定了其在行业内的竞争地位。分析上市公司的行业地位，一般从以下几个方面入手。

（一）公司所属行业

上市公司所在行业的分析对长线投资相当重要。行业的当前状况和未来的发展趋势对该行业上市公司的影响巨大。当某个行业处于整体增长期时，意味着未来的发展空间较大，该行业的所有上市公司都可能有较好的表现和较大的发展空间。同时要注意，整个经济的状况与构成经济总体的各个行业的状况并非完全吻合。当整个经济形势向好时，只能说明大部分行业的形势较好，而不是每个行业都好；反之，经济整体形势恶化，说明大多数行业面临困境，而某些行业的发展可能仍然较好。进行行业分析可以为更好地进行上市公司分析奠定基础。在高度竞争的现代经济中，行业内的横向比较是非常重要的。另外，行业所处生命周期的阶段制约着或决定着上市公司的生存和发展。

分析行业状况，主要包括分析行业的发展历史沿革与发展前景、影响行业增长和盈利能力的关键因素、行业进入的壁垒、来自行业内外的竞争、政府对行业的支持和管制、上下游行业的市场前景和供需状况、国民经济波动对行业的影响等。

（二）公司背景和历史沿革

分析上市公司的成长背景和历史沿革有助于更好地了解其财务状况、行业状况、发展潜力、发展空间、竞争压力、投资价值等。充分地了解上市公司，是作出正确决定的基础。历史沿革是对公司发展过程的记录，包括分析公司性质、集团及其关联企业、公司的规模、股本结构和主要投资者，公司的中长期发展战略和发展方向的历史沿革，公司的主要产品和利润的主要来源，公司的主要优劣势等。

【财经实事 8-1】

伊利：以龙头担当助力内蒙古经济高质量发展

近日，中华全国工商业联合会、中国企业联合会等机构先后发布 2023 年中国民营企业 500 强、中国企业 500 强榜单，伊利以 2022 年总营收 1 231.71 亿元在两大榜单中均稳居行业榜首，牢牢占据"2023内蒙古民企100强"榜首位置，领先第二名超过500亿元。权威榜单排名显示，伊利集团是目前内蒙古规模最大、实力最强、业绩最优的企业，并以超强的担当精神，在助力内蒙古与中国乳业经济高质量发展的进程中发挥着不可替代的作用。

据2023年8月29日荷兰合作银行发布的全球乳业20强榜单显示，伊利稳居全球乳业五强，连续十年蝉联亚洲乳业第一，是中国规模最大、产品品类最全的乳制品企业。近年来，伊利在中国民营企业500强与中国企业500强的排名中稳步上升，显示了内蒙古与中国乳业蓬勃向上的发展动力与活力。

自2018年国家和内蒙古提出奶业振兴计划及系列政策措施以来，伊利笃行实干，以龙头企业的担当，积极投建乳产业集群项目，助力内蒙古奶业全链条升级发展，率先走在全国奶业振兴的最前列。以伊利为首的内蒙古乳企踔厉奋发、笃行不息，内蒙古"奶罐"香飘全国。不仅如此，伊利在助力内蒙古经济高质量发展，推动产业转型升级，解决青年就业创业，加快产业科技创新等方面也起到了积极显著的助推作用。2019年至今，伊利在内蒙古自治区多个盟市投建乳产业集群项目投资已超过400亿元。

作为中国规模最大、产品品类最全的乳制品企业，伊利产品销往全球60多个国家和地区。每天，有1亿多份伊利产品到达消费者手中。截至目前，伊利已在全球建成81个生产基地，全球合作伙伴总计2 000多家，遍及6大洲，分布在39个国家。伊利正带动上下游企业加快技术升级、工艺优化、程序再造，全面推动全球产业链各环节的深度合作。

从草原出发，到享誉国际，伊利已经成为内蒙古的一张闪亮名片，在自身发展壮大的同时，也在不遗余力地助推着内蒙古的经济社会全面发展。2023年上半年，伊利实现营业总收入661.97亿元，同比增长4.31%。自1996年上市以来，累计纳税额602.02亿元，直接和间接带动数十个相关产业的联动发展，为社会创造数百万个就业岗位。

回顾近十年历程，伊利在发展企业、引领行业、服务社会上厚积薄发；在为国家分忧、为民生担责上始终笃行不息。站在全球乳业五强的起点，伊利已正式发布2025年挺进"全球乳业三强"的中期目标及2030年实现"全球乳业第一"的长期战略目标。

秉承伊利集团董事长潘刚提出的"厚度优于速度、行业繁荣胜于个体辉煌、社会价值大于商业财富"的理念，伊利担负着内蒙古乃至中国奶业科技创新和高质量发展的使命。

汇聚全球资源，伊利的"全链式"创新将加速中国奶业科技发展进程，优化奶业发展路径，打通从产业强区到产业强国，科技强区到科技强国的通道，继续活跃于世界舞台，为全球奶业创造价值，让世界共享健康。

资料来源：节选自李甜甜. 伊利：以龙头担当助力内蒙古经济高质量发展［EB/OL］. 中国食品安全网，https：//www.cfsn.cn/2023/10/19/99383807.html，2023-10-19.

（三）公司的市场状况

衡量上市公司行业竞争地位的一个重要指标是公司的市场状况。公司的市场状况主要从产品的竞争力和产品的市场占有率方面进行分析。产品的竞争力主要体现在产品质量、技术优势、成本优势上。产品质量分析主要从品牌忠诚度、用户反馈上分析；技术优势主要从新产品的研究开发及开发费用比例来判断；成本优势则主要从与其建立合作关系的原材料厂商的能力进行分析，判断其是否拥有批量进货的优势。公司的产品市场占有率越高,其效益越好。在分析产品占有率时,主要通过行业的横向和纵向比较来分析,选择产品市场占有率高的企业进行投资以获取稳定的收益。

三、上市公司经营管理能力分析

现代市场经济条件下,上市公司作为不断与外部环境进行信息、物质与人才转换的开放系统,生产经营过程具有明显的动态性质,即需要随时根据市场环境的变化作出反应和调整。与这一状况相适应,管理工作经常面对大量的新情况、新问题。在一定意义上,管理过程就是不断发现问题、解决问题的过程,因此对公司经营管理能力的要求也不断提高。

(一)公司法人治理结构

公司作为法人,需要有相适应的组织体制和管理机构,使之具有决策能力、管理能力,行使权利,承担责任。这种体制和机构被称为公司法人治理结构,也可以称为公司内部管理体制。这种结构使公司法人能有效地活动起来,是公司制度的核心。公司法人治理结构有狭义和广义两种定义。狭义上的公司法人治理结构是指有关公司董事会的功能、结构和股东的权利等方面的制度安排;广义上的法人治理结构是指有关企业控制权和剩余索取权分配的一整套法律、文化和制度安排,包括人力资源管理、收益分配和激励机制、财务制度、内部制度和管理等。健全的公司法人治理机制至少应当包括以下七个方面:(1)规范的股权结构;(2)有效的股东大会制度;(3)董事会权力的合理界定与约束;(4)完善的独立董事制度;(5)监事会的独立性和监督责任;(6)优秀的职业经理层;(7)相关利益者的共同治理。

【例 8-1】

小米的"股权治理思维"模式:股权思维定
天下——小米成功背后的资本思维

巴菲特在致股东的信中,谈到收购公司的六项标准。
(1)大公司(至少有 50 000 000 美元的税后利润)。
(2)证明有持续的盈利能力。
(3)有少量举债或不举债,公司的净资产收益状况良好。
(4)管理得当。
(5)业务简单。
(6)明确的售价。

其中,管理得当,即评判公司经营能力是否优胜,可以从公司法人治理结构及公司管理层和从业人员素质这两个维度去研判。

那么,什么是健全的公司法人治理结构呢?

举个例子,我们经常听到一句话:"人无股权不富",纵观财富榜前 100 名大部分都是靠股权运作积累起原始资本。2018 年上市的小米公司就是一个典型的案例。从小米发展来看,小米手机是一个典型靠"股权治理结构"成长起来的企业。

首先,小米打造了一个全新的商业模式,通过股权转让方式吸引合伙人和投资商的进入逐渐创建团队,并拿到千万美元的创业资金。

在发展过程中,小米采用股份合伙制架构。合伙人之间通过股权建立利益共同体,既享有分享利润的权利,又需要承担责任。组织架构分为三级:合伙人、新主管和员工。合伙人由于共同的利益结合在一起,因此对于下属员工的选择一定是要找到一流的人才,由此塑造小米卓越人才队伍,并成为公司发展强大的驱动力。同时各合伙人成为企业股东后,拥有分享利润的权利,促使他们采取各种方式降低成本,提高管理能力进行技术创新,积极拓展市场,从各个渠道提高企业竞争能力,提高经营业绩。

当小米持续快速发展时,投资机构"锦上添花"主动出资,占有更多股份,企业高速成长时可以获利退出。

步入成熟阶段,小米有足够稳定的现金流,可以通过股权投资寻求更多市场机会,以更优惠的供应链追求更多利润。比如投资美的,达成小米设备和美的设备的互通互联,投资爱奇艺,在内容生态链寻找盈利切入点。

以股权为杠杆,小米仅用5年时间便做成价值500亿美元的公司,但是如果小米按传统的模式去运作,过程会是这样:首先要有一笔启动资金用于生产手机的产品研发,然后准备一大笔费用购买设备,招聘人员开工生产。在产品生产后,找渠道投放广告努力卖给消费者,资金不够去银行贷款,按照这样的运作模式,很可能小米手机还未到消费者手中就已经提前"夭折"了。

由此看出,"股权治理思维"背后的杠杆力量是巨大的,小米靠的就是这种轻资产、精定位、高增长和高杠杆的股权模式迅速做大的。

资料来源:翻译自巴菲特每年发布于伯克希尔·哈撒韦公司网站的文章,详见 https://www.berkshirehathaway.com/专栏 Warren Buffett's Letters to Berkshire Shareholders.

(二)公司管理风格及经营理念

管理风格是企业在管理过程中所一贯坚持的原则、目标及方式等方面的总称。经营理念是企业发展一贯坚持的一种核心思想,是公司员工坚守的基本信条,也是企业制定战略目标及实施战术的前提条件和基本依据。一个企业不必追求"宏伟的"理念,而应建立一个切合自身实际的,并能贯彻渗透下去的理念体系。经营理念往往是管理风格形成的前提。一般而言,公司的管理风格和经营理念有稳健型和创新型两种。

稳健型公司的特点是在管理风格和经营理念上以稳健原则为核心,一般不会轻易改变业已形成的管理和经营模式。因为成熟模式是企业内部经过各方面反复探索、学习、调整和适应才形成的,意味着企业的发展达到了较理想的状态。奉行稳健型原则的公司的发展一般较为平稳,大起大落的情况较少,但是由于不太愿意从事风险较高的经营活动,公司较难获得超额利润,跳跃式增长的可能性较小,而且可能会因为过于追求稳健,丧失加速发展的良机。但稳健并不排斥创新,由于企业面临的生存发展环境在不断变化之中,企业也需要在坚持稳健的原则下不断调整自己的管理方式和经营策略以适应外部环境的变化。如果排斥创新的话,稳健型的公司也可能会遭到失败。

创新型公司的特点是管理风格和经营理念上以创新为核心,公司在经营活动中的开拓能力较强。创新型的管理风格是此类公司获得持续竞争力的关键。管理创新是指管理人员借助于创新的观点，利用新思维、新技术、新方法，创造一种新的更有效的资源整合方式，以促进企业管理系统综合效益的不断提高，达到以尽可能少的投入获得尽可能多的综合效益，具有动态反馈机制的全过程管理目的。管理创新应贯穿于企业管理系统的各环节，包括经营理念、战略决策、组织结构、业务流程、管理技术和人力资源开发等各方面，这些也是管理创新的主要内容。创新型企业依靠自己的开拓创造，有可能在行业中率先崛起，获得超常规的发展；但创新并不意味着企业的发展一定能够获得成功，有时实行的一些冒进式的发展战略也有可能迅速导致企业的失败。分析公司的管理风格可以跳过现有的财务指标来预测公司是否具有可持续发展的能力，而分析公司的经营理念则可据以判断公司管理层制定何种公司发展战略。

同时，上市公司应时刻遵守规范运作、合规经营的理念，要坚守底线思维，树立法治观念，增强合规意识，形成规范发展的内生动力。上市公司作为行业中的龙头代表和经济的核心组成，是否持续规范发展关系到国家经济发展大局，而不只是上市公司自己的经营管理层面的需求。只有从根本上改善公司经营质量，加大研发投入，提升市场竞争力，做专做优做精做强，才能在行业中立于不败之地。

（三）公司管理人员的素质

所谓素质，是指一个人的品质、性格、学识、能力、体质等方面特性的总和。在现代企业里，管理人员不仅担负着对企业生产经营活动进行计划、组织、指挥、控制等管理职能，而且从不同角度和方面负责或参与对各类非管理人员的选择、使用与培训工作。因此，管理人员的素质是决定企业能否取得成功的一个重要因素。在现代市场经济条件下，企业面临的内外环境日益复杂，对公司管理人员的要求也不断提高。在一定意义上，是否有卓越的企业管理人员和管理人员集团，直接决定着企业的经营成败。管理人员的素质要求是指从事企业管理工作的人员应当具备的基本品质、素养和能力，它是选拔管理人员担任相应职务的依据和标准，也是决定管理者工作效能的先决条件。

对管理人员的素质分析是公司分析的重要组成部分，主要应包括对公司管理人员的文化素质和专业水平，内部协调和沟通能力，公司管理层第一把手的个人经历、工作经历及文化水平，公司管理层的开拓精神等的分析。一般而言，企业的管理人员应该具备如下素质：(1) 从事管理工作的愿望；(2) 一定的专业技术能力；(3) 良好的道德品质修养；(4) 较高的人际关系协调能力；(5) 较强的决策能力和综合能力。一个好的管理层在管理公司时，每一年公司都应有较大的变化，最终的结果应从公司的成长性、主营收入、主营利润和每股收益的变化中体现出来。

（四）公司文化和从业人员素质能力

公司文化是指公司全体职工在长期的生产和经营活动中逐渐形成的共同遵循的规则、价值观、人生观和自身的行为规范准则。对公司文化的分析应着重了解公司文化对全体员工的导向功能、凝聚功能、激励功能和约束功能。导向功能，即通过企业文化对企业的领导者和职工起引导作用；凝聚功能，即企业文化以人为本，尊重人的感情，从而在企业中形成了一种团结友爱、相互信任的和睦气氛，强化了团体意识，使企业职工之间形成强大的凝聚力和向心力；激励功能，即共同的价值观念使每个职工都感受到自己存在和行为的价值，自我价值的实现是人的最高精神需求的一种满足，这种满足必将形成强大的激励；约束功能，即通过完善管理制度和道德规范来实现。

公司从业人员的素质能力也会对公司的发展起到重要的作用。作为公司的员工，公司从业人员应该具有如下素质：熟悉自己从事的业务，必要的专业技术能力，对企业的忠诚度，对本职工作的责任感，具有团队合作精神，等等。同时，上市公司的从业人员应时刻注意树立良好的道德榜样，培养法律意识，注重职业道德，自觉加强法律方面的学习和培训，恪守职业法律规范。

具有以上这些基本素质的公司从业人员才有可能做好自己的本职工作，才有可能贯彻落实公司的各项管理措施以及完成公司的各项经营业务，才有可能把自身的发展和企业的发展紧密地联系在一起。在创新型的公司管理风格下，还需要具有创新能力的公司业务人员，如技术创新、新产品的开发必须要由技术开发人员来完成，而市场创新的信息获得和创新方式则不可缺少市场营销人员的努力。因此，公司业务人员的素质，包括进取意识和业务技能也是公司发展不可或缺的要素。对员工的素质进行分析可以判断该公司发展的持久力和创新能力。

四、上市公司经营状况分析

（一）公司产品分析

在市场经济条件下，产品在生产和销售领域里的竞争普遍存在。有些产品的生产是成功的、盈利的，而有些则是失败的、亏损的，因此，在市场上竞争力较强的产品便能生存和发展，证券投资者通过对不同产品竞争力的分析，投资于那些生产竞争力较强的产品的公司，就有可能比他人获得更高的收益。产品的竞争力主要表现在以下几个方面。

1. 产品品牌的知名度

一个品牌不仅是一种产品的标识，而且是产品质量、性能、满足消费者效用可靠程度的综合体现。品牌竞争是产品竞争的深化和延伸，品牌具有创造市场、联合市场、巩固市场的功能。某些产品由于质量优越、服务优良和宣传广泛而成为家喻户晓、众口皆碑的名牌产品，这种品牌优势意味着生产该产品的公司具有极大的销售优势，从而其利润额将会较快增长，公司股东的收益也会相应增加。如美国著名的可口可乐饮料以其独特的风味风靡世界，在国内外的消费者中享有很高的声望，因而可口可乐饮料公司在市场上具有很强的竞争能力，其产品的销售额、利润额和股东权益一直保持着较高的水平。

2. 产品的市场份额

产品的市场份额在衡量公司产品竞争力方面占有重要地位。在产品价格确定的情况下，销售数量的增加和产品需求的稳定性就显得非常重要，因为它们会直接影响公司的利润和股东收益。产品的销售量一般和产品的知名度是一致的，即知名度越高，销售量也越高；反之则越低。但也有例外的情况，如由于市场管制、运输不便、产品价格过高，以及产品的用途比较单一（如某些医药品）等原因，商品的销售量与其知名度之间也会出现不一致的现象。此外，商品的市场份额和商品销售的绝对量一样，对公司的市场竞争能力具有重要的影响,有时甚至比绝对量更重要。市场份额指某公司的销售量占整个市场的百分比。市场份额的扩大通常意味着收益的增长和竞争实力的加强。但有时市场份额的扩大也会导致经营成本的提高,从而部分抵消收益的增长。分析产品的市场份额通常可以从两个方面着手。其一,公司产品销售市场的地域分布情况;其二,公司产品在同类产品市场上的占有率。

3. 产品的营销模式

不同的产品有不同的营销模式,有的公司的产品依赖于几个主要客户,如生产汽车零部件的企业依赖于汽车装配厂。那么,主要客户的生产规模、发展趋势、市场竞争力、反向依赖程度以及和所投资公司的关系,都必须纳入分析的范围。特别要注意的是,有的公司的主要客户就是母公司,要分析母公司与子公司间关联交易是否有操纵利润的嫌疑;有的公司的产品是生活用品,面对千家万户,营销网点的分布和营销方式对公司产品的销量影响很大。分析公司的营销还可以分析公司主要产品的市场需求弹性、产品销售的季节性或周期波动、主要客户组成及与主要客户的关系、产品覆盖的地区与市场占有率、销售成本与费用控制、顾客满意度和购买力、主要竞争对手的市场占有率等。

4. 产品市场的类型

公司产品的销售市场可划分为地区性、区域性、全国性和国际性市场四种。(1)地区性市场。有些公司的产品市场为地区性质的,如水、电、煤气等公用事业和一些规模较小的公司。这些地区性公司的经营与发展会受到该地区的经济发展水平、人口、能源、交通和消费水平等因素的影响。(2)区域性市场。区域性市场是由几个不同的地区性市场组成的。因此,产品面向区域性市场的公司除了要受本地各种经济、非经济因素的影响外,还会受到其他地区类似因素的影响和区域性市场内部同一行业公司相互竞争的挑战。(3)全国性市场。产品面向全国的大公司受全国经济形势的影响要比受区域性或地区性因素的影响更大。这类公司由于市场广大,因此利润较高,但面临的市场竞争、成本费用、消费偏好等风险也比较大。(4)国际性市场。面向国际市场的大公司或集团在经营活动中会遇到一系列国内行业所没有碰到过的问题。如这些公司必须在不同的国家以不同的方式进行经营活动,它们要面临不同的法律制度、税收结构、雇工办法和利润股息的分配方法,要承担汇率变动、市场竞争和政府管制,甚至国有化的风险。虽然这些国际性公司的利润要高于国内的同类企业,但其所面临的风险也比国内同类企业高。

5. 产品的生命周期

产品的生命周期分为四个阶段。(1)产品介绍期。这一阶段的主要特点是消费者对新产品不太了解,产品的销售量增加缓慢,产品品种较少和市场竞争较小,企业利润很少,一般有亏损。(2)产品成长期。步入成长期,产品经介绍和宣传已为广大消费者所了解,产品的销售量开始逐渐增加,增长速度加快,新品种逐渐增加,市场竞争日趋加剧,利润也相应逐渐增加。(3)产品成熟期。成熟期的主要特点是市场销售量已达到饱和,市场份额已分配完毕,产品品种增多、质量提高,仿制品和替代品不断出现,市场竞争激烈,预期利润开始下降。(4)产品衰退期。进入衰退期后,产品销售量由缓慢下降逐步过渡到迅速下降,此时消费者已在期待新产品,市场竞争较弱,许多企业开始转产,利润水平较低。最后要说明的是,公司可以通过多样化的方法来延长其产品在生命周期中某阶段的存留时间。当某种产品的销售量开始下降时,公司可以通过及时推出新产品或替代品来供应市场，从而保持企业不断增长的趋势。

（二）公司技术能力分析

在知识经济条件下，技术创新能力已成为企业获取利润与发展的源泉，尤其是对上市公司来说，技术创新能力通常是其竞争力的核心，而上市公司产品是否具有竞争力主要还是取决于其自身技术创新能力的大小。对上市公司技术能力的分析主要包括两个方面。

1. 产品的技术水平

产品的技术水平决定了公司的市场竞争能力和盈利能力，也限制了其他企业进入这一行业。一个成功的企业往往拥有一个成功的产品，这是决定企业核心竞争力的关键。考察企业产品的技术水平主要关注以下四个方面，一是产品是否具有其他公司难以企及的技术水平，在该行业具有无可争辩的领先地位；二是产品是否具有专利保护其垄断地位，其他公司不能模仿和假冒；三是技术的盈利前景，技术的先进性应体现在盈利能力上，公司的技术产品没有盈利前景，其股票就没有投资价值；四是产品市场的广度，公司的技术产品具有广阔的市场，才能形成大规模的盈利。

2. 公司的技术优势

公司的技术优势决定公司发展的潜力，股票价值取决于公司未来股利的现值，而能改变公司未来状况的最重要因素就是技术。技术优势是指公司拥有的比同行业其他竞争对手更强的技术实力及研究与开发新产品的能力。产品的创新包括：（1）通过新核心技术的研发，开发出一种新产品或提高产品的质量。（2）通过新工艺的研究，降低现有的生产成本，开发出一种新的生产方式。（3）根据细分市场进行产品细分，实行产品差别化生产。（4）通过研究产品组成要素的新组合，获得一种原料或半成品的新的供给来源等。而技术创新则不仅包括产品技术，而且包括人才创新。考察企业技术优势，一方面可着重了解公司的股东背景，新技术的开发往往要耗费大量的财力和物力，并且风险极大，如果有一个研究实力非常强大的股东支持，那么公司的技术开发能力将大为提高。另一方面应分析公司自身的技术开发能力，这主要考察公司的人员构成、科研机构设置等。

第二节　公司财务分析

一、公司主要财务报表

财务报表反映公司的经营成果、财务状况和现金流量状况，是财务分析的基础。公司主要财务报表包括资产负债表、利润表、现金流量表和所有者权益变动表。

（一）资产负债表

资产负债表是反映企业在某一时间点财务状况的会计报表，依据"资产＝负债＋所有者权益"会计等式编制。如表8-1所示，资产负债表是依照一定的分类标准和一定的次序，将某一特定日期的资产、负债、所有者权益的具体项目予以适当的排列编制而成。它表明权益在某一特定日期所拥有或控制的经济资源、所承担的现有义务和所有者对净资产的要求权。资产负债表的主要作用包括：

（1）反映企业资产总额及其结构，企业拥有或控制的经济资源及其分布，资金的来源及其构成；

（2）反映企业负债总额及其结构，有助于分析企业的偿债能力和财务弹性；

（3）反映所有者权益内部结构及收益分配情况，据以判断资本保值、增值情况以及对负债的保障程度。

表 8－1　　　　　　　　　TRT 公司合并资产负债表

2021 年 12 月 31 日　　　　　　单位：元　币种：人民币

项目	2021.12.31	2021.12.31	项目	2021.12.31	2021.12.31
流动资产：			流动负债：		
货币资金	9 926 307 096.61	8 349 450 524.45	短期借款	830 786 900.00	423 750 000.00
交易性金融资产		1 500 000.00	交易性金融负债		
应收票据	492 587 968.60	249 350 633.89	应付票据	37 831 812.28	100 000 000.00
应收账款	1 004 296 481.57	1 141 207 526.69	应付账款	3 192 764 425.76	2 764 623 799.69
应收款项融资	188 189 546.33	215 872 234.04	预收款项		
预付款项	185 356 428.69	264 886 100.93	合同负债	559 193 783.58	350 876 003.75
其他应收款	90 182 006.54	89 891 550.77	代理承销证券款		
其中：应收利息			应付职工薪酬	367 127 529.83	361 633 713.17
应收股利			应交税费	214 573 725.09	167 913 544.54
买入返售金融资产			其他应付款	504 987 472.55	554 621 930.41
存货	6 169 091 993.17	6 060 568 229.46	其中：应付利息	2 900.00	14 508 700.00
合同资产			应付股利	17 370 786.02	15 344 072.85
持有待售资产		11 460 634.14	持有待售负债		3 631 966.54
一年内到期的非流动资产	933 927.56		一年内到期的非流动负债	523 940 973.50	828 298 884.88
其他流动资产	116 670 163.49	142 702 824.15	其他流动负债	71 156 338.09	42 997 462.27
流动资产合计	18 173 615 612.56	16 526 890 258.52	流动负债合计	6 302 362 960.68	5 598 347 305.25
非流动资产：			非流动负债：		
债权投资			长期借款	744 633 135.41	483 226 777.22
其他债权投资			租赁负债	1 136 752 273.58	
长期应收款	1 953 895.20		长期应付款	9 135 740.00	12 935 900.00
长期股权投资	14 142 142.32	15 029 824.20	长期应付职工薪酬	820 028.19	1 207 742.47
其他权益工具投资	4 466 181.70	5 140 114.92	预计负债	262 500.00	262 500.00

续表

项目	2021.12.31	2021.12.31	项目	2021.12.31	2021.12.31
其他非流动金融资产	90 000.00	90 000.00	递延收益	198 240 855.47	188 216 086.91
投资性房地产			递延所得税负债	8 126 570.73	6 912 560.95
固定资产	3 938 357 707.08	4 081 321 964.92	其他非流动负债		
在建工程	84 193 526.00	127 941 952.46	非流动负债合计	2 097 971 103.38	692 761 567.55
生产性生物资产	4 115 779.97	3 762 282.45	负债合计	8 400 334 064.06	6 291 108 872.80
油气资产			所有者权益		
使用权资产	1 673 090 735.94		实收资本	1 371 470 262.00	1 371 470 262.00
无形资产	736 311 766.91	642 784 777.62	其他权益工具		
开发支出			其中：优先股		
商誉	41 403 222.69	43 489 279.70	永续债		
长期待摊费用	145 079 278.27	183 394 927.65	资本公积	1 992 916 011.21	2 006 500 148.44
递延所得税资产	210 588 699.26	160 652 877.74	减：库存股		
其他非流动资产	45 426 814.41	47 014 102.06	其他综合收益	−43 482 544.06	−2 386 775.71
非流动资产合计	6 899 219 749.75	5 310 622 103.72	专项储备		
			盈余公积	969 637 849.60	883 982 024.14
			一般风险准备		
			未分配利润	6 343 423 793.24	5 572 003 769.22
			归属于母公司所有者权益合计	10 633 965 371.99	9 831 569 428.09
			少数股东权益	6 038 535 926.26	5 714 834 061.35
			所有者权益合计	16 672 501 298.25	15 546 403 489.44
资产总计	25 072 835 362.31	21 837 512 362.24	负债和所有者权益总计	25 072 835 362.31	21 837 512 362.24

资料来源：依据 TRT 公司 2021 年年报整理。

（二）利润表

损益表又称为利润表、收益表或损益计算书，它是反映企业一定期间生产经营成果的财务报表。利润表是一种动态报表，如表 8-2 所示，各项目间的关系可用"收入−费用＝利润"来概括，以营业总收入为起点，以净利润为终点。不管是对企业外部投资者还是企业内部管理者，利润表都是决策分析的重要依据。利润表主要作用包括：

（1）反映企业在一定期间的收入和费用情况以及获得利润或发生亏损的数额，表明企业投入与产出之间的关系；

（2）分析判断企业损益发展变化的趋势，预测企业未来的盈利能力；

（3）反映企业的经营成果以及利润计划的执行情况，分析企业利润增减变化的原因。

表 8-2　　　　　　　　2021 年 TRT 公司合并利润表　　　　单位：元　币种：人民币

项目	2021 年度	2020 年度
一、营业总收入	14 603 100 739.78	12 825 879 050.96
其中：营业收入	14 603 100 739.78	12 825 879 050.96
利息收入		
已赚保费		
手续费及佣金收入		
二、营业总成本	12 093 055 194.33	10 740 027 174.38
其中：营业成本	7 648 481 567.87	6 792 069 655.66
税金及附加	154 866 527.14	136 844 632.07
销售费用	2 748 393 778.82	2 473 223 340.57
管理费用	1 335 467 120.92	1 235 707 484.30
研发费用	175 947 130.93	138 124 050.67
财务费用	29 899 068.65	-35 941 988.89
其中：利息费用	127 351 544.77	53 239 639.80
利息收入	112 953 558.48	104 793 569.46
加：其他收益	41 953 700.48	56 399 101.04
投资收益（损失以"-"填列）	9 343 298.96	599 427.93
其中：对联营企业和合营企业的投资收益	102 656.42	-756 416.52
以摊余成本计量的金融资产终止确认收益		
汇兑收益		
净敞口套期收益		
公允价值变动收益		
信用减值损失	-11 124 593.79	-38 239 094.13
资产减值损失	-222 218 325.57	-112 679 017.32
资产处置收益	427 295.11	12 588 202.94
三、营业利润	2 328 426 920.64	2 004 520 497.04
加：营业外收入	4 442 403.32	3 361 263.13
减：营业外支出	5 594 455.64	24 964 780.05
四、利润总额	2 327 274 868.32	1 982 916 980.12
减：所得税费用	436 514 409.25	366 553 674.93
五、净利润	1 890 760 459.07	1 616 363 305.19
（一）按经营持续性分类		
1. 持续经营净利润	1 890 760 459.07	1 616 363 305.19
2. 终止经营净利润		
（二）按所有权归属分类		
1. 归属于母公司股东的净利润	1 227 372 820.22	1 031 440 914.95
2. 少数股东损益	663 387 638.85	584 922 390.24
六、其他综合收益的税后净额	-82 930 130.59	-156 817 537.29
（一）归属母公司所有者的其他综合收益的税后净额	-41 095 768.35	-78 362 332.96
1. 不能重分类进损益的其他综合收益	-275 186.18	-2 228 871.35
（1）重新计量设定受益计划变动额		
（2）权益法下不能转损益的其他综合收益		

续表

项目	2021年度	2020年度
（3）其他权益工具投资公允价值变动	-275 186.18	-2 228 871.35
（4）企业自身信用风险公允价值变动		
2. 将重分类进损益的其他综合收益	-40 820 582.17	-76 133 461.61
（1）权益法下可转损益的其他综合收益		
（2）其他债权投资公允价值变动		
（3）金融资产重分类计入其他综合收益的金额		
（4）其他债权投资信用减值准备		
（5）现金流量套期储备		
（6）外币财务报表折算差额	-40 820 582.17	-76 133 461.61
（7）其他		
（二）归属于少数股东的其他综合收益的税后净额	-41 834 362.24	-78 455 204.33
七、综合收益总额	1 807 830 328.48	1 459 545 767.90
（一）归属于母公司所有者的综合收益总额	1 186 277 051.87	953 078 581.99
（二）归属于少数股东的综合收益总额	621 553 276.61	506 467 185.91
八、每股收益：		
（一）基本每股收益（元/股）	0.895	0.752
（二）稀释每股收益（元/股）		

资料来源：依据TRT公司2021年年报整理。

值得注意的是在利润表分析中，要注意和其他财务报表的结合，以判断利润大小及结构是否合理。如果出现不符合常规的情况，要多加关注。例如，企业在交易活动未满足确认收入条件时，通过提前确认销售收入、夸大收入、虚构当期利润，呈现给报表使用者企业经营状况良好的虚假景象，利用收入操纵实现利润表粉饰。

【例8-2】

易见股份被市场禁入和行政处罚

易见供应链管理股份有限公司（简称"易见股份"）发布公告称，公司于2022年4月19日收到中国证券监督管理委员会下发的《行政处罚及市场禁入事先告知书》。

告知书显示，2016~2020年，易见股份通过私刻其他企业的公章、虚构基础购销业务合同和单据、伪造代付款及保理业务合同等方式开展虚假供应链代付款业务、虚假商业保理业务和虚假供应链贸易业务。此外，2015年度至2020年度，易见股份为完成业绩承诺，大量开展无商业实质的供应链贸易业务。证监会调查发现，易见股份2015~2020年年度报告存在虚假记载，其中，2015~2020年，易见股份以上各类虚假业务各年合计虚增收入分别为44.41亿元、119.20亿元、120.04亿元、104.70亿元、109.88亿元、64.29亿元，占各年度披露的营业总收入的比例分别为84.26%、73.68%、75.20%、72.18%、71.59%、66.16%；扣除虚增利润后，2018~2020年三年连续亏损。上述行为导致其披露的 2015~2020 年年度报告存在虚假记载。

根据告知书表明，冷天晴（时任*ST 易见董事长、董事、总经理）决策、组织实施财务造假，授意、指挥易见股份开展虚假业务，虚增易见股份业绩，手段特别恶劣，情节特别严重，采取终身市场禁入措施决定，并处以 530 万元罚款；时任*ST 易见财务部副经理、董秘等高管均被处以 50 万元到 150 万元不等罚款。

资料来源：中国证券监督管理委员会。

（三）现金流量表

现金流量表反映企业一定期间现金的流入和流出，表明企业获得现金和现金等价物的能力。如表 8-3 所示，现金流量表主要分经营活动、投资活动和筹资活动产生的现金流量三个部分。我国现行会计准则中规定对现金流量表采用直接法编制，以利润表和资产负债表为基础，逐笔调整利润表和资产负债表的发生额，将涉及现金及现金等价物的项目转化为现金流量表对应的类别，对不涉及现金及现金等价物的项目不在现金流量表中反映。现金流量表其主要作用包括：

(1) 反映企业的现金流量，评价企业未来产生现金净流量的能力；
(2) 评价企业偿债能力、支付能力和周转能力，谨慎判断企业财务状况；
(3) 分析净利润与现金流量间的关系，并解释差异产生的原因；
(4) 评估企业现金和非现金的投资和理财活动对企业财务状况的影响，以及企业采用了何种融资战略和策略。

表 8-3　　　　　　　　2021 年 TRT 公司合并现金流量表　　　　单位：元　币种：人民币

项目	2021 年度	2020 年度
一、经营活动产生的现金流量：		
销售商品、提供劳务收到的现金	16 155 806 677.52	14 384 558 856.98
收到的税费返还	16 161 687.22	5 813 716.99
收到其他与经营活动有关的现金	368 078 514.91	332 626 211.28
经营活动现金流入小计	16 540 046 879.65	14 722 998 785.25
购买商品、接受劳务支付的现金	7 012 680 385.95	6 486 984 297.35
支付给职工及为职工支付的现金	2 932 859 399.73	2 495 654 460.71
支付的各项税费	1 421 941 022.32	1 347 502 541.00
支付其他与经营活动有关的现金	1 746 151 507.99	2 218 225 822.26
经营活动现金流出小计	13 113 632 315.99	12 548 367 121.32
经营活动产生的现金流量净额	3 426 414 563.66	2 174 631 663.93
二、投资活动产生的现金流量：		
收回投资收到的现金		
取得投资收益收到的现金	166 888.03	151 000.10
处置固定资产、无形资产和其他长期资产收回的现金净额	2 567 281.56	15 135 591.41
处置子公司及其他营业单位收到的现金净额	—	8 032 092.00

续表

项目	2021 年度	2020 年度
收到其他与投资活动有关的现金	176 759 947.05	261 442 696.83
投资活动现金流入小计	179 494 116.64	284 761 380.34
购建固定资产、无形资产和其他长期资产支付的现金	471 207 370.17	1 150 958 582.66
支付其他与投资活动有关的现金	50 200 979.36	94 661 000.00
投资活动现金流出小计	521 408 349.53	1 245 619 582.66
投资活动产生的现金流量净额	-341 914 232.89	-960 858 202.32
三、筹资活动产生的现金流量：		
吸收投资收到的现金	20 412 278.82	54 390 000.00
其中：子公司吸收少数股东投资收到的现金	20 412 278.82	54 390 000.00
取得借款收到的现金	1 501 951 040.11	507 238 695.39
收到其他与筹资活动有关的现金		
筹资活动现金流入小计	1 522 363 318.93	561 628 695.39
偿还债务支付的现金	1 625 013 031.45	305 442 918.18
分配股利、利润或偿付利息支付的现金	731 237 939.09	694 901 123.18
其中：子公司支付给少数股东的股利、利润	273 828 114.34	268 115 953.34
支付其他与筹资活动有关的现金	550 483 990.58	216 650.00
筹资活动现金流出小计	2 906 734 961.12	1 000 560 691.36

资料来源：依据 TRT 公司 2021 年年报整理。

现金流量表是一张反映企业经营全貌，揭示企业现金来源和运用，作为资产负债表和利润表之间的纽带和桥梁的报表。现金流量表与资产负债表、利润表有一个本质的区别，就是涉及"判断、估计"的主观影响要少得多。企业价值的根源来自未来净现金流入量。如果公司出现收入大幅增长，而现金流没有跟上，有可能是由于公司改变了销售政策，放宽了应收账款账期，同时也不排除公司虚增收入，所以当一些公司有较高收益水平但现金流量很低时，要格外引起注意。

（四）所有者权益变动表

所有者权益变动表是反映构成所有者权益的各组成部分当期的增减变动情况的报表。如表 8-4 所示，在所有者权益变动表中，企业综合收益以及由所有者的资本交易导致的所有者权益的变动分别列示。其中，综合收益包括净利润和直接计入所有者权益的利得和损失两部分，反映企业在某一期间与所有者之外的其他方面进行交易或发生其他事项所引起的净资产的变动，即所有者权益的变动。净利润是企业已实现并已确认的收益，而直接计入所有者权益的利得和损失是企业未实现但根据企业会计准则的规定已确认的收益。通过对不同类别分别列示，反映不同活动对所有者权益变动产生的影响，能够清晰明确所有者权益增减变动的根源。因此，分析所有者权益变动表能够更加详细地了解企业的全面业绩信息，以识别管理层利用"一次性收益"进行利润粉饰的现象，利于决策者作出合理的判断。

表 8-4 2021 年 TRT 公司合并所有者权益变动表

2021 年度

单位：元　币种：人民币

项目	归属于母公司所有者权益											少数股东权益	所有者权益合计
	实收资本（或股本）	其他权益工具			资本公积	减：库存股	其他综合收益	专项储备	盈余公积	一般风险准备	未分配利润	其他	小计		
		优先股	永续债	其他											
一、上年末余额	1 371 470 262.00				2 006 500 148.44		-2 386 775.71		883 982 024.14		5 572 003 769.22		9 831 569 428.09	5 714 834 061.35	15 546 403 489.44
加：会计政策变更															
前期差错更正															
其他															
二、本年期初余额	1 371 470 262.00				2 006 500 148.44		-2 386 775.71		883 982 024.14		5 572 003 769.22		9 831 569 428.09	5 714 834 061.35	15 546 403 489.44
三、本期增减变动金额					-13 584 137.23		-41 095 768.35		85 655 825.46		771 420 024.02		802 395 943.90	323 701 864.91	1 126 097 808.81
（一）综合收益总额							-41 095 768.35				1 227 372 820.22		1 186 277 051.87	621 553 276.61	1 807 830 328.48
（二）所有者投入和减少资本					-13 584 137.23								-13 584 137.23	-20 254 830.75	-33 838 967.98
1. 所有者投入的普通股														20 414 789.00	20 414 789.00
2. 其他权益工具持有者投入资本															
3. 股份支付计入所有者权益的金额					-13 584 137.23								-13 584 137.23		-13 584 137.23
4. 其他														-40 669 619.75	-54 253 756.98
（三）利润分配									85 655 825.46		-455 952 796.20		-370 296 970.74	-277 596 580.95	-647 893 551.69
1. 提取盈余公积									85 655 825.46		-85 655 825.46				

续表

2021 年度

项目	实收资本（或股本）	其他权益工具 优先股	其他权益工具 永续债	其他权益工具 其他	资本公积	减:库存股	其他综合收益	专项储备	盈余公积	一般风险准备	未分配利润	其他	小计	少数股东权益	所有者权益合计
2. 提取一般风险准备															
3. 对所有者的分配											−370 296 970.74		−370 296 970.74	−277 596 580.95	−647 893 551.69
4. 其他															
(四) 所有者权益内部结转															
1. 资本公积转增资本															
2. 盈余公积转增资本															
3. 盈余公积弥补亏损															
4. 设定受益计划变动额结转留存收益															
5. 其他综合收益结转留存收益															
6. 其他															
(五) 专项储备															
1. 本期提取															
2. 本期使用															
(六) 其他															
四、本期期末余额	1 371 470 262.00				1 992 916 011.21		−43 482 544.06		969 637 849.60		6 343 423 793.24		10 633 965 371.99	6 038 535 926.26	16 672 501 298.25

资料来源：依据 TRT 公司 2021 年年报整理。

二、公司财务比率分析

(一) 偿债能力比率

偿债能力是指在一定期间内企业能否及时偿还到期债务的能力。按照债务到期时间的长短不同，把偿债能力分为长期偿债能力和短期偿债能力。短期偿债能力一般也称为支付能力，主要是指企业对日常经营债务的支付能力，本质上是一种资产变现能力。反映短期偿债能力的指标主要有流动比率、速动比率、现金比率等。长期偿债能力是指企业偿付非流动负债的能力，主要是通过资产负债率、权益比率、利息保障倍数等财务比率反映。

1. 短期偿债能力比率

(1) 流动比率。

流动比率是用比率形式反映的流动资产与流动负债之间的对比关系，说明企业日常支付能力。其计算公式为：

$$流动比率 = \frac{流动资产}{流动负债}$$

流动比率值越高，表明企业流动资产对流动负债的保障程度越高，企业的短期偿债能力越强，企业面临的短期流动风险越小。但该比率值并非越高越好。因为比率值过高，从优化资本结构和提高资本金利用效率方面考虑，可能表明企业的负债较少，没有充分发挥负债的财务杠杆效应；也可能是资产存量过大，资产利用效率不高。

要注意的是：①不同行业对流动比率的要求并不一致。流动比率更合适同业比较以及本企业不同历史时期比较。②要结合流动资产和流动负债质量和结构来分析，比如，有时流动比率高，主要是由大量存货和待摊销费用造成的，实际的支付能力并不是很充足。③注意人为因素对流动比率的影响。

(2) 速动比率。

速动比率（也称快速流动比率）是企业流动资产中速动资产与流动负债的比率，反映企业的即时支付能力。其计算公式为：

$$速动比率 = \frac{速动资产}{流动负债}$$

式中，速动资产 = 货币资金 + 短期投资 + 应收票据 + 应收账款 + 交易性金融资产。

速动资产包括货币资金、短期投资、应收票据、应收账款、其他应收款项等。将一些非速动资产，如存货、预付账款、不具有稳定性的一年内到期的非流动资产和其他流动资产剔除。主要原因在于在流动资产中存货、待摊费用等项目变现时间较长，特别是存货很可能发生积压、滞销、残次等情况，其流动性较差，因此流动比率较高的企业并不一定意味着短期偿债能力较强，而速动比率就避免了这种情况的发生，较之流动比率能够更加准确、可靠地评价企业资产的流动性及其偿还短期负债的能力。

分析时要注意：①不同行业的速动比率有很大差别，例如，采用大量现金销售的商店，几乎没有应收账款，大大低于 1 的速动比率则是很正确的。相反，一些应收账款较多的企业，速动比率可能要大于 1。②过高的速动比率可能影响企业的盈利能力，如企业有可能存在大量闲置资金而丧失良好的投资机会。

(3) 现金比率。

现金比率是指现金类资产与流动负债的比率关系。其计算式为：

$$现金比率 = \frac{现金类资产}{流动负债}$$

速动资产中，流动性最强、可直接用于偿债的资产为现金类资产，包括货币资金、交易性金融资产等。该指标反映企业的即时变现能力，但这一比率过高，就意味着企业流动资产未能得到合理运用，从而现金类资产获利能力低，大量现金类资产金额还会导致企业机会成本的增加。

流动比率与速动比率是衡量和反映短期偿债能力最主要的指标，现金比率只是衡量短期偿债能力的辅助比率。单独考察现金比率的意义不大，因为不可能要求企业用现金类资产偿付全部流动负债，一般情况下在企业财务发生困难时，特别是发现企业的应收账款和存货的变现能力存在问题时，计算现金比率就更具有实际意义，它能更真实、更准确地反映企业的短期偿债能力。

2. 长期偿债能力比率

分析一个企业的长期偿债能力，主要是为了确定该企业偿还债务本金和支付债务利息的能力，需要从资本结构、盈利能力和现金流量等方面综合研究。用于评价长期偿债能力的基本财务指标主要有资产负债率和利息保障倍数等。

(1) 资产负债率。

资产负债率也称为债务比率，是指企业在一定时点（通常为期末）的负债总额占资产总额的比率，是以资产负债表资料为依据，衡量企业清算时对债权人利益的保护程度，综合反映企业长期偿债能力的重要指标。其计算公式为：

$$资产负债率 = \frac{负债总额}{资产总额} \times 100\%$$

该比值愈低，表明企业资产对负债的保障程度愈高，企业的长期偿债能力愈强，否则反之。

资产负债率是衡量企业负债水平及风险程度的重要标志。负债对于企业来说是一把"双刃剑"：一方面，负债增加了企业的风险，负债越多，风险越大；另一方面，当债务的成本低于权益资本的成本，通过增加负债比例可以提升获利能力，发挥财务杠杆效应，带来股票价格提升、股东财富增加。一般而言：①债权人要求此比率越低越好；②在总资本报酬率＞借入资本利息率的前提下，股东要求此比率越高越好；③经营者要求保持恰当的资本结构，一般来说，40%~60%的资产负债率是正常的，行业性质不同，比率的标准不同。如生产类企业的资产负债率一般不超过70%；对于贸易类企业，一般不超过80%。

(2) 利息保障倍数。

利息保障倍数是指企业息税前利润（EBIT）对利息费用的比率，是衡量企业支付负债利息能力的指标，用于从动态方面评价企业的长期偿债能力。其计算公式为：

$$利息保障倍数 = \frac{息税前利润}{利息费用}$$

式中，息税前利润＝净利润＋利息费用＋所得税费用。

应当注意，在测算利息保障倍数时，以利润表资料为依据，公式中的"净利润"不包括非常损益及会计政策变更的累积影响等项目，因为这些项目的损益与公司的正常经营无关,且不属于经常性项目。分子的"利息费用"与分母的"利息费用"含义不同:分子的"利息费用"是指计入本期利润表中的财务费用的利息费用;分母的"利息费用"指的是全部的应付利息,不仅包括计入利润表中的利息费用,还包括计入资产负债表固定资产等成本的资本化利息。要维持正常偿债能力,利息保障倍数至少应大于1,且比值越高,企业长期偿债能力越强。如果利息保障倍数过低,企业将面临亏损、偿债的安全性与稳定性下降的风险。从长期看,企业应连续比较多个会计年度(一般选择5年以上)的利息保障倍数,以说明企业付息能力的稳定性。

(二) 营运能力比率

营运能力是用于衡量企业组织、管理和营运特定资产的能力和效率。资产营运能力强弱的关键取决于资产的周转速度,周转速度越快意味着资产使用效率越高,营运能力越强。常用的营运能力比率有应收账款周转率、存货周转率、流动资产周转率和总资产周转率等。

1. 应收账款周转率

应收账款周转率是指企业一定时期内赊销收入净额与应收账款平均余额的比率,用于衡量应收账款管理效率。它说明一定期间内公司应收账款转为现金的平均次数。用时间表示的应收账款周转速度为应收账款周转天数,也称平均应收账款回收期或平均收现期。它表示公司从获得应收账款的权利到收回款项、变成现金所需要的时间。其计算公式为:

$$应收账款周转率 = \frac{赊销收入净额}{应收账款平均余额}$$

$$应收账款周转天数 = \frac{365 \times 应收账款平均余额}{本期销货收入}$$

式中,应收账款平均余额=(期初应收账款+期末应收账款)÷2。

应收账款周转率高,周转天数少,表明企业应收账款的管理效率高,变现能力强。反之,企业营运用资金将会过多地呆滞在应收账款上,影响企业的正常资金周转。但要注意由于应收账款是由赊销引起的,如果赊销有可能比现销更有利,应收账款周转率就不一定是越高越好。此外,收现时间的长短与公司信用政策有关,如果公司奉行较严格的信用政策,则可能带来部分营业收入的减少。

对应收账款周转率分析时要考虑以下影响因素:季节性经营;大量使用分期付款结算方式;采取大量收取现金方式进行销售;年末大量销售或年末销售大幅下降。这些因素都会对计算结果产生较大的影响。投资者可以将计算出的指标与该企业前期指标、行业平均水平或其他类似企业的指标相比,判断该指标的高低。

2. 存货周转率

存货周转率是企业一定时期营业成本与平均存货余额的比值,或叫存货周转次数。其计算公式为:

$$存货周转率 = \frac{营业成本}{存货平均余额}$$

$$存货周转天数 = \frac{365 \times 存货平均余额}{营业成本}$$

式中,存货平均余额=(期初存货+期末存货)÷2。

一般来说,存货周转率高,周转天数少,表明存货的周转速度快,变现能力强,进而则说明企业具有较强的存货营运能力和较高的存货管理效率。

在计算和使用存货周转率时应注意：

（1）存货周转率的高低与行业的经营特点，如经营周期、经营的季节性等紧密相关。比如白酒行业，白酒的生产周期很长，包括粮食采购、酿造、窖藏、再蒸馏勾兑等工艺环节，而酿造窖藏的时间长短，跟酒的品质有非常大的关系，酒类行业整体存货周转率都偏低。但对于不易存放、容易更替的产品，其存货周转率的分析就很重要，如果一家企业的存货周转率远低于同行业其他企业，说明该企业存货存在大量积压。

（2）存货计价方法对于存货周转率有较大的影响，在分析企业不同时期或不同企业的存货周转率时，应注意存货计价口径的一致。

（3）如果为了评估资产变现能力需要计量存货转换为现金的金额和时间，一般选择"营业收入"为周转额来计算存货周转率。

（4）存货周转天数不是越少越好。存货过多会浪费资金，存货过少有可能不能满足周转需要。存货周转率应该控制在怎样的水平，需要结合公司的运营策略，是公司的现金流水平、平衡成本、利润、价格和销售数量等众多因素综合来决定的。

3. 流动资产周转率

流动资产周转率是指企业一定时期内营业收入与流动资产平均余额之间的比例关系，用于衡量企业流动资产综合营运效率和变现能力。其计算公式为：

$$流动资产周转率 = \frac{营业收入}{流动资产平均余额}$$

$$流动资产周转天数 = \frac{365 \times 流动资产平均余额}{营业收入}$$

式中，流动资产平均余额 = (期初流动资产 + 期末流动资产) ÷ 2。

一般来说，流动资产周转率越高，周转天数越少，相对就节约流动资产，等于扩大了资产投入，表明企业对流动资产的综合营运能力越强，效率越高，否则反之。不同行业有着不同的流动资产周转率评判标准，例如工业制造业的库存往往相对较大，商业行业库存则较小，一般工业制造业的流动资产周转率要低于商业行业。在分析流动资产周转率时，还要注意流动资产表现形式之间的区别，并结合应收账款周转率和存货周转率进行分析。

4. 总资产周转率

总资产周转率是指企业一定时期内营业收入与全部资产平均余额之间的比例，用于衡量企业整体资产综合营运效率和变现能力。其计算公式为：

$$总资产周转率 = \frac{营业收入}{总资产平均余额}$$

$$总资产周转天数 = \frac{365 \times 总资产平均余额}{营业收入}$$

式中，总资产平均余额 = (期初总资产 + 期末总资产) ÷ 2。

一般来说，总资产的周转次数越多或周转天数越少，表明企业资产的综合营运能力越强，效率越高，否则反之。值得注意的是：（1）当企业的总资产周转率突然上升，而企业的营业收入却无多大变化，则可能是企业本期报废了大量固定资产造成的，并非资产利用效率提高。（2）如果企业的总资产周转率长期处于较低的状态，则应采取适当措施提高各项资产的利用程度，如处置多余、闲置资产，提高销售收入，加快资产周转速度。（3）对于该指标分析也应结合企业以前年度实际水平、同行业平均水平进行对比分析。

(三) 盈利能力比率

盈利能力是指企业获取利润的能力，也称为资金或资本增值能力，通常表现为一定时期内收益数额的大小与水平的高低。主要指标有营业净利率、营业毛利率、总资产净利率、权益净利率等。

1. 营业净利率

营业净利率是指企业实现净利润与营业收入的对比关系，该指标反映每1元营业收入带来的净利润的多少，表示营业收入的收益水平。它与净利润成正比，与营业收入成反比。其计算公式为：

$$营业净利率 = \frac{净利润}{营业收入} \times 100\%$$

该比值越高，表明企业的获利水平越高；反之，获利水平则越低。由于净利润包含营业外收支非常项目，有可能出现指标年际之间波动较大的情况，应结合净利润内部结构进行分析。不同行业营业净利率也存在差异，一般来说，资本密集度高的企业，营业净利率较高，反之较低。

2. 营业毛利率

营业毛利率是毛利占营业收入的百分比。主要根据利润表项目计算得出，其中毛利是营业收入与营业成本的差，表示每1元营业收入扣除营业成本后，有多少钱可以用于各项期间费用和形成盈利。营业毛利率是企业营业净利率的最初基础，没有足够大的毛利率便不能盈利。其计算公式为：

$$营业毛利率 = \frac{营业收入 - 营业成本}{营业收入} \times 100\%$$

营业毛利率除了可以衡量企业获利和成本管控外，也是一项可以用来衡量产业竞争力的指标。一般而言，拥有高营业毛利率的企业，通常在产品或服务上拥有独特的利基点和竞争优势，能够避免与同业间削价竞争。而低营业毛利率的企业，通常同产业之间的竞争者较多，彼此之间容易出现削价竞争的关系，使得企业营业毛利率因此下降。假如再遇上景气降温的情况，对企业的影响就会更大。

3. 总资产净利率

总资产净利率又称为总资产收益率，是衡量企业在一定时期内的净利润和总资产的比率。总资产净利率越高，说明企业利用全部资产的获利能力越强；总资产净利率越低，说明企业利用全部资产的获利能力越弱。其计算公式为：

$$总资产净利率 = \frac{净利润}{总资产} \times 100\%$$

$$= \frac{净利润}{营业收入} \times \frac{营业收入}{总资产} \times 100\%$$

$$= 营业净利率 \times 总资产周转次数$$

从上述公式推导可以看出，总资产净利润率又取决于营业净利率和总资产周转率的高低，可以通过提高营业净利率，加速资产周转速度提升资产利用效率。分析该指标可以结合企业历史资料，与计划、同行业平均水平或先进水平进行对比，剖析差异原因。

4. 权益净利率

权益净利率又称为净资产收益率、股东权益报酬率，是净利润与平均股东权益的百分比，该指标反映股东权益的收益水平，用以衡量公司运用自有资本的效率。该指标是评价企业自有资本获取报酬率的最具代表性和综合性指标，反映了资本运营的综合收益。该指标值越高，说明企业所有者权益的盈利能力越强，对投资者、债权人的保障程度越高。在上市公司业绩综合排序的诸多指标中，权益净利率位居首位。其计算公式为：

$$权益净利率 = \frac{净利润}{股东权益平均余额} \times 100\%$$

$$= \frac{营业收入}{总资产平均余额} \times \frac{净利润}{营业收入} \times \frac{总资产平均余额}{股东权益平均余额}$$

$$= 营业净利率 \times 总资产周转率 \times 权益乘数$$

从上述推导中可以看出，权益净利率等于营业净利率与总资产周转率和权益乘数之积。权益净利率也作为杜邦分析法的核心指标，以权益净利率为起点，通过三个指标层层分解，综合反映企业盈利能力、偿债能力、营运能力。值得注意的是，过高的权益净利率也蕴含着风险，我们要进一步分析，高权益净利率是否存在大量负债，这样的公司虽然盈利能力强，运营效率也很高，但这是建立在高负债基础上的，一旦行业有什么波动或市场政策发生变化，不仅权益净利率会大幅下降，公司自身也可能会出现亏损。

【小知识 8-1】

《公开发行证券公司信息披露编报规则第9号——净资产收益率和每股收益的计算及披露》

第三条 公司编制以上报告[①]时，应以下表形式，分别列示按全面摊薄法和加权平均法计算的净资产收益率，以及基本每股收益和稀释每股收益。

报告期利润	净资产收益率		每股收益	
	全面摊薄	加权平均	基本每股收益	稀释每股收益
归属于公司普通股股东的净利润				
扣除非经常性损益后归属于公司普通股股东的净利润				

第四条 全面摊薄净资产收益率的计算公式如下：

$$全面摊薄净资产收益率 = \frac{P}{E}$$

其中，P 为归属于公司普通股股东的净利润或扣除非经常性损益后归属于公司普通股股东的净利润；E 为归属于公司普通股股东的期末净资产。

第五条 加权平均净资产收益率的计算公式如下：

---

① 指公司招股说明书、年度财务报告、中期财务报告等。

$$\text{加权平均净资产收益率} = \frac{P}{(E_0 + NP \div 2 + E_i \times M_i \div M_0 - E_j \times M_j \div M_0 \pm E_k \times M_k \div M_0)}$$

其中：P 分别对应归属于公司普通股股东的净利润、扣除非经常性损益后归属于公司普通股股东的净利润；NP 为归属于公司普通股股东的净利润；E_0 为归属于公司普通股股东的期初净资产；E_i 为报告期发行新股或债转股等新增的、归属于公司普通股股东的净资产；E_j 为报告期回购或现金分红等减少的、归属于公司普通股股东的净资产；M_0 为报告期月份数；M_i 为新增净资产下一月份起至报告期期末的月份数；M_j 为减少净资产下一月份起至报告期期末的月份数；E_k 为因其他交易或事项引起的净资产增减变动；M_k 为发生其他净资产增减变动下一月份起至报告期期末的月份数。

第三节 公司重大事项分析

一、上市公司重大事件公告分析

重大事件是指可能对上市公司股票的市场价格产生较大影响，而投资人尚未得知的事件。发生此类重大事件，投资者尚未得知时，公司应当立即将有关该重大事件的情况向国务院证券监督管理机构和证券交易场所报送临时报告，并予公告，说明事件的起因、目前的状态和可能产生的法律后果。

我国《公司法》规定的公司重大事件包括：

（一）公司的经营方针和经营范围的重大变化。

（二）公司的重大投资行为和重大的购置财产的决定。

（三）公司订立重要合同，可能对公司的资产、负债、权益和经营成果产生重要影响。

（四）公司发生重大债务和未能清偿到期重大债务的违约情况，或者发生大额赔偿责任。

（五）公司发生重大亏损或者重大损失。

（六）公司生产经营的外部条件发生的重大变化。

（七）公司的董事、1/3 以上监事或者经理发生变动；董事长或者经理无法履行职责。

（八）持有公司 5% 以上股份的股东或者实际控制人，其持有股份或者控制公司的情况发生较大变化。

（九）公司减资、合并、分立、解散及申请破产的决定；或者依法进入破产程序、被责令关闭。

（十）涉及公司的重大诉讼、仲裁，股东大会、董事会决议被依法撤销或者宣告无效。

（十一）公司涉嫌违法违规被有权机关调查，或者受到刑事处罚、重大行政处罚；公司董事、监事、高级管理人员涉嫌违法违纪被有权机关调查或者采取强制措施。

（十二）新公布的法律、法规、规章、行业政策可能对公司产生重大影响。

（十三）董事会就发行新股或者其他再融资方案、股权激励方案形成相关决议。

（十四）法院裁决禁止控股股东转让其所持股份；任一股东所持公司 5% 以上股份被

质押、冻结、司法拍卖、托管、设定信托或者被依法限制表决权。

（十五）主要资产被查封、扣押、冻结或者被抵押、质押。

（十六）主要或者全部业务陷入停顿。

（十七）对外提供重大担保。

（十八）获得大额政府补贴等可能对公司资产、负债、权益或者经营成果产生重大影响的额外收益。

（十九）变更会计政策、会计估计。

（二十）因前期已披露的信息存在差错、未按规定披露或者虚假记载，被有关机关责令改正或者经董事会决定进行更正。

（二十一）中国证监会规定的其他情形。

【财经实事8-2】

上市公司晚间公告速递（2022年12月17日）

【重大事项】

沃森生物：新冠变异株mRNA疫苗获得Ⅲ期临床试验伦理审查批件

金石亚药：由于市场需求增加，公司产品在部分终端存在断货情况

新华制药：正全力以赴组织市场急需的布洛芬片等药品生产

【并购重组】

腾龙股份：拟发行可转债募资不超过6亿元

普联软件：拟定增募资不超8 567万元

卓易信息：谢乾及中恒企管拟减持不超过2%的股份

扬帆新材：股东拟减持不超1.61%的股份

【增持减持】

宣亚国际：控股股东拟减持公司不超3%的股份

翰博高新：鼎锋基金拟减持不超6.3582%

沧州明珠：控股股东大宗交易减持公司614万股

智度股份：控股股东拟继续减持公司不超2%的股份

【其他事项】

以岭药业：20亿元超短期融资券接受注册

旺能环境：全资子公司签署废旧储能蓄电池回收利用框架协议

德才股份：拟2亿元增资中建联合

中坚科技：股东拟协议转让公司5%股份

现代投资：拟对子公司大有期货增资2亿元

方大集团：拟22亿元投资建设方大（赣州）低碳智造总部基地

克明食品：筹划收购兴疆牧歌控股权

中国神华：99.65亿元竞得锦界能源30%股权

信立泰：SAL003 Ib期临床试验取得初步统计分析结果

赣能股份：丰电三期项目正式建成投产

大连重工：预计 2022 年净利同比增 140.92%～192.92%
翰宇药业：醋酸特利加压素原料药上市申请获批
山东黄金：拟收购莱州金岸 80% 国有股权及债权
豪尔赛：拟以 5 000 万元参与认购一道新能源新增注册资本
保力新：拟 300 万元增资天焱能源
中国医药：与辉瑞相关合作事项预计对公司经营业绩无重大影响
博瑞传播：拟与开普云等设合资公司经营数字书坊项目
易瑞生物：芬太尼药物滥用检测试剂盒通过美国 FDA 510（K）审核
美的集团：拟开展额度不超 132.26 亿元的资产池业务
中鼎股份：成为国内某头部主机厂三款新车型热管理管路总成产品的批量供应商
斯莱克：拟 10 亿元投建精密结构件项目
云煤能源：拟公开挂牌转让剩余焦化产能指标
海航控股：11 月载运力国内环比提升 2.28%
南都电源：签订两份新型电力储能项目采购合同
金科股份：截至 11 月末，已到期未支付的债务本金合计 90.91 亿元
资料来源：上海证券交易所，深圳证券交易所 2022 年 12 月 17 日公告。

在刊登澄清公告时，公告首先要说明根据国务院《股票发行与交易管理暂行条例》第六十一条，"在任何公共传播媒介中出现的消息可能对上市公司股票的市场价格产生误导性影响时，该公司知悉后应立即对该消息作出公开澄清"的规定，对新闻媒介提到的某事特做如下说明，接着叙述事件，之后要注明"以上内容已书面报告中国证监会"。公告最后要注明公司名称及公告的日期。

警告性公告应在标题中标明是警告性公告。公告内容：一要就某事向公司股东及广大投资者进行声明；二要表示做出该警告性公告的目的，如规范披露信息等；三要注明该公告的披露履行了信息披露义务，其对公司股票价格的影响由投资者自行判断；四要注明公司名称及公告日期。

投资者购买上市公司股票后，就成为公司股东，对公司经营管理和财务状况依法享有知情权，而上市公司公告就是对其知情权的最基本保障。与此同时，上市公司公告也为公众和其他投资者了解企业发展、挖掘投资潜力打开了一扇窗。由于普通投资者获取信息的不对称，对股价的判断标准也往往比较简单，而上市公司的重要事项直接影响公司股票的市场表现，所以，普通投资者应经常有意识地去获取相关信息，以便从蛛丝马迹中发现新的市场机会。但是有的时候，上市公司为了树立良好的企业形象，吸引投资者关注，也会对其公告进行修饰美化，这就需要投资者擦亮双眼，认真辨别。

二、资产重组对上市公司的影响分析

资产重组是企业资产的拥有者、控制者与企业外部的经济主体进行的，对企业资产的分布状态进行重新组合、调整、配置的过程，或对设在企业资产上的权利进行重新配置的过程，进而从整体上和战略上改善企业经营管理状况，强化企业在市场上的竞争能力，推

进企业创新。

资产重组作为公司资本经营的重要内容，已成为国有企业深化改革的热点。从微观层面看，并购重组可以帮助公司以较低的成本实现快速扩张或实施多元化经营战略，提升公司的资源整合能力，提高公司的竞争力；可以对公司董事会和管理层产生强大的外部压力，增强他们完善公司经营机制、努力搞好经营、提升公司业绩、追求股东价值最大化的紧迫感；同时还可以促进控股股东行为的合理化。从宏观层面看，并购重组活动可以优化资源配置，促进产业结构升级和调整，推动社会经济快速、稳定和健康发展。在中国资本市场深化发展的背景下，公司资产重组是公司资产（主要是存量资产）优化组合、社会资源优化配置的一种必然选择。

但在实践中，许多上市公司进行资产重组后，其经营和业绩并没有得到持续、显著的改善。究其原因，最关键的是重组后的整合不成功。重组后的整合主要包括企业资产的整合、人力资源配置和企业文化的融合、企业组织的重构三个方面。不同类型的重组对公司业绩和经营的影响也是不一样的。按照重组的目的，上市公司的资产重组可以主要分为扩张型资产重组、调整型资产重组和控制权变更型资产重组三种类型。扩张型资产重组指的是在不改变上市公司控制权的前提下，以扩大公司经营规模为目的；调整型资产重组是指以调整资产、产业、负债结构为目的进行的资产重组；控制权变更型资产重组指的是资产重组方通过收购或受让上市公司的股权，得到对其的控制权后，剥离被控制上市公司的资产、业务，注入自己的运作方式或资产、业务，对上市公司进行整合的全过程。

就扩张型资产重组而言，通过收购、兼并，对外进行股权投资，公司可以拓展产品市场份额，或进入其他经营领域。从长远看，这类重组往往能够使公司在行业利润率下降的情况下，通过扩大市场规模和生产规模，降低成本，巩固或增强其市场竞争力。但这种重组方式的特点之一，就是其效果受被收购兼并方生产及经营现状影响较大，磨合期较长，因而见效可能较慢。

由于多方面的原因，我国股票市场存在着上市公司资产质量较差、股权结构和公司治理结构不合理等客观状况，因此，着眼于改善上市公司经营业绩、调整股权结构和治理结构的调整型资产重组和控制权变更型重组，成为我国股票市场最常见的资产重组类型。对于调整型资产重组而言，分析资产重组对公司业绩和经营的影响，首先需鉴别"报表性重组"和"实质性重组"。区分报表性重组和实质性重组的关键是看有没有进行大规模的资产置换或合并。实质性重组一般要将被并购企业50%以上的资产与并购企业的资产进行置换，或双方资产合并；而报表性重组一般都不进行大规模的资产置换或合并。对于公司控制权变更型重组而言，由于控制权的变更并不代表公司的经营业务活动必然随之发生变化，因此，一般而言，控制权变更后必须进行相应的经营重组，这种方式才会对公司经营和业绩产生显著效果。

总之，随着市场经济的发展，企业的买方市场已正式形成，企业只有真正自主、规范地参与资本市场的运作，实现以市场机制为基础的资本经营、资产重组，才能实现全社会资源的优化配置。从国际经验来看，重组并购能使企业实现超常规发展，但也容易出现再度分化，导致企业价值受损、债务负担加重甚至破产。上市公司在并购热潮中必须保持冷静，不应只图眼前利益，必须站在国民经济发展的战略性高度及从企业战略性发展的角度来看待这一问题,加强科学管理,扎实工作,不断提高公司重组并购水平。

三、关联交易对上市公司的影响分析

在企业财务和经营决策中,如果一方有能力直接或间接控制、共同控制另一方或对另一方施加重大影响,则视其为关联方;如果两方或多方受同一方控制,也将其视为关联方。凡以上关联方之间发生转移资源或义务的事项,不论是否收取价款,均被视为关联交易。

从理论上说,关联交易属于中性交易,它既不属于单纯的市场行为,也不属于内幕交易的范畴,其主要作用是降低企业的交易成本,促进生产经营渠道的畅通,提供扩张所需的优质资产,有利于实现利润的最大化等。但在实际操作过程中,关联交易有其非经济特性。与市场竞争、公开竞价的方式不同,关联交易价格可由关联双方协商决定。交易价格如果不能按照市场价格来确定,就有可能成为利润调节的工具。如各项服务收费的具体数量和摊销原则因外界无法准确地判断其是否合理,因而操作弹性较大。

目前通常的做法是,当上市公司经营不理想时,集团公司或者调低上市公司应缴纳的费用标准,或者承担上市公司的相关费用,甚至将以前年度已缴纳的费用退回,从而达到转移费用、增加利润的目的。又由于各类资产租赁的市场价格难以确定,租赁也可以成为上市公司与集团公司等关联公司之间转移费用、调节利润的手段。上市公司利润水平不理想时,集团公司调低租金价格或以象征性的价格收费,或上市公司以远高于市场价格的租金水平将资产租赁给集团公司使用。有的上市公司将从母公司租来的资产同时以更高的租金再转租给其他关联方,形成股份公司的其他业务利润,实现向股份公司转移利润。上市公司获得类似的"贴补",从表面上看,对于上市公司和投资者来说是好事,但这种"贴补"首先不可能持久且终究要付出代价,其次不利于上市公司核心竞争力的培育,对其长远发展不利。

为了防止某些上市公司利用显失公允的关联交易操纵利润,上市公司与关联方之间的交易,如果没有确凿证据表明交易价格是公允的,应按《关联方之间出售资产等有关会计处理问题暂行规定》进行处理;对显失公允的交易价格部分,一律不得确认为当期利润,应当作为资本公积处理,在"资本公积"科目下单独设置"关联交易差价"明细科目进行核算。这部分差价不得用于转增资本或弥补亏损。资产重组中的关联交易,其对公司经营和业绩的影响需要结合重组目的、重组所处的阶段、重组方的实力、重组后的整合进行具体分析。首先,重组谈判过程一般长达几个月,其中变数颇多,因此在重组的谈判或审批阶段,难以判断重组成功的概率和绩效。如果上市公司的重组目的带有短期化倾向,如为了短期业绩的改观、配股融资能力的增强等,企业经营现状的改变将是非质变性的。其次,重组后能否带来预期效益还要看后期整合的结果。由于原有企业的文化、管理模式具有一定程度的排他性,新资产从进入到正常运转还要面临一段时间的磨合。由此可见,资产重组类股票的投资不确定性较大,而带有关联交易性质的资产重组,由于其透明度较低,更需要进行较长时期的、仔细的跟踪分析。在分析关联交易时,尤其要注意关联交易可能给上市公司带来的隐患,如资金占用、信用担保、关联购销等。股票投资分析师在分析关联交易时,应尤其关注交易价格的公平性、关联交易占公司资产的比重、关联交易的利润占公司利润的比重以及关联交易的披露是否规范等事项。

【思政小课堂 8-1】

华原股份 IPO 过会　关联交易合理性仍是质疑焦点

2月24日晚间,华原股份发布公告称,北交所上市委员会2023年第10次审议结果显示,华原股份符合发行条件、上市条件和信息披露要求,但委员会对部分问题提出了进一步落实意见,再次要求华原股份对关联交易进行补充说明。其实,早在此前的第二轮问询时,北交所就曾要求华原股份详细说明关联交易的公允性及经营独立性。

根据北交所此前在第二轮问询函中的说法,2019~2021年及2022年上半年,华原股份对关联方的销售额分别为1.95亿元、2.15亿元、2.65亿元和9 167.12万元,占当期营业收入的比例分别为52.86%、51.41%、51.60%和56.60%。前述交易主要是在华原股份与玉柴股份(广西玉柴机器专卖发展有限公司及其子公司)及其控制的公司、玉柴集团及其控制的公司之间发生。

关联交易再引质疑

根据华原股份在公告中的说法,此次北交所上市委员会提出的落实意见主要有两方面:一个是被反复提及的关联交易;另一个则与保荐机构有关,要求保荐机构就华原股份关联方认定和披露的准确性和充分性进行补充核查。

不过,具体来看,此次北交所对关联交易的质疑与此前略有差异。

将关联交易进一步细化到不同业务,整车配套市场方面,报告期内华原股份向关联方销售的主要产品毛利率显著低于非关联方,且水平较低甚至长期为负值。华原股份将上述问题归因于关联方玉柴股份采购量大,议价能力相对更强。

与关联方的交易毛利率过低甚至长期为负值,华原股份给关联方"倒贴钱"?

并非如此。根据此次北交所上市委员会提出的落实意见,在原装配件售后市场(OES)销售方面,华原股份与关联方交易的毛利率要明显偏高。

就此,北交所要求华原股份详细说明上述情况的原因及合理性;以及向关联方销售定价是否公允、是否存在利益输送情况;公司业务拓展是否依赖于关联方,是否符合商业惯例等。

尽管华原股份还未对北交所此次的疑问进行回复,但翻阅其最新版招股书,华原股份对自身关联交易的看法如下:"报告期内关联销售和采购的价格公允;由于经常性关联交易占比较大,关联交易较为频繁,且预计在未来较长一段时间,关联交易将会继续存在,若未来公司不能有效减少关联交易,或者不能按照公司相关制度对关联交易履行相关决策程序,不能执行公允的关联交易价格,将导致由于关联交易损害公司及公司股东利益的风险。"

主营业务毛利率下滑

招股书显示,华原股份成立于2001年,主营业务为车用滤清器和工业过滤设备的研发、制造与销售,2016年8月31日在全国中小企业股份转让系统挂牌。报告期内,华原股份主营业务毛利率分别为22.46%、25.45%、19.99%和19.93%,总体呈下降趋势。

除了纠缠不断的关联交易外,华原股份还面临着新能源动力逐步替代内燃机发动机的市场结构性变化风险。

根据华原股份在新一版招股书中的说法，公司的产品主要用于内燃机发动机的机油过滤、燃料过滤和进气过滤，客户主要为国内商用车、非道路移动机械的整车制造企业和内燃机发动机生产厂商；其生产经营与下游内燃机发动机的市场需求密切相关。

然而，随着国家"双碳"战略的持续推进，新能源动力替代传统内燃机动力已成为我国汽车工业发展的主要趋势之一。在华原股份看来，政策和市场环境将可能进一步向新能源商用车倾斜，引导社会资本和产业资源向新能源商用车及其产业链倾斜。现有以内燃机及内燃机整车为中心的商用车零部件产业链将面临结构性变化，传统内燃机零部件厂商将面临更为激烈的市场竞争。

华原股份在招股书中直言，若未来新能源动力在针对商用车、非道路移动机械的技术方面取得突破性进展，尤其是纯电动商用车、纯电动非道路移动机械的发展取得重大突破，将极大地改变目前国内上述领域以传统内燃机发动机为主要动力来源的市场格局。若公司不能及时进行战略性调整，则会对公司的生产经营带来不利影响。

资料来源：杨卉. 华原股份IPO过会 关联交易合理性仍是质疑焦点 [EB/OL]. 每日经济新闻，https://www.nbd.com.cn/articles/2023-02-25/2685070.html，2023-02-25.

关联交易在市场经济条件下广为存在，但它与市场经济的基本原则却不相吻合。在评估和审计等中介机构不能保证公正、独立地履行职责的情况下，关联交易很容易成为上市公司调节利润、避税以及为部门和个人获利的手段。上市公司应规范关联交易的信息披露，提高关联交易的信息透明度，提升公司治理水平和质量，营造合规合法、公平经营的市场环境。投资者应该注意关联交易价格的公允性、关联交易占公司资产的比重、关联交易的利润占公司利润的比重以及关联交易的披露是否规范等事项，关注关联交易潜在的风险。为规范上市公司关联交易提供明确的披露和决策程序的规则指向，在一定程度上有助于关联交易进一步透明化，从而遏制和防范不当关联交易的发生。

四、增持与回购对上市公司的影响分析

增持是指上市公司的股东在二级市场上购买上市公司的股票，回购则是指上市公司利用现金等方式，从股票市场上购回该公司发行在外的一定数额的股票。上市公司增持与回购的主要作用是稳定股价、提升信心。上市公司增持或者回购股份的原因有四个方面：(1) 增加每股收益和每股净资产，提升股东价值；(2) 提高公司的经营杠杆比例；(3) 因个人避税方面的原因，红利税低于资本利得税；(4) 管理层将股份回购作为一种信号，向投资者表明公司的股票被低估。在实践中，第四种原因是促使上市公司增持或者回购股份的主要原因。

增持和回购虽然可以从财务的角度来改变股东价值，但是并不能改变上市公司的宏观背景，这种资本运作很难使得股价获得长期支撑，所以增持与回购不能改变股价的长期走势。但对于股价来说，增持与回购都是在传达着一种积极的信号，因此其短期效果是显著的。

【财经实事 8-3】

上市公司回购增持掀高潮

近期，发布回购、增持、终止减持计划的上市公司剧增。据同花顺（101.000，-2.00，-1.94%）数据统计，2022 年 10 月以来，A 股共有 56 家上市公司发布回购方案；同时，部分上市公司重要股东和高管大手笔增持；为了维护投资者信心，多家上市公司大股东终止减持或承诺不减持。

据同花顺数据统计，今年 A 股和港股回购金额均创历史新高。截至 11 月 2 日，今年 A 股共有 1 315 家上市公司回购，回购金额达 1 865 亿元，较去年同期增长逾八成。截至 11 月 2 日，今年港股共有 208 家公司回购，回购总金额达 801 亿港元。

今年以来，上市公司重要股东、高管掀增持潮。今年 1 月 1 日至 11 月 2 日，A 股共有 546 家上市公司重要股东增持股份，合计增持股份 59.42 亿股，合计增持参考市值 748.52 亿元；A 股共有 630 家上市公司高管增持股份，合计增持金额约 114.16 亿元。

值得一提的是，近期多家上市公司大股东宣布终止减持计划。据不完全统计，今年以来，已有 276 家 A 股公司重要股东、高管宣布终止减持计划或承诺不减持。

记者统计发现，今年 10 月 14 日证监会修订《上市公司股份回购规则》等相关细则后，上市公司回购、增持再次进入高潮。以深市为例，新规出台后的首周，深市共计披露超 70 份回购、增持相关公告，其中，40 家公司披露回购公告，其中 11 家新披露回购方案，29 家披露回购进展；28 家公司披露增持公告，其中 6 家披露大股东以及董事、监事和高级管理人员增持计划，22 家披露增持进展。

10 月 24 日，美的集团（54.000，0.37，0.69%）公告称，截至 2022 年 10 月 24 日，公司通过回购专用证券账户，以集中竞价方式累计回购 4 855.89 万股，回购总金额为 26.37 亿元。据统计，回购新规出台后两周，共计 216 家 A 股公司回购，合计回购金额约 276 亿元。

10 月 23 日，赣锋锂业（75.900，-2.32，-2.97%）公告称，基于对公司未来发展前景的信心，公司实控人、董事长李良彬和公司副董事长、副总裁王晓申决定增持公司股票合计不低于 3 500 万元。

随着回购、增持上市公司不断增多，以复星医药（40.040，2.73，7.32%）为代表的多家上市公司，如水井坊（78.100，0.80，1.03%）、闻泰科技（56.300，-1.73，-2.98%）等均提出终止减持计划。

前海开源基金首席经济学家杨德龙表示，回购与增持在提升上市公司投资价值、稳定投资者信心等方面具有重要作用。上市公司用真金白银来表达对公司基本面的信心，表明产业资本对后续走势看好。

资料来源：钟国斌. 上市公司近期积极回购增持［N］. 深圳商报，http：//szsb.sznews.com/PC/layout/202211/03/node_A06.html#content_1274439，2022-11-03.

A 股市场上增持的公司有四个显著的特征：第一，市盈率低于市场平均水平；第二，净资产收益率（ROE）水平高于市场平均水平且在 10% 以上，按年度计算在 15% 以上；第三，流通的 A 股占总股本比例较高；第四，少数股东权益占比较低，而现金流并不能成为判断的依据。目前，增持的公司绝大部分的理由是看好未来的发展，但除了央企以外，少部分增持的公司 ROE 水平、市盈率等并不符合前面的判断，主要原因是与大股东意愿相关度比较高。

增持可能成为普遍现象，但回购不一定能普遍实施，主要原因可能是公司治理的问题。相当多的银行股中有不少外资持有股权，如果采取回购措施，可能使得外资持股比例过高，影响国家控股权。另外，中小企业目前增持的比例较小，未来中小板增持的企业可能主要集中在持股比例较低的企业中。

目前，在 A 股市场上市的公司以增持 A 股为主。其实，H 股、B 股的性质和 A 股相同，B 股相对于 A 股来说有更高的折价，回购成本更低，同时也提升了 A 股投资者的持股比例，提升了每股收益和净资产等财务指标，这比直接增持 A 股可能更能直接刺激 A 股的股价，因此 A+B 类上市公司值得投资者关注。

五、会计政策变化对上市公司的影响分析

会计政策是指上市公司在会计确认、计量和报告中所采用的原则、基础和会计处理方法。上市公司可以依法选择符合企业实际情况的会计政策。会计政策变更是指企业对相同的交易或事项由原来采用的会计政策改用另一种会计政策的行为。为保证会计信息的可比性，使财务会计报告使用者在比较企业一个以上期间的会计报表时，能够正确判断企业的财务状况、经营成果和现金流量的趋势，企业对相同的交易或事项每期应该采用相同的会计政策，不能随意变更会计政策。否则，会削弱会计信息的可比性，使会计报表使用者在比较企业相同的交易或事项的经营业绩时发生困难，影响使用者作出准确、可靠的决策。

但是，当会计制度发生变更或企业实际情况发生变化时，上市公司可以变更会计政策。《企业会计制度》规定：法律或国家统一的会计制度等行政法规、规章要求变更会计政策时，或者会计政策的变更能够提供有关企业财务状况、经营成果和现金流量等更可靠、更相关的会计信息时，可以变更会计政策。可见，上市公司可以按照规定或要求，对相同的交易或事项适当调整会计政策。

企业会计政策变更，按其产生的原因可分为强制性变更和自发性变更。所谓强制性变更，是指根据法律法规、会计准则的要求被强制做出的变更，不论上市公司的管理层是否愿意都必须执行。如《中华人民共和国增值税暂行条例》的修订，改生产型的增值税为消费型的增值税，在国家发布的统一会计处理办法中要求改变增值税的会计核算。所谓自发性变更，是由于上市公司的管理层根据其经营目标和环境变化的要求，做出适应性的会计政策变更。在自发性会计政策变更下，上市公司主要采用的变更方法有变更固定资产折旧计提方法、变更投资收益核算方法、变更坏账准备计提方法等。目前我国上市公司进行的自愿性会计政策变更既可能是上市公司为了使其生产经营能够适应客观环境的变化而做出的适应性调整，也可能是上市公司管理层为粉饰会计报表而做出的随意性调整。前者属于正常的自愿性会计政策变更，后者则属于恶意会计政策变更。

会计政策的变更将影响公司的资产负债表和利润表等。如果采用追溯调整法进行会计处理，更将影响公司以前年度的报表数据。企业可能通过变更会计政策来操纵业绩。改变公司固定资产的折旧率、延长或减少折旧的年限，使折旧费用减少、成本降低、利润增

加，反之利润减少。产品库存、原材料库存的过低和过高估价也是上市公司增减利润的常用手段。借款利息的资本化也常成为调控利润的手段。我国新颁布的会计政策变更的会计准则中提出：凡是法律或会计准则等行政法规、规则要求的，属于强制性变更；而凡是能自愿地提供相关企业财务状况、经营成果和现金流量会计信息的，属于自发性变更。显然，那些可能导致人为歪曲会计信息的随意操纵，是不能被认定为会计政策变更的。

六、税收政策变更对上市公司的影响分析

税收政策是政府调控市场的重要手段之一，同时也是企业经营的重要外部环境之一，各企业生产经营活动方向和效益很大程度上会受到税收政策的影响，税收政策的调整和完善对产业升级和经济增长有着深远的影响。近几年来，我国所进行的一系列税收政策的调整和改革，从整体上为减轻企业税收负担、增强我国企业竞争力和促进产业技术升级起到了积极的推动作用的同时，也对企业经营和效益产生了不同程度的影响。因此，研究税收政策变化对企业经营和效益的影响有其重要性。

利用税收制度，按照预定的目的，在税收方面相应给予某些资产、活动、组织形式优惠待遇的条款，以减轻某些纳税人应履行的纳税义务来补贴纳税人及其某些活动。这些条款的基本意图就是要鼓励特定资本的形成与积累。创新本身对上市公司来说不是什么问题，只要增加创新方面人力、资金、设备的投入即可。但是由于缺乏对未知技术和市场的足够信息以及资本时间等因素使得创新具有不确定性，政府对此通过税收优惠政策进行激励，引导上市公司进行产业结构的调整，降低企业创新成本，提高预期收益。

税收优惠政策可以降低企业成本。创新成本是与创新有关的各种投入，包括人力成本、资金、设备等。税收可以通过资金的形式影响其中的每一部分，对个人所得税的优惠政策可以影响人力资本成本，对企业所得税的优惠可以影响企业整体的经济利益，企业固定资产加速折旧优惠可以影响设备的折旧额，而以上这些都是以现金的形式来对企业产生影响，从而能够一定程度上降低企业投入成本，提高企业的盈利水平。

税收优惠政策有助于提高企业预期收益。创新是指企业发现行业战略定位空间中的空缺，填补这一空缺，并使之发展成为一个大众市场，形成自己的核心竞争力。但由于企业发展战略创新所面临的市场风险具有很大的不确定性，这往往成为制约企业进行战略创新决策的一个重要因素。在既定的风险条件下，人们往往追求较高的期望报酬率。而税收损失在税前能够扣除或者按一定比例能够减免，将减少企业战略创新风险，提高企业预期收入，企业就会积极进行战略创新，并且有向风险大的战略创新投资转移的倾向。

可见税收政策的变更也会影响上市公司的业绩。投资者必须关注税收政策变化对公司业绩带来的影响，并评估该影响是短期的还是长期的。

【章节小结】

（1）上市公司的区位分析是将上市公司的投资价值与区位经济的发展联系起来，通过分析上市公司所在区位的自然条件、资源状况、产业政策、政府扶持力度等方面来考察上市公司发展的优势和后劲，确定上市公司未来发展的前景，以鉴定上市公司的投资价值。对于上市公司的区位分析包括分析公司的区位分布特征及对公司区位特征产生影响的因素。

(2) 行业地位分析的目的是判断上市公司在所处行业中的竞争地位，如是否为领导企业、在价格上是否具有影响力、是否有竞争优势等。上市公司的行业地位决定了其盈利能力是高于还是低于行业平均水平，也决定了其在行业内的竞争地位。分析上市公司的行业地位，主要分析公司所属行业、公司背景和历史沿革以及公司的市场状况。

(3) 公司的经营能力，是通过多种因素综合反映形成的，也是投资者对公司基本素质和基本情况分析的首要依据。公司无论是在管理方面显现的优势，还是在技术更新方面的发展状况，都是投资者对上市公司进行基本分析的重要内容。

(4) 财务报表反映公司的经营成果、财务状况和现金流量状况，是财务分析的基础。公司主要财务报表包括：资产负债表、利润表、现金流量表和所有者权益变动表。

(5) 偿债能力是指在一定期间内企业能否及时偿还到期债务的能力。按照债务到期时间的长短不同，把偿债能力分为长期偿债能力和短期偿债能力。短期偿债能力一般也称为支付能力，主要是指企业对日常经营债务的支付能力，本质上是一种资产变现能力。反映短期偿债能力的指标主要有流动比率、速动比率、现金比率等。长期偿债能力是指企业偿付非流动负债的能力，主要是通过资产负债率、权益比率、利息保障倍数等财务比率反映。

(6) 营运能力是用于衡量企业组织、管理和营运特定资产的能力和效率。资产营运能力强弱的关键取决于资产的周转速度，周转速度越快意味着资产使用效率越高，营运能力越强。常用的营运能力比率有应收账款周转率、存货周转率、流动资产周转率和总资产周转率等。

(7) 盈利能力是指企业获取利润的能力，也称为资金或资本增值能力，通常表现为一定时期内收益数额的大小与水平的高低。主要指标有营业净利率、营业毛利率、总资产净利率、权益净利率等。

(8) 上市公司的重要事项直接影响公司股票的市场表现，投资者应密切关注公司发布的重大公告，分析资产重组、关联交易、增持回购、会计政策和税收政策变更对上市公司的影响。

【思政梳理】

党的二十大报告提出，完善中国特色现代企业制度，弘扬企业家精神，加快建设世界一流企业。① 本章的思政教学包含两方面的内容。一是分析上市公司经营管理能力时，明确指出上市公司应坚守底线思维，树立法治观念，增强合规意识，形成规范发展的内生动力。上市公司的从业人员也应时刻注意树立良好的道德榜样，培养法律意识，注重职业道德，自觉加强法律方面的学习和培训，恪守职业法律规范。二是上市公司应规范关联交易的信息披露，提高关联交易的信息透明度，提升公司治理水平和质量，营造合规合法、公平经营的市场环境。

【主要概念】

经济区位　区域产业政策　公司治理　财务分析　偿债能力比率　营运能力比率　盈

---

① 习近平. 高举中国特色社会主义伟大旗帜 为全面建设社会主义现代化国家而团结奋斗——在中国共产党第二十次全国代表大会上的报告［EB/OL］. 中国政府网，https：//www.gov.cn/xinwen/2022-10/25/content_5721685.htm，2022-10-25.

利能力比率　资产重组　关联企业　增持　回购　会计政策变更　税收政策变更

【案例思考】

阅读以下材料并回答问题。

浙江省建设投资集团股份有限公司，简称"浙江建投"，主要从事建筑施工业务以及与建筑主业产业链相配套的业务。业务主要包含建筑施工、工程设计、建筑产业投资业务、建筑工业制造业务及建筑专业服务五大板块。据公司2022年三季报，总股本10.81亿股，流通股本4.93亿股，每股收益0.9569元，每股净资产5.987元。

思考题：

(1) 试分析浙江建投的行业特点，该行业属于朝阳行业还是夕阳行业？其地域特点是什么？

(2) 依据2022年三季报对浙江建设的经营状况做出财务分析。

(3) 2022年浙江建投的股价变动与其发布的重大事项公告有何联系（具体数据资料查阅同花顺网站：http://www.iwencai.com/unifiedwap/result?tid=stockpick&qs=box_main_ths&w=002761）？

【实训要求】

1. 实训目的及要求

培养学生分析上市公司的能力，利用实验手段提高学生的理论水平和实际应用能力。通过对上市公司资料的解读，掌握各类公司的特点及公司分析基本知识，了解财务分析的基本理论与分析方法，能够熟练掌握盈利能力分析、营运能力分析、偿债能力分析的相关指标计算，了解公司重大事项对上市公司的影响，能够进行上市公司的基本分析。

2. 实训内容

请在我国证券市场的环保板块找出一个龙头企业，完成以下内容：

(1) 阐述公司的历史背景及区位优势，分析其在行业中的地位及竞争优势。

(2) 直接计算公司的流动比率、速动比率、资产负债率、权益净利率，会得出什么结论？

(3) 了解公司近年来发生的重大事项，结合其股价变化解释两者的关系。

第九章 技术分析理论与指标*

【学习目标】
　　了解道氏理论的主要原理；理解掌握 K 线组合形态及其买卖信号；理解掌握切线分析的相关方法；理解掌握价格形态的形成和买卖信号；了解波浪理论的基本原理和信号；理解掌握技术指标的基本含义和信号。
　　要求：运用行情软件和各类技术分析方法，解读股票价格的变化规律。

【案例导入】
　　有这样一则小故事。一位记者靠抛硬币在十字坐标上画线，硬币出现正面就升一格，反面就降一格，抛了几十次硬币后画出一条曲线。他把这条曲线交给一位技术分析专家研究，说是一只股票的走势图，请教他的意见。技术分析家看图后说该股票极具上升潜力，一定要知道这只股票的名称。记者如实相告。
　　这位技术分析专家获得这样的结论时犯了什么错误？技术分析需要注意哪些重要指标？
　　分析股票走势图，不仅要关注价格走势图，更要关注交易量这个重要指标，关注交易量对价格的支撑作用及量价关系。

第一节　概　　述

一、技术分析的基本含义

（一）技术分析的基本概念

　　技术分析是投资者运用数学和逻辑方法，直接对证券市场过去、现在的市场行为进行分析，归纳总结证券价格运行规律，据此预测证券市场未来变化趋势的一种分析方法。它是一种广泛应用于证券市场中的分析工具，也是一种基本技巧和专门学问。
　　要正确理解技术分析含义，应把握以下三点：一是技术分析的目的是预测市场价格的未来变化趋势，尤其是短期内的变化趋势；二是技术分析所使用的工具是一系列的图表和数理指标，分析成果是这些图表和技术指标综合运用的结果；三是技术分析的对象是市场行为。

---

　　* 本章个股案例截图均为同花顺行情表截图。

市场行为是市场的实际交易过程,包含价格、成交量、价格波动的空间及达到这些价格和成交量所用的时间。证券市场的市场行为不外乎买、卖和观望。如果买方占有优势,则价格上涨。如果卖方占有优势,则价格下跌。如果买卖双方实力相当或者绝大多数为观望者,则价格表现为盘整。对市场行为进行分析的不同方法组成技术分析的各种类别。

(二) 技术分析与基本分析的差异

(1) 分析的基础不同。基本分析立足于影响证券价格的基本因素分析,如对宏观经济周期、行业发展动态和公司经营管理状况等因素进行研究,判断公司的投资价值,衡量股价的高低;技术分析只关心证券市场本身的变化,认为市场上的一切行为都反映在价格变动中,是以市场的历史交易数据如股价、成交量等作为研究基础。

(2) 分析的目的不同。基本分析是为了判断证券现行价位是否合理并描绘出它长远的发展空间,而技术分析主要是预测短期内股价涨跌的趋势。基本分析侧重证券内在价值的分析,根据内在价值判断价格水平是偏高还是偏低,买卖何种证券;技术分析通过对价、量、技术指标等市场信息的分析,判断价格变动的趋势,决定投资或买卖的时机,不考虑证券的价格水平是否具有投资价值。大多数成功的股票投资者把两种方法结合起来,用基本分析方法估计长期走势,用技术分析方法判断短期走势,确定买卖时机。

(3) 分析的理论依据不同。技术分析和基本分析都认为价格由供求关系决定。但基本分析主要是以经济学原理为基础,通过对影响供需关系的各类因素的分析来预测股价走势;而技术分析则根据股价本身的变化来预测股价走势。技术分析的理论基础是美国著名经济学家约翰·梅纳德·凯恩斯提出的"空中楼阁理论"(Castle - In - The - Air Theory),即股票价格不是由其内在价值决定的,它取决于投资者对股价的心理预期。投资者之所以要以一定的价格购买某种股票,是因为他期望有人将以更高的价格向他购买这种股票。股票投资是一种"博傻游戏",是投机者的游戏。

(4) 对市场有效性的判定不同。以技术分析为基础的投资策略是以否定弱式有效市场为前提的,技术分析认为投资者可以通过历史交易数据分析获得超额利润;以基本分析为基础的投资策略是以否定半强有效市场为前提的,基本分析认为公开信息没有完全包括宏观经济、公司、产业发展等信息,投资者通过基本分析可以获得超额利润。

(5) 使用的分析工具不同。技术分析对股票价格变化规律的描述以市场历史交易数据统计为基础,通过各类图表的方式来体现,这些数据源于市场本身;基本分析则主要以宏观经济指标、行业基本数据和公司业绩指标等为基础进行综合分析。基本分析的数据源于市场之外的信息,如经济增长率、企业利润增长率、政府产业政策等。

二、技术分析的基本假设与要素

(一) 技术分析的三大假设

1. 市场行为涵盖一切信息

这一假设是技术分析的基础。不承认这一点,技术分析的任何结论都是无效的。其主要思想是:影响股票价格的每一因素,包括内在和外在的因素,如经济、政治、军事、文化等相关的一切信息都反映在市场行为中。通过市场行为,这些因素将最终影响证券价格的变动。技术分析人员只需关心这些因素对市场行为的影响效果，而不必过多关注影响股票价格的因素具体是什么。

2. 证券价格沿趋势而动

这一假设是技术分析最根本、最核心的因素。该假设认为证券价格的变动是按一定规律进行的，股价有保持原来运动方向的惯性。技术分析认为证券价格的运动反映了一定时期内证券供求关系的变化。供求关系一旦确定，证券价格的变化就会一直持续下去。只要供求关系不发生根本变化，证券价格的走势就不会发生反转，直至受到外界的影响。这是技术分析最看重的投资原则——顺势而为。"趋势"成为技术分析的基石，因而分析中才有必要运用技术分析这个工具，研究价格图表，识别价格趋势发展形态，千方百计地找出价格变动的规律。

3. 历史会重演

这条假设从人的心理因素方面，考虑了证券市场投资者的心理反应，是技术分析对社会性因素的反映。市场中进行交易的是投资者，其在证券市场的交易行为必然要受到人类心理学规律的制约。在证券市场上，面对市场出现与以往相似的情况或波动态势时，投资者在心理上往往认为将会产生相同的结果而采取与之前相同的行为加以应对，这使市场表现出与历史现象相类似的特征，从而产生"历史重演"。这里的"历史重演"是指历史规律、历史本质不断的反复作用于市场，而不是指历史现象的简单重复产生。证券市场的某个市场行为给投资者留下的历史阴影或快乐是会长期存在的，正所谓"一朝被蛇咬，十年怕井绳"。因此，技术分析认为，结合人们的心理、行为、投资环境变化特征，根据历史数据及资料概括出来的规律包含了未来证券市场的一切变动趋势。以历史预知未来，对历史上类似的情况以及市场走势进行分析比较，从中找出规律，可以预测股价未来的变化走势。

应该注意以上三个假设前提与证券市场实际情况的差异。一是认为市场行为包括了全部信息，并反映在证券价格的变化中。实践中，投资者对信息的接收受时空的限制是有差异的，存在信息损失的情形。二是认为股票价格遵循趋势变化。实际上，股票价格变动常被视为无规律可循，股票内在价值及一些预料之外的偶然因素都会影响股票价格变化。股价不可能沿某个方向波动太长时间，甚至表现出无规律波动现象。三是应该注意到股票市场变化无常，不可能有完全相同的情况重复出现。

（二）技术分析的要素

证券市场中，价格、成交量、时间、空间是技术分析的四大基本要素。它们各自的变化及相关关系是进行正确分析的基础。

1. 价和量是市场行为最基本的表现

价格和成交量是市场行为的最基本表现。过去和当前的成交价和成交量涵盖影响市场行为的一切因素。证券交易的历史就是成交价和成交量的历史。技术分析各种指标及图形的编制都是以过去及当前的成交价及成交量的数据为基础，成交价及成交量的记录是技术分析的信息来源，同时也是技术分析所要预测的目标。在某一时点上的成交价和成交量反映的是买卖双方在这一时点上共同的市场行为，双方实现暂时均衡，随着时间的变化，均衡将发生变化。成交量在很大程度上影响和决定着价格的变化及变化趋势。技术分析要做的工作就是利用过去和现在的成交价和成交量来预测市场未来走势。

量价分析不仅是股市技术分析的基础，也是股市技术分析的立足点和着眼点。人们常说的"放量上攻""缩量回调"都是量价分析的具体表现。量价关系充分反映了买卖双方对市场的认可程度和心理状态。交易双方对股价的反向认同程度通过成交量的大小得到确认，反向认同程度越高，成交量越大；反向认同程度越低，成交量越小。当反向认同程度减弱，成交量呈缩量状态，多空能量也趋于平衡，此时市场反转随时可能发生。因此，买卖双方这种市场行为反映在价、量上就往往呈现出这样一种趋势规律：价升量增，价跌量减。成交量是推动股价上涨的原动力。量比价先行，量是价格上涨的先行指标。根据这一趋势规律，当价格上升时，成交量不再增加，意味着价格得不到买方确认，价格的上升趋势将会改变；反之，当价格下跌时，成交量萎缩到一定程度就不再萎缩，意味着卖方不再认同价格继续往下降了，价格下跌趋势就会改变。成交价、成交量的这种规律关系是技术分析的合理性所在。一切技术分析方法都是以价、量关系为研究对象的，目的就是分析、预测未来价格趋势，为投资决策提供服务。

由于市场心理的复杂性及庄家的一些行为，在股票走势中表现出来的量价关系不可简单而论。

2. 时间和空间是价格变化广度和深度的体现

时间和空间将体现市场的潜能。时间是指价格和成交量变化一个波段或一个升降周期持续的时间。空间是指价格变动过程中所要达到的位置，即价格经过一段时间运动后将要到达的高点或低点。股市是时刻变化的，它不可能在一个趋势下无限发展与持续，必然会有调整和转变的时刻。一个已经形成的趋势在短时间内不会发生根本改变，中途出现的反方向波动对原来的趋势不会产生大的影响。但一个形成了的趋势也不可能永远不变，经过一定时间会有新的趋势出现。股价的涨跌总是有一定限度的，达到一定程度后就会变盘，而准确把握涨跌幅度的空间可能性，是找到买卖时机的关键。在某个特定的阶段，股票价格由于受到上升趋势或下跌趋势的约束而在一定的幅度内震荡运行。空间因素考虑的就是趋势运行的幅度有多大。一个涨势或跌势延续的幅度有多大，对于市场投资者的实际操作具有重要的指导意义。投资者在进行技术分析时，更多关心的是时间和空间因素，希望市场的表现能够达到自己潜在的时间和空间的位置。

进行技术分析时，要充分考虑量、价、时、空的关系。放量、缩量、背离、同步是四个非常重要的概念，它们不仅形成了整个量价关系的基础，也对股票的未来走势产生深刻的影响。

（1）放量。

放量是指某个时间段的成交量与其历史成交量相比明显增大的过程和状态。它表明多空双方对股价反向认同程度的增大，是多空搏杀激烈程度的表现。

从时空来看，放量可以分为横向放量、纵向放量、单日放量及区域放量。横向放量指目前的成交量与相邻历史成交量相比增大。纵向放量体现为该股换手率的增大状态。换手率是指在一定时间内市场中股票转手买卖的频率，是某一段时期内成交量与流通股本的比率。它是反映市场交投活跃程度重要的技术指标之一。单日放量是指当天成交量放大的状态。区域放量指成交密集区成交量的放量状态。单日放量和区域放量的放量标准都是建立在横向放量和纵向放量的基础上，它们由横向放量和纵向放量两部分构成。

(2) 缩量。

缩量指某个时间段的成交量与其历史成交量相比明显减小的过程和状态。它表明多空双方对股价反向认同程度的减小，是多空能量趋于平衡的表现。与放量相似，缩量可分为横向缩量、纵向缩量、单日缩量、区域缩量。缩量与放量呈相反的对应关系，理解了放量就理解了缩量（见图 9 - 1）。

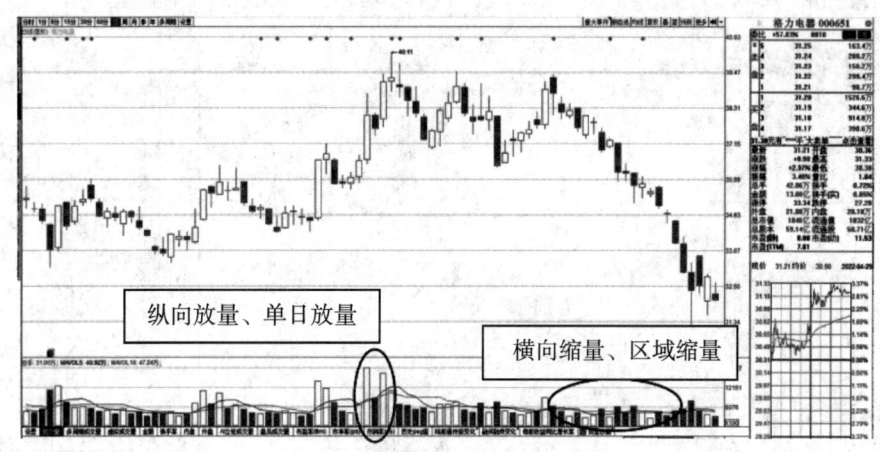

图 9 - 1　放量、缩量案例

(3) 背离。

背离即量价背离，指成交量增减与股价涨跌不相匹配的情况。背离常常体现为以下几种状态：按趋势分，量价背离可以分为上涨背离和下跌背离，即股票在上涨或下跌过程中所出现的缩量或放量的背离状态；按量价变化方向关系，可以分为正背离和负背离；按持续性情况，可以分为单日背离和区域背离。一个完整的背离状态都是由以上三种性质构成。例如，

①上涨正背离，即涨价量缩，是指股价大涨而成交量呈缩量状态。一种可能是投资者后市看好或有确定的利多，投资者惜售，股价仍可涨，可追加买进；另一种可能是股价已到高位，跟风者减少，投资者获利了结，如图 9 - 2 中的案例。

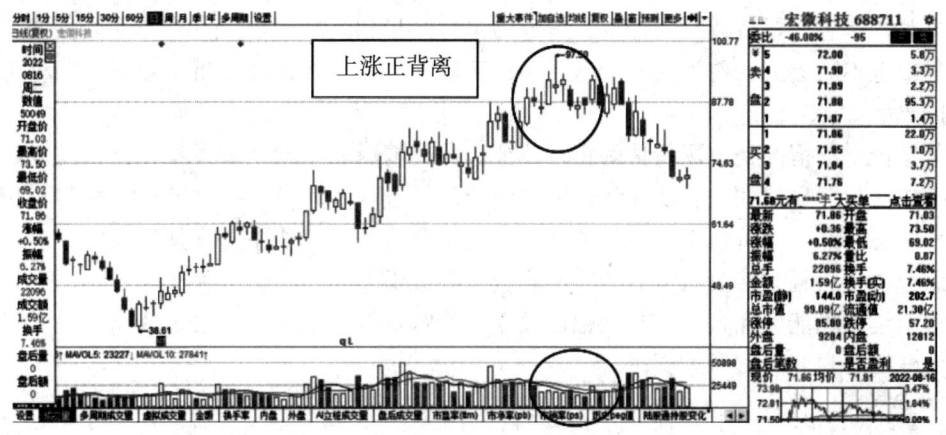

图 9 - 2　宏微科技背离案例

宏微科技 2022 年 7 月 19~22 日，股票价格持续上涨，并创新高，但交易量却持续呈缩量态势，呈现上涨正背离的特征。股价处于高位，跟风者减少，投资者获利了结，后续股价反转，持续走低。

②上涨负背离，即价滞量增，体现为股价小涨或不涨而成交量大增状态。价滞量增位于顶部，表明投资者对价格上涨不认可，见好就收，后续将有一定跌幅，不可轻易接盘，如图 9-3 中的案例。

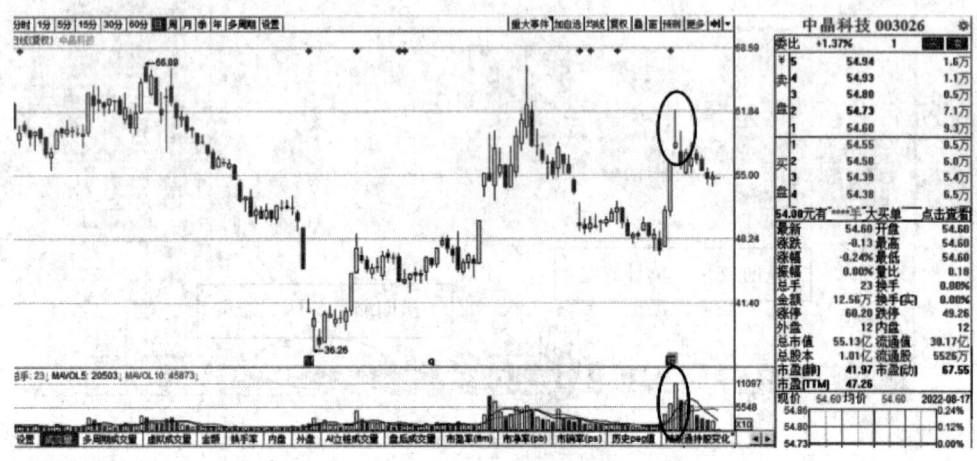

图 9-3 中晶科技背离案例

中晶科技 2022 年 8 月 5 日价格创新高，但最终收盘价小幅上涨，交易放量。表明投资者对价格继续上涨不看好，高位抛售股票，见好就收。K 线图走出上涨负背离的形态，后续价格呈现持续走低的态势。

③下跌背离体现为价跌量缩。量减价跌显示买盘较弱，价格将继续下跌。只有当整体跌幅已大，且跌幅日益缩小，则有可能进入次底部区域。

(4) 同步。

量价同步指成交量增减与股价涨跌相匹配。按趋势分，量价同步表现为上涨同步和下跌同步，即成交量增加，股价上涨，形成量增价涨的状态；成交量增加，股价大跌，形成放量下跌的状态。按持续时间情况，可分为单日同步和区域同步。其中，区域性成交量增加，股价也不断上涨，称为区域上涨同步；区域性成交量增加，股价不断下跌，称为区域下跌同步。

量增价增的情况是市场行情的正常特征。此类情况表明股价将继续上升，尤其在上涨初期，成交量明显放大，表明涨势形成，应及时买进（见图 9-4 上涨同步案例）。价跌量增这种状态存在三种可能性：一是位于顶部的价跌量增，表明主力在加速出货，后续将有一定跌幅，不可轻易接盘（见图 9-4 下跌同步案例）；二是中位横盘数日后出现价跌量增，说明续跌可能性加大；三是跌幅已较深，价跌量增吸引了低位接盘或高位做空者在回调后大量回补，此时可考虑买进。

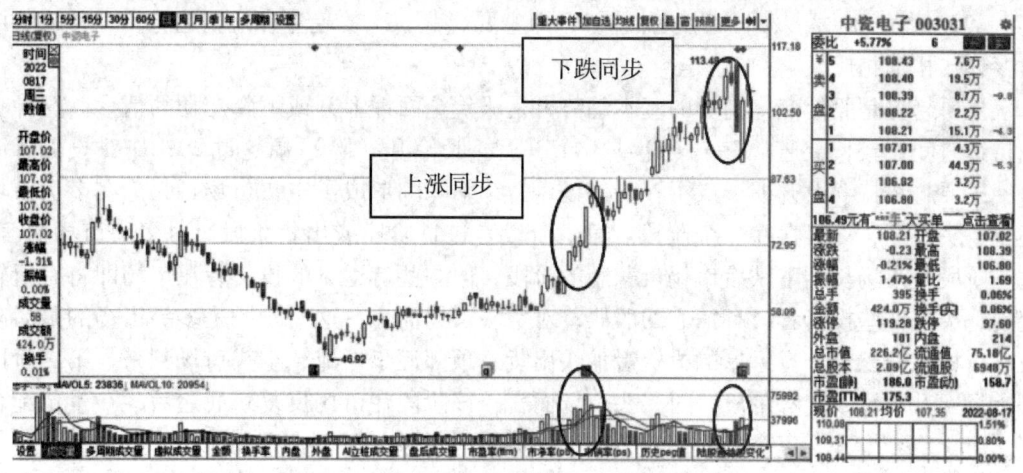

图 9-4　上涨同步与下跌同步案例

中瓷电子 2022 年 7 月 1～6 日，交易量放大支撑股价大幅上涨，并一路持续走高。8 月 11 日股价创新高后，8 月 12 日呈放量下跌的态势。

一般来说，股票市场经常出现以下量价及市场走势关系：先有量，后有价；高位放量，卖压增加，低位放量，买气增加；价创新高而量萎缩，股价潜在反转；上涨已久，量剧增而价滞，股价潜在反转；下跌已久，巨量暴跌创新低，股价潜在反转；下跌已久反弹，而后下跌，价不创新低，量创新低，股价潜在反转；趋势反转，形态突破时，量决定可靠性。

（三）技术分析的主要理论与方法

1. 道氏理论

道氏理论被认为是技术分析法最早的理论，是技术分析的鼻祖。道氏理论是以美国著名证券分析家查尔斯·道的姓命名。查尔斯·道与爱德华·琼斯于 1880 年共同创建了道·琼斯公司，并于 1889 发行《华尔街日报》。查尔斯·道潜心研究股票市场价格变动规律，在《华尔街日报》发表了一系列有关股票市场的评论文章。查尔斯·道去世后，这些文章被收编在 S. A. 纳尔逊编著的《股市投机常识》一书中，并首次被称为"道·琼斯股价理论"，后人称之为"道氏理论"。《华尔街日报》继任主编汉米尔·顿将道氏理论发扬光大，于 1922 年出版的《股票市场晴雨表》中系统阐述了道氏理论，成为道氏理论的典范。

道氏理论的主要内容包含：

（1）股价指数波动是市场的基本行为，反映了参与市场的各投资主体的心态，可以用来研究整个股票市场的变动趋势。股价指数波动包含市场的一切信息，任何影响市场价格变动的因素，最终都会在股价指数上反映出来。当股价指数持续上升时，投资者对后市看好，处于乐观情绪中，这种良好的市场心态可能受基本面因素或技术面因素的影响，这些因素最终都反映在股票指数的上升运动中。反之，股票价格指数持续下跌时，恐慌因素最终反映在股价指数的下跌运动中。道氏的这一原则，强调了股价指数在市场中的作用和惊人能量，它是道氏理论对市场的重大贡献。

（2）股价运动可以划分为三种趋势，即主要趋势、次要趋势和短期趋势。三种趋势同时存在、相辅相成。

主要趋势是股价变化趋势的基本趋势，是股价全面性上升或下降变动的情形。这种变动持续时间比较长，通常持续 1 年或 1 年以上，股价升（降）幅超过 20%。对投资者而言，主要趋势持续上升即形成了多头市场，持续下降则形成了空头市场。无论在多头市场还是空头市场，一般存在三个阶段。第一阶段是进货阶段或出货阶段。对多头市场而言，这一阶段是市场长期下跌后市场最悲观的阶段，但一些有远见的投资者在市场即将有所转变前，买进那些投资者没有信心的股票；对空头市场而言，这一阶段是多头市场的最后阶段，价格攀升乏力，有远见的投资者加快出货，顶部逐步形成，空头市场到来。第二阶段是市场回升阶段或转势阶段。对多头市场而言，该阶段在市场反复筑底之后，在量价配合下，股价稳步攀升，资金不断回流股市，强势特征明显。对空头市场而言，此阶段为转势阶段。股指直线下降，众多投资者加入空头行列。一般情况下，在恐慌时期结束后，会出现属于次级性质的反弹行情或横向的整理行情。第三阶段属于市场大幅涨升期或杀多阶段。对多头市场而言，该阶段市场人气沸腾，交投活跃，成交屡创天量。但此阶段底部建仓的投资者开始出货，空头市场正在酝酿；对空头市场而言，该阶段利空消息不断兑现，投资者的信心丧失。空头市场逐步结束，股价逐渐企稳。

次要趋势常与基本趋势的运动方向相反，是一种逆向趋势，也称为股价的修正趋势，对主要趋势产生一定牵制作用。这种趋势持续时间通常为 3 周至数月不等。在多头行情里，它表现为中级的下跌或调整行情，在空头市场里，则表现为中级的上升或反弹行情。其升跌幅一般为主要趋势的 1/3、1/2 或 2/3。

短期趋势反映了股价运动的短暂波动，股价波动的持续时间为几天，一般为 1 周左右。修正趋势通常由 3 个或 3 个以上的短暂趋势组成。

在三种趋势中，主要趋势是长期投资者最关心的基本趋势，以便抓住主要趋势，尽可能地在多头市场上买入股票，空头市场形成前及时卖出股票，获取最大的收益。投机者则更关注股价的修正趋势，以获取短期利润。在三种趋势中，短期趋势最易受人为操纵，容易被误导，因而不适宜作为趋势分析的对象。

（3）收盘价是最重要的价格。道氏理论并不注重一个交易日内的最高价、最低价，而更关注收盘价。因为收盘价是人们阅读行情信息的最重要条目，是对当天股价的最后评价，大部分人根据这一价位对下个交易日做出买卖委托。道氏理论的这一规则经过了时间考验。尤其在不设涨跌停板的市场尤为重要。

（4）成交量在确定趋势中起着重要的作用。成交量会随着主要趋势的变化而变化。道氏理论认为，判断市场主要趋势的信号是由价位的变化决定的，但是，根据成交量的变化情况，也可以对主要趋势作出判断。一般情况下，多头市场，股价上升，成交量增加；股价下跌，成交量减少。反之，在空头市场，股价下跌，成交量增加；价格反弹时，成交量减少。但这一规则也有例外情况出现。因此，仅依靠短期的成交量数据难以得到正确的判断结论，需要持续一段时间的整个交易的分析。成交量成为趋势判断有疑虑的情况下进一步验证的指标。

道氏理论的局限性在于其主要用于推断股市的长期趋势，无法推断大趋势里的升降幅度，对市场逆转的确认具有滞后性，也就无法给投资者指明最佳的买卖时机。

2. 波浪理论

道氏理论告诉人们何为大海，波浪理论指导人们如何在大海里冲浪。

波浪理论又称为艾略特波浪理论（Elliott Wave Theory）。美国人拉尔夫·纳尔逊·艾略特是波浪理论的创始人。波浪理论可以用于预测股价趋势何时结束，是现存最好的预测工具之一。波浪理论把股价的上下波动和不同时期的持续上涨或下降，看成是波浪的上下起伏。波浪的起伏遵循自然界规律，按一定的规律进行，股票的价格也就遵循波浪起伏所遵循的规律。

波浪的基本模式是8浪结构模式。艾略特认为，股价上涨和下跌运动不是随机的，而是按照某种规律进行的。这种规律就是任一循环波浪的生成到结束都遵循8浪结构的模式运动，即5个上升推动浪和3个下跌调整浪。形态是波浪理论的基础，正确的数浪方法是波浪理论的分析前提。

3. 相反理论

相反理论认为正确的市场本身不创造新的价值。如果大多数投资者的行为相同，那么一定不是获利最大，因为，不可能多数人获利。要获得大的利益，一定要与大多数人的行动不一致。在市场火爆时离场，市场冷清时进场，即是相关理论在操作上的具体体现。

相反理论观点并不复杂，但是真正能应用好该理论的人并不多。原因在于人们无法战胜自己的从众心理。

相反理论并不认为群众的行为是错误的，而是认为群众的行为是正确的。群众才是推动市场向好发展的原动力。当市场形态向好的时候，大多数人受市场刺激而看好市场，并形成现实的购买力，推动股市朝着原有趋势继续向好的方向发展，甚至保持较长时间。当所有人看法趋于一致时，做多的动能衰减，买方力量减弱，市场形势将发生逆转。相反理论只是一种看大势的理论指导，并不是否定群众行为的正确性。因此，相反理论是一个动态概念，大众在多数情况下是正确的，没有大多数人的正确就不能有行情的高潮。群众的错误在于如牛市转熊市前一刻大众看好后市买入股票，股价上升，群众的这种热情和购买力被逐渐消耗，甚至后来的资金链出现断裂，牛市在群众的一片欢乐中结束。因此，相关理论只适应于行情转势的时刻。

在实践中，一些机构运用"好友指数""市场情绪指数"两个重要指标作为运用相反理论群众看好还是看淡时候的评价数据指标。例如，好友指数一般在30%~80%间浮动，50%左右代表投资者看好看淡情绪参半。如果一面倒地看好或看淡，说明牛市或熊市基本到了尽头，行情将转变。

4. 随机漫步理论

随机漫步理论由保罗·H.库特纳提出。1964年，《股票市场的随机行走特点》出版。该书提出，股票价格的波动是随机的，是没有规律的、不可测的。证券市场价格受多方面因素的影响。从长期的价格走势图上可以看出，价格上下起伏的机会是均等的。

随机漫步理论指出，股票市场内有成千上万的精明人士，每一个人都懂得分析，市场资料是公开的，所有人都可以知道，并没有秘密可言。股票价格反映了供求关系，离本身价值不会太远。内在价值的衡量方法由每股资产值、市盈率、派息率等基本因素决定，这些因素是公开的。现实股票的市价代表了成千上万投资者的看法，构成了合理价位。市价会围绕着内在价值上下波动。这些波动随意而没有任何轨迹可循。

5. 循环周期理论

循环周期理论由美国分析师伯恩斯坦在《商品价格循环手册——时间之窗》中提出。该理论认为，时间是影响价格波动的决定因素之一。当时间到达，原有的价格趋势会发生根本转变，时间是预测市场趋势转折的最为重要的因素。价格上升、下降直至出现高点、低点如同事物发展兴衰具有周期性一样，在时间上具有一定的规律性。根据时间的长短，价格波动周期可以分成四个类型：季节性周期、长期周期、中期周期和短期周期。季节性周期是指因季节变化而形成的周期；长期周期是指平均期间超过一年以上的循环周期；中期周期一般持续6个月到一年，常常用月来计算；短期周期平均期限不超过3个月，一般用天数来计算。价格波动无论到什么程度和规模，都不会向一个方向一直走下去。随着时间的推动，价格运动的方向会发生改变。在运行时间较短的情况下，方向会发生暂时性改变，在运行时间较长的情况下，方向会发生根本性改变。暂时性改变会产生局部高点或低点，根本性改变会产生顶部或底部。这些高点和低点、顶部或底部的出现，在时间上会呈现一定的规律。通过计算时间周期，可以预测高点、低点、顶部、底部的到来。计算时间的方法有等时间跨度、斐波那契神奇数字跨度、节假日等。投资者可以选择低点出现的时间入市，高点出现的时间离市。

6. 其他理论

江恩理论是通过数学、几何学、宗教、天文学的综合运用，建立起来的独特的分析方法和测市理论。江恩在测市系统外，建立了一套操作系统。测试系统与操作系统一同使用，相得益彰。江恩12条买卖规则和21条守则是江恩理论的重要组成部分。江恩认为，进行交易必须根据一套既定的交易规则去操作，而不能随意买卖，不能盲目猜测市场的发展情况。根据两个基本要素——价格和时间，江恩建立了江恩时间法则、江恩价格发展和江恩线等，用来预测市场价格走势和波动。

亚当理论是美国人威尔德创立的投资理论。亚当理论分为两个阶段，第一阶段创立了多种测市工具，如动力指标、抛物线、转向分析、振荡指标等。第二阶段创立了"顺势而为"理论。亚当理论认为，要抛弃所有主观的分析工具顺势而为，即跟着市势走，顺势买卖，不添加任何武断的推测。投资成功的秘诀是向市场屈服。应抛弃基本因素分析，以不受任何外界影响的心境，自行判断市场走势。在顺势操作中应做到买入遇跌，卖出后遇涨应立即投降，说明自己看错市；入市买卖时应设立止损盘，并不要轻易更改；每日买卖损失率不应超过可运用资金的10%，买卖不顺手时，应立即停止，不要将投入的资金作一次性操作；不要花费精力去寻找市场的顶部和底部。

（四）技术分析的主要方法

技术分析方法是在历史成交价格和交易量的基础上利用公式进行统计、数学计算、图形绘制的一种方法。不同的统计、数学计算、图形绘制方法形成了不同的技术分析方法。通常，技术分析方法分为以下几类：

1. K线法

K线包含股票开盘价、收盘价、最高价、最低价四类价格的基本信息。不同类型的K线及K线组合，反映了股票市场多空双方力量的增减与转变。投资者根据K线及组合，推测多空双方谁占优势以及这种优势是暂时性的还是决定性的，从而判断股价未来的变动趋势。K线图是各种技术分析方法中最基础也是最重要的方法。认识K线种类和组合对股票买卖决策具有重要的参考意义。

2. 切线法

切线法是按照一定的方法和原则在股票价格图表中画出一些直线，画出的直线即为切线。投资者可以根据画出的切线推测股票价格未来变化的趋势。切线对股价起支撑和压力的作用。支撑线和压力线对股票价格起一定的制约作用。依据不同的画法，切线可以分为趋势线、通道线、黄金分割线、百分比线、甘氏线、角度线等。

3. 形态法

形态法是根据过去一段时间内股票价格走过的轨迹的形态来预测未来价格趋势的一种方法。价格走过的形态是市场行为的体现，是股票市场对各种信息感受作出反应后的具体表现。股票价格轨迹形态体现出不少相对固定的模式，因此形态可以用来推测股票价格的走势，向投资者表明当前股价所处的阶段，对买卖行为给予一定的指导。典型的形态种类有M顶、W底、头肩顶（底）、圆形顶（底）等十几种。

4. 指标法

技术指标法是技术分析中极为重要的方法之一。指标法是通过建立数学模型，对原始数据进行计算处理，得到一个体现市场某个方面特征的数值，即技术指标值。绝大多数的技术指标涉及的原始数据包括开盘价、收盘价、最高价、最低价、成交量、成交金额等4价2量。指标值的具体数值及相互间关系，直接反映市场所处的状态，为投资者提供操作指导。证券市场上常用的技术指标有强弱指标（RSI）、平滑异同平均线（MACD）、乖离率、布林线等。

5. 波浪法

如前所述，波浪法是以波浪理论为指导用来预测股价变化程度与趋势的一种技术分析方法。波浪法与其他技术分析方法的最大区别在于它能提前很长时间预测到底和顶，而其他方法往往要等到新的趋势确立以后才能看到。波浪理论的一个弱点是运用起来主观性太强，事前想用它指导买卖操作比较困难。由于股价波动所形成的波浪大浪套小浪，浪中有浪，正确数浪极为困难。但奇妙之处在于，历史上股价波动形成的波浪与波浪理论所作的描述较为符合。

（五）技术分析应用需注意的问题

（1）技术分析必须与基本分析结合使用，才能提高准确度。单纯的技术分析是不全面的。任何一个市场中的分析工具都有其使用范围。新兴证券市场投机性较强，人为操纵因素较多，技术分析的指导作用相对于成熟市场要弱一些。仅靠过去和现在的数据、图形预测未来是不可靠的。正确的做法是不迷信技术分析，不机械地使用技术分析，要结合基本面来分析，分析产生技术指标或形态变化背后的因素，从而提高股价未来走势预测的准确性。

（2）注意采用多种技术分析方法综合研判，切记不能用某一种方法得出结论。技术分析方法种类很多。每一种方法都从不同的角度去分析股价的变化和走势，有自己的特色、有效性和合理性，但也都有各自的局限性。因此，我们在具体使用时，应考虑多种方法的配合，多种方法相互验证，根据交易实践灵活运用，以提高分析及预测的准确性、成功率。片面地使用单一的技术方法进行分析容易出错。

（3）所学的方法与结论必须经过自己的实践后才能使用。投资市场瞬息万变，已有的经验和方法、结论是在前人当时的市场环境和特殊条件下得到的。随着环境的改变，这些成功的结论运用于当前的市场可能已经不合时宜。因此，投资者应在不断研究和实践经验总结的基础上，找到更适合自己的分析方法，使技术分析更准确、更适用、更有效。

（4）人是决定技术分析工具使用效果的决定因素。技术分析只是进行证券投资分析的工具之一，运用过程中在很大程度上取决于使用者个人的选择。个人的偏好、实践能力和习惯影响着实践者，也就影响了技术分析的运用效果。因此，不同的人运用技术分析工具进行投资产生的结果自然也就不同。

【思政小课堂 9-1】

技术分析切勿"纸上谈兵"

"纸上谈兵"典故出自《史记·廉颇蔺相如列传》。赵括是战国时期赵国大将赵奢的儿子，从小熟读兵书，张口爱谈军事，自以为天下无敌。然而赵奢认为他只不过是纸上谈兵，一旦为赵国所用，必定使赵军遭受失败。公元前259年，秦军来犯，赵王派赵括替代老将廉颇领军出战。赵括自认为很会打仗，死搬兵书条文，完全改变了廉颇的作战方案，最终导致四十多万赵军被歼灭，他自己也被秦军箭射身亡。

"纸上谈兵"原指赵括熟读兵书却不能活用，后人将"纸上谈兵"比喻空谈理论，不能解决实际问题。对于每一位进行证券投资的交易者而言，证券投资如同战场打仗，掌握好技术分析理论是必要的，但想要打胜仗，在投资中获得收益的能力，更要在实践中进行锤炼，在失败中进行总结，在错误的交易中进行反思，在成功的交易中继续完善和增强。反复验证的方法才是有效的方法，在实践中获得的能力才是交易者自身实实在在的投资能力。

第二节 K线与切线分析

K线分析、切线分析、形态分析均属于技术图形分析。技术图形分析是建立在价格走势图形基础之上，结合成交量进行的分析。技术图形分析具有较强的主观性，受分析者自身条件制约作用较为明显，因此，分析结果差异性也较大。此节，我们将给大家介绍技术图形分析中的K线分析与切线分析。

一、K线分析

K线分析以K线理论为基础。K线理论是指利用K线形状及其组合情况，推测市场中多空双方力量对比，判断多空优劣及其性质的一种理论。

（一）K线的概念与画法

K线绘制出来的图表形状颇似一根根蜡烛。因此，K线图又称为烛炬图。烛炬图绘制时有黑白之分，因而也称为阴阳线图。K线图记录了一个交易时间段内股票价格变动的行情，体现了交易过程中买卖双方的实力对比，用于判断买卖双方的强弱程度，作为进行交易的参考。

K线图源于日本，被当时日本米市的商人用来记录米市价格波动，后因其独到的价格描绘方式被引入金融市场，用于记录证券及商品期货价格变化。K线分析经过200多年的演进，已经发展成为被普遍运用，具有完整形式和翔实技术与方法的一种分析证券市场行情的理论。

日K线图是股市技术分析常用的K线图。单根K线是一条柱状的线条，由影线和实体构成，记录股票的开盘价、收盘价、最高价及最低价。开盘价是每个交易日的第一笔成交价格；收盘价是每个交易日最后的成交价格；最高价、最低价分别是每个交易日成交股票的最高成交价格和最低成交价格。

绘制K线图，我们首先要找到该日或某一周期的最高和最低价，垂直地连成一条直线。然后再找出当日或某一周期的开盘价和收盘价，把这两个价位连接成一条狭长的长方柱体，称为实体。实体与最高价间的线为上影线；实体之下与最低价间的线为下影线。

根据开盘价与收盘价间的关系，K线又分为"阳线""阴线"。当收盘价高于开盘价（即低开高收）时，K线图以红色来表示，或在柱体上留白，称为"阳线"。当收盘价低于开盘价（即高开低收）时，则K线图以蓝色表示，或柱体为黑色，称为"阴线"，如图9-5所示。

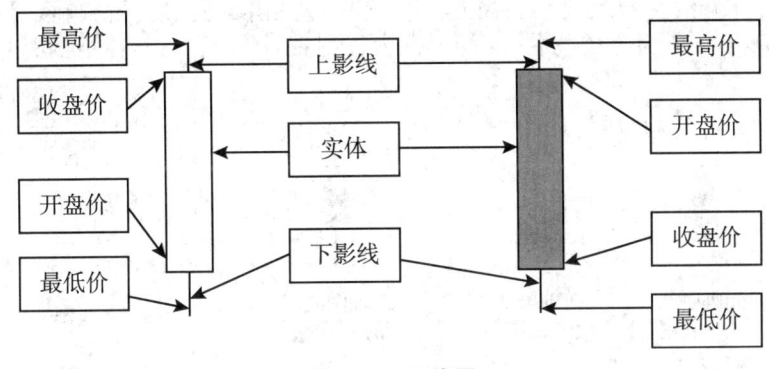

图9-5 K线图

单个日K线图记录某只股票或指数一个交易日内的价格变动情况。一定时期内每日K线图按时间顺序排列在一起，形成了某只股票或指数的日K线图。同理，以周、月、季、年等不同周期描绘的K线图也就形成了周K线图、月K线图、季K线图、年K线图。例如，单周K线是以周一开盘价、周五收盘价、1周的最高价和最低价绘制而成。这些K线图常常成为投资者进行中长期分析的工具。有的投资者为个股短期或超短期需要，还会使用60分钟、30分钟、5分钟等更短周期的K线图。这些不同周期K线图都各有重要的分析参考意义。

K线图使投资者对一定时期内的股价变动一目了然，并从图形中观察到当日股价或指数的震荡幅度、买卖双方争斗的激烈程度以及多空双方的分歧状况，进一步判断分析未来股价的发展走势。

就结构而言，对于K线的分析，要从阴阳线、实体、影线三方面来看：

（1）从阴阳线来看，阴阳线代表股价变化的方向。阳线代表多头占上风，推动股价上升，使股价高于开盘价收盘；阴线代表多头被空头压制，空头抛售股票，推动股价下跌，最终使股价低于开盘价收盘。

（2）从实体的大小来看，实体的长短反映股价变化程度的内在动能。阳线实体越长，反映推动股价上涨的动力越大，股价上涨幅度越大，后市上涨的可能性也越大。反之，阴线实体大，说明股价下跌的能量大，跌幅也越大，后市股价继续下跌的可能性就越大。

（3）从影线的长短看，影线长短反映股价转折的可能性。影线越长，反映股价转折的可能性越大。如上影线越长，说明多空双方博弈，多头力量逐渐减弱，空头力量逐步增强，遏制了股价的持续上涨，股价向下调整的概率增大；反之，如下影线越长，说明多头力量增强，推动股价上涨，股价反转向上的概率增大。

（二）K线种类

根据阴阳线、影线的长短以及实体的大小，单根K线可以分为以下不同的形态类型，代表不同的含义（见图9-6）。看懂单根K线是进行K线分析的基本功。

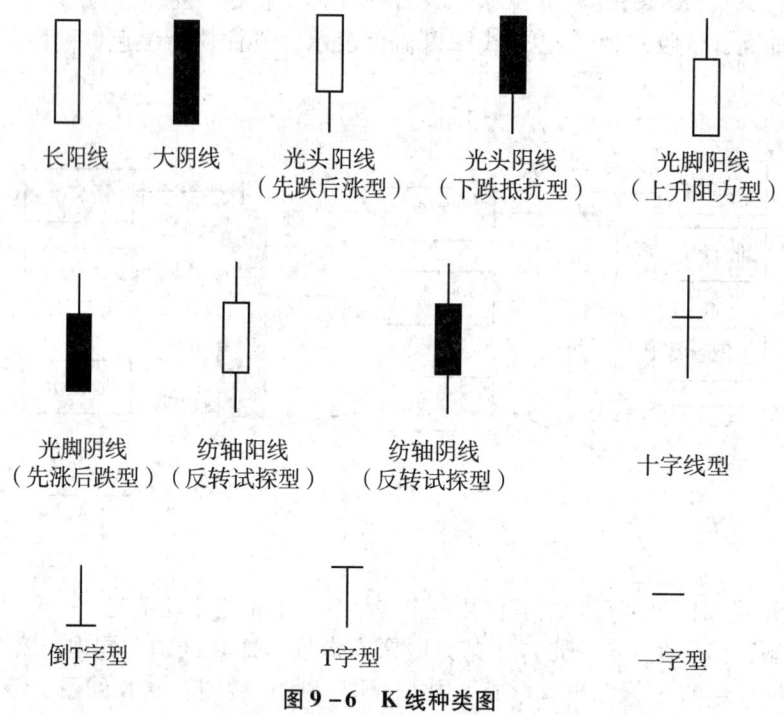

图9-6 K线种类图

1. 光头光脚阳线或长阳线

光头光脚阳线，收盘价即为最高价，开盘价为最低价，上下没有影线。此类阳线有光头光脚大阳线、中阳线及小阳线。光头光脚大阳线表示买方疯狂涌进，买盘力量强大，股价具有强烈的涨势。持股人因看到买气的旺盛，不愿抛售，出现供不应求的状况。光头光脚中阳线实体也较长，说明买方力量较大，股价上涨的内在动力较强。买方力量有较为明显的优势。光头光脚小阳线，说明实体部分较小，买方力量略强于卖方力量，股价有波动，虽然价格朝一边倒，但盘面表明多方攻势非常有限，走势偏软，后市走势将不够明朗。如图9-7所示，从一开盘，买方就积极买入，中间也可能出现买方与卖方的博弈，但买方始终占据优势，使价格一路上扬，直至收盘。

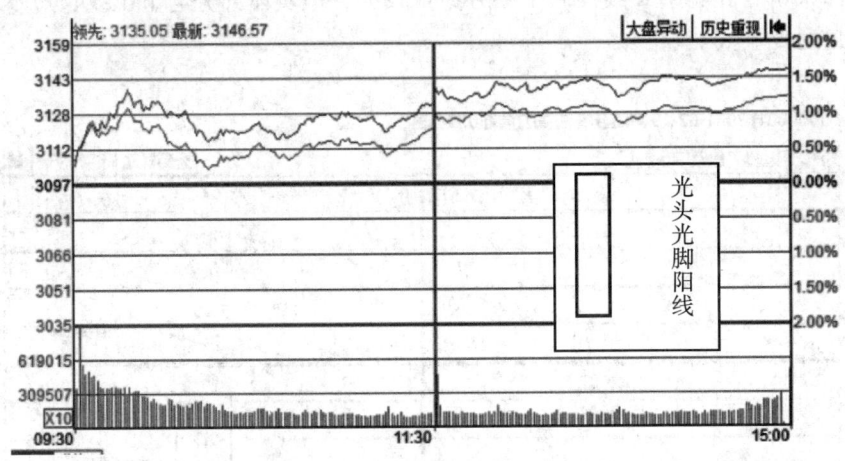

图9-7 光头光脚阳线分时图与K线图

光头光脚阳线如果出现在底部或者盘局中，表明买方力量强大，如有大的成交量配合，则是买入信号；如果出现在高价区位，可能表示人气依然旺盛，股价还将继续上扬。但若股价已近天价，则有可能转而下跌。

2. 光头光脚阴线或长黑线

光头光脚阴线，最高价与开盘价相同，最低价与收盘价一样，上下没有影线。如图9-8所示，一开始，卖方就占优势，市场处于低潮。卖家疯狂抛出，造成恐慌心理。市场呈一面倒直到收盘，价格始终下跌，表明强烈的跌势。光头光脚阴线根据实体的长短，也分为光头光脚大阴线、光头光脚中阴线及光头光脚短阴线。无论是光头光脚大阴线还是光头光脚中阴线、光头光脚短阴线，卖方较买方都具有绝对优势，只是优势由强渐弱。

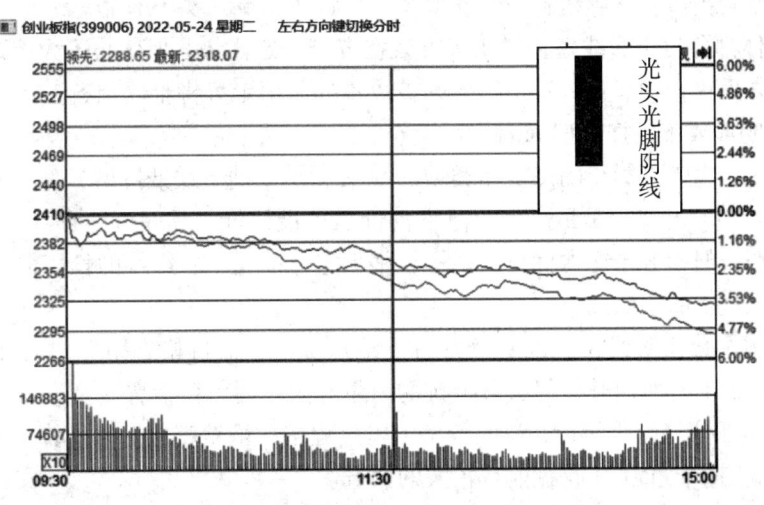

图9-8 光头光脚阴线分时图与K线图

3. 光头阳线或先跌后涨型 K 线

光头阳线是带下影线的红实体类型的 K 线，是一种先跌后涨型 K 线。如图 9-9 所示，此类型 K 线开盘价低于收盘价但高于最低价，最高价即为收盘价，没有上影线。价格先跌后涨。总体来讲，此类型 K 线反映了买方力量较大，但实体部分与下影线长短不同，买方与卖方力量对比不同。

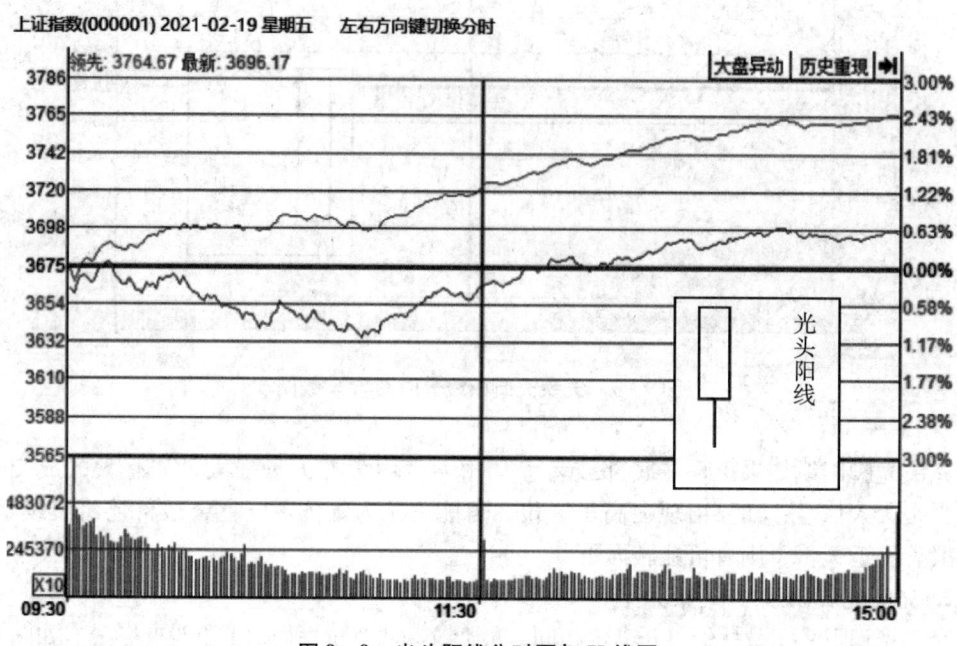

图 9-9 光头阳线分时图与 K 线图

(1) 实体部分长，下影线短。此类型表明买方占据绝对优势。虽然价格曾一度遭到卖方打压而击穿开盘价，但受到买方强力支撑，价格很快被推高。空方力量有限。

(2) 实体部分与下影线相等。说明买卖双方博弈激烈，但买方占主导地位，价格在击穿开盘价后受到支撑，下影线越长，支撑越大。此种市情对买方有利。

(3) 实体部分比下影线短。说明买方较空方有一定优势，但优势不大，走势偏软。如卖方次日全力反攻，则买方的实体很容易被攻占。后市走势将难以预料。

4. 光头阴线或下跌抵抗型 K 线

光头阴线是只带下影线的黑实体类型的 K 线，是一种下跌抵抗型 K 线。如图 9-10 所示，此类型 K 线，开盘价是最高价，但收盘价高于最低价。其间可能存在买卖双方博弈，价格先跌后涨，但卖方始终占优势。同样，根据实体的大小、影线的长短，此类 K 线图反映了下跌抵抗程度的不同。

(1) 实体部分比影线长。说明卖方占了绝对优势，但价格在下跌过程中遇到买方抵抗，使价格收盘前有所回升，但买方抵抗的力量有限。后市行情看淡。

(2) 实体部分与影线同长。说明价格下跌过程中，虽然卖方仍占优势，但多方组织了较为有效的抵抗，使价格在收盘前有较大的回升。

(3) 实体部分比影线短。说明与买方力量相比，卖方只占极小的优势。买方进行了有力的抵抗，将价格回推较多，形成了长下影线。后市很可能买方会全力反攻，把小黑实体全部"吃"掉，形成反转。

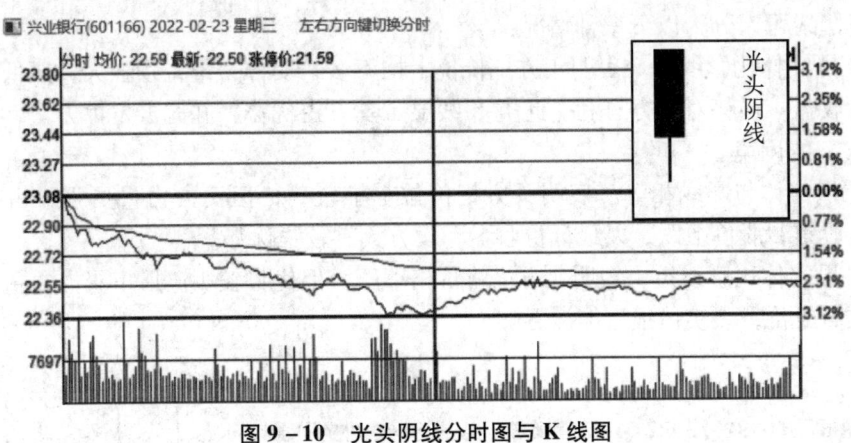

图 9-10　光头阴线分时图与 K 线图

5. 光脚阳线或上升阻力型 K 线

光脚阳线是只带上影线的红实体 K 线，是一种上升阻力型 K 线。如图 9-11 所示，开盘价即最低价，买方略胜一筹，推动价格上升，但在空方的反击下，价格上涨遇阻回调，收盘价低于最高价。根据实体与影线的长短，光脚阳线分为以下三种情况：

（1）红实体比影线长。表示空方虽对价格上涨有一定的压制作用，但力量较弱，买方仍是市场的主导力量，后市继续看涨。

（2）实体与影线同长。表示买方把价位上推，但卖方压力也在增加。两者斗争的结果是卖方把价位压回一半，买方仍具有优势。

（3）实体比影线短。表示买方在高价位遇卖方的压力，卖方全面反击，买方受到严峻考验。大多数短线投资者纷纷获利回吐，如出现在高价区，则后市看跌。

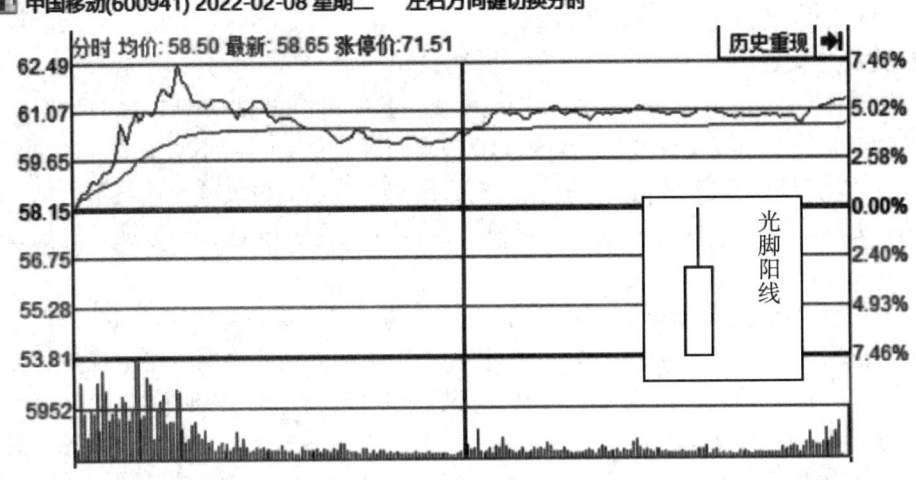

图 9-11　光脚阳线分时图与 K 线图

6. 光脚阴线或先涨后跌型

光脚阴线是只带上影线的黑实体 K 线,是一种先涨后跌型 K 线。如图 9-12 所示,开盘价高于收盘价,收盘价即最低价。此类 K 线卖方均处于相对优势。根据实体和影线长短,光脚阴线可以分为以下三种情况:

(1) 黑实体比影线长。表明买方把价位上推不多,卖方力量特别强大,压低价格,并以最低价收盘。局势对卖方有利。此类 K 线显示卖方占优势,并充分发挥力量,使买方陷入"套牢"的困境。

(2) 黑实体与影线相等。表明买方把价位上推较高,但卖方力量更强,占据主动地位,抛售股票,股价下跌,以最低价收盘。卖方具有较强优势。

(3) 黑实体比影线短。表明卖方虽将价格下压,但优势较小。后市买方力量可能再次反攻,推高股价,黑实体很可能被吞噬。

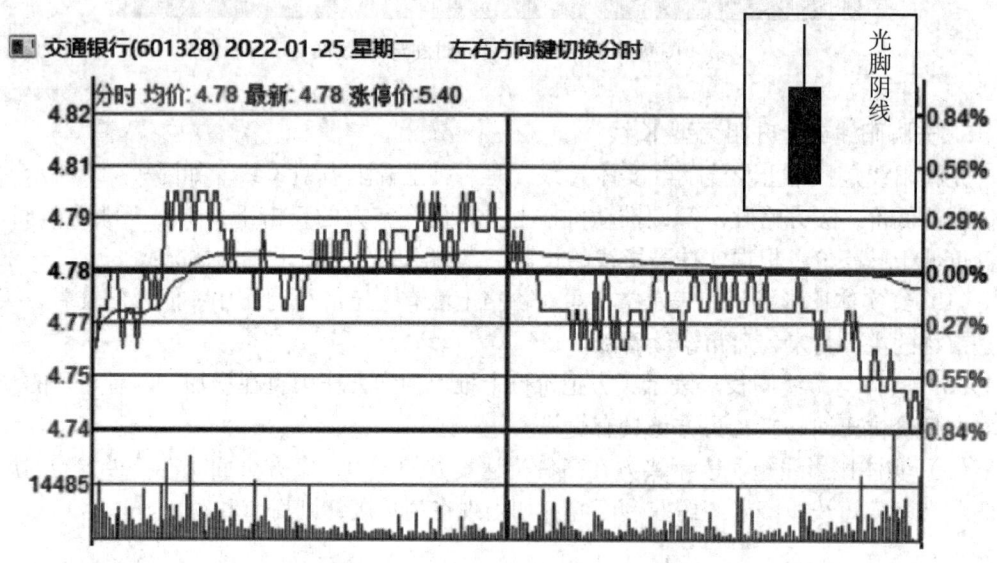

图 9-12 光脚阴线分时图与 K 线图

7. 纺轴型阳线

纺轴型阳线是上下都带影线的红实体 K 线,是一种反转试探型 K 线。如图 9-13 所示,纺轴型阳线表明买卖双方斗争激烈,股价来回震荡,买方占小幅优势,最终高于开盘价收盘。纺轴型阳线是反转信号。在大涨之后出现,表示高位震荡,成交量大增,后市可能下跌;如在大跌后出现,后市可能反弹。实体与影线的长度不同反映买卖双方力量的差异。

(1) 影线长于实体。表示开盘后股价上下震荡,股价曾一度击穿开盘价,但收盘价仍高于开盘价,买方虽受挫折,但仍有一定优势。上影线较长,说明价格上推压力较大,支撑较小,买方优势不大,需要接受考验;反之,下影线较长,说明价格获得比较大的支撑,买方具有一定的反攻实力。

(2) 实体长于影线。表示收盘价较大幅度高于开盘价,买方虽受挫折,仍居于主动地位,有较大优势。

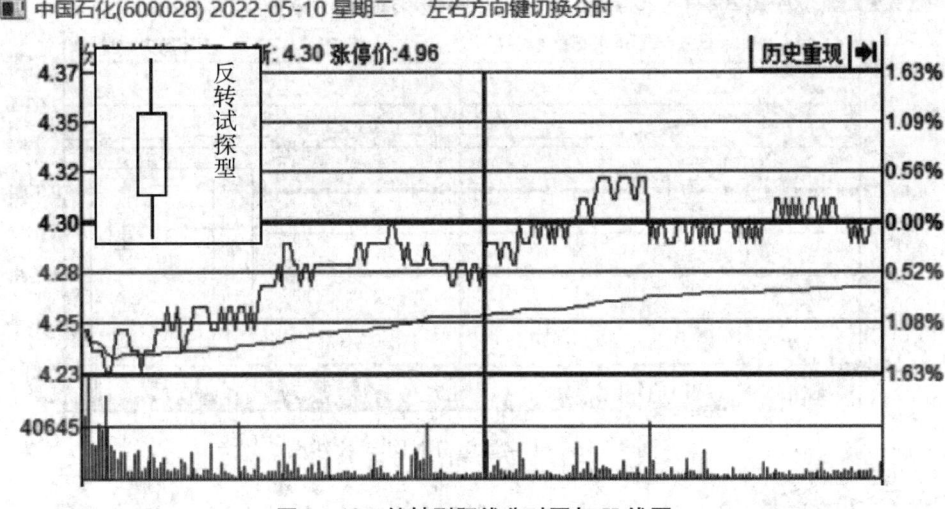

图 9 – 13　纺轴型阳线分时图与 K 线图

8. 纺轴型阴线

纺轴型阴线是上下都带影线的黑实体 K 线，是一种反转试探型 K 线。此类型 K 线表明买卖双方博弈激烈，股价震荡，收盘价低于开盘价，卖方处于优势。实体长于影线，说明卖方力量强大，在对股价向下打压中处于主动地位。其间曾受到多方反击，曾一度突破开盘价，但力量微弱，被空方抛售打压，最终败北，空方处于优势。影线长于实体，特别是下影线长于实体（见图 9 – 14），表明买方潜力较大。如果 K 线出现在持续下跌的低位，说明低位承接力强，行情可能反弹。如大涨之后出现，特别是出现长上影线，说明阻力增强，后市下跌的可能性增强。

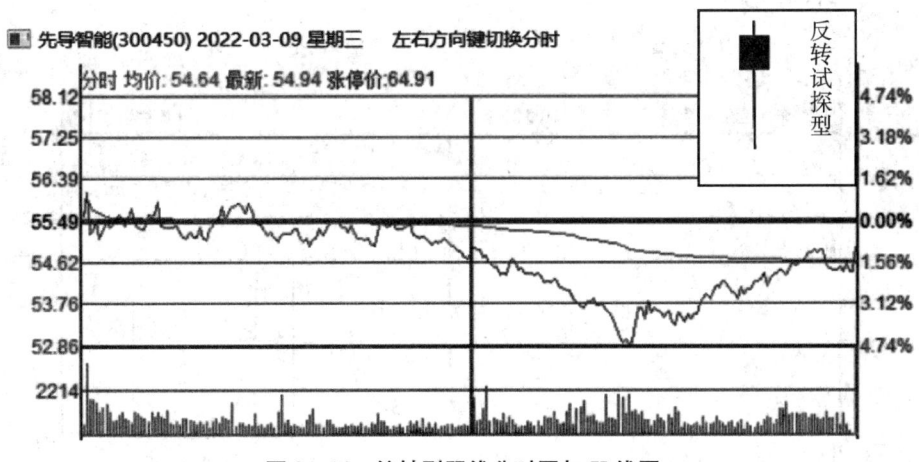

图 9 – 14　纺轴型阴线分时图与 K 线图

9. 十字星型 K 线

十字星型 K 线是一种只有上下影线，没有实体的 K 线图形。如图 9 – 15 所示，十字星型 K 线开盘价和收盘价相同，买方与卖方几乎势均力敌，价格上呈现上下震荡。

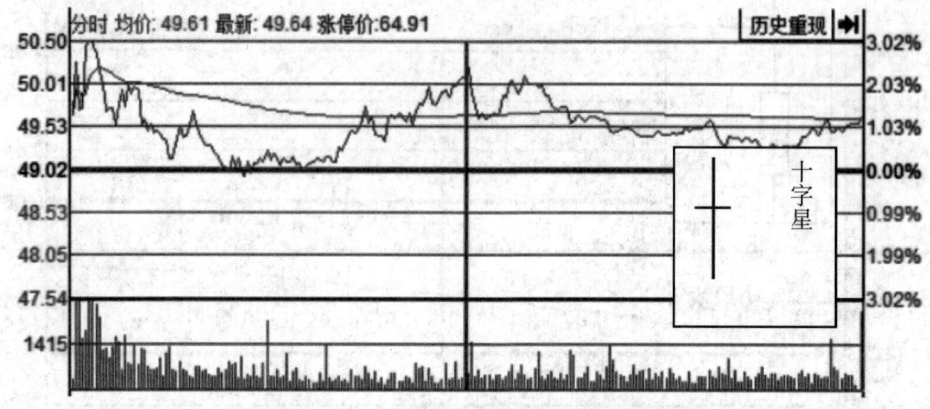

图 9–15　十字星型分时图与 K 线图

上影线越长，表示卖压越重；下影线越长，表示买方旺盛。上下影线看似等长的十字线，可称为转机线，在高价位或低价位，意味着出现反转。十字星处于高价位，后市可能转跌；出现在低价位时，后市将转好。

10. "T"型 K 线及倒"T"型 K 线

"T"型 K 线又称蜻蜓线、多胜线，开盘价、收盘价与最高价相同。开盘后，股价下跌，收盘前始终在最高价下运行，多头抵抗，势力转强，最后以最高价收盘，局势对买方有利。如"T"型出现在高价位区，并伴有成交量放大，说明卖方力量较强，是行情转跌的信号；若出现在低价区，为见底信号，行情将会回升。

倒"T"型 K 线又称灵塔线或空胜线，开盘价、收盘价与最低价相同。总体看多方推动价格反弹失败，卖方稍占优势。上影线越长，卖方优势越大。如果倒"T"型 K 线出现在高价区，是行情下跌的信号（见图 9–16）。

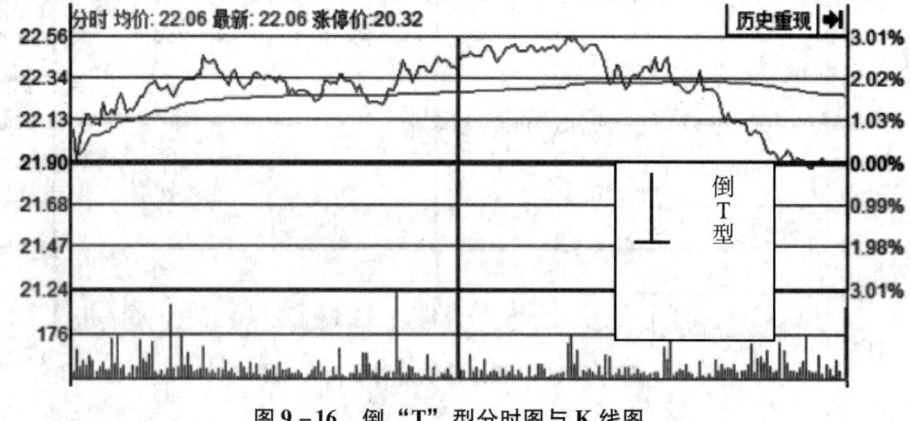

图 9–16　倒"T"型分时图与 K 线图

天鹅股份 2022 年 2 月 15 日、2 月 16 日出现"T"型线，推高股价，2 月 24 日、2 月 25 日连续两天倒"T"型卖方逼停股价，使股价直线下跌（见表 9–17）。

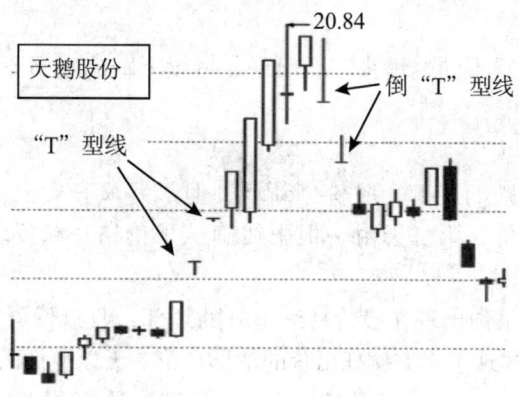

图 9–17 倒 "T" 型实例

11. "一"字型 K 线

"一"字型 K 线是开盘价、收盘价、最高价、最低价相同的 K 线。当数据来源只有收盘价时，或者开盘后直接涨跌停板，K 线将呈现"一"字型，表示全日交易只有一档价位成交，意味市场行情极强或极弱。跳空涨停，意味后市将上涨；跳空跌停，预示行情可能将继续下跌。

（三）K 线组合

K 线体现了一定周期股票价格的变化，反映了买卖双方在博弈中的力量对比。利用 K 线分析有利于投资者辨别投资风向，以获取收益。运用 K 线进行投资研判，一方面不仅需要根据单根 K 线代表的不同含义及位置来进行研判；另一方面应该掌握由多根 K 线形成的组合及其所体现的买卖双方力量的增减、市场的转变。

K 线图是由一定周期 K 线组合形成的图形。K 线组合可以由两根、三根、多根 K 线组成。不同数量的 K 线组合形成不同的组合形态。我们除了考虑 K 线的基本含义外，更关键的是要把其放在不同情况下分析。K 线代表性的价格位置主要有高位、低位和整理中。因此，K 线组合形态分为反转形态和整理形态。这里我们介绍几种常见的 K 线组合。

1. 锤头和吊颈（见图 9–18）

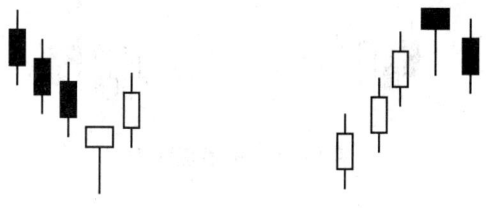

图 9–18 锤头和吊颈图例

组合特征：

（1）锤头和吊颈形状相同，实体小，位于交易区的上部位。

（2）均具有长长的下影线，通常下影线是实体的 2~3 倍。没有上影线或上影线非常短。

(3) 实体可阴可阳。

(4) 两者所处的位置不同。锤头一般出现在持续下跌的底部。吊颈出现在持续上升的顶部。

市场含义：

锤头出现在持续下跌的底部，股价创新低，但最终疯狂卖出被遏制，买方将价格推高，使收盘价高于开盘价。第二天由一根阳线确认了价格止跌反转，是一种见底回升的形态。

吊颈情况则相反。吊颈出现在股价持续上升的顶部，收盘价可能微高于开盘价或微低于开盘价，但长下影线体现了卖方疯狂出货的情形，第二天以更低的价格开盘或收盘，价格反转得到确认。因此，吊颈出现在股价持续上升的顶部，是见顶回落的形态（见图 9-19）。

图 9-19 吊颈案例

中船科技 2022 年 7 月 1 日股价高位出现吊颈，第二天低开低走，此后股价一路走低。

2. 鲸吞型（见图 9-20）

图 9-20 鲸吞型图例

鲸吞型分为牛市鲸吞型和熊市鲸吞型。

组合特征：

(1) 实体较大，上下影线较短或没有影线。

(2) 实体包含前一天实体甚至是影线。

(3) 鲸吞型 K 线组合前后两天的阴阳是相反的。

(4) 前期已呈现出上升或下降的趋势。

市场含义：

牛市鲸吞型 K 线组合处在下跌趋势中，股价创新低，买方大量低价买入，成交量放大，股价被迅速拉升，实体包含了前一天的 K 线，拉出一条大阳线。第二天股价以更高的价格收盘。这样的 K 线组合形态意味着下降趋势要被大阳线终结，股价反转。

熊市鲸吞型 K 线组合出现在股价上升的趋势中，股价较前一交易日创新高，高价位累积巨大风险，卖方大量抛售股票，股价迅速下跌，形成大阴线，阴线实体包含了前一天的 K 线，若第二天股价继续下跌，以更低的价格收盘，那么上升趋势大概率被终结，股价将出现反转下跌。

大禹节水 2022 年 2 月 23 日高位出现鲸吞型大阴线，随后价格持续下跌。4 月 27 日底部拉出一根大阳线，呈现牛市鲸吞类型，后市股价呈现持续上涨态势（见图 9 – 21）。

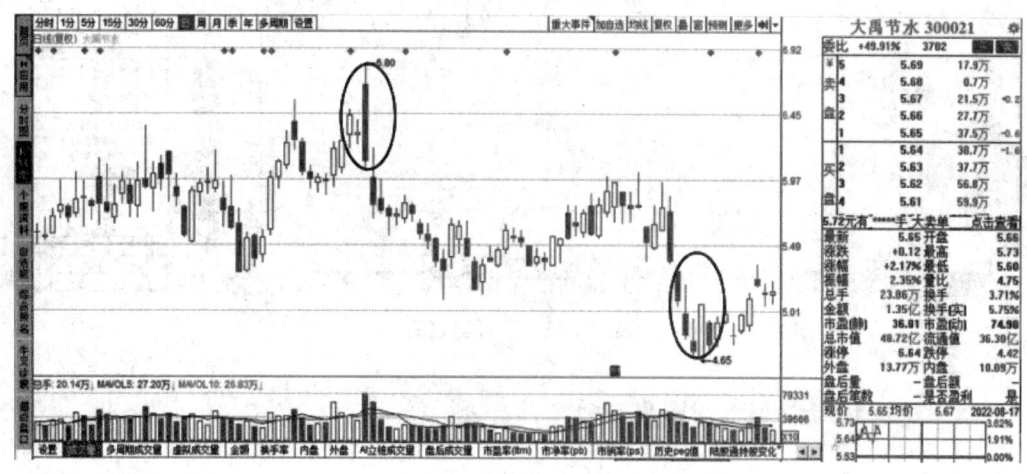

图 9 – 21　鲸吞型案例

3. 孕育型（见图 9 – 22）

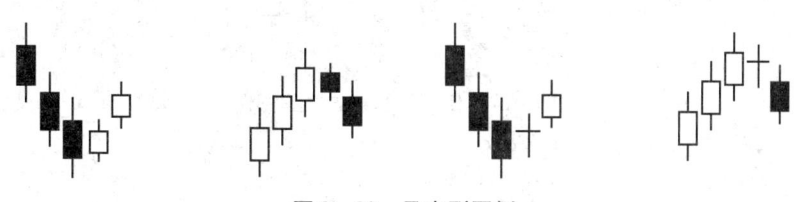

图 9 – 22　孕育型图例

组合特征：

（1）组合已形成下降趋势或上升趋势。

（2）小实体和上下影线被包含在前一天 K 线实体和影线范围之内。

（3）孕育组合前后的阴阳线是相反的。

市场含义：

小实体出现在下降趋势的底部，股价较前一交易日高开，空头抛压的力量得到遏制，价格逐步上升，形成一个小阳线。此时若配合成交量的放大，则是价格反转的信号。后一天高开高走的 K 线确认价格反转。

小实体出现在持续一段时间的上升趋势中，价格低开，并持续下降，形成一个小阴线。若伴随量的放大，则孕育价格反转的可能。后一日的低开低走将进一步确认上升趋势的终结。

小实体若为十字星。十字星的出现，比普通孕育型组合的反转信号更为强烈。

孕育型案例如图 9–23 所示。

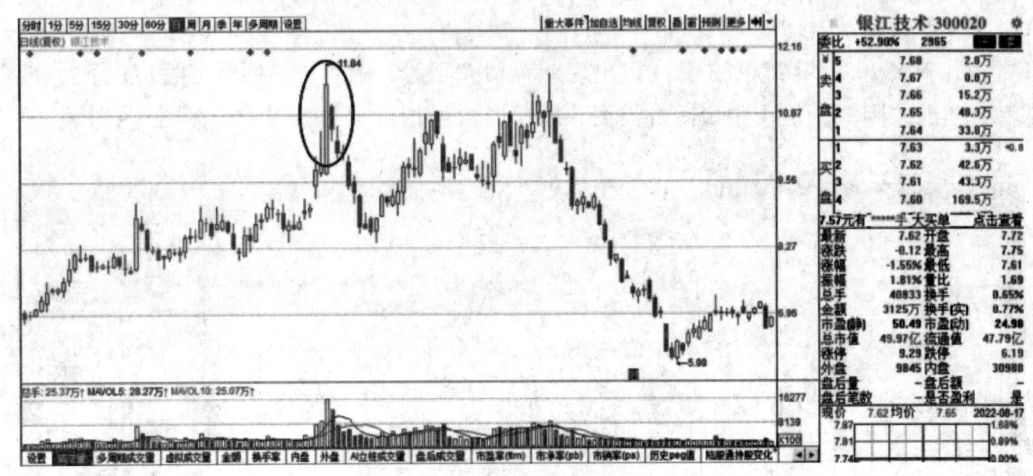

图 9–23 孕育型案例

4. 倒锤线和射击之星（见图 9–24）

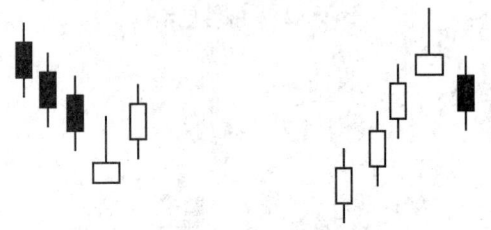

图 9–24 倒锤线和射击之星图例

组合特征：

(1) 实体小，并位于交易区的底部。

(2) 上影线长，是实体的 2~3 倍；下影线短或几乎没有。

(3) 倒锤线组合不要求缺口，射击之星的倒锤 K 线较前一交易日高开形成缺口。

(4) 倒锤线出现于已经存在的上升趋势或下跌趋势中。

市场含义：

在持续一段时间的下跌行情中，倒锤形跳空开盘后买方组织上攻，虽未成功，但收盘价高于开盘价形成一个倒锤形的小阳线，若第二天股价上涨得到确认，那么也确认了倒锤线组合的反转信号。

在持续一段时间的上升行情中,股价跳空高开上涨,创新高后被卖方压制股价回落,形成长长的上影线,卖方力量继续在第二天得到增强,股价持续下跌。这种倒锤组合我们称之为射击之星,射击之星的出现是价格上涨趋势终结并反转的信号(见图 9-25)。

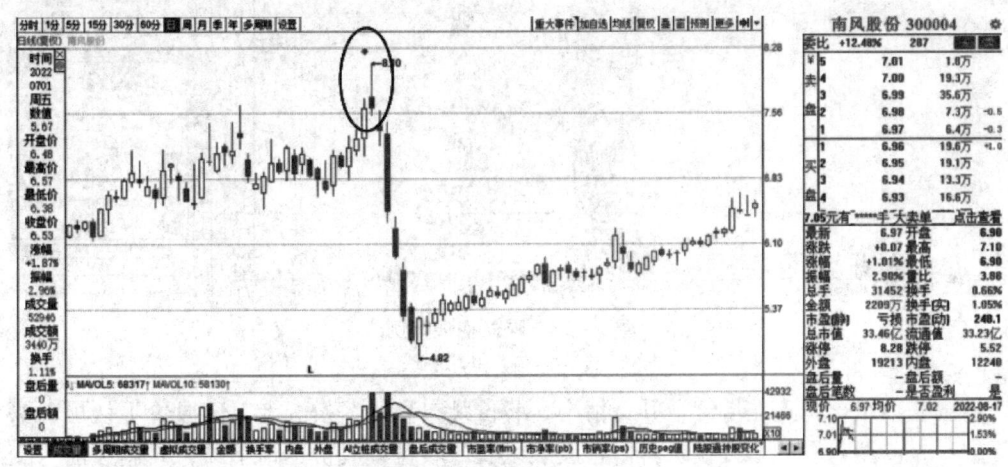

图 9-25 射击之星案例

5. 曙光初现和乌云盖顶(见图 9-26)

图 9-26 曙光初现和乌云盖顶图例

组合特征:

(1) 组合的两根阴阳线相反。

(2) 阴阳两根线都是长实体。

(3) 曙光出现组合当天阳线上穿超过前一交易日阴线实体部分过半;乌云盖顶组合当天阴线下穿过前一交易日实体部分过半。

市场含义:

曙光初现组合出现在持续下跌的行情中,股价继续以低于前一天收盘价开盘,并持续下跌,但是卖方力量在价格下跌过程中持续消耗,力量逐步减弱。随着价格呈现较大跌幅,部分投资者逢低买入,并推动股价持续上涨,形成一根大阳线,且收盘价高于前一交易日阴线实体的中点价格。第二天买方力量持续,继续推高股价。曙光初现形态组合是股价下跌趋势反转的信号(见图 9-27)。

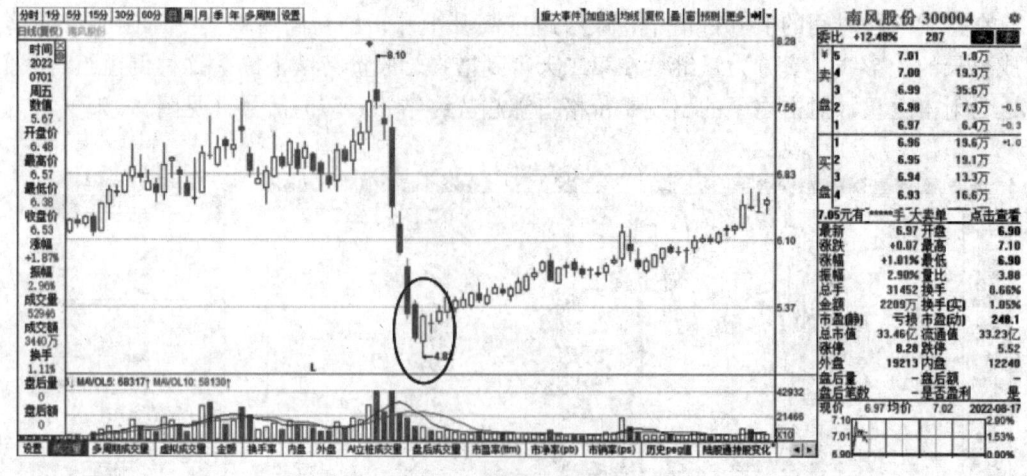

图 9-27 曙光初现案例

乌云盖顶组合出现在持续上升行情中。股价跳空高开，投资者对高股价不认可，买方力量较弱，前期获利的卖方投资者抛售股票以获取收益，股价迅速下跌，并刺穿前一交易阳线实体，低于其中点价收盘，形成一条大阴线。第二天投资者继续恐慌性抛售，上升行情终结，股价反转趋势得以确认。

6. 早晨之星和黄昏之星（见图 9-28）

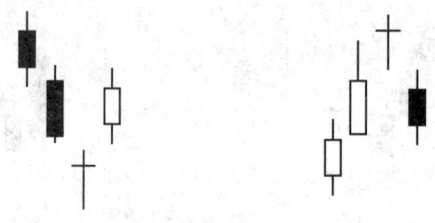

图 9-28 早晨之星和黄昏之星图例

组合特征：
（1）早晨之星出现在持续下跌的行情，黄昏之星则出现在持续上升的行情。
（2）早晨之星或黄昏之星的形态为十字星或小阳线。
（3）十字星或小阳线与前后交易日的阴线或阳线存在缺口。

市场含义：

早晨之星十字星或小阳线前一交易日为实体较长的阴线，股价跳空低开，投资者逢低买入，收于开盘价相同价位或略高，形成十字星或小阳线，股价呈现不确定性，后一交易日以跳空高开形成较大实体的阳线。早晨之星组合是股价下跌趋势股价反转的信号。

黄昏之星十字星或小实体线在高位区出现，说明相当一部分投资者抛售股票以获取收益或规避风险，股价难以上攻收于开盘价或略低，后一交易日股价低开低走出现长阴线。黄昏之星是价格反转下跌的信号。

长白山于 2022 年 7 月 1 日在相对高位出现十字星为黄昏之星，此后股价出现了较大的回调（见图 9-29）。

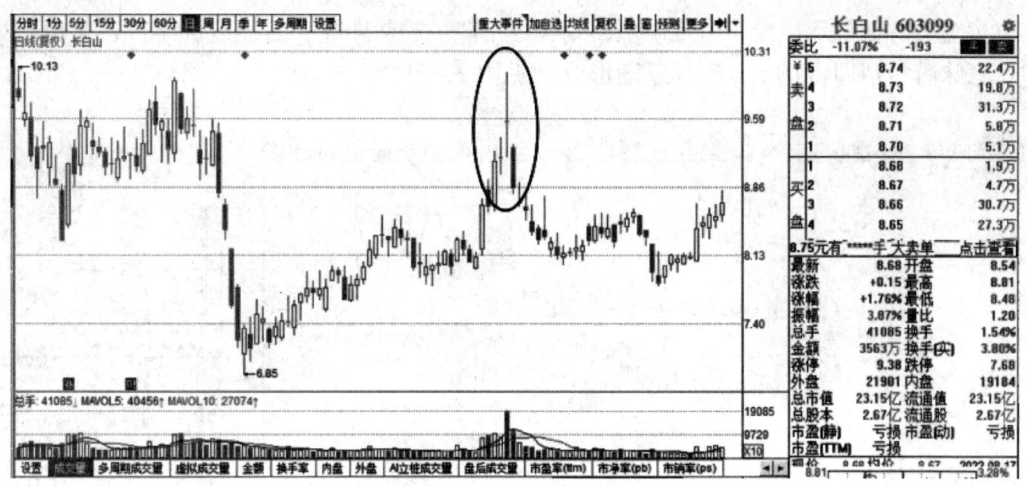

图 9-29 黄昏之星案例

7. 红三兵（三白兵）和"三只乌鸦"（见图 9-30）

图 9-30 红三兵和"三只乌鸦"图例

组合特征：

（1）连续三根实体相当，上下影线较短的阳线和阴线。

（2）红三兵开盘价位于前一交易日实体的中间价位之上，收盘价与最高价接近，连续三天形成大阳线；"三只乌鸦"开盘价在前一天实体内，收盘价低于前一天收盘价，连创新低并接近最低价。

市场含义：

红三兵股价连续三天上涨，显示多方力量逐步加强。红三兵出现于持续下跌的底部，则体现了明显的多头市场特征。多方优势大小取决于三条阳线的实体和影线的长度。若三条阳线均为大阳线，表明多方明显占据优势地位。由于涨幅大，第 4 天短线观望或不介入、离场；若三条阳线有较长的上下影线，实体较小，说明行情处于胶着微升的状态，既有低位承接者，又有抛压盘；红三兵若出现在高位，第三天出现小实体长影线小阳线状态，则是买方上攻的强弩之末，后市行情反转的概率增加。

"三只乌鸦"体现了股价连续三天的下跌，显示了空方力量的逐步增强。与红三兵相反，"三只乌鸦"出现于持续上升趋势的顶部，体现了明显的卖方市场。空方优势取决于三条阴线实体和影线的长度。若三条阴线为大阴线，则表明空方占据优势地位，后续持续下跌的可能性增大；如果三条阴线影线较长、实体较短，表明股价胶着呈微降态势，既有高位抛盘又有低位承接盘,出现高位,则价格下降的趋势明显;若出现在下跌已久的行情中,意味着行情即将稳定,底部逐渐形成(见图9-31)。

图 9-31 "三只乌鸦"案例

红三兵与乌云盖顶案例如图 9-32 所示。

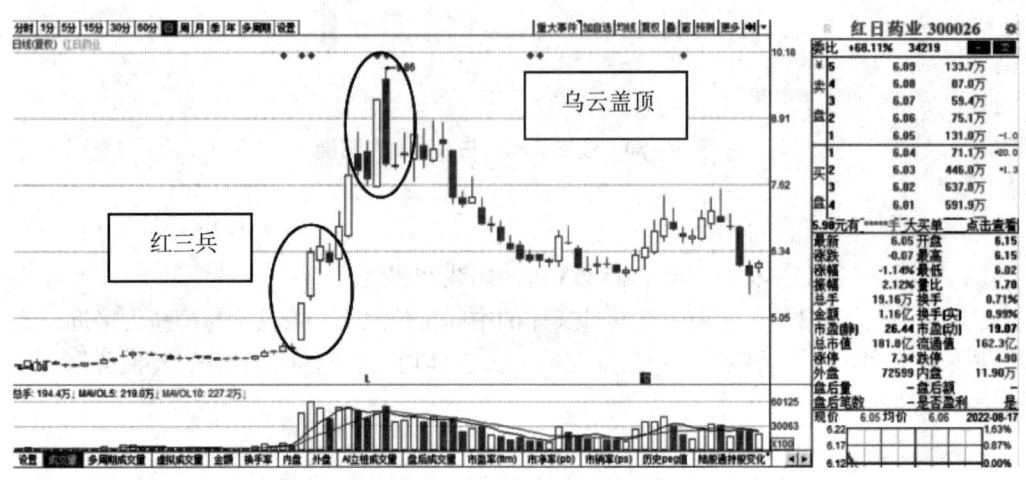

图 9-32 红三兵与乌云盖顶案例

8. 上升三法和下降三法(见图 9-33)

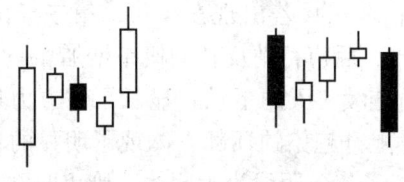

图 9-33 上升三法和下降三法图例

组合特征：

（1）长实体是股价趋势的一种延续。上升三法长实体延续于持续上升的趋势，下降三法是下降趋势的延续。

（2）延续多日的小实体在长阳线实体范围内上下震荡，延续的时间较短，一般为3~8日。

（3）持续多日的小实体后是一个长阳线或长阴线，延续上升趋势或下降趋势。

市场含义：

上升三法和下降三法中间小实体部分延续的时间不会太长。小实体是对上升趋势或下降趋势的短期整理，持续的时间不会太长，否则无法维持上升或下降的趋势。这种整理体现了多方或空方较为强劲的势头。通过整理，整固上升的势力或强化下降的趋势。

重庆路桥2022年7月18日至8月5日通过两拨上升三法拉升价格（见图9-34）。

图9-34 上升三法案例

（四）K线分析应注意的问题

（1）K线分析是有偏差的。K线分析在很大程度上是经验的总结，往往不具有高度的科学性和严密的逻辑性，自身存在非科学性的因素。K线分析虽然具有量的确定性，但得出的结论往往具有一定的滞后性和不确定性。因此，仅运用K线分析，往往会产生偏差，甚至产生比较高的错误率。

（2）K线分析方法必须与其他方法相结合。影响证券价格的因素是多方面的，K线分析应考虑市场因素的变化。当K线分析结论与基本分析结论相冲突时，应优先考虑基本分析结论。从实践上看，股市庄家也会利用市场从众心理和技术分析派的力量行骗，作出假图形。投资者对于此类K线及组合需要警惕，需要参考其他分析方法加以验证甄别。

（3）必须根据实际情况，不断"修改、创造和调整"组合形态。无论是单根K线还是多根K线，都是对多空博弈的描述。虽然K线分析具有相当的参考价值，但不是绝对的。市场是复杂、千变万化的，K线分析结论仅具有短期的指导意义，投资者应根据市场变化的实际情况，不断调整、修改甚至创造K线组合形态，使K线分析结论能够反映市场的变化，为投资提供有效的参考。

二、切线分析

切线分析理论是指运用图形画线方法来预测价格未来走势的分析理论。切线理论有助于投资者识别大势变动的方向，预测市场趋势的发展，做到"顺势而为"，而非"逆势而动"。依据不同的画法，切线常见的有趋势线、通道线、黄金分割线等。

（一）趋势

趋势就是股票价格运动的方向。一般情况下，趋势不是朝一个方向简单地上升或下降，中间有很多的曲折和反复。从图形上看是一条曲折蜿蜒的折线。每个折点处形成了一个峰或谷，由这些峰和谷的相对高度可以看出趋势的方向。根据变化方向不同，趋势主要分为上升趋势、下跌趋势、水平趋势。

上升趋势是图形中每个后面的峰和谷高于前面的峰和谷，即一底比一底高，底部逐步抬高。下跌趋势是图形中每个后面的峰和谷低于前面的峰和谷，即一顶比一顶低，顶部逐步降低。水平趋势是图形中每个后面的峰和谷与前面的峰和谷没有明显的高低变化，呈水平延伸。水平趋势在市场也是很常见的。运用技术分析对水平趋势进行股价走向预测是困难的，因为此时市场处于供需平衡阶段，下一步股价朝哪个方向运动将无规律可循，股价可能向上运动，也可能向下运动。

趋势理论是道氏理论的重要组成部分。如本章第一节所述，道氏理论根据道·琼斯工业股价平均数和铁路股价平均数的互证来分析和预测股票价格走势，把股价运动趋势区分为相互密切联系的三种，即主要趋势、次要趋势和短期趋势。主要趋势也称为长期趋势，反映股价的大势波动；次级趋势又称为中期趋势，是主要趋势过程中的调整；短期趋势被视为日常波动，是次级趋势的调整，波动随机性比较强。短期趋势对次要趋势起整固作用，不影响次要趋势的方向，是中期趋势和长期趋势形成的基础。

趋势的具体案例如图 9-35 所示。

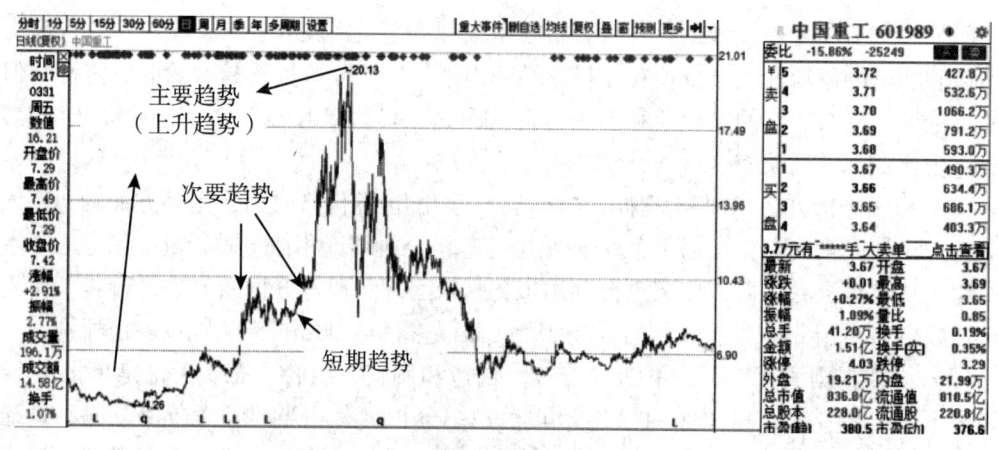

图 9-35 中国重工上升趋势与下降趋势

（二）支撑线与阻力线

支撑线又称抵抗线，是每一个谷底的横向切线。支撑线起到阻止股价继续下跌的作用。当股价下跌到某个价位附近，多方力量开始增强，股价停止下跌，甚至反弹回升，这个价位为支撑线所在位置的股价，称为支撑价。

压力线又称阻力线，是每一个峰顶的横向切线。压力线对股价上涨起压制作用。当股价上涨到某个价位附近，股价停止上涨，甚至下跌，这个价位就是压力线所在位置的股价，称为压力价或阻力价。

1. 支撑线与阻力线的作用

一方面，支撑线和压力线起到阻止或暂时阻止股价朝一个方向继续运动的作用。支撑线起阻止价格继续下跌的作用；压力线起阻止价格继续上升的作用。由于股价的变动有趋势，要维持这种趋势，就必须突破阻止其继续向前的阻力。在上升行情中，买方必须突破上升阻力，创出新的高点，维持上升趋势；在下降行情中，卖方力量不断突破支撑价位，创新低，维持下跌的趋势。支撑线和阻力线在维持原有趋势情况下的支撑和压力作用是暂时的（见图9-36）。

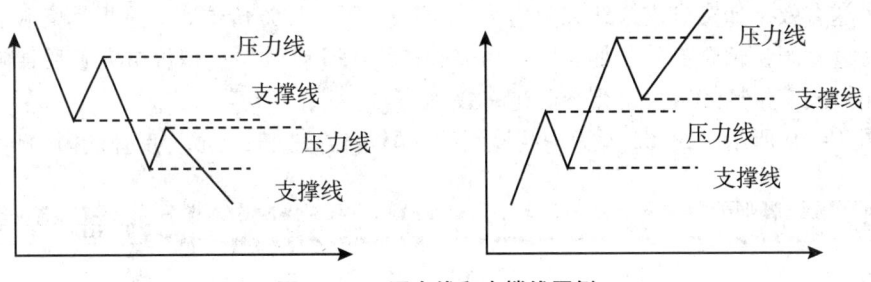

图9-36　压力线和支撑线图例

另一方面，支撑线和压力线是趋势结束的信号。在上升趋势中，如果股价未创新高，即未突破压力线股价即掉头向下并突破前一个谷底即支撑线的位置，这是一个向上趋势反转的强烈信号；相反，在下降趋势中，如果股价未创新低，即未突破支撑线即反弹，并进一步突破前一个峰顶即压力线的位置，这是下降趋势结束股价反转的强烈信号（见图9-37）。

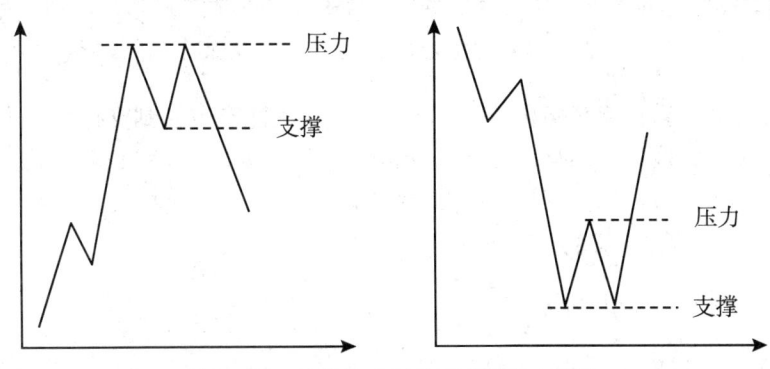

图9-37　趋势结束时的压力线和支撑线

2. 支撑线与阻力线的转化

支撑线和阻力线的理论依据是从投资者的心理倾向来考虑的。投资者会自觉不自觉地将当前的股价与过去曾出现的价格比较。当股价跌到过去的最低价位区域时，买方会增加大量买盘使股价站稳，形成支撑线；反之，当股价上升到过去的最高价区位时，卖方会增加大量卖盘，形成抛压，从而形成阻力线。但是当支撑线或阻力线被突破后，投资者的买卖决策会出现转变。即阻力线被有效突破后，成为买进信号，阻力线转换为支撑线。相反，支撑线被跌破后，成为卖出信号，支撑线则转换为阻力线。可见，支撑线和阻力线是相对的，它们之间是可以相互转化的，如图9-38所示。

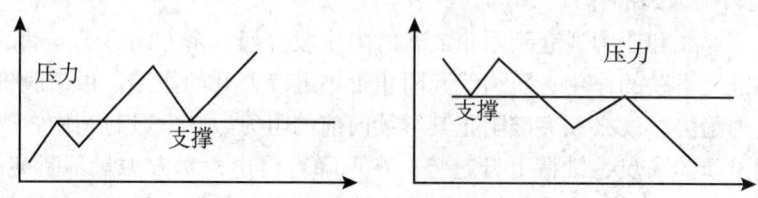

图9-38 支撑线和阻力线的相互转化

转化的关键是看股价是否有效突破。通常，一是根据收盘价突破支撑线或压力线的距离，越远越有效，如突破支撑线或阻力线的3%、5%、10%价位。二是根据突破后的交易时间，持续时间越长越有效。如有人认为突破持续3日有效。三是价格突破后伴随的成交量的变化。成交量持续放大，则突破越有效。

如图9-39所示，23.62元为华测检测的支撑价位，同时又成为反弹的阻力价位。

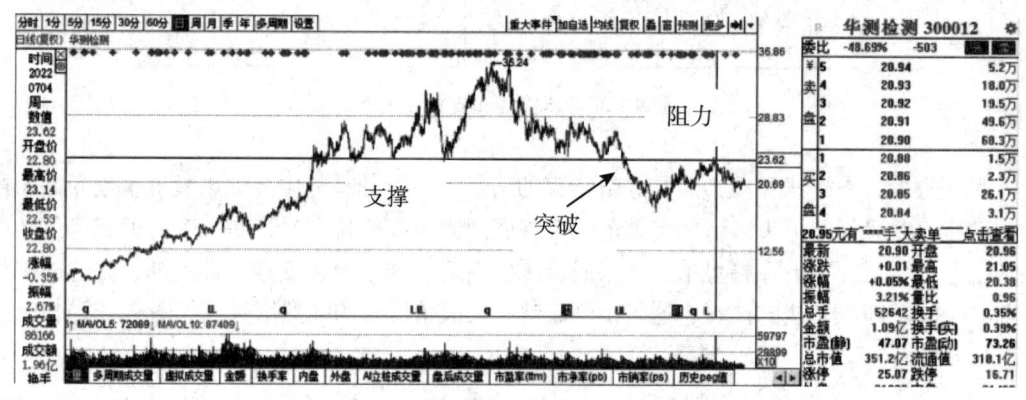

图9-39 支撑线与阻力线相互转化案例

由于股价变动频繁，原来确认的支撑线和压力线不能有效起到支撑和压力作用时，就需要对支撑线和压力线进行调整。对支撑线和压力线的修正过程就是对现有支撑线和压力线的确认过程。每个投资者对支撑线和压力线的认知程度不同，因此，对两者的修正也就因人而异。

（三）趋势线与轨道线

1. 趋势线

趋势线被用来确认价格波动的趋势，可以明确地预测价格变化的走向，并依其脉络寻找出恰当的买点和卖点。技术分析中,趋势线是通过两个高峰或低谷而连成的直线,在股票价格运动中起支撑或阻力的作用。

(1) 趋势线的种类。

趋势线可以分为上升趋势线、下降趋势线及横向整理趋势线。

上升趋势线是股价上升运动中,两个依次提高的低点连线,并向前延伸形成一条上升趋势的直线。上升趋势线具有支撑作用。

下降趋势线是股价下降运动中,两个依次降低的高点连线,并向前延伸形成一条下降趋势的直线。下降趋势线具有阻力作用。

横向整理趋势线是两个股价低点位置相当的连线及延长线。股价在一定时期内沿着延长线反复水平波动,呈现整理的态势。

上升趋势线和下降趋势线图例如图 9-40 所示。

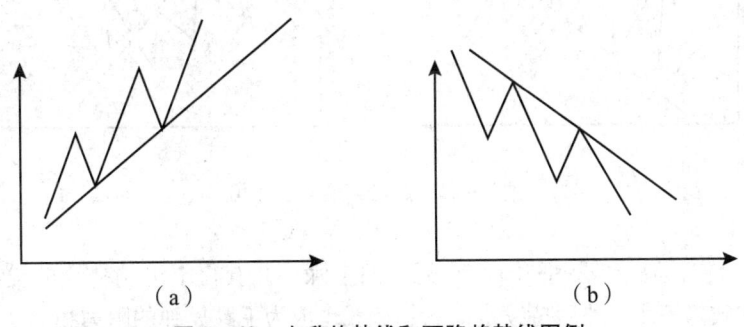

图 9-40　上升趋势线和下降趋势线图例

(2) 趋势线的确认。

一是必须确实有趋势存在。即在上升的趋势中,必须确认出两个依次上升的低点;在下降的趋势中,必须确认出两个依次下降的高点。

二是必须经第三点的确认。即在上升的趋势中,所画出的直线被另外的低点所触及;在下降的趋势中,所画出的直线被另外的高点所触及。如图 9-41 (a) 所示,AB 两个低点画出的直线并非有效的趋势线,未能得到第三低点 C 点的确认。图 9-41 (b) 中的第三个低点 C 点触及 AB 低点的连线,确认了上升趋势线的存在。直线触及的高点或低点次数越多,趋势的有效性越能得到确认。直线延长的时间越长,可靠性越强。

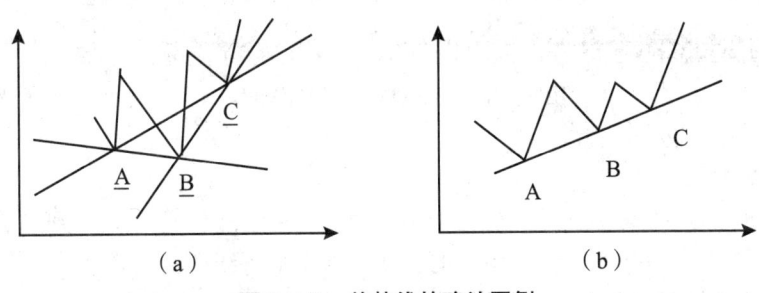

图 9-41　趋势线的确认图例

三是及时对趋势线做出调整。当价格上升或下降的速度加快或放慢时，趋势线应随之做出调整，以使趋势线尽可能适应价格的变化。

（3）趋势线的作用。

一是对未来股价变动起约束作用，使价格始终保持在这条趋势线的上方或下方，即起支撑和压力作用。

二是当趋势线被突破后，说明价格下一步的运动方向将是反方向的，即发生反转。被突破后的趋势线原来所起的支撑和压力作用，现在将相互变换角色，即原来是支撑线的，现在起压力作用［见图9-42（a）］，原来是压力线的，现在起支撑作用［见图9-42（b）］。

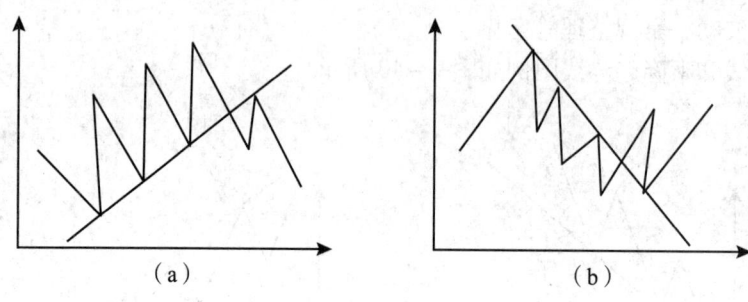

图9-42　趋势线的转换作用

2020年6月初，海康威视股价由26元一路上涨，并获得上涨趋势线的支撑，2021年8月13日股价跌破趋势线，此后持续走低。趋势线也成为下跌反弹的阻力线（见图9-43）。

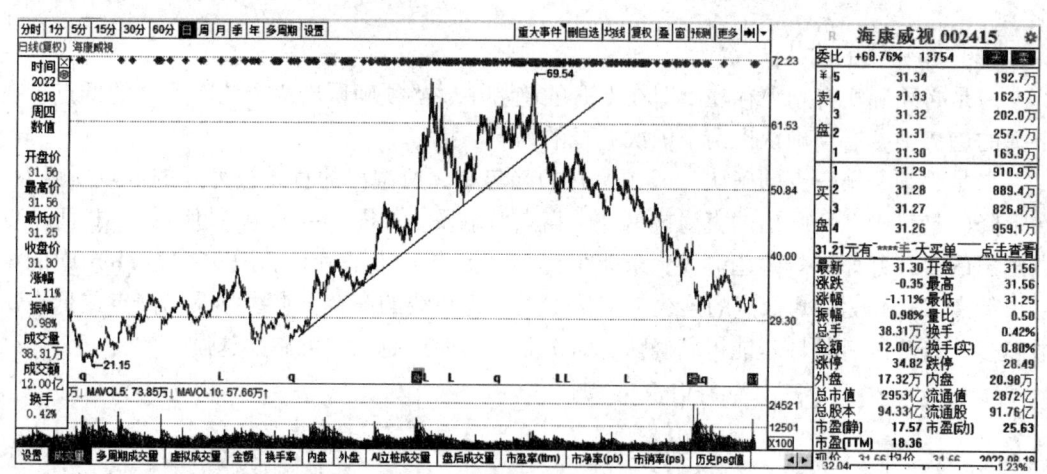

图9-43　海康威视上升趋势线案例

2. 轨道线

轨道线又称通道线或管道线，是基于趋势线的一种切线，它是在得到趋势线后，通过第一个峰或谷作出的一条平行于趋势线的直线，这条平行线即为轨道线。

轨道线分为上升轨道线和下降轨道线，分别发挥阻力与支撑作用。上升轨道线是在股价上升行情中，除在股价波动低点画一条上升趋势线外，同时在股价波动的高点画一条平行直线，形成上升通道线［见图9-44（a）］。下降轨道线是在股价下降行情中，除在沿股价峰顶画一条下降趋势线外，同时在股价低点画一条直线，形成下降通道线［见图9-44（b）］。股价沿着上升或下降的通道上下波动，上轨道线对股价起压制作用，下轨道线对股价起支撑作用。价格突破上轨道线或下轨道线，意味着行情将会出现大的变化。

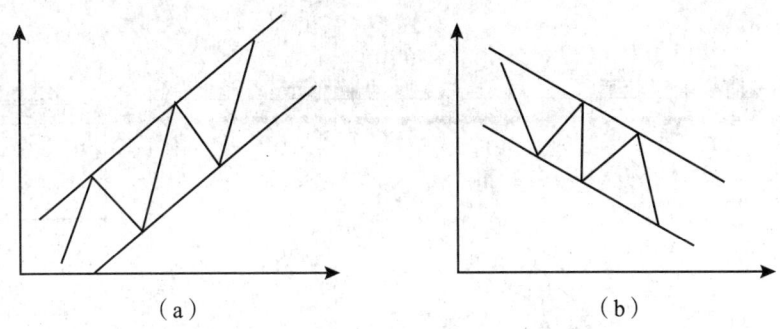

图9-44　上升轨道线和下降轨道线图例

轨道线具有强化价格的作用。轨道线与趋势线刚好相反。轨道线突破后，趋势不发生逆转，而是进一步得到强化。如图9-45（a）所示，在上升行情中，股价突破上轨道线是股价加速上涨的表现，并获得上轨道线的强有力支撑；相反，在下降行情中，股价突破下轨道线则是股价进一步下跌得到强化。下轨道线成为股价反弹的阻力线。

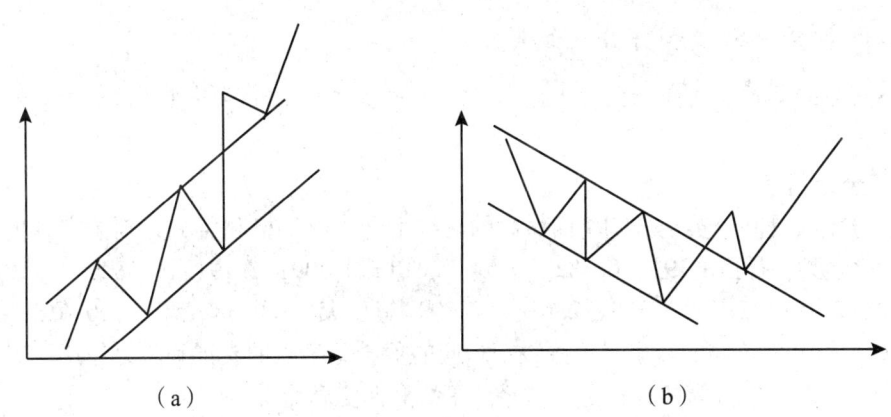

图9-45　上升轨道线和下降轨道线价格突破与反转图例

轨道线的另一作用是趋势逆转的警报，即价格运动中未触及轨道线且距离较远时，可能是趋势将要逆转的前兆。如在上升轨道中，股价多次未触及上轨道线或远离轨道线，进而突破下轨道线，并在反弹中被下轨道线抑制，则上升行情反转形成；在下降行情中，股价突破上轨道线并获得上轨道线的支撑，则下降行情反转形成，如图9-45（b）所示。

轨道线是趋势线的延伸，先有趋势线后有轨道线，趋势线比轨道线更为重要。趋势线可以独立存在，轨道线不能。

根据轨道线的功能，投资者可以从以下方面利用轨道线：一是参与市场短线炒作。股价在上升通道运行时，价格触及趋势线，是投资者买入建仓的时机，股价触及上轨道线则是卖出的时机。二是发现市场价格变化的走势,判断价格是强化还是反转,预测价格的变化方向。三是可以帮助投资者预测价格波动区间,测算股价目标。

海康威视自 2020 年 6 月初股价沿通道线一路上涨,2021 年 1 月 5 日股价突破上轨道线,股价上涨得到进一步强化,回调获得下轨道线支撑,此后沿轨道线上下波动,7 月 26 日股价创新高,在上轨道线受阻后回调,于 7 月 28 日跌破趋势线(下轨道线),并一路走低(见图 9-46)。

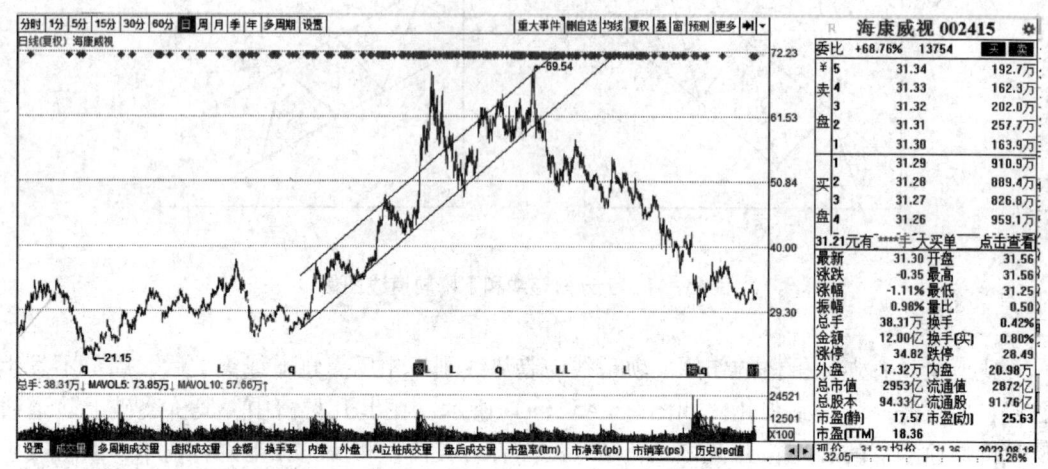

图 9-46　海康威视上升轨道线价格突破反转案例

(四) 黄金分割线和百分比线

黄金分割线和百分比线在实践中运用广泛,两者可以为投资者提供几个重要的支撑价位和阻力价位。

1. 黄金分割线

黄金分割线是基于黄金分割率而做出的切线组合,由价格和黄金分割数字画出。黄金分割的一组数字有:0.191、0.382、0.5、0.618、0.809;1.191、1.382、1.5、1.618、1.809;2、2.191、2.382、2.5、2.618、2.809 等。其中 0.382,0.5、0.618、1.382,1.5、1.618 是最为重要的数字。这些数字相应的黄金分割线的支撑和阻力作用最突出。

黄金分割线可以分为两种:单点黄金分割线和两点黄金分割线。

(1) 单点黄金分割线。

绘制单点黄金分割线,需要找到一段行情的最低点或最高点。

在上涨行情中,股价从最低点上涨,在某价位遇阻回落。运用黄金分割线寻找阻力位的方法是,选择起涨点,分别乘以 1 以上的数字,画出起阻力作用的黄金分割线,相应的价位即为阻力位。例如:

某股票本轮上涨的起涨价格为 10 元,则以下价格将可能成为未来股价上涨的压力位。

13.82 = 10 × 1.382

16.18 = 10 × 1.618

21.91 = 10 × 2.191

……

下跌行情，股价从高点下跌，投资者希望获得股价的支撑位，那么需要选择起跌点，分别乘以 1 以下的数字，画出起支撑作用的黄金分割线。若股票本轮高点为 10 元，则未来以下这些价位有可能成为股价下跌的支撑位。

$8.09 = 10 \times 0.809$

$6.18 = 10 \times 0.618$

……

单点黄金分割线主要适用于长时间上升或下降的行情，即股价"涨疯了"或"跌惨了"的情况。价格单方向波动早期支撑位和阻力位的寻找则可以使用两点黄金分割线。

（2）两点黄金分割线。

两点黄金分割线运用于持续一段时间上涨后行情反转下降，投资者寻找支撑位或持续一段时间下跌后行情反转上升，投资者寻找上涨阻力位的情况。两点黄金分割线需要确认持续一段时间上涨或下跌的最低价和最高价，而后计算两者的差，分别乘上黄金分割点的几个特定的点位，以获得支撑位或阻力位。

以行情上涨后反转下跌投资者寻找下跌支撑位为例：

假设某股票前期持续一段时间上涨，区间为 10~30 元，那么反转下跌的支撑位可能为：

$26.18 = 30 - (30 - 10) \times 0.191$

$22.36 = 30 - (30 - 10) \times 0.382$

$17.64 = 30 - (30 - 10) \times 0.5$

……

同理，在下跌行情结束后产生反弹，反弹的高度也同样可以使用两点黄金分割线法寻找。

上证指数由 3 708.94 点下跌到 2 863.65 点而后反转上涨，运用两点黄金分割线可以看出，在下跌期间，指数下跌到 3 389.95 点（38.2%）、3 025.28 点（80.9%）、3 188.40 点（61.8%）是重要的支撑点。反弹之后，3 386.95 点、3 289.17 点成为重要的阻力点位（见图 9-47）。

图 9-47 两点黄金分割线案例

2. 百分比线

百分比线是基于人们的心理因素而作出，通过一些整数的分界点，为投资提供几条支撑线和压力线。

当股价持续上升到一定价位遇阻回落或股价持续下降到一定价位反弹，那么回落后的支撑位及反弹后的阻力位成为投资者关注的分界点。百分比线与两点黄金分割线相似，是根据一个波段的起点、终点和百分比数字画出。百分比线的数字基础为 1/8、2/8、3/8、4/8、5/8、6/8、7/8、1/3、2/3、1，共 10 个数字。这些数字中，以 1/2、1/3、2/3 三条线最为重要，它们代表了股价回落的三个不同阶段。如果没有回落到 1/3 以下，投资者会认为回落幅度不大；回落到 2/3，则认为跌幅较大，将接近尾声，到了反弹或底部整理的阶段；1/2 则是介于两者间的过渡阶段。

百分比线支撑位和阻力位的计算与两点黄金分割线法相同。

同样，以行情上涨后反转下跌，投资者寻找下跌支撑位为例：

假设某股票前期持续一段时间上涨，区间为 10 ~ 30 元，那么反转下跌的支撑位可能为：

27.5 = 30 − (30 − 10) × 1/8

25 = 30 − (30 − 10) × 2/8

22.5 = 30 − (30 − 10) × 3/8

……

上证指数由 3 708.94 点下跌到 2 863.65 点后反转上涨，画百分比线可以看出，在下跌期间，指数下跌到 3 387.21 点（40%）是重要的支撑点。反弹之后，3 387.21 点成为重要的阻力点位（见图 9 – 48）。

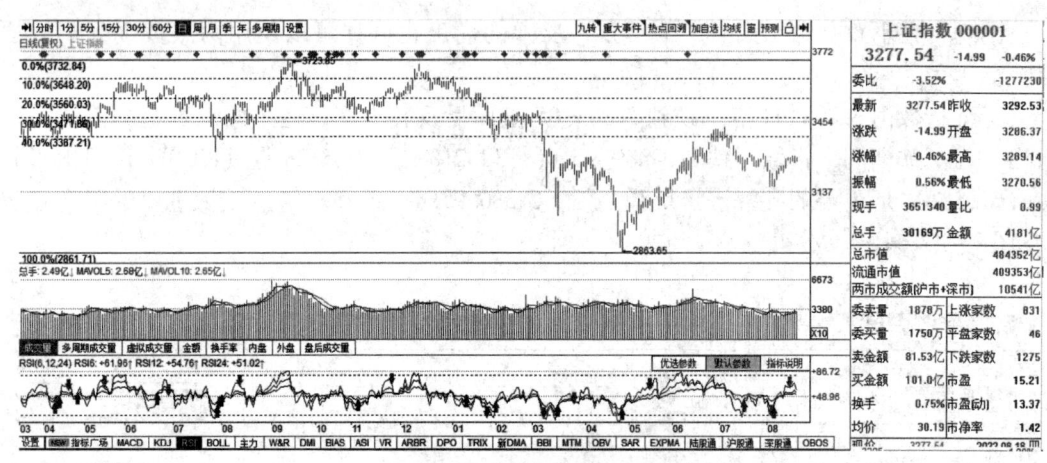

图 9 – 48　百分比线案例

第三节　形态分析

形态分析是根据股票价格过去一段时间移动的轨迹形态，分析多空双方力量的变化，从而预测价格未来变动趋势指导投资行动的一种方法。

价格移动的方向是由多空双方力量对比决定的。股价移动一般是朝具有优势的一方运动。随着多空双方力量对比的交替变化，一般而言，价格在多空双方均衡的位置上来回波动。当原有的平衡被打破后,价格将寻找新的平衡。因此,价格运动的基本特点体现为:平衡→打破平衡→新的平衡→再打破平衡→再寻找新的平衡,其运动过程主要是保持平衡的整理过程和打破平衡的突破过程,在形态上主要表现为反转形态和整理形态两大类型。

一、反转形态

反转形态主要描述股价趋势发生重要转折的形态。比较典型的反转形态主要有双重形态、头肩形态、圆弧形态、菱形形态、V形反转形态等。有时有些整理形态也会演化为反转形态。

(一) 双重顶与双重底形态

双重顶和双重底形态也称为"M"顶和"W"底形态,是实际中常见的形态。

1. 双重顶形态

双重顶形态是一种反转下跌形态,量价变化轨迹皆呈现"M"形态。如图9-49所示,上升趋势中,量价配合创新高后回档,形成第一峰A;之后股价在遇趋势线支撑后反弹,成交量萎缩,在前高峰附近第二次下跌,形成第二峰C。当股价有效突破上升趋势线D点,D点即为第一卖点。当价格有效突破穿过两峰间低谷的水平线(颈线)时"M"形态确立,突破E点的股价位成为第二卖点,此后股价将继续下跌,其跌幅为最高峰顶与颈线间的垂直深度。若股价有回抽时,则颈线成为反弹价格的阻力线,F点成为第三卖点。

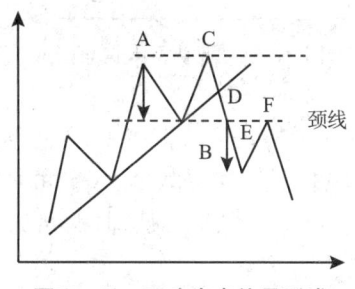

图9-49 双头卖出信号形成

双重顶反转形态一旦得到确认,投资者能够对将来下跌的幅度进行测算,即从颈线开始跌幅至少为从顶点到颈线的垂直距离。

总结来说,双重顶形态具有以下特征:一是双重顶的两个峰顶高度不一定相同,两者相差达到3%都不影响形态的分析;二是股价向下突破颈线,不一定有大成交量伴随,但日后继续下跌时,成交量将放大;三是双重顶确定,股价突破颈线,此后跌幅扩大,跌幅为顶峰到颈线的垂直距离。

同花顺2021年12月23日价格创新高,达到149.86元,而后回调,于2022年1月5日形成二次顶峰,此后股价跌破颈线,2022年1月19~20日反弹,遇颈线受阻,价格下跌,双重顶形成,此后股价持续下跌。股价突破趋势线时,为第一卖点,突破颈线为第二卖点,反弹至颈线为第三卖点(见图9-50)。

图 9-50 双重顶案例

2. 双重底

双重底形成过程及含义与双重顶正好相反,须注意颈线突破时必须有较大成交量配合,否则可能为无效突破(见图 9-51)。

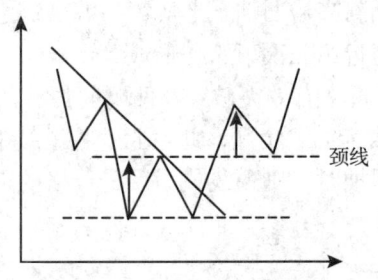

图 9-51 双头买入信号形成

国投资本在股价突破 6.30 元后持续下跌,在 4.97 元创新低而后反弹,形成第一个谷底,反弹后颈线处 6.30 元价位受阻,再次下跌至 5.13 元形成第二个谷底而后反弹,股价突破颈线一路上涨,W 底形成。此后,股价即使回调,也在 6.30 元获得支撑,并持续上升(见图 9-52)。

图 9-52 国投资本双重底案例

在实际中,双重顶(底)的双峰顶(双谷底)有时可以变形为三重顶(底)或多重顶(底)。在颈线与峰顶(谷底)间形成一个平行通道,股价在此区间上下波动,之后突破颈线,形成三重顶(底)或多重顶(底)形态。

(二) 头肩顶与头肩底

1. 头肩顶

头肩顶属于反转下跌形态,量价皆呈现"头肩"形态。在上升趋势中,由于获利回吐压力,股价涨幅放缓。获利了结成交量放大,价格小幅回调,形成第一峰,为头肩形左肩,如图9-53中的A点。股价回调,遇趋势线支撑反弹,成交量放大,价格创新高。由于担心股价过高,投资者抛售股票,股价第二次下跌,形成第二峰C,为头肩形的头部。价格持续下跌,并有效突破上升趋势线,此时为股票的第一卖点。股价下跌至前一谷底附近遇支撑反弹,成交量萎缩,在第一峰高点附近第三次下跌,形成第三峰,为头肩形右肩,峰顶E点成为第二卖点。当价格第三次下跌并有效突破穿过两谷底的直线即颈线时,头肩形态形成,反转行情得以确认,此价位为第三卖点。股价下跌深度为最高峰与颈线的垂直距离。若股价有回抽,颈线即为回抽反弹的阻力线,回抽峰顶为第四卖点。

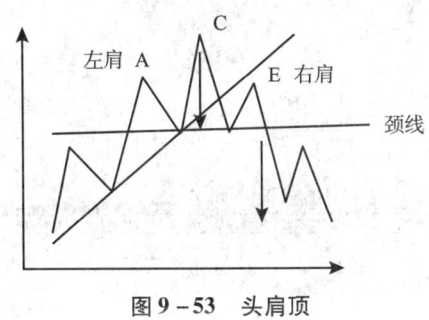

图9-53 头肩顶

头肩顶确认的几个特征:

(1)颈线被突破后的反扑现象。当颈线被突破后,一般情况下会形成反扑,反扑规模和力度视成交量而定。当股价突破颈线后,成交量急剧放大,市场抛压大,反扑不一定形成或力度非常有限;如果成交量较小,则反扑的机会增加,但反扑价位低于颈线位置。头肩形确认,股价反转不可避免。

(2)反转在时空上的验证。一般情况下,从时间来看,形成头肩形的反转确认,股价需要连续3天位于颈线之下;从空间来看,股价下跌至颈线之下3%~5%,突破才有效。当右肩形成,股价却在颈线处得到强有力的支持,甚至反转上涨创新高,此时头肩形并未能真正形成。

(3)成交量在反转形成中扮演重要角色。在股价创新高头部形成过程中,交易量较肩部成交量减少,说明多方上攻动能不足,高位追涨的意愿不足。在价格运行至右肩时,成交量进一步萎缩,表明多头能量衰减,是价格反转的信号。当价格突破颈线伴随着成交量的放大,说明市场抛压严重,空方力量进一步增强。反扑过程中成交量进一步萎缩,多方无心恋战,反扑失败价格遇阻伴随成交量放大而迅速下跌,头肩形成得以确认。

(4)股价深度突破颈线。股价突破颈线的幅度可以通过头部与颈线的高度测算,即股价突破颈线获得支撑，至少是下跌到相同深度才有可能获得有效支撑，它之前的支持是不足取的。这一跌幅测算只是最低跌幅，价格突破颈线后因市场情况而定，有可能是最低跌幅的若干倍。

诚益通在 2020 年 7 月 1 日至 2020 年 11 月期间，股价持续上升，在 2020 年 10 月 13 日高位回调，在 9.92 元获得支撑反弹，再度创新高至 13.87 元后回调，再次在 9.92 附近得到支撑反弹至 12.68 元回调，形成了左肩、头部和右肩，后持续下跌突破趋势线和 9.92 元的颈线位，形成头肩顶形态，意味着股价持续下跌的趋势形成（见图 9-54）。

图 9-54　诚益通头肩顶案例

2. 头肩底

头肩底是一种常见的底部形态，预示着市场阶段性止跌，并有望形成新一轮的反弹走高行情。头肩底的形成过程及含义与头肩顶正好相反，须注意股价向上突破颈线时必须有较大的成交量的配合。若没有较大的成交量出现，可靠性将大大降低，甚至出现假头肩底形态（见图 9-55）。

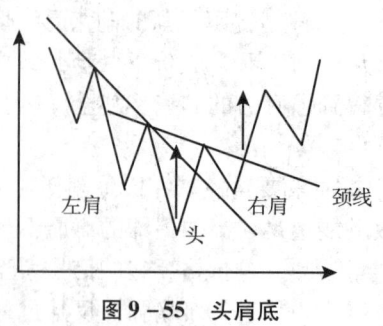

图 9-55　头肩底

悦安新材在 2021 年 12 月股价持续下跌，于 36 元、28.28 元、34.4 元附近形成三个谷底,形成左肩、头、右肩的头肩底形态,在突破颈线位 39.67 元后,上涨回调获得颈线的支撑,此后持续走高(见图 9-56)。

图 9-56　悦安新材头肩底案例

(三) 圆弧顶与圆弧底

圆弧形又称为碟形或碗形,是一种比较温和的反转形态。圆弧形包括圆弧底形态和圆弧顶形态。

1. 圆弧底

"圆弧底"是 K 线呈圆弧形的底部形态,常出现于交投清淡的个股中,耗时几个月甚至更久,具有相当大的能量,常常会形成中长期底部。圆弧底形态具有以下几方面的特征:

(1) 股价处于低价区,耗时较长。股价在持续一段时间大幅下跌后,卖压不断释放,下跌趋于平缓,呈弧形下跌,而后买盘逐渐增加,K 线逐步上升,逐渐形成圆弧的形态。这一过程持续的时间较长。

(2) 股价变动简单且连续,先是缓缓下滑,而后缓缓上升,K 线连线呈圆弧形。

(3) 成交量先是逐步减少,伴随股价回升而逐步增加,呈圆弧形。

(4) 圆弧形成末期,股价迅速上扬形成突破,成交量也显著放大,股价涨升迅猛,往往很少回档整理。

(5) 在形态形成的结束位置会出现一个平台,随后平台被突破。

圆弧形形态往往出现于股价下跌至底部,持有足够资金的主力逐步分批建仓,使股价来回拉锯,形成圆弧状。股价上升接近圆弧边缘时,主力用少量资金就将股价提拉到一个很高的高度。此时股票向主力集中,别人无法打压股价(见图 9-57、图 9-58)。

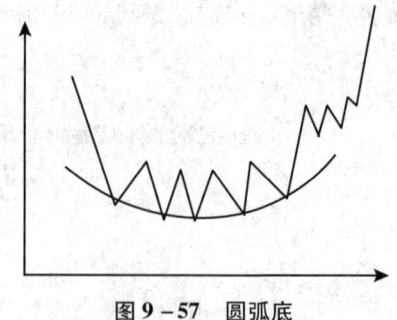

图 9-57 圆弧底

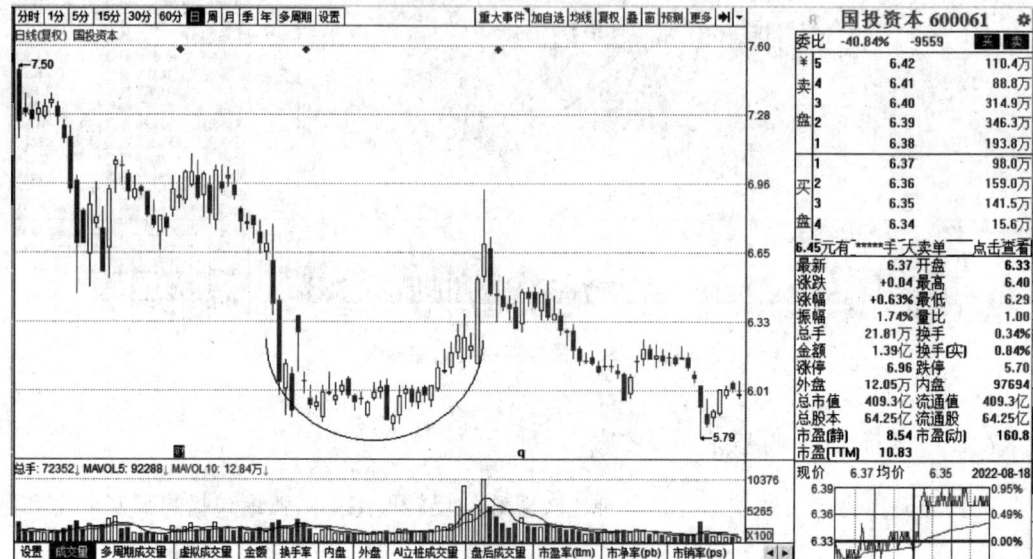

图 9-58 国投资本圆弧底案例

2. 圆弧顶

"圆弧顶"与"圆弧底"相反,出现在高价区,是股价下跌的开始。

圆弧顶形成于股价持续一段时间大幅上升的顶部。此时投资者尤其是机构投资者为巩固前期获得的收益,为防止股价过快下跌,采取逐步抛售股票的策略,在高位慢慢派发,使股价来回拉锯,直至手里的股票抛售完毕。末期股价缓慢下跌到一定程度,出现持股者恐慌性抛售,形成跳空缺口或大阴线,股价快速大幅下跌(见图 9-59、图 9-60)。

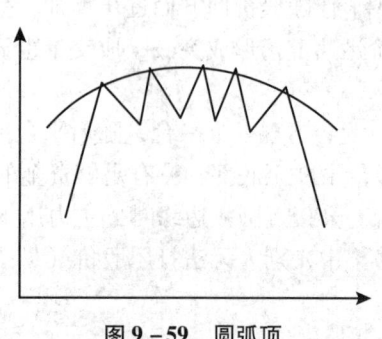

图 9-59 圆弧顶

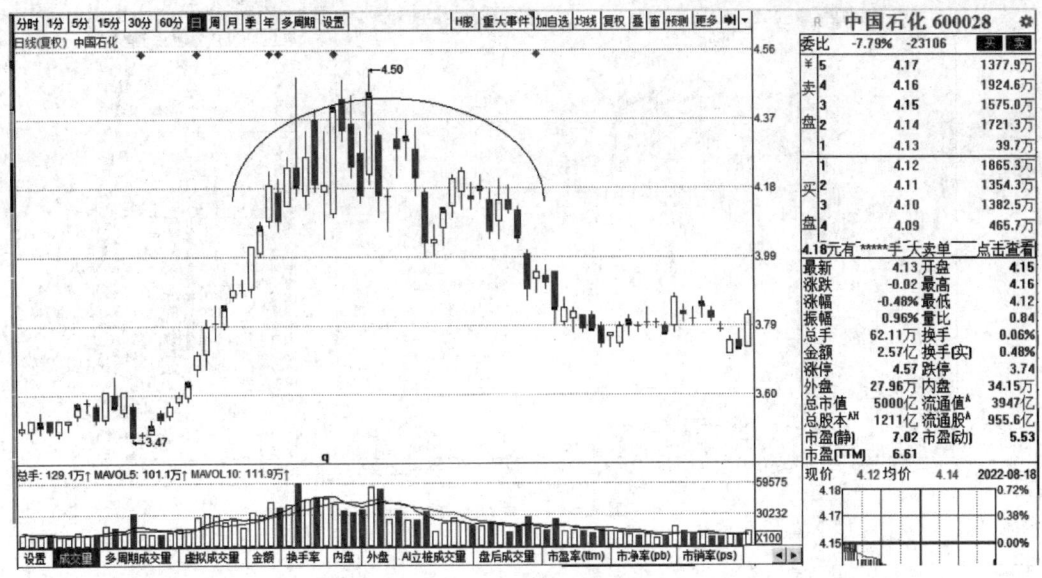

图 9-60 圆弧顶案例

（四）菱形

菱形也称钻石形，其前半部分是喇叭形，后半部分呈三角形，形成顶部看跌反转形态。股价在持续一段时间上涨后，在顶部形成震荡的格局。在走势上，股价波动逐步放大，而后逐渐收窄，形成前半部分宽幅震荡，后半部分窄幅波动，直至向下突破的菱形形态。

菱形绝大部分为顶部反转形态，很少出现在底部，但有时也可能在下降过程中出现，形态完成后继续下跌。菱形的出现多半是下跌的开始，应该果断卖出股票。

菱形成交量一般也呈现先大后小，在菱形的前半部分成交量逐渐放大，而后逐渐缩小。在技术分析中，形态理论的菱形不是严格几何意义的菱形。菱形上面的两条趋势线和下面两条趋势线分别由各有趋势的两点连线，因此，上面两条趋势线的交点和下面两条趋势线的交点并非正好是最高点和最低点。因此在形态分析中不要机械地寻找几何意义的菱形（见图 9-61、图 9-62）。

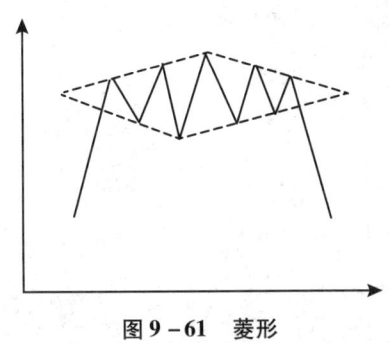

图 9-61 菱形

图 9-62 菱形案例

（五）V 形反转

V 形反转是一种常见又难把握的反转形态。V 形反转分为 V 形顶或 V 形底。

V 形顶（底）是在股价上升（或下降）后期，成交量放出巨量，股价迅速下降（或拉升），形成一个 V 形顶（或底）。

V 形一般形成的时间非常短，走势猛烈，一旦转折则势不可当，在操作时应该谨慎对待。V 形走势在转折时必须有明显的成交量的放大，成交量越大，转折越剧烈。V 形反转大都有跳空缺口存在（见图 9-63 ~ 图 9-65）。

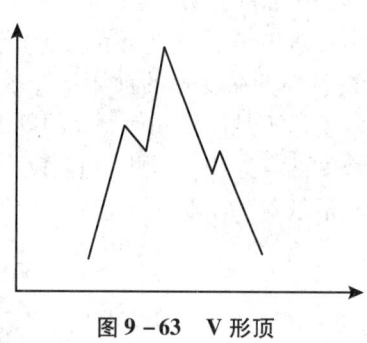

图 9-63 V 形顶

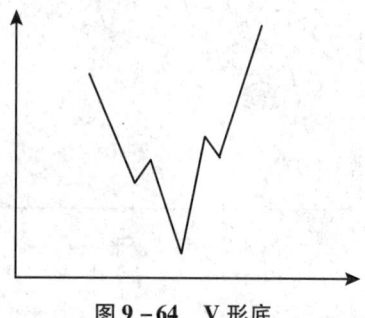

图 9-64 V 形底

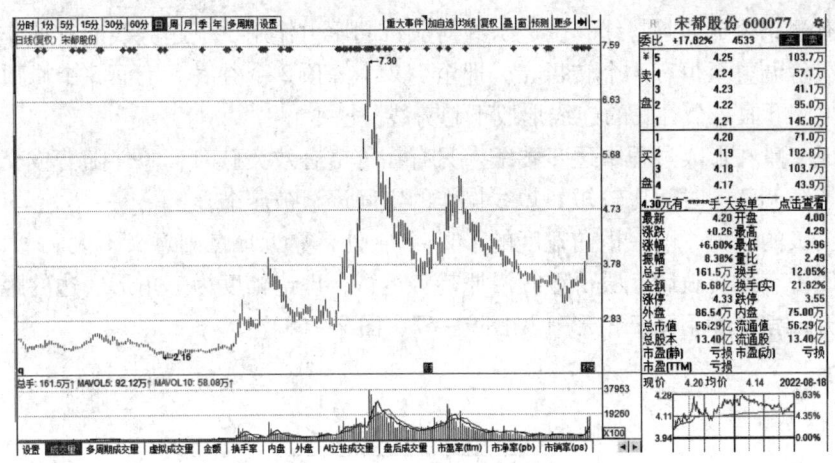

图 9-65　宋都股份 V 形案例

二、整理形态

持续整理形态是不改变运动的基本走势，股价在一定区域内窄幅波动，进行必要的调整，调整完成后，继续沿着原来的趋势运动。持续整理形态通常时间较为短暂。持续整理形态常见的有三角形、矩形、旗形等。

（一）三角形

三角形主要分为对称三角形、上升三角形、下降三角形。

1. 对称三角形（见图 9-66）

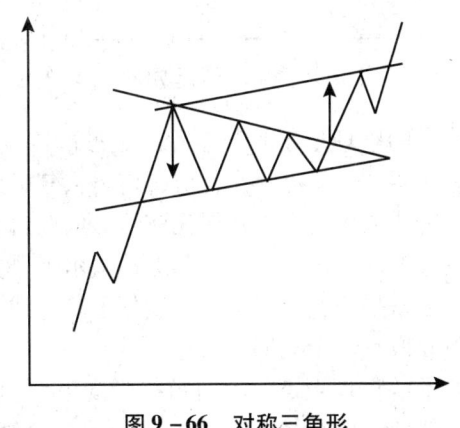

图 9-66　对称三角形

就对称三角形态而言，股价进入调整阶段后，波动幅度逐渐减小。高点逐渐下降，低点逐步抬升，形成了由左向右上边界逐渐下降和下边界逐渐抬升的呈对称三角形状的持续调整状态的图形。调整过程中，成交量逐渐减少，多空双方的力量对比逐渐平衡。调整至三角形 3/4 处股价向上突破，遇阻回调的高度可以用调整的第一个峰至下边界的高度来测量。对称三角形形态呈现出以下特征：

(1) 有两条聚拢的趋势线，上趋势线对股价起压力作用，下趋势线起支撑作用。

(2) 股价调整至少有4个转折点，即至少2个峰顶2个谷底。上面2个峰顶的连线形成上趋势线，下面2个谷底的连线形成下趋势线。

(3) 成交量在形成过程中逐步萎缩。只有在价格有效突破时，才伴随着成交量放大。

(4) 持续调整的时间比较短，短线操作的空间逐渐被压缩。

(5) 突破的位置一般在横向宽度的1/2~3/4处，靠近顶点则意义不大。

(6) 股价有效突破后，股价继续沿原趋势运行，理论幅度为三角形底边的距离。

2. 上升三角形和下降三角形（见图9-67、图9-68）

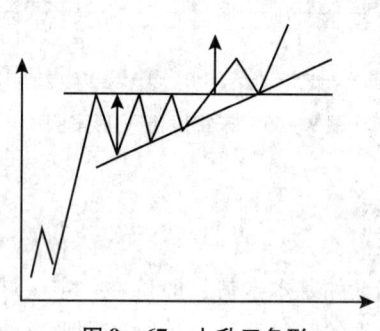

图9-67 上升三角形

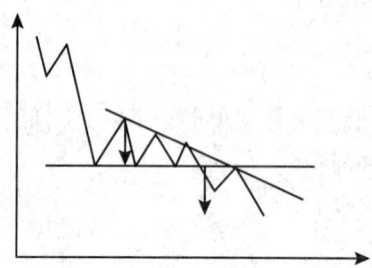

图9-68 下降三角形

上升三角形为上升趋势中的整理形态。与对称三角形的区别在于上趋势线为水平状，下趋势线为向上倾斜状，表明买方力量有一定优势，市场人气较旺，价格回落未到前期低点便买入，底部不断抬高，说明股价向上的意愿比较强。但股价在水平线上也遇到了较强的卖压，遇水平线回调。股价波动日渐缩窄，底部上抬暗示上升突破的可能性增加，一旦伴随交易量放大，股价突破上水平线并获得上水平线与上趋势线支撑，股价将沿上升趋势继续运动。股价突破顶部阻力线是一个短期的买进信号。

下降三角形为下降趋势中的整理形态。上轨道线为向下倾斜状，下趋势线为水平状，表明反弹力度逐渐减弱，一般此时成交量难以放大，股价向下的意愿比较强。一旦人气衰竭，抛压将水平线击穿，将是较强的止损离场信号。若股价未突破下水平线，伴随成交量急剧放大，行情将演变成"底部三角形"向上突破。

三角形属于整理形态，有继续原趋势的特性，但也有可能朝相反方向发展，关键是配合长期趋势判断，不要被过短的小趋势迷惑。

有效的突破除成交量配合外，还要注意3%原则，即股价向上突破3%时买入，向下跌破3%时卖出。

3. 三角形的变形

三角形变形实际中更多见的是楔形，其分析意义与三角形相似。楔形分为跌势上升楔形和涨势下降楔形。

上升楔形反弹高点连线和下跌低点连线均向右上方聚拢，股价在轨道间上下波动，总体上形成一浪高过一浪的势头，但这种在下跌趋势中的技术反弹逐渐减弱。上升楔形容易成为诱多陷阱，投资者容易被这种低点不断上移的走势迷惑。股价一旦突破支撑线后，将继续下降的趋势，是投资者离场的信号。

下降楔形是上涨高点和下降低点连线均向右下方倾斜聚拢，股价突破压力线，将继续维持上涨趋势。股价在下降压力线和支撑线上下波动，成交量逐渐减少。当股价突破压力线时，伴随成交量的明显放大（见图9-69）。

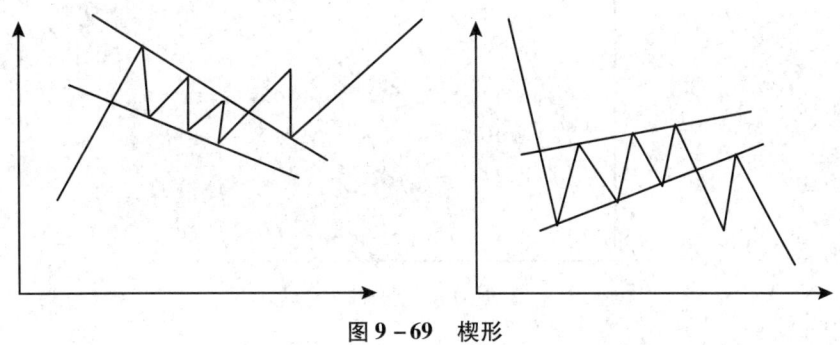

图 9-69 楔形

（二）矩形

矩形也叫箱形。有两条水平趋势线，分别起压力和支撑作用，股价在两线间作横向运动。即当股价上升到某个位置时，遭到空头的打压回落；当股价回落至某个位置时，获得多方的支撑而反弹。随着时间的推移，形成了一条压力线和一条支撑线。两条水平的直线形成了矩形。股价在矩形的箱体中上下波动，成交量在运行中逐步减少。当多方力量占据主动，股价向上有效突破后，将继续原有的上升趋势。同样，在下降趋势中，当空方采取主动，股价向下突破支撑线后，将继续保持下降趋势。股价向上突破和向下突破的幅度为两线间的距离（见图9-70）。

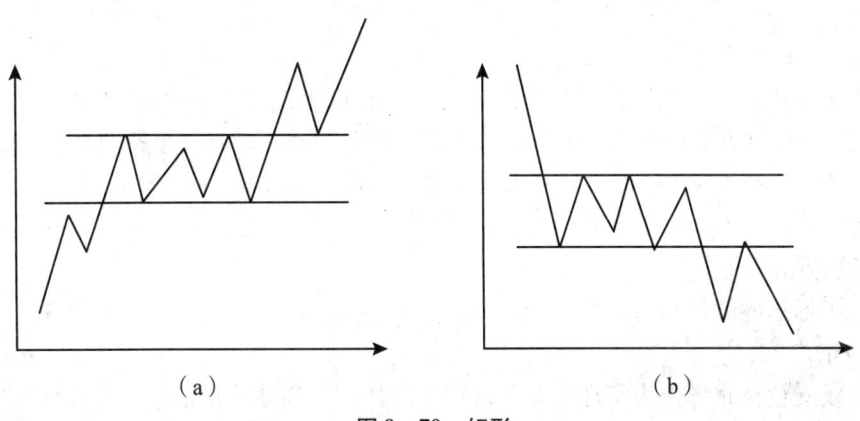

图 9-70 矩形

矩形有时会演变为反转形态,即三重顶(底)。短线操作可在下趋势线附近吸纳、上趋势线附近抛出。

(三)旗形

旗形分为上升旗形(见图9-71)和下降旗形(见图9-72),是股价在经过一段时间的上升或下降阶段后,多空双方处于拉锯状态,股价进入盘整阶段,由此形成了两条上倾或下斜的平行的趋势线,分别起支撑和压力的作用,股价在趋势线间小幅波动。股价在旗末端得以有效突破,继续维持上升趋势或下降趋势。

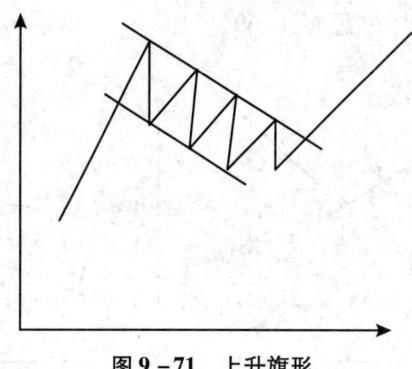

图9-71 上升旗形

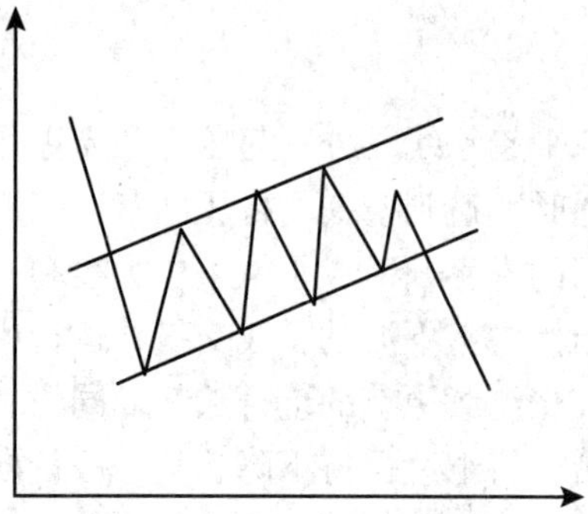

图9-72 下降旗形

旗形具有以下几方面的特征:

(1)旗形出现前,价格快速上升或下降,形成了旗形的旗杆。在上升旗形中,价格快速上升,部分投资者获利卖出,上升趋势受阻,股价回调。此后买卖双方的拉锯使得价格在两条下降的趋势线间小幅波动,从而形成旗形。在下降旗形中,价格急剧下降,部分投资者在低价接盘,买方力量增强,价格触底反弹,并反复在两条上升趋势线间小幅波动,形成下降趋势的旗形。

(2)旗形形成的持续时间短。价格应在4周内向预定的方向突破,超出3周,应注意其变化方向。

(3)成交量在旗形作为整理形态具有重要的作用。在旗形形成前和突破后的成交量都比较大,但在形成过程中,成交量将逐步萎缩。如果价格趋势形成旗形,但交易量不规则,要警惕可能出现反转而不是整理,即出现上升旗形往下突破,下降旗形往上突破的情况。

(4) 股价突破后,上升或下降的幅度理论上可以以旗杆长度衡量。旗杆的长度为形成旗形的突破点到旗杆的顶点。

图9-73案例显示,莱美药业通过对称三角形、上升旗形、楔形等形态调整,巩固了股价上升的大趋势。在下跌趋势形成的过程中,楔形的调整只是短暂缓解了股价下跌,并没有改变莱美药业股价下跌的走向。

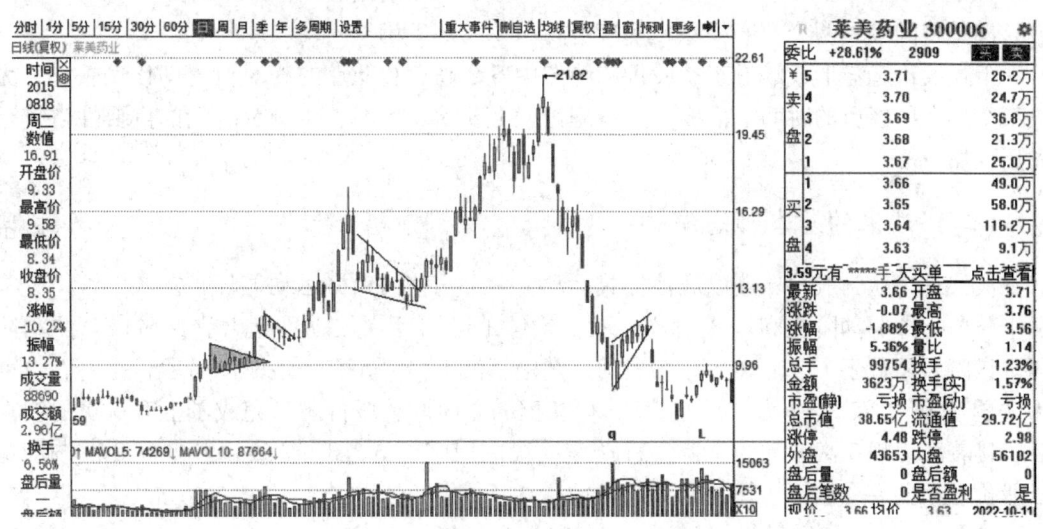

图9-73 莱美药业整理形态中的三角形、旗形、楔形案例

三、波浪形态

波浪理论是美国人拉尔夫·纳尔逊·艾略特提出的一种价格趋势分析工具,即根据周期循环的波动规律来分析和预测股市指数和价格的走势。1938年,艾略特完成著作《波浪理论》,系统地阐述了波浪理论,并在1946年出版的《大自然的规律》中进一步对该理论进行完善。波浪理论的神奇性,使它在实践中得以广泛运用,也吸引了后人对其进行更为深入的研究。

(一) 波浪理论的理论基础

波浪理论的理论基础是艾略特对周期划分、道氏理论以及斐波那契(Fibonacci)数列的综合。

艾略特波浪理论基于股价涨跌的周期性,从时间上分为长周期和短周期。在长周期中存在短周期,短周期又细分为更小的周期。每个周期无论时间长短,都以8浪结构的模式进行,这8个过程完成后周期结束,进入另一周期。新的周期依然遵循上述模式,这是艾略特波浪理论最核心的内容。

波浪理论中的大部分理论与道氏理论相吻合。波浪理论不仅研究股价波动的轨迹形态和变化趋势,还找到了股价波动发生的时间长短,即股价波动发生的时间和位置,考虑了价格与时间因素。与道氏理论要求投资者必须等到新的趋势确定以后才能行动的指导意义不同的是，波浪理论可以明确地预测股价上升或下降的幅度，处于上升或下降的中途还是结束，可以更明确地指导操作。这是波浪理论比道氏理论更为优越的地方。

波浪理论运用了斐波那契数列，如1、2、3、5、8、13、21、34、55、89、144、…，这些数字具有几方面的特征：

一是任一相邻两个数字相加等于下一个数字；

二是除了前4个数字外，任一数字与下一个数字的比例接近0.618；

三是除了前6个数字外，任一数字与前一数字的比例接近1.618；

四是将间隔的两个数字相除，都接近0.382或是2.618。

上述股价趋势形成的形态、股价趋势图中各个高点和低点的相对位置即比例关系、完成某个形态所经历的时间，构成了波浪理论三大要素。形态、比例及时间的重要性以排行先后为序。

（二）波浪的基本形态结构

波浪理论认为股价轨迹以波浪形式运动。一个完整的价格运动循环包括8个浪，分为两个阶段，即驱动阶段和调整阶段。股价连续地经历5次波动而上升，此阶段为驱动阶段。该阶段用数字1、2、3、4、5表示，其中，浪1、3、5有力地驱动着股价上升，也称为"驱动浪"，浪2、4为"调整浪"，以相反的方向调整股价。当完成了上升5次的波动后，接着会出现3次波动的下降，称调整阶段，用字母A、B、C表示。如此8次波动构成股价变动的一个循环，如图9-74所示。

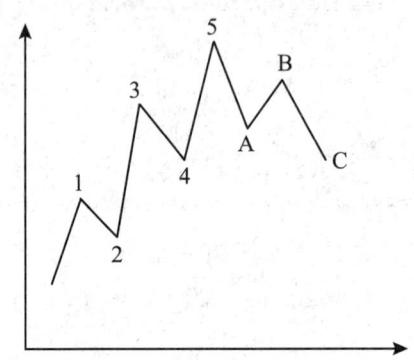

图9-74 8浪结构基本形态

一个循环结束后，接着又开始第二次上升5次波动和下降3次波动的调整。最后以上升5次波动宣告全部上升过程的结束。在最后阶段，将不会出现像前两次那样小的3次调整波，代之将出现对上升过程中全部5次上升波动进行调整的大幅3次波动。

波浪理论考虑价格形态的时间和空间跨度是不受限制的。因时间跨度不同，可以将一个大浪分成很多小浪，或将众多小浪合并成一个大浪。波浪包含的时间和空间跨度大到可以覆盖股票数十年的时间跨度，小到只涉及数小时、数分钟的价格走势。波浪可分为超级循环波、循环波、基本波、小型波、微型波等。这些循环波分别持续时间长达数周至数十年不等。所有这些循环又都是从费波纳次级数出发展开的。超级循环由1个上升浪、1个下降浪共2浪构成。其中循环波由上升5浪、下降3浪共8浪构成；基本波由上升21浪、下降13浪共34浪构成；更小的小型波由上升89浪、下降55浪共计144浪构成；微型波则由上升377浪、下降233浪共计610浪构成。大一级的循环会自动成为下一个更大级数波浪的两个细分浪。只要这个过程不停，就能构造更大级数的循环。同理，细分波浪的相反过程也是无止境的（见图9-75）。

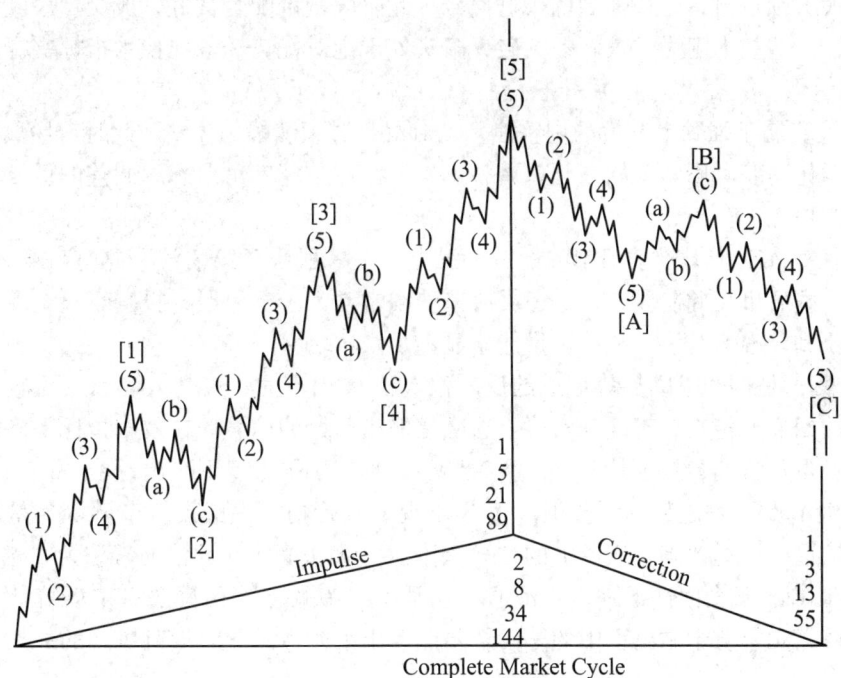

图9-75　超级波浪循环图

（三）波浪比率特征

（1）同一级循环，推动波的5个组成浪呈现4个规律：一是浪2绝不能低于（上升浪）或高于（下降浪）浪1的起点；二是在浪1、3、5中，浪3的长度不能是三者最短的一个；三是假如浪1、3、5中任何一个浪成为延长浪，其余两个浪的持续时间及幅度会趋于一致；四是上升浪中浪4的底不可低于浪1的顶。

（2）浪3通常为延长浪，是最具爆炸力及幅度最大的主浪。其上升的空间和幅度最大，时间跨度最长，幅度通常为浪1幅度的1.618或2.618倍。

（3）浪5涨势通常小于浪3，当浪5的终点低于（上升浪）或高于（下跌浪）浪3的终点时，则被视为失败浪。与第3浪相比，第5浪能量略显不足。

（4）在调整波3浪中，会出现"之字""不规则""三角形"等形态。

（四）与波浪相应的市场特征

（1）浪1是8浪循环的开始，通常是上升5浪中最短的，属于营造底部形态的1浪。通常浪1的强弱决定上升浪中延长浪幅度的大小。所以，多数投资者将浪1的大小作为入市的重要依据。

（2）浪 1 上升后，由于空头的压力还大于多头，因此，浪 2 调整回落时，其回档的幅度往往很大，有时会跌至近浪 1 的起点，持股人惜售心态比较浓，卖压较轻，成交量萎缩，波动幅度较小。此时出现再次抄底的机会。图形上往往形成头肩底或双重底形态，调整结束。

（3）浪 3 往往是最有爆炸力的延长浪，这段行情上升的持续时间及幅度往往最长，尤其在突破浪 1 顶点时，是最强烈的买进信号。此阶段量价配合良好，成交量不断放大。在上升途中，一些技术阻力位被轻易突破，多头处于绝对优势，各项技术指标支撑股价向上运行。

（4）浪 4 属于强劲上升后的调整浪，是对浪 3 过大涨幅的休整。此时市场疯狂买进的现象逐渐弱化，获利回吐开始蔓延。调整过程中往往出现三角形态。调整的低点一般不低于第 1 浪的顶点。

（5）浪 5 属于上升推动浪中的最后一浪，涨幅一般小于第 3 浪，此时市场人气高涨，大多数人看好后市。此阶段，二、三类股票涨幅常常大于蓝筹股，投资于投机股、冷门股往往可以获利。浪 5 与浪 3 相比，量能略显不足。

（6）浪 A 是推动下跌趋势形成的反转浪。浪 A 出现时，多数人心态还比较乐观，认为是涨势的回撤，持观望态度，实际上这已是熊市开始的信号。在技术指标上表现为技术指标背离、量价背离，头部特征常以头肩形、M 形、圆弧形等形态出现。

（7）浪 B 是下跌趋势的调整浪。浪 B 出现上升行情，一般投资者误认为是另一波的涨势，匆忙进入市场，陷入表象上的"多头陷阱"而被套牢。此浪通常称为"逃命浪"。

（8）浪 C 属于全面性下跌浪。浪 C 跌势强劲、跌幅大、时间长，市场特征表现为多头全面撤退，卖家急于抛出手中的筹码。要谨慎出入股市。此时规避风险的最好手段是持有现金资产。

波浪理论的运用者尤其要分清是上升浪的调整波，还是下降浪的调整波，前者会出现谷底，后者则会出现峰顶。

（五）波浪理论的缺憾

（1）波浪理论最大的缺憾是难以应用。浪的层次的确定和浪的起始点的确认是应用波浪理论的两大难点。理论上，波浪理论的 8 浪结构是一个完整的周期，但是主浪和调整浪会产生多变的形态，也会产生多层次的波浪，大浪套小浪，浪中有浪，这些都会使使用者在具体数浪时产生困难和偏差。

（2）波浪理论的第二个缺憾是面对同一个浪，不同的人会产生不同的数法，并产生不同的结果。在实践中，价格形态图多数并不是规范的 8 浪结构，数浪时具有较强的主观性。8 浪结构中的大浪、小浪可以无限制地上升下降，总会被认为目前的浪不是最后的浪。即使数对了当前的浪，也存在浪的层次性的问题，并且获得的结论随着时间的推移会发生动态变化。

（3）波浪理论只考虑了价格形态上的因素，而忽视了成交量方面的影响，这给人为制造形状提供了机会。

（4）具有明显的滞后性，更适合事后验证。与其他技术指标相似，波浪理论具有明显的滞后性。往往是事件已经过去，应用波浪理论的方法可以将 8 浪结构完美地绘制出来。

然而，在形态形成过程中对波浪的划分却比较困难。因此，波浪理论更适合事后验证，对具体的投资操作指导具有较大的局限性。

上涨指数 2014 年 11 月 20 日至 2015 年 8 月 28 日形成了一个 8 浪形态（见图 9-76）。

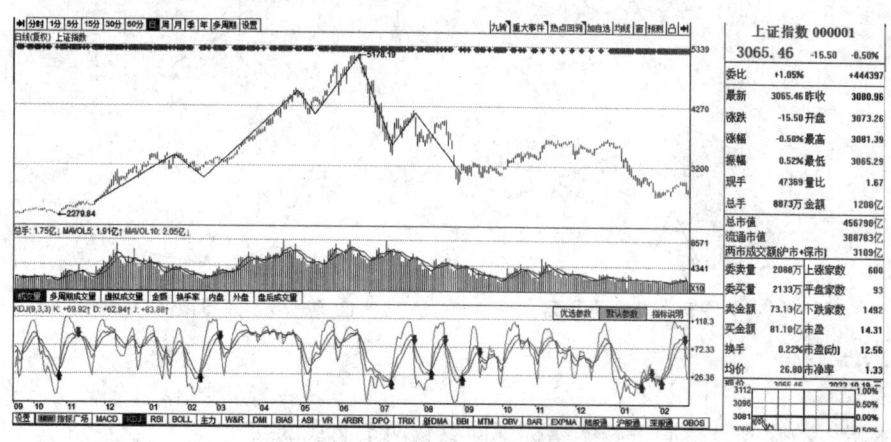

图 9-76　上证指数 8 浪形态案例

第四节　技术指标分析

一、技术指标概述

（一）技术指标的定义

技术指标法是用确定的方式对原始数据进行计算处理，获得相应的指标值，并将这些指标值绘制成图表，据此对市场的变化趋势进行研判和预测的方法。

技术指标中的原始数据包括 4 价 2 量，即开盘价、最高价、最低价、收盘价、成交量和成交金额。大多数的技术指标仅涉及这 6 个数据。原始数据的处理就是将这些数据的部分或全部进行变形、整理和加工。不同的处理方法产生不同的技术指标。

（二）技术指标的应用法则

1. 背离

技术指标背离是指技术指标曲线波动方向与价格曲线的趋势方向不一致，表明价格的波动没有获得技术指标的支持。技术指标的背离分为顶背离（见图 9-77）和底背离（见图 9-78）。顶背离表明价格创新高，但技术指标呈下降趋势；底背离则表明价格创新低，技术指标底部却在抬升。技术指标曲线波动具有超前于价格曲线波动的功能。因此，在价格曲线尚未转折之前，技术指标的转折变化则提前为投资者指明了股价未来的变化趋势。

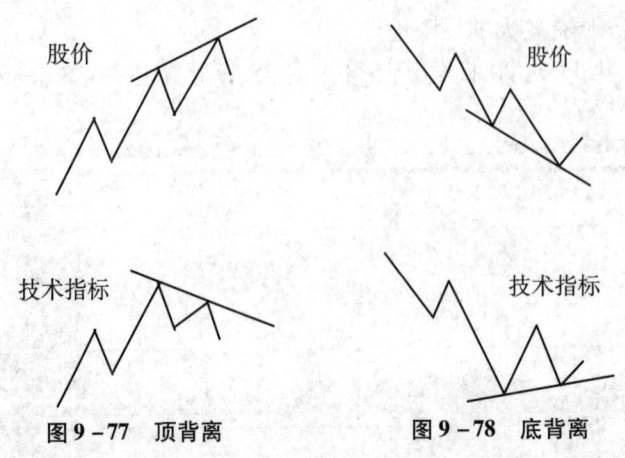

图9-77 顶背离　　　　图9-78 底背离

2. 交叉

技术指标的交叉是指同一技术指标不同参数两条曲线的交叉。

技术指标交叉有两种类型，一是技术指标曲线的交叉，如黄金交叉和死亡交叉。黄金交叉是一个参数曲线从下往上穿过另一条参数曲线，意味着股价有上升的趋势；死亡交叉则相反，是一个参数曲线从上往下穿过另一条参数曲线，表明未来股价下降的可能性增强。二是技术指标与固定水平间的交叉，如技术指标曲线与横坐标轴的交叉。横坐标轴是技术指标取值正负值的分界线。技术指标曲线与横坐标轴的交叉反映了技术指标正负值转变的情况（见图9-79）。

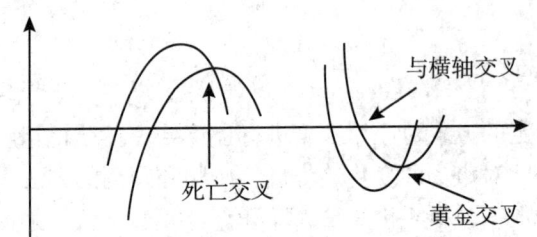

图9-79 技术指标死亡交叉、黄金交叉及与横轴交叉

3. 极端值

技术指标的极端值是指技术指标的取值达到极其大或极其小的状况。技术指标太大或太小，说明市场的某个方面已经达到了极端的情形，此时技术指标通常处于"超卖区"或"超买区"。

4. 形态

技术指标的形态是指技术指标曲线在波动过程中出现了形态理论中所介绍的反转形态，如双重顶（底）、头肩形等。技术指标形态出现，可根据形态理论的分析方法判断股价的变化走势（见图9-80、图9-81）。

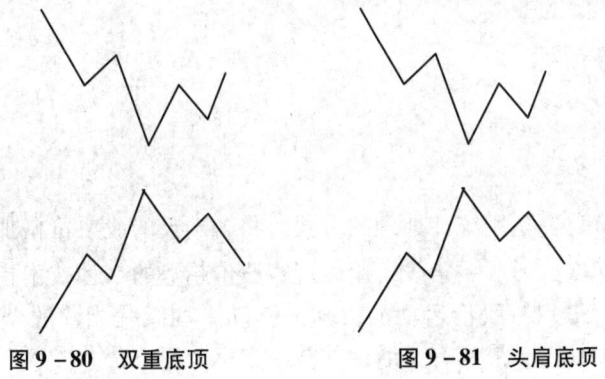

图 9-80　双重底顶　　　　　图 9-81　头肩底顶

5. 转折和趋势

技术指标转折是指技术指标曲线在高位或低位"调头"。这种调头表明前面过于"极端"的行动已经走到了尽头，或者一个趋势将要结束，另一个趋势即将开启。

技术指标的趋势线指明了技术指标的趋势，进而为价格的趋势分析提供基础。

6. 盲点

技术指标的盲点是指技术指标无能为力的时候。此时，技术指标无法发出买入或卖出的信号。

2020年2月24日淳中科技股价创新高，平滑异同移动平均线MACD指标峰顶较前峰顶呈下降趋势，出现顶背离。2月26日离差值DIFF线自上而下穿过异同平均数DEA线形成死叉，之后股价一路向下，指标也呈现向下趋势。此后，DIFF和DEA线分别于3月9日和3月13日穿过零轴线，表明市场进一步走向弱势（见图9-82）。

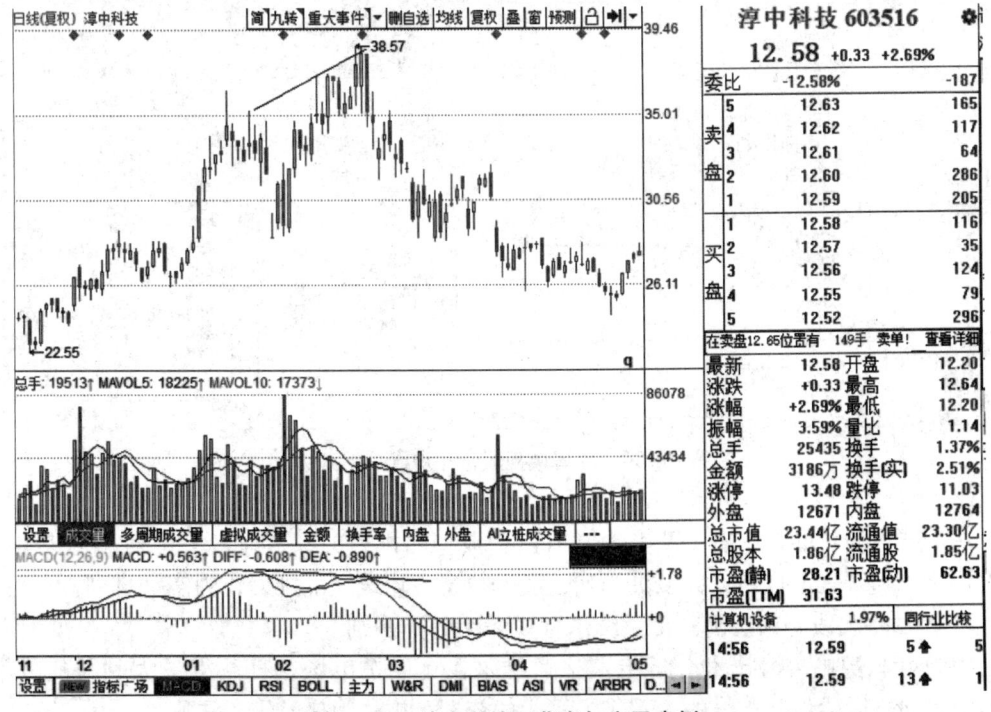

图 9-82　淳中科技顶背离与交叉案例

二、市场趋势指标

(一) 移动平均线

移动平均线（MA_n）是用统计处理的方式，将若干天的股票价格加以平均，并把不同时间的平均值连接起来，形成一条线，用以观察股价趋势的一种技术指标。投资者可以从曲线的峰、谷、转折来判断股价运动的方向。移动平均线是当前股票市场运用范围最广泛、构造方法最简便易行、最具有灵活性的技术指标分析方法。

1. 移动平均价格计算原理（见表9-1）

$$MA_n = (P_1 + P_2 + \cdots + P_n) \div n$$

式中，MA为移动平均价格；P_n为第n日收盘价格；n为移动平均线的时间周期。

表9-1　　　　　　　　　　移动平均价格计算

项目	第1天	第2天	第3天	第4天	第5天	第6天
P（元）	20	21	21.5	22	23.5	23
MA_3（元）			20.83	21.5	22.33	22.83
MA_5（元）					21.6	22.2

2. 股价与均线的关系（见图9-83）

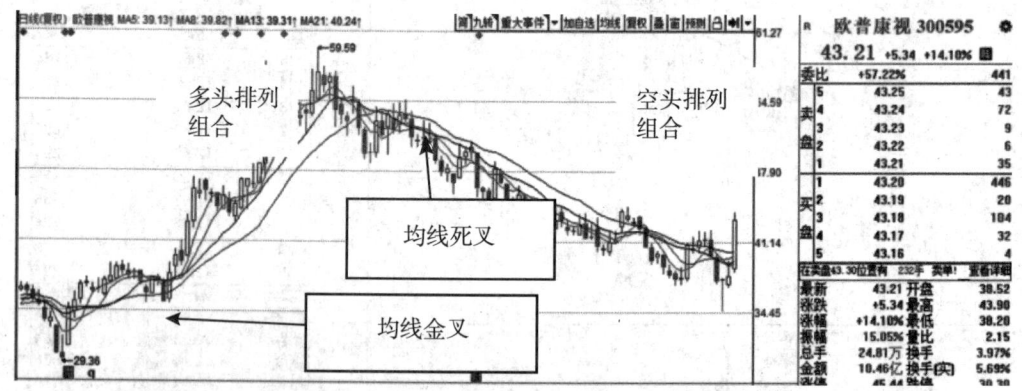

图9-83　欧普康视股价与均线关系案例

从均线与股价的关系看，两者通常有两种典型的排列关系，即多头排列和空头排列。股价位于各均线之上排列，为多头排列；股价位于各均线之下排列，为空头排列。

3. 移动平均线研判法则：格兰维尔（Granville）法则

1960年，美国著名技术分析专家格兰维尔在《股票市场每日获得最大利益的战术》一书中提出，以股价与均线的关系作为买卖的依据，被称为格兰维尔法则。

(1) 买进法则（见图9-84）。

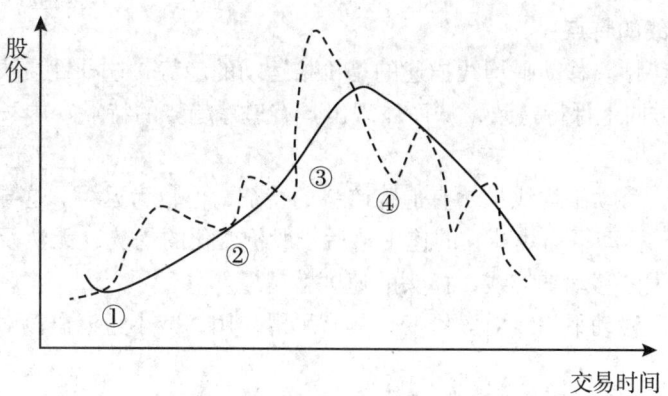

图9-84　格兰维尔买入法则图例

以下四种情况，投资者可以视为买入信号：

①移动平均线从下降转为水平，并且向上移动，收盘价从平均线的下方与平均线相交并超越平均线。

②收盘价在平均线上方变动，虽然出现回跌，但没有跌破平均线又回头上升，买进。

③收盘价连续上升，远离平均线，突然下跌，但在平均线附近再度上升。

④收盘价在平均线下方运动，暴跌，距离平均线很远。

(2) 卖出法则（见图9-85）。

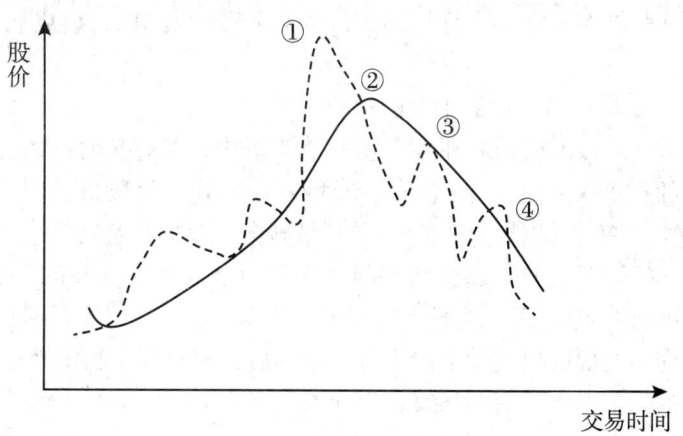

图9-85　格兰维尔卖出法则图例

以下情况，投资者可以视为卖出信号：

①股价在平均线上方运动，呈现暴涨状态，远离平均线。

②移动平均线由向上逐渐转为水平且呈下降趋势，股价从平均线的上方与平均线相交之后跌至平均线下方。

③收盘价在平均线下方移动，反弹时没能突破平均线且平均线正趋于下降。

④股价在平均线附近徘徊，而平均线正呈明显的下降趋势。

格兰维尔法则的不足之处在于没有明确指出投资者在股价距平均线多远时才可以买进或卖出。

4. 移动平均线的特点

（1）追踪趋势性。移动平均线描述的是价格运动的趋势，这种性质决定了它与价格图形中的趋势线在方向上保持一致，从而体现出具有追踪趋势的特点。中长期移动平均线的趋势更为明显。

（2）滞后性。移动平均线虽然有追踪趋势的特征，但较为迟缓。这导致了在股价原有趋势发生转变时，移动平均线掉头的速度落后于股价变化的趋势，无法及时反映股价的变化。参数值 N 越大的移动平均线，掉头的速度就越慢。

（3）稳定性。移动平均线对股价变化具有平滑作用，减小短期震荡对判断趋势方向的干扰。

（4）助涨助跌性。股价突破移动平均线时，无论是向上突破还是向下突破，有继续向突破方向发展的趋势。

（5）支撑线和压力线的特性。移动平均线对股价起着支撑和阻力的作用。当股价在移动平均线上方下跌到移动平均线位置，将受移动平均线的支撑；当股价在移动平均线下方上涨至移动平均线位置，会受移动平均线的压制。这也是运用移动平均线进行交易的重要理论指导依据。

5. MA 组合应用

（1）黄金交叉与死亡交叉。

利用短期和长期两种移动平均线的交叉情况可以决定买入和卖出的时机。如果价格位于长期与短期 MA 之上，短期 MA 向上突破长期 MA 为黄金交叉，此时出现买入信号；如果价格位于短期和长期 MA 之下，且短期 MA 由上下穿长期 MA，形成死亡交叉，此为卖出信号。

（2）短、中、长期移动平均线组合的运用。

股价与均线方向一致的研判。在多（空）头市场中，经过长时间的上涨（下跌），股价和移动平均线的排列关系，从上（下）到下（上）分别为股价、10 日均线（短期）、60 日均线（中期）、250 日均线（长期）。若行情转向，股价开始转跌（转涨），最敏感的 10 日均线先掉头向下（向上），随着价格继续下跌（上涨），60 日均线也随之向下（上涨）。250 日均线转变方向，意味着股市的基本趋势发生变化，空头（多头）市场的来临。

股价均线方向不明确的研判。当股价进入整理后，短期 MA 和中期 MA 与股价交叠在一起，没有明显的运动方向。短期均线在中期均线上下徘徊，说明市场缺乏弹性，有待多方或空方打破僵局，形成上涨或下跌的行情趋势。

股价与均线方向不一致的研判。中期均线向上（下）移动，股价和短期均线向下（向上）移动，表明股市暂时回调（反弹），其上升（下跌）趋势不变。只有股价和短期均线穿过中期均线，并带动中期均线的下跌（上升），反转的行情才形成。

6. 移动平均线的运用缺陷

（1）长期移动平均线变动缓慢，不易把握峰顶和低谷。

（2）当价格与均线交织一起，出现上下交错的买卖信号，此时投资者作出投资决策是比较困难的。

(3) 平均线的日期没有统一的标准。投资者可以根据市场特性、投资目标拟定均线的时间参数。一般 10 日均线、60 日均线、250 日均线作为短、中、长期的投资参考。一些投资者选择股价与 250 日均线关系作为判断市场牛、熊的参考。股价跌破 250 日均线，则股市进入熊市；反之，股价在 250 均线之上，股市为牛市。

7. 利用均线研判的注意事项

第一，必须先分析平均线系统排列的情况，认清目前所处的形势。应选择均线系统呈多头排列的证券，这些证券呈强势，获利的机会大。

第二，根据分析股价与均线位置之间的关系，可以估计目前市场上获利抛压及空头回补意愿的强弱。在趋势未改变之前不要抛出手中的股票。不宜介入乖离率（BIAS）太大的股票。

第三，强势股应具有强势均线系统，往往回档至均线附近即获支持，这正是买入时机。

第四，均线系统本身反应较慢，应该结合日 K 线分析来决定买卖策略。

欧普康视 2022 年 7 月 12 日前后分别形成了 K 线多头和空头排列组合。根据格兰维尔法则，K 线多头排列期间 4 月 27 日股价向上突破均线，5 月 25 日、6 月 13 日股价回调至均线附近得到支撑以及 K 线空头排列时期 9 月 26 日股价远离均线，均为投资者提供了买入股票的机会。而 6 月 30 日股价创新高且远离均线，7 月 21 日、8 月 5 日、9 月 14 日 K 线空头排列期间，股价上升回调至均线附近，这些为投资者提供了卖出股票的时机（见图 9 - 86）。

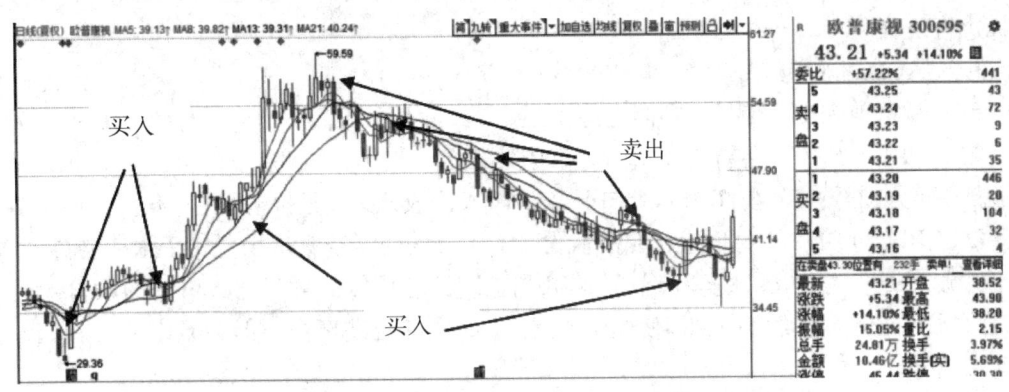

图 9 - 86 利用格兰维尔法则买入卖出欧普康视股票案例

（二）平滑异同移动平均线（MACD）

平滑异同移动平均线（MACD）是利用快速移动平均线和慢速移动平均线聚合和分离的特征，通过双重平滑运算后用于研判买卖时机的方法。它是基于移动平均线 MA 理论发展起来的工具，可以用来全面研判市场行情的中期趋势。

1. 平滑异同移动平均线（MACD）计算原理

MACD 由离差值（DIF）和异同平均数（DEA）两部分组成。DIF 是核心，DEA 是辅助。DIF 是快速与慢速指数平滑移动平均线（EMA）之差。DEA 是 DIF 的平滑移动平均线，即连续若干天 DIF 的算术平均。

MACD 柱状线（BAR）为 DIF 线与 DEA 线的差（如 2 倍差），体现为彩色柱状线。红色能量柱和绿色能量柱分别代表了多头和空头能量的强弱盛衰。

（1）计算快速指数移动平均线和慢速指数移动平均线，分别用 12 日和 26 日指数平滑移动平均线表示。

$$EMA(12) = 前一日 EMA(12) \times 11 \div (12+1) + 今日收盘指数 \times 2 \div (12+1)$$

$$EMA(26) = 前一日 EMA(26) \times 25 \div (26+1) + 今日收盘指数 \times 2 \div (26+1)$$

（2）计算正负差 DIF。

$$DIF = EMA(12) - EMA(26)$$

（3）计算 DIF 的 9 日指数平滑移动平均线 DEA(9)。

$$DEA = 2 \times DIF \div (9+1) + 8 \times DEA \div (9+1)$$

其中，可用第一个 DIF 作为 DEA 的初值。

（4）计算 MACD 柱状线（BAR）。

$$BAR = 2 \times (DIF - DEA)$$

2. 构造原理

MACD 是通过对价格进行平均处理，消除小的和次要的内容，体现和保留价格趋势的本质性的内容。快速与慢速指数平滑移动平均线之差体现了价格与平均价格之间的相对关系。

MACD 除掉了移动平均线的滞后反应及频繁出现的买入卖出信号，使发出信号的要求和限制增强，减少了假信号出现的机会，提高了信号的可靠性。但是在没有明显趋势或是长期盘整的市况中，运用 MACD 判断走势的误差将增加，需要借助长期平均线及其他技术指标进行研判。

3. MACD 的应用

（1）从取值和交叉信号来预测走势。

①当 DIF 和 DEA 两者皆为正值时，市场处于多头市场，DIF 从下向上穿过 DEA，金叉形成，是买入信号；反之，DIF 从上向下穿过 DEA 形成死叉，是价格回落的信号，应卖出。

②当 DIF 和 DEA 皆为负值，在横轴线以下，市场处于空头市场，属于中期弱势，DIF 向下跌破 DEA，为死叉，是卖出信号；DIF 向上突破 DEA，属于空头市场的股价短暂反弹，可暂时补仓。在熊市中，即使股价出现 2~3 次的近期新高，但 DIF 未能有新高，亦是卖出信号。

（2）利用 DIF 和 DEA 曲线的形态进行行情预测。

①当价格创新低，但 DIF 和 DEA 未同时创新低，而是反转向上，曲线底部抬升，此为底背离，为买入信号。

②当价格创新高，但 DIF 和 DEA 未出现高点，反而有掉头向下的迹象或曲线峰顶持续走低，此为顶背离，为卖出信号。

4. 运用 MACD 应注意的问题

MACD 是一个长线指标，曲线平滑，变化比较缓慢，使得 MACD 与股价变化有时间差。股价短期内涨跌幅特别大的情况下，MACD 不能及时反映股价变化，此时 MACD 将无法发挥作用。

当市场波动幅度小或横盘整理时，根据给出的买卖信号进行短期操作，可能使投资者无法获益甚至损失。

除了关注 MACD 日线外,应关注周期更短的图形,如小时线或者分钟线,以便缩小买卖价和反转价之间的价差,并在发生突发性大行情时作出灵敏的反应。

MACD 的应用案例如图 9-87 所示。

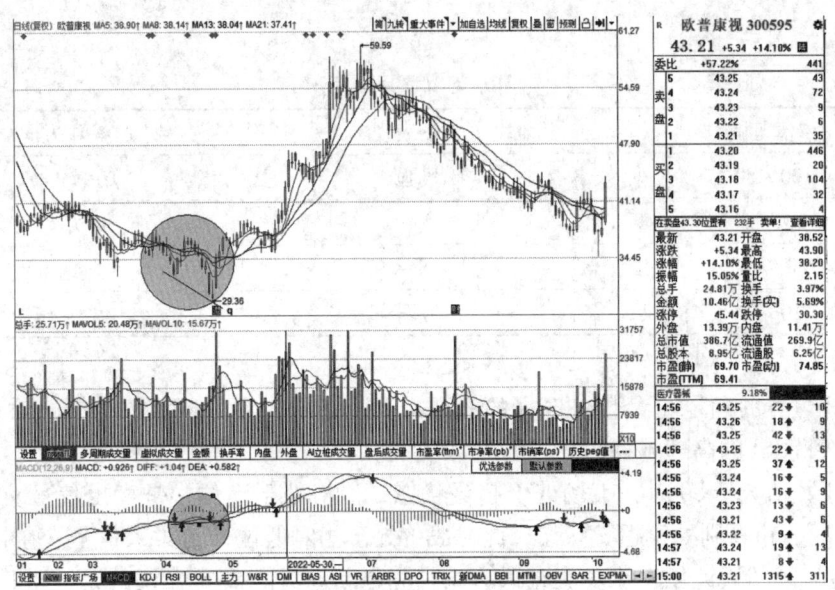

图 9-87　欧普康视 MACD 出现底背离的买入信号案例

三、市场动量指标

(一) 相对强弱指标 RSI

相对强弱指标 (RSI) 从市场价格变化观察买卖双方力量的对比。其中以价格上涨幅度代表买方力量,以价格下跌幅度代表卖方力量,以涨跌幅度的对比代表买卖双方力量的对比,通过对比预测未来股价的运行方向。这种对比的比值即为 RSI 数值。

RSI 是一种中期趋势指标。只要信号明确趋势会维持一段时间,对中长期有指导意义。RSI 指标反应灵敏,能反映市场强弱势的转换,也适合短线操作。

1. 计算原理

$$\text{RSI}(n) = \frac{n \text{ 日内上涨幅度之和}}{n \text{ 日内上涨与下跌幅度之和}} \times 100$$

n 为参数,一般为 6、12、24 日等。

RSI 表示向上波动幅度占总波动的百分比,如果比例值大就是强市,占的比例小就是弱市。

2. RSI 的应用法则

(1) 两条不同参数的 RSI 曲线同时使用。

参数小的 RSI 为短期 RSI,也称为快速线。参数大的 RSI 为长期 RSI,也称为慢速线。

短期 RSI 大于长期 RSI，即快速线大于慢速线，属于多头市场；短期 RSI 小于长期 RSI，即慢速线大于快速线，属于空头市场。

（2）从 RSI 的取值及交叉情况判断市场行情。

RSI 数值在 0~100 之间，分成四个区域。可以根据 RSI 的取值区域进行操作，如表 9-2 所示。

表 9-2　　　　　　　　　　　RSI 的取值与操作

取值范围	市场表现	操作方向
100~80	极强	卖出
80~50	强	买入
50~20	弱	卖出
20~0	极弱	买入

分界线位置的确定与参数、选择的股票有关。通常，参数越大，分界线离 50 越近。股票越活跃，RSI 的高度越高，分界线离 50 越远。

当 RSI 数值大于 80 时，市场处于超买状态，价格处于高位，是卖出信号。当 RSI 数值小于 20 时，市场则处于超卖状态，此时股价处于相对低位，是买入信号。在超强市中，RSI 在高位出现超买钝化，并多次碰顶，此时应果断离场。需要强调的是，RSI 提供了一个警告的信号，但并不意味着市场一定朝着这个方向发展。尤其是在市场剧烈震荡时，需参考其他指标综合分析，不能单独依赖 RSI 的信号而作出买卖的决定。

在高位区，当 RSI 快速线由上往下穿过慢速线，形成死叉，是卖出信号；相反，快速线由下往上穿过慢速线，形成金叉，是买入信号。

（3）从 RSI 曲线趋势及形态判断。

在 RSI 曲线画支撑线和压力线，当 RSI 指标突破压力线时，是买进信号；当 RSI 曲线突破支撑线时，是卖出信号。

RSI 曲线在高位区出现头肩顶、"M" 头、圆弧顶等形态，是卖出信号；在低位区出现头肩底、"W" 形、圆弧底等形态，是买入信号。

（4）从 RSI 与股价的背离判断。

股价创新高，RSI 处于高位，但一峰低过一峰，形成顶背离，是较为强烈的卖出信号；反之，股价在下降，但 RSI 底部抬升，形成底背离，是强烈的买入信号。

欧普康视 2022 年 10 月 12 日股价较前期下跌趋势创新低，但 RSI 谷底抬升，出现底背离，且上穿 50 横线，10 月 14 日股价强劲上穿均线并伴随交易量放大，市场出现由弱转强的信号（见图 9-88）。

（二）随机指标（KDJ）

随机指标又称为 KDJ 指标，由 K 和 D 两条线及 D 指标的修正 J 线构成。KDJ 线综合了强弱指标、移动平均线和动量指标的优点，通过研究高低价位与收市价位的关系来反映价格走势的强弱和超买超卖现象，预测可能发生的趋势反转。KD 指标考虑了股价波动的随机振幅和中、短期波动的测算,因此,被视为是一种常用的中短期技术分析工具。

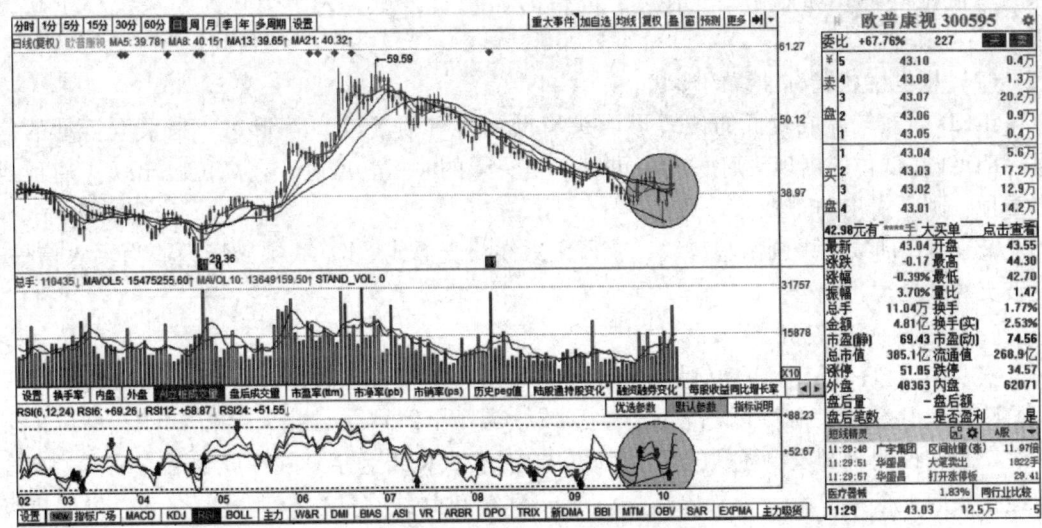

图 9-88　欧普康视 RSI 出现底背离、上穿横轴的买入信号案例

1. 计算原理

(1) 对每一交易日求未成熟随机值 RSV。

RSV =(收盘价 - 最近 N 日最低价)÷(最近 N 日最高价 - 最近 N 日最低价)×100

(2) KDJ 线的计算。

K 线是 RSV 的 M1 日移动平均,为快速移动平均线;

D 线是 K 值的 M2 日移动平均,为慢速移动平均线;

J 线值由 3D - 2K 或 3K - 2D 计算获得。

其中,参数 N、M1、M2 天数,一般取 9、3、3。

2. 随机指标的应用

(1) 根据 KD 的取值。

KD 的取值范围为 0~100,可以将其分为三个区域:大于 80 的为超买区,小于 20 为超卖区,其余为徘徊区。

KD 值大于 80 时,是卖出信号;小于 20 时,是买入信号。

KD 值大于 50 时,是强势市场,股价处于上升趋势,应买入;反之,KD 值小于 50 时,市场处于弱势,多数股票处于下跌趋势,应卖出(见表 9-3)。

表 9-3　　　　　　　　　　KD 的取值区域与操作

取值范围	市场表现	操作方向
100~80	极强	(超买)卖出
80~50	强	(徘徊区)买入
50~20	弱	(徘徊区)卖出
20~0	极弱	(超卖)买入

在实际使用中，常用 J 线指标。J 指标常领先于 KD 值显示曲线的底部和头部。J 指标的取值超过 100 和低于 0，都属于价格的非正常区域，大于 100 为超买，小于 0 为超卖。

（2）根据随机指标曲线的形状。

①KD 线在较高或较低的位置形成头肩形或多重顶（底）等形态，是采取行动的信号。KD 线在低位区出现头肩底或多重底，是买入的时机。反之，在高位区出现头肩顶或多重顶，则是卖出的时机。

②在 KD 曲线图中画出趋势线，获得压力线、支撑线。KD 线突破压力线为买入信号，突破支撑线为卖出信号。

（3）根据 KD 指标的交叉。

实践中应该注意交叉的位置、次数、交叉点的位置。在高位，K 线下穿 D 线形成死叉，K 线在 D 线掉头下降的情况下击穿 D 线，为卖出信号；如果 K 线和 D 线在高位出现多次交叉，说明市场发出强烈的卖出信号。在低位，K 线上穿 D 线形成金叉，K 线在 D 线已经抬头向上击穿 D 线，为买入信号。如果 K 线和 D 线在低位出现多次交叉，说明市场发出强烈的买入信号。

（4）根据 KD 指标和股价的背离判断。

KD 线在高位或低位时，若出现与股价走向的背离，是采取行动的信号。KD 线处于高位，两个以上峰顶逐渐下降，股价却在上涨，出现顶背离，为卖出信号；反之，KD 线处于低位，两个以上谷底逐步上抬，股价却不断下降创新低，出现底背离，是买入信号。

同样，从 KDJ 指标来看，欧普康视 2022 年 10 月 12 日股价较前期下跌趋势创新低，KDJ 线谷底抬升，出现底背离，K 线、J 线两次上穿 D 线，形成金叉且上穿 50 横线，10 月 14 日股价强劲上穿均线并伴随交易量放大，市场出现明显由弱转强的信号（见图 9-89）。

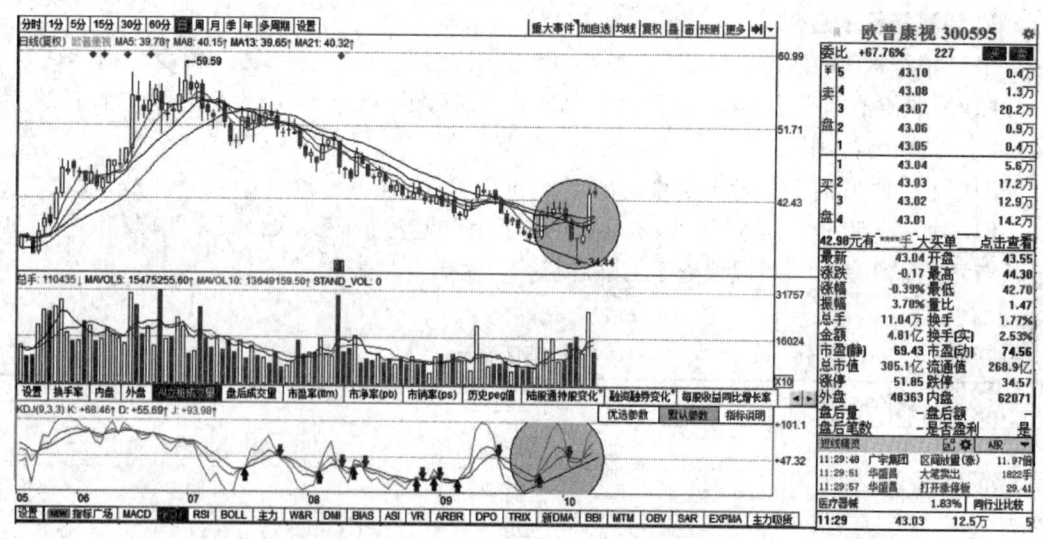

图 9-89 欧普康视 KDJ 指标出现底背离、金叉、上穿横轴的买入信号案例

（三）威廉指标（WMS）

威廉指标是分析师拉瑞·威廉（Larry Williams）于20世纪70年代提出的。指标通过分析某特定周期内股价高低价位和收盘价之间的关系，来量度股市的超买超卖状态，以此作为短期投资信号的一种技术指标。

1. 威廉指标 WMS 的计算

WMS =（最近 N 日最高价 – 收盘价）÷（最近 N 日最高价 – 最近 N 日最低价）×100

常用的天数 N 有 5 天、10 天、20 天。

WMS 分布在 0～100，以 50 为分界线，20、80 分别为低位和高位的极端分界线；0 在底部形成下边界线；100 在顶部形成上边界线。

2. WMS 的应用法则

（1）从 WMS 的取值方面考虑。

①WMS > 80 时，超卖状态，行情即将见底，考虑买进。

②WMS < 20 时，超买状态，行情即将见顶，考虑卖出。

③WMS 处于 50 附近，说明市场暂时没有方向，应该持观望态度。

WMS 在使用过程中应该注意与其他技术指标（如 RSI、MACD 等）相配合。在盘整过程中，WMS 的准确性较高；而在上升或下降趋势当中，却不能只以 WMS 超买超卖信号作为行情判断的依据。

（2）从 WMS 的曲线形状、位置考虑。

在 WMS 进入低数值区位后，此时市场处于超买状态，一般 WMS 曲线要回头。如果这时股价还继续上升，就会产生背离，是卖出的信号；反之，在 WMS 进入高数值区位后，此时市场处于超卖状态，曲线一般要反弹，如果这时股价还继续下降，就会产生背离，是买进的信号。

WMS 连续几次撞顶（底），局部形成双重或多重顶（底），则是买进（卖出）的信号。

3. 使用 WMS 的注意事项

（1）WMS 的时间参数不一定限定在 5 日、10 日、20 日等这几个常规的数字上，应该进行多次反复实验，才有可能发现最合适的参数。

（2）WMS 指标要结合其他指标如 MACD、RSI 等指标使用。如当 WMS 进入超买或超卖区域时，DIF 相应向下或向上与 DEA 交叉的卖出或买入信号产生，则应采取相应的卖出或买入决策。也可结合 RSI 确认强弱转换是否可靠。当 RSI 向上或向下穿越 50 分界线时，WMR 同时也向下或向上穿越 50 分界线，则市场由弱转强或由强转弱的信号就比较可靠。若两者指标不同步，则应参考其他指标再做决策。

（3）以上分界数值皆为经验数值，这些数值用在不同的市场、不同的股票上有不同的超买区、超卖区，应根据具体情况具体分析，在实践中总结探索。

埃斯顿 2022 年 8 月 17 日至 9 月 5 日 WMS 曲线进入高数值区域，连续撞顶，形成多重顶，股价持续走低，处于超卖状态。9 月 6 日，WMS 曲线离开高数值区域进入 80 以下区域，是短线买入信号（见图 9-90）。

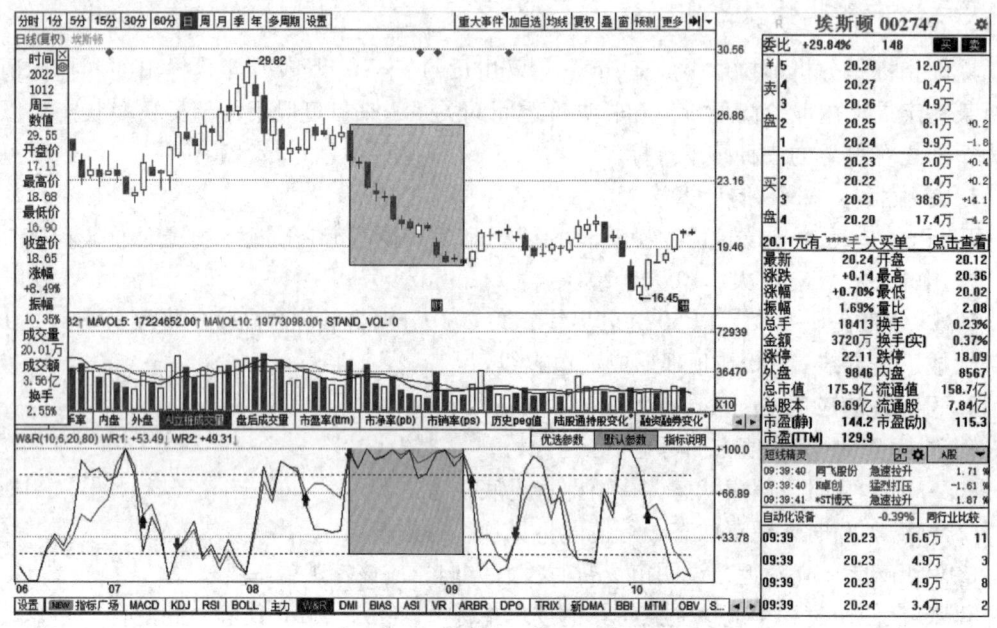

图 9-90　埃斯顿 WMS 多次撞顶案例

四、市场大盘指标

超买超卖指标（OBOS）是用一段时间内上涨股票家数总和和下跌股票家数总和的差距来反映当前市场中多空双方力量对比的强弱。此指标只是对指数进行分析的技术指标，具有较强的直观性，但对个股的选择没有指导意义。

1. 超买超卖计算

$$OBOS(N) = \sum N_A - \sum N_D$$

其中，$\sum N_A$ 为 N 日内每日上涨股票家数总和；$\sum N_D$ 为 N 日内每日下跌股票家数总和；N 为 OBOS 参数，一般取 10 日。

2. OBOS 的应用

（1）从 OBOS 所处的位置判断。

OBOS 在 0 上下徘徊，指数处于整理期，说明多空方处于均衡状态。OBOS 为正，多头方占优势，其值越大，市场越强势；OBOS 为负，空头方占优势，其值越小，大盘越弱势。

（2）背离、形态等也可以看清 OBOS 的趋势。

当 OBOS 的走势与指数相背离时，大势可能反转，是采取行动的信号。如果 OBOS 在高（低）位形成头肩顶（底）或者 M 顶（W 底），则是卖出（买入）信号。画出 OBOS 的趋势线，判断其与指数是否同步或背离，也能预测大势的走向。如 OBOS 与指数同步上升且为正，表示大盘将继续上涨，应采取买进策略；反之，如果 OBOS 与指数同步下跌且为负，说明市场处于弱势状态，应采取卖出策略。

上证指数于 2022 年 4 月 27 日处于弱势区域，OBOS 线穿过 MOBOS（OBOS 的 M 日简单移动平均）线，出现金叉，股价呈现鲸吞形大幅上涨，此后股价持续上升，于 7 月 5 日达到此区域的新高，但 OBOS 峰顶却较前峰顶呈现下降趋势，出现顶背离，是指数下降的信号。2022 年 10 月 12 日，OBOS 再次在弱势区域内与 MOBOS 形成金叉，是指数由弱走强的反转信号（见图 9 - 91）。

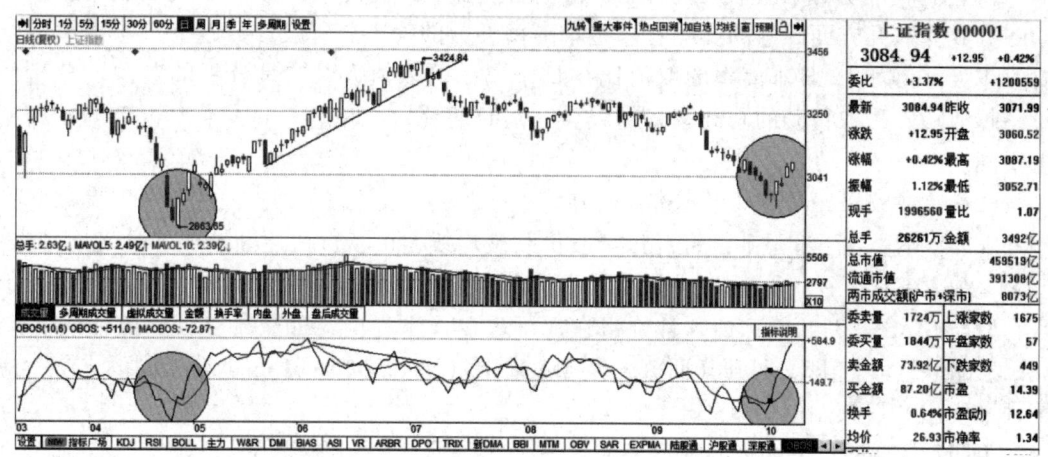

图 9 - 91　上涨指数 OBOS 金叉、顶背离案例

五、市场人气指标

乖离率是（BIAS）指在一定时间内股价偏离移动平均线的百分比，是测算股价在波动过程中与移动平均线出现偏离的程度。股价一旦偏离均线，会保持一段时间的上涨或下跌，呈远离均线的情形。但大幅偏离后，受投资者规避风险及逢低买入的影响，在市场作用下，股价将经过一段时间调整回到均线附近。投资者可借助乖离率来确定买卖的时机。

1. 乖离率的计算

指数乖离率 =（当日收盘指数 − N 日指数移动平均数）÷ N 日指数移动平均数 × 100

个股乖离率 =（当日收盘价 − N 日移动平均价）÷ N 日移动平均价 × 100

N 常采用 6 日、12 日和 24 日。

当股价在 MA 之上时，乖离率为正值；股价在 MA 之下时，乖离率为负值；股价与 MA 一致时，乖离率则为 0。当股价越远离 MA 时，乖离率的绝对值越大。反之，乖离率绝对值变小。乖离率的指导意义在于告诉投资者，当股价偏离均线较远，乖离率绝对值较大时，投资者应及时采取行动。

2. 乖离率的应用

（1）考虑 BIAS 取值。

股价离均线太远，就会随时有短期反转的可能——绝对值越大，股价向均线靠近的可能性就越大。正的乖离率越大，获利回吐的可能性越大。负的乖离率越大，空头回补的可能性越大。

一般，BIAS（6）>4.5%，BIAS（12）>6%，BIAS（24）>9%，BIAS（60）>10%是卖出的时机；BIAS（6）<-4%，BIAS（12）<-5.5%，BIAS（24）<-8%，BIAS（60）<-10%是买入的时机。

当股票突发利好或利空，出现暴涨或暴跌时，BIAS（12）大于35%为抛出时机，低于-15%为买入时机。

以上采取行动的取值不是绝对的，投资者应在实践中寻找界限。运用乖离率采取行动的分界受这几方面因素的影响：一是乖离率参数的大小。一般参数越大，乖离率的绝对值越大。例如12日乖离率的取值比6日乖离率的取值大。二是分析的对象。分析的股票越活跃，采取行动的乖离率将越大。三是时期差异。时期不同，采取行动的乖离率也不同。

（2）考虑交叉、背离、形态进行研判。

乖离率从上往下穿过0线，意味着股价跌破均线，市场行情逐渐走弱，是卖出信号；反之，乖离率从下往上穿过0线，说明股价上升穿过均线，市场将逐渐走强，是买入信号；但当BIAS是正（负）值，且价格在MA之上（下）时，如果价格回调（上升）至MA之下（上），随即又回升（回落）至MA之上（下），同时BIAS也有相同的走势，应买入（卖出）股票。

短期乖离率从上下穿长期乖离率时，是卖出信号；短期乖离率从下上穿长期乖离率时，是买入信号。

乖离率曲线峰顶一峰比一峰低，股价却在上涨，是顶背离，是卖出的信号；乖离率曲线谷底底部逐渐上升，股价持续走低，出现底背离，是买入信号。

同样，在乖离率高数值区或低数值区出现反转形态，应注意股价的同步反转。

2022年9月26日，济川药业BIAS谷底较前谷底与股价底部同步抬升，9月27日BIAS3穿过BIAS2和BIAS，出现金叉，此后迅速上升，伴随成交量放大，股价迅速上涨（见图9-92）。

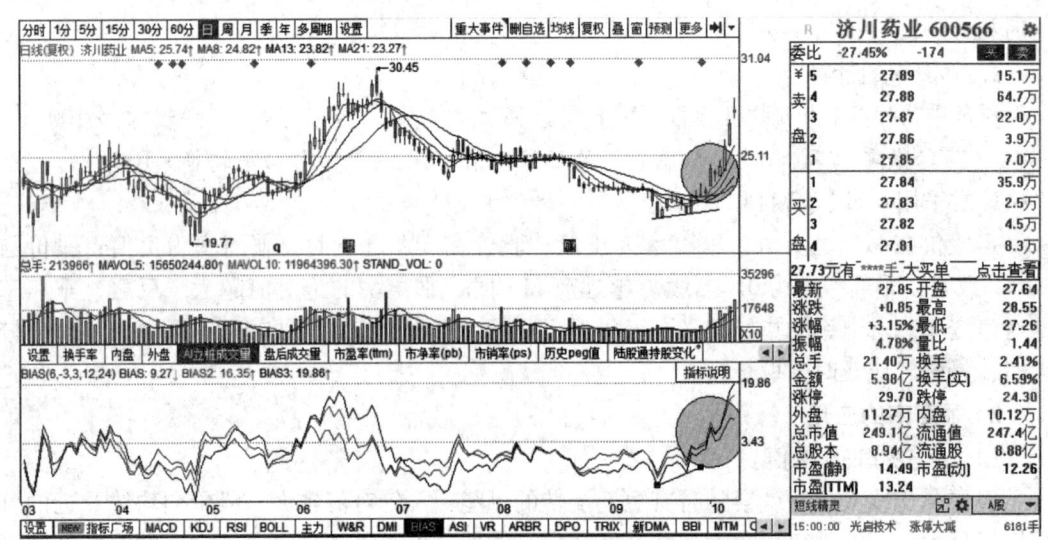

图9-92 济川药业BIAS股价指标同步及金叉案例

六、其他类型指标

（一）布林线（BOLL）

布林线是路径型指标，由美国人约翰·布林首次提出。布林线包含上轨道线、中轨道线和下轨道线，其中上下轨道线分别起到压力线和支撑线的作用，中轨道线为股价的平均线，股价在中轨道线上下穿行，在上轨道线和下轨道线间上下波动。布林线是研判股价运动趋势的中长线技术指标。

1. 布林线指标的计算

设参数 n 为时间长度，参数 α 为置信区间估计的置信水平。BU 为 BOLL 上轨值，BD 为 BOLL 的下轨值，MA 移动平均值为 BOLL 的中轨值，则有：

$$上轨道值：BU = MA(n) + t(\alpha) \times \sigma(n)$$

$$下轨道值：BD = MA(n) - t(\alpha) \times \sigma(n)$$

$$样本方差：\sigma^2(n) = \frac{\sum (c_i - MA(n))^2}{n-1}$$

$$中轨值：MA(n) = \frac{\sum (c_i - MA(n))^2}{n-1}$$

c_i 为收盘价，$MA(n)$ 为移动平均数，$\sigma^2(n)$ 为样本方差，$\sigma(n)$ 为样本标准差，$t(\alpha)$ 的取值可查 T 分布表获得。一般 $t(\alpha)$ 取固定值 2 或 3。如果 $t(\alpha) = 2$，对应的 α 近似为 0.05，即落入置信区间内的概率为 95%。n 为时间参数，一般取值为 5、10、20 等，实践中常取值 20。

BOLL 认为，在过去的 n 个交易日内，价格波动有 95% 的概率在上轨道线和下轨道线区间内波动。只有 5% 的机会超过这个区间。当价格在 BOLL 带之内波动，价格波动属于正常状态。

BOLL 的宽度由标准差 $\sigma(n)$ 的大小决定。价格波动幅度小，标准差小，BOLL 的宽度就小；反之，价格波动幅度大，标准差大，BOLL 的宽度就变大。

2. BOLL 应用法则

（1）布林线的上、中、下轨线均对价格产生支撑或压力作用。

（2）当价格处于中线以上运行时，市场偏向强势，将出现一波上涨的行情；当价格处于中线以下运行时，说明市场偏向弱势，将出现一波下跌行情。

（3）当价格突破上线或者下线时，会受到压力或者支撑而改变当前的运行方向，价格逐步向中线靠拢。此时，是短线的卖出或买入时机。

（4）股价在中轨道附近徘徊，意味着市场处于盘整中，投资者应持观望态度。

（5）当波带开口逐渐收窄时，预示价格将在今后一段时间内进入盘整期；当波带开口放大时，预示价格将在今后一段时间中出现比较剧烈的波动。若波带开口向上放大，意味着一波强劲的上涨行情即将到来，此时应视为明显的买入信号；若波带开口向下放大，则意味着股价将加速下跌，应视为明显的卖出信号。

济川药业2022年9月26日后BOLL线股价穿过中线，迅速靠近并穿过上轨道线，开口放大，交易量放大，股价迅速上涨（见图9-93）。

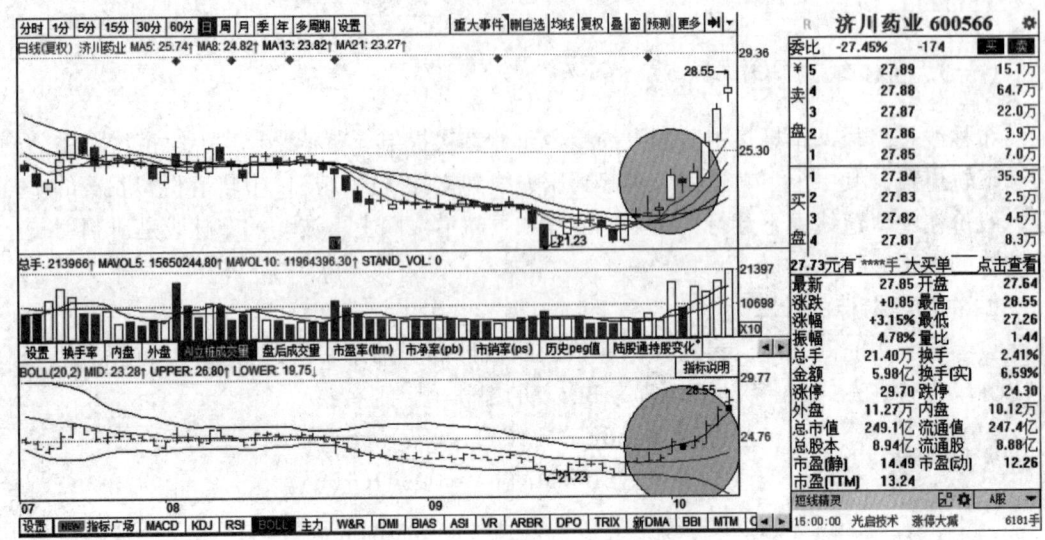

图9-93 济川药业BOLL线案例

（二）动向指标（DMI）

动向指标（DMI）是美国技术分析大师威尔斯·威尔德（Wells Wilder）创造的一种适合中长期股市的技术分析方法。它通过分析多空双方力量变化受价格波动的影响而发生由均衡到失衡的循环过程，提供对趋势判断的依据，是用于判断价格走向的技术分析工具。

DMI包括+DI、-DI、ADX、ADXR四个指标值。+DI表示上升动向值；-DI表示下降动向值；ADX为平均动向值，动向值DX的平均数；ADXR为平均动向值评估值。动向指标通过指标交叉来研判行情的走势，利用发出的买卖信号进行投资决策。

动向指标的优势在于其把每日高低波动的幅度因素计算在内，更加准确地反映行情的走势及更好地预测行情未来的发展变化。

1. DMI研判指标与计算

方向线DI：衡量股价上涨或下跌的指标。

+DI：上升方向线。

-DI：下降方向线。

ADX：平均动向指标，动向值DX的平均数。DX是根据+DI和-DI两数值的差和对比计算出来的百分比。

ADXR：当日ADX与前面某一交易日ADX的平均值。

即

$$+DI = \frac{+DM}{TR} \times 100$$

$$-DI = \frac{-DM}{TR} \times 100$$

其中，±DM 为正负趋向变动值，表示价格的涨跌。价格的涨跌通过连续两天价格波动的最高值和最低值的比较确定。TR 是当日价格波动幅度与昨日收盘价比较的最大值。

$$DX = \frac{|+DI - (-DI)|}{+DI + (-DI)} \times 100$$

$$ADX(m) = \sum \frac{DX}{m}$$

$$ADXR(r) = \frac{ADX_1 + ADX_r}{2}$$

ADX_1 为 ADX 当日的取值，ADX_r 为 r 天之前 ADX 的取值，一般 r 取 5。

2. DMI 的应用

运用 DMI 指标常使用四线交叉原则判别市场的趋势。

(1) 当 +DI 线同时在 ADX 线和 ADXR 线及 -DI 线以下，特别是在 50 线以下的位置时，说明市场处于弱市之中，股市向下运行的趋势还没有改变，股价可能还要下跌，投资者应以持币观望或逢高卖出股票为主，不可轻易买入股票。这点是 DMI 指标研判的重点。

(2) 当 +DI 线从上向下突破 -DI 线或 -DI 线从下向上突破 +DI 线时，此时不论 +DI 和 -DI 处在什么位置都预示新的空头进场，股价将下跌，投资者应短线卖出股票或以持币观望为主。

(3) 当 +DI 线和 -DI 线同处 50 以下时，如果 +DI 线快速向上突破 -DI 线，预示新的主力已进场，股价短期内将大涨。如果伴随大的成交量放出，更能确认行情将向上，投资者应迅速短线买入股票。

(4) 当 +DI 线、ADX 线和 ADXR 线等三线同时在 50 线以下的位置，而此时三条线都快速向上发散，说明市场人气旺盛，股价处在上涨走势之中，投资者可逢低买入或持股待涨。

(5) 当 +DI 线、-DI 线、ADX 线和 ADXR 线四线同时在 50 线以下绞合在一起窄幅横向运动，说明市场处于波澜不兴，股价处于横向整理之中，此时投资者应以持币观望为主。

(6) 对于牛股来说，ADX 在 50 以上向下转折，仅仅回落到 40~60，随即再度掉头向上攀升，而且股价在此期间走出横盘整理的态势。随着 ADX 再度回升，股价向上再次大涨，这是股价拉升时的征兆。这种情况经常出现在一些大涨的牛股中，此时 DMI 指标只是提供一个向上大趋势即将来临的参考。在实际操作中，则必须结合均线系统和均量线及其他指标一起研判。

DMI 的运用案例如图 9-94 所示。

332 / 证券投资理论与实务

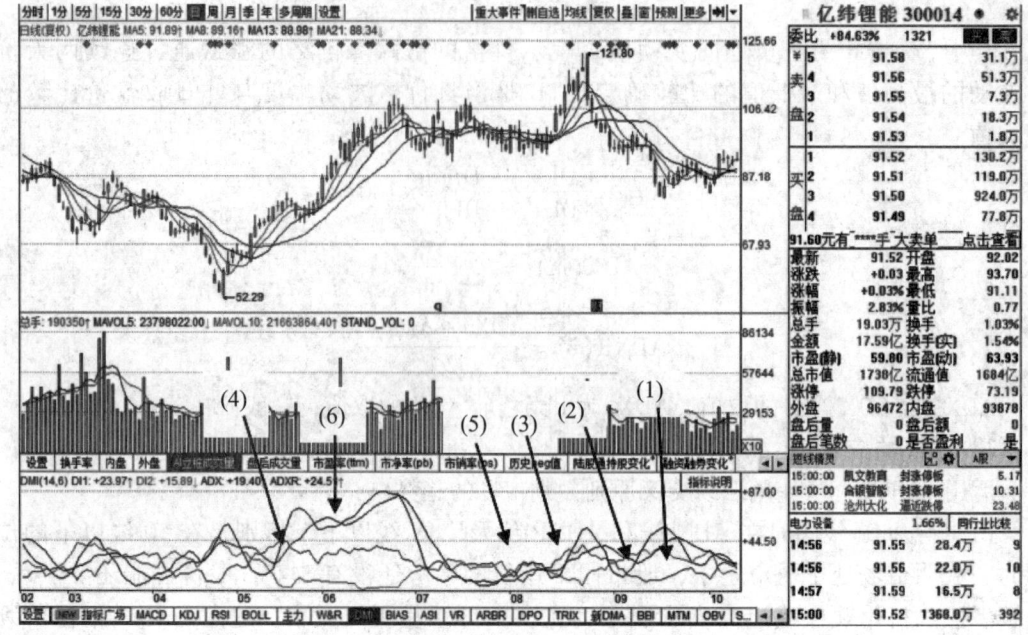

图 9-94 亿纬锂能 DMI 运用案例

【章节小结】

（1）技术分析是一种广泛应用在证券市场的分析工具。技术分析与基本分析在分析基础、分析目的、理论依据、有效性的判定、使用的分析工具等方面都有着很大的差异；市场行为涵盖一切信息、证券价格沿趋势而动、历史会重演是技术分析的三大基本假设。证券市场中，价格、成交量、时间、空间是技术分析的四大基本要素，其中，价和量是市场行为最基本的表现；时间和空间是价格变化广度和深度的体现。放量、缩量、背离、同步是技术分析四个非常重要的概念。

（2）著名的技术理论主要有道氏理论、波浪理论、相反理论、随机漫步理论、循环周期理论、江恩理论等。在方法上形成了 K 线法、切线法、形态法、指标法、波浪法等几类重要的分析方法。进行技术分析要注意与基本分析结合使用，采取多种方法综合研判，并在实践中得以验证使用。人是决定技术分析工具使用效果的决定因素。

（3）技术分析中的图形分析主要有 K 线分析、切线分析、形态分析、波浪分析等分析方法。K 线图是由一定周期 K 线组合形成的图形。K 线组合可以由两根、三根、多根 K 线组成。K 线组合分为反转形态和整理形态。运用 K 线分析是有偏差的，需要与其他方法结合使用。

（4）切线分析是运用图形画线来预测价格未来走势的分析方法。常见的切线有趋势线、支撑线与阻力线、轨道线、黄金分割线等。支撑线起阻止价格继续下跌的作用，压力线起阻止价格继续上涨的作用。支撑线和压力线是相对的，它们之间可以相互转化。趋势线分为上升趋势、下降趋势及横向整理趋势线。轨道线是基于趋势线的一种切线。轨道线发挥阻力和支撑作用，对股价具有强化的作用。黄金分割线是基于黄金分割率做出的切线组合。百分比线通过一些整数的分界点，为投资提供支撑线和压力线。

(5) 形态分析法将股价形态分为整理形态和反转形态两大类型。反转形态常见有双重顶（底）、头肩顶（底）、圆弧顶（底）、菱形、V形反转等；整理形态常见有三角形、楔形、矩形、旗形等。

(6) 技术指标法是用确定的方式对原始数据进行计算处理，获得相应的指标值，并将这些指标值绘制成图表的方法。技术指标中原始数据包括4价2量。技术指标的应用要关注技术指标与股价的背离、技术指标的交叉、形态及转折、趋势的情况。技术指标常见有趋势指标、动量指标、大盘指标、人气指标等类型。

【主要概念】

技术分析　放量　缩量　背离　同步　K线　阴线　阳线　支撑线　阻力线　趋势线　轨道线　黄金分割线　头肩顶　头肩底　M顶　W底　圆弧形技术指标　MA线　MACD　KDJ　乘离率　布林线

【思政梳理】

运用技术分析切忌"纸上谈兵"。对于每一位进行证券投资的交易者而言，运用技术方法进行投资，不仅要掌握好技术分析理论，更要在实践中不断总结、反复验证，才能将理论真正转化为自身实实在在的投资能力。

【案例思考】

阅读以下材料并回答问题。

紫光国微是特种集成电路的主要供应商，持续受益下游放量和国产化替代。紫光国微特种集成电路占据了国内特种集成电路的主要市场，下游应用集中在系统控制以及信息化等领域，在数字经济的政策护航推动下，智能卡安全芯片业务增长迅速。公司SIM卡业务国内市占率超过60%，海外竞争对手退出中国市场有望迎来价量齐升的发展快通道。证件类芯片中的身份证、社保卡等迎来换卡周期。募投项目专注高端安全芯片和车载控制芯片，在汽车行业整体"缺芯"背景以及国产化的推动下，进一步增厚公司业绩。

思考题：

(1) 技术分析与基本分析有哪些区别？

(2) 技术分析包含哪些基本假设？如何理解技术分析的基本要素？

(3) 技术分析有哪些方法？

(4) 什么是K线分析？K线有哪些种类？

(5) 切线分析有哪些工具？如何利用这些工具分析？

(6) K线组合形态有哪些类型？

(7) 常见技术指标有哪些类型？如何运用这些指标进行研判？

(8) 请结合K线理论、切线理论、形态理论和技术指标分析紫光国微2022年2月8日至8月16日的走势特征，并预期未来走势。

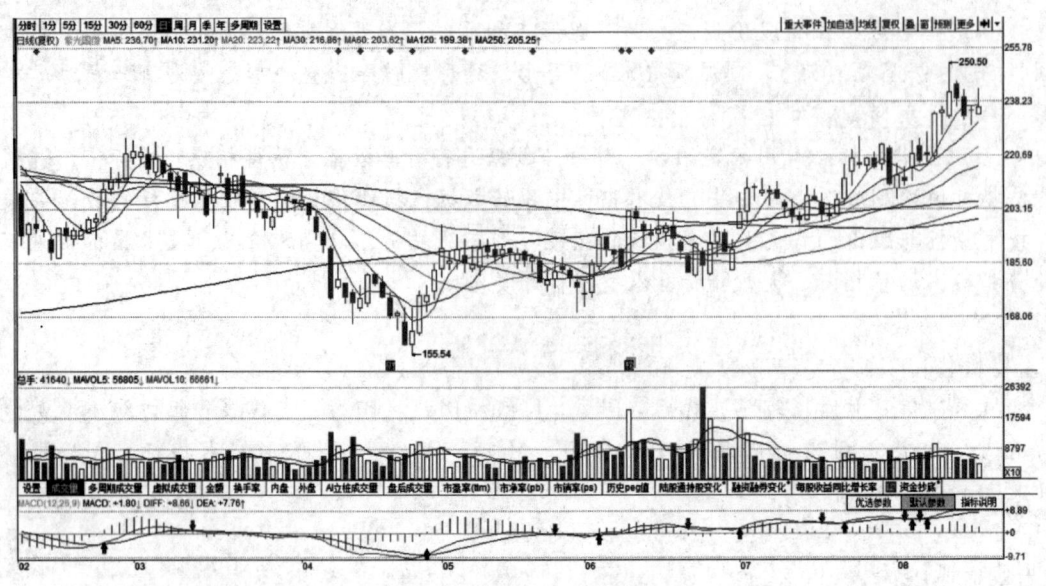

图1 紫光国微股价趋势

【实训要求】

1. 实训目的及要求

（1）理解技术分析的假设前提及K线理论、切线理论、形态理论、技术指标理论等各类技术分析理论和实践意义。

（2）利用K线组合、切线、K线形态和技术指标等技术分析方法对实盘股票的投资对象（买卖品种和组合）、投资时机（买入点和卖出点）进行判断选择，并做模拟交易。

（3）掌握行情软件（如同花顺行情软件）及模拟软件的操作和使用。

2. 实训内容

（1）利用各类K线组合和形态，选择个股作出投资决策，确定买入或卖出的价格区间和时机，运用切线理论预测个股未来价格的变化趋势、压力价位和支撑价位，提出止盈点和止损点，并利用技术指标加以确认。

（2）通过截图说明利用K线组合、切线、技术指标等方法投资的过程，并观察投资结果。

（3）总结投资成功或失败的经验。

（4）撰写实训报告。

第十章　证券投资技巧与风险控制

【学习目标】

了解证券投资时机的选择；掌握证券投资技巧；了解证券投资风险类型，掌握风险规避及风险控制方法与技巧。

灵活运用投资技巧和风险控制方法指导证券投资决策。

【案例导入】

墨菲定律与投资风险

1949 年，美国工程师墨菲发现，如果你把一片干面包掉在地毯上，这片面包的两面均可能着地。但假定你把一片一面涂有一层果酱的面包掉在地毯上，常常是带有果酱的一面落在地毯上。此类现象表明，如果坏事有可能发生，不管这种可能性有多小，它总会发生，并造成最大可能的破坏。如果某件事有可能变坏，这种可能性就会成为现实。人们将此称为墨菲定律。

墨菲定律表明，在投资活动中，只要使风险发生的因子存在，就算因子存在的概率再小，风险迟早总要发生。那么哪些交易更有可能存在风险，遭受损失呢？著名交易专家斯坦利·克罗巧妙地运用了墨菲定律告诉我们，那些未妥当处理的头寸最有可能遭受损失。

那么投资者应该选择怎样的时机，采取哪些策略处理持有头寸存在的风险问题呢？

第一节　证券投资时机的选择

选股不如选时。要想在投资上获利，除了选好股票，更重要的是把握好买卖股票的时机。股票投资的"时机"不是一个时点概念，要想在最高点卖出、最低点买入是很难的。投资时机是一个时期概念。只要抓住了大的时机，在次低点买入，在次高点卖出就可以获得可观的利润。股价涨跌是一个连续不断的渐变过程。一般，股价上升过程蕴含买进时机，下跌过程则大多是卖出的时机。时机不是偶然出现的，而是时时存在的。时机更是因人、依票而异，投资人和股票个性不同，买卖的时机也不同。那么，股市时机可以从哪些方面体现出来？投资者在股票投资过程中如何进行选时操作呢？

一、把握经济周期投资机会

股价随着经济周期的变动而变动。投资者应把握经济周期由衰退到转好带来的买入机会及由繁荣到衰退带来的卖出机会。当经济衰退,工商企业危机四起,不利消息频传,整个股市"熊气"弥漫,人心涣散,股市处于空头市场上,股价跌到谷底。此时,孕育着最佳投资时机。原因在于,一是经济衰退、企业告急时,政府势必放松银根、降低利率,促使企业生产经营稳步发展,企业盈利逐渐好转后,上市公司的投资价值会大大提高。二是股市长期低迷,政府还可能利用种种手段干预股市,政府的调整引导投资者的资金进入市场,促使股市回暖,走出困境。而在久跌不涨的行情中,盼涨情绪将会产生,股价开始上涨。三是随着经济逐渐好转,企业效益得到改善,股价从谷底开始上升,一旦回跌便有人迫不及待地买进,股价节节上升,大涨小回,多头势力形成,并逐步强于空头力量,多头市场形成。

随着多头市场继续扩展,越来越多的人由空头变为多头,很少出现大量抛售,股价持续攀高。然而,此时股价已进入偏高态势,维持股价稳定上升的资金也告尽,股市、经济处于过热,甚至出现泡沫现象,此时,紧缩政策出台或稍遇不利消息,股价就会"高台跳水"。此时是抛售股票的最好时机。

在经济过热、通货膨胀严重的情况下,在转入空头市场的首次股价跌落时,虽然预期股价还会上升的投资者仍竭力买进,但终因卖盘较重,买盘已到强弩之末,股价首次反弹失利,形成又一个空头市场,引致更多的股价下跌。

投资者可以根据经济走向,判断经济周期性,从而判断股价变动趋势。对于周期性股票,投资者应把握以下投资技巧:

弱化对短期趋势的关注,把握股价变动的长期趋势和中期趋势。如果进行长期投资,在长期上涨趋势的底段和中段买入,持有到高段卖出。只要对长期趋势预测准确,对股价中短期的回调,都要坚信股价还会反弹,等待最后的卖出时机。如果进行中期投资,则要在股价波动的底段买入,把握股价上涨的时间,并在持有一段时间后将其卖出。由于中期波动的上涨距离有限,若在上涨了一阵后买入将导致投资者无利可图,甚至亏损。短期趋势的股价变动是最难以预测的,因此短期投资的难度也是最大的。如果进行短期投资,投资者应尽量在股价的中期上涨趋势中进行短期买卖。即使预测失误,股价不涨反跌,投资者也可以选择持有一段时间,等待股价的反弹再伺机卖出。通过对短期投资的中期化,可以有效规避风险甚至获取利润。

二、运用股价阶段性波动进行买卖

股价变动分为上升阶段、下跌阶段和盘整阶段。

股价进入上升阶段之前,往往要经过长时间的蓄势阶段。此时需要运用庞大的资金,耗费巨大的力量,才能推动股价上涨。一旦股价起步,资金持续流入,多头行情逐渐形成。当行情提升到某一程度时,即使不再有增量资金的持续流入,股价也能保持继续一段时间的持续上涨。

当股价经过持续上涨至高价后,获利者套现离场,股价将面临沉重的抛压。此时,买家有限,股价无法向上突破,且难以维持高价位,股价反转进入下降阶段。与股价逐步上涨不同的是,股价的下跌往往异常猛烈,甚至一泻千里直达底部,后逐渐平稳下来,股价进入低价位。

盘整是股价在某一区间上下波动保持横向的运动,无法向上或向下突破,形成一种多空僵持的局面。

投资者可以通过股市阶段性的波动,抓住买卖时机以获取利润。

(一) 买进时机的选择

(1) 交易清淡时期或者股价跌势末期,为长期投资者进场的时机。在交易清淡时入场进行长期投资,虽然短期内不能获得差价收益,但从长期来看,投资成本低,相对将来可能获得的股利收入而言,投资报酬就比较高。所以,在交易清淡时,短期投资者应该旁观,长期投资者应该进场。而对于股价末期,表示股价继续下跌空间有限,长期投资者可以逐步建仓,等待股价止跌反转。

(2) 股价涨势启动,确定股市回升,为中短期投资者的入场时机。中短期投资者虽然不能赚足全段行情,但却能够稳当赚取短期利益。

(3) 股票基本面不变,股价回调,意味着股票投资价值的增加,为投资者提供了入市的时机。

(4) 其他,如重大利好政策的出台,利空消息出尽,人气、资金聚集,经济指标改善,公司利润持续增长,不确切谣传造成股价非理性下跌等都可能成为投资者购入股票的好时机。

(二) 卖出时机的选择

把握卖出时机,投资者才能实现预期的收益。一般来讲,以下一些情况是常出现的卖出时机。

(1) 股价持续上涨已至高位,上升乏力,形成高位短期盘整形态,且成交量难以放大,此时买方力量已是强弩之末,不再具有优势,投资者可择机卖出以锁定收益。

(2) 行情在高峰阶段,成交量突然递增,而股价却未上涨,有做头迹象时,表示可能有大户的筹码流出。在这种情况下,可以参考 K 线、成交量、均线和技术指标,当有一两种指标背离,对行情迷惑不解时,散户投资者不妨将手中股票变现,再观动静。三大系统中,量价关系最重要。

(3) 经济指标、企业利润不如预期,股价进入下跌阶段。跌势形成的初期,为中短期投资者的卖出时机。

(4) 从价值中枢看,当股指高于年线很多,处于年线为中轴的轨道的上轨时,或市场平均市盈率远远高于证券市场理论价值中枢时应卖出股票。

(5) 其他,如人气、资金散失,成交量逐日萎缩,市况一天不如一天,重大利空消息酝酿或出现时,主力预期收益实现,市场扩容高峰期等往往为卖出股票的时机。

三、把握股价变动的季节性规律

以一年为投资周期来看,股市也存在季节变动规律。

从市场整体情况来看,在年末,一方面,工商企业对资金的需求更为迫切,市面资金较为缺乏,会出现银根短缺的低潮行情;另一方面,消费者增加消费,股市资金被分流,也会引起股价的下滑。

从公司经营来看,某些行业公司的经营具有较强的季节性。投资者要关注公司经营季节性的规律,一般在经营淡季,股价较为低迷,旺季收益兑现,实现增长,股价将上升。

因此,除了经济异常的年份,对于股价的这种季节性的规律性变化,投资者可以斟酌投资时机,考虑在股价低潮季节的末期择机入场买进股票,在股价高涨季节的末期择机卖出股票,把握投资获利机会。

四、关注公司的除权除息

就整个股市的股价走势来看,一般在发行公司除息除权期间,是股价表现较好的时期,投资者会在除息除权前购入股票。

股市在除息除权期间,投资者买气较盛的原因在于:一是投资者可以立即获得投资的报酬,因而持股意愿较强;二是股票经过除息除权,价位较低,有利于股价的调整和对投资者的吸引;三是发行公司将经营一年来的部分盈利成果分发给股东,使得股市里的资金充裕起来,公司盈利可期的情况下,对未来股价上涨预期,也会吸引投资者增加投资。

五、把握股价加速变动的时机

股价加速变动是影响股价的因素出现后,股价以超出该因素本身的影响力而加速上涨或下降。股价与一般商品价格的决定过程存在区别,决定了股价变动会呈现加速变化的特征。

在商品价格的决定过程中,当一般商品的需求量增加时,价格上涨,厂家利润随之增加,生产者就会设法增加生产,供给随之增加;反之,当一般商品的需求减少时,价格随之下跌,而这些商品的生产和供给量也会减少。

然而,就股价来说,当利多消息突然出现时,投资者纷纷买进,推动股价上涨。但是,由于股票持有人也对股市前景看好,反而惜售股票以待价格进一步上升获利,因此,供给不仅不会增加,反而可能减少,促使股价加速上涨;反之,当突发利空事件时,需求必然减少而引发股价下跌,此时持股人大量抛售股票,股票供给增加,加速股价下跌。

对于股价加速变动的特征,一些投资者的投资策略是跟随策略——别人买我也买,别人卖我也卖。但这种做法在实战中存在很多弊端。当某只股票被集中购买而股价迅速上涨,此时跟着买,股价已上涨,买入后即使股价还会上涨,但获利也相对减少了,也有可能买在了高价位上,一旦股价下跌,即有被套牢的风险。当某只股票因被大量抛售价格急跌,此时跟着卖,价格已下了一个台阶,损失则不可避免。跟随的做法很容易落入市场操纵者的圈套,导致在高价位被套牢,这在个股行情中常常发生。因此,投资者应当按照自己的判断,早发现股价加速变动的信号把握投资机会,而不是一味跟随。

第二节 证券投资技巧

证券投资方法和技巧多种多样,这里我们介绍几种典型的方法和技巧。

一、趋势投资法

趋势投资法是投资者根据市场趋势变化制定投资方案，进行中长期股票投资的基本方法。其基本前提是认为市场中的一种趋势一旦形成便会持续一段较长的时间。运用趋势投资法进行证券投资要对市场的主要趋势有较为准确的判断，以把握低价买进、高价卖出并确定牛熊市的相互转换，选择最佳买卖时机。但实际上投资者要掌握这些时机并不容易。在股价涨跌中，投资者需要区别其涨跌是大势还是间歇性的回落、反弹，根据股价的变动采取相应的对策，最重要的是要确定处于哪一个阶段，而这往往是十分困难的，需要进行综合的分析判断。

趋势投资法两种典型的方法是道氏投资法和哈奇投资法。

（一）道氏投资法

道氏投资法是以道氏理论为依据的证券投资方法。根据道氏理论，股票价格运动分为主要趋势、次要趋势、短期趋势。道氏投资法的基本原则是，投资者应在主要趋势上升时买进并持有股票，在主要趋势下降时卖出股票。股价的主要趋势分为四个阶段，即呆滞期、回升期、活跃期、回落期，投资者在这四个阶段的投资策略应有所不同。股价呆滞期，大部分股价下跌，股价偏低，投资者尽量不要持有股票，以观望为主，关注价值低估的股票。在呆滞期的末期，要关注"个股轮动"现象。在股市呈弱势阶段中，先有少数股票轮番上涨，然后其他一部分股票跟进，最终导致行情改变，从而引来全面的股价上涨，此时股价进入回升期。股价回升期，应买入在呆滞期股价被打压严重、价格低估的股票，并适当购买一些高风险的股票。此类股票随着回升期的推进及活跃期的到来，股价也随之回升。股价活跃期，价格不断上升，并持续处于高位，投资者应该停止购买股票。股价回落期，价格由峰顶开始下降，投资者应逐步分批卖出高风险股票，转为现金或其他优良的资产。

运用道氏理论进行投资，以下几点需要注意：

一是道氏理论只推断股市的基本趋势，不能推断大趋势里面的升幅或者跌幅的程度。因此，对于运用道氏投资法的投资者来说，难以准确确定具体的购入点和抛出点。

二是运用道氏理论投资者无法预测股价的最高点和最低点。只有主要趋势出现了明显的转变，才能确定股价的最高点和最低点，这时已经过了抛出或买进的最佳时机。

三是道氏理论注重长期投资趋势的预测，对股价中期趋势，及长期波动初期股价的变动走势预测相对乏力，容易出现偏差。因此，道氏投资法往往忽视中短期波动对长期投资的影响。

四是投资者无法运用道氏理论达到选股的目的。

（二）哈奇投资法

哈奇投资法是美国著名投资专家哈奇的投资策略，其对所购买的股票品种进行定期的计算和预测，并以此为依据进行买卖。哈奇投资法的核心是以市场趋势 10% 的变动作为转换投资计划的转折点。哈奇认为股市是一个波动的市场，在一两个月内，许多股票的价格波动幅度超过10%。把握住10%的上下限，在低价时买进，在高价时卖出，这样就可以从中获利。哈奇投资法不做空头交易。因此，哈奇的这种投资方法也称为"赚10%法"。

哈奇投资法的具体做法为：每周末计算所购股票价格的平均值，每月再将各周的平均值相加，求出该月的股价平均值。然后，将这个平均值与上月的最高价位进行比较，如果平均值与上月的最高价位相差未达到10%，对股票不做调整。如果平均值与上月的最高价比上升了超过10%，则卖出全部这些股票。如果已卖出的股票周平均值或月平均值由上月的最低价位点下降了10%时，则再购进这些股票。买进以后若上涨10%，再抛出，如此反复。

哈奇投资法具有高度机械性、简单性与确定性的特征，是股价变化大势已定时才进行操作，也是一种适用于短期趋势投资的方法。

哈奇计划法的优点是判断简单，注意了股价的长期运动趋势。在采用这种方法时，投资者还可根据不同股票类型的股价变化特征，改变转换的幅度，增加其运用的灵活性，提高风险规避能力。

哈奇投资法的不足之处在于：一是此种投资方法的高度机械性。投资者采用这种方法，如果股票售出后股价继续上涨，就有可能失去获得更多利益的机会；相反，当遇到股市不景气，股价长期达不到其要求的涨幅时，股票无法按原定计划抛出，至少在短期内无法获利，甚至致使资金被困住。正是由于这个原因，哈奇本人有些股票的持有时间就长达6年。二是运用这种方法，投资者应将投资成本考虑在内，如考虑税收和佣金等。如果这种成本过高，将导致投资获利较少，甚至无利可图。

二、被动投资法

被动投资法又称为消极投资法。被动投资法基于这样一个信念：市场是有效的，投资者无法获得超过整体市场的超额收益，因此，投资者不用花费大量的时间和精力进行股票市场分析，以达到"击败市场"的目标。既然投资者不能获得证券的超额收益，最好的投资策略就是投资多样化，避免将"所有的鸡蛋放在同一个篮子里"。投资者只要选择适合其风险承受能力的投资组合即可。

被动投资法一般用于资产分配和证券选择。在决策资产分配时，投资者对不同市场上的证券预期不管有何变动，并不改变其投资组合中各资产的投资比例。只有随着时间的推移，年龄和财富出现的变化引起风险承受能力的变化时，资产组合的投资比例才会被加以调整。

在操作上，被动投资法是投资者持有一个指数化的投资组合，即投资者购买股市指数成分股，并使投资于成分股某种股票的金额与该种股票的市值占股票市场总市值的比率成正比。该投资组合复制了整个市场的收益率，而不是把赌注押在某个证券或某一部分证券上。例如，某投资者拟将10万元资金投资于股市，倘若股市指数为4个成分股，各个股票市值占整个股市总市值的比重分别为26%、24%、30%、20%，则投资者购股的资金分配分别为26 000元、24 000元、30 000元、20 000元。这样，投资者持有股票市值的变化率与指数的变化率保持一致，并获得与指数收益率相同的收益率。

投资者在使用被动投资法时，也可作适当调整，保留一个"被动股"，即按被动法买进组合中的大部分股票，对少量股票进行调整。比如，从组合中去除个别绩差股，而适当增加绩优股的比重。

在投资者没有足够资金购买所有指数成分股的情况下，也可挑一些与指数相关系数大的"指标股"，达到接近获得指数收益率的目标，而不必花大量的时间分析个股。

运用被动投资法的优点是：投资者不必花大量时间和精力去研究个股，而只需关注影响市场走势的因素。被动投资法适合利用业余时间买卖股票的投资者，以及对个股缺乏深入了解的人。此外，采用此种方法进行投资组合可有效地分散投资风险。

三、顺势投资法

顺势投资法是投资者在股价变动趋势明朗之初，确认趋势，顺势而为的投资方法。顺势投资法是股票投资者追求投资利润必须服从的法则。尤其小额投资者由于投资能力有限，无法控制股市行情，只能跟随大势获取收益。因此，采取顺势投资就成为小额投资者普遍采用的投资方法。顺势投资法应遵守以下基本规则，即当整个股市大势向上时，买进股票持有；股市萧条或下跌时，则卖出股票持币伺机而动。凡是顺势而为的投资者，不仅可以达到事半功倍的效果，而且获利的机会也大大增多；反之，如果逆市操作，则可能得不偿失，甚至造成巨大损失。

采用顺势投资法有两个前提：一是涨跌趋势必须明确；二是必须及早对趋势作出准确判断，否则，可能导致投资失败。比如，当股价走势确认为涨势时，但又已到回头边缘，此时若顺势买进，极可能买到高位，甚至接到最后一棒，股价反转，投资的股票被套牢。相反，若股价属于跌势，但已到回升的边缘，这时顺势卖出，就可能因卖到最低价而后悔。因此，投资者在运用顺势投资法时，如果无法及早确认股价变化趋势，不要盲目跟随。

顺势投资法的优点是能够把握股票市场的长期趋势，顺势而动。但同时也会产生下列问题：

第一，投资者若错误地估计了股价的发展趋势，则制定顺势投资及组合调整将给投资者带来巨大损失。

第二，即使投资者正确地估计了股票市场的发展趋势，在投资者确定了投资组合并不进行调整的情况下，短期内股市的波动也会使投资者收益减少，使投资者无法实现收益最大化。

四、分段分级投资法

(一) 分段投资法

分段投资法可以分为分段买进法和分段获利法两种。

1. 分段买进法

分段买进法是投资者将其资金分成若干部分，多次分段买进股票，而不是将手中拥有的资金一次性投入购买某种股票或股票组合的投资方法。分段买进法又可分为两种做法：

(1) 买低法。即当股价跌到一定程度时买进一批,待股价下落一小段后再买进一批,以后再陆续买进若干批次。此种做法,需要等到该股票价格反转后方能获得利润。

(2) 买高法。即投资者在某价格水平买进一批,股价上涨一小段后再买进第二批,以后依次买进若干批次。这种做法相对买低法在投入资金时即可获利,但风险大,适宜风险偏好强的投资者。

2. 分段获利法

分段获利法就是当所购买的股票创下新的高价行情时,将部分股票卖掉,及时赚取相应的价差,再将剩下的股票保留下来,分次抛售。使用分段获利法的投资者在股价呈现疲软下跌时,虽然会因价格下落而减少所得利润,但比一次买卖要稳妥。如果股价居高不下,还有可能提高利润率。分段获利法适合相对稳健保守的投资者。

(二) 分级投资法

分级投资法是投资者并不确定投资时间、金额,而是根据证券价格涨跌的一定幅度,不定期购买或出售一定数量证券的投资方法。它较适用于股价起伏不大的情形。投资者采取此种方法投资,首先就是要确定股价变动的某一等级或幅度,如确定为上升或下跌 2 元、4 元或者 6 元为一个等级。每当股价下降一级时,便购进一定单位量的股票,当股价上升一级时出售一定单位量的股票。这样,投资人就可以使其购买股票的平均价格低于出售的平均价格,从而获得差价利润。例如,某投资者投资 A 股票,确定每一等级为 2 元。第一次购买 1 000 股,每股价格为 30 元。当价格下跌到 28 元时,再购入 1 000 股,降到 26 元时再购入 1 000 股。如此,购入的平均价格为 28 元。若此后股价开始反弹,当股价上升至 30 元时,卖出 1 000 股,上升至 32 元时,再卖出 1 000 股,直到股价上升至 34 元时,卖出另外 1 000 股,股价出售的平均价格为 32 元。经过这一过程,不计佣金的情况下,投资者可以获利 12 000 元。

在执行分级投资过程中,投资人要同时做停止损失委托,一旦股价下降到平均线以下,投资人就必须取消他的投资计划,以免蒙受损失。例如,股价在上升至 32 元后再次下降,股价低于购入平均价格 28 元,投资者应实施停止损失委托,取消分级投资。

分级投资法是根据事先确定的等级来买卖股票,投资人可以不必顾及投资时间的选择,但是,这种投资法不适用于持续上升或持续下降的股票。因为在持续上升的多头市场中,投资人由于分次出售而失去本来可以得到的更大利润,反之,在持续下跌的空头市场中,投资人要连续不断地按照分级的标准来加码购买,他便可能失去出售的机会。

五、平衡组合法

稳健的投资者在对资金进行分配组合投资时,考虑流动性、安全性和收益性的平衡。平衡组合法主要的投资方法如投资三分法、哑铃式投资法等。

(一) 投资三分法

投资三分法是投资者将资金分配于不同资产形态上的一种方法。即投资者将其资金分为三个部分:1/3 资金存于银行,以备不时之需,或等待更好的投资机会出现或用来弥补投资的损失；1/3 资金用于投资股票、债券等有价证券作为长期投资；1/3 资金用于购置房屋等不动产。其中，购买有价证券的资金中，1/3 可分配于安全性较高的债券或优先股，1/3 购买普通股，1/3 作为准备金。投资三分法是投资组合原理的具体运用。存入银行的资产具有较高的流动性和安全性，但收益较低；购买债券或优先股尽管收益稳定，但安全可靠；购买普通股，目的是获取预期丰厚的未来投资收益，但风险较高；保留一部分资金作为准备金，则可以在股票市场上出现较好的投资机会时进行追加投资，也可在投资失利时，用作失利后的补充和用作承担损失的准备；不动产变现慢，但可以给投资者带来长期收益。将全部资金合理地分配于以上三种形态的资产，投资的收益性、流动性和安全性可以相互补充，相得益彰。

（二）哑铃式投资法

哑铃式投资法是投资者分别将资金集中投资于两种类型的证券，即短期证券或长期证券，很少投资或放弃中期证券的投资方法。投资者根据市场利率变动，调整资金在两种证券间的分配，以保持证券头寸。该种投资法兼顾了投资的流动性与收益性。

在操作上，当长期利率看跌引起长期证券价格看涨时，投资者将卖出部分短期证券，转而购进长期证券；当长期利率看涨引起长期证券价格看跌时，投资者则卖出长期证券而购回短期证券。同理，短期市场利率的升降也同样影响投资者对长短期证券头寸的分配。这种方法的关键在于对市场长、短期利率变化的准确预测。

六、"拔档子"投资法

"拔档子"投资法是投资者在较高价位卖出所持有的股票，等价位下降以后再补回来的投资方法。它是多头降低成本，保持实力的一种操作方式。

投资人"拔档子"并非对股市看空而抛售股票，也不是真正有意获利了结，而是趁价位高时，先行卖出，以便股价上升受阻调整时，赚取一段差价。通常"拔档子"卖出与买回之间不会相隔太久，最短期的可能只有 1~2 天，最长也不过 1~2 个月。

"拔档子"投资法可分为两种：一是"挺升行进间拔档"，即投资者在行情上涨一段后卖出股票，回降后补回。此种情况多为多方主力在推动行情上涨时，价位已大幅上升，在遇到上升阻力后，自行卖出，迫使股价短暂回落，以化解上涨阻力，而后再行补回，以使行情再度冲涨。二是"滑降间拔档"，是投资者在高价套牢或做多头者自知实力弱于卖方，在股价下跌或尚未跌低以前，先行将所持股票卖出，待股价进一步下跌后再补回，降低投资成本，达到转败为胜的目的。

七、保本投资法

保本投资法是指在经济景气不明显、行情变化难以捉摸时，投资者先定出获利卖出点和停止损失点，以确保获利或避免投资本金遭受损失。这里"保本"并不是保投资人用于购买股票的总金额，而是投资者心目中不容许损失的那部分金额。因此，不同投资者都有心中的"本"。"本"不同，所确定的保本数额就有很大的差异，有些投资者的"本"定得可能高些,有些定得则低些。

保本投资的关键在于作出卖出的决策,确定获利卖出点和停止损失点。

获利卖出点是股票投资者在获得一定数额的投资利润时,决定卖出的那一点。这里的卖出,不一定是将所有持股全部抛出,而是卖出其要保"本"的那一部分。例如,某投资者在开始投资时以每股 20 元的价格买进某种股票 100 股,这时的投资总额就是 2 000 元,如果该投资者将其所要保的"本"定为总投资额的 50% 即 1 000 元,那么,在行情上升的市场上,当价格上升到使其所持有股票的总值达到投资额加上其所要保的"本",即达到获利卖出点 3 000 元,股价是每股 30 元,这时,该投资者就可卖出一部分持股,只要能保证"本"即 1 000 元,这部分股数为 $1\,000 \div 30 = \frac{100}{3}$ 股,即可卖出原有持股的 1/3。保本之后的持股量为余下的 2/3,即 $100 \times 2/3$ 股,股价总值为 $100 \times (2/3) \times 30 = 2\,000$(元)。也就是说,保本后持股数量虽然减少了,但其所持股票的价值仍与其最初投资总金额一样。实际上,投资者可将其所收回的"本"1 000 元视为投资利润。

在第一次保本以后,投资者还可以再确定要保的第二次"本",其比例可以按第一次保本的比例来定,也可以按另一个比例来定,一般说来第二次保本比例可定低一些,等到价格上升到获利卖出点时,再卖出一部分,行情如果持续上升,可持续地卖出获利,以此类推,可以做多次获利卖出。

停止损失点是当行情下跌到投资者心中的"本"时,立即卖出,以保住其最起码的"本"的那一点,即当股价下降到持股总值仅等于投资总额减去要保的"本"时的点。此时,投资者在行情下跌到此比例的时候,全部卖出所有持股,以免蒙受过多损失。假如上例中股价不是上升而是下降了,此时的停止损失点就是 $(2\,000 - 1\,000) \div 100 = 10$(元),这时若把全部持股卖出,正好保住要保的"本",即 $100 \times 10 = 1\,000$(元)。

八、渔翁撒网法

渔翁撒网法也称"守株待兔法""一揽子股票法",是投资者在各种股票价格交错波动中采取的一种"满湖撒网"的策略,即购买一揽子股票,期望通过上涨的股票的收益来弥补价格下跌股票遭受的损失,以获取互补收益。股票市场上所有种类的股票同时上涨或同时下跌的情况是不多的,除非某些特殊因素引起了股市大波动,一般都是某几种呈上涨趋势,另几种呈下跌趋势。一般投资者难以选准上涨的强势股。如果把资金投入一种或几种价格下跌的弱势股,则将造成损失。在这种情况下,投资者可根据自己的资金状况,选择多种行业或多种股票进行投资,而后确定一个获利卖出点或低价买入点。当某股价上升时可择机卖出,某种股价下跌时可适时买进。

渔翁撒网法的优点在于购买一揽子股票是一种用分散投资来降低风险的投资策略,即使在股市行情普遍下跌的情况下,由于投资者握有不同行业的多种股票,选择的余地相应较大,也能相对减少损失。缺点在于强势股持续强势或者弱势股持续弱势的市况中,持股一旦涨价便抛出,其结果往往是收益减少,同时却因长期持有弱势股导致资金被挤占。

与之对应的"反渔翁撒网法"也是采用买进"一揽子"股票的方法。不同的是,该方法是多增加价格上升的股票的购买量,抛出价格滞涨或下跌的股票,以获得更多的强势股,提高获利能力。使用这种方法的前提是看准股价变化趋势。但在变幻莫测的股市里,投资者往往由于买进股票后价格下跌或卖出股票后价格反弹而遭受损失。集中投资或撒网式投资谁优谁劣,要视情况而论。20 世纪 60 年代,集中投资策略更多地为美国的一些投资顾问公司采用。一些投资收益率极高的公司的股票受到这些公司的关注。由于这些投资顾问公司的推波助澜,这些股票的价格迅速上涨,投资者也因此获得丰厚的利润。20 世纪 70 年代中期后,能源危机引发的西方国家的经济动荡使股价产生剧烈波动,集中投资将产生巨大风险,撒网式投资等分散风险的投资方法受到了更多的关注和运用。

采用"渔翁撒网法"应注意:第一,"渔翁撒网法"是适合在难以准确选择股票的情况下采取的投资方法,也是一种较为消极的或被动的方法。第二,经济前景不好的情况下,不应采用此法,以免持有一大堆只跌不涨的股票。第三,需有选择地购买一揽子股票,其中,表现较好的绩优股、成长股应占较大的比例,以保持合理的种类结构。要选购相关性小的行业的股票,使一揽子股票起到分散风险的作用。

九、滤嘴投资法

滤嘴投资法,又称滤嘴法则,是投资者在股市处于涨势末期或跌势末期时,确定价格下降或上升的固定比率卖出或买入股票,通过牺牲或放弃一小部分利润,来确保预期利润的投资方法。

在股市上,投资者一般都希望能够以最低价买入和最高价卖出证券,但何时最低价和最高价却难以推断。滤嘴投资法不追求最低价买进和最高价卖出,而是在股价涨势反转下跌后追求次高点卖出,在跌势反弹中以次低点买入。

滤嘴投资法中,投资者先拟定一段行情中愿意少赚的比率,这一放弃或少赚的比率通常称为滤嘴。采用滤嘴投资法操作的投资者,其股票"买点"是在股价持续下跌后,反弹到投资者确定的滤嘴比率时买入。"卖点"则是在股价涨势结束,回落到投资者确定的滤嘴比率时卖出。比如某一投资者拟定的滤嘴比率为 10%,在下跌行情中,如果股价回升比率不到 10%,均不作买进的考虑;一旦跌势遏止,反弹回升的比率达 10% 时,则毅然买进。同理,在上涨行情中,一旦股市结束涨势而跌幅达到 10% 的程度,则立即卖出,以便在跌势中保住已赚取的利润或避免更大的损失。

从实践经验来看,在长期的涨势或跌势中,采用滤嘴投资法是一种比较稳妥的投资方法。但当股市波动幅度不大时,采用滤嘴投资法则会造成交易过于频繁,导致投资者需要缴纳的交易税费比重过大,使滤嘴投资法失效。

十、摊平成本投资法

摊平成本投资法是指投资者在买进股票后,由于股价下跌,手中持股处于亏损状态,在股价再度跌落一段以后,投资者再以低价加码买进一些股票以压低成本。采用此投资方法的目的是在加码买进同种股票后,通过降低单位平均购股成本,使投资者在股价反弹中获利。采用摊平成本法的先决条件是,经济发展前景乐观,所投资股票的实质条件没有发生变化。

摊平成本法主要有两种方式:

1. 逐次等额买进摊平法

投资人第一次买进股票后被高位套牢，等待股价下跌到一定程度后，分次买进与上一次数额相等的股票。运用这种操作法，投资人在第一次投资时，必须严格控制只能投放全部资金的一部分，以便将剩余资金用作等额摊平。如果投资人准备分3次来购买摊平，那么他第一次买入1/3，第二次和第三次再各买进1/3。例如，某投资人先以每股30元的价格买进100股，接着股价跌到20元，他应在此价位再购买3 000元，买进150股，此时的平均成本变为24元（6 000÷250），即只要股价回到24元，即可保本。假设第二次买进后股价又下降到15元，投资人第三次再买进3 000元（200股），这时平均成本为20元（9 000÷450），只要股价回到20元就能保本。

因此，投资人采用这种方法三次买进后，行情仍持续下降，只要行情有机会回到第二次的买进价位，就可保本，略超过第二次买进价位即可获利。

2. 加倍买进摊平法

这一方式是在第一次买进后，如果行情下跌，则第二次再买进第一次倍数的股票，以便摊平。加倍买进摊平法有二段式和三段式两种。二段式是将总投资资金分成三份：第一次买进1/3，如行情下跌，则买进另外的2/3。例如，某投资者开始以每股30元的价格买进1 000股，现价格跌落到每股25元，投资者决定在此价位买进2 000股，这时平均成本降为每股26.67元。等股价回升超过每股26.67元时，即可获利。

三段加倍买进摊平的操作方法是指在第一次买进后，遇股价下跌，第二次买进第一次倍数的股票，第三次再买进第二次倍数的股票，三次买进的比例为1∶2∶4。因此，三段加倍买进摊平法是将总投资资金分成7份：第一次买进1/7；如行情下跌，则第二次买进2/7；如行情再下跌，则第三次买进4/7。采用三次加倍买进摊平法，如果在第二次买进时就回升，则价格只要回升差价的1/3即可全部保本。如果在第三次买进后价格回升至第二次买进时的价位，即可获利。例如，某投资者以每股30元的价格买进1 000股，股价跌至每股25元时，投资者决定再买进2 000股。若此后股价回升至26.67元 [25+（30-25）/3]，投资者即可保本。若股价跌至每股18元，投资者再买进4 000股，则股价升至均价21.71元，投资者即可保本，若升至第二次买进的价位时，即可获利。

运用此种方法进行操作时，至关重要的是确定好加码摊低成本的价格。一般来讲，其价位越接近谷底，对投资者越为有利，一方面可使投资成本下降，另一方面则可减轻加码部分的投资风险。此外，采用加倍买进摊平法还需要特别注意分析大市走向，因为该法采用的是越低越买，但如遇到空头市场跌幅过大，则资金有可能长期套牢，因此，投资者必须密切关注市场的走势。

十一、资金成本平均化投资法

资金成本平均化投资法是投资人以固定金额的资金，定期有规则地投资于一定种类证券的投资方法，即不管股价如何变动，均定期定额买进股票。由于市价较高时买进的股数少，市价偏低时买进的股数多，因而投资者的每股平均成本往往低于每股平均市价。一定时期下来，投资者持有的股票平均价格必定偏低，因此有利可图。此种方法较适用证券价格剧烈波动时期的操作。

这种技巧的具体做法是：投资者选准某种优良股后进行长期投资，每隔一定时间（如1 个月、1 个季度等）投入固定的资金，这样长期继续下去，而后选准一个高价位，将手中的股票全部卖出。这种方法操作简便，只要选准股票品种，定能获利。

比如，某一投资者根据自己的收入状况，决定每月将 2 000 元固定投资于某种股票，其投资情况如表 10-1 所示。

表 10-1　　　　　　　　　　资金成本平均化投资法示例

投资时间	每股市价（元）	投资金额（元）	所购股数（股）
3月1日	20	2 000	100
4月1日	25	2 000	80
5月1日	40	2 000	50
6月1日	35	2 000	57
合计		8 000	287

在表 10-1 中，每股市价平均值为（20 + 25 + 40 + 35）÷ 4 = 30（元），而该投资者购进的 287 股的平均价格为：8 000 ÷ 287 = 27.87（元）。可见，运用资金成本平均化投资法购买的股票的平均成本比平均市价每股低 30 - 27.87 = 2.13（元），这就是采用资金成本平均化投资法的收益来源。投资者在平均成本价之上卖出，都可以获得一定的差价收益。假如该投资者在平均市价 30 元以上时全部卖出，至少可获差价收入 610 元，即 287 × 30 - 8 000 = 610（元）。

资金成本平均化投资法的优点在于：一是方法简单，投资者只定期定额投资，不必考虑投资的时间确定问题，因此也适用于定期有稳定收入的投资者。二是此方法既可避免在高价时买进过多股票的风险，又可在股票跌价时，有机会购进更多的股票。三是运用少量资金便可进行连续投入，并可享受股票长期增值的利益。

在实践中，采用资金成本平均化投资法应注意：

第一，选择经营稳定、利润稳定上升的优质股，对这种股票进行长期投资才比较有利。

第二，这种技巧适合于投资期限较长的投资者，投资期太短则无法达到投资效果。

第三，尽量选择稳步上升的股市。在投资过程中，如果发现股市由上升趋势转为下跌趋势，投资者应尽早抛售股票，以免被套或受损。

十二、固定金额或比例投资法

（一）固定金额投资法

固定金额投资法，也叫常数投资法，是指既定的投资总额中保持股票金额在一定水平上的一种投资方法。以投资股票债券资产为例，为了固定股票投资总金额，投资者就要通过股票的买卖抵消股价升降的影响，即当股价上涨，股票市值总额超过原定金额时，则把超额部分卖掉买进债券；当股价下跌，股票市值总额低于原定金额时，则卖出债券买入股票以弥补不足额部分。

固定金额投资法完全遵循了"低进高出"的原则，操作方法简单，不必过多地考虑投资的时机问题，安全性较高，风险较小。其具体操作为：（1）投资人分别购买一定比例的股票和债券，并确定固定的股票投资金额。（2）确定股票买卖时股价涨跌幅度的百分比。（3）维持股票固定的投资金额。当股价上升使所持股票市值超过百分比时，出售股票的增值部分来购买债券，同时确定另一个百分比，当股价下降使股票市值低于这个百分比时，就出售债券来购买股票，以弥补不足额部分。

例如，投资者拥有资金 20 000 元，将其中 10 000 元用于购买股票，另外 10 000 元购买债券，并确定股价上涨 20%，卖出股票转为债券，并保持股票金额不变；反之，股票下跌 20%，卖出债券，买入股票，补足股票金额。如果投资者想保证其股票投资总额为 10 000 元不变，就要根据市场行情来买卖股票以达到平衡。当投资者所持股票上涨到 12 000 元时，则出售 2 000 元的股票，使其股票的价值保持在 10 000 元水平上，并把出售股票收入的 2 000 元转为债券投资。相反，当其持有的股票下跌到 8 000 元时，则出售 2 000 元的债券用于购买股票。这样，随着股价的波动，通过投资者对股票和债券的买卖调整，使手持股票的总额固定在 10 000 元这个常数上。

（二）固定比例投资法

固定比例投资法亦称"不变比例法""耶鲁投资计划法"。为了既能增加收益又能降低风险，投资者可将自己的资金分别购买股票和债券，并使两者长期保持一个固定比例关系。当股票价格上涨时，股票与债券的比例就会失去平衡，此时可出售部分股票并买入债券，以恢复股票与债券的原有比例；反之，当股票价格下跌时，为维持原有的比例关系，则出售部分债券并买入股票。至于具体比例的确定，要视投资者的目标而定。积极进取型投资者，股票占比高；追求安全较为谨慎的投资者，债券所占的比例则较高。此外，在维持固定比例的原则下，还要确定一个股价的涨跌幅度作为调整比例的界限，如在维持股票总值与债券总值的固定比率为 6：4 时，确定当股价上升 20% 时，就卖出股票买债券；当股价下跌 20% 时，就卖出债券买股票。

运用固定比例投资法，投资者在高价位卖出股票，低价位买进股票，买卖时机掌握得当，便可获利。例如，某投资者有资金 10 000 元，决定采用固定比例投资，将资金按 6：4 的比例分为两部分，其中 6 000 元投资于股票，4 000 元投资于债券，并确定 30% 涨跌幅度作为买卖股票的比例界限。即当股价上升 30% 时卖出股票而购入债券，当股价下降 30% 时卖出债券而买入股票。同理，当债券价格发生变化时，也要相应做出买卖的调整。当股价上升 30% 时，股票的市值为 7 800 元（6 000 + 6 000 × 30%），原有的股债间 6：4 的比例被打破，为恢复两者原有比例，则需要将股票增值部分（1 800 元）的 $\frac{4}{10}$（即债券所占比例）共 720 元转换成债券。此时股票总额为 7 080 元（7 800 − 720），债券的总额为 4 720 元，两者比率仍为 6：4。反之，如股价下降 30%，股票的总金额为 4 200 元（6 000 − 6 000 × 30%），原有 6：4 的比例被打破，为恢复原有比率，应卖出的债券金额为 720 元 $\left(4\,000 \times 30\% \times \frac{6}{10}\right)$，购入股票。这样，股票的总额为 4 920 元（4 200 + 720），债券的总额为 3 280 元（4 000 - 720），两者比例仍为 6 : 4。

十三、金字塔投资法

金字塔投资法，也叫三角形操作法，以正三角形的变化作为购入股票的依据，以倒三角形的变化作为卖出股票的依据。

在正三角形状态下，底边线的长度代表投资者购买股票的数量，底边线的高低位置代表股票的价位，三角形的角度代表影响股票价格的各种因素。在角度不变的情况下，底边线位置的高低决定了底边线的长短，即在其他条件不变的情况下，股票的价位越低，投资者购入的股票数量越多。随着股票价位的提高，股票的购买量越来越小，从而形成一个正三角形或正金字塔形。这种正三角形的购买方法有两点好处：一是，若股价处于上升趋势，则各次购入的股票都将获得差价收益；二是，若投资者第二次、第三次买入后股价下跌了，但由于第二、三次买入的股票减少，其损失将会少些，或者盈亏相抵，甚至略有赚头。因此，金字塔买入法是增加获利机会而又尽可能减少风险的一种购买股票的方法。

在倒三角形状态下，上底边线的长度代表出售股票的数量，上底边线的位置代表股票的价位。在角度不变的情况下，上底边线位置的高低决定了它的长短。这意味着，股价的高低决定了投资者卖出股票数量的多少。当股价下跌时，投资者将逐渐减少卖出量；股价上升时，卖出量增加，从而赚取更多的差价。因此，倒三角形投资法也是一种既能把握更大机会又能减少风险的制胜战术。但是，当持股已有足够的差价利润时，切不可贪求过高的出售价格而坐失良机。

金字塔投资法的基本操作要领为越买越少，越卖越少。例如某投资者以 20 元买入 1 000 股，当股票价格涨到 25 元时可买入 500 股，涨到 30 元，若仍看好后市，则相对减少购买量，买入 200 股，如此等等。何时停止购入股票则由投资者根据自己的资金、市场环境、股票质量等因素来决定。当股价上涨至 35 元时，投资者认为时机已到，可以出售，则一次卖出 1 300 股，股价进一步下降至 25 元时，可再出售 200 股。如果股价依然下跌，投资者无利可图甚至亏本，则要停止出售。

十四、梯形投资法

梯形投资法也属于组合投资法。它是投资者将资金平均投放在各种不同期限的证券上，每种证券投资金额大致相等，当期限短的证券到期后，收回资金，再投放到最长期的证券，如此循环往复，投资者手中始终保持各种期限的等额的证券组合。

在股票市场投资中，梯形投资法是一种较为谨慎的投资方法。此种投资方法以长期投资为主、中期投资为辅、短期投资作补充，也称为投资时间三分法。例如，投资者将 60%～70% 左右的投资资金用于购买成长性好、业绩优秀的股票并长期持有，以求稳定丰厚的股东收益；以全部投资 20%～30% 的资金作为中期投资，购买股价预期上涨的股票，需要时能够及时变现；全部投资的 10% 左右则用于短期投资。长期投资部分最少应持有半年以上，长则几年、十几年。一般认为，长期投资的期限为 3 年期最为合适，以避免经济周期的影响。中期投资一般为几个月，投资对象为新产品及几个月内可能提供良好盈利的股票。中期投资无法避免经济周期的影响。短期投资则指数周或数天的投资活动，对象是短期内股价波动幅度较大的股票。

【思政小课堂10-1】

谨防以销售炒股技巧课程为名从事非法证券投资咨询

投资者王先生接到一个自称"某某资讯公司"的业务经理的电话，声称公司是一家融证券资讯、课程直播、投资者教育于一体的在线投资者教育平台，公司有炒股培训课程，可以学到各种炒股技术和战法，许多学员在听过该课程后都有不同程度的获利，但要缴纳800元、5800元不等的听课费。王先生认为自己不懂炒股，有人指导能快速挣钱，于是向其提供的账户汇款，加入公司建立的群。群中有所谓的老师投资课程直播讲解，并会定期不定期的推荐股票。王先生根据其建议购买股票后造成了不小损失，多次要求公司退款未果。

"某某资讯公司"以销售炒股培训课程为名，实际上以推荐股票为诱饵，从事非法证券投资咨询活动。不论销售的是培训课程还是交易技巧，只要向投资者推荐了股票或提供了股票投资建议，并直接或者间接获取经济利益的，均属于从事证券投资咨询业务，需要取得证监会批准的证券投资咨询业务资格。

投资者需正确认识投资风险。不要相信"投资荐股""没有风险"等的投资宣传及诱惑，以免上当受骗。投资者应合理地评估自己的风险承受能力，提高自身的专业素养，挑选适合自己的投资产品，不要盲目听从他人建议而选择不适合自己的产品，导致资产损失。

【投资小故事10-1】

老人与火鸡

一个老人带着自己的笼子去捉火鸡，他只要在笼子里撒上诱饵并躲在很远的地方安静地等待，在火鸡被诱进笼子达到最佳数量的时候把牵引机关的细绳轻轻一拉就可收获。某天，有12只火鸡进了笼子，过了一会儿其中一只吃饱了跑了出去，"早知道刚才应该拉绳子！"老人说道，"哎，再等一会吧，或许刚才那只还会再跑回来"。过了一会儿，又有两只火鸡吃饱了跑出去了。老人后悔了，"再多一只，我一定收手"。结果越来越多的火鸡吃饱并离开了笼子，他还是不愿放弃多捉一只的期盼，因为曾经有12只进笼，少于5只他不愿回家。最后只有1只火鸡待在笼子里面了，"哎！要么全部跑光，要么再回来一只我才肯罢休"。结果落单的那只火鸡也吃饱找同伴去了，老人只能空手而归。

这个投资人的故事反映了市场中一般投资者的心态。在这个市场中每个人都会犯错误，即使一个优秀的投资人也不可能在任何时候都作出正确的决策，更关键的是要在犯错时使自己的损失降到最低水平。巴菲特也告诉人们两个类似的准则：准则一，永远不要赔钱；准则二，永远不要忘了准则一。

——引自芦梅，管迪. 证券投资理论与实务 [M]. 北京：清华大学出版社，2019.

第三节 投资风险与风险控制

投资者在进行投资决策时，只能根据经验和所掌握的资料对未来形势进行分析判断和预测，形成对收益的预期。受未来不确定因素的影响，实际的收益可能会偏离预期，使投资者无法实现预期收益甚至面临亏损。因此，投资者要充分认识证券投资的风险，以实现把风险降到最低限度而把收益提高到最大的目标。

一、证券投资风险

风险即社会经济活动中各种无法预知的不确定因素给人们带来的种种可能的损失。

在证券市场中，投资者的最终目标是获取收益。由于受到未来如宏观经济变化、政策变动、行业景气度、上市公司经营业绩、政治事件等诸多客观因素的影响，投资者的收益将具有不确定性。投资者根据历史经验和现时的数据对未来的形势进行判断和预测，从而形成对未来收益的估计和预期。但受不确定性因素的影响，投资者在证券市场取得的实际收益往往与预期收益产生偏差，可能是高于预期的收益，也可能是低于预期的收益甚至亏损。

证券投资风险正是指投资者进行证券投资获得的实际收益偏离预期收益的可能性及变动幅度。证券投资是一种风险性投资。投资者的实际收益与预期收益之间的偏差与风险成正比，偏差越大，风险越大，偏差越小，风险也越小。

与证券投资相关的所有风险统称为总风险。总风险分为系统性风险和非系统性风险。影响收益变动的各种因素形成风险的要素。这些因素一部分来自上市公司外部，其影响波及整个市场的绝大部分股票，对投资者而言，这部分的风险是不可控的，无法通过证券组合加以分散，此类风险称为系统性风险。另一部分因素来自上市公司及行业本身，这部分风险是投资者可以把控的，通过组合，投资者在很大程度上可以分散这类风险。此类风险被称为非系统性风险。

（一）系统性风险

系统性风险是由于某种全局性的因素变化给证券市场整体带来的风险，也叫不可回避风险或不可分散风险。系统性风险包括市场风险、利率风险、购买力风险、外汇风险、社会和政治风险等。

1. 市场风险

市场风险是指证券市场价格波动可能造成的损失。它是由证券市场买卖双方供求失衡导致的价格波动，使投资者收益具有不确定性而产生的风险。市场风险是证券投资中最普遍、最常见的风险，是所有的投资者都必须承受的风险。

证券价格变动受多种因素影响，但经济周期的变动对证券市场走势起决定性作用。因为经济发展具有周期性变化的规律，行业景气度和企业效益必然受经济高涨—衰退—萧条—复苏的周期性变化的影响，从而从根本上决定了证券市场的走势。证券市场随经济周期的循环而起伏变化,市场风险是无法规避的,投资者只能设法减轻其影响。

2. 利率风险

利率风险是指利率水平变动引起证券价格变动的风险。利率水平变动会引起企业资金成本的变化,进而影响其盈利水平,企业证券价格也会随之上涨或下跌,造成投资者报酬的变动。理论上,证券价格与利率成反比,即利率上升,证券价格下降;利率下降,证券价格上升。

债券对利率变动最敏感。对债券而言,利率风险包括价格变动和息票率风险。市场利率水平的变动使得债券的价格发生相对变动。利率上升时,投资者往往抛售债券而转向银行存款,债券供给增加将导致债券价格下跌;反之,利率下降时,债券收益率相对升高,部分资金流回证券市场,对债券的需求增加,导致债券价格上涨。

股票受利率风险的影响相对较小,因为除利率之外还有其他众多因素影响企业预期利润。普通股和优先股受利率风险的影响有很大差异。优先股的股息在发行时已确定,因此,虽然优先股股息也受企业未来利润的影响,但利率风险对优先股的影响比对普通股的影响大。

3. 购买力风险

购买力风险又称通货膨胀风险,是指通货膨胀、货币贬值引起的投资者实际收益率的不确定性。在通货膨胀条件下,随着商品价格上涨,证券价格也会上涨,投资者的货币收入有所增加,但由于货币购买力下降,投资者的实际收益可能没有提高甚至有所下降。购买力风险需要通过计算实际收益率来分析。

$$实际收益率 = 名义收益率 - 通货膨胀率$$

通常,证券市场上标明的收益率都是名义收益率,只有通过通货膨胀调整后转换为实际收益率,才能衡量出资产真正的购买力。当名义收益率高于通货膨胀率时,实际收益率为正值,资产的购买力增强;反之,当名义收益率低于通货膨胀率时,实际收益率为负值,资产的购买力降低,两者差距越大,投资者的损失越惨重。

购买力风险对不同证券的影响是不同的。固定收益类证券受购买力风险的影响较大。比如优先股、固定利率债券等,由于它们的名义收益率是固定的,通货膨胀率上升,将导致这些资产的真实收益明显下降。购买力风险对不同种类债券影响不同。长期债券受购买力风险影响较短期债券大;而浮动利率债券或保值贴补债券受通货膨胀风险影响则较小。

对普通股而言,购买力风险相对较小。当发生通货膨胀时,公司产品价格上涨,而当公司产品价格涨幅大于生产费用的涨幅时,公司盈利增加,股价随之上涨,股息增加,股东因此获利,部分抵消通货膨胀带来的损失。

4. 汇率风险

汇率风险是由外国货币与本国货币之间的汇率变动造成证券投资收益的不确定性。两国货币之间的汇率主要由两国货币的相对购买力来决定,因而可反映两国物价的相对变化。

汇率变化对证券市场的影响体现在:一是对进出口贸易的影响。本国货币升值有利于以进口原材料为主从事生产经营的企业,不利于产品出口的企业。此时,投资者看好前者看淡后者,从而引起相关企业股票价格的涨跌。本国货币贬值,效应则相反。二是对资本市场货币供应量的影响。对于货币可自由兑换的国家,汇率变动可能引起资本的输入输出,从而影响一国货币资金和证券市场的供求变化。

5. 社会、政治风险

稳定的社会、政治环境是经济正常发展的基本保证。政府更迭、军事冲突等一国社会政治军事局势发生重大变化、政界人士参与证券市场投机活动及内幕交易的丑闻都会对证券市场产生负面影响。从事海外投资，要非常关注当地社会、政治环境的稳定性，否则一旦所在国发生动乱，其在海外投资的利益将会蒙受损失。

（二）非系统性风险

1. 财务风险

财务风险是指发行证券的公司或企业因财务结构不合理、融资不当而引起投资者预期收益的不确定性。企业经营一般要借助财务杠杆，即使用债务来扩大资本权益收益。但财务杠杆犹如一把"双刃剑"，会给企业带来财务风险。如果公司的债务比重过大，公司的资金利润率低于利息率，就会使股东的可分配利润减少，股息下降，股票的投资风险增加。因此公司的财务实力会影响债权人能否按期收回本金和利息，股东能否按期获取股息和其他利得及利得的大小。当公司的财务实力发生变动时，证券价格必然随之波动，投资者获得的报酬也将变动。财务实力越强，公司偿还债务能力越强，财务风险则越低；反之，财务风险则会增加。

2. 信用风险

信用风险又称违约风险，是指一方不能或不愿意履行合同承诺事项而给投资者带来损失的潜在可能性。证券发行人如果不能如期支付利息、股息或偿还本金，客户在融资融券交易中无法及时履约，就会出现信用风险。信用风险一旦产生，将影响投资者及证券投资机构的利益，使它们失去再投资和获利的机会。信用风险受证券发行人的经营能力、盈利水平、事业稳定程度及规模大小等因素的影响。

债券、普通股、优先股都可能有信用风险，但它们的程度有所不同。信用风险是债券的主要风险。一般而言，公司债券的信用风险较大，其次是金融债券，政府债券的信用风险则较低。股票中普通股没有还本要求，股息不固定，信用风险较小，而优先股股息是固定的，当公司经营困难则有缓付或少付甚至不付的可能。若公司不能按期偿付债务，股票价格将大跌，而当公司资不抵债被破产清算时，该公司股票将毫无价值。

3. 经营风险

经营风险是指公司经营状况变化而引起盈利能力变化，从而引起投资者收益的不确定性。经营风险可能由公司经营决策失误、管理混乱致使产品质量下降、成本上升等内部因素引起，也可能由公司以外的客观因素引起，如政府产业政策的调整、竞争对手的实力变化等。

公司经营状况集中表现在盈利水平的变化上，经营风险主要是由盈利变化所产生的影响，对不同证券的影响程度有所不同。经营风险是普通股的主要风险，公司盈利的变化既会影响普通股的股息收入，又会影响股票价格。由于债券和优先股持有者在公司出现经营风险进行现金分配时具有优先获取利息、股息及本金的权利，因此，经营风险对债券及优先股持有者的影响相对小些。公司债券中，信用评级高的受盈利水平变化的影响小，信用评级低的受影响则大些。

4. 流动性风险

流动性风险是由于资产变现潜在困难造成投资者收益的不确定性。对于投资者来说，在不大幅降价的情况下卖出证券的难度越大，则持有该种证券的流动性风险程度越高。投资者数量和交易行为将影响证券市场流动性。当投资者整体上变得厌恶风险，对价格预期降低，对信息变得敏感时，会导致单边卖出，从而使证券市场流动性下降，风险增加。因此，保持投资者的差异性将有助于增加市场的流动性，减少流动性风险。即如果投资者数量众多，彼此间的风险偏好、投资理念和政策、信息的反映模式及操作手法等方面存在差异，则容易产生不同的买卖需求，不同的投资者容易找到交易对手，需求与供给容易达到平衡，流动性风险将大大减弱。

5. 操作风险

对于证券机构来说，操作风险往往是由于不完善或有问题的内部操作过程、人员、系统或外部事件而导致的直接或间接损失的风险；对于投资者而言，操作风险则是由于心理、操作技巧等原因造成收益的不确定而产生的风险。在同一个证券市场上，即使是投资于同一家公司的股票或债券，不同投资者投资的结果差异也是巨大的，有的盈利丰厚，有的亏损严重，这种差异很大程度上是由投资者不同的心理素质、心理状态及不同的判断标准、不同的操作技巧造成的。投资决策失误、市场炒作、信息错觉等都是形成操作风险的诱发因素。

防范非系统性风险，主要方法是实现持有股票的多样化和建立恰当的投资组合。

二、证券投资风险的防范

（一）风险防范原则

证券投资风险是客观存在的，是投资者必须面对的现实，只要参与投资，就必然会伴随着风险。因此，对待风险要有一个正确的态度，必须强化风险意识，防范和化解风险，力求以最小的风险获得最大的收益。

规避和防范证券投资风险最重要的原则就是投资多样化，切忌"把所有的鸡蛋放在一个篮子里"。防范投资风险行之有效的手段是投资者将投资分散于不同时期、不同种类、不同行业、不同公司的证券，这样，其中一些证券价格下降造成的损失由另一些证券价格上涨获得的收益予以弥补，通过投资组合，达到分散和防范风险的目的。

在实际投资活动中，要建立适宜的证券投资组合，防范风险，需要掌握以下原则：

（1）了解和掌握各类证券的风险特征。投资者进行投资，首先要对不同类型证券的风险特征进行了解和掌握，以便恰当地选择投资对象，构建合理的投资组合，达到防范风险、获取高收益的目标。

（2）根据资金实力进行投资选择。投资者的资金实力是建立证券投资组合的物质前提。根据投资组合理论，投资组合中证券种类越多，分散、降低风险的效果越明显。但在实际中，资金实力限制了投资者资产组合的规模和风险承受能力。一般而言，资金实力雄厚的投资者，风险承受能力也较强，构建资产组合可选择的资产范围也较广、规模较大。

（3）确立合理的风险和收益目标。构建投资组合的目的是在实现既定收益目标的情况下尽可能地分散、降低投资风险。风险与收益具有同步增减的关系，投资者在建立投资组合前，应确立一个适合自身的风险和收益目标。为此，投资者一方面要了解不同证券的风险和收益差异，另一方面要正确估计自身的资金实力和风险承受能力。投资者的风险承受力不仅受资金实力的制约，还受投资者风险偏好的影响。投资者应对自身的风险偏好进行分析，选择适合自己的投资组合。

（4）根据时势变化及时修正投资组合。投资组合建立以后，随着时间的推移和各种影响因素的变动，其风险和收益会发生变化。投资者应根据市场形势的变化不断地调整证券的种类及价值比例，修正已建立的投资组合。对投资组合的修正可以进行事先调整和事后调整。事先调整是投资者根据对未来股价走势的预测和判断，在实际股价变动之前对组合进行调整，使组合在股价变化的过程中获取利益或避免损失。事后调整是投资者根据变化后的股价高低和股票价值的比例调整组合。修正投资组合不仅仅是为了获得高收益，也是为了将组合的风险保持在一个合适的水平上。

（二）风险防范与控制的操作策略

1. 慎重选择买卖时机

控制证券投资风险最好的方法是预防，而确定好买卖点，慎重选择买卖时机是最有效的预防风险的手段。投资者必须从战略角度，从大的背景考虑进场与离场时机。为此，投资人需要把握宏观经济形势及上市公司所从事的行业和企业经营状况，从选定股票的基本行情走势出发做一定的技术分析，预测股价涨跌的趋势。成功的投资在于能够在大行情到来之前建仓，在大级别调整前离场。把握有利的投资时机，往往对好的投资结果具有决定性的作用。

2. 回避风险

回避风险是指事先预测风险产生的可能程度，判断导致其实现的条件和因素，在行动中尽可能地驾驭它或改变行动方向以避开它。在实践中，投资者可以从以下几方面来回避投资风险：

（1）判断股价已进入高位，随时可能转向，应及时卖出手中股票，等待新的投资时机。

（2）当股价处于盘整阶段，难以判断变化方向时，以观望为主，不要贸然行动。

（3）发生多次投资失误，难以作出冷静判断时，应暂时放弃投资活动，调整投资心态。

（4）对股票没有深入研究，不了解要购买的股票的性质、特点、发行公司状况等信息，不要急忙购进。

（5）提取部分投资资金作为准备金，作为追加投资以增强获利能力或弥补亏损的准备。

（6）不要碰过冷或追逐过热的股票。过分冷门的股票虽然价格低，但成交量小，上涨乏力，变现困难，购入后长期持有，占用资金，错过其他更好的投资机会，存在承担较大机会成本的问题。追逐过热的股票，价格涨跌猛烈，成交量大，一般投资者很难把握准买卖时机，最后沦为"套牢族"。

（7）不进行过度短线操作。不做市场的帽客和短线客。帽客是在股市中当天买进卖出、赚取差价收益的抢帽子者。短线客是在几天之内赚得差价收益就获利了结的短线投资者。利用股价的日常波动，在很短的时间内买进卖出的做法适合经验丰富、精通操作技术、反应机敏的投资者。对于一般投资者应尽量回避过度的短线操作。

（8）懂得断舍离。在激烈的市场竞争中，有些上市公司经营失败了，面临破产清算的境地，其股价必然大跌，这无疑会给股票持有人造成巨大损失。面对这种情况，投资者不要心存侥幸,要忍痛割爱,坚决把股票抛出去。否则,一旦企业破产,其后果不堪设想。

(9) 避开大户"造市"。

在股市中,大户常常凭借雄厚的资金实力,利用各种手段造市,从中渔利。中小投资者对付大户"造市"的最好办法就是避开大户,以免成为大户赚钱的牺牲品。

大户"造市"通常通过以下方法达到目的:

一是对销。即分别持有两个公司股票的大户相互购买对方手中的股票,使这两种股票价格上涨,再伺机抛售,获取利益。

二是虚抛。即交易的买卖方为同一人,抬高股价,而后伺机抛售。

三是相配。即一个交易者分别委托两个经纪人,按其限价由一方买进由另一方卖出,以操纵股价。

四是大进大出。即大户利用自己雄厚的实力,在短期内大量买进,以刺激股价上涨,或在短期内大量抛售,使股价迅速下跌。

一般投资者可以通过以下现象判断大户买卖:①出现以下现象可以判断大户开始买入股票,如股价较低时,平时成交量不多的股票,突然成交量放大;出现大笔股票转至同一券商账户;股价虽然处于低位,但每天近乎以最高价收盘。②以下现象可以判断大户开始卖出股票,如股价处于高位时成交量突然放大;没有利多消息,成交量突然大增;大户不断宣传股票利多,但自己不再大量买进;大户频频卖出股票。

实际上大户"造市"的招数无奇不有、防不胜防,中小投资者明智的做法应是在察觉某种股票有大户操纵时,退避三舍,以免蒙受巨大的损失。

当然,如果中小投资者能及时地判断大户"造市"顺势买入,并赶在大户出手之前将手中股票卖出,便可以做到"搭大户的便车赚钱"。否则,一旦大户股票出手,股市失去大户雄厚资金的支撑,股价必然大跌。股市谣言多,普通投资者切不可听信谣言,盲目跟从大户。

(10) 如果不具备较高的投资技术,轻易不要进行期货、期权等风险更大的交易。

3. 解套策略

解套策略,也称反套牢投资策略,是股票投资者在高价套牢后寻求的解脱方法。"套牢"指的是股价持续下跌至远低于购买价格时投资者面临的窘境。任何涉足股市的投资者,不论其股战经验多么丰富,都存在着在股市被套牢的可能性。投资者一旦被高价套牢,则应根据套牢状况,积极寻求解套策略。

常见解套策略主要有以下几种:

(1) 及时止损。

及时止损是投资者控制风险的必要措施。没有止损,就像一辆车没有刹车一样,是很危险的。投资者可以通过定额止损、技术止损、无条件止损等方式及时减少损失,控制风险。

①定额止损法。定额止损法是设置一个固定比例的亏损额,一旦亏损大于该比例就及时平仓止损。这是一种最简单的止损方法。它一般适用于两类投资者:一是刚入市的投资者;二是风险较大市场(如期货市场)中的投资者。定额止损的强制作用比较明显,投资者无须过分依赖对行情的判断。投资者应根据经验来设定比例。一旦止损比例设定,投资者可以避免被随机波动震荡出局。

②技术止损法。技术止损法是将止损设置与技术分析相结合,在关键的技术位设定止损单,避免亏损的进一步扩大。这一方法要求投资者有较强的技术分析能力和止损执行力。例如,利用切线,设置支撑点位和阻力点位,可以将支撑位设置为止损点位,将阻力位设置为止盈点位。又比如,可以利用均线设置止损点位。5日均线可维持短线趋势,20日或30日均线将维持中长线的趋势。一旦股价上升行情开始后,可在5日均线处介入而将止损设在30日均线附近,既可享受阶段上升行情所带来的大部分利润,又可在头部形成时及时脱身,确保利润。在上升行情的初期,5日均线和20日、30日均线相距很小,即使看错行情,在30日均线附近止损,亏损也不会太大。

③无条件止损法。不计成本,以"快刀斩乱麻"的方式止损称为无条件止损。即将所持股票全盘卖出,以免股价继续下跌而遭受更大损失。采取这种解套策略主要适合于以投机为目的的短期投资者,或者是持有劣质股票的投资者。因为处于跌势的空头市场中,持有品质较差的股票的时间越长,给投资者带来的损失也将越大。此外,当市场的基本面发生了根本性转折时,投资者应摒弃任何幻想,当机立断抛出股票,以求保存实力,择机再战。基本面的变化往往是难以扭转的,尤其当基本面恶化时,投资者应断然砍仓出局。

投资者应提前设立止损点,并按计划严格执行。即使执行后如果发生错误也不应当后悔。经验表明,一些重大的损失往往是投资者未能设置和执行止损而产生。止损后应反省和总结经验,不要急于再次入场。

(2) 弃弱择强,换股操作。

忍痛将手中弱势股抛出,并买进市场中刚刚启动的强势股,以期通过强势股的获利,来弥补持有弱势股被套所遭受的损失。这种解套策略适合所持股票已明显呈现弱势,短期内难有起色的情况时采用。

(3) 通过投资技巧规避风险。

投资者可以通过采用一定的投资技巧,如"拔档子"法、向下摊平法等投资技巧进行操作,规避风险。如利用"拔档子"法即先停损了结,然后在较低的价位时予以补进,以减轻或轧平上档解套的损失。采取向下摊平的操作方法,即随股价下跌幅度扩大加码买进,匀低购股成本,待股价回升时获利。采用向下摊平的方法,是以市场投资环境尚未变坏,股市并无由多头市场转入空头市场的情况发生为前提,否则,极易陷入愈套愈多的窘境。

(4) 采取以不变应万变的"不卖不赔"方法。

在股票被套后,只要没有抛售,那么实际损失就没有产生。如果手中所持股票均为品质良好的绩优股,且整体投资环境未恶化,市场走势并未转向,此时投资者应采取的方法不是将套牢股票全盘卖出,而是持有股票,以不变应万变,等待股价回升解套。

值得注意的是,股票被套牢的原因是复杂多样的,投资者在运用解套策略时,必须谨慎选择、灵活运用。

4. 套期保值

投资者担心股票市场价格下跌给自己带来损失,可以通过股票期货市场做相同价值、方向相反的交易进行套期保值,锁定风险。比如,投资者持有沪深300股票指数成分股的组合,市值6 000万元,当前沪深300指数为4 000点。投资者担心大盘要下跌,为规避风险,同时在股指期货市场卖出50份沪深300指数期货合约,每份股票指数期货合约价格为300×股价指数。若指数下跌到3 000点,在股市上,投资者损失6 000×(3 000 −

4 000)÷4 000 = -1 500（万元）。在期货市场上，投资者赚取了 50×300×(4 000-3 000)=1 500（万元），弥补了股市上的损失，有效地规避了股价下跌带来的风险。

5. 做好投资效果评估，进行品种结构调整

虽然我们可以通过对市场上各种公开的信息进行分析，采用不同的投资策略选择不同种类的投资工具，构建最优证券投资组合。但是投资组合会由于证券市场的不断变化而失去适应性，形成投资风险。此时我们应当做好投资效果的评估，根据证券市场实际情况进行调整，并不断总结投资经验，寻求避免错误的策略，在实践过程中不断丰富实战经验，以实现风险最小化、收益最大化的目标。

证券投资过程中的风险控制是一个全过程的风险控制，我们应该建立起自己的投资风险防范体系，通过投资前—投资过程中—投资后的评估对整个过程进行风险控制。通过买卖时机的研判和选择做好投资前的风险控制；在投资过程中选择合适的策略做好风险回避、风险锁定及解套工作；事后进行投资效果评估及投资结构调整，实现最大投资效应。

【名家谈投资策略 10-1】

进入赢家圈子的基本策略与风险控制

斯坦利·克罗先生是华尔街著名的投资专家。他在 33 年的从业生涯中，积累了大量的投资经验，先后出版了多本金融、投资专著。他的第 6 本专著《克罗谈投资策略——神奇的墨菲法则》，对其几十年的投资经验进行了总结，形成了一套分析体系。

克罗认为，赢家和输家最大的区别是是否一贯、有约束地运用一流的和可执行的策略。投资者应遵从以下基本投资策略，以便在市场中成为赢家。

（1）只参与那些行情趋势强烈或行情主要趋势正在形成的市场。认清每一个市场当前的主要走势并只持有符合这一主要趋势方向的头寸，或者是不予参与。

（2）如果你做交易的方向与行情趋势一致，应将头寸建立在以前或从属的趋势已产生的较大价差基础上或者对当前行情主趋势的适度逆行的位置上。即投资者应该在次级调整波的适当位置建立头寸，而不是追逐强势走势。

（3）当头寸随行情形成有利变动时要坚持持有，忍受任何微小的趋势变动，不要轻易对该变动进行频繁交易，或者试图从反趋势交易中迅速获利。

（4）当持有头寸的变动方向对你有利，而且你的技术分析也对这一有利趋势变动加以证实的时候，可以在某些特定条件下增加所持有的头寸（金字塔）。

（5）除非趋势分析表明趋势已经反转，并且触及你的止损价位，否则可以继续持有。

（6）如果行市与你预期的方向相反，应迅速逃避。这是避免被套牢的法宝。

因此，真正的赢家考虑的不是如何去预测市场，而是如何去应对市场。

对于投资风险，克罗先生认为，"把损失放在心上，利润就会照看好自己"。投资者资金状况及心理承受能力各不相同，资金管理过程中更要寻求一个系统的、客观的风险控制和制约的方法。在实际操作中，投资者应从以下方面做好风险的控制：

第一，任何交易都应设置止损。金融市场风险无处不在，即使是趋势中的反弹行情，也会给自身带来心理上的影响和巨大的损失，并非顺势操作就不需要止损，任何一笔头寸的建立都必须设立止损。

第二，止损设置于入市之前。市场行情瞬息万变，如果做不到未雨绸缪，待到行情出现反向变化时，就会措手不及，此时对头寸的处理容易失去理性，恐慌抛售。大多数的巨额亏损都是没有在入市前设置止损造成的。

第三，以人为本，设置止损。设置止损方法多种，多半是根据技术图形而定，而在实际操作中，仅通过技术图形设置止损位是不合理的。

第四，止损的执行是关键。入市前止损的设置是为了让客户面对市场变化时尤其是亏损时知道如何去做，但更关键的是能否按照事先的计划执行。交易习惯是需要培养的，所以如何培养良好的止损习惯也就成为投资管理的重要工作。

资料来源：根据［美］斯坦科．克罗著，刘福寿等译．克罗谈投资策略——神奇的墨菲法则［M］. 北京：中国经济出版社，2003：12-15+74-77；赵凡禹，刘挥．投资学名著全知道［M］. 上海：立信会计出版社，2012：260-261 整理。

【章节小结】

（1）证券投资要想获利，除了选好股票外，更重要的是把握好买卖股票的时机。一是要把握经济周期的投资机会；二是运用股价阶段性波动进行买卖；三是关注股价的季节性变动；四是关注公司的除权除息带来的机遇；五是把握股价加速变动的时机。

（2）证券投资技巧多种多样。趋势投资法是投资者根据市场趋势变化制订投资方案，进行中长期股票投资的基本方法。道氏投资法和哈奇投资法是趋势投资法两种典型的方法。被动投资法是投资者持有一个指数化的投资组合，以获得与指数收益率相同的收益率的方法。顺势投资法具有能够把握股票市场的长期趋势，顺势而动的优势。分段分级投资法可以分为分段投资法和分级投资法。稳健的投资者在对资金进行分配组合投资时，考虑流动性、安全性和收益性的平衡，主要的投资方法如投资三分法、哑铃式投资法。

（3）"拔档子"投资法是投资者在较高价位卖出所持有的股票，等价位下降以后再补回来的投资方法。它是多头降低成本，保持实力的一种操作方式。保本投资法是指在经济景气不明显、行情变化难以捉摸时，投资者先定出获利卖出点和停止损失点，以确保获利或避免投资本金遭受损失。渔翁撒网法是投资者在各种股票价格交错波动中采取的一种"满湖撒网"的策略。滤嘴投资法，是投资者在股市处于涨势末期或跌势末期时，确定价格下降或上升的固定比率卖出或买入股票，通过牺牲或放弃一小部分利润，来确保预期利润的投资方法。

（4）摊平成本投资法的目的是在加码买进同种股票后，通过降低单位平均购股成本，使投资者在股价反弹中获利。资金成本平均化投资法是投资人以固定金额的资金，定期有规则地投资于一定种类证券的投资方法。固定金额或比例投资法分为固定金额投资法和固定比例投资法。

（5）金字塔投资法是投资者以正三角形的变化作为购入股票的依据，以倒三角形的变化作为卖出股票的依据。梯形投资法属于组合投资法之一，是投资者将资金平均投放在各种不同期限的证券上，短期证券到期后收回资金投放到最长期的证券，如此循环往复，如同梯子，投资者手中始终保持各种期限的等额的证券组合。

（6）投资者要充分认识证券投资风险。证券投资风险分为系统性风险和非系统性风险。系统性风险包括市场风险、利率风险、购买力风险、汇率风险、社会和政治风险等。非系统性风险包括财务风险、信用风险、经营风险等。

(7) 对待风险要有一个正确的态度，必须树立较强的风险意识，防范和化解风险，力求以最小的风险获得最大的收益。规避和防范证券投资风险最重要的原则就是投资多样化，通过投资的分散化组合达到防范风险的目的。在风险防范与控制的操作策略上，需要慎重选择买卖时机，采取措施回避风险，掌握解套策略，总结投资战绩，进行品种结构调整。

【思政梳理】

证券投资的风险是客观存在的，是投资者必须面对的现实，只要参与投资，就必然会伴随着风险。投资者需正确认识风险、管理风险、规避风险，不要相信"投资荐股""没有风险"等的投资宣传和诱惑，以免上当受骗。投资者应合理地评估自己的风险承受能力，挑选适合自己的投资产品，不要盲目听从他人建议而选择不适合自己的产品，导致资产损失。

证券市场的从业人员和投资者，要有正确的财富观，"君子爱财取之有道"，无论采取怎样的投资方法和手段，都要坚持守法合规，传承"文明健康、向上向善的诚信文化""践行社会主义核心价值观、讲信用信义、重社会责任、走人间正道"①。

【主要概念】

趋势投资法 被动投资法 顺势投资法 分段分级投资法 投资三分法 哑铃式投资法 "拔档子"投资法 保本投资法 渔翁撒网法 滤嘴投资法 摊平成本投资法 资金成本平均化投资法 固定金额投资法 固定比例投资法 金字塔投资法 梯形投资法 系统性风险 非系统性风险

【案例思考】

阅读以下材料并回答问题。

投资者甲在 2023 年 3 月 1 日至 5 月 31 日期间对 A 股票采取"拔档子"操作策略，每次固定买卖的交易数量为 10 000 股。交易过程和交易金额（未计算佣金及交易费用）如下表所示。

交易过程和交易金额（未计算佣金及交易费用）

交易时间	买入价格（元）	买入数量（股）	买入金额（元）	卖出数量（股）	卖出价格（元）	卖出金额（元）
2023 年 3 月 1 日	6.25	10 000	62 500			
2023 年 3 月 16 日				10 000	7.15	71 500
2023 年 4 月 5 日	6.85	10 000	68 500			
2023 年 4 月 10 日				10 000	7.35	73 500
2023 年 5 月 5 日	6.56	10 000	65 600			
2023 年 5 月 25 日				10 000	7.26	72 600
合计		30 000	196 600	30 000		217 600

---

① 习近平在中共中央政治局第三十八次集体学习时强调 依法规范和引导我国资本健康发展 发挥资本作为重要生产要素的积极作用［N］. 人民日报，2022-05-01（02）.

投资者甲交易期间，股价小幅震荡，通过使用"拔档子"交易策略，获得了 21 000 元的收益。

思考题：
(1) 什么是"拔档子"交易策略？
(2) 常见的证券投资策略和方法有哪些？
(3) 投资者如何选择投资时机？
(4) 投资者在投资过程中如何规避和控制投资风险？

【实训要求】
1. 实训目的及要求
实训目的是基于基本的证券投资策略原则和理论，将理论与实践结合，熟悉证券投资的操作策略。要求实验在投资分析、综合模拟交易实验的基础上完成。
2. 实训内容
在计划投资金额额度内，进行个股的选择和投资策略方法的选择。
(1) 根据证券投资的基本分析和技术分析，通过对投资的风险和收益的衡量，选择要投资的具体证券及证券组合。
(2) 选择一种证券投资策略方法进行投资，在控制好投资额度的基础上，按照投资策略的方法进行证券买卖。投资策略方法因人而异，也可以进行多种投资策略的实验尝试。
(3) 证券投资种类选择和策略实施通过模拟交易操作实现。
(4) 撰写实训报告。

第十一章 证券投资组合管理与评价

【学习目标】

掌握投资组合收益与风险的度量方法,掌握马科维茨投资组合理论、资本资产定价模型与指数模型的原理,理解证券投资组合管理相关目标及其策略,掌握证券投资组合管理业绩的评价方法,形成证券投资组合管理的基本思路。

【案例导入】

桥水基金及其投资历史

美国桥水投资公司(Bridgewater,以下简称"桥水")是一家在全球范围享有盛誉的资产管理公司。不像一般的对冲基金公司,桥水不为富人管理资产,它的服务对象主要是机构投资者,其客户包括养老基金、捐赠基金、国外的政府以及中央银行等。

桥水对冲基金的投资历史主要分为两大阶段。第一个阶段(1975~1990年)主要从事咨询与资金管理。1975年瑞·达利欧(Ray Dalio)成立桥水时,公司只从事两种业务,一种是为机构投资者提供咨询服务,另一种是国内外货币和利率风险的管理业务。之后公司改变了其战略,开始向政府以及麦当劳这种大型企业销售经济咨询报告。在20世纪80年代初期,公司开始发行付费的调查报告——"日常观察"(Daily Observation)。这份报告得到了很多大型公司以及银行的青睐。1987年,公司获得了第一笔投资基金——世界银行50亿美元的固定收益投资。在20世纪80年代中期,公司把其业务重心放在了机构投资者的债券和货币管理上。1990年,公开开始正式为其客户提供货币管理外包产品。

第二个阶段(1991年至今)主要开发创新投资策略。在20世纪90年代,桥水公司开发了多种创新投资工具,如通货膨胀联动债券、新兴市场债务、全球债券以及超长期债券。1991年,桥水建立了自己的旗舰基金——"绝对阿尔法"(Pure Alpha),这个基金在2000~2003年的市场低迷期表现十分出色。1992年公司引进了环球债券风险投资项目。1995年,公司发行了"全天候"(All Weather)对冲基金,并且于1996年开创性地运用风险平价技术去管理投资组合。2006年,公司的旗舰基金——"绝对阿尔法"为了保持其投资策略以及增强容量限制,开始返还部分资金给其投资者。同时,桥水开始让其投资者可以自由选择不同的投资策略(如绝对阿尔法基金和全天候基金),改变了其传统的投资组合模式。

在2006~2011年短短的5年时间里,桥水获得了多达22项的行业荣誉,被公认为业界领先的资产管理公司以及行业先锋。

资料来源:金融读书会.【漫步华尔街·第872期】桥水基金帝国的崛起之谜[EB/OL].搜狐网,https://www.sohu.com/a/117565702_481741,2016-10-29.

第一节 马科维茨投资组合理论

美国著名的经济学家哈理·马柯威茨于 1952 年提出了投资组合管理的思想，开创性地将均值—方差分析引入组合管理过程，提出了最优资产组合的概念。在此之前，偶尔有人也曾在论文中提出过组合的概念，但绝大多数经济学家和投资管理者聚焦于个别投资对象的研究和管理。马科维茨提出投资组合管理后，包括夏普、林特和摩森在内的诸多经济学家开始利用数量化方法围绕组合管理的理论和应用展开了大量研究并取得了一系列的成果，极大地丰富和完善了现代证券投资组合管理理论。现代证券投资组合管理理论也因此成为投资学中的主流理论之一。

一、理论假设

马科维茨投资组合管理理论的展开建立在一系列假设之上：
（1）所有的资产是可以无限细分的。
（2）每个资产或资产组合的分析都是在单一时期进行。
（3）投资收益由可能收益的概率均值表示，投资风险由收益的方差或标准差表示，并且这两个参数是可知的，所有投资者都以此为投资依据。
（4）所有投资者都是风险规避且理性的，表现为在既定的风险水平上，投资者追求最大的收益率；或在既定的收益水平上，追求最小的风险。
（5）在投资决策中不考虑交易费用、个人所得税等额外费用的影响，市场是无摩擦的。

二、投资决策中的收益与风险度量

（一）单个证券的期望收益率

前面的章节中，探讨了投资收益的来源问题和度量问题，明确了收益来自投资期间的资本利得收益和红利收益，可以用持有期收益来度量。但持有期收益率是从事后的角度对既有的投资对象收益的评价，也就是基于已实现的资本利得与红利收入做的收益评价，是确定性的到手收益率。然而未来时点上的价格以及未来投资期内的红利收入受多方面因素影响，无法事先确定，因此投资决策阶段投资人面对的投资收益率是一个拥有多种可能的随机变量。在对这一随机变量进行评价时，应当结合变量的分布特征展开分析，期望收益率的概念也因此产生。与持有期收益率不同，期望收益是事前对投资对象未来的可能收益以及可能收益出现概率的综合评价。

【例 11-1】假设某上市企业的海外项目收益依赖于美国的宏观经济形势。当宏观经济形势向好时，项目收益为每年 10%。当宏观经济形势一般时，项目收益为每年 6%。当宏观经济形势变差时，项目收益为每年 -1%。0 时刻，基于公开信息对美国未来一年的经济形势进行预测，认为未来宏观经济形势向好的概率为 30%，宏观经济形势相比当前不发生大变化（一般）的概率为 60%，宏观经济形势相比当前恶化的概率为 10%。请问，该上市公司海外项目未来一年的期望收益率是多少？

单位：%

对应情形	情形收益	情形出现的概率	概率加权收益
形势向好	10	30	10%×30%=3
形势一般	6	60	6%×60%=3.6
形势恶化	-1	10	-1%×10%=-0.1
期望收益率			3%+3.6%-0.1%=6.5

（二）单个证券的投资风险

从例 11-1 可以看出，期望收益率的本质是概率加权平均收益。具体来说，未来时点上可能的收益率情形有多个，每个收益率情形出现的概率不同（但所有可能收益率情形出现的概率的加总应当为 1），我们将这个收益率情形按照概率权重加总后得到的概率加权平均收益就是期望收益。假设投资人 0 时点上基于 6.5% 的期望收益率进行了买入投资决策，一年后价格发生变化，对应的真实收益却不等于 6.5%，而是 10%、6% 和 -1% 三者中的某一个。这种未来真实收益与预测收益之间的不一致就是投资收益的不确定性表现，也就是投资的风险表现。

明确了风险的本质是不确定性后，如何度量这一不确定性的大小就成了投资决策中必须解决的第二个问题。首先来看这样一个问题。假设投资人面对两个年期望收益均为 10% 的投资项目，其中：项目 1 在一年后的收益有 50% 的概率为 8%，另外 50% 的概率为 12%；项目 2 在一年后的收益有 50% 的概率为 6%，另外 50% 的概率为 14%。请问，项目 1 和项目 2，哪个项目的风险大一些？显然，相同的期望收益率表现，项目 1 一年后实际收益同预测收益（也就是期望收益）之间的偏离要比项目 2 要小。不论是较差的收益还是较好的收益，项目 1 的偏离为 2%，而项目 2 的偏离为 4%，因此我们很容易得到项目 1 的风险要小于项目 2 的结论。从对这个问题解答的过程中，我们发现真实收益与预测收益之间不一致的测度方式之一是测算真实收益与预测收益之间的绝对偏离。偏离越大，风险越大。反之，偏离越小，风险越小。

在此基础上，我们进一步考虑这样一种情形。假设投资人同样面对两个年期望收益均为 10% 的投资项目，其中：项目 3 在一年后的收益有 60% 的概率为 4%，另外 40% 的概率为 19%；项目 4 在一年后的收益有 42.86% 的概率为 2%，另外 57.14% 的概率为 16%。请问，项目 3 和项目 4，哪个项目的风险大一些？如果仍然按照上面的评价思路，我们会发现项目 3 较差收益与期望收益之间的偏离要小于项目 4，但项目 3 较好收益与期望收益之间的偏离又大于项目 4。这种情况下，上述的评价标准显然无法帮助我们完成对问题的回答。

解决办法之一是将不同收益与期望收益之间的偏离进行加总,从总偏离的角度对风险进行评估。打个比方,对于项目3而言,较差收益与期望收益之间偏离6个单位(每单位为1%),较好收益与期望收益之间偏离9个单位,一共偏离15个单位。而对于项目4而言,较差收益与期望收益之间偏离8个单位(每单位为1%),较好收益与期望收益之间偏离6个单位,一共偏离14个单位。显然,项目3的总偏离大于项目4的总偏离,因此我们倾向于认为项目3的风险大于项目4的风险。

这一方法的逻辑和规则很简单,但存在一个问题,那就是不同偏离出现的概率大小并未被考虑进来。以上述问题为例,项目1的较大偏离出现在较好收益可能上,但较好收益出现的概率仅为19%;项目2的较大偏离出现在较差收益可能上,而较差收益出现的概率是42.86%。这种情况下,对风险的评价应当如何调整?显然,类似期望收益是可能收益的概率加权平均那样,我们可以将偏离也进行概率加权平均,这样就同时考虑到了偏离距离与偏离距离出现的概率两个要素。这也正是马科维茨投资组合理论中提出的用投资收益的标准差或方差来度量风险的概念。

假设证券未来收益有 n 种可能,第 i 种可能出现的概率为 p_i,对应收益为 r_i。根据统计学中的相关定义,可得该证券的期望收益 $E(r_i)$、方差 σ_i^2 以及标准差 σ_i 如下:

$$E(r_i) = \sum_{i=1}^{n} p_i \times r_i \tag{11.1}$$

$$\sigma_i^2 = \sum_{i=1}^{n} p_i \times [r_i - E(r_i)]^2 \tag{11.2}$$

$$\sigma_i = \sqrt{\sum_{i=1}^{n} p_i \times [r_i - E(r_i)]^2} \tag{11.3}$$

留意式(11.2)可以发现,概率加权偏离中偏离用的是实际收益与预测收益之间偏离的平方,这是因为按照实际收益减去期望收益的偏离定义,不同情形下偏离有正有负,如果不做处理直接乘以概率后加总就会出现正负相抵,形成信息的干扰。举例而言,前文中项目1较好收益偏离正2个单位,较差收益偏离负2个单位,如果直接将两种情形下的偏离相加,那么总和就是0,也就是没有偏离。这显然与事实不符。

【例11-2】假设上市企业有两个海外项目,项目收益均依赖于美国的宏观经济形势。当宏观经济形势向好时,项目1的收益为每年10%,项目2的收益为每年-2%。当宏观经济形势一般时,项目1的收益为每年6%,项目2的收益为每年5%。当宏观经济形势变差时,项目1的收益为每年-1%,项目2的收益为每年8%。0时刻,基于公开信息对美国未来一年的经济形势进行预测,认为未来宏观经济形势向好的概率为30%,宏观经济形势相比当前不发生大变化(一般)的概率为60%,宏观经济形势相比当前恶化的概率为10%。请问,对该上市公司而言,哪个海外项目的风险更大?

首先,基于给定信息求算两个项目的期望收益。

对于项目1而言:

表1　　　　　　　　　　　　　　　　　　　　　　　　　　　　　　　　单位：%

对应情形	情形收益	情形出现的概率	概率加权收益
形势向好	10	30	10%×30%=3
形势一般	6	60	6%×60%=3.6
形势恶化	-1	10	-1%×10%=-0.1
期望收益			3%+3.6%-0.1%=6.5

对于项目2而言：

表2　　　　　　　　　　　　　　　　　　　　　　　　　　　　　　　　单位：%

对应情形	情形收益	情形出现的概率	概率加权收益
形势向好	-2	30	-2%×30%=-6
形势一般	5	60	5%×60%=3
形势恶化	8	10	8%×10%=8
期望收益			-6%+3%+8%=5

其次，在给定信息和期望收益的基础上，求算两个项目的方差及标准差表现。

对于项目1而言：

表3　　　　　　　　　　　　　　　　　　　　　　　　　　　　　　　　单位：%

对应情形	情形收益	情形出现的概率	概率加权偏离
形势向好	10	30	$(10-6.5)^2 \times 30$
形势一般	6	60	$(6-6.5)^2 \times 60$
形势恶化	-1	10	$(-1-6.5)^2 \times 10$
方差			0.0945
标准差			3.0741

对于项目2而言：

表4　　　　　　　　　　　　　　　　　　　　　　　　　　　　　　　　单位：%

对应情形	情形收益	情形出现的概率	概率加权偏离
形势向好	-2	30	$(-2-5)^2 \times 30$
形势一般	5	60	$(5-5)^2 \times 60$
形势恶化	8	10	$(8-5)^2 \times 10$
方差			0.156
标准差			3.95%

最后，基于组合 1 方差和标准差均小于组合 2 方差和标准差的事实，可以得到组合 1 的风险更小，组合 2 的风险更大。

（三）证券组合的期望收益率

从期望收益率的定义以及证券组合是成分证券集合的本质出发，可以进一步得到证券组合期望收益率与单个证券期望收益率之间的数学关系。

假设证券组合 A 由 n 只成分证券构成，记第 i 只成分证券的收益率为 r_i，其在证券组合中的价值权重为 ϖ_i。根据期望的运算规则，可得证券组合的期望收益率如下：

$$E(r_A) = E(\sum_{i=1}^{n} \varpi_i r_i) = \sum_{i=1}^{n} \varpi_i E(r_i) \tag{11.4}$$

即：证券组合期望收益率等于成分证券期望收益率与其价值权重的加权平均。

【例 11-3】 假设有一个证券投资组合 P，组合中包含两只证券：证券 1 和证券 2。未来一年内证券 1 的期望收益率为 3%，投资权重为 30%；证券 2 的期望收益率为 8%，投资权重为 70%。证券投资组合未来一年内的期望收益是多少？

$$E(r_p) = \varpi_1 E(r_1) + \varpi_2 E(r_2) = 30\% \times 3\% + 70\% \times 8\% = 6.5\%$$

（四）证券组合的投资风险

对单个证券投资风险的测度思路同样可以运用到证券组合上。在方差/标准差的风险测度思路下，证券组合风险与其成分证券的风险之间同样存在稳定的数学关系。

假设证券组合 A 由 n 只成分证券构成，第 i 只成分证券的收益率为 r_i，标准差为 σ_i，其在证券组合中的价值权重为 ϖ_i，则组合方差可写成如下形式：

$$\begin{aligned}
\sigma_A^2 &= E[r_A - E(r_A)]^2 \\
&= E\left[\sum_{i=1}^{n} \varpi_i r_i - \sum_{i=1}^{n} \varpi_i E(r_i)\right]^2 \\
&= E\left\{\sum_{i=1}^{n} \varpi_i [r_i - E(r_i)]\right\}^2 \\
&= E\left\{\sum_{i=1}^{n}\sum_{j=1}^{n} \varpi_i \varpi_j [r_i - E(r_i)][r_j - E(r_j)]\right\} \\
&= \sum_{i=1}^{n}\sum_{j=1}^{n} \varpi_i \varpi_j \sigma_{ij}
\end{aligned} \tag{11.5}$$

其中，σ_{ij} 是投资组合中第 i 个资产与第 j 个资产的协方差。

协方差提供了不同资产之间收益率变动相关性的方向性信息，协方差为正说明不同资产之间同向变动，协方差为负说明不同资产之间反向变化。由于不同资产波动的剧烈程度不同，这个不同将影响不同资产之间的协方差表达。换言之，协方差无法提供不同资产之间联动性的强弱信息。为此，进一步引入相关系数 ρ_{ij} 如下：

$$\rho_{ij} = \frac{\sigma_{ij}}{\sigma_i \times \sigma_j} \tag{11.6}$$

显然，相关系数在协方差的基础上，剔除了个体波动特征的影响。这种情况下，相关

系数的绝对值越大,不同资产之间的联动性越强。此时,式(11.5)可进一步写成如下形式:

$$\sigma_A^2 = \sum_{i=1}^{n}\sum_{j=1}^{n}\varpi_i\varpi_j\rho_{ij}\sigma_i\sigma_j \tag{11.7}$$

式(11.7)说明证券投资组合的风险不仅取决于成分证券的风险与投资权重,也取决于不同资产之间的相关系数。

【例11-4】 假设有一个证券投资组合P,组合中包含两只证券:证券1和证券2。未来一年内证券1的期望收益率为3%,收益变动标准差估计为10%,投资权重为30%;证券2的期望收益率为8%,收益变动标准差估计为20%,投资权重为70%;证券1与证券2收益率变动的相关系数估计为0.5。证券投资组合未来一年内的期望收益是多少?

$$\begin{aligned}\sigma_P &= \sqrt{\varpi_1^2\sigma_1^2 + \varpi_2^2\sigma_2^2 + 2\varpi_1\varpi_2\rho\sigma_1\sigma_2}\\ &= \sqrt{30\%^2\times10\%^2 + 70\%^2\times20\%^2 + 2\times30\%\times70\%\times10\%\times20\%}\\ &= 17\%\end{aligned}$$

马科维茨投资组合理论中对组合风险的解构也反映了传统证券投资组合理论中强调的分散化投资思想。我们以一个特殊的例子简单说明。假设组合在每只证券上的投资权重相等,即对任意一只成分证券有 $\varpi_i = \dfrac{1}{n}$,此时式(11.5)可以进一步改写成如下形式:

$$\sigma_A^2 = \frac{1}{n^2}\sum_{i=1}^{n}\sum_{j=1}^{n}\sigma_{ij} \tag{11.8}$$

假设 $\tilde{\sigma}_{ij}$ 是组合内所有资产间协方差的均值表现,则有:

$$\sigma_A^2 = \frac{1}{n^2}\sum_{i=1}^{n}\sum_{j=1}^{n}\sigma_{ij} = \frac{1}{n}\tilde{\sigma}_{ij} \tag{11.9}$$

因为 $\tilde{\sigma}_{ij}$ 是有限实数,因此当n趋近于无穷时,组合方差将趋于0。换言之,当组合中包含的证券数量趋于无穷时,组合方差将趋于0。

三、风险资产组合的构建

用组合收益与风险特征作为不同组合间的区分依据,由式(11.4)与(11.7)可知,对这些证券价值权重的不同设置将带来不同的风险资产组合。假设证券组合由n只风险证券构成,记 $W = (\varpi_1, \varpi_2, \cdots, \varpi_n)^T$ 为成分证券的权重向量,所有可能的W对应的证券组合的集合称为投资可行集或投资机会集。投资可行集是投资人在给定n只风险证券的基础上,可能构建出的所有风险证券组合的集合。

投资人风险规避的特征决定了投资人在相同的风险表现下会选择投资收益更大的对象,在相同的收益表现下会选择投资风险更小的对象。在投资可行集的基础上,进一步考虑投资人收益偏好与风险厌恶的投资特征对投资组合构建的影响。此时,投资者的风险资产组合构建问题可写成如下两类等价规划问题。

规划问题一:给定风险表现下,投资收益最大。

$$\max_{W} \quad E(r_A) = \sum_{i=1}^{n} \varpi_i E(r_i)$$

$$\text{s.t} \quad \sigma_A^2 = \sum_{i=1}^{n}\sum_{j=1}^{n} \varpi_i \varpi_j \sigma_{ij} = k \qquad (11.10)$$

$$\sum_{j=i}^{n} \varpi_i = 1$$

其中，k 是常数。

规划问题二：给定投资收益情况下，风险表现最小。

$$\min_{W} \quad \sigma_A^2 = \sum_{i=1}^{n}\sum_{j=1}^{n} \varpi_i \varpi_j \sigma_{ij}$$

$$\text{s.t} \quad E(r_A) = \sum_{i=1}^{n} \varpi_i E(r_i) = c \qquad (11.11)$$

$$\sum_{i=1}^{n} \varpi_i = 1$$

其中，c 是常数。

满足上述等价规划问题的 W 所对应的证券组合的集合刚好是投资可行集的包络线。包络线上存在一点，该点所对应的投资组合是所有可能组合中风险表现最小的点，记此点为最小方差点。以最小方差点为界可将包络线切分为上下两个部分，上部分包络线上各点一定同时满足给定风险表现（方差）下投资收益最大和给定投资收益下风险表现（方差）最小，也是理性投资人最终可能考虑的投资组合的集合，这一集合也被称为投资可行集的有效前沿（见图 11-1）。

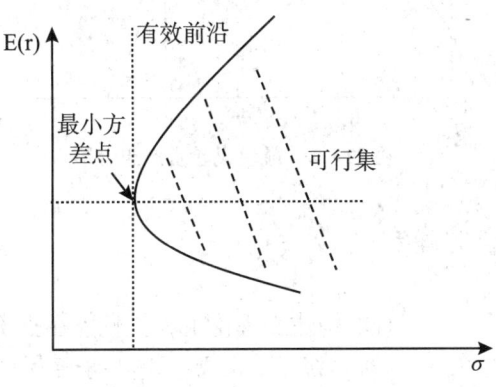

图 11-1 可行集与有效前沿

在确定了可能的风险投资组合对象有哪些后，需要从这些可能的对象，也就是有效前沿中确定最优的风险投资组合。有效前沿的刻画本质是可比较对象的选择问题，也就是给定风险或收益约束下选择收益最大或风险最小的组合。但在最优风险资产组合选择阶段，投资人面对的是无法直接比较的对象，不同组合的收益不同，风险也不同。为解决上述问题，需要进一步对无风险收益和风险溢价进行区分。

就任意证券而言，其投资收益可以划分成无风险收益和风险溢酬两个部分。其中，无风险收益取决于市场总体货币供需情况，与证券的风险特征无关；而风险溢酬则是证券发行主体对投资人所承担的投资风险的额外补偿。换言之，同样的1元投到不同的风险证券上，获得的无风险收益是相同的，但风险溢酬却不一样。理论上风险溢酬与风险规模相关，风险规模越大，对应的风险补偿就越高。但实际中，不同风险证券风险溢酬与风险规模之间的比例关系并不一致，即不同风险证券提供的单位风险溢酬不一样。从投资人偏好收益、厌恶风险的特征出发，显然最优风险投资组合提供的单位风险溢酬应当不低于其他任意组合。换言之，最优风险投资组合等价于下列规划问题（见图11-2）：

$$\max_{W} \frac{E(r_A) - r_f}{\sigma_A} = \frac{\sum_{i=1}^{n} \varpi_i E(r_i) - r_f}{\sqrt{\sum_{i=1}^{n}\sum_{j=1}^{n} \varpi_i \varpi_j \sigma_{ij}}} \quad (11.12)$$

$$s.t \quad \sum_{j=i}^{n} \varpi_i = 1$$

其中，r_f 是无风险收益率。

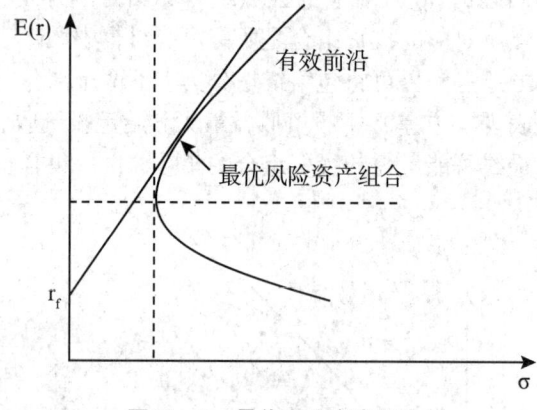

图11-2 最优风险资产组合

四、完整投资组合的确定

上述讨论的是对风险资产组合的构建。理论上，投资人在投资对象上除了风险证券之外，还有无风险证券的选择。① 这种情况下，就需要进一步探讨同时包含风险证券和无风险证券的组合，也就是完整投资组合的构建问题。

无风险证券是一类特殊的资产。给定未来期间内，无风险政策的收益有且仅有一种可能，就是无风险收益。此时，收益不存在不确定性，也就不存在风险，收益的方差/标准差为0。如果将无风险证券与风险证券分开，同时用最优风险资产组合A代理所有风险证券，那么完整组合的问题就退化为两个对象的组合构建问题。

记完整组合收益率为 r_c，收益率标准差为 σ_c，完整组合中风险资产的投资权重为 ϖ，无风险资产的投资权重为 $1-\varpi$，则有：

---

① 实际中，没有绝对无风险证券，但有近似无风险证券，如短期的国债、大额存单等。

$$E(r_c) = \varpi E(r_A) + (1 - \varpi) r_f \tag{11.13}$$

$$\sigma_c = \varpi \sigma_A \tag{11.14}$$

显然，ϖ 设置不同，完整组合的收益与风险特征也随之不同。

进一步，对完整组合的单位风险溢酬进行计算可得：

$$\frac{E(r_c) - r_f}{\sigma_c} = \frac{\varpi E(r_A) + (1 - \varpi) r_f - r_f}{\varpi \sigma_A} = \frac{E(r_A) - r_f}{\sigma_A} \tag{11.15}$$

即，在给定风险资产组合的情况下，完整组合的单位风险溢酬就等于风险资产组合的单位风险溢酬。换言之，完整组合的可行集（同时也是有效集）是一条由无风险收益率与最优风险资产组合决定的直线（这条线也被称为资本配置线，CAL），线上每一点都提供了相同的单位风险溢酬（见图 11 - 3）。这意味着在考虑无风险证券加入的完整投资组合的构建问题上，无法沿用最优风险资产组合的构建思路。

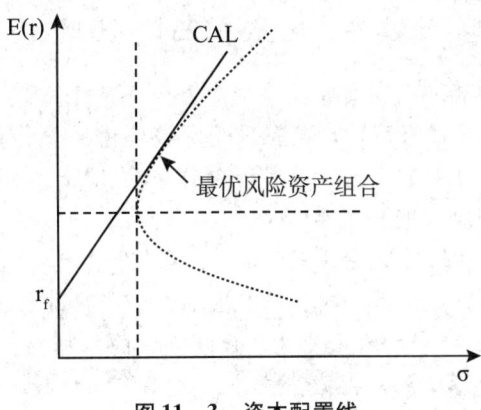

图 11 - 3　资本配置线

对此，进一步引入投资人的投资效用函数。投资效用函数是效用函数的一种，其本质是定序函数，即通过数值的大小表现对不同对象的效用价值进行排序。因此，借助效用函数可以在众多不同的对象中确定能够带来最大效用的"最优对象"。从理论假设可知，投资人在做投资决策时只关注收益和风险两个变量，这也意味着投资人的投资效用函数也只取决于收益与风险两个变量。因此，记 U 为投资人的投资效用，则有：

$$U = U(r, \sigma) \tag{11.16}$$

根据假设，理性投资人追求收益、厌恶风险，也就是说收益的提高将带来效用的提高，风险的提高则会带来效用的降低。因此，投资效用函数具有如下特征：

$$\frac{\partial U}{\partial r} > 0 \tag{11.17}$$

$$\frac{\partial U}{\partial \sigma} < 0 \tag{11.18}$$

将完整组合的决策问题类比生产决策问题，此时资本配置线相当于给出了完整组合构建的约束线，投资效用函数相当于给出了完整组合效用的无差异曲线。显然，此时最优完整组合应当是投资效用曲线与资本配置线的切点（见图 11 - 4）。

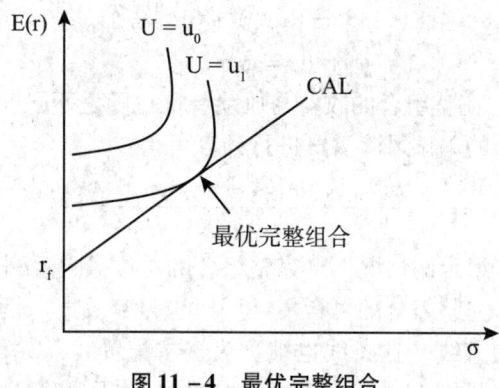

图 11-4 最优完整组合

【小知识 11-1】

家庭资产配置"1234"法则

20世纪,美国的标准普尔公司曾调研全球十万个资产稳健增长的家庭,然后根据他们调研的数据,提炼出标准普尔家庭资产配置理论。该理论又被称为家庭资产配置"1234"法则,即家庭资产被划分为4个账户,日常开销账户占10%,医疗意外账户占20%,投资收益账户占30%,长期收益账户占40%。

第一个账户是最基础也是最重要的一个账户,通常被称为日常开销账户,也就是日常生活要花的钱,包括房租、生活费、旅游等支出。这个账户的钱大约占家庭资产的10%,能维持家庭3~6个月的正常开销即可。这笔钱是生活的保障金,让你不用担心短期内遭遇失业或生病带来的影响。日常开销账户肯定人人都有,但最容易出现的问题是占比过高,而且很多时候也是因为这个账户花销过多,而没有冗余再对其他账户进行配置了。

第二个账户是医疗意外账户,通常可以理解为"保命的钱"。该账户有两大特征,其一是多数情况用不到,其二是一旦用到则数额巨大,通常主要用来解决家庭突发的大额开销,如当出现意外事故、重大疾病,这时就需要确保有足够的钱来挽救生命。该账户的钱一定要专款专用,一般拿出家庭资产的20%进行配置即可。配置这个账户是有技巧的,可以通过购买意外伤害和重大疾病保险,达到以小博大的目的。

第三个账户是能生钱的投资收益账户。需要用有风险的投资产生较高的回报。因为风险较高,所以要控制投资额,一般占家庭资产的30%,投入的钱即使颗粒无收也不至于对家庭产生致命打击,所以需要家庭中拥有投资技能的成员,在其最擅长的领域为家庭创造高收益,可以投资股票、基金或创业等。

第四个账户是保本升值的钱,一定要在能抵御通货膨胀的情况下保证本金的绝对安全,我们称之为长期收益账户。一般占家庭资产的40%,主要作用是保障家庭成员的养老、储存子女的教育金等。这个账户最重要的是专属,首先不能随意支取,假如是以养老金名义存入的款项就不能因为需要买车或是装修而被随意支用,其次是每年或每月要有固定的钱进入这个账户,这样才能积少成多。

这种资产的配置方式不仅适用于高净值家庭的资产配置,同样也适用于一般家庭的资产配置。当人们生活刚刚起步进入资产积累时期,保障性的资产配置最为关键。随着资产积累到一定程度时,并且组建了自己的家庭,则需要考虑子女教育和养老储备这种刚性需求的资产配置问题。随着年龄和工作阅历的增加,家庭收入也在不断攀升,稳健资产的配置也有了一定基础,此时根据实际经济状况,可以考虑是否配置投资或者增加投资性的资产配置。

资料来源:曾梦宁. 做好家庭资产配置,为财富保驾护航 [J]. 中国金融家,2022 (12): 93-94.

第二节 指数模型

马科维茨投资组合理论的重大突破在于将收益与风险这两个相对模糊的概念用具体数学语言进行了定义,实现了投资决策的量化分析可能。这一理论可以视作是现代金融经济学的起点,具有非常重要的意义。但理论在实际运用中仍然面临一些局限。除了严格的模型假设之外,最大的问题之一就在于巨大的计算量。对于一个包含 2 只股票的投资组合来说,量化分析过程中需要估计 2 个期望收益、2 个方差和 1 个协方差,待估参数总量为 5。当组合内成分证券数量上升到 100 时,量化分析过程中就需要估计 100 个期望收益、100 个方差和 (100×99)÷2 个协方差,待估参数总量达到 5 150。当组合内成分证券数量上升到 1 000 时,待估参数总量将进一步达到 501 500。考虑到现实市场上面对的证券总量,待估参数总量将更为惊人。如何降低实际运用中的数据处理难度成为当务之急。

一、单因素指数模型

夏普 (1963) 提出了单因素指数模型以解决标准投资组合模型的计算困难。经验表明,市场环境、经济周期、政治环境等宏观经济因素会对市场主体同时产生影响,一旦这些共同因素发生非预期变化,市场中所有证券都会受到不同程度的影响,这也是不同证券之间非零协方差存在的原因。而公司特有的因素,如企业内部治理、管理层的管理能力、关键员工的变动等,只会对本公司自身的业绩造成影响。假设,证券发行主体收益的不确定性只有上述两种来源,则:

$$r_i = E(r_i) + m_i + \varepsilon_i \tag{11.19}$$

其中,$E(r_i)$ 是期初确定的期望收益率 (常数),m_i 为持有期间可能影响所有主体的共同因素的非预期变动对收益的影响,ε_i 为公司特有因素的非预期变动对收益的影响。m_i 和 ε_i 都是非预期的变动,因此投资期初时两者的期望都为 0。

在此基础上,进一步对 m_i 进行刻画。假设 F 是所有共同因素的综合代理,β_i 是证券 i 对共同因素变动的敏感性。显然,不同证券的 β 表现不同,因此 F 的变动对不同证券造成的影响不同。此时,式 (11.19) 可以改写成如下形式:

$$r_i = E(r_i) + \beta_i F + \varepsilon_i \tag{11.20}$$

即,可以利用共同因子 F、特质因子 ε_i 以及证券对共同因子的敏感度来刻画不同风险证券收益的不确定性。其中:共同因子 F 和特质因子 ε_i 之间相互独立;不同证券的特质因子 ε_i 与 $\varepsilon_j (i \neq j)$ 之间相互独立。

此时,证券 i 的风险可以写成如下形式:

$$Var(r_i) = var\{E(r_i) + \beta_i F + \varepsilon_i\}$$

$$= \text{var}\{\beta_i F + \varepsilon_i\}$$
$$= \beta_i^2 \text{var}\{F\} + \text{var}\{\varepsilon_i\} \tag{11.21}$$

进一步简化写成：
$$\sigma_i^2 = \beta_i^2 \sigma_F^2 + \sigma^2(\varepsilon_i) \tag{11.22}$$

即证券投资风险来自共同因素波动（系统性风险）和特质因素波动（非系统性风险）的加总。

而证券 i 和证券 j 之间的协方差可以写成如下形式：
$$\text{cov}(r_i, r_j) = \text{cov}[E(r_i) + \beta_i F + \varepsilon_i, E(r_j) + \beta_j F + \varepsilon_j]$$
$$= \text{cov}(\beta_i F, \beta_j F)$$
$$= \beta_i \beta_j \text{cov}(F, F)$$
$$= \beta_i \beta_j \sigma_F^2 \tag{11.23}$$

此时再来考虑对投资组合构建中的数据分析要求。对于有 N 只证券的组合决策而言，不引入单因素指数模型之前，需要估计 N 个收益、N 个方差和 N×(N-1)÷2 个协方差信息；引入单因素指数模型之后，只需估计 1 个共同因子的期望收益、1 个共同因子的方差、N 个证券的 β 表现、N 个证券的特质因素波动。引入单因素指数模型后，参数估计工作量减少了 N×(N-1)÷2-2。显然，N 越大，单因素指数模型对组合构建的意义越大。

【例 11-5】假设有两个证券组合——组合 1 和组合 2，组合 1 的 β 表现为 1.2，组合 2 的 β 表现为 1.5，市场组合的标准差表现为 15%。两只证券之间的协方差是多少？
$$\text{cov}(r_1, r_2) = \beta_1 \beta_2 \sigma_M^2 = 1.5 \times 1.2 \times 15\%^2 = 0.0405$$

二、多因素指数模型

在单因素指数模型的基础上，我们很容易拓展得到多因素指数模型。单因素指数模型中，我们用一个共同因子代理可能给所有证券带来影响的所有因子，多因素模型则允许将不同共同因子的影响分开讨论。

以两因素指数模型为例，此时共同因子拆分成两个相互独立的因子变量，指数模型的基本形式也从式（11.20）改变成如下形式：
$$r_i = E(r_i) + \beta_{i1} F_1 + \beta_{i2} F_2 + \varepsilon_i \tag{11.24}$$

此时单个证券的方差与不同证券之间的协方差变为如下形式：
$$\sigma_i^2 = \beta_{i1}^2 \sigma_{F_1}^2 + \beta_{i2}^2 \sigma_{F_2}^2 + \sigma^2(\varepsilon_i) \tag{11.25}$$
$$\text{cov}(r_i, r_j) = \beta_{i1} \beta_{j1} \sigma_{F_1}^2 + \beta_{i2} \beta_{j2} \sigma_{F_2}^2 \tag{11.26}$$

与单因素模型相比，多因素模型更为丰富，也能更好地描述不同风险对资产的不同影响。假设市场中有两家企业，其中：第一个企业对宏观经济周期非常敏感，但对市场利率并不那么敏感；而第二个企业则是对宏观经济周期不敏感，但对利率非常敏感。就这两家企业而言，未来外界环境变化有多种可能，可以简单划分为经济繁荣、利率上行，经济繁荣、利率下行，经济稳定、利率上行，经济稳定、利率下行，经济衰退、利率上行，经济衰退、利率下行六种。单因素指数模型下，唯一的一个共同因子无法很好地刻画所有情形下两家企业的不同变化。两因素模型则可以通过经济周期因子和市场利率因子较好地实现对上述六种情形不同变化的刻画。

第三节 资本资产定价模型

资本资产定价模型（Capital Asset Pricing Model，CAPM）是夏普（1964）、林特纳（1965）和莫森（1966）在马科维茨投资组合理论的基础上共同提出的。该模型探讨了资产价格在市场风险条件下的均衡理论，提出了资产风险与其期望收益之间呈现线性关系的观点，为资本市场的产品设计、资产定价、风险管理奠定了基础，因此被公认为是现代金融学的基石。

一、模型假设

为简化分析，CAPM 模型同样给出了相应的假设，假设主要围绕市场和投资人两大方面展开，核心在于投资人同质。具体假设如下：

（1）市场中存在大量的投资人，每个投资人都是价格的接受者，单个投资人的交易行为无法影响资产价格；

（2）所有投资人都是理性的；

（3）投资人具有同质预期，即投资人拥有相同的证券分析方法（均值—方差分析）与对未来的一致看法；

（4）所有投资人的投资期限都是相同的；

（5）所有投资人的投资对象仅限于市场上公开交易的各类金融资产；

（6）市场是完美的，不存在任何摩擦（如交易费用、交易门槛、税收等）；

（7）资产无限可分；

（8）投资人可以以无风险利率进行任意规模的资金借贷。

二、均衡结论

在上述假设下，资本资产定价模型得出如下均衡结论。

均衡结论一：所有投资人都将选择持有市场组合。

在推演均衡结论之前，先给出市场组合的定义。市场组合指的是包含了市场上所有风险资产，且每一风险资产在组合中的权重都等于其市值与所有风险资产市值的加总的比值。接下来，我们对均衡结论的得到做简单的推导。首先，我们需要理解为什么市场上所有投资人都选择持有同一个风险资产组合。显然，根据假设，市场上所有投资人都用马科维茨的均值—方差分析做相同期限的投资决策，且每个人对未来的预期都是相同的，显然所有投资者决策出的最优风险资产组合也将是一致的。也就是所有投资人都将选择持有同一个风险资产组合。其次，论证为什么这一风险资产组合中包含了所有的风险资产。记投资人选择持有的最优风险资产组合为 M。假设市场上存在一只风险资产 X，X 并未被包含在 M 中。由于 M 是所有投资人决定出的一致最优风险资产组合，X 不在 M 中，就意味着

X 不在任何一个投资人的投资考虑内。从 X 的供给与需求来看，作为已然存在的风险资产，供给既定为一个常数，由于 X 不被任何投资人所考虑，因此 X 的需求为 0。有供给、没需求，结果就是价格跌到无限低，对应收益率提高到无限高。就以均值—方差分析为决策依据的理性投资人而言，此时 X 的吸引力就提高到无限，因此 X 必会被纳入投资人的投资对象中。也就是说，市场上不可能存在某一只或几只风险资产会长期地被投资人摒弃在投资组合之外。换句话说，市场均衡时刻，M 组合一定包含了市场上所有的风险资产。最后，进一步论证 M 组合中每只风险资产的权重都等于其市值与所有风险资产市值的加总的比值。同样，假设市场上存在一只风险资产 X，X 在 M 中的占比小于 M 市值与所有风险资产市场的加总。这就意味着市场对 X 的需求小于 X 的供给，此时同样会出现价格的下跌、收益率的上升并最终被投资人所关注并全部吸纳。反之，假设市场上存在一只风险资产 X，X 在 M 中的占比大于 M 市值与所有风险资产市场的加总。这就意味着市场对 X 的需求大于 X 的供给，此时会出现价格的上升、收益率的下跌，市场需求也将因此下降至供给水平。综上所述，均衡结论一得证。

均衡结论二：市场组合不仅在有效前沿上，同时也是资本配置线与有效前沿的切点。

在理解了上一个均衡结论的基础上，均衡结论二的推得也就显得顺其自然。首先，市场组合是所有投资人共同选择的最优风险资产组合，依据马科维茨投资组合理论中对最优风险资产组合的求解与说明，最优风险资产组合一定位于有效前沿。再结合资本配置线是基于无风险资产以及最优风险资产组合构建的完整组合的可行集的本质，此时资本配置线与有效前沿的切点（也就是最优风险资产组合）就应该是市场组合。这种情况下，资本配置线也被称为资本市场线（Capital Market Line，CML）。

均衡结论三：单个风险资产的风险溢酬与市场投资组合的风险溢酬成正比，与市场组合中证券的 β 系数也成正比。

为做简单的论证，我们假设市场上总共有 N 只风险证券，第 k 只风险证券的期望收益为 $E(r_k)$，标准差为 σ_k，在市场组合中的权重为 ϖ_k，记其与市场组合之间的协方差为 σ_{kM}，则有其对市场组合方差的贡献应当为 $\varpi_k \sigma_{kM}$，对市场组合风险溢酬的贡献应当为 $\varpi_k [E(r_k) - r_f]$。

如果以方差作为风险的度量，市场组合的单位风险溢酬此时等于：

$$\frac{E(r_M) - r_f}{\sigma_M^2} \quad (11.27)$$

第 k 只风险证券对市场组合的单位风险溢酬贡献等于：

$$\frac{\varpi_k [E(r_k) - r_f]}{\varpi_k \sigma_{kM}} = \frac{E(r_k) - r_f}{\sigma_{kM}} \quad (11.28)$$

假设 t 时点上：

$$\frac{E(r_k) - r_f}{\sigma_{kM}} > \frac{E(r_M) - r_f}{\sigma_M^2} \quad (11.29)$$

显然，相比市场组合内的其他证券，证券 k 提供了更高的单位风险溢酬。此时提高证券 k 的投资权重将带来市场组合单位风险溢酬的整体上升，这将导致投资人通过交易调整组合内的权重，即卖出部分其他证券以买入更多的证券 k，从而导致 k 证券的价格上升，$E(r_k)$ 下降，单位风险溢酬下降；其他证券的价格和单位风险溢酬则将下降。交易最终将在 i 证券提供的单位风险溢酬与其他证券单位风险溢酬相等的时刻停止,即市场均衡时刻,不同风险证券的单位风险溢酬都将相等且等于市场组合的单位风险溢酬,即:

$$\frac{E(r_k) - r_f}{\sigma_{kM}} = \frac{E(r_M) - r_f}{\sigma_M^2} \tag{11.30}$$

对上式做数学变化如下:

$$E(r_k) - r_f = \frac{\sigma_{kM}}{\sigma_M^2}[E(r_M) - r_f] \tag{11.31}$$

记:

$$\beta_k = \frac{\sigma_{kM}}{\sigma_M^2} \tag{11.32}$$

则式 (11.23) 可改写成如下形式:

$$E(r_k) - r_f = \beta_k[E(r_M) - r_f] \tag{11.33}$$

因此,单个风险资产的风险溢酬与市场投资组合的风险溢酬成正比,与市场组合中证券的 β 系数也成正比。需要注意的是,式 (11.33) 中 β 系数也是风险的度量指标之一,只是与标准差和方差是证券总风险的度量不同,β 系数是证券系统性风险的度量。将式 (11.33) 放到平面中即可得到常说的证券市场线 (Security Market Line,SML,见图 11-5)。

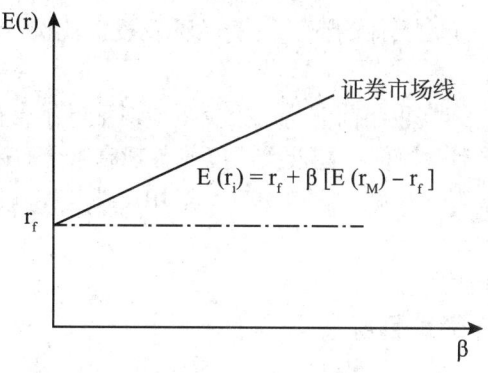

图 11-5 证券市场线

证券市场线给出了市场均衡状态下,单个风险资产期望收益与其系统性风险承担之间的关系。证券市场线上任意点所对应的风险资产,其期望收益(定价)均处于均衡状态。

【例 11-6】假设短期国债期望收益为 4%,市场组合的期望收益表现为 12%,方差表现为 0.04,风险资产 A 与市场组合之间的协方差表现为 0.06。请问,市场均衡时刻,风险资产 A 的合理期望收益率表现应当是多少?

$$\begin{aligned} E(r_k) &= r_f + \beta_k[E(r_M) - r_f] \\ &= r_f + \frac{\sigma_{kM}}{\sigma_M^2}[E(r_M) - r_f] \\ &= 4\% + \frac{0.06}{0.04}[12\% - 4\%] \\ &= 16\% \end{aligned}$$

第四节 证券投资组合管理过程

证券组合就是指个人或机构投资者所持有的各种有价证券的集合。理性人在投资过程中总是偏好收益且厌恶风险的,证券投资组合管理是为了避免投资过程的随意性,通过将财富采取适当的方法分散投资到不同证券上,使得最终形成的证券组合的风险和收益特征能够给具有上述特征的投资人带来最大的效用。换言之,就是实现在给定收益水平下,投资者承担的投资风险最低,或者在给定风险水平下,投资者获得的投资收益最大。

一、证券投资组合管理步骤

证券投资组合管理一般包括如下步骤:
(1) 确定投资政策。包括确定投资目标、投资规模、投资对象以及采取的投资策略和措施。
(2) 分析投资证券。一是明确这些证券的价格形成机制和影响证券价格波动的诸因素及其作用机制;二是发现那些价格偏离价值的证券。
(3) 组建投资组合。确定具体的证券投资品种及投资比例,主要包括个别证券选择、投资时机选择等方面。
(4) 管理投资组合。定期重温前三步;投资者应对证券组合在某种范围内进行个别调整,使得在剔除交易成本后,总体上能最大限度改善现有组合的风险回报特性。
(5) 评估投资表现。基于一定的评价标准,运用反馈与控制机制,定期对投资组合进行业绩评估和策略调整。

二、证券投资组合管理目标

证券投资组合管理的第一步是明确投资目标。投资目标是决定投资组合业绩的关键因素,它的制定、实施、修正贯穿于投资组合管理的整个过程。在投资的资金来源、投资者资产状况、相关政策和投资者的偏好等多种因素的影响下,不同投资人的组合投资目标各有不同。大致上,投资目标可以分为以下几种:

1. 收入型目标

这类目标重点在于获得稳定的经常性收入,更为强调当期收入最大化,及收入的稳定性和长期性。这一目标下投资组合重点考虑的投资对象是那些风险小、收入稳定、价格稳定的证券,如派息较高的债券、可转让大额定期存单、优先股以及信用等级高、股息发放稳定的绩优股等。另外,为保证收入的稳定性和持久性,投资人一般倾向于采取多元化投资策略以分散风险,也会选择经常持有较高比例的现金资产。

2. 成长型目标

这类目标不在于当前收入多少,而在于投资组合的未来价值的增长潜力。相比现金红利,投资人更为看重资本利得,因此愿意以牺牲近期收入来换取资本的增值。在这一目标下，投资策略与投资组合一般具有很强的进攻性，具有高成长性和强发展潜力的证券是重点投资对象，如市场中有较大升值潜力的小公司股票、一些新兴的但目前经营还比较困难的风险投资项目，以及信用等级低但收益高的债券等。

3. 平衡型目标

这类目标既追求长期资本增值，也追求当期收入，即在一定的风险承受范围内实现尽可能高的收益。这一目标对应的投资组合类型是由债券、优先股和部分普通股等构成的混合型证券组合，这些有价证券在投资组合中有比较稳定的组合比例，如把资产总额的25%~50%投资于优先股和债券，其余的用于普通股投资，具体取决于投资者的风险承受能力和对收益的预期，但也受市场前景及政治、经济、文化气氛等影响。

当然，在此之外也有其他目标。例如，流动性目标，此时组合的构建是为了保证足够的流动性以适应随时可能发生的资金需求。这类组合不刻意讲究投资收益的高低，而是更注重风险的防范。因此，组合往往主要是由短期国债和一些信用等级高的短期票据组成的。对变现难易度和风险大小的特别关注也决定了这类组合收益率一般较低。又如价值型目标。这类目标在于寻找价格与价值不符的投资对象以获得超额报酬，市盈率和市净率均较低的公司以及一些处于周期底部的周期性证券均是重点关注对象。另外，当一些特殊事件或投资者的情绪波动对证券价格造成不利影响时也会引起价值型投资人的兴趣。

三、证券投资组合管理原则

建立组合是证券投资成功的关键。构建投资组合就是在确定了投资目标，并用一定的分析方法选择了证券之后，思考如何将资金进行分配以使证券投资组合具有理想的风险和收益特征。不同投资目标下，证券组合的风险和收益的特征是不同的。但在资金分配时，一些基本原则是需要共同考虑的。

第一，本金的安全性原则。投资组合管理首先要考虑的是本金的安全无损，这是未来获得基本收益和资本增值的基础。本金的安全不仅指保持本金原值，而且包括保持本金的购买力。

第二，基本收益的稳定性原则。构思投资组合时，应该把获得稳定的基本收益当作一种基本的考虑。稳定的收益有利于更准确、更合理地做投资计划。以股息或利息形式获得的当前收益，可以很现实地享受组合成果，这可能比收益的期望值更有意义。

第三，资本增长原则。资本增长是投资组合管理的一个理想目标，但这并不意味着一定要投资于增长型股票。组合既可以通过购买增长型股票而壮大，也可以通过收益再投资而壮大。资本增长对改变组合头寸状况、维持购买力和增强管理的灵活性都是有益的。

第四，良好的市场性原则。证券组合中的任何一种证券应该易于迅速买卖，这取决于具体证券的市场价格和市场规模。股票的市场规模取决于公司的规模、股东的数量、公众的兴趣等。

第五，流动性原则。资产的流动性强，有利于组合管理者及时抓住有利的投资机会，谨慎的组合管理者都专门保留一部分现金资产或持有部分流动性强的证券。

第六，多元化原则。"不要把鸡蛋放在同一个篮子里"是传统投资组合的一个重要思想，通过在不同资产上的分散化投资，可以降低投资的总风险。

四、证券投资组合管理策略

基于对市场效率看法的不同,投资人在证券投资组合管理上采取的策略也不同。如果投资者认为被错误定价的证券存在并能够较为容易地被找到,那么执行主动的证券选择或时机选择策略,也就是积极的投资组合管理策略可能是最佳选择。反之,如果投资者认为所有证券的市场价格均反映了所有可得信息,那么购买和持有以市场组合为特点的被动投资组合管理策略或许是最佳选择。

(一) 积极的投资组合管理策略

积极策略是指通过积极的组合管理和市场时机的把握来获得超额收益。执行积极的投资管理策略的投资人认为,只要主动地寻找被市场错误定价的证券或随着周期性的事件审慎选择投资时机,那么就可获得超过市场平均收益(如市场指数)的绩效,也就是超额收益。

为战胜市场,积极的投资者非常强调时机选择和证券选择。所谓时机选择,指的是通过研判市场走势以选择正确的投资时机。时机选择重点关注市场情绪等市场扰动因素对组合业绩的贡献,试图在不同市场状态下通过对仓位和权重的灵活调整和控制,从而达到积极的投资目标,也就是获得超额收益。重视时机选择的投资人相信自己比其他投资者有更强的大势把握能力,能更准确地预测市场组合收益和标准差的变动。而证券选择,简单地说就是找寻被市场错误定价的证券。在这一过程中,投资者要做大量的证券分析工作,涉及基本面分析、技术分析、金融异象分析等多个方面。确定错误定价证券后,对于位于证券市场线上方的证券,价格被低估,投资者选择做多;对于位于证券市场线下方的证券,价格被高估,投资者选择做空。通过低买高卖策略,投资者可以获得超额收益。就主动采取证券选择的投资人而言,他一定认为市场是非有效的,因为只有非有效状态下才可能出现证券的错误单价。但就这些投资人而言,他又是相信市场的有效性的,只有相信市场会主动修正定价错误,也就是证券市场线外的点终将回归证券市场线上,低买高卖的策略才有可能成功。

积极的投资组合管理策略力图通过自上而下和自下而上的混合构建方法来获取超额收益。采取自上而下的构建方法时,投资人首先对宏观经济的环境进行评估和预测,在此基础上决定资金在资本市场不同部分之间的分配,然后根据预期对股票市场或其他市场的各个板块和行业进行分析,从而选出那些可以获取最高收益的市场板块和行业进行重点配置,最后在每个板块和行业中决定个别证券的分布。与之相反,采取自下而上的构建方法时,投资人主要关注个别证券的分析,对宏观经济和资本市场的周期波动却不是很重视。投资人主要通过基本分析的方法来预测证券的未来收益,然后根据证券所处的行业及其他一些参数确定证券的内在价值,通过比较证券的内在价值和现行市价决定是否要将证券加入组合。最后的组合是满足这些条件的个别证券的集合。

(二) 消极的投资组合管理策略

消极策略是指通过分散化投资获取市场平均收益。消极的投资组合管理策略的基本思想是:金融市场是有效率的,在这样的市场中任何投资者都不可能战胜市场,所以采取被动投资(如指数投资)、获取市场平均收益是最优的投资选择。

以指数策略为例。持指数策略的投资人认为长期来看,持续地战胜市场指数是十分困难的,因此最好的策略就是复制某一市场指数,争取获得同市场指数相同的回报。与主动投资不同,指数投资完全按照指数样本股票组合进行复制投资,投资过程中不需要进行证券分析和证券选择,而是将选择证券的权利交给了市场。因为在透明化的指数选样标准下,证券进出指数样本实际上是市场上各方力量共同推动的结果。考虑到指数投资组合的目的并非"击败"目标指数,而是要与该指数的绩效相匹配。因此,评价指数投资组合的重点就在于评价其追踪目标指数的能力,也就是投资组合收益率与目标指数收益率之间的差异表现。跟踪误差是指数投资组合评价中最为常用的一个指标之一,它指的是投资组合日收益率与目标指数日收益率之间差值的标准差。

指数投资组合的构建有三种基本方法:完全复制、抽样复制和二次最优。完全复制指的是投资人根据目标指数中各个证券的权重及权重的变化买卖目标指数中的所有成分证券。这个方法可以确保投资组合紧密跟踪指数,但在实施时往往面临着频繁买卖的问题。如果目标指数中包含的证券数目不太多的话,买卖带来的交易成本还相对可控。如果目标指数所包含的证券数目很多,那完全复制策略必然面临高昂的交易成本。与完全复制思路不同,抽样复制通过买卖指数中一部分具有代表性的证券,来达到与目标指数相匹配的目的。显然,抽样复制的优点是可以降低指数组合调整中频繁买卖带来的佣金成本问题,但样本显然无法完全代表总体,抽样复制的不足之处就在于无法像完全复制那样紧密跟踪目标指数的变化。二次最优在完全复制和抽样复制的基础上做了进一步调整。二次最优法下,投资人既不会买卖指数包含的全部证券,也不会限制于某些代表性的证券,而是通过计算目标指数中各个证券历史价格的变动和相关性,求解那些能使投资组合与目标指数之间跟踪误差最小的证券组合。二次最优方法的优点是理论上可以避免完全复制的烦琐和抽样复制的误差,以最小的成本得到最优的组合,缺点是未来不是历史的完全复制,一旦证券及证券间的变动特征发生变化,依靠这种方法选出的证券无法很好地跟踪目标指数。

(三) 混合的投资组合管理策略

混合策略是介于积极策略和消极策略之间的一种策略选择。言而总之就是投资者主动利用证券选择能力,而在投资时机选择或类别资产选择上则选择消极或中性。纯积极和纯消极的投资组合管理策略显然是两种极端的管理方式,各自存在缺陷。若将两种极端的策略结合在一起运用,就能克服这些缺陷,使投资者既能享有主动策略的超额收益,又能享有被动策略的分散化利益,这就是混合管理策略的优势。

第五节 证券投资组合管理评价

从静态管理的角度来说,绩效评价是证券投资组合管理过程的最后一个阶段。但从动态管理的角度来说,绩效评价是一种反馈与控制机制,是证券组合连续管理过程中的一个构成环节。换言之,证券投资组合管理的绩效评价既涉及对过去一个时期组合管理业绩的评价,也关系下一个时期组合管理调整的方向,是证券投资组合管理中十分关键的一环。

一、管理绩效评价原则

一个科学的绩效评价原则是绩效评价工作开展的重要前提。在投资绩效评价问题上,很多人的第一反应可能是比较收益,认为收益表现越高的组合就是越优秀的组合。然而实践中影响最终实现收益率的因素有很多,收益率高的组合未必是一个有效的组合,而收益率低的组合也未必是一个无效的组合。比如,投资期内的市场环境,当市场整体处于上行趋势时,风险证券的收益水平也普遍较高,这时候大多数证券组合都会有一个比较好的收益表现。又如,投资人决策过程中一味追逐高风险、高收益的证券并在给定的投资期内获得了偶然的成功。而当证券组合构建的最初目标就是保证流动性或获取经常性收入时,低风险证券投资对象的确定也决定了投资期内收益率大概率不高的事实。因此,考虑到投资者在投资过程中获得收益的同时还将承担相应的风险,较高收益的获得可能是建立在承担较高风险的基础之上的客观实际,在对证券投资组合业绩进行评估时,应该综合衡量投资收益和所承担的风险情况,秉持既要考虑组合收益高低也要考虑组合风险大小的基本原则。

二、风险调整绩效评价

风险调整的绩效评价指标是将收益与相应的风险进行综合考虑的指标,典型代表有夏普比率、特雷诺指数、詹森指数、信息比率等。下面对此一一介绍。

(一)夏普比率

夏普比率是由夏普于1966年提出的,其理论基础是马科维茨的投资组合理论。

记:证券组合 p 的平均收益表现为 $\bar{r}_p$,无风险收益率为 r_f,收益率变动的标准差表现为 σ_p,则夏普比例可通过如下公式求解:

$$\frac{\bar{r}_p - r_f}{\sigma_p} \tag{11.34}$$

显然,夏普比例是资产组合已经实现的平均风险溢酬与其对应时期内的收益率标准差的比值,测度是已实现的单位平均风险溢酬。夏普比例越大,说明选定时期内投资人承担一单位风险所获取的风险溢酬回报越高,投资表现越好;夏普比例越小,说明选定时期内投资人承担一单位风险所获得的风险溢酬回报越小,投资表现越差。在运用夏普比例对目标投资组合进行绩效评价时,需要同时计算市场上其他组合或对象在样本时期内的夏普比率表现,并将目标组合与其他组合直接进行横向比较,以获得对组合夏普比例表现好坏的相对评价。

(二)特雷诺指数

特雷诺指数由美国经济学家特雷诺于1965年提出,其理论基础是 CAPM 模型。与夏普比率类似，特雷诺指数测度的也是单位风险承担所对应的风险溢酬回报，但与夏普比率不同的是，特雷诺指数在评价风险承担时只针对系统性风险，因此确切地说，特雷诺指数测度的是单位系统性风险承担所对应的风险溢酬回报。

记：证券组合 p 的平均收益表现为 $\bar{r}_p$，无风险收益率为 r_f，组合的 β 系数表现为 β_p，则特雷诺指数可通过如下公式求解：

$$\frac{\bar{r}_p - r_f}{\beta_p} \tag{11.35}$$

特雷诺指数越大，说明在选定时期内组合承担一单位系统性风险所获得的风险溢酬回报越大，组合投资表现越好。反之，特雷诺指数越小，说明在选定时期内组合承担一单位系统性风险所获得的风险溢酬回报越小，组合投资表现越差。运用特雷诺指数进行绩效评价时，同样需要确定比较标准，这一标准可以是同类组合特雷诺指数的平均表现，也可以是市场上所有组合的平均表现。

需要注意的是，对比夏普比率与特雷诺指数可以发现，特雷诺指数只考虑系统性风险，而夏普比率在系统性风险的基础上同时考虑非系统性风险。因此，一方面，如果被评价的投资组合已经很好地实现了对非系统性风险的管理（充分分散），那么基于夏普比率与特雷诺指数对同一组合在同一样本时期内的绩效评价结果应该相同；另一方面，如果被评价的投资组合受非系统性风险影响较大，那么基于特雷诺指数给出的绩效评价很可能带来信息的误导。

（三）詹森指数

1968 年，詹森基于 CAPM 模型提出了一个新的投资绩效评价指标。特雷诺指数与夏普比率属于相对指标，也就是只有将目标组合的指标表现与基准表现相比，才能得出组合投资表现好与不好的评价，且这个评价无法提供好与差的绝对数量信息（简单来说，无法基于指标表现与基准表现的数值关系，得出组合表现优于或劣于基准表现的具体大小）。詹森提出的詹森指数则不同。

记：证券组合 p 的平均收益表现为 $\bar{r}_p$，无风险收益率为 r_f，同期市场收益的平均表现为 $\bar{r}_M$，组合的 β 系数表现为 β_p，则詹森指数可通过如下公式求解：

$$J_p = \bar{r}_p - [r_f + \beta_p(\bar{r}_M - r_f)] \tag{11.36}$$

显然，詹森指数的本质是组合已实现收益与理论收益之间的差距，也就是超额收益的大小。J_p 大于 0，说明样本期内组合的已实现收益大于理论收益，也就是组合获得了一个正的超额收益。反之，说明样本期内组合的已实现收益小于理论收益，组合有一个负的超额收益。下面以一个简单的例子来说明詹森指数绝对评价指标的本质。假设市场上有 A 和 B 两个投资组合，投资组合 A 的詹森指数表现为 2%，投资组合 B 的詹森指数表现为 1%，说明 A 组合在给定样本期内实现的超额收益是 B 的两倍，即组合 A 的超额收益表现是 B 的两倍。

詹森指数是目前使用最广泛的评价指标之一。但是需要指出的是，与特雷诺指数类似，詹森指数在评估组合整体绩效时隐含了一个假设，即证券组合的非系统性风险已通过投资组合彻底地分散掉，此时证券的全部收益等于无风险收益与系统性风险承担的风险溢酬回报。这就意味着，如果实际市场中证券组合并没有完全消除掉非系统性风险，那詹森指数同样可能给出错误信息。例如,假设市场上有 A 和 B 两个投资组合,两个组合的 β 系数相同,且测算得到的詹森指数也相同。在假设两个组合的非系统性风险都被很好分散的前提下,此时我们容易得出两个组合管理绩效相同的结论。但如果非系统性风险被分散的假设不成立,比如 A 组合承担了显著且较大的非系统性风险,此时 A 组合中的收益有相当一部分是对非系统性风险承担的合理补偿,在扣除这部分补偿后,显然 A 组合的詹森指数实际表现将小于 B 组合。

(四) 信息比率

信息比率也称信息比,其以马科维茨的均值—方差模型为基础,用来衡量非系统性风险所带来的非常规收益,即单位非系统性风险的非常规收益回报。其中,非常规收益是投资组合收益超出基准收益部分的收益,而基准收益往往用其相对市场组合的超额收益代理。

记:证券组合 p 的平均收益表现为 $\bar{r}_p$,基准收益率为 $r_f + \beta(r_M - r_f)$,收益率变动的残差风险表现为 σ_e,则信息比率可通过如下公式求解:

$$\frac{\bar{r}_p - [r_f + \beta_p(\bar{r}_M - r_f)]}{\sigma_e} \tag{11.37}$$

从定义及求解公式可以看到,信息比率也等于詹森指数与非系统性风险的比值。因为积极型管理策略需要选择非零 Alpha 的证券,策略下构建的组合往往也带着显著的非系统性风险特征。用詹森指数除以非系统性风险,其实就是 Alpha 收益针对非系统性风险的调整,因此信息比率比较适用于对积极型投资组合管理绩效的评估。

三、择券择机能力评价

法玛(1972)认为投资组合业绩可以通过证券选择能力和市场时机把握能力两种预测能力进行分析。

(一) 择券能力

证券选择能力是指投资组合管理者识别价格被低估的证券以及构造最优证券组合的能力。使用下面框架,可以从证券选择好坏带来的选择回报率和一般风险承担对应的风险回报率两个方面对投资组合管理人的绩效进行评价。

记:证券组合 p 的平均收益表现为 $\bar{r}_p$,无风险收益率为 r_f,同期市场收益的平均表现为 $\bar{r}_M$,组合的 β 系数表现为 β_p,证券的总风险收益可通过如下公式做拆分:

$$\bar{r}_p - r_f = (\bar{r}_p - r_\beta) + (r_\beta - r_f) \tag{11.38}$$

其中:

$$r_\beta = r_f + \beta_p(\bar{r}_M - r_f) \tag{11.39}$$

式(11.38)中,r_β 是组合对应系统性风险表现下的合理回报率,$(\bar{r}_p - r_\beta)$ 是证券选择好坏所对应的选择回报率,$(r_\beta - r_f)$ 是一般风险承担所对应的风险回报率。从选择回报率的定义不难发现,其本质就是超额回报率。

进一步,r_β 只考虑了系统性风险承担,而一些时候为了获得更高的超额收益,投资组合管理人可能选择放弃对非系统性风险的有效管理（充分分散化），而是将资金集中在一些相对高收益的高风险证券上，对此选择回报率需要相应有所调整。

记：同样的证券组合 p，其平均收益表现为 $\bar{r}_p$，标准差表现为 σ_p；无风险收益率为 r_f；市场收益的平均表现为 $\bar{r}_M$，标准差表现为 σ_M；此时对组合 p 做非系统性风险调整后的"合理回报率"调整如下：

$$r' = r_f + (\bar{r}_M - r_f)\frac{\sigma_p}{\sigma_P} \tag{11.40}$$

则净选择回报率为：

$$r_{净选择回报率} = (\bar{r}_p - r_\beta) - (r' - r_\beta) = \bar{r}_p - r' \tag{11.41}$$

（二）择机能力

市场时机选择能力则是指投资组合经理人能判断市场行情的走势，把握市场时机的能力。与证券选择一样，投资组合管理人也可通过正确地预测市场走势并据此进行投资组合调整从而取得优秀业绩。例如，当预计市场将出现下滑时，可扩大投资组合中的现金比例或降低投资组合的 β 表现；反之，如果预计市场将出现上升时，可以通过减小投资组合中的现金比例或提高投资组合的 β 表现来提升组合表现。接下来，简要介绍一些评价投资组合管理人择机能力的相关模型。

1. T-M 模型

如果投资组合管理人仅仅聚焦于证券选择，不进行市场时机选择，那么组合的平均 β 表现将比较稳定，将组合回报率写成市场回报率的决定式的话，由于 β 稳定，因此两者之间起码是近似线性关系。反之，如果投资管理人能够成功地估计市场走势并据此调整投资组合的 β 值，此时组合回报率与市场回报率之间的近似线性关系不再成立，而是呈现出如下特征：市场上行时，β 值高于平均值，此时组合回报率上升得更快；市场下行时，β 低于平均值，此时组合回报率下降得更慢。具体如图 11-6 所示。

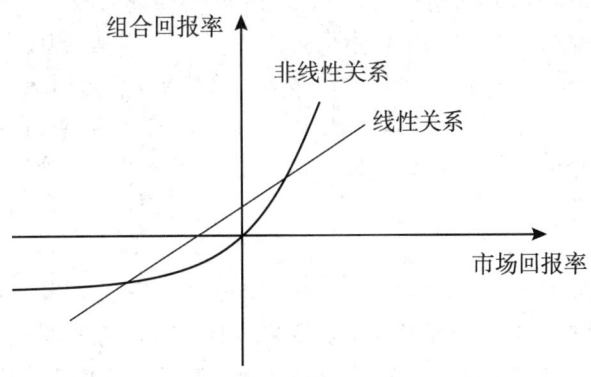

图 11-6 组合回报率与市场回报率间的关系

特雷诺和玛泽于 1996 年在创新性地对管理人的择机能力进行计量分析时，为了准确描述上述关系，在基于市场组合的单因素指数模型上加入了一个二次项，并提出可用二次项的表现来对管理人的择机能力进行评估。

$$r_p - r_f = \alpha + \beta_1(r_M - r_f) + \beta_2(r_M - r_f)^2 + \varepsilon_p \tag{11.42}$$

其中，α 为选股能力指标，β_2 为择机能力，β_1 为组合所承担的系统风险。

特雷诺和玛泽认为 β_2 大于零，说明投资管理人具有择机能力。因为 $(r_M - r_f)^2$ 肯定为正数，若 β_2 大于零，则当市场上行时，投资组合的实际风险溢酬变化会大于市场组合的风险溢酬变动；当市场下行时，投资组合的实际风险溢酬变化会小于市场组合的风险溢酬变动。另外，特雷诺和玛泽认为如果 α 大于零，表明投资管理人具备选股能力，α 值越大，选股能力越强。

2. H—M 模型

H—M 模型也称双贝塔模型，是亨里克森和莫顿于 1981 年提出的。亨里克森和莫顿认为择机能力可被定义为组合管理人根据市场预测，预先调整资金配置，也就是调整 β 的能力。简单来说，如果投资管理人具备择机能力，那么在市场上升时期 β 的取值表现应当大于市场下降时期 β 的取值表现。

为此，亨里克森和莫顿给出了 H—M 模型的一般表达式：

$$r_p - r_f = \alpha + \beta_1(r_M - r_f) + \beta_2 D(r_M - r_f) + \varepsilon_p \tag{11.43}$$

其中，D 是虚拟变量，在市场上升时期 D 的取值为 1，否则 D 取值为 0。

显然，如果 β_2 显著为正，那么市场上升时期投资组合的整体 β 表现为 $\beta_1 + \beta_2$，而市场下降时期投资组合的整体 β 表现为 β_1，市场上升时期 β 的取值表现大于市场下降时期 β 的取值表现。此时，说明投资管理人的择机能力是存在的。此外，亨里克森和莫顿同样认为 α 代表了投资管理人的择券能力。如果 α 大于零，表明投资管理人具备选股能力，α 值越大，选股能力越强。

3. C—L 模型

畅和乐维伦于 1984 年提出的 C—L 模型是对 H—M 模型的变形和改进。C—L 模型的一般表达式为：

$$r_p - r_f = \alpha + \beta_1 D_1(r_M - r_f) + \beta_2 D_2(r_M - r_f) + \varepsilon_p \tag{11.44}$$

其中，D_1 和 D_2 分别是对应市场上行状态与市场下行状态的虚拟变量。当市场上行时，D_1 取值为 1，D_2 取值为 0。反之，当市场下行时，D_1 取值为 0，D_2 取值为 1。

基于历史数据，在参数估计的基础上，对 $\beta_1 - \beta_2$ 的表现进行统计检验，即可判断投资管理人的择机能力。如果 $\beta_1 - \beta_2$ 显著大于 0，说明投资组合管理人具有择机能力。同样，α 代表了投资管理人的择券能力。如果 α 大于零，表明投资管理人具备选股能力，α 值越大，选股能力越强。

【章节小结】

（1）投资组合管理是基于科学的思路和方法，按照一定的流程和原则，从众多证券及资产中确定投资对象及投资权重，进而最大化自身投资效用的过程。

（2）马科维茨投资组合理论非常重要的一个步骤就是完成对投资对象风险和收益的量化测度，在此基础上基于给定收益最小化风险或给定风险最大化收益的思路，回答资产组合构建问题。

（3）指数模型将证券收益变动分解成共同因子变化和特质因子变化两个部分，明确了不同证券间相关性的来源是对系统风险的共同承担和不同影响，指数模型的引入大大简化了马科维茨投资组合理论在实践运用中面临的巨大信息处理工作。

（4）资本资产定价模型引入市场组合概念，阐释了市场均衡状态、证券预期收益与系统性风险承担之间的对应关系，以及市场均衡时刻不同证券在单位风险收益上的共性特征。

（5）在评价证券投资组合管理绩效时，应当兼顾收益与风险两大方向的表现。个人投资者是有可能通过择券或择机提升组合管理的绩效表现的。

【思政梳理】

本章思政小课堂重点聚焦个人投资在收益与风险之间的权衡，帮助投资者建立成熟的投资意识和理念。2022年10月16日，党的二十大报告强调，"守住不发生系统性风险底线"。同时也强调，要"深化金融体制改革，建设现代中央银行制度，加强和完善现代金融监管，强化金融稳定保障体系，依法将各类金融活动全部纳入监管，守住不发生系统性风险底线"[1]。2023年3月5日上午9时，第十四届全国人民代表大会第一次会议在人民大会堂举行开幕会，国务院总理李克强作政府工作报告，报告提出要深化金融体制改革，完善金融监管，压实各方责任，防止形成区域性、系统性金融风险。[2] 个人投资与一国/地区的金融市场紧密联系，在追求收益的同时，一是要认识风险对个人投资目标的影响，二是要主动将自身金融投资行为与国家或地区的金融发展放在同一层面考虑，自身财富的增长一定不能建立在损害国家或地方金融秩序和稳定的基础上。

【主要概念】

期望收益　方差　标准差　风险溢酬　有效前沿　资本配置线　完整组合　资本市场线　证券特征线　指数模型　资本资产定价模型　夏普比率　特雷诺指数　詹森指数

【案例思考】

阅读下列材料并回答问题。

凯恩斯说，"从安全第一的角度出发，有些人认为持有一大堆不掌握信息的公司要比大量投注一家掌握足够信息的公司更好。这在我的投资理念中，就是个笑话。"他强调正确的目标应该是"均衡的头寸"，即无论单一头寸规模大小，投资组合应具备多样化的风险暴露，这些风险之间很多还可以互相对冲。

杰洛德·罗布（Gerald Loeb）在《投资求生战》中写道："大多数投资组合在进行错误的分散化配置。我看不出同时持有一定比例的油气行业、汽车行业，以及铁路行业的股票有什么用处。除非你规模大到没法配置，要么就是你承认自己一无所知。"

罗布建议"在处于不同商业生命周期的公司间进行分散，或在处于不同市场价格周期的证券间进行分散"。

塞斯·卡拉曼（Seth Klarman）精辟总结道，"人们往往在过于集中和过于分散这两个

---

[1] 习近平. 高举中国特色社会主义伟大旗帜 为全面建设社会主义现代化国家而团结奋斗——在中国共产党第二十次全国代表大会上的报告［EB/OL］. 中国政府网, https://www.gov.cn/xinwen/2022-10/25/content_5721685.htm, 2022-10-25.

[2] 李克强. 政府工作报告——2023年3月5日在第十四届全国人民代表大会第一次会议上［EB/OL］. 中国政府网, https://www.gov.cn/xinwen/2023-03/14/content_5746704.htm, 2023-03-14.

方向上都会犯错误。有时候，缺乏经验的新手会放一个20%或者两个20%的头寸到同一个方向上。这两个头寸间往往相关性很高，例如就是同一个行业或者就是用两只个股赌同一个方向。毋庸置疑，这过于集中了。除非你对此有足够的信息和信心，或者干脆就是你自己的钱。如果是客户的钱，就不应如此。另外，对于你发现的好机会只放1%的头寸就太少了。当你发现了好机会，要尽量利用它们。"

资料来源：如何看待投资中的分散化［EB/OL］．点拾投资，https://www.163.com/dy/article/EMQ6BSMU0519LA8N.html，2019-08-17．

思考题：
（1）分散化策略的目标是什么？
（2）应当如何在分散化投资与集中投资两个策略间进行选择？
（3）证券组合构建的一般原则有哪些？

【实训要求】
1. 实训目的及要求
掌握投资组合基本的业绩评估理论及方法；掌握资本资产定价理论，并运用该理论估算个股价格；熟练运用计算机软件对投资组合的绩效进行评估。

2. 实训内容
（1）利用模拟交易系统，选择你关注的两只及两只以上的股票建立投资组合。
（2）利用模拟交易系统及计算机软件下载投资组合股票价格及市场指数。
（3）计算个股、指数及相关组合的收益率、标准差、贝塔系数、相关系数等。
（4）在收益与风险度量的基础上，完成可能性曲线、资产配置线、最优资产组合构建。
（5）对投资组合的绩效进行评价。
（6）撰写实训报告。

第十二章　金融科技与投资管理

【学习目标】

了解量化投资的发展历史，掌握量化投资的相关概念和基础理论，理解量化投资的主要方法，熟练应用量化投资常用软件，掌握进行量化投资的基本技能。

【案例导入】

2014年3月11日，美国高频交易公司Virtu Financial向美国证券交易委员会（SEC）首次申请公开募股（IPO）。该公司2013年营收在公开的财务报表中显示约为6.65亿美元，同比增长8%；净利润为1.82亿美元，同比增长一倍以上。震惊众人的是，由于超前的管理风险的策略和技术，在2009年初到2013年底的总共1 238个交易日中，仅有1天发生亏损。

该公司有效的高频交易策略不但没有引起社会的认可，反倒引起了普通交易者和监管机构的极大不满。2014年3月中旬，美国财经作家迈克尔·刘易斯（Michael Lewis）出版了新书《闪击者》（*Flash Boys*）。该书主要抨击高频交易捕捉微观价差使得私人交易所受损这一事实，批评了高频交易的行为。

欧洲议会于2014年4月15日通过《金融工具市场指令Ⅱ》，该指令中包含了各种限制高频交易的措施，比如，不允许报价货币单位过小、强制测试交易算法、做市商需要每一交易日每小时将交易额上报，以及阻止价格波动超过一定限制的熔断机制（价格增量规则标准）。

因为受到社会各界的不认可，Virtu Financial公司的IPO受到了极大影响，2014年上市的计划也被搁浅了。

资料来源：国外量化投资经典案例介绍与法律分析［EB/OL］. 新浪财经，http://finance.sina.com.cn/roll/2016-02-17/doc-ifxprqea4597202.shtml, 2016-02-17.

第一节　量　化　投　资

一、量化投资概论

量化投资是指将数理金融学与计算机程序结合起来，借助数量化方式和计算机技术发出买卖指令，从而实现稳定投资收益的一种投资交易策略。量化投资将个人的投资理念开发成数理模型,用计算机对宏观数据、交易数据、企业财务报表数据等历史数据进行分析,寻求交易机会,是国际投资界中的一种新兴投资方法。三大主流分析方法包括量化投资、基本面分析以及技术面分析。其中基本面分析和技术面分析属于传统的证券投资理论,但量化投资是一种新的分析方法,结合了现代数学理论、金融数据和计算机技术。它是一种新的、现代的股票投资分析方法。

(一) 数量金融理论奠定了量化投资的理论基础

数理金融学为量化投资提供了大部分的理论、方法和技术。量化投资策略的理论基础源于数理金融学理论。总体上,数量金融学理论经历了如下三个发展阶段:

第一阶段:1950 年代至 1960 年代。

1952 年,现代资产组合管理理论(PMT)由马科维茨(Markowitz)建立,该理论是基于均值方差模型建立的。资产组合管理理论确定了投资中收益与风险均衡的分析范式,由此,现代金融学诞生了。在此基础上,夏普(Sharpe)、利特纳(Litner)和莫辛(Mossin)确定了资产价格的均衡结构,于 1964 年、1965 年、1966 年分别独立地建立了资本资产定价模型(CAPM)。作为度量金融投资绩效的理论基础的 CAPM 描述了资产系统性风险与预期收益率之间的关系。1965 年,尤金·法玛在他的博士毕业论文《股票市场价格行为》中对有效市场给出了初步的概念:"有效市场是这样一个市场,在这个市场中,存在着大量理性的、追求利益最大化的投资者,他们积极参与竞争,每一个人都试图预测单个股票未来的市场价格,每一个人都能轻易获得当前的重要信息。"他对资本市场的有效性给出了描述性定义:如果证券价格充分反映了可得的信息,每一种证券价格都永远等于其投资价值,则该证券市场是有效的。1965 年,萨缪尔森通过数学证明了公平游戏模型和随机游走的关系,从理论上论述了该关系从而为有效市场假说作出了理论上的铺垫。有效市场假说作为投资者了解信息在市场中作用的理论基础,给投资学界带来了深远影响。

第二阶段:1970 年代至 1980 年代。

20 世纪 70 年代以来,伴随着期权市场的迅速发展,期权定价理论的研究取得了突破性进展。期权定价是金融应用领域数学上最复杂的问题之一。第一个完整的期权定价模型由布莱克和斯克尔斯创立并于 1973 年公之于世。该模型认为,只有股价的当前值与未来的预测有关;变量过去的历史与演变方式与未来的预测不相关。模型表明,期权价格的决定非常复杂,合约期限、股票现价、无风险资产的利率水平以及交割价格等都会影响期权价格。与此同时,默顿也发现了同样的公式及许多其他有关期权的有用结论,两篇论文几乎同时在不同刊物上发表。因此,布莱克—斯科尔斯定价模型亦可称为布莱克—斯科尔斯—默顿定价模型。瑞士皇家科学协会(The Royal Swedish Academy of Sciences)赞誉他们在期权定价方面的研究成果是今后 25 年经济科学中的最杰出贡献。当前,期权定价理论已经成为金融经济理论的基石,布莱克—斯科尔斯公式(B-S)及其变形已经被投资银行,期权交易商,金融管理者等广泛使用。

第三阶段:1990 年代至今。

尤金·法玛(Eugene F. Fama)和肯尼思·R. 弗伦奇(Kenneth R. French)在 1992 年提出了 Fama—French 三因子模型。两位学者通过对美股实证研究,发现了股票的收益不仅受β系数的影响，而且还在一定程度上受股票市值和估值的影响，小盘价值股具有显著超额正收益。G30集团在1993年提出了在险价值（VAR）管理办法，该方法简单、直观、标准化，为大多数投资者所接受，为现代风险管理领域做出了重要贡献。自20世纪90年代以来，以Shiller为代表的金融学者提出了行为金融（BF）理论，这与有效市场理论是相对应的。行为金融学代表了现代金融学的一大进步，因为它假设了投资者在市场中的有限理性和有限套利，并研究了投资者决策的行为模式。

（二）量化投资实践的发展历程

近年来，量化投资逐渐引起了证券投资界的关注，成为资本市场研究和应用的热点，在西方投资界中更新传统投资哲学的"投资革命"指的就是量化投资，逐渐形成与基本面投资分析、技术面投资分析分庭抗礼的局面。简单地说，量化投资就是将数理金融学与信息技术的方法结合起来管理投资组合，注重对宏观数据、企业财务数据、市场行为、交易数据的分析，利用数据挖掘技术、统计技术、计算方法来处理数据，得到最合适的投资组合之后抓住投资机会。从国内外量化投资的发展状况来看，量化投资类产品的投资业绩稳定，市场份额和规模迅速扩大，已经得到了越来越多投资者的认可。

量化投资的历史始于20世纪60年代，70~80年代是高速的迭代和发展期，而90年代是量化投资发展的黄金期。虽然量化投资在2008年美国金融危机时受到影响，但之后量化投资仍靠其自身的优势成为市场的主流，也因为其收益稳定、风险较低而普遍受到市场的推崇。

（1）量化投资的起源（20世纪60年代）：赌场的技术。量化投资源于赌场中如百家乐、21点等游戏，量化投资的鼻祖爱德华·索普（Edward Thorp）是加州大学物理学教授、麻省理工学院（MIT）教授等多个学校的教授，对赌术研究颇深，他将专业运用于赌场游戏，进行数学方面概率统计等的分析研究，基于对21点出牌概率和赔率的数学研究，发明了科学股票市场系统，成立了第一个量化投资基金，被称为"宽客教父"。

（2）量化投资的发展（20世纪70~80年代）：量化投资技术的迭代和量化投资理论的发展。1973年，芝加哥期权交易所成立，芝加哥大学教授费希尔·布莱克（Fischer Black）和迈伦·斯科尔斯（Myron Scholes）提出著名的"布莱克—斯科尔斯"公式，给股票、商品、债券、货币等新兴衍生金融市场、期权等衍生金融工具的定价提供了理论基础，华尔街迅速接受了期权定价理论，量化投资拉开序幕。10年后，摩根士丹利大宗商品交易程序员格里·班伯格发现"统计套利策略"，这一策略不管市场是上涨、下跌还是震荡，都能从中稳健套利。这一策略一经发现，就成为当时有史以来的最佳策略，如此"赚钱机器"，引起了金融、经济及数学领域的更多学者、工作人员对量化投资的重视和兴趣。

（3）量化投资的"黄金发展十年"（20世纪90年代）：各大理论全面发展。20世纪90年代后，量化投资在市场中的各种投资工具都得以应用，各大理论在这一时期全面发展。1990年，马科维茨、夏普和默顿三人的"资产组合选择理论"获得了诺贝尔奖，被誉为华尔街的"第一次革命"。著名的资产资本定价模型、市场有效性理论、期权定价理论、套利理论也在这一时间产生，这些理论为量化投资策略成为系统有效的策略奠定了科学理论基础。

(4) 量化投资新曙光（2000 年后）：现代金融理论的发展、计算机技术的应用、交易规则的变化以及交易成本的下降让量化投资更快的发展起来。2000～2008 年互联网经济破灭，市场在剧烈震荡中，正好也符合量化投资在波动市场中获利的特性，量化投资的规模从 400 多亿美元迅速增长至 1 万多亿美元。2008 年，伴随全球性的市场危机，量化投资策略大量做空市场，大多数投资人认为量化投资是导致市场下跌的助推器。美国政府修改了针对量化投资的相关条款，交易规则的改变导致量化投资受到限制，很多策略失效。2011 年之后，量化投资继续快速发展。根据海外学者研究（*Factor Features：Not Your "90s Quant"*），截至 2019 年第二季度，美国量化基金的规模占美股总市值的比例达到接近 9%，量化基金整体的规模大约为 3.3 万亿美元。①

（三）中国量化投资发展现状

中国量化投资发展可以追溯到 20 世纪 90 年代末期，当时国内刚刚开始接触到量化投资的概念和方法。中国资本市场的进一步开放与发展使得量化投资在国内的影响力逐渐增强。2007 年，国内首家量化投资基金——招商量化先锋基金成立，标志着国内量化投资的正式起步。之后，越来越多的券商、基金公司和私募机构开始涉足量化投资领域。2015 年，中国证监会对量化投资进行了规范和监管，发布了《证券投资基金量化投资管理办法》，明确了量化投资机构的准入标准、投资范围和风险管理等方面的要求，为量化投资行业的规范发展提供了保障。2017 年，随着科技行业的兴起，中国的量化投资也开始融合科技元素，如人工智能、大数据等技术被广泛应用于量化投资中。同时，国内也出现了一些以科技为核心的量化投资公司，它们利用自己的科技优势，不断优化投资策略，提高投资效率和准确性。近年来，随着资本市场的逐步开放和监管政策的不断完善，中国的量化投资行业得到了进一步的发展。

目前国内的量化交易平台主要分为两种，一种是基础量化交易平台，主要使用一些复杂度不高的语言，其框架主要为用户在平台上编译策略，平台提供一系列的回测图表反馈，并用网络连接到股票经纪公司的交易接口，通过普通交易席位进行交易。其缺点是功能有一定限制，交易通常会有延迟；优点是使用便捷，功能也已满足了绝大多数用户的需求，故普及度较高。另一种是专业量化交易平台，其采用复杂的语言，并连接至专门的交易通道，用多进程、多线程方式进行自动化交易等，对软件、硬件都有极高的要求。其追求的是在市场上通过高频交易等极限方式获取套利和对冲风险的机会，这要求行情和交易命令的延迟都达到最低。其使用者大多为专业证券投资机构，对成本和技术的要求极为苛刻。

二、量化投资基础理论

（一）投资组合理论

马科维茨在不断观察和分析后发现，在具有相同收益率的两种金融资产之间任何投资

---

① 红案研究. 美国量化基金知多少？［EB/OL］. https://xueqiu.com/1696398643/207906070，2022-01-04.

者都会选择风险小的进行投资。在此基础上,马科维茨对投资组合在回报和风险方面的特性进行了研究,从数理金融方面解释了投资者风险规避行为并提出了改善投资组合的方法。具体内容包括:(1)预期收益率及其风险大小是投资组合的两个主要特征。(2)投资者在风险一定的情况下将选择期望收益率最高的投资组合,或在期望收益率一定的情况下选择风险最低的投资组合。(3)评估每种证券的期望收益率、方差和与其他证券的协方差后进行选择,并作出数学规划,以确定投资资金中不同证券所占的比重。

投资组合理论提供了有效投资组合的构建和投资组合的分析的重要基础思想和分析体系,并在几个方面对投资者进行现代投资管理产生了重大的影响:第一,马科维茨首次准确定义了投资组合理论中风险和收益这两个基础性概念,自此以后,风险和收益成为选择最优投资目标不可或缺的两个参数。第二,得益于投资组合理论关于分散化投资的合理性的阐述,基金管理业广泛地被投资者以及金融市场所认可。第三,马科维茨的"有效投资组合"概念将基金经理的工作重点从以前的分析单一证券转向强调利用不同证券构建有效的投资组合。第四,投资组合中各主要资产类型的最优配置的活动中已经广泛地运用了马科维茨的投资组合理论,并在投资实践中被证明是有效的。

(二)资本资产定价模型(CAPM)

资本资产定价模型阐述了在投资者都采用马科维茨的理论进行投资管理的条件下市场均衡状态的形成,资产的预期收益与预期风险之间的联系可以用一个简单的线性关系表达出来,即某项资产的预期收益率与衡量该资产系统性风险的 β 值正向相关。应该说,单一指数模型作为一种说明风险资产均衡价格决定的理论,以及以之为基础的资本资产定价模型在很大程度上使得构建投资组合所需的运算过程变得更加简单,使马科维茨的投资组合选择理论被世界金融投资市场所接受,而且也使得对投资的分析从以往的定性分析转入定量分析,从规范性转入实证性。这种对证券投资的理论研究和实际操作甚至影响了整个金融投资领域的发展,奠定了现代金融学发展的理论基础。

CAPM 最大的优势是其简单并易于操作。将无风险收益率、风险溢价和证券的 β 系数这三个因素通过模型结合在一起可以得出任何一种风险资产的价格。CAPM 的另一优势是其非常实用。它使投资者能够在绝对风险而不是总风险的基础上,在不同风险和回报的金融资产之间作出评价并且选择。当前,世界上大部分投资者已经将这种方法用于解决投资决策中的一般性问题。当然,CAPM 也不是完美的,它本身存在的局限性主要表现在:首先,CAPM 的假设前提与现实不符,比如,CAPM 的其中一个假设是市场是完全竞争的。但是,现实中并不经常出现处于完全竞争状态中的市场,"做市"的情况并不少见。其次,CAPM 中的 β 值难以确定。某些证券缺乏部分历史数据,难以估计其 β 值。此外,由于经济形势是不断变化的,各种证券的 β 值也会随之发生不同程度的变化,所以根据历史数据计算出来的 β 值对未来的参考作用不大。总之,由于 CAPM 的一系列局限性,金融市场学家仍在探索比 CAPM 更为准确的资本市场理论。目前,已经出现了套利定价模型等假设条件更加现实的资本市场理论,但依然没有一种可以完全替代 CAPM 理论。

(三)有效市场假说

1900 年,路易斯·巴舍利耶(Bachelier)首次提出"有效市场"理论。他结合随机过程模型，探究了布朗运动和股价变化的随机性，认识到市场在信息层面的有效性。尤金·法玛（Eugene Fama）在早期有效市场理论研究成果的基础上，于1970年提出并发展了有效市场假说（Efficient Markets Hypothesis，EMH）。法玛（1970）进一步提出效率市场的三种形式：(1) 弱式有效市场假说。在弱式有效市场中，市场价格已充分体现了包括股票的成交价、成交量、卖空金额、融资金额等在内的所有过去的数据信息。如果弱式有效市场假说成立，则从技术面对股价的分析是不起作用的，想要使得投资者获得超额利润只能从基本面进行分析。(2) 半强式有效市场假说。在半强式有效市场中，股价不仅反映了证券的历史信息，还完全反映了包括成交价、成交量、盈利资料、盈利预测值、公司管理状况及其他公开披露的财务信息等在内的所有已公开的信息。假如投资者能够第一时间获取这些信息，股价就会迅速随着信息而变动。因此，技术面和基本面的分析在半强式有效假说成立的情况下都是徒劳的，只有利用内幕信息才有可能获取超额利润。(3) 强式有效市场假说。强式有效市场中，包括已公开和未公开信息之内的一切与公司相关的信息都已经充分反映在股票价格当中。在强式有效市场中，对于任何投资者来说，超额利润无法通过任何方法获取。强式有效假说成立时，半强式有效必须成立；半强式有效成立时，弱式有效亦必须成立。因此，在检验市场有效性过程中，应首先检验弱式有效是否成立；若成立，再检验半强式有效；若成立，最后检验强式有效是否成立。改变顺序则不成立。

"有效市场假说"中需要注意的有以下几个要点：首先，金融市场中没有非理性的经济人，金融市场上代表不同企业的每只股票都在被这些理性人密切观察。每天，他们都会对基本面进行分析，通过企业未来获利的可能性来评估企业的股票价格，并在风险与收益之间仔细做好权衡。其次，股票的价格反映出市场中理性投资者的供求平衡，即认为股价会降低的人数恰好等于认为股价会升高的人数，当可能从中套利时，他们会立刻通过买卖股票影响股价，最终使得供求水平回归平衡。最后，"信息有效"，即某项资产的一切可获得的信息都会被股票的价格体现出来。利好消息或利空消息一旦传出，股票的价格就开始异动，当它被大部分投资者获取时，股票的价格已经随着这个消息变动到适合的位置了。"天下没有免费的午餐"从一定意义上可以解释"有效市场假说"。当然，"有效市场假说"只是一种理论上的假说，现实中，有些人有时是非理性的，信息在有些时候也是无效的。

三、量化交易类别

（一）投资组合保险

投资组合保险是对冲投资组合风险的主要方法，投资者将股票、债券、衍生品组合起来以锁定资产价值。例如，机构投资者在对市场未来走势不明朗时，卖出指数期货对冲市场风险。这是一种动态的股票指数策略。投资者需要及时买入或卖出证券以保持当期组合价值。

（二）指数套利策略

指数套利策略是一种尝试从股票指数现货和期货的差值中获得利润的策略。该策略通常同时买入（卖出）现货、卖出（买入）期货合约。该策略适用于量化交易。量化系统实时监控指数现货与期货的基差,一旦基差超过正常值,那么就执行相应的买卖策略。

(三) 统计套利

统计套利是构建投资组合时使用空头对冲的方法,依据证券价格与数量模型所预测的理论价值之间的比较,建立证券投资组合的多头和空头,从而达到降低系统性风险并获取更大收益的目的。统计套利的方法运用数理统计手段,是一种依赖于模型的投资过程,与价格形成所依据的具体经济含义无关。

四、量化交易流程

(一) 资产配置

在实际投资中,有两种资产配置思路。一种是"自上而下"的选股方式,另一种是"自下而上"的选股方式。自上而下选股是指投资者首先对宏观经济环境进行分析,对整体市场经济周期作出判断,再根据经济时钟理论分析行业特征、选择适合的行业,最后从行业中筛选出业绩增长高于市场的个股,其重点关注市场的总体走势。自下而上选股是指先确定一家公司具体分析基本面,对未来发展前景作出判断,同时考虑其行业特征和宏观层面,重点依赖个股的筛选。资产配置一般包括两大类别、三大层次。两大类别分别为战略资产配置和战术资产配置,三大层次分别为全球资产配置、股票债券资产配置以及行业风格资产配置。其中资产配置的两大类别的分类依据是时间跨度和风格类别,三个层次的分类依据是投资范围。战略资产配置是指长期投资的组合选择,不对资产组合进行调整,常用的方法为以马科维茨投资选择模型为基础的风险—收益理论形成的策略,包括买入并持有策略、投资组合保险策略等。战术资产配置是指投资者根据市场基本面和公司情况变化动态调整资产投资组合,常用的方法包括行业轮动策略、风格轮动策略等。

(二) 量化选股

量化选股是金融创新和市场竞争加剧的产物。随着经济全球化与金融市场全球化,公司涉足领域更加广泛、分工更为细化,单纯依赖人工手段对每个公司的基本面进行分析费时又费力,并容易存在主观色彩,且不具有时效性。因而可以利用数量化方法,借助计算机平台,结合基本面客观选择股票形成投资组合,期望获得超额收益。量化选股的一般方法为通过对长期、海量公司的历史经济数据进行研究分析,挖掘资本市场、企业运行的一般规律,并假设运行规律在当前仍然有效,构建适合的选股策略,包括多因子选股、风格轮动选股、行业轮动选股等。量化选股的流程可以分为三个步骤:第一步,量化选股的过程中需要全面评估各个方面的影响,从宏观经济形势、行业发展趋势、公司基础设施、市场活动情况到管理层的决策,都需要进行全面的评估。此外,还需要关注企业的盈利能力、增长潜力、财务管理水平、资产结构、经营模式等,以确保投资者获得最佳投资回报。第二步,采用多种统计分析技术,如主成分分析、聚类分析和多元回归,对收集的基本信息进行深入探究,以提取出有效的投资策略。第三步,将这些策略应用于实际投资中,最终得出投资决策。

(三) 回溯测试与组合优化

完成了资产配置与量化选股之后，就建立了量化交易系统的主要环节。但将交易策略用于实盘交易还为时尚早，还需要对交易策略在历史数据上的表现进行各种情景的测试，这个测试就叫回溯测试。每种测试都揭示了策略表现的不同侧面，通过观察策略在回溯测试中的表现情况，调整模型参数，选择出最优的组合策略。一旦回溯测试的表现令人满意，就可以将量化交易系统转换到实时数据环境中，以便进行实时交易。

(四) 风险控制与绩效评估

量化交易还需要加入合适的风险控制机制。建立完善的风险管理体系包括设定具体的风险度量方法和数量化标准，并构建一套监管单独交易策略和整个资产组合的标准方法。

【小知识 12-1】

量化交易平台

量化交易平台是一种基于算法交易的交易平台，可以帮助投资者自动化执行交易策略，提高交易效率和精度。目前市面上有很多量化交易平台，如 QuantConnect、QuantStart 等。这些平台提供了丰富的工具和数据，帮助投资者构建和测试交易策略，并在实时交易中执行这些策略。

QuantConnect 是一家在线量化交易平台，拥有丰富的金融数据和计算资源，提供了一个 Web IDE 工具，可以帮助开发者快速构建、测试和优化交易策略。QuantConnect 的主要特点包括：

(1) 多语言支持：QuantConnect 支持多种编程语言，包括 Python、C#、F# 等，使得开发者可以使用自己熟悉的语言进行交易策略开发。

(2) 丰富的数据资源：QuantConnect 提供了许多历史和实时市场数据，包括股票、期货等各种金融市场数据，也提供了许多财务指标和基本面数据。

(3) 可视化工具：QuantConnect 提供了可视化工具，使开发者可以直观地了解自己的交易策略在不同市场环境下的表现，以及策略中各种因素的影响。

(4) 社区特性：QuantConnect 社区聚集了来自全球的量化交易爱好者和开发者，提供了一个开放、共享的平台，可以分享交易策略、学习经验和交流问题。此外，QuantConnect 还提供了云端交易服务，可以让开发者在平台上快速实现他们的交易策略。

五、量化投资策略的主要特征

一般地，一个完整的量化投资策略具备四个方面的特征：一是具有特定的定量分析策略。量化投资不断从历史数据中挖掘一定的市场规律，从而作出概率统计，形成特定的数学模型用以分析和评判市场表现，进而形成交易策略。与定性分析不同，量化投资定量分析注重对历史数据的数理分析与逻辑推导，不依赖体会主义和主观认知形成交易决策。建立数学模型的目的也是不断进行回溯测试，模拟当前市场表现，形成一定数理逻辑并得到市场验证便可作为量化投资策略。二是绩效具有可追溯性。量化投资是基于特定的数学交易模型，在模型中输入历史数据可以模拟市场表现，检测模型的绩效表现，从而运算出交易策略的胜算率、期望收益与风险度等因子，并且可以根据这些因子来预先判断模型未来收益表现。三是具有极高的纪律性，量化投资是根据经过历史验证模型的运行结果进行分析和交易，大多采用计算机程序实现自动化交易，从而克服人性中贪婪、恐惧、侥幸等主观心理弱点和认知偏差。四是在信息处置上具有较强优势。考虑到海外商品市场以及金融类市场金融投资产品更为丰富，信息将是几何倍递增，处理海量的数据，传统交易方法显然失去效率，数学模型与计算机程序的量化投资日益成为主流。

【财经实事 12-1】

ChatGPT 闯入金融圈，对量化投资、智能投顾影响几何？

2022 年 11 月底，人工智能对话聊天机器人 ChatGPT 推出，迅速在社交媒体上走红，短短 5 天，注册用户数就超过 100 万。2023 年 1 月末，ChatGPT 的月活用户已突破 1 亿，成为史上用户量增长最快的消费者应用。ChatGPT 是美国人工智能研究实验室 OpenAI 新推出的一种人工智能技术驱动的自然语言处理工具，使用了 Transformer 神经网络架构，这是一种用于处理序列数据的模型，拥有语言理解和文本生成能力，尤其是它会通过连接大量的语料库来训练模型，这些语料库包含了真实世界中的对话，使得 ChatGPT 具备上知天文下知地理，还能根据聊天的上下文进行互动的能力，做到与真正人类几乎无异的聊天场景进行交流。ChatGPT 不单是聊天机器人，还能进行撰写邮件、视频脚本、文案，翻译，编写代码等任务。传统的自然语言处理（Neuro-Linguistic Programming, NLP）模型，有很明显的时序特征，基本上都会有一个逻辑层存在，会先将用户的提问进行词义分析，转换成某种"人类的语义表达"，再以此映射到标准问题库，从答案库中找到最适合此问题的答案。而 ChatGPT 利用 Transformer 打破了时序计算的逻辑，跳过了词义分析，使其更自然地与人类开展对话交流。在金融领域，ChatGPT 能够应用的范围非常广泛，包括欺诈检测和风险管理、算法交易和投资组合管理、客户服务与支持、信用评分、贷款承销、对金融市场的洞察和预测等。在量化投资中，ChatGPT 可以完成一些简单的量化策略，例如构建平均回归模型，输出均线策略。理论上甚至可以利用 Scikit-learn 数据库（针对 Python 编程语言的免费软件机器学习库）建立制作未来利率的预测模型，并利用均方误差（MSE）对其进行评价。智能投顾是以人工智能为基础的一项专业的投资咨询服务，ChatGPT 这类 AI 机器人应用以后，能排除人的主观因素，提供更加客观的建议，还可以随着市场和环境的变化而不断演变创新。金融机构在利用 ChatGPT 技术逐步赋能场景方面有着巨大的想象空间。智能营销、智能客服、风险识别、代码编程等方面都是 ChatGPT 较好的应用方向。但期望借助 ChatGPT 来进行量化投资和智能投顾，在方向上不是较好的选择。因为 ChatGPT 无法取代投资顾问的人际关系和投资经验，也不能替代投资顾问根据客户的独特情况为其提供个性化的投资建议。ChatGPT 提供 API 接口服务，通过接口可以直接调用其服务，并训练自己的模型。可以预测，未来 ChatGPT 可以应用于 NLP 和聊天机器人、预测分析、强化学习、区块链、计算机视觉等新兴的热点领域，并对金融业的发展形态产生巨大影响。

资料来源：ChatGPT 闯入金融圈！[N]. 国际金融报，https://new.qq.com/rain/a/20230210A09Q0E00, 2023-02-10.

六、量化投资编程工具

（一）Python

1989年圣诞节期间，创始人贵铎·范·罗萨姆（Guido van Rossum）为了排遣排节日的无趣，开发了一个新的解释型脚本语言Python。Python的第一个公开发行版发行于1991年，它是一个纯粹的自由软件，源代码和解释器（CPython）都遵循GNU通用公共许可协议。Python采用极简主义的设计理念，符合大脑思维习惯，是一种加以统一规范的交互模式，这使得Python易于学习、理解和使用。Python是一种完全面向对象的编程语言，内置了函数、模块、数字、字符串等类型。它的类支持先进的OOP概念，如多态性、运算符重载和多重继承，而且Python的语法和类型的独特简单性使OOP非常容易使用。从本质上讲，Python是一种解释型语言，目前Python的标准实现包括将源代码指令编译（转换）为字节码格式，然后使用解释器解释字节码。Python的实现稍微慢一些，因为它没有把代码编译成基本的二进制文件。但是Python的解释语言能力使程序员能够快速完成项目，同时提供解释语言的优势，易于编写和调试。Python解释器是可扩展的，它提供了丰富的应用程序编程接口和工具，使程序员可以使用C语言或C++语言轻松地用新的函数和数据类型扩展语言。Python为投资者提供了非常完善的基础代码库，覆盖了正则表达式、网络、多线程、图形用户界面、数据库等领域。除了内置的库外，Python还有大量的第三方库可供直接使用。

Python秉承了简洁、清晰的语法，以及高度一致的编程模式，始终如一的设计风格，可以保证开发出相当规范的代码。针对错误，Python提供了"安全合理"的退出机制。Python支持异常处理，能有效捕获和处理程序运行时发生的错误，使使用者能够监控这些错误并进行处理。Python代码能打包成模块和包，方便管理和发布，很适合团队协同开发，因此Python致力于开发速度的最优化：简洁的语法、动态的类型、无须编译、丰富的库支持等特性使得程序员可以快速的进行项目开发，因此Python往往只要几十行代码就可以开发出需要几百行C代码的功能。Python解释器能很方便地进行代码调试和测试，也可作为一个编程接口嵌入一个应用程序中，这就使得在开发过程中可以直接进行调试，而避免了耗时而又麻烦的编译过程，大大提高了开发的速度和效率。在Python中，由于内存管理是由Python解释器负责的，所以开发人员就可以从内存管理事务中解放出来，仅仅致力于开发计划中首要的应用程序设计。这使得Python编写的程序错误更少、开发周期更短。Python的功能足够强大，本身也足够强壮，它还有许多面向其他系统的接口，所以完全可以使用Python开发整个系统的原型。为了完成更多特定的任务，Python内置了许多预编码的库工具，从正则表达式到网络编程，再到数据库编程都支持。在web领域、数据分析领域等，Python还有强大的框架助开发者快速开发所需服务，如Django、TruboGears、Pylons等。Python易于扩展，可以通过C语言或C++语言编写的模块进行功能扩展，使其能够成为一种灵活的黏合语言，可以脚本化处理其他系统和组件的行为。Python是跨平台的，在各种不同的操作系统上（Linux、Windows、MacOS、Unix等）都可以看到Python的身影。因为Python是用C语言编写的，加之C语言的可移植性，使得Python可以运行在任何带有 ANSIC 编译器的平台上。不同平台的运行代码都有其特有模块,但是在任何一个平台上用 Python 开发的通用软件都可以稍作修改或者原封不动地在其他平台上运行。这种可移植性既适用于不同的架构,也适用于不同的操作系统。Python 的一个缺点就是运行速度慢。与 C/C++ 程序相比,Python 的运行速度非常慢,因为 Python 是解释型语言,代码在执行时会一行一行地翻译成 CPU 能理解的机器码,这个翻译过程非常耗时。而 C 程序是运行前直接编译成 CPU 能执行的机器码,所以运行速度非常快。不过,根据二八定律,大多数程序对速度要求不高。某些对运行速度要求很高的情况,Python 设计师倾向于使用 JIT 技术,或者用使用 C/C++ 语言改写这部分程序。Python 的第二个缺点就是代码不能加密。如果要发布 Python 程序,实际上就是发布源代码。这一点跟 C 语言不同,C 语言不用发布源代码,只需要把编译后的机器码发布出去,要从机器码完整反推出 C 代码是不可能的。

(二) C++

C++ 是一种广泛应用的计算机编程语言,起源于 20 世纪 80 年代。它是基于 C 语言的扩展,增加了面向对象编程的特性,同时兼具了高性能、灵活性和丰富的功能库。由于其高效的运行速度和良好的扩展性,C++ 已经成为许多领域的首选编程语言,包括金融、游戏、操作系统等。做量化投资时,C++ 具有很多优势。

首先,C++ 性能高,运行快。C++ 是一种编译型语言,与 Python 不同,它在编译时就已经将代码转换为二进制文件,因此运行速度非常快。这在量化投资领域中非常重要,因为许多量化算法需要快速处理大量数据,尤其是在高频交易中。金融市场波动迅速,对交易策略的执行速度要求极高。C++ 具有优异的运行速度,能够快速处理大量的数据和复杂的计算任务,提高交易策略的执行效率。

其次,C++ 比较灵活。C++ 支持多种编程范式,包括面向对象编程、泛型编程和过程式编程等。这使得 C++ 可以方便地实现各种复杂的交易策略,满足不同投资者的需求。

C++ 具有丰富的功能库。C++ 拥有丰富的标准库和第三方库,覆盖了数据处理、数学计算、网络通信等多个领域。这些库为数字货币 C++ 量化交易提供了强大的支持,简化了策略开发过程。

最后,C++ 具有良好的跨平台性。C++ 可以在多种操作系统和硬件平台上运行,保证了策略的兼容性和可移植性。这意味着,使用 C++ 编写的数字货币量化交易策略可以方便地在不同的交易平台和设备上进行部署和运行。

(三) R 语言

R 是 S 语言的一个分支,它诞生于 1980 年左右,广泛用于统计学领域。S 是 AT&T 贝尔实验室开发的一种解释型语言,是用于数据探索、统计分析和制图的解释型语言。S 语言的最初实现主要是 S-PLUS,这是一个基于 S 语言的商业软件程序,后来被 MathSoft 公司的统计科学部加强。随后,新西兰奥克兰大学的罗伯特·杰特曼和罗斯·伊哈卡 (Robert Gentleman and Ross Ihaka) 以及其他志愿者开发了一个 R 系统。R 可以被看作是由 AT&T 贝尔实验室的里克·贝克、约翰·钱伯斯和艾伦·威尔克斯 (Rick Becker, John

Chambers and Allan Wilks）开发的 S 语言的实现。因此，这两个程序的语法几乎是相同的，也许只有函数上的细微差别，而且这些程序可以很容易地移植到一程序中，许多程序只要稍作修改就可以在 R 中使用。

R 作为一个统计分析软件，是统计分析和图像的结合。它可以在 UNIX、Windows 和 Macintosh 操作系统上运行，并内置了一个帮助系统。与其他统计分析软件相比，R 具有以下特点：

（1）R 是自由软件。这意味着它是完全免费和开源的。所有相关的安装文件、源代码、软件包及其源代码和文档都可以从网站及其镜像下载。标准安装文件本身包含许多模块和内置的统计功能，安装后可以直接实现常见的统计功能。

（2）R 是一种可编程的语言。作为一个开放的统计编程环境，其语法很容易理解和学习。而且一旦学会，我们就可以自己编写函数来扩展现有的语言。因此，它的更新速度比 SPSS、SAS 等普通统计软件快得多。大多数最新的统计方法和技术都可以在 R 中轻易找到。

（3）所有 R 的函数和数据集是保存在程序包里面的。一个包的内容只有在下载之后才能被访问。一些常见的基本包都包含在标准安装文件中，随着新的统计分析技术的出现，标准安装文件中的包也在不断发展，出现了新的版本。以下软件包已经包含在单独版本的安装文件中：base - R - 基本模块，mle - 大似然估计模块，ts - 时间序列分析模块，mva - 多变量统计分析模块，surv - 生存分析模块等。

（4）R 具有高度互动性。输入和输出窗口都在同一个窗口中，除了图形输出是在一个单独的窗口中。任何输入的语法错误都会立即显示在窗口中，并且有一个记忆功能，用于记忆以前输入的命令，可以根据用户的需要随时显示、编辑和修改。输出的图像可以直接保存为 JPG、BMP、PNG 和其他图像格式和 PDF 文件。还有一个与其他编程语言和数据库的良好接口。

R 语言有很多程序包可用于量化投资，具体如下：

（1）数据管理：包括数据集抓取、存储、读取、时间序列、数据处理等，涉及的 R 包有时间序列对象（zoo）、时间序列处理（xts）、Rmetrics 系时间序列对象（timeSeries）、Rmetrics 系时间序列处理（timeDate）、数据处理（data. table）、数据下载和图形可视化（quantmod）、QuantLib 数据接口（RQuantLib）、Wind 数据接口（WindR）、数据库访问接口（RJDBC）、Hadoop 访问接口（rhadoop）、Hive 访问接口（rhive）、Redis 访问接口（rredis）、MongoDB 访问接口（rmongodb）、Spark 访问接口（SparkR）、Rmetrics 系数据访问接口（fImport）等。

（2）指标计算：包括金融市场的技术指标的各种计算方法，涉及的 R 包有技术指标（TTR）、时间序列计算（TSA）、单位根检验（urca）、Rmetrics 系 ARMA 计算（fArma）、Rmetrics 系亚洲期权定价（fAsianOptions）、Rmetrics 系计算工具（fBasics）、Rmetrics 系财务分析（fCopulae）、Rmetrics 系期权计算（fExoticOptions）、Rmetrics 系 Garch 模型（fGarch）、Rmetrics 系非线模型（fNonlinear）、Rmetrics 系期权定价（fOptions）、Rmetrics 系回归分析（fRegression）、Rmetrics 系单位根检验（fUnitRoots）等

（3）回测交易：包括金融数据建模，并验证历史数据验证模型的可靠性，涉及的 R 包有金融产品（Financial Instrument）、策略模型和回测（quantstrat）、账户管理（blotter）、

Rmetrics 系交易分析（fTrading）等。

（4）投资组合：对多策略或多模型进行管理和优化，涉及的 R 包有组合分析和优化（Portfolio Analytics）、股票组合管理（stock Portfolio）、Rmetrics 系组合管理（fAssets）等。

（5）风险管理：对持仓进行风险指标的计算和风险提示，涉及的 R 包有风险分析（Performance – Analytics）、Rmetrics 系组合优化（fPortfolio）、Rmetrics 系数据处理（fExtremes）等。

【思政小课堂 12 – 1】

数字信用评估有助于解决中小企业融资难问题

近年来，国家出台一系列支持政策，帮助中小微企业纾困解难。党的二十大报告也指出，要"支持中小微企业发展"，"营造有利于科技型中小微企业成长的良好环境"。如何破解中小微企业当前面临的融资难、融资贵问题？要解决中小微企业融资难问题并不是没有办法。依托数字信用，可开辟识别和评估中小微企业信用的新道路。信用一般是指个人与组织之间的信任关系，将其放置于金融领域，则指代经济主体兑现偿付承诺的意愿与能力。中小微企业融资难主要在于无法提供完整的财务数据、抵押资产等信用风险评估证明，难以满足银行信用风险评估的基本要求，进而不能获得足够的贷款。将数字信用作为信用识别的手段之一，即利用大数据和机器学习等数字技术识别信用风险。已有大科技公司已经纷纷开展数字信用评估实践，并取得不错效果。大科技公司利用平台制作出一套大科技信贷新型业务模式（以下简称"大科技信贷"），能够为大量的个人与小微企业提供信贷服务，帮助其控制信用风险。据悉，大科技信贷运作分为两步。首先，依托科技平台自身拥有的活跃用户资源，能够帮助中小微企业解决"获客难"的问题。其次，中小微企业入驻科技平台后，大科技公司根据用户留下的数字足迹，使用大数据和机器学习方法对中小微企业进行信用风险评估和借贷决策，从而解决"风控难"的问题。数字信用不仅有助于解决中小微企业融资难困境，还有利于经济创新发展。数字信用能够通过数字技术分析创新企业的潜力、前景，甚至帮助投资者做决策，从而帮助"专精特新"企业以直接或间接渠道获得融资。

资料来源：北大教授黄益平：数字信用评估有助于解决中小企业融资难问题 [EB/OL]. 搜狐网，http://news.sohu.com/a/645174318_161795，2023 – 02 – 23.

第二节　大数据在资产管理中的运用

一、大数据概述

（一）大数据的基本概念

在 IT 行业的术语中，大数据（big data）是一种规模庞大的数据集合，其数据规模庞大。目前,"大数据"这个词已经成为一个非常流行的词汇。高德纳(Gartner)研究公司所定义的"大数据",指的是需要采用全新的处理模式,以获得更强的决策力、洞察发现力和流程优化能力,以应对海量、高增长率和多样化的信息资产的挑战。[①] "大数据时代"就是对这些数据进行整合并加以利用来实现巨大商业价值的过程。麦肯锡全球研究所(Mckinsey)将其定义为一组数据,其规模之大、数据流转之快、数据类型之多以及价值密度之低,皆超越了传统数据库软件工具。[②] 徐宗本院士则在第462次香山科学会议上的报告中,将大数据定义为"不能够集中存储、并且难以在可接受时间内分析处理,其中个体或部分数据呈现低价值性而数据整体呈现高价值的海量复杂数据集"[③]。

国务院《促进大数据发展行动纲要》指出:大数据是一种应用价值较高的数据集合,具有容量大、类型多、存取速度快等特点,正快速发展为对数量巨大、来源分散、格式多样的数据进行采集、存储和关联分析,并从中发现新知识、创造新价值、提升新能力的新一代信息技术和服务业态。

从多个角度和视角来看,大数据代表着一种技术、一种产业、一种资源,是一种理念和一种思维方式,同时也是一个时代的象征。在互联网时代,大数据已经成为人们生活中不可缺少的一部分。大数据已经渗透到经济和社会发展的各个领域,无论何时何地,我们都可以以大数据的理念为指导,为各行各业提供提升和改进工作的机会。通过对大数据进行技术分析,我们可以预测未来,改变工作方式,并同时提高资源配置效率。当前我国正处在加快实施创新驱动发展战略的关键时期,大数据已经成为经济社会变革的新引擎,大数据正在深刻改变着人类生活和生产活动的方方面面。积极抓住大数据的机遇、主动挖掘大数据资源,将会带来更为丰厚的大数据回报。大数据将成为引领经济社会变革的新动力,并在促进国家治理体系和治理能力现代化中发挥更大作用。

(二) 大数据的主要特征

国际数据公司(IDC),一家享誉国际的咨询公司,提出了四个广受业界认可的大数据特征,即4V特征——数据量大(volume)、数据种类多(variety)、数据价值密度低(value)以及数据产生和处理速度快(velocity)。其中,"数据量大"成为大数据的主要特点之一,也是大数据区别于其他信息类型的一个最基本特性。

第一,数据量大(volume)。数据是一种资源,数据的数量直接决定了一个行业乃至国家信息化发展水平。从传感器到物联网,从工业互联网到车联网,从手机到平板电脑等,无一不是数据的源泉和载体。随着互联网技术的发展与普及,人类社会进入了一个以"数字化"为主线的信息时代。在当今数字化时代,人们的日常生活已经离不开微信、淘宝、百度等聊天购物软件和搜索引擎等,而这些应用程序所产生的海量数据无时无刻不在不断涌现。随着互联网技术不断发展,大数据成为当今信息时代最重要的信息资源之一,也是当前研究热点之一。大数据计量单位由TB跃升为PB(1 000T)、EB(100万T)乃至ZB(10亿T)水平,这是大数据最大的特点。

---

① Gartner. IT glossary-big data [EB/OL]. http://www.gartner.com/it-glossary/big-data.
② Manyika J, Chui M, Brown B, et al. Big Data: The next frontier for innovation, competition and productivity [R]. Mckinsey Global Institute, 2011, 4 - 5.
③ 徐宗本,张维,刘雷,等."数据科学与大数据的科学原理及发展前景"——香山科学会议第462次学术讨论会专家发言摘登 [J]. 科技促进发展, 2014, 10 (01): 66 - 75.

第二，数据种类多（variety）。大数据呈现出的不仅仅是数量的激增，更是数据类型的多样性，包括结构化、半结构化和非结构化三种不同的表现形式。非结构化数据包括图片、音频、视频及音乐等，其中最重要的是图片。在 IT 应用中，结构化数据存储是一种占据主导地位的关系型数据库，其应用价值不可低估；非结构化数据则包括视频监控、天气预报、交通信息等，这些数据大多来自互联网平台。半结构化数据是一种以内容为基础的数据形式，其中包括电子邮件、文字处理文件和海量网络新闻，这也是谷歌、百度得以生存的关键因素；随着互联网技术的发展，人们对数据的依赖程度越来越高，尤其是非结构化数据。随着社交网络、移动计算和传感器等新兴技术的广泛应用，非结构化数据不断涌现，并在物联网和电子商务等领域得到广泛应用，这些数据生成了人类智慧的大数据。随着互联网应用规模越来越大，非结构化数据业务也随之发展起来。

第三，数据价值密度低（value）。在当今信息爆炸的时代，大数据的关注点并不在于其数据量的增加，而是在于如何重新挖掘数据的价值，而如何从大数据中挖掘出有价值的信息则成为至关重要的问题。在目前的情况下，数据越多，价值密度越低，数据总量与价值密度成反比。在大数据分析过程中，必须重视数据本身所蕴含的潜在价值，不能仅仅将注意力放在对大量数据进行计算上。尽管大数据的价值密度日益凸显，但其研究、分析和挖掘仍具有深远的意义，其所蕴含的价值难以估量，毕竟价值是所有技术（包括大数据技术）研发的内生决定性动力。

第四，数据产生和处理速度快（velocity）。随着大数据时代的到来，越来越多的企业开始重视对海量数据的分析利用。大数据时代已悄然到来。大数据与传统数据挖掘技术的本质区别在于，前者要求数据处理速度更快，而后者则需要更高效的处理方式。那么，如何才能使数据处理速度达到最快呢？要提高数据处理效率必须以加快处理速度为前提。数据的价值不仅与其规模相关，而且与其处理速度成正比，也就是说，数据的处理速度越快，处理越及时，就越能够发挥出其效能和价值。

（三）大数据的关键技术

作为 IT 领域新一代的技术与架构，大数据技术是一种能够快速提取各类数据中有价值信息的高效技术。在未来社会发展过程中，大数据技术将成为推动人类进步的重要动力之一。大数据实质上也是数据，四个关键技术分别为大数据采集和预处理、大数据存储与管理、大数据分析和挖掘以及大数据展现和应用（大数据检索、大数据可视化、大数据安全等）。

（1）大数据采集和预处理技术。大数据分析和应用的基础就是海量数据。大数据技术的本质并非在于掌握海量数据信息，而在于以智能的方式对其进行处理，从中挖掘出有价值的信息，但前提是必须拥有海量数据的支持。在此基础上再根据用户需求提供相应的服务。在大数据价值挖掘的过程中，采集环节扮演着至关重要的角色，通过传感器、通信网络、智能识别系统以及软硬件资源接入系统等多种手段，实现对海量数据的智能识别、定位、追踪、接入、传输和信号转换等。在目前的商业环境下，数据质量并不高，这使得企业很难从大量的数据中获取有价值的信息，甚至无法发现有用的知识。为了将复杂的数据转化为高效、单一或易于处理的数据类型，大数据预处理技术需要进行多类型数据的提取、清洗和变换等操作，以实现快速分析和处理。因为在大多数情况下，数据是一种不可预测的状态，它并不存在一个固定不变的值。即便是那些从事大数据服务的企业，也很难对"什么样的数据将来会变成资产"这一问题给出准确的答案。只有那些拥有充足数据的人才能真正掌握未来的走向，而当前的数据收集则是未来流动资产的积累。

（2）大数据存储与管理技术。数据的分类方法有很多，根据结构分类可以分为结构化、半结构化和非结构化等；根据类别不同也可划分为 GIS、文本、语音、视频、业务交易等类别的各类数据；根据数据在企业中的重要程度，还可以分为元数据、主数据和业务数据等。

随着时代的发展，传统的关系型数据库已经无法满足日益多元化的数据存储需求。大数据时代已经到来了，而大数据的特征也决定着其对数据管理及处理能力提出更高的要求。因此，新兴的存储类型开始广泛应用，其中一种是分布式存储系统，以 HDFS 为代表，可直接用于非结构化文件的存储，而另一种则是 NoSQL 数据库，其主要应用于半结构化和非结构化数据的存储。大数据存储在企业中已经越来越普遍。大数据的存储和管理，是通过运用各种存储技术，对采集到的数据进行高效的存储、管理和调用。由于业务需求的多样性及复杂性，在选择存储方案时，应考虑其可用性和扩展性等因素。一般而言，针对大数据的存储需求，我们可以采用关系型数据库、NoSQL 数据库以及分布式存储系统三种不同的存储方式，而在业务应用中，我们也会根据实际情况选择相应的存储模式。在此基础上，用户还可以使用基于云计算的分布式文件系统实现对海量数据的处理和共享。为了提升业务存储和读取的便捷性，我们可以将存储层打包成一套统一的数据服务，以 Data as a Service（DaaS）的形式呈现。通过 DaaS 的架构，业务应用和存储基础设施可以完全解耦，用户无须关注底层存储的细节，而只需关注数据的访问。

（3）大数据分析和挖掘技术。大数据分析与数据挖掘是人工智能研究领域一个非常重要而又活跃的分支学科，它已经成为计算机科学与信息科学交叉发展的产物。大数据分析和挖掘是一项复杂的任务，需要从大量的、不完整的、有噪声的、模糊的、随机的实际应用的数据中提取出蕴含在这些数据中的有价值的信息和知识，这是一个高度复杂的过程。大数据分析和挖掘就是从大量的、不完全的、有噪声的、模糊的、随机的实际应用数据中提取隐含在其中的、有用的信息和知识的过程。大数据分析和挖掘涉及的技术方法很多，根据挖掘任务可分为分类或预测模型发现、关联规则发现、依赖关系或依赖模型发现、异常和趋势发现等；根据挖掘方法可分为机器学习、统计方法、神经网络等。其中，机器学习又可细分为归纳学习、遗传算法等；统计方法可细分为回归分析、聚类分析、探索性分析等；神经网络可细分为前馈网络、反馈网络等。面对不同的分析或预测需求，所需要的分析挖掘算法和模型是完全不同的。上面提到的各种技术方法只是一个处理问题的思路，面对真正的金融数据分析应用场景时，还需要按需求来调整这些算法和模型。

（4）大数据展现和应用技术。可视化技术可以从不同角度展示各种数据的分析结论及其影响因素等信息。大数据应用的受众不仅限于程序员和专业工程师，还包括普通用户和企业决策者，这取决于数据呈现中所采用的可视化技术的质量。它能帮助用户更好地理解所关注的问题，从而作出正确决策。目前，可视化技术已成为解读大数据的一种高效工具。随着互联网时代的发展，越来越多的人开始使用大数据可视化工具来辅助自己的工作。在数据呈现方面，以一种简明而形象的方式呈现数据结果，将其转化为可视化、图形化和智能化的形式，以供用户进行分析和利用。近年来，随着信息技术的飞速发展以及互联网的普及应用，大数据成为人们日常生活不可或缺的一部分。大数据的可视化技术涵盖了标签云、历史流和空间信息流等多个方面，这些技术都是不可或缺的。大数据不仅可以帮助人们快速发现问题，而且还能有效解决现实社会中存在的一些重大难题。大数据在商业智能、政府决策、公共服务等关键领域得到了广泛应用，同时在疫情防控、反电信诈骗、智能交通、环境监测等日常场景中也发挥了不可或缺的作用。从国家安全到个人生活，从科学研究到商业创新都需要借助大数据这一重要工具。在大数据时代，我们的数据驾驭能力面临着全新的挑战，但同时也为我们提供了更广阔的视野和更深层次的潜能。大数据时代的到来不仅推动了信息科技创新，而且还催生了以互联网为代表的新一轮信息技术革命。在大数据领域，涌现出了一大批前沿技术，这些技术已经成为获取、存储、处理和呈现大数据的强有力工具。随着新兴技术如大数据的蓬勃发展和广泛应用，我国"十四五"规划所提出的碳达峰碳中和、数字化转型、数字经济等一系列战略目标将得到更为深入的技术支持，大数据时代的到来为中国经济社会的可持续发展奠定了坚实的技术基础。

二、大数据在资产管理中的运用领域

机构投资者将其收集到的资产投入资本市场的过程，被称为资产管理。从法律角度来看，资产管理者可以被视为机构投资者的一部分，也可以被排除在外。实际上，资产的管理可以由机构内部或外部进行处理。因此，资产管理就是委托人把其资产移交给受托人，受托人向委托人提供理财服务。大数据的应用不仅可以降低商业银行的经营成本，还能提升银行的竞争力，使客户体验得到改善。在国内的资产管理行业中，大数据的核心价值在于其能够以高效的方式提取和加工多种类型的数据，并深入挖掘相关产品、客户和市场中的高价值信息，从而为资产管理者提供更加科学的决策支持。在产品研发方面，利用大数据技术作为辅助手段，从海量数据中提取客户的资金使用习惯，从而研发全新的"碎片化"理财产品，以更全面的方式满足多元化的需求。在风险控制方面，通过运用多种数据挖掘技术，对风险进行综合分析和预测，以提供资产配置和投资节奏调整的策略，从而有效控制风险。在市场营销方面，基于顾客信息库及互联网数据对顾客产品喜好进行分析与推导，做到顾客精准分层及产品精准推送。

（一）大数据在流动性风险管理中的运用

在大数据的帮助下，风险管理的范围可以得到进一步的拓展。它可以被充分运用在风险限额管理、对外担保额度统计、资产结构比例监控、资产负债流动性匹配管理上，还可以被纳入原本复杂的投资资产结构测算、金融市场环境投资效应量化以及外部融资能力分析中。运用大数据，可持续完善风险监测指标体系。在实际应用中从数据积累及可得性角度考虑，可以净现金流、综合流动比率及流动性覆盖率等作为依据，自主增加资产集中度、融资回购率、累计退保率等流动性风险监控指标。借鉴和运用金融保险行业较为成熟的监测指标体系能够确保流动性风险得到及时准确的管理，防患于未然。通过大数据，能够达到穿透识别底层资产风险的目的。穿透市场信用风险所涉及的资管产品、未挂牌股权投资计划和信托计划等金融资产，明确这类金融产品特定的投资范围，明确基础资产的风险暴露和风险因子，还可以评估金融产品在市场信用风险定价上的合理性，可以知道这类风险在压力情景下是否会转化成流动性问题，以便及时采取应急计划化解流动性风险。借助大数据，能够评价企业资本充足状况。可以根据数据信息、利用在险价值（VAR）、预期不足（ES）等方法来测算可能出现的最大亏损，再根据谨慎原则测算并持有一定数量的高流动性资产来应对可能出现的亏损。通过大数据，可以审慎评估流动性项目。在评估流动性涉及的资产或负债项目时，为有效防范流动性风险设定安全阀和防火墙。

（二）大数据风控对投资风险的控制

首先是大数据+量化辅助投资决策。量化是指对交易数据进行采集、概括和总结，并对交易设想进行回测和验证，以辅助作出交易决策的工具。大数据对投资进行量化，能够拓展投资范围、提升投资效率，更重要的是能够降低风险、降低投资不确定性，使模型独立自主、自我学习，尽可能减少人为造成的误差，并通过系统性实施基本面观点使得交易回测更为精准。近年来机器学习兴起，数据能够被迅速而大量地分析、拟合和预测，人工智能和量化交易之间的关系也越来越密切，人工智能中的三大领域——机器学习、自然语言处理与知识图谱贯穿于量化投资中。其次，大数据控制投资全流程。以我国某大数据风控平台为例，将整个投资过程划分为三个阶段：投前筹备、投中运营和投后跟进。在投前准备阶段，通过平台了解企业详情、历史及目前风险预警信息、风险评级报告等。在投中运营环节，平台在协助机构审核审批决策的前提下，实时监控企业并定时推送预警信号。投后跟进阶段平台将在触发的情况下进行前期的风险提示、风险分析以及通过抵押品估值模型进行后续押品管理和黑灰名单管理。

（三）大数据在信用风险中的运用

丰富的大数据信息资产，为各个领域各个行业的业务拓展提供了信息支持，在大数据时代背景下，非结构化信息的整合及结构化数据整理有了技术支持，使得信息利用率不断提升。在信用风险管理中，大数据的应用是极其有必要的，既是当今经济环境的要求，也是金融机构业务拓展及风险管控的需求。在实践过程中，大数据主要应用于个人贷款信用风险预警、信用卡申请审批过程中，主要通过信息技术架构的方式，整合数据信息，并进行统计分析，挖掘出数据中的有效信息，分析出相应业务中客户的信用风险，从而制订个性化风险防控方案。从整体上看，利用大数据分析来监测客户信用风险是信用风险管理未来不可阻挡的趋势。在大数据技术的推动下，信用风险控制方案渐趋流程与标准化。

（1）贷前环节。贷前环节中，主要进行初审、一审和二审。初审主要是对欺诈进行自动化识别，主要包括准入门槛、验证、基本要素验证、资产和社会关系验证。大数据技术使得以上环节效率提升和批量处理成为可能，比如人脸识别、人像对比等，都可以强有力地验证客户身份。在地址、学历、银行卡、手机号码等海量信息积累的情况下，验证的基本内容已经不只是简单的比较，而是能够从深层次上带来信息查询。一审通过自动化匹配政府机构、金融机构风险名单，实现公安、法院数据核查联网。这种匹配是自动化和实时的，能够有效地遏制信用剧变的风险，而这种风险是传统贷前方式难以做到的。二审是对评分卡的评级。与金融机构的信用评分相比，这种评分卡更多的是基于社交维度、信用历史以及网络行为的评分卡，相对的数据更加全面，比如芝麻的信用得分可以作为参考，还有摩拜的信用分、易到或滴滴的会员级别等，而且这个维度可以随着交易、支付以及社交方式的变化而不断更新,最终产生授信额度再放款。

(2) 贷中环节。贷中监控为风险预警用户自动贴上标签,极大强化用户信用风险监测。例如,将用户银行卡信息与用户授权进行绑定,并对用户大额度资金回笼进行监控;提前在还款日之前几天对还款银行卡的余额进行检查,并对逾期风险进行提前监控;甚至以 App 或验证方式将客户拥有的银行卡信息汇总到一起,并对其进行实时更新,根据数据计算出收入与还款的差距,实现实时监控。

(3) 贷后环节。使用大数据协助开展对失联客户的顾客催收工作,并在第三方机构的协助下开展失联修复工作。大数据方式能够有效地修复失联人的失联情况,恢复失联人的相关人员信息、时空信息并修复联系。除此之外,还可以借助网络催收、熟人催收的手段。

【小知识 12-2】

常用的金融数据集和工具库

Yahoo Finance

Yahoo Finance 是一个提供股票、基金、期货、外汇等金融数据的网站,其提供的历史数据可以通过 API 接口获取,是金融数据分析的常用数据源之一。

Quandl

Quandl 是一个提供各种金融和经济数据的平台,包括股票、期货、外汇、宏观经济指标等数据,其提供的数据可通过 API 接口获取。

Bloomberg

Bloomberg 是一个提供全球金融信息和分析工具的综合性金融服务平台,其提供的数据涵盖全球金融市场,包括股票、债券、货币、商品等各类金融产品。

Alpha Vantage

Alpha Vantage 是一家提供行情报价 API 服务的公司,其提供的历史数据可供免费获取,数据覆盖全球市场。

Quantopian

Quantopian 是一个基于 Python 的量化交易平台,其提供了多种金融数据集和工具库,包括历史股票数据、宏观经济数据、技术指标、金融模型等。

Pandas-datareader

Pandas-datareader 是一个基于 Python 的数据抓取工具库,其支持多种数据源,包括 Yahoo Finance、Quandl、Alpha Vantage 等,可用于获取金融数据。

PyAlgoTrade

PyAlgoTrade 是一个基于 Python 的量化交易框架,其提供了多种金融数据集和工具库,包括历史股票数据、技术指标、交易策略等。

【思政小课堂 12-2】

中央银行:强化金融科技伦理治理,护航金融科技行稳致远

金融机构的科技伦理治理迎来指引文件。日前,中国人民银行正式发布《金融领域科

技伦理指引》（以下简称《指引》），提出了金融领域科技活动的开展需要遵循守正创新、数据安全、包容普惠、公开透明、公平竞争、风险防控、绿色低碳 7 条准则。

金融为本，科技为器。《指引》多处明确金融与科技业务的定位区分：（1）坚持金融科技的本质是金融，凡涉及金融业务需按有关规定获得金融牌照、资格，规范经营活动，杜绝以"科技创新"的名义模糊业务边界、交叉嵌套关系、层层包装产品、实施无证经营或超范围经营等行为。（2）坚持科技赋能金融的定位，划清金融机构和科技公司合作界限，金融机构提供直接金融服务，科技公司向金融机构提供技术支撑，实现互促共进和金融风险、科技风险的有效分离。

专事专用，包容普惠。针对数据安全，《指引》强调了"及时有效"和"适度安全"两个基本标准。为了确保数据的安全性，《指引》提出了一系列措施，包括充分获取用户授权、按照最小必要原则采集数据、坚持"专事专用"原则使用数据、采取严格的防护措施、依法合规共享数据以及积极清理存留数据。《指引》还强调了金融机构应当遵循审慎开放、适度监管、风险控制等基本原则，并从安全保障、隐私保护、信息安全三个维度制定相关标准和规范。在确保信息公开透明的前提下，必须明确其用途并控制其范围。《指引》还强调了信息安全保障责任，指出金融机构应承担主要风险管控义务、履行安全保障职责以及开展风险评估工作。按照《指引》的规定，金融机构应当全面公开产品和服务的信息，对消费者进行适当性管理，并自觉自愿地接受外部监督，同时加强科技伦理的普及教育。《指引》呼吁金融机构倡导包容性设计，建立一种"容错型"产品交互机制，致力于弥合数字鸿沟问题，以提高金融服务的深度、广度和温度。

创新补偿，健全机制。《指引》要求金融机构主动做好创新风险补偿，积极健全创新退出机制。在风险防控方面，《指引》提出，坚持金融科技创新必须建立在资金安全、信息安全的前提下，面向不同种类的金融科技创新产品和服务，明确风险责任认定方式，制定风险赔付方案，并辅以配套风险拨备资金、保险计划等补偿措施。在退出机制方面，《指引》规定，在金融科技产品和服务正常退出或因特殊情况导致非正常退出时，必须保障用户的资金安全和信息安全，做到平稳退出。值得特别提及的是，近年来多地成立了专项基金，用于资助创新金融产品的研发，以应对科技创新所带来的风险。在 2022 年 8 月，常州市创新性地引入了"数字增信+风险补偿"机制，为工业企业提供了数字化转型的有力支持，助力工业企业用"数"换"贷"。

资料来源：独家|央行正式下发《金融领域科技伦理指引》，杜绝以"科技创新"名义模糊业务边界[EB/OL]. 21 财经, https://m.21jingji.com/timeline/e9c241aa8bb6182db75566b5ba68c2bb.html, 2022-10-25.

【章节小结】

伴随着大数据的广泛传播与发展成熟，金融大数据的应用已成为产业热点发展趋势，交易欺诈识别、精准营销、黑产防范、消费信贷、信贷风险评估、供应链金融、股市行情预测、股价预测、智能投顾、骗保识别、风险定价等涉及银行、证券、保险等多个领域的特定业务，被广泛运用。对大数据的应用分析能力正逐渐成为金融机构在未来发展中的核心竞争要素。大数据能够有效拓宽证券企业量化投资的数据维度，有助于企业更加准确地理解市场行情。伴随着大数据的广泛运用，数据规模爆炸式增长，数据分析与处理能力显著增强，量化投资会获得更为广泛的数据资源和更为多元的量化因子建设，投研模型也会越来越完善。

（1）量化投资是指将数理金融学与计算机程序结合起来，借助数量化方式和计算机技术发出买卖指令，从而实现稳定投资收益的一种投资交易策略。数理金融学为量化投资提供了大部分的理论、方法和技术。量化投资就是将数理金融学与信息技术的方法结合起来管理投资组合，注重对宏观数据、企业财务数据、市场行为、交易数据的分析，利用数据挖掘技术、统计技术、计算方法来处理数据，得到最合适的投资组合之后抓住投资机会。

（2）量化投资始于20世纪60年代，70~80年代是高速的迭代和发展期，而90年代是量化投资发展的黄金期。虽然量化投资在2008年美国金融危机时受到影响，但之后仍靠其自身的优势成为市场的主流，也因为其收益稳定、风险较低而受到市场的普遍推崇。中国量化投资发展可以追溯到20世纪90年代末期，中国资本市场的进一步开放与发展使得量化投资在国内的影响力逐渐增强。2007年，国内首家量化投资基金——招商量化先锋基金成立，标志着国内量化投资的正式起步。国内的量化交易平台主要分为两种，一种是基础量化交易平台，另一种是专业量化交易平台。

（3）量化投资基础理论主要包括投资组合理论、资本资产定价模型和有效市场假说等。量化投资交易类别包括投资组合保险、指数套利策略和统计套利等。量化交易流程包括资产配置、量化选股、回溯测试与组合优化、风险控制与绩效评估等。

（4）一个完整的量化投资策略具备四个方面的特征：一是具有特定的定量分析策略。二是绩效具有可追溯性。三是具有极高的纪律性。四是在信息处理上具有较强优势。量化投资主要用到的编程工具包括Python、C++和R语言等。

（5）大数据是一种应用价值较高的数据集合，具有容量大、类型多、存取速度快等特点，正快速发展为对数量巨大、来源分散、格式多样的数据进行采集、存储和关联分析，并从中发现新知识、创造新价值、提升新能力的新一代信息技术和服务业态。其具有典型的4V特征——数据量大（volume）、数据种类多（variety）、数据价值密度低（value）以及数据产生和处理速度快（velocity）。

（6）大数据技术是一种能够快速提取各类数据中有价值信息的高效技术，四个关键技术分别为大数据采集和预处理技术、大数据存储与管理技术、大数据分析和挖掘技术以及大数据展现和应用技术（大数据检索、大数据可视化、大数据安全等）。

（7）大数据在资产管理中的运用领域主要包括大数据在流动性风险管理中的运用、大数据风控对投资风险的控制、大数据在信用风险中的运用、操作风险高级计量法的应用等。

【思政梳理】

本章思政小课堂重点聚焦量化投资中坚守职业伦理和道德操守。2023年9月1日，中国证监会指导证券交易所出台加强程序化交易监管系列举措，同日，上交所及深交所分别发布《关于股票程序化交易报告工作有关事项的通知》和《关于加强程序化交易管理有关事项的通知》，自2023年10月9日起施行。这也标志着我国股票市场正式建立起程序化交易报告制度和相应的监管安排。随着中国股市日趋成熟，价值投资理念必然会更加深入人心。

【主要概念】

量化投资　量化交易　大数据　资产管理

【案例思考】

阅读以下材料并回答问题。

市场动荡期"量化投资之父"完胜巴菲特

引入机器概念,并最终应用在投资领域中战胜人,"量化投资之父"詹姆斯·西蒙斯(James Simons)功不可没。知名数学家、前美国国防部代码破译员西蒙斯在1982年创立对冲基金——文艺复兴科技公司(Renaissance Technologies),并在1988年创立大奖章基金,拉开了投资领域"人机大战"的序幕。

《每日经济新闻》记者注意到,从大奖章基金创立多年的年净回报率看,量化投资在金融危机等市场动荡时的表现尤为突出,往往大大超出同时期主动投资圣手的业绩。

西蒙斯2005年收入15亿美元。

凭借数字和模型,西蒙斯在1988年创立的大奖章基金让其成为近20年来最成功的基金经理。根据投资杂志《机构投资者的阿尔法》报道,2005年度收入最高的是文艺复兴科技公司的主席西蒙斯,年收入高达15亿美元,闻名全球的投机大鳄乔治·索罗斯(George Soros)则屈居第三,年收入8.4亿美元。

经历了1998年俄罗斯债券危机和2001年高科技股泡沫危机,许多曾经闻名遐迩的对冲基金经理都走向衰落。罗伯逊(Julian Robertson)关闭了老虎基金,梅利韦瑟(John Meriwether)的长期资本管理公司几乎破产,索罗斯的量子基金资产也大幅缩水。与之相比,西蒙斯的大奖章基金1989~2009年的平均年回报率则高达35%,而同期标准普尔美国股票指数年均仅涨了9.2%。这意味着,如果你在1988年投入1元给大奖章,那么到2009年将变成1.1万元左右。

《每日经济新闻》记者注意到,在创立最初的十年里,大奖章基金的年回报率与巴菲特执掌的伯克希尔·哈撒韦差异不大。但在金融危机等市场陷入极度恐慌的特殊时期,凭借数据和模型的电脑,就显示出了机器优胜人类智慧的一面。

1994年美国债券市场回报率为-6.7%,大奖章基金却净赚了71%;2000年科技股泡沫破灭,标准普尔美国股票指数跌了10.1%,大奖章却获得了98.5%的高回报;2008年全球金融危机,大部分对冲基金亏损,就连伯克希尔都亏损31.7%,大奖章基金反而赚了80%,同期标普500指数下跌40%。

数据和模型是成功秘诀。

作为一位数学家,西蒙斯深知靠幸运成功只有50%的概率,要战胜市场必须以周密而准确的计算为基础。因此他几乎从未雇佣金融分析师,取而代之的是超过70位拥有数学、物理学或统计学博士头衔的人。针对不同市场设计数量化的投资管理模型,并以电脑运算为主导,在全球各种市场上进行短线交易是西蒙斯的成功秘诀。

大奖章基金主要采取相对价值套利,并且面对全球市场。它在美国国内的交易工具包括:商品期货(能源、玉米、小麦、大豆等)和美国国库券。境外交易包括:汇率期货、商品期货和外国债券。

和巴菲特提倡的"买入并长期持有"的投资理念截然相反,西蒙斯认为市场的异常状态通常都是微小且短暂的,"我们随时都在买入卖出、卖出买入,我们依靠活跃赚钱"。

西蒙斯曾表示,"我是模型先生,不想进行基本面分析,模型的优势之一是可以降低风险。而依靠个人判断选股，你可能一夜暴富，也可能在第二天又输得精光"。

量化不等于无风险。

由于大奖章基金的不对外开放性质，基金的持有者都是公司员工，更不用向外界披露其交易细节。

从成立至2009年，外界只能通过极少的新闻报道，得知大奖章基金的年收益率。2009年后，这些数据更是不再见诸报端。

《每日经济新闻》记者注意到，西蒙斯曾明确表示，自己会对交易细节守口如瓶，除了公司200多名员工外，没人能够得到他们操作的任何线索。

登录文艺复兴科技公司的官网，需要内部邀请函和登录名、密码，俨然表明态度，这是一家只对内开放的公司。此外，既没有上市发行股份，也基本不对外公开，文艺复兴科技公司只是每季度向美国证券交易委员会（SEC）递交股票持仓明细。从国外媒体对公司的报道来看，专业财经媒体只对持仓做出报道，2010年以来，外界便不再得知文艺复兴科技以及著名的大奖章基金的回报率了。

对于对冲基金操作模式可能面临的风险，西蒙斯的支持者不以为然，一位著名的数量型基金管理人指出，西蒙斯的方法不涉及对冲，多是进行短线方向性预测，依靠同时交易很多品种、在短期作出大量的交易来获利。具体到每一个交易的亏损，由于会在很短的时间内平仓，因此损失不会很大；而数千次交易之后，只要盈利交易多于亏损交易，总体交易结果就是盈利的。

资料来源：市场动荡期"量化投资之父"完胜巴菲特［EB/OL］．每经网，https：//www.nbd.com.cn/articles/2016 - 03 - 21/992485.html，2016 - 03 - 21.

思考题：
阅读上述资料，并思考如下问题。
（1）量化投资是什么？与传统投资有什么区别和联系？
（2）量化投资对基金公司或资产管理公司的价值体现在哪里？
（3）量化投资的风险有哪些？如何规避？
（4）机器学习技术在量化投资过程中的作用有哪些？

【实训要求】
1. 实训目的及要求
培养学生了解量化投资策略基本理论，掌握编程能力和进行量化投资分析能力，掌握股票期货量化基础知识；利用实验手段提高学生的理论水平和实际应用能力。通过量化投资运用，培养学生量化选股分析思维能力和基本技能，拓宽学生的视野，了解行业前沿领域，促进学生的职业发展。
2. 实训内容
（1）完成清洗、处理、分析和挖掘，以支持量化策略的研发和交易决策。
（2）选择合适的算法和工具建立量化投资策略。
（3）对量化投资策略进行回测、优化和风险控制，确保策略能够在实际应用中表现出色，并获得稳定的投资收益。
（4）撰写实训报告。

参考文献

［1］［美］艾琳·奥尔德里奇. 高频交易［M］. 北京：机械工业出版社，2017.
［2］包君生. 中国上市公司资产重组绩效研究与实证分析［M］. 北京：经济日报出版社，2018.
［3］陈汉平，蔡金汉. 证券投资学［M］. 北京：北京大学出版社，2011.
［4］陈文汉. 证券投资学［M］. 北京：人民邮电出版社，2013.
［5］邓田生. 证券投资学［M］. 北京：北京邮电大学出版社，2011.
［6］丁鹏. 量化投资策略与技术［M］. 北京：电子工业出版社，2016.
［7］丁忠明. 证券投资综合实验教程（第二版）［M］. 北京：高等教育出版社，2015.
［8］董耀武. 证券投资实务［M］. 北京：北京理工大学出版社，2017.
［9］费玄淑. 证券投资理论与实务［M］. 大连：东北财经大学出版社. 2020.
［10］葛正良. 证券投资学［M］. 上海：立信会计出版社，2012.
［11］桂荷发，吕江林. 证券投资理论与实务［M］. 北京：高等教育出版社，2016.
［12］郭璐，陈震，陆荣清. 证券投资学［M］. 成都：西南交通大学出版社，2015.
［13］胡昌生. 证券投资学（第三版）［M］. 武汉：武汉大学出版社，2018.
［14］胡金焱. 证券投资学（第四版）［M］. 北京：高等教育出版社，2021.
［15］蓝发钦. 中国证券市场典型并购2020［M］. 上海：上海远东出版社，2021.
［16］雷寅丹，于晓红. 证券投资学［M］. 北京：电子工业出版社，2019.
［17］李朝贤. 证券投资学［M］. 上海：上海财经大学出版社，2014.
［18］李存金，刘建昌. 证券投资学教程［M］. 北京：北京理工大学出版社，2016.
［19］李存金. 证券投资学教程［M］. 北京：北京理工大学出版社，2021.
［20］李贤. 证券投资理论与实务［M］. 北京：中国经济出版社，2010.
［21］刘少波，时旭辉. 证券投资学［M］. 广州：暨南大学出版社，2017.
［22］刘赟鋆. 证券投资学［M］. 武汉：中国地质大学出版社，2016.
［23］芦梅，管迪. 证券投资理论与实务（第二版）［M］. 北京：清华大学出版社，2019.
［24］孟敬，叶华. 证券投资实务［M］. 北京：人民邮电出版社，2021.
［25］皮六一. 中国证券交易制度的设计与变革研究［D］. 华东师范大学，2013.
［26］皮天雷. 证券投资分析［M］. 重庆：重庆大学出版社，2013.
［27］任淮秀. 证券投资学［M］. 北京：高等教育出版社，2016.
［28］［美］Robert G. Hagstrom. 牛顿、达尔文与投资股票［M］. locus出版社，2001.
［29］［美］斯坦科·克罗著，刘福寿等译. 克罗谈投资策略——神奇的墨菲法则［M］. 北京：中国经济出版社，2004.

[30] 孙秀钧. 证券投资学 [M]. 大连：东北财经大学出版社，2015.

[31] 唐平. 证券投资分析 [M]. 重庆：重庆大学出版社，2018.

[32] 田文斌. 证券投资分析 [M]. 北京：中国人民大学出版社，2013.

[33] 汪昌云，类承耀，谭松涛. 投资学（第四版）[M]. 北京：中国人民大学出版社，2020.

[34] 王朝晖，熊乐星，孙伍琴. 证券投资学实验教程 [M]. 北京：人民邮电出版社，2014.

[35] 王朝辉. 证券投资学 [M]. 北京：人民邮电出版社，2016.

[36] 王宏道，颜坤林，曾献国. 证券投资分析实务 [M]. 广州：华南理工大学出版社，2020.

[37] 王冀宁. 证券投资中的心理偏差和五力宝典投资分析 [M]. 北京：经济管理出版社，2014.

[38] 王军旗，王海山. 证券投资理论与实务（第四版）[M]. 北京：中国人民大学出版社，2015.

[39] 王萍. 证券交易与监管法律研究 [M]. 北京：中国政法大学出版社，2015.

[40] 王玉霞. 证券投资学（第四版）[M]. 大连：东北财经大学出版社，2020.

[41] 王煜全. 学会洞察行业 [M]. 北京：北京联合出版公司，2018.

[42] 王章留，冯登艳. 证券投资学 [M]. 北京：经济出版社，2011.

[43] 吴晓求. 证券投资学 [M]. 北京：中国人民大学出版社，2021.

[44] 杨朝军. 证券投资分析 [M]. 上海：上海人民出版社，2018.

[45] 喻崇武. 量化投资理论与实务 [M]. 北京：经济管理出版社，2021.

[46] 张云，韩云. 大数据金融 [M]. 北京：中国财政经济出版社，2020.

[47] 张祖国. 证券投资分析 [M]. 上海：上海财经大学出版社，2014.

[48] 赵凡禹，刘挥. 投资者名著全知道 [M]. 上海：立信会计出版社，2012.

[49] 赵文君，李莹. 证券投资理论与实务 [M]. 北京：人民邮电出版社. 2020.

[50] 中国证券业协会. 金融市场基础知识 [M]. 北京：中国财政经济出版社，2020.

[51] 朱晋. 证券投资学 [M]. 北京：机械工业出版社，2015.

[52] 朱晓天，本力. 量化投资十六讲 [M]. 北京：北京大学出版社，2019.

[53] [美] 兹维·博迪，亚历克斯·凯恩，艾伦·J. 马科斯. 投资学精要（第11版）[M]. 北京：中国人民大学出版社，2021.